U0530702

中国历史文摘

李军 主编

CHINESE HISTORY DIGEST

2020年第1期
（总第1期）

中国社会科学出版社

图书在版编目（CIP）数据

中国历史文摘. 2020 年. 第 1 期：总第 1 期 / 李军主编. —北京：中国社会科学出版社，2021.8
ISBN 978-7-5203-8536-7

Ⅰ.①中… Ⅱ.①李… Ⅲ.①中国历史—文集 Ⅳ.①K207-53

中国版本图书馆 CIP 数据核字（2021）第 103682 号

出版人	赵剑英
责任编辑	耿晓明
责任校对	李　军
责任印制	李寡寡

出　　版	中国社会科学出版社
社　　址	北京鼓楼西大街甲 158 号
邮　　编	100720
网　　址	http://www.csspw.cn
发 行 部	010-84083685
门 市 部	010-84029450
经　　销	新华书店及其他书店
印　　刷	北京明恒达印务有限公司
装　　订	廊坊市广阳区广增装订厂
版　　次	2021 年 8 月第 1 版
印　　次	2021 年 8 月第 1 次印刷
开　　本	880×1230　1/16
印　　张	25.75
插　　页	2
字　　数	685 千字
定　　价	156.00 元

凡购买中国社会科学出版社图书，如有质量问题请与本社营销中心联系调换
电话：010-84083683
版权所有　侵权必究

中国历史文摘

2020 年第 1 期（总第 1 期）

编　　委：（以姓氏笔画为序）

王子今　王震中　陈支平　陈其泰　李华瑞

张　帆　荣新江　黄兴涛　常建华　楼　劲

主　　编： 李　军

执行主编： 张　峰

执行编辑：（以姓氏笔画为序）

兰梁斌　阮明套　吴　倩　陈　跃　单印飞

郑旭东　罗　毅　贾连港　顾成瑞

责任编务： 吴　倩

发刊词

经过一年的酝酿与筹备，《中国历史文摘》如期与大家见面了！

在四大文明古国中，唯有中华文明传承延续，未曾中断。中华民族的伟大历史进程，在一定程度上与中国史家重视历史记载的连续性有着很大的关联。在远古时期，中国先民就有了历史意识，他们通过口耳相传的方式将这种"历史"传承下去；文字出现之后，对于中国历史的记载持续贯通，官修与私撰并行发展，史学名著蔚为大观，《春秋》《左传》《史记》《汉书》《三国志》《后汉书》《通典》《资治通鉴》《通志》《文献通考》等即是其中的典范之作。中国史家在长期著史的实践中创造了运用编年体、纪传体、典制体等多种体裁著史的优良传统，从多重维度再现了中华文明的演进路径与复杂景象。

史学的发展总是与时代的变迁、社会的激荡同步而行。近代以来，随着国门的被迫打开，中国史家的忧患意识与爱国情怀与日俱增，著史视野不再囿于国内，而是特为重视域外史地知识的引介，冀图为时人打开一扇了解世界的窗口。这一时期，魏源的《海国图志》、徐继畬的《瀛寰志略》、王韬的《法国志略》和黄遵宪的《日本国志》等论著，颇能反映时代跳动的脉搏。在关注外国史地的同时，中国史家期望以西方新学理为利器，为民族的复兴与社会的发展谋求新出路、提供新动力，同时用以改造旧史学，建设新史学。可以看出，从晚清至民国，学术界对西方学术理论与方法的输入不遗余力，一时蔚成风气，由此也催生了学术上的不同流派。各个学派的理论主张与史学实践各具特色、相得益彰，不仅反映了20世纪上半期中国社会的历史巨变，而且绘制了其时中国史学的多彩画卷。

新中国的成立开创了中华民族复兴的新纪元，马克思主义史学成为学术发展的主流。在唯物史观指导下，史学家致力于对中国古史分期、中国封建土地所有制形式、中国资本主义萌芽、农民战争和汉民族的形成等重大历史理论问题的探讨，并结出了丰硕的成果。改革开放以来，随着社会经济的发展、中外史学交流的密切、大量新史料的发现，中国史在原来注重"骨架"的基础上，研究领域不断深化与拓展，显示出多元发展的新格局。

推动中国史研究的创新发展，总结先人治国理政的经验智慧，发挥以史育人的重要作用，是每一位史学工作者义不容辞的责任与担当。当前，我国正处在"两个一百年"的历史交汇期，中国史研究承载着为中华民族伟大复兴提供文化滋养、为增强民族文化自信提供学理支撑的重要使命。因此，我们要从中华民族厚重的历史积淀与优良传统中，把那些超越时空价值、具有永久魅力和当代价值的精华认真总结、大力发扬，从而增强民族文化的创造力。

从目前中国史研究的现状来看，学术界虽然取得了诸多成就，但也面临着发展的瓶颈，如何破解难题，避免重复工作，进一步推动新时代中国史研究的高质量发展，在国际学术界发出中国史家的声音，仍然是我们需要思考和解决的问题。因此，我们创办《中国历史文摘》，旨在从众多学术期刊中，精选对中国史各时段、各领域的重大问题提出创新见解的精品力作，从整体上反映一年来中国史研究在基本理论与基本问题上取得的新突破，呈现中国史研究的最新走向与前沿趋势，从而为中国史学者的研究明确历史方位。

我们希望以《中国历史文摘》为平台，给学界提供一个动态展现中国史研究水平的学术园地，加强学术切磋，推动学术交流，为中国特色历史学学科体系、学术体系、话语体系的构建，贡献绵薄之力。

目 录

全文转载

史学理论与中国史学史（栏目主持：李军）
中国史学之连续性发展的特点及其深远的历史意义 …………………… 瞿林东（1）
中国疆域诠释视角：从王朝国家到主权国家 …………………………… 李大龙（12）

先秦秦汉史（栏目主持：史党社）
先秦国家制度建构的理念与实践 ………………………………………… 晁福林（25）
中国文明起源中的巫及其角色演变 ……………………………………… 李禹阶（30）
龙岗秦简中的"行田""假田"等问题 ……………………………………… 晋 文（49）
秦代属邦与民族地区的郡县化 …………………………………………… 邹水杰（67）

魏晋南北朝隋唐五代史（栏目主持：彭建英）
简纸更替与中国古代基层统治重心的上移 ……………………………… 张荣强（83）
吐谷浑晖华公主墓志与北朝北方民族关系 ……………………………… 周伟洲（101）
布发掩泥的北齐皇帝：中古燃灯佛授记的政治意涵 …………………… 孙英刚（108）
宦途八俊：中晚唐精英的仕宦认同及其制度路径 ……………………… 刘后滨（122）
释唐后期上行公文中的兼申现象 ………………………………………… 叶 炜（133）

宋元明清史（栏目主持：王善军）
论"耕读文化"在宋代的确立 …………………………………………… 程民生（144）
辽金时期北方地区的乡里制度及其演变 ………………………………… 鲁西奇（154）
"大元"国号新考：兼论元代蒙汉政治文化交流 ……………………… 李春圆（184）
鱼鳞图册起源考辨 ………………………………………………………… 栾成显（202）
明洪武三年处州府小黄册的发现及意义 ………………………… 宋 坤 张 恒（218）
从分藩到分省：清初省制的形成和规范 ………………………………… 傅林祥（233）
康熙朝的珐琅器礼物与皇权 ……………………………………………… 常建华（251）

中国近现代史（栏目主持：郑金刚）

梁启超与第一次世界大战史研究在中国的发轫：
　　以《欧洲战役史论》为中心的探讨 ················· 尉彦超　黄兴涛（264）
中国近代史研究范式与方法再检讨 ····························· 崔志海（281）
关于革命史的形成、建构与转向的历史思考：
　　兼论"新革命史"问题 ······································ 王先明（294）
新中国经济成就的制度因素及其演进逻辑 ················· 武　力　李　扬（306）

论点摘编

史学理论与中国史学史

中国古史分期暨社会性质论纲 ·································· 黎　虎（312）
中国古代文献传统的历史独特性 ································ 赵　益（314）
历史学家为何关心生态问题 ···································· 王利华（316）
民族复兴与历史教育 ·· 尤学工（318）

先秦秦汉史

五帝时代的历史学、考古学及人类学解读 ······················· 沈长云（321）
试论考古发现所见的商王室宗庙制度 ··························· 胡进驻（323）
商周东土夏遗与夏文化探索 ···································· 陈　絜（325）
"秦桥"考议：再论秦交通优势 ·································· 王子今（327）
秦"徙治栎阳"及年代新辨 ···································· 史党社（330）
汉代九卿制度的形成 ·· 孙正军（332）
从"司马主天"到"太尉掌兵事" ································· 徐　冲（334）

魏晋南北朝隋唐五代史

唐朝地缘政治中的河西走廊 ···································· 李鸿宾（337）
南朝建康的都城空间与葬地 ···································· 张学锋（339）
编年史与晋宋官修史运作 ······································ 聂溦萌（342）
唐宋之际都城东移与北都转换 ·································· 齐子通（344）
中古入华胡人墓志的书写 ······································ 荣新江（346）
齐梁之际豫、梁降魏与南风北渐 ································ 王永平（348）
长沙吴简所见"科"与"辛丑科"考论 ···························· 徐　畅（351）

宋元明清史

宇文部、北周与契丹先世史叙述的考察 ··························· 温　拓（353）

宋路级地方行政区划名与实 ················· 龚延明（355）
宋代的疆界形态与疆界意识 ················· 黄纯艳（357）
如何"进入"蒙古史 ······················· 邱轶皓（360）
《红史》至大二年圣旨所见元朝政治博弈 ········ 钟 焓（362）
《元史》列传史源新探 ····················· 陈新元（364）
明代地方官府赋役核算体系的早期发展 ·········· 申 斌（366）
明代世袭武官人数增减与制度变迁 ············· 曹 循（369）
清代政区分等与官僚资源调配的量化分析 ········ 胡 恒（370）
清前期政教关系中的儒教及三教问题 ············ 曹新宇（373）

中国近现代史

民初县官选任制度的重建 ···················· 杜佩红（375）
清末民初陆军军医学校考述 ··················· 张建军（377）
当代中国思想史研究的三重维度 ················ 左玉河（379）
时势、史观与西人对早期中国近代史的论述 ······· 吴义雄（381）
咸同之际清廷与湘淮集团的江浙控制力之争 ······· 邱 涛（383）
民初"好人政府"的尝试 ···················· 罗志田（385）
科举存废与近代江南乡村社会流动 ·············· 李发根（386）
清末川滇边区的联防与联治 ··················· 周智生（389）
日本与护国战争期间的南北妥协 ················ 承红磊（391）
太平天国应对社会危机的政略实践及得失 ········· 刘 晨（393）

篇目推荐

史学理论与中国史学史 ······································ （396）
先秦秦汉史 ·· （397）
魏晋南北朝隋唐五代史 ······································ （398）
宋元明清史 ·· （400）
中国近现代史 ·· （402）

全文转载·史学理论与中国史学史 （栏目主持：李军）

中国史学之连续性发展的特点及其深远的历史意义

瞿林东[*]

摘　要：中国文明的连续性发展，孕育了中国史学的连续性发展；中国史学的连续性发展，以其固有的特点即史官、史馆制度的存在，撰写本朝史、前朝史的传统和史学家对自觉的史学发展意识的坚守等，蕴含着深远的历史意义：一是以丰富的、多种表现形式的历史撰述，雄辩地证明与阐说中国文明不曾中断的历史事实；二是从精神和情感层面揭示出中国历史上各族间历史文化认同之趋势的存在与发展，以及中国之所以成为统一多民族国家的历史必然性；三是为史学自身积累了厚重的思想遗产和学术话语，成为当今历史学话语体系建构的历史渊源。

关键词：中国文明　中国史学　连续性发展　特点　历史意义

中国文明的连续性发展孕育了中国史学的连续性发展，中国史学之连续性发展对于证实、阐说中国文明之连续性发展具有无可辩驳的作用和价值，它们之间的这种辩证关系，恰是历史与逻辑的一致性表现。

一　中国史学之连续性发展的特点

中国史学孕育于中国历史这块沃土，有其久远的历史和活泼的生命力。在诸多特点中，下面几个特点尤其重要。

第一，史官与史馆制度的存在。中国古代史官建置甚早，这是中国素以史学发达著称于世的重要原因之一。据《周礼》《礼记》等书所记，三代所置史官名称甚多，有大史、小史、内史、外史、左史、右史之别。史官职责亦各有异："大史掌建邦之六典"，"小史掌邦国之志"，"内史掌书王之八枋"，"外史掌书外令"，左史记动，右史记言。[①] 从文献记载来看，周代的史伯是一位很有历史见识的史官，《国语·郑语》记他同郑桓公论"王室将卑，戎狄必昌"、诸侯迭兴的谈话，[②] 是先秦时期很有分量的政论和史论。周代还有一位史官叫史佚，也受到后人的推崇。[③]

春秋时期，各诸侯国也都有自己的史官，这与西周末年以后各诸侯国国史的撰写相关联。《左传》昭公二年（前540）记晋国韩宣

---

[*] 瞿林东，北京师范大学历史学院教授。
① 参见《周礼·春官》，《十三经注疏》本，中华书局1980年版，第817—820页；《礼记·玉藻》，《十三经注疏》本，中华书局1980年版，第1473—1474页。按：《汉书·艺文志》称"左史记言，右史记事"与上述相异，见《汉书》卷30，中华书局1962年版，第1715页。
② 《国语·郑语》，上海古籍出版社1978年版，第507页。
③ 参见《左传·襄公十四年》，杨伯峻《春秋左传注》本，中华书局1981年版，第1019页；又《左传·昭公元年》，杨伯峻《春秋左传注》本，第1224页。

子聘于鲁，"观书于大史氏，见《易象》与《鲁春秋》曰：'周礼尽在鲁矣，吾乃今知周公之德与周之所以王也。'"① 这说明史官又有保管历史文献的职责。春秋时期著名的史官，晋国有董狐、史墨，齐国有齐太史、南史氏，楚国有左史倚相等。董狐以秉笔直书而被孔子称为"古之良史"，盛赞其"书法不隐"的精神。② 齐太史和南史氏也是如同董狐一样的史官。左史倚相因"能道训典，以叙百物"，"以朝夕献善败"于楚君，使楚君"无忘先王之业"，而被誉为楚国一"宝"③。他是一位知识渊博、通晓治乱兴衰之理的史官。处在春秋末年的史墨，是一位对历史变化有深刻认识的史官，他说过这样的名言："社稷无常奉，君臣无常位，自古以然。故《诗》曰：'高岸为谷，深谷为陵。'三后之姓，于今为庶。"④ 这些史官的思想和业绩，对中国史学的发展都有很大的影响。又如"君举必书"⑤ 的优良传统，也是在春秋时期逐步形成的。随着各诸侯国政权下移，春秋晚期和战国时期的一些大夫和具有特殊身份的贵族，也有史臣的建置。如周舍是晋大夫赵简子的家臣，他的职责是"墨笔操牍，从君之后，司君之过而书之"⑥；晋大夫智伯有家臣名仕苗，也是以"秉笔事君"为其职责。⑦

汉武帝时置太史令，以司马谈（？—前110）任其职。谈卒，其子司马迁（约前145或前135—？）继其任。迁卒，知史务者皆出于他官，而太史令不复掌史事，仅限于执掌天文历法。又在宫中置女史之职，以记皇帝起居，故有《禁中起居注》，东汉因之。⑧ 后世以"起居"作为史官的一种职掌和名称，与此有一定关系。东汉时，以他官掌史官之事，如班固（32—92）以兰台令之职撰述国史。三国魏明帝置史官，称著作郎，隶属中书。晋时，改称大著作，专掌史任，并增设佐著作郎为著作佐郎8人，隶属秘书。宋、齐以下，改佐著作郎为著作佐郎。齐、梁、陈又置修史学士（亦称撰史学士）之职位。十六国、北朝，大多设有史职，或有专称，或杂取他官。其体制、名称，多源于魏、晋而有所损益。魏晋南北朝时期，中国古代史学形成多途发展的趋势，而皇朝"正史"撰述尤为兴盛，故史官当中，名家辈出，被誉为"史官之尤美，著作之妙选"⑨。其间，关于起居之职，魏、晋以著作兼掌。北齐、北周，著作、起居二职逐步分开。隋炀帝时，以著作如外史，于内史省置起居舍人如内史。

唐代，因正式设立了史馆，史官制度乃趋于完备。史馆以宰相为监修，称监修国史；修撰史事，以他官兼领，称兼修国史；专职修史者，称史馆修撰；亦有以卑品而有史才者参加撰史，称直史馆。著名政治家房玄龄、魏徵、朱敬则，著名史学家刘知幾、吴兢，著名文学家韩愈，著名诗人杜牧等，都先后参与史馆工作，并担任各种修史职务。唐初，于门下省置起居郎，后又在中书省置起居舍人，分为左右，对立于殿，掌起居之事，故有时也曾称为左右史。其所撰起居注交送史馆，以备修史之用。

五代迄清，史官、史馆制度多因唐制而各有损益，其名称虽因代而异，而职掌略同。其中以宋、清两朝较为繁复。宋有国史院、实录院、起居院和记注院，元有翰林兼国史院，明以翰林院掌史事。清以翰林院掌国史、图籍管理与侍读等职，以国史馆、实录馆掌纂修之

---

① 《左传·昭公二年》，杨伯峻《春秋左传注》本，第1226页。
② 《左传·宣公二年》，杨伯峻《春秋左传注》本，第663页。
③ 《国语·楚语上》，第580页。
④ 《左传·昭公三十二年》，杨伯峻：《春秋左传注》本，第1520页。
⑤ 《左传·庄公二十三年》，杨伯峻：《春秋左传注》本，第226页。
⑥ 韩婴撰，许维遹校释：《韩诗外传》卷七第八章，中华书局1980年版，第248页。
⑦ 《国语·晋语九》，第501页。
⑧ 《隋书·经籍志二》记："汉武帝有《禁中起居注》，后汉明德马后撰《明帝起居注》。然则汉时起居，似在宫中，为女史之职。"见《隋书》卷33，中华书局1973年版，第966页。
⑨ 《史通·史官建置》，上海古籍出版社2009年版，第288页。

事，以起居注衙门掌起居之事，其史职则多以他官相兼。

从史学的积累和发展来看，史官的职责包含两个方面，此即刘知幾所谓"为史之道，其流有二"：第一是"书事记言，出自当时之简"，第二是"勒成删定，归于后来之笔"。前者系"当时草创者，资乎博闻实录，若董狐、南史是也"；后者为"后来经始者，贵乎俊识通才，若班固、陈寿是也"。这两个方面，"论其事业，前后不同。然相须而成，其归一揆"①。中国史学在这两个方面的工作，尤其是前一个方面的工作，不少是出于历代史官之手，故官修史书占有重要的位置。史官当中固不乏优秀的史家，而优秀的史家则并非都是史官。

第二，修撰前朝史的传统。史官的职责，如刘知幾所说，而史馆的功能是修本朝史和前朝史。这两项功能往往是交叉的，即本朝史的修撰一般都会成为后一个朝代修撰前朝史的重要依据，而关于前朝史的修撰一般都继承了前朝所修之本朝史的资料。这种制度在唐朝设立史馆后一直延续至清朝。

这里，我们举唐初史馆修撰前朝史和元朝末年修撰辽、金、宋三史为例，略见中国史学史上修撰前朝史的优良传统。

关于唐初史家的前朝史撰述。唐初统治集团重视史学，对撰写前朝历史有突出的自觉意识。唐高祖武德四年（621），大臣令狐德棻就提出修撰前朝历史的建议，唐高祖接受了这个建议，并于次年颁发《命萧瑀等修六代史诏》。② 这里说的"六代史"，是指南朝的梁、陈二史，北朝的魏、北齐、北周、隋四史。这道诏书的要求，虽因全国形势尚未稳定、组织工作不力而无任何具体结果，但它却开启了唐初史馆修史的宏大格局。

唐太宗贞观三年（629），先是"于中书置秘书内省，以修'五代史'"③。所谓"五代史"，即梁、陈、北齐、北周以及隋五朝史。次年，"移史馆于门下省北，宰相监修，自是著作局始罢此职。及大明宫初成，置史馆于门下省南"④。自此，唐朝正式设立史馆并承担着撰写前朝历史的重任，而宰相是史馆修史的直接领导者。在此后的三十年间，唐初史家群体先后撰成八部正史，在中国古代的二十四部正史即"二十四史"中占据了三分之一。这是中国史学史上一段辉煌的纪录，兹略述如下：

——关于修撰"五代史"的分工及其合作机制，史载：

> 贞观三年，太宗复敕修撰，乃令德棻与秘书郎岑文本修周史，中书舍人李百药修齐史，著作郎姚思廉修梁、陈史，秘书监魏徵修隋史，与尚书左仆射房玄龄总监诸代史。众议以魏史既有魏收、魏彦深二家，已为详备，遂不复修。德棻又奏引殿中侍御史崔仁师佐修周史，德棻仍总知类会梁、陈、齐、隋诸史。武德已来创修撰之源，自德棻始也。⑤

这段记载，除了表明撰写"五代史"的分工情况外，还涉及三个重要问题，一是北魏史因有北齐魏收《魏书》、隋朝魏澹《魏书》两家而不必重修，二是魏徵协助时任宰相的房玄龄"总监诸代史"，三是令狐德棻参与撰写北周史并"总知类会梁、陈、齐、隋诸史"。可见，这是一项有领导的人才分工与人才合作的史学工程，其合理性、可行性值得后人借鉴。

——贞观十年（636），"五代史"撰成，房玄龄、魏徵等"诣阙上之"。唐太宗说道："朕睹前代史书，彰善瘅恶，足为将来之戒……将欲览前王之得失，为在身之龟镜。公辈以数年之间，勒成五代之史，深副朕怀，极

---

① 《史通·史官建置》，第301页。
② 《旧唐书》卷73《令狐德棻传》，中华书局1975年版，及宋敏求编《唐大诏令集》卷81，中华书局2008年版。
③ 王溥：《唐会要》卷63《修前代史》，中华书局1955年版，第1091页。
④ 王溥：《唐会要》卷63《史馆移置》，第1089页。
⑤ 《旧唐书》卷73《令狐德棻传》，第2598页。

可嘉尚。"①

——贞观十七年（643），唐太宗敕撰《隋书》十志，即《五代史志》。②

——贞观二十年（646），唐太宗颁发《修〈晋书〉诏》。在这篇诏书里，唐太宗提出了"大矣哉，盖史籍之为用也"的论断，对史学的社会作用给予极高的评价。

——贞观二十二年（648），房玄龄等奏上新修《晋书》一百三十卷，③时称新《晋书》。《修〈晋书〉诏》的下达和新《晋书》的撰成，反映了唐初统治者对历史重新评价的要求。

——唐高宗显庆元年（656），长孙无忌等奏上《五代史志》三十卷。史载："太尉长孙无忌进史官所撰梁、陈、周、齐、隋《五代史志》三十卷。"④此书自贞观十七年始撰，至此历时十三四年乃成。

——唐高宗显庆四年（659），李延寿撰成《南史》八十卷、《北史》一百卷，表上之。《唐会要》记："符玺郎李延寿撮近代诸史，南起自宋终于陈，北始自魏卒于隋，合一百八十篇，号为《南北史》，上自制序。"⑤

自唐太宗贞观三年（629）诏修"五代史"，至唐高宗显庆四年（659），在这三十年中，唐初史家群体先后撰成《梁书》《陈书》《北齐书》《周书》《隋书》《晋书》《南史》《北史》共八部正史，且均流传至今。这不愧是中国史学史上的一个壮举，中华文明史上灿烂的一页。

关于元末史家的前朝史撰述。早在元世祖即位之初，已有修撰辽、金二史的动议。翰林学士承旨王鹗首倡此议，他向元世祖建议说："自古帝王得失兴废，斑斑可考者，以有史在。我国家以威武定四方，天戈所临，罔不臣属，皆太祖庙谟雄断所致，若不乘时纪录，窃恐岁久渐至遗忘。金实录尚存，善政颇多；辽史散逸，尤为未备。宁可亡人之国，不可亡人之史。若史馆不立，后世亦不知有今日。"元世祖"甚重其言，命国史附修辽、金二史"⑥。王鹗对史学的认识是很深沉的，而世祖接受他的建议，也反映出了政治家的历史意识。故至元元年（1264）二月，有"敕选儒士编修国史，译写经书，起馆舍，给俸以赡养之"的措施；九月，有"立翰林国史院"⑦之举。元灭南宋后，又不断有修撰辽、金、宋三史的措施，但皆"未见成绩"⑧。究其原因，主要是"义例"，即三史之间关系难以确定。所谓"义例"，本质上是正统问题。⑨元后期顺帝至正三年（1343）三月，右丞相脱脱等人再次奏请修撰辽、金、宋三史，顺帝随即下达有关修三史诏书，此事才获得实质性进展，并陆续撰成三朝正史。其间，"三史凡例"的确定实为关键所在。这上距修辽、金二史之议，已近八十年。

修三史诏着重讲了纂修辽、金、宋三朝历史同元朝统治的关系，指出：辽、金、宋三朝"为圣朝（指元朝）所取制度、典章治乱、兴亡之由，恐因岁久散失，合遴选文臣，分史置局，纂修成书，以见祖宗盛德得天下辽、金、宋三国之由，垂鉴后世，做一代盛典"⑩。这是明确表明了元皇朝的现实同辽、金、宋三朝历史的联系。

根据修三史诏的要求，脱脱等人制定了

---

① 王钦若等编：《册府元龟》卷554《恩奖》，中华书局1960年版，第6657页。
② 《北史》卷100《序传》记："十七年，尚书右仆射褚遂良时以谏议大夫奉敕修撰《隋书》十志，复准敕召李延寿撰录。"（中华书局1974年版，第3343页）按："《隋书》十志"即《五代史志》，可见当时两种称法都存在。
③ 《晋书》成书年代，参见杨翼骧等《增订中国史学史资料编年》第一册，商务印书馆2013年版，第228页。
④ 《旧唐书》卷4《高宗本纪》上，第75页。
⑤ 王溥：《唐会要》卷63《修前代史》，第1092页。
⑥ 苏天爵辑撰，姚景安点校：《元朝名臣事略》卷12《内翰王文康公》，中华书局1996年版，第239页。
⑦ 《元史》卷5《世祖纪二》，中华书局1976年版，第4179页。
⑧ 《元史》卷181《虞集传》，第4179页。
⑨ 参见陶宗仪《南村辍耕录》卷3"正统辨"条，赵翼《廿二史札记》卷23"宋辽金三史"条，以及中华书局《宋史》《辽史》《金史》点校本出版说明。
⑩ 《辽史》附录《圣旨》，中华书局1974年版，第1553—1554页。

《三史凡例》。《三史凡例》共五条，文不长，照录如下，以见其用例之义：

——帝纪：三国各史书法，准《史记》《西汉书》《新唐书》。各国称号等事，准《南、北史》。

——志：各史所载，取其重者作志。

——表：表与志同。

——列传：后妃，宗室，外戚，群臣，杂传。人臣有大功者，虽父子各传。余以类相从，或数人共一传。三国所书事有与本朝相关涉者，当禀。金、宋死节之臣，皆合立传，不须避忌。其余该载不尽，从总裁官与修史官临文详议。

——疑事传疑，信事传信，准《春秋》。①

其中，第一条是回答了几十年中所争论的"正统"问题。第二、三条是关于志、表的原则。第四条是指出了列传范围及撰写中可能遇到的重大问题。最后一条是提出了遵循撰写信史的传统。三部正史的编写，只用了百余个字的凡例作为遵循的准则，这篇《三史凡例》称得上是一篇言简意赅的文字。

《辽史》有《国语解》一卷作为全书终篇，《金史》有《金国语解》附于书末，它们从语言上反映了《辽史》《金史》的民族特色。

《宋史》本纪记事上限起于后唐天成二年（927）宋太祖赵匡胤出生至宋建隆元年（960）称帝，并追溯其先世事迹自唐至于后周；下限止于南宋赵昺祥兴二年（元世祖至元十六年，1279年），包含北宋、南宋319年盛衰兴亡的历史，以及两宋皇朝与西夏、辽、金、元诸朝或和或战以至中外经济、文化交流的历史。这是一个发展的而又充满纷争的时代，它在《宋史》本纪中有不同程度的反映。

辽、金、宋三史著，各有其特点，《辽史》简洁，《金史》规范，《宋史》丰满，虽不免各有瑕疵，然在历代正史中却各具特色，且与《蒙古秘史》《国朝名臣事略》、元代历朝实录等撰述相映成辉，生动地反映出这一时期中国史学之民族内容的空前丰富，从而对中华文明的发展做出新的贡献。

第三，史学家对自觉的史学发展意识的坚守。在史学活动中，史学家自觉的史学发展意识是史学发展的重要主观因素，这反映出了史学家们的精神追求。以自觉的史学发展意识看待和参与历史撰述，是许多史学家的精神特质。史学活动的主体是史学家，因此史学家如何看待及怎样参与史学活动，在很大程度上影响着史学发展的面貌。中国史学史表明，至晚在两汉前期，史学家已经具有鲜明的和自觉的史学发展意识。这从司马谈临终前同司马迁的一番对话，可以看得十分清楚。史载：司马谈临终前，"太史公执迁手而泣曰：'……余死，汝必为太史；为太史，无忘吾所欲论著矣。……今汉兴，海内一统，明主贤君忠臣死义之士，余为太史而弗论载，废天下之史文，余甚惧焉，汝其念哉！'迁俯首流涕曰：'小子不敏，请悉论先人所次旧闻，弗敢阙。'"②司马迁为继承父亲之志，在忍辱负重的情况下著成《史记》一书，流传千古。

再看东汉班彪、班固父子，在对待历史撰述方面，他们同司马氏父子颇有相似之处，即发展史学的目的是很清楚的。《后汉书·班彪传上》记："彪既才高而好述作，遂专心史籍之间。武帝时，司马迁著《史记》，自太初以后，阙而不录，后好事者颇或缀集时事，然多鄙俗，不足以踵继其书。彪乃继采前史遗事，傍贯异闻，作后传数十篇。"③后班固继承父业而断代为史，著成《汉书》。

自此以下，如荀悦、袁宏、范晔、令狐德棻、唐高祖、唐太宗、刘知幾、杜佑、司马光、吴缜、郑樵、马端临、王鹗、王圻、章学诚等，也都具有自觉的史学发展意识，他们各有不同的身份和不同的出发点：有的是为了超

---

① 《辽史》附录，第1556页。
② 《史记》卷130《太史公自序》，中华书局1959年版，第3295页。
③ 《后汉书》卷40《班彪传上》，中华书局1965年版，第1324页。

越前人而凸显自己的历史见识；有的是为了保存历史事实，使后人得以认识历史；有的身居帝王之位深感修史对于丰富统治经验，裨益政治的重要；有的从理论上提出问题，希望改进历史撰述的体例、方法等等。他们的见识、主张以至于实质性的修史、著史活动，都在不同的方面和不同的程度上推动着中国史学的连续性发展。

二 中国文明连续性发展的历史记录

中国史学之连续性发展，创造和积累了浩如烟海的历史著作，这些历史著作以其不同的表现形态从不同的方面成为中国文明发展的历史记录。

第一，以历代"正史"为主干，反映"世代"更迭递进的历史进程。《隋书·经籍志》史部正史类大序在讲到魏晋以后历史撰述时称："自是世有著述，皆拟班、马，以为正史，作者尤广。一代之史，至数十家。唯《史记》《汉书》，师法相传，并有解释。《三国志》及范晔《后汉》，虽有音注，既近世之作，并读之可知。梁时，明《汉书》有刘显、韦稜，陈时有姚察，隋代有包恺、萧该，并为名家。《史记》传者甚微。今依其世代，聚而编之，以备正史。"① 从这里可以看出，"正史"本源于《史记》《汉书》。所谓"依其世代，聚而编之"，是表明"正史"的编次反映出历史进程中"世代"的更迭与递进。《隋书·经籍志》的这一说法和做法为后世所沿用，直至清修《明史》与《四库全书总目》。

当然，这是历史演进的漫长过程，也是"正史"编撰不断积累的过程。西汉时，人们只见到《太史公书》（《史记》），魏晋南北朝时，有"三史"之说；唐时，有"十三史"之说，而宋人则有"十七史"的说法；明有"二十一史"之说（实为"二十三史"），清修《明史》，乃成"二十四史"。从《史记》到"二十四史"，约经历了一千九百年，历代史家为此付出了艰辛的努力，写出了历史上各个皇朝"依其世代"交替的脉络，最终成此伟业。此后，有《新元史》《清史稿》的撰述，亦可视为这一伟业的延续。

1935年，顾颉刚在《二十五史补编》的序文中写了这样一句话："今人孰不知《二十五史》为中国历史事实的荟萃"。② 从历史进程与历史撰述的关系来看，对这句话的分量不论怎么评价都不为过，因为它反映了自西汉以来至清代末年两千多年历史进程中，历代史家所撰"正史"积累起来的成果及其蕴含的无比丰富的思想、人物、史事。由此上溯，我们可以看到这一积累的艰难与辉煌。

第二，以多种贯通的历史撰述形态全方位反映中国文明发展全貌。历代"正史"以人物为中心，记载了帝王以下各阶层代表人物，同时它也记载制度，有的"正史"还有各种表谱，故其本质上是一种包含多种形式的综合体。中国史学之连续性发展的特点，除上面论述的以"正史"为主干表现各皇朝"世代"更迭的历史进程外，另一个重要的特点，是以多种历史撰述形态全方位地反映中国历史进程：一是以年代为中心的历史叙事之史书，二是以制度为中心的历史叙事之史书，三是以事件为中心的历史叙事之史书。其中，以年代为中心的历史叙事可与"正史"的本纪互补且更加详细；以制度为中心的历史叙事可与"正史"中的书志部分互补而又更加具体和系统；以事件为中心的历史叙事可以把"正史"中纪、传所涉事件综括起来而明其本末原委。从历史撰述的全局来看，"正史"和上述三种历史撰述形态建构起整体的中国历史的恢宏景象。

值得注意的是，以年代、制度、事件为中心的三种历史叙事，也都体现出连续性发展的特征。例如：

——以年代为中心。《春秋》《左传》以下，继而有《汉纪》《后汉纪》，继而有《资治通鉴》《续资治通鉴长编》《续资治通鉴》

---

① 《隋书》卷33《经籍志二·正史类》大序，第957页。
② 《二十五史补编》，中华书局1955年版，第3页。

《明通鉴》等，遂使编年体史书成贯通之势。

——以制度为中心。《周礼》以六官分工执掌诸事，下启"正史"之书志叙有关制度的设置与施行；唐代史家杜佑条贯各"正史"书志并加以拓展、丰富，撰成制度史巨著《通典》，其叙事上起黄帝，下迄唐德宗贞元十三年（797）；清代乾隆年间，又修《续通典》《清通典》。加之《通志》《文献通考》及其续作，由是中国古代制度史亦形成贯通之局面。

——以事件为中心。宋代史学家袁枢以《资治通鉴》为依据，改编年体为纪事本末体撰成《通鉴纪事本末》。继之而起者有陈邦瞻的《宋史纪事本末》《元史纪事本末》、谷应泰的《明史纪事本末》、李有棠的《辽史纪事本末》《金史纪事本末》；又有宋人章冲所撰《春秋左氏传事类始末》，亦仿袁氏之书而作。至此，纪事本末体史书亦具贯通之气概。

第三，以其他各种历史撰述，不断丰富着中国文明的方方面面。在以《史记》为代表的纪传体史书、以《资治通鉴》为代表的编年体史书、以《通典》为代表的典制体史书、以《通鉴纪事本末》为代表的纪事本末史书以外，还有其他各种历史撰述不断丰富着中国文明的方方面面。这些历史撰述，在《隋书·经籍志》史部中有杂史、杂传、地理、谱系、簿录等十一类；在《旧唐书·经籍志》史部和《新唐书·艺文志》史部也都有十一类，只是在分类名称上改霸史为伪史，改旧事为故事，改簿录为目录；《宋史·艺文志》史部有别史而无杂史，有史抄而无起居注，也是十一类；《明史·艺文志》史部只著明人历史撰述，共有十类，其中编年类归于"正史"，其余各类名目同于《宋史·艺文志》史部著录。清修《四库全书总目》著录史部书凡十五类，除正史、编年、纪事本末、政书外，其他十一类的名目是：杂史、职官、传记、地理、目录、别史、史抄、诏令奏议、载记、时令、政书、史评等，其中诏令奏议以下五类为清人所加。

从上述不同时期正史中的经籍（艺文）志史部著录情况来看，在几种贯通的历史著作之外，其他各种不同体裁、内容的历史撰述，散而有序，起着充实和丰富中国文明之连续性发展的作用。从史学活动的主体来看，诚如刘知幾所言："博闻旧事，多识其物，若不窥别录，不讨异书，专治周、孔之章句，直守迁、固之纪传，亦何能自致于此乎？且夫子有云：'多闻，择其善者而从之。''知之次也。'苟如是，则书有非圣，言多不经，学者博闻，盖在择之而已。"①

毋庸讳言，中国古代史学自有其历史和阶级的局限性，但这无碍于它作为中华文明连续性发展之辉煌的历史记录的本质。

根据上面的论述，我们可以得到这样一个结论：中国史学之连续发展是中国文明之连续性发展的历史记录，那种认为中国历史上从某种事件后或当着某个朝代时，已经不是中国史的观点，是完全站不住脚的，持此种看法的人至少应认真地、不带偏见地读一读中国史学的基本著作，如"正史""九通""十通"以及《资治通鉴》及其续作之类，弄清楚中国史学连续性发展同中国历史进程不曾间断是什么关系，这当是认识中国历史常识所在。

三　各族间历史文化认同的历史见证

中国史学之连续性发展的另一重大意义，在于它保存了一个十分重要的历史事实，即在漫长的中国文明的演进中，历史上民族关系的主流是一个强大的推动力。白寿彝指出：

> 我们研究历史，不能采取割裂历史的方法。从一个历史阶段看问题，固然是必要的；从整个历史发展趋势看问题，则是更为重要的。在民族关系史上，我看友好合作不是主流，互相打仗也不是主流。主流是什么呢？几千年的历史证明：尽管民族之间好一段、歹一段，但总而言之，是许多民族共同创造了我们的历史，各民族

---

① 刘知幾著，浦起龙通释，王煦华整理：《史通通释》，上海古籍出版社2009年版，第257页。

共同努力，不断地把中国历史推向前进。我看这是主流。这一点是谁都不能否认的。①

应当强调的是，这个主流一方面表现在人们的实际活动中；一方面也表现在人们的思想观念中，而历史文化认同的意识、观念和思想是其核心所在。中国史学之连续性发展提供了有力的历史见证。鉴于这方面的记载非常丰富，这里只能举例说明。

《国语》有这样的记载：春秋时期，晋国大夫司空季子（即胥臣臼季）在同晋公子重耳的一次谈话中讲道："凡黄帝之子二十五宗，其得姓者十四人为十二姓：姬、酉、祁、己、滕、箴、任、荀、僖、姞、儇、依是也。"又说："昔少典娶有蟜氏，生黄帝、炎帝。黄帝以姬水成，炎帝以姜水成。"② 这种观念，当是先民口口相传，已有久远的历史了。汉武帝时，司马迁著《史记》，以《五帝本纪》开篇，而黄帝居五帝之首。他写道："黄帝二十五子，其得姓者十四人。"又说："自黄帝至舜、禹，皆同姓而异其国号，以章明德。故黄帝为有熊，帝颛顼为高阳，帝喾为高辛，帝尧为陶唐，帝舜为有虞，帝禹为夏后而别氏，姓姒氏。契为商，姓子氏。弃为周，姓姬氏。"③ 从司空季子到司马迁，广泛地传播了炎、黄的观念，尤其是"黄帝二十五子"和"五帝""三王"（夏、商、周）的观念，都带有浓厚的血缘关系的色彩。联想到西周社会的特点，这种观念的流传也就顺理成章了。

战国以下，尽管从商鞅变法到秦始皇改革，废分封而立郡县，但血缘关系之重要却在人们思想观念中长久地存在着。司马迁称："匈奴，其先祖夏后氏之苗裔也"④。唐初史家称：北周（鲜卑族宇文部所建）文帝宇文泰，"其先出自炎帝神农氏"⑤；"稽胡一曰步落稽，盖匈奴别种"，"库莫奚，鲜卑之别种"⑥；又称，"突厥者，盖匈奴之别种"⑦。元朝皇家史馆修《辽史》时，碰到一个关于血缘观念的难题，但史官们却郑重而又睿智地作了处理，这就是：

庖牺氏降，炎帝、黄帝氏子孙众多，王畿之封建有限，王政之布濩无穷，故君四方者，多二帝子孙，而自服土中者本同出也。考之宇文周之出，辽本炎帝之后，按耶律俨称辽为轩辕后。俨《志》晚出，盖从《周书》。⑧

我们可以认为，这是元朝的史官们结合当时修史中碰到的问题，对约 2000 年前的司空季子和其后的司马迁、唐初史家们所持观念的极好继承。同时，我们也从中看到，这一观念的传统，对于撰写统一多民族国家的历史是多么重要。

司马迁《史记》，从《五帝本纪》到西汉诸帝本纪，从《三代世表》到《秦楚之际月表》，把黄帝以下至汉初的政治谱系叙述得十分清晰，这是所谓"治统"。

"治统"的渊源，自是"五帝三王"；随着历史的发展，其内涵则往往又是指汉、唐政治。如果说羯族出身的石勒不敢以"轩辕之亚"自居，表明若遇汉高祖"当北面而事之"，遇汉光武帝则"并驱于中原"⑨，是真诚表白的话；那么，唐高祖李渊说的东晋十六国、南北朝诸皇朝"莫不自命正朔，绵历岁祀"，"各殊徽号，删定礼仪。至于发迹开基，

---

① 白寿彝：《白寿彝文集》第 3 卷《民族宗教论集》（上），河南大学出版社 2008 年版，第 54 页。
② 《国语·晋语四》，第 356 页。
③ 《史记》卷 1《五帝本纪》，第 9 页。
④ 《史记》卷 110《匈奴列传》，第 2879 页。
⑤ 《周书》卷 1《文帝纪上》，第 1 页。
⑥ 《周书》卷 49《异域传上》，第 896 页。
⑦ 《周书》卷 50《异域传下》，第 907 页。
⑧ 《辽史》卷 63《世表》序，第 949 页。
⑨ 《晋书》卷 105《石勒载记下》，中华书局 1974 年版，第 2749 页。

受终告代,嘉谋善政,名臣奇士,立言著绩,无乏于时"云云,① 则显示出他作为政治家的宏大气度。这是从不同的角度、以不同的方式反映出对于"治统"的共识。他如:辽圣宗留心于唐朝的统治经验,并阅读《新唐书》中的高祖、太宗、玄宗本纪,大臣马得臣"乃录其行事可法者进之"②。元顺帝《修三史诏》认为,这是为了"以见祖宗圣德得天下辽、金、宋之由,垂鉴后世,做一代盛典"③。清道光元年(1821),道光皇帝祭黄帝陵文中有"惟致治莫先稽古""四千年帝绪王猷"等语。凡此,都是从不同方面在强调"治统"的重要。

从民族关系上,孔子是一位雍容大度的学者。周景王二十年(前525),鲁昭公设宴招待郯子。有人问郯子:"少皞氏鸟名官,何故也?"郯子井井有条地作了一番回答,讲得很有道理。孔子听说此事,"见郯子而学之。既而告人曰:'吾闻之,天子失官,官学在四夷,犹信。'"④ 郯人非夷,然与夷杂居,故孔子有此言。这件事生动地表明了孔子的文化心态:一是相信"天子失官,官学在四夷"的说法,二是虚心向别人学习自己所未知的知识,而不考虑民族的界限。正因为如此,孔子产生了"欲居九夷"⑤ 的想法。

十六国时,石勒"尝使人读《汉书》"⑥。南北朝时,北魏与萧齐互遣使臣通好,魏孝文帝常对臣下说:"江南多好臣。"⑦ 金朝金世宗设立译书所,翻译《五经》、《十七史》等书,他说:翻译《五经》"正欲女直(真)人知仁义道德所在耳"⑧。这些认识,这些观念,都是从不同的角度反映出各族在心理上的文化认同。

战国时期,有赵武灵王胡服骑射,这是华族对胡人的学习。南北朝时,北朝有许多制度是南朝人帮助制订的,而魏孝文帝改革也包含了不少"汉化"的内容。隋唐的若干制度却又源于北朝,并成为基本的定制。辽朝实行南面官、北面官,南面官以汉制治汉人,北面官以契丹制治契丹人,反映了制度文化认同与融合过程中的阶段性特点。金朝实行科举考试制度,是从隋唐制度中得到的借鉴。元朝和清朝是中国历史上的两个统一多民族的大朝代,它们的制度都带着一些蒙古族和满族原有的民族特色,但其主流则仍是汉、唐、两宋以来制度的沿袭和发展。清乾隆帝在《重刻〈通典〉序》中评论唐代史家杜佑所撰典制体通史《通典》时说:此书"本末次第,具有条理,亦恢恢乎经国之良模矣!"⑨ 这或许可以看作是各族对中国古代制度文化之认同的代表性言论。

类如以上记载,2000多年绵延不断,见证着中国历史上各族的历史文化认同的发生、发展的趋势,从而显示出中国统一多民族国家形成、发展、巩固的历史必然性。

四 当代历史学话语体系建构的历史渊源

中国史学之连续性发展,还有一个重大意义是,为当代中国特色的历史学话语体系的建构提供了丰富的资料,成为这一建构工程的历史源头。

先秦时期,孔子提出"良史"论;⑩ 孟子提出"事、文、义"⑪ 史书三要素说,提出

---

① 唐高祖李渊:《命萧瑀等修六代史诏》,见《唐大诏令集》,中华书局2008年版,第466—467页。
② 《辽史》卷80《马得臣传》,第1279页。
③ 《辽史》附录,第1554页。
④ 《左传·昭公十七年》,杨伯峻《春秋左传注》本,第1389页。
⑤ 《论语·子罕》,杨伯峻《论语译注》本,中华书局1963年版,第98页。
⑥ 《晋书》卷105《石勒载记下》,第2741页。
⑦ 《南齐书》卷57《魏虏传》,中华书局1972年版,第992页。
⑧ 《金史》卷8《世宗本纪下》,中华书局1975年版,第185页。
⑨ 乾隆《重刻〈通典〉序》,见《通典》附录一,中华书局1988年版,第5513页。
⑩ 《左传·宣公二年》,杨伯峻《春秋左传注》本,第663页。
⑪ 《孟子·离娄下》,杨伯峻《孟子译注》本,中华书局1963年版,第192页。

"孔子成《春秋》而乱臣贼子惧"①的史学功用说；《左传》提出"微而显，志而晦，婉而成章，尽而不污，惩恶劝善"②的历史叙事观；申叔时提出全面的历史教育论，深刻地揭示了史学的社会功能；《春秋穀梁传》提出了"信以传信，疑以传疑"③的作史基本原则，等等。

秦汉时期，司马迁提出"述往事，思来者"④的作史旨趣，指出"《春秋》善治人"的价值判断，表明"正《易传》，继《春秋》，本《诗》《书》《礼》《乐》之际"⑤的史学志向。班固《汉书·司马迁传》后论提出"良史之材"和"善序事理"的概念，提出"辨而不华，质而不俚，其文直，其事核，不虚美，不隐恶，故谓之实录"⑥等史学批评的标准和境界之相关概念。荀悦提出史书应包含五个方面的旨趣，即达道义、彰法式、通古今、著功勋、表贤能，指出史书应包含广泛的内容和史书的重要功能，认为史论的作用是"粗表其大事，以参得失，以广视听"⑦。

魏晋南北朝时期，杜预论《春秋》"为例之情"⑧。张辅论班、马优劣与"良史述事"⑨。袁宏认为："史传之兴，所以通古今而笃名教"；又说："今之史书，或非古人之心，恐千载之外，所诬者多，所以怅怏踌躇，操笔恨然者也。"⑩范晔批评班固对司马迁的批评，强调著史当"以意为主，以文传意"；认为"古今论述及评论，殆少可意者"；对史论有很高期待，即"又欲因事就卷内发论，以正一代得失"⑪。裴松之论注史之旨，涉及史学批评。沈约论书志源流及各志作用。崔鸿论史书批评与重撰史书。刘勰论"居今识古，其载籍乎"，论"文疑则阙，贵信史也"，论"良史之直笔"⑫，论史学发展的历史并给予评论。裴子野论改纪传为编年的宗旨和做法。柳虬论"密为记注"之弊⑬。魏收论"志"的重要性。

隋唐时期，颜师古论近代注家之弊。唐高祖论史学的社会作用，论修《六代史》之必要。唐太宗批评诸家晋史，唐高宗论选择史官的标准。《隋书·经籍志》史部大序论史官"必求博闻强识，疏通知远之士"⑭，以及官修、私撰之不同境遇。李延寿论《南史》《北史》的结构和旨趣。司马贞论史注宗旨，"重作赞述"，"欲以剖盘根之错节"⑮。张守节论注史的旨趣，"古典幽微窃探其美""索理允当""引致旁通"⑯等等。刘知幾论史学批评、"史才三长"与史学自身的构成，提出直书、曲笔、鉴识、探赜、叙事、载言、载文、采撰、书事等诸多史学概念，反映了他的系统的史学观。杜佑论"往昔是非，可为古今龟鉴"，"所纂《通典》，实采群言，征诸人事，将施有政"⑰。李翰《通典》序论"致用"之

---

① 《孟子·滕文公下》，杨伯峻《孟子译注》本，第155页。
② 《左传·成公二年》，杨伯峻《春秋左传注》本，第870页。
③ 《春秋穀梁传·桓公五年》，《十三经注疏》本，中华书局1980年版，第2374页。
④ 司马迁：《报任安书》，见班固《汉书》卷62《司马迁传》，第2735页。
⑤ 《史记》卷130《太史公自序》，第3297页。
⑥ 《汉书》卷62《司马迁传》后论，第2738页。
⑦ 分别见荀悦：《汉纪·高祖帝纪》序、《汉纪》后序，见《两汉纪》上，中华书局2017年版，第1、547页。
⑧ 杜预：《春秋左氏传》序，见萧统《文选》卷45，中华书局1977年版，第639页。
⑨ 《晋书》卷60《张辅传》，第1640页。
⑩ 袁宏：《后汉纪》序，《两汉纪》下，中华书局2017年版，第1页。
⑪ 范晔：《狱中与诸甥侄书》，见《宋书》卷69《范晔传》，中华书局1974年版，第1页。
⑫ 刘勰著，周振甫注：《文心雕龙·史传》，人民文学出版社1982年版，第171、172页。
⑬ 《周书》卷38《柳虬传》，第681页。
⑭ 《隋书》卷33《经籍志二》史部大序，第992页。
⑮ 司马贞：《史记索隐》后序，见《史记》附录，第10页。
⑯ 张守节：《史记正义》序，见《史记》附录，第11页。
⑰ 《旧唐书》卷147《杜佑传》，第3983页；杜佑：《通典》自序，第1页。

学"必参古今之宜"①。李吉甫论《时政记》兼及"良史",又论地理书之重要。刘肃论"以人为本"与"以学为先"②。李翱论"行状不足以取信"。③ 皇甫湜论编年、纪传兼及"良史"标准。柳宗元论史官当"思直其道"④。

五代以下,曾巩论"良史"标准之高。⑤ 司马光论《资治通鉴》要旨是"专取关国家盛衰,系生民休戚,善可为法,恶可为戒者"入史。⑥ 郑樵论"会通之义大矣哉"⑦。朱熹论读经与读史。杨万里论纪事本末体史书历史叙事的特点。叶适论史法。马端临论"时有古今,述有详略","著述自有体要";"理乱兴衰,不相因者也","典章经制,实相因也"⑧。胡三省论"道无不在,散于事为之间",史不可少。⑨ 王世贞论国史、野史、家史之长短。王夫之全面论述史学的社会功用。钱大昕论"史非一家之书,实千载之书"与史学批评的目的是"坚其信""见其美"⑩。章学诚论"六经皆史",以及"圆神""方智""史法""史意""史德"⑪。龚自珍倡言关注"良史之忧"⑫,等等。这些都是史学观念中之荦荦大者。

对于这些史学观念的遗产,我们如何在传承中予以转化、创新呢?这是史学话语体系建构中的一个关键环节。

具体来说,在史学观念、史学理论方面,例如:事、文、义,才、学、识,事实、褒贬、文采,直书与曲笔,采撰与书事,鉴识与探赜,会通与断代,说、论、曰、议、评,史法、史意与史德,记注与撰述,信史与致用等,都是重要的概念。这些概念,在史学上或长久地传承,或广泛地使用,其中有些是可以通过创造性转化和创新性发展而使其融入当今史学发展之中,与中国马克思主义史学相结合,进一步彰显中国特色、中国风格和中国气派。

如上所述,中国史学的连续性发展,给我们积累了丰富的文献资料和思想遗产,为梳理和厘清中国史学观念史提供了可能。作为第一步,我们可以从史学的连续性发展中爬梳出来一些史学观念并对其进行分析,为建构史学话语体系准备那些最必要的元素。值得注意的是,在中国史学之连续性发展过程中,不同时期会提出不同的史学概念、观念,也会在传承中提出原有的但已经多少发生变化的概念和观念。这种在传承中的变异和发展,显示出史学的活力,往往可使研究者感到心旷神怡。当然,在这个过程中,中国史学家也应具有借鉴、吸收外国史学积极成果的理性和雅量。

(原载《河北学刊》2020年第4期)

---

① 李翰:《通典》序,见《通典》书首,第1页。
② 刘肃:《大唐新语四·总论》,中华书局1984年版,第202页。
③ 王溥:《唐会要》卷64《史馆杂录下》,第1311页。
④ 柳宗元:《柳河东集》卷31《与韩愈论史官书》,上海人民出版社1978年版,第499页。
⑤ 曾巩:《南齐书目录序》,见《南齐书》书后,第1038页。
⑥ 司马光:《进资治通鉴表》,见《资治通鉴》卷末,中华书局1956年版,第9607页。
⑦ 郑樵:《通志》序,见郑樵撰,王树民点校《通志二十略》书首,中华书局1995年版,第1页。
⑧ 马端临:《文献通考》序,中华书局2011年版,第1、2页。
⑨ 胡三省:《新注资治通鉴》序,见《资治通鉴》书首,第24页。
⑩ 钱大昕:《廿二史考异》序,上海古籍出版社2014年版,第1页。
⑪ 参见章学诚《章氏遗书》,《文史通义》内篇1《易教上》《书教下》、卷5《史德》、外篇3《家书二》等篇,文物出版社1985年版。
⑫ 龚自珍:《龚自珍全集》第1辑《乙丙之际箸议第九》,上海人民出版社1975年版,第6页。

中国疆域诠释视角：从王朝国家到主权国家

李大龙[*]

摘　要：对中国疆域理论的探讨是构建中国特色边疆学学科体系、学术体系与话语体系的主要内容，日益受到学界重视。但是，传统的王朝史观遭到越来越多的质疑，新的理论探索又受到"民族国家"理论的束缚，至今尚未形成成熟的理论和方法。通过对主权国家和中国疆域形成与发展的历史观察可以发现，《威斯特伐利亚和约》产生的主权国家理论和《尼布楚条约》的签订大致在同一时期，主权国家理论和中国传统天下观的构成异曲同工，中国疆域的形成与发展和欧洲主权国家的出现都是从传统国家发展为主权国家。因此，采用从传统王朝国家到主权国家的视角构建中国疆域形成与发展话语体系更为恰当和科学。

关键词：王朝国家　主权国家　中国疆域

从《汉书·地理志》概述西汉"大一统"王朝疆域到21世纪的今天，有关中国疆域形成与发展的诠释取得了丰硕的成果，迄今走过了四个不同时期。从汉代的《汉书·地理志》到清代的《一统志》等地理、历史杰作，主要对中国疆域的形成与发展进行了记述；从18世纪末以后的西北舆地学到20世纪三四十年代专门性著作涌现，这一时期是关于中国疆域问题近代新型研究的兴起；从20世纪50年代"历史上中国疆域"的大讨论到21世纪初《中国古代疆域史》和《中国近代边界史》的出版，这一时期是中国疆域史深入研究时期；最近十几年，学界关于此方面的研究有了长足的进步，难能可贵的是，已有一些成果对中国疆域形成与发展的理论进行了有益的学术探讨。但是，这些成果多数是按照王朝沿革的顺序对历代王朝的疆域作具体阐述，少有学者对历代王朝疆域的内在关联等问题做出深入的学理性研究。

关于中国疆域的形成与发展，仍有一些问题需要探讨，如历代王朝的建立者不同，疆域多以中原地区为中心盈缩不定，为何这些王朝的疆域被认为是中国疆域的组成部分？其内在逻辑是什么？国内疆域史著作对于这些问题尚没有给出完善的学理性解答。这也是国外学界"长城以北非中国"等错误观点[①]肆意流行，并以此为依据来解构中国以历代王朝疆域为中国疆域的传统叙述体系的重要原因之一。

当今世界，尽管国家领土主权可以通过国际法得到一定程度的保障，但领土和海洋权益的纷争依然是影响国与国关系的重要因素。我国提出的"一带一路"倡议虽然得到了世界上很多国家的积极响应，但要实现包括"民心相通"在内的"五通"，进而构建"人类命运共同体"，必须有中国特色疆域形成与发展理论的话语体系作学理支撑。中国疆域话语体系的建构，必须要以前人的研究成果及其理论为基础，但仅仅在历代王朝历史语境基础上构建起来的叙述体系，往往会受到"民族国家"理论的冲击，不仅被扣上了"大汉族主义"

---

[*] 李大龙，中国社会科学院中国边疆研究所编审。
[①] 国外学界长期存在从"民族国家"视角探讨中国历史的做法，认为历史上的中国是"汉族王朝"，其疆域局限于长城以内。如法国学者勒内·格鲁塞的《草原帝国》（蓝琪译，商务印书馆1998年版）、美国学者狄宇宙的《古代中国与其强邻：东亚历史上游牧力量的兴起》（贺严、高书文译，中国社会科学出版社2010年版）等都是在"中国"之外阐述中国北部草原地区的历史。

的帽子，而且很难得到国内外学界的广泛认同。因此，我们要实现在此研究领域的理论创新，必须突破王朝国家理论和"民族国家"理论的束缚。只有这样，才能真正实现研究方法的创新，才能从传统王朝国家向主权国家转变的全新视角，从学理的层面对中国疆域的形成与发展及其理论展开深入研究，从而构建具有中国特色的疆域形成与发展的话语体系。

一 传统疆域研究理论与方法的检视

有关中国疆域形成与发展的研究有着悠久历史，也取得了丰硕成果。考察已有论著，由于理论和方法不同，其叙述体系也存在差异，可以分为以历代王朝疆域为中国疆域的叙述体系，以18世纪50年代到19世纪40年代鸦片战争前清代中国版图为中国疆域的叙述体系，以中华人民共和国疆域为基础上溯历史上中国疆域范围的叙述体系，等等。由于不同叙述体系之间存在着较大的差异和分歧，从而在一定程度上制约了这一问题研究的进一步深入。为便于讨论，笔者对主要的几种叙述体系先作一简要概述。

（一）以历代王朝疆域为中国疆域的叙述体系

就已有疆域史著作而言，无论是在20世纪三四十年代还是21世纪初期出版的通论性著作，尽管在细节上存在一些差异，但基本是以历代王朝疆域为中国疆域来构建叙述体系。

20世纪三四十年代的疆域史著作采取的叙述理论和方法可以顾颉刚、史念海《中国疆域沿革史》为例进行说明。该书1938年出版，其后屡次再版，影响较大。该书第1章为绪论，作者开篇即言："在昔皇古之时，汉族群居中原，异类环伺，先民洒尽心血，耗竭精力，辛勤经营，始得今日之情况。"进而论及黄帝"化野分州"后历代沿革之盛衰，言明撰写该书时中国所面临的"强邻虎视，欲得我地而甘心"的境况。其后所列章节除第2章名为"中国疆域沿革史已有之成绩"、第25章名为"鸦片战后疆土之丧失"外，其余各章都以王朝疆域为名，阐述了历代王朝的疆域。且不论《中国疆域沿革史》以"汉族"为切入视角是否符合中国疆域发展的实际，由章节结构即能清晰看出，该书是以历代王朝疆域为主要内容的叙述体系。同时期的其他疆域史著作虽然在内容和章节设置方面有所差异，但基本上也采用了这种叙述方式。如夏威的《中国疆域拓展史》[①] 分列9章，其中7章阐述了历代王朝的疆域。最后虽然以"总论"为题，采用扩张、缩减、统一、分裂、概述来归纳中国疆域形成与发展的特点，但并没有脱离以历代王朝疆域为中国疆域的叙述体系。

当然，也有一些著作试图突破这一叙述体系，如童书业所著《中国疆域沿革略》[②] 采用了以"历代疆域范围""历代地方行政区划"和"四裔民族"三篇建构中国疆域的叙述体系。虽然依然以历代王朝的疆域范围概述中国疆域沿革，但该书却以传说中之州服制、郡县制之始起、郡县制之确立及郡国并行制、州制之成立、州制之演变及没落、道府制之成立、道制之转变——路制和省制之始起及完成，来论述历代王朝政区之沿革和拓展；从云贵高原、海藏高原、蒙新高原和东北地带4个不同地域，分述苗族、越族、濮族、羌族、藏族、匈奴、鲜卑、西域白种、突厥、蒙古、貉族、肃慎等族群的历史。

中国学界20世纪50年代开始的关于"历史上的中国疆域"大讨论，其中心话题同样是历代王朝的历史是否能够代表整个中国历史这一基本问题，这一讨论也可以看作童书业《中国疆域沿革略》所探讨问题的延续，不仅影响到中国通史类著作，也对中国疆域史著作的叙述体系构成一定影响。如刘宏煊在《中国疆域史》"绪论"中明确表示："中国疆域史作为一门历史科学，其研究对象就是中国历史疆域形成、发展的进程及其规律。这就提出了一个问题，即以何时的中国疆域定为正式形

---

① 夏威：《中国疆域拓展史》，文化供应社1941年版。
② 童书业：《中国疆域沿革略》，开明书店1946年版。

成的中国历史疆域。如果我们不能预先对此给予科学界定,我们就无法确定中国疆域史研究的范围,也无法真正确立中国疆域史的研究对象,自然谈不上系统阐释了。"① 从章节设置看,该书对中国疆域形成与发展的叙述体系有所创新,以"中国远古民族和夏、商、周疆域""中国疆域的初步形成""中国疆域的进一步发展""中国历史疆域的正式形成"和"为捍卫祖国疆域完整统一而斗争"来阐述中国疆域形成与发展的轨迹。其中,"中国疆域的初步形成"从春秋战国开始叙述;"中国历史疆域的正式形成"则从五代开始叙述,重点阐述了元明清三朝对边疆的经营及其疆域情况。

分阶段的叙述方式也常见于具体阐述中国疆域的论著中。如马大正在《中国疆域的形成与发展》一文中认为:"中国疆域的形成经历了数千年的时间,发展道路十分漫长、曲折,可以分作形成、发展、奠定、变迁四个阶段。"秦汉时期为形成阶段,隋唐至元为发展阶段,清代为奠定阶段,清中叶至民国为变迁阶段。② 在分阶段的基础上,也有专门性著作依然沿用历代王朝疆域作为中国疆域来构建中国疆域形成与发展的叙述体系,如林荣贵主编的《中国古代疆域史》。③ 该书分为上、中、下3卷,字数多达161万余字。虽然该书在前言和结构上对中国古代疆域的形成与发展做了说明和阶段划分,但依然采取了将历代王朝疆域作为中国疆域的叙述体系。

按照时间顺序,以历代王朝疆域作为中国疆域的叙述体系之所以成为中国疆域史研究的传统,主要受到以《史记》为开端的"正史"系统的影响。司马迁的《史记》虽然没有设置《地理志》对西汉王朝的疆域进行记述,但其中的《河渠书》以大禹治水为开端阐述西汉的河流山川。《汉书·地理志》在此基础上直接将西汉的疆域源头对接到了传说中的"九州",并将其视为夏、商、周、秦疆域的延续与发展。其后的各类史书,多设置《地理志》详记王朝的疆域及其行政区划沿革,这些详略不同的记述为元代《一统志》的出现奠定了基础。同时,将这些记述整合在一起,构成了对中国疆域形成与发展叙述体系的主要内容,并且是以中原地区为中心的。但是,这种以历代王朝疆域为中国疆域的叙述体系存在一个严重缺陷,即历代王朝的疆域基本是以直接统治区域为主体,而对于政区之外"夷狄"分布的区域,由于王朝一般实施"羁縻"统治方式,故往往不在叙述体系之内。因此,该体系叙述的疆域不仅难以涵盖中华大地,且与王朝的实际控制区域也存在一定差距。童书业的《中国疆域沿革略》试图用一种全新的方式对中国疆域进行叙述,但遗憾的是其基本框架依然没有改变,依然囿于王朝国家理论体系。

(二)以 18 世纪 50 年代到 19 世纪 40 年代鸦片战争前清代中国版图为中国疆域的叙述体系

以历代王朝疆域为中国疆域的叙述体系,是难以对中国疆域的形成与发展进行准确而全面阐释的。谭其骧正是认识到这一点,因此他在编绘《中国历史地图集》时提出:"我们是拿清朝完成统一以后,帝国主义侵入中国以前的清朝版图,具体说,就是从 18 世纪 50 年代到 19 世纪 40 年代鸦片战争以前这个时期的中国版图作为我们历史时期的中国的范围。"④《中国历史地图集》出版后,受到学界的好评,谭其骧所提出的以 18 世纪 50 年代到 19 世纪 40 年代鸦片战争前清代中国版图为基础的中国疆域形成与发展的叙述体系也得到不少学者的响应。譬如,葛剑雄在《中国历代疆域的变迁》一书中表明了类似的观点:"应该以中国历史演变成一个统一的、也是最后的封建帝国——清朝所达到的稳定的最大疆域为范围。具体地说,就是今天的中国加上巴尔喀什

---

① 刘宏煊:《中国疆域史》,武汉出版社1995年版,第4页。
② 马大正:《中国疆域的形成与发展》,《中国边疆史地研究》2004年第3期。
③ 林荣贵主编:《中国古代疆域史》,黑龙江教育出版社2007年版。
④ 谭其骧:《历史上的中国和中国历代疆域》,《中国边疆史地研究》1991年第1期。

湖和帕米尔高原以东，蒙古高原和外兴安岭以南的地区。"①

应该说，18世纪50年代到19世纪40年代鸦片战争前清朝的疆域和之前历代王朝相比，疆域范围更为广阔，同时又有清朝编撰的《一统志》作为学术支撑，因此，以18世纪50年代到19世纪40年代鸦片战争前清代中国版图为中国疆域的叙述体系，较之以历代王朝疆域为中国疆域的叙述体系更具说服力。但是，该叙述体系没有充分体现出边疆在中国疆域形成和发展中的重要作用，尤其是谭其骧提出的以中华人民共和国疆域范围为基准分割某些边疆政权归属的见解，②备受中、韩、朝一些学者的质疑，很难形成广泛共识。

（三）以中华人民共和国疆域为基础上溯历史上中国疆域范围的叙述体系

1951年，白寿彝发起了"历史上的中国疆域"的大讨论，提出了"用中华人民共和国的国土范围来处理历史上的国土问题"的观点，③他主编的《中国通史》也贯穿了这一主导思想。当时"很多学者都参与了这次大讨论，多数与白寿彝的观点较为一致"。④自此，持这一观点的关于中国疆域形成与发展研究的论著开始不断涌现，以中华人民共和国疆域为基础上溯历史上中国疆域范围的叙述体系也逐渐形成，并成为中国疆域研究的重要叙述体系之一。

这一叙述体系得到很多学者的赞同和实践，有的学者还从新的视角对其进行了补充和修正。譬如，翁独健从民族关系史的角度提出了自己的观点，认为："不能再像古代史学家那样把中国的范围局限于夏族或汉族建立的国家，也不能再把它与汉族居住区等同起来了，而应从我国多民族出发，从我国今日的领域出发。"⑤因此，在其主编的《中国民族关系史纲要》中，将活动在中华人民共和国疆域内的民族或政权的历史视为中国历史的组成部分，活动于疆域外的民族或政权的历史是否属于中国历史组成部分，则视其和当时王朝关系的具体情况而定。如果该民族或政权归属当时王朝管辖或与之联系密切，则将其纳入叙述范围，反之则不在叙述范围之内。具体而言，就是"生活在今天中国疆域内的民族以及历史上生活在今天疆域内而今天已经消失了的民族都是中华民族的组成部分，他们的历史（外来民族迁入之前的历史另作别论）都是中国历史的组成部分，他们在历史上活动的地区及其建立政权的疆域也都是中国历史上疆域的组成部分。按照这一原则，结合历史上中原政权与边疆民族及其政权的隶属关系，以及边疆民族对中华思想文化的心理认同等条件综合考察，不难对中国历史上的疆域问题得出比较正确的结论。"⑥

但随着21世纪兴起的对中国疆域形成与发展理论的探索，这一叙述体系并没有如一些学者所预想的那样，简单而容易地得出"比较正确的结论"。同时，也有一些学者对此提出质疑，认为中华人民共和国的疆域，是被近代殖民势力"蚕食鲸吞"之后的结果，不能真实反映历史上中国疆域的发展情况。"能不能就用今天中华人民共和国的领土为范围呢？显然也不妥当。因为由于100多年来帝国主义的侵略和掠夺，中国已有100多万平方公里的土地被攫取。"⑦

（四）21世纪对中国疆域形成与发展叙述体系的理论探讨

进入21世纪后，随着对中国边疆研究热潮的持续高涨，一些学者对中国疆域形成与发

---

① 葛剑雄：《中国历代疆域的变迁》，商务印书馆1997年版，第6页。
② 谭其骧：《历史上的中国和中国历代疆域》，《中国边疆史地研究》1991年第1期。
③ 白寿彝：《论历史上祖国国土问题的处理》，《光明日报》1951年5月5日，《历史教学副刊》第6号。该文后被收入《学步集》，生活·读书·新知三联书店1962年版，第1—3页。
④ 达力扎布主编：《中国民族史研究60年》，中央民族大学出版社2010年版，第39页。
⑤ 翁独健主编：《中国民族关系史纲要》，中国社会科学出版社1990年版，第6页。
⑥ 赵永春：《关于中国历史上疆域问题的几点认识》，《中国边疆史地研究》2002年第3期。
⑦ 葛剑雄：《中国历代疆域的变迁》，第6页。

展的叙述体系进行了探讨，并提出了新的见解。以下几位学者的观点值得关注。

1. 杨建新"一个中心、两种发展模式"的观点

杨建新从"中国"一词含义的探讨出发，将中国疆域的形成与发展途径总结为"一个中心、两种发展模式"。他认为："一个中心"是指"中国的中原地区"。"在整个中国疆域的形成过程中，中原地区，也就成为中国疆域形成过程中，最具吸引力、最具凝聚力的中心。""开拓模式，就是以中原为基础，以中原地区的政权为核心，主动以政治、经济、文化等和平手段为主，不断扩大中原政治、经济、文化的影响力，经过多年的经营和开拓，使边疆地区与中原建立不可分割的联系，最终成为统一的中国疆域。……嵌入式，即在中国疆域形成过程中，不断有新的民族和政权主动嵌入正在形成和发展的中国版图之中，并与中国其他民族和地区形成密切的政治、经济、社会、文化和族体方面的联系。"①

将"中原地区"视为中国疆域形成与发展的"中心"已得到学界普遍认同，而将以"中原地区"为基础的"开拓"和"新的民族和政权主动嵌入"视为中国疆域发展的两种模式，则是一种全新的见解，能否得到学界认同，还需要时间的检验。

2. 赵永春由"复数"到"单数"的观点

赵永春也着眼于"中国"一词，提出从"复数"中国到"单数"中国的视角来认识中国疆域的形成与发展。他认为："中国古代不仅存在少数民族及其政权自称'中国'的现象，也存在一些当时没有自称'中国'而被后来继承者称为'中国'的现象……这些复数的'中国'经过秦汉、魏晋南北朝、隋唐、辽宋夏金的发展，到了元朝统一全国开始过渡为单数'中国'，明朝时期，元朝所形成的单数'中国'又出现一些反复，到了清朝统一全国，复数'中国'又重新转化为单数'中国'，统一的多民族的'中国'及其疆域最终形成和确立。"②

同样是从"中国"一词切入，赵永春的观点为我们提供了不同的研究思路和视角。但也必须指出的是，尽管赵永春在著作中做出"主张'以今天中国疆域所包括的民族为出发点去上溯中国各个民族的历史和疆域'，动态地去认识中国各个历史时期的不断发展变化的疆域"的说明，但他的这一观点更适合阐述清朝统一全国之前中国疆域形成与发展的历史，而不能完全涵盖中国疆域形成与发展的全部历程。

3. 李大龙"自然凝聚，碰撞底定"的观点和周平"民族国家"的观点

同样是关注"中国"一词的出现与演变，李大龙将其与中国传统的"天下"一词对应，将1689年清朝和俄罗斯签订的《尼布楚条约》视为中国疆域从传统王朝国家开始向主权国家转变的开端，进而提出了用"自然凝聚，碰撞底定"来概括中国疆域形成与发展的认识观点，并在系列论文的基础上整合出版了《从"天下"到"中国"：多民族国家疆域理论解构》。该观点试图突破"民族国家"理论的束缚，从王朝国家向主权国家转变的视角，总结中国疆域形成与发展的规律。

周平主编的《中国边疆政治学》着眼于对中国边疆的现实观照上。他认为"边疆作为一个特定的地理区域，是从国家的角度来界定的，它的特性是国家赋予的"，进而从国家形态上审视中国疆域："在中国国家形态演变的历史上，秦代就是典型的王朝国家。直到最后一个王朝被辛亥革命推翻，各个统一的王朝，都是典型的王朝国家。从秦到清，中国都处于王朝国家时代。最后一个王朝的覆灭，既标志着中国王朝国家历史的结束，也意味着构建民族国家进程的开启。新中国的成立，标志着中国民族国家构建的基本完成。中华人民共和国就是中华民族的民族国家。"③

从王朝国家向主权国家转变与从王朝国家

---

① 杨建新：《"中国"一词和中国疆域形成再探讨》，《中国边疆史地研究》2006年第2期。
② 赵永春：《从复数"中国"到单数"中国"——中国历史疆域理论研究》，黑龙江教育出版社2014年版，第99页。
③ 周平主编：《中国边疆政治学》，中央编译出版社2015年版，第51页。

向民族国家转变的观点虽然都观照了中国国家疆域性质的转变，但两者仍有较大差别：一方面，前者舍弃了"民族国家"视角，应用了"主权国家"理论，后者则从"民族国家"视角出发；另一方面，前者将《尼布楚条约》的签订视为中国从王朝国家转变为"主权国家"的开始，后者则将历代王朝发展的结果视为"构建民族国家进程的开启"。两种观点的差异，主要在于对中国疆域属于"主权国家"还是"民族国家"疆域的判断不同。当前学界对"民族国家"的"民族"一词在理解上分歧很大，用"民族国家"不仅难以准确解释中华大地上族群凝聚的历史，更无法取得广泛认同。"中华人民共和国就是中华民族的民族国家"的结论，与中华人民共和国成立后经过民族识别确立了56个民族，并制定《中华人民共和国民族区域自治法》保障其各项权利的实际情况难以吻合。因此，从"民族国家"的视角来阐释中国疆域形成与发展的叙述体系面临更多挑战。

总之，哪种叙述体系更能客观而全面地阐释中国疆域形成与发展的实际情况，还有待学界进一步深入探讨。但很多学者在这方面所做出的大量研究工作和辛勤付出，是值得充分肯定的。

二 《威斯特伐利亚和约》与"主权国家"理论的形成

在有关中国疆域形成与发展的研究中，目前主要有"王朝国家""民族国家"和"主权国家"三种不同的概念，进而形成了不同的叙述体系。分析三种概念之间的差异，有助于我们选择更适合阐述中国疆域形成与发展的理论视角。

（一）"王朝国家""民族国家"和"主权国家"三种概念的差异

从"王朝国家"视角阐释中国疆域的形成与发展，是史学界传统的研究方法。尽管尚未有学者对"王朝国家"概念做出明确的学理阐释，但从具体使用看，王朝国家主要用于指称清朝及其之前的中国历代王朝。考察东亚尤其是中华大地上存在的历代王朝疆域，可以看出在"普天之下莫非王土"观念的影响下，王朝国家基本都以中原地区为核心区域，"有疆无界"[①]，且疆域盈缩无常，是其突出的特点。历代王朝在时间上前后相继，众多古代通史和断代史类的论著对这些王朝国家的历史有大量记载，史料丰富。这也是众多疆域史著作选择以历代王朝疆域为中国疆域形成与发展叙述体系的主要原因。

"民族国家"的概念源自"nation state"。该词最早出现在欧洲，本意是指"出现于西欧的那种摆脱中世纪和教权控制过程中所诞生的现代主权国家"。但在这一过程中，"民族的形成与国家的创立齐头并进，并且基本具备了民族与国家同一的形态，因此被称为'民族国家'"。由于"真正的民族国家应当是一个国家一个民族、一个民族一个国家"[②]，所以这一概念迎合了殖民地国家"独立"运动的需要而被广泛使用。[③] 但也有学者指出，"欧洲民族（国家）的产生与资本主义生产方式的产生和发展紧密相关。民族国家是资本主义生产方式运动的结果"[④]，甚至在很大程度上，民族国家只是作为争取"独立"的口号而已。在历史和现实中存在的"民族"和"国家"完全对应的"民族国家"并非常态，所以有学者提出了"民族国家到底是一种理想中的国家形式还是一种现实的国家形式"[⑤]的疑问。

---

① 相关讨论参见毕奥南《历史语境中的王朝中国疆域概念辨析——以天下、四海、中国、疆域、版图为例》，《中国边疆史地研究》2006年第2期。
② 姜鹏：《民族主义与民族、民族国家——对欧洲现代民族主义的考察》，《欧洲》2000年第3期。
③ 参见钱文荣《〈联合国宪章〉和国家主权问题》，《世界经济与政治》1995年第8期。
④ 王沪宁：《国家主权》，人民出版社1987年版，第106页。
⑤ 宁骚：《论民族国家》，《北京大学学报》1991年第6期。

近代以来随着"西学东渐","民族国家"理论传入中国,对清末的国家建构理论产生了较大影响。值得深入思考的是,在我国学界尽管有学者提出了"民族国家"是理想还是现实的疑问,但这并没有影响到大家对"民族国家"概念的广泛讨论。对于"民族国家",我国学界的分歧并非"民族国家"概念的本身,而是在"民族国家"理论中"民族"概念的界定上。学界关于此问题的大讨论始于20世纪50年代,但迄今仍存在较大分歧。①受"民族国家"理论的影响,《中国疆域沿革史》就是从"汉族"视角切入,将"民族国家"中的"民族"与"汉族"对应。但历代王朝的建立者并非都源自"汉族",这已是学界的共识。所以,从"民族国家"的视角审视中国历代王朝疆域的形成和发展不可能得出一个全面正确的认识。也有的学者为了规避对"民族国家"之"民族"认识上的严重分歧,提出了"国族"概念,认为"国族是民族国家的根基。但国族并非民族群体自然演进的结果,而是政治构建的产物"②。

国内学界关于"民族国家"概念的讨论中,有两种观点值得商榷。一是尽管不少学者将"民族国家"理论的源头上溯到了17世纪的《威斯特伐利亚和约》,但同时期在欧洲大陆已经建立了主权国家。而"民族国家"理论产生于18世纪,在时间上大大晚于主权国家。二是一些学者虽然使用"民族国家"概念,但在对中国疆域的研究中并没有严格区分"民族国家"与"主权国家",所谓的"民族国家"实际上是"多民族国家",于是就有了"民族国家并非单一民族国家,而是建立在民族对国家认同基础上的主权国家"③的解释。"主权"是构成当今"国家"的最关键要素,无论是"单一民族国家"还是"多民族国家",从理论上都属于"主权国家"。一些学者提出"国族"的概念,其目的就是要解决这一问题,但要在"民族国家"的语境下对"国族"做出合理的学理阐释,是不可能实现的。

"主权国家"是指称近代以来相邻国家通过外交谈判,签订条约并竖立界碑明确疆域范围,拥有"主权"的国家。当今世界200多个国家和地区中,主权国家是基本样态。"主权国家"理论的产生,是与近代以来主权国家逐渐成为世界政治格局的基本组成部分相吻合的。"主权国家"理论对中国疆域研究的影响,虽然没有"王朝国家"和"民族国家"理论明显,但国内学界在研究古代中国疆域问题的论著中也有不同程度的运用。譬如,一些学者认为西域、西藏等边疆地区融入中国疆域的一个重要标志,就是中央王朝设置机构对这些地区实施了"有效管辖",其理论依据就是"主权国家"理论。如"元朝西藏地方纳入中央王朝行政管辖之后,历代中央政府一直对西藏地方实施着有效的管辖"④ 是目前学界的主流认识。但是,依据这一理论认定古代政权及其疆域归属,是否符合历史实际仍需深入探讨。

(二)《威斯特伐利亚和约》与主权国家理论的形成

"主权"的概念和理论产生于17世纪的欧洲。学术界一般将其源头追溯到《威斯特伐利亚和约》的订立。1648年,来自欧洲16个国家、66个神圣罗马帝国名义下的王国的109位代表,参加了在威斯特伐利亚地区的奥斯纳布鲁克和明斯特两个小城召开的和会,分别达成了《神圣罗马皇帝与瑞典女王以及他们各自盟国之间和平条约》和《神圣罗马皇帝与法兰西国王以及他们各自盟国之间和平条约》,它们被统称为《威斯特伐利亚和约》。该和约订立的基本原则是:

---

① 有关"民族"概念的讨论曾经出现过数次全国范围的高潮,也出现了诸多不同的观点,可参见金炳镐主编《中国民族理论百年发展:1900—1999》,辽宁民族出版社2008年版,第458—504页。
② 周平:《民族国家与国族建设》,《政治学研究》2010年第3期。
③ 周平:《对民族国家的再认识》,《政治学研究》2009年第4期。
④ 张云、石硕主编:《西藏通史·早期卷》,中国藏学出版社2016年版,"总序",第1页。

为了基督教、普遍的和平以及永久、真正和诚挚的和睦,各缔约方应努力保障他方的福祉、荣耀与利益,因而为神圣罗马帝国下的和平与友谊、法兰西的繁荣,增进良好与诚信的睦邻关系。(第1条)永远宽恕在战争中各自无论何时何地所作所为,不再以任何方式加害或不允许加害他方,并完全废止战前或战时所为。(第2条)各方和睦相处,永不为敌。(第3条)今后如发生神圣罗马帝国与法兰西之间的争端,双方均应恪守义务不再相互为敌。(第4条)涉及双方争端应约定仲裁员解决,或以条约结束该争端。(第5条)在和睦相处的基础上,各国充分享有其权利。(第6条)应恢复原状的占有领地,即便有合法的例外理由,也不应阻碍恢复原状,而由法官裁定。(第7条)裁定领地占有者及恢复原状的范围应根据现有的一般规则,并为以后的重要案件提供依据。(第8条)神圣罗马帝国下各国君主权利应予恢复。(第9、10条)

分析和约的具体条款可以看出,其订立的主要目的是确立法国的霸主地位以及各国的边界,以结束欧洲长达30年的战争。学界普遍认为:"威斯特伐利亚和会及其签订的和约是现代的实在国际法,即现代国际条约的起点。该和约是为了调整欧洲各国,主要是法国、瑞典、奥地利、西班牙等国的关系,确立法国的霸主地位。""和约承认德意志各诸侯国享有独立的主权,承认了荷兰、瑞士为独立国,在实践上第一次肯定了格劳秀斯在《战争与和平法》中所提出的国家主权、国家领土与国家独立等原则是国际关系准则。"[1] 纵观欧洲发展史,该和约的订立促成了法国、德意志、荷兰等主权国家的出现,摆脱了神权的控制,明确了各国的边界。

《威斯特伐利亚和约》的影响不仅仅限于17世纪之后的欧洲,对近代以来国际社会的影响也是深远的。"该条约明确规定了主权原则,建立了近代国家体系,划分了欧洲国家的界限,从而体现出国际法是列国间而非列国上之法,是近代国际法的历史起点。"[2] 因此,该和约被学界视为"主权国家"理论形成的源头。

需要特别指出的是,《威斯特伐利亚和约》带给欧洲政治格局的变化是由 traditional states 向 nation state 的转变,前者一般被视为"传统国家",后者则被视为"现代国家"。但"主权国家"理论传入中国后,如何认识 nation state,给出一个对应的汉语词汇,一度是困扰梁启超、顾颉刚、吴文藻、费孝通等前辈学人的难题,并在1939年引发了有关"中华民族"的大讨论。尽管现在我国相关政府部门不再将"民族"英译为"nation",而是用汉语拼音"minzu"表示,但学者一般还是将 nation state 汉译为"民族—国家",或直接译为"民族国家"。国外诸多讨论"民族国家"理论的著作中,安东尼·吉登斯的《民族—国家与暴力》一书在国内影响力较大,其中将"nation state"界定为:"民族—国家存在于由他民族—国家所组成的联合体之中,它是统治的一系列制度模式,它对业已划定边界(国界)的领土实施行政垄断,它的统治靠法律以及对内外部暴力工具的直接控制而得以维护。"[3] 但是,从《威斯特伐利亚和约》带给欧洲历史政治格局的变化来看,和"国家"对应的词汇应该是中文的"国民"而非"民族",因此,笔者认为将"nation state"汉译为"国民国家"更准确。这一方面符合安东尼·吉登斯的原意,另一方面也符合欧洲历史发展的实际。因为"国民"和"民族"尽管都属于人类共同体性质的概念,但二者在涵盖范围上往往并不重合,既有联系也有区别。"国家"和"国民"是完整的对应关系,"民

---

[1] 张乃根:《国际法原理》,复旦大学出版社2012年版,第16—20页;另参见黄德明《〈威斯特伐利亚和约〉及其对国际法的影响》,《法学评论》1992年第5期;李明倩:《〈威斯特伐利亚和约〉与近代国际法》,商务印书馆2018年版;等等。
[2] 李明倩:《〈威斯特伐利亚和约〉与近代国际法》,第5页。
[3] [英]安东尼·吉登斯:《民族—国家与暴力》,胡宗泽等译,生活·读书·新知三联书店1998年版,第147页。

族"和"国家"则不能形成完全对应。与"主权国家"相比,"民族国家"并非国家的一般形态,当今世界众多国家的形态也反映了这一点,这也是近现代以来国际法尤其是《联合国宪章》再三强调"国家主权"而非"民族国家主权"的重要原因。

(三) 主权国家理论与中国传统"天下观"

构成主权国家的三大要素是主权、领土和人民。[1] 这既是当今学界的主流认识,也是国际法对"主权国家"的主要保障。正如霍夫曼所言"主权并非国家与生俱来的产物","国家随着时间的变化而变化并在此过程中产生了主权。但是只有我们承认所有国家声称对强制力的合法垄断(尽管是以不同的方式),我们才能理解这一点。并且也就是对国家强制力合法垄断的宣称使得国家出现了主权"[2]。应该说,这一观点所要表达的核心内容,与欧洲"主权国家"的演变历史基本相符,也对"主权国家"的基本含义进行了概括。那么,按照"主权国家"的标准来审视亚洲地区尤其是中国历代王朝,又能得出一个什么样的结论呢?

孟子曰:"诸侯之宝三:土地,人民,政事。"[3] 尽管"诸侯"不能视为"王朝国家",但孟子的认识和今天判定主权国家的标准有着惊人的相似之处。中国历代王朝在实践中虽然都有直接管辖的区域,但却往往将自己的统治范围视为"有疆无界"的"天下",而"天下"在清代才发展到具有现代意义的代表主权的边界。按照"主权国家"的标准判断,康熙二十八年(1689)《尼布楚条约》的签订,标志着清朝通过谈判和与邻国签订国际条约的方式,确定了本国疆域的主权范围。该条约的签订,仅仅比《威斯特伐利亚和约》晚了41年。因此,从疆域属性的视角看,欧亚大陆基本在相同的时期,出现了从传统国家向主权国家的转变这一发展趋势。我们甚至可以发现,"主权国家"概念所要求的主权、领土和人民三大要素,与构成中国传统"天下观"主体因素的皇权、"天下"(版图)和"夷夏"有着相同的属性。二者的差别是,欧洲摆脱了"神权"的控制演变为主权国家,而亚洲的中国则是由王朝国家向主权国家自然转变,转变过程中"皇权"的主导地位并没有发生根本变化。

三 "主权国家"理论诠释中国疆域的形成与发展

从传统王朝国家"有疆无界"到主权国家"有疆有界",审视中国疆域的形成与发展,既和中华民族形成与发展的大历史是一致的,也具有充分的学理依据。

(一) 从传统王朝到主权国家:"天下"与"中国"涵盖范围的重合

与欧洲"神权"支配下的政治格局不同,中国"传统国家"以王朝的形式出现。在古代中国,一个时段往往有多个政权并存,各政权之间也并非都存在着政治领属关系,但诞生于中原农耕族群的"大一统"观念,却将这些政权分为"正统"和"藩属"。在长期争夺"正统"的过程中,出现了在时间上有一定接续关系的"历代王朝"。"王朝"疆域往往以"天下"称之,存在两种不同的形态:一种是理想中的"天下",即所谓"溥天之下,莫非王土;率土之滨,莫非王臣";另一种则是王朝直接管辖之下的"天下",即史书中经常见到的"大赦天下"之"天下",是皇帝政令直接实施的区域。传统的"天下观"诞生于先秦时期,在西周王朝权力核心是"周王",周王直接统治的区域——"王畿"被称为"中国"。作为诸侯的秦王嬴政统一六国,建立秦

---

[1] 1933年12月26日在乌拉圭蒙特维多召开的第七届美洲国家国际会议上,美国、古巴、尼加拉瓜、巴西等19个美洲国家签署了《国家权利和义务公约》,其第1条规定,国家作为国际法主体应具有常住人口、确定的领土、政府、与其他国家建立关系的能力4个资格条件。

[2] [英]约翰·霍夫曼:《主权》,陆彬译,吉林人民出版社2005年版,第4页。

[3] 《孟子·尽心下》,朱熹:《四书章句集注》,中华书局1983年版,第371页。

朝之后始称"皇帝","皇帝"由此取代"王"而成为"天下"权力的核心。皇帝直接管辖的区域虽然沿用了"中国"的称呼，但其范围已超出周代的"王畿"，涵盖了秦朝所设置的所有郡县区域，是现实中"天下"的代名词。西汉时期，汉武帝虽然将"广地万里，重九译，致殊俗，威德遍于四海"①作为构建"大一统"王朝的追求，但也仅仅是将郡县范围在东北方向推广到朝鲜半岛北部，北部止于河套地区，西北延展至河西走廊西端的玉门关、阳关，南部延伸到今越南中部地区。甘露二年（前52），随着匈奴降汉，西汉的疆域实现了以郡县为中心，其外围为护乌桓校尉、护羌校尉、西域都护、属国都尉等机构间接统治的区域，最外围为匈奴"藩国"，三层区域实施不同的管理方式，理想和现实中的"天下"是不一致的。汉代之后，被称为"夷狄"的边疆政权也加入了争夺"正统"的行列，如辽金等政权都自视为"中国"，"中国"的范围不断扩大。但即便是实现"大一统"的唐朝和元朝，王朝直接统治的区域——"中国"，与理想中的"天下"依然存在差距。

在传统"天下"观念下，理想中的"天下"和现实中王朝的疆域几乎没有重合的可能性，但为中国疆域的形成与发展提供了可供凝聚扩大的宽松环境，直至清代《尼布楚条约》的签订使二者实现了重合。在《尼布楚条约》中，"中国"和清朝可以混用，表明"中国"一词可以用于指称清朝的"天下"，即"大一统"国家。由此，在指称皇帝治下范围上，"天下"由最初的"有疆无界"，到通过国际条约划定的多民族国家"中国"（清朝）的"主权边界"，"天下"就有了明确的界限，并实现了"中国"的"主权边界"与王朝的疆域所指称范围上的重合。②

（二）从"华夷一家"到"国民"：中华民族的形成与发展

"天下"的百姓，在历代王朝统治者眼中被划分为"夏"（中国百姓）和"夷"两大群体。唐人用树的构成来比喻两大群体之间的关系，即"中国百姓，天下本根；四夷之人，犹于枝叶。扰于根本，以厚枝附，而求久安，未之有也"③。尽管个别学者从狭隘的视角将这一表述视为"民族歧视"，但"本根"和"枝叶"都是"树"的组成部分，这一表述恰恰将"夏"与"夷"形象地比喻为"本根"和"枝叶"，说明二者都不可或缺，是不能分割的"一体"。从先秦时期的"中国戎夷五方之民"，到秦汉之后的"夏""夷"或"中国""四夷"之区分，其前提是"一体"的，这是中华大地上古人特有的族群观念，或称之为中国传统的族群观。诞生于中原农耕族群并维持"天下"秩序的礼仪制度，则被冠之以"华""中华"，成为区分"夏""夷"的重要标尺，同时也是"正统"的标志和攻击对手的有力武器，南朝与北朝、辽金与两宋等都互视对方为"夷狄"即是典型表现。所以，"夏""夷"的指称对象并不是固定的，会随着区分"正统"的需要而发生变化。尽管"驱除鞑虏、恢复中华"成为朱元璋推翻元朝统治的政治号召，但其继任者依然在唐人的基础上明确提出了"华夷一家"④的政治主张，显示"一体"是统治者维持"天下"稳定的现实需要。清朝"大一统"王朝完成构建之后，为弥合"华夷"纷争做了很多努力。雍正皇帝更是撰著《大义觉迷录》，继承并发展了"天下一统，华夷一家"的观念。⑤经过清朝持续的整合，在清末改制的诏书中，曾被称

---

① 《汉书》卷61《张骞传》，中华书局1962年版，第2690页。
② 参见李大龙《"中国"与"天下"的重合：古代中国疆域形成的历史轨迹——古代中国疆域形成理论研究之六》，《中国边疆史地研究》2007年第3期。
③ 《旧唐书》卷62《李大亮传》，中华书局1975年版，第2388页。《新唐书》卷99《李大亮传》记载略有差异："中国，天下本根，四夷犹枝叶也。残本根，厚枝叶，而曰求安，未之有也。"（中华书局1975年版，第3911—3912页）
④ 《明太宗实录》卷30，永乐二年四月辛未，"中研院"历史语言研究所，1962年校印本，第533—534页。
⑤ 《大义觉迷录》，沈云龙主编：《近代中国史料丛刊》第36辑，文海出版社1966年版，第6、10页。

为"臣民"的"华夷"有了"国民"的称谓。清末宪政改革的主要目的就是要建立以"国民"为特征的主权国家，即"著各省将军、督抚晓谕士庶人等发愤为学，各明忠君爱国之义，合群进化之理，勿以私见害公益，勿以小忿败大谋，尊崇秩序，保守平和，以豫储立宪国民之资格，有厚望焉"。受此影响，中华民国成立初期提出了"五族共和"的政治口号，试图将中华大地上的族群在"中华民族"①的旗帜下凝聚为一体并整合为"国民"。但遗憾的是，这些改革并未能在中华大地建立起真正的"国民国家"②。此后，尽管西方"民族国家"理论的影响消弭了国民政府的种种努力，日本也试图利用该理论扶持伪"满洲国"而达到殖民目的，但中国作为一个主权国家是得到国际社会普遍承认的。

值得关注的是，随着中国由传统王朝国家向主权国家的转变，如何定义和认识"国民"出现了分歧。梁启超认为"民族与国民异。国民为法律学研究之对象，以同居一地域，有一定国籍之区别为标识。一民族可析为两个以上之国民，例如中国当战国、三国、六朝时。一国民可包含两个以上之民族，例如今中华国民，兼以蒙、回、藏诸民族为构成分子"，并认为"'彼，日本人；我，中国人。'凡遇一他族，而立刻有'我中国人'之一观念浮现于其脑际者，此人即中华民族之一员也"③。1939 年，顾颉刚发表了《中华民族是一个》一文，认为"'民族'是 nation 的译名，指营共同生活，有共同利害，具团结情绪的人们而言，是人力造成的；'种族'是 race 的译名，指具有相同的血统和语言的人们而言的，是自然造成的"④，并提议用"中华民族"指称中华民国的"国民"。但这一观点遭到费孝通的质疑。费孝通从"一个政府"的角度否认了顾颉刚所认为"中华民国境内的人民的政治团体是一个"的认识，而且认为在其内部也有"语言、文化、宗教、血统不同'种族'的存在"⑤。不过在半个世纪之后，费孝通发表了"中华民族多元一体格局"⑥理论，回归到了"一体"并做出相对完善的理论阐述。中华人民共和国成立后，通过民族识别确立了 56 个民族，并统称为"中华民族"，而且在宪法中明确规定"中国人民掌握了国家的权力，成为国家的主人"，"中华人民共和国是全国各族人民共同缔造的统一的多民族国家"⑦。即"中国人民"是"国家的主人"，中国是"多民族国家"。

（三）从"有疆无界"到"有疆有界"：主权国家疆域的形成

从王朝国家到主权国家的视角审视中国疆域的形成与发展，康熙二十八年《尼布楚条约》的签订是一个转折点。之前的中国疆域"有疆无界"，即没有明确"国界线"的"传统国家"状态。该条约签订之后，清朝统治下的"天下"开始有了明确的、国际法所承认的具有主权国家特点的"国界"。雍正五年（1727），清政府和俄罗斯签订了《布连斯奇界约》《恰克图界约》《阿巴哈依图界约》和《色楞额界约》；乾隆三十三年（1768），两国签订了《修改恰克图界约第十条》；乾隆五十

---

① "中华民族"的提出是基于清朝、中华民国和中华大地上的人群凝聚的现实，梁启超的"中华民族"、顾颉刚的"中华民族是一个"和费孝通的"中华民族多元一体格局"理论阐述，其"民族"概念的使用在性质上和 nation 是相同的。
② 张健：《制度移植的动力与困境——北洋军阀时期中华民族共同体的构建路径与效应分析》，《中国边疆史地研究》2019 年第 2 期。
③ 梁启超：《饮冰室文集点校》第 5 集，吴松等点校，云南教育出版社 2001 年版，第 3211 页。
④ 顾颉刚在《益世报》上先后发表《中华民族是一个》等文，后收录于《顾颉刚全集》（中华书局 2010 年版），马戎主编的《"中华民族是一个"——围绕 1939 年这一议题的大讨论》（社会科学文献出版社 2016 年版）也有收录。
⑤ 费孝通：《关于民族问题的讨论》，马戎主编：《"中华民族是一个"——围绕 1939 年这一议题的大讨论》，第 62—68 页。
⑥ 参见费孝通等《中华民族多元一体格局》，中央民族学院出版社 1989 年版，第 1—37 页。
⑦ 《中华人民共和国宪法》，2018 年 3 月 22 日，http://www.npc.gov.cn/npc/c505/201803/e87e5cd7c1ce46e-f866f4ec8e2d709ea.shtml，2020 年 4 月 26 日。

七年又签订了《恰克图市约》。① 与此同时，清政府也在开展与其属国朝鲜、廓尔喀之间的划定"边界"工作。② 遗憾的是，清政府这一勘定"边界"的努力被鸦片战争所中断，此后清政府和越南、缅甸等属国的划界则是英国、法国等殖民者强加的。③ 在亡国灭种的威胁面前，清政府进行了宪政改革，打出了构建"国民国家"的政治口号，并采取了一系列新政措施，试图以此来重振国威。不过，清政府所谓的宪政改革未能挽救清朝的灭亡，更未能阻止外来殖民者对中国疆域的"蚕食鲸吞"。

当然，自康熙二十八年《尼布楚条约》签订至1840年鸦片战争爆发，清政府并没有完成对国家"边界"的全面勘定，但从疆域属性的视角来看，清朝从"传统国家"向"主权国家"转变这一发展趋势是清楚明晰的。因此从这一视角考察，尽管鸦片战争之后在殖民势力的"蚕食鲸吞"下，中国丧失了大片领土和主权，但这并不妨碍我们对中华各民族为祖国疆域的最终"底定"所做的艰苦努力的全面诠释。基于此，进而以康熙二十八年《尼布楚条约》的签订至1840年鸦片战争爆发前中国的疆域为基点，重新审视整个东亚地区政权与族群聚合的历史，可以清晰地看出，中国疆域的形成与发展、中华民族的凝聚与壮大即是其中两条鲜明的主线，主导和推动着整个东亚历史的发展。关于中华民族的凝聚与壮大，费孝通在继承和发展顾颉刚"中华民族是一个"的基础上，创造性地用"多元一体格局""滚雪球"来诠释中华民族的发展壮大，而中国疆域形成与发展的轨迹也是从"多元"（分立与分裂）到"一体"（"一统"与"大一统"）的过程，最终在清代实现了由"传统国家"到"主权国家"的转变。其间，历代王朝的作用应该给予高度关注。边疆地区政权对区域的"一统"和族群凝聚与整合，进而为更大范围的"一统"乃至"大一统"奠定了良好基础，其重要作用更应该给予高度肯定。中国疆域是生活在中华大地上的众多族群共同缔造的，而在这一过程中这些族群也产生了密切的联系，共同以"中华民族"的身份傲立于世界民族之林，并成为中国疆域最终"底定"的黏合剂。④

结　语

综上所述，传统的以历代王朝疆域为中国疆域的叙述体系，虽然以中原地区为中心对历代王朝的政区范围进行了较为详尽的描述，但对历代王朝的延续性，以及边疆地区融入的历史过程不能做出合理而准确地阐释，因此也无法全面客观地体现中国疆域形成与发展的实际情况。"民族国家"理论传入中国之后，一些学者试图在"汉族"的视域下重新构建中国疆域叙述体系，但新建的叙述体系只是在原有叙述体系的基础上混入了"民族国家"概念，不但没有明显的突破，反而造成中国疆域问题研究领域的更加混乱。20世纪50年代开始的"历史上的中国疆域"大讨论，提倡在摆脱以历代王朝疆域为中国疆域叙述体系的基础上，构建新的中国疆域叙述体系。但在大讨论中形成的两大叙述体系，即以18世纪50年代到19世纪40年代鸦片战争前清代中国版图为中国疆域的叙述体系、以中华人民共和国疆域为

---

① 有关清朝和邻国签订的边界条约，参见王铁崖编《中外旧约章汇编》第1册，生活·读书·新知三联书店1957年版。

② 有关清朝和属国朝鲜的划界，参见徐德源《穆克登碑的性质及其凿立地点与位移述考——近世中朝边界争议的焦点》，《中国边疆史地研究》1997年第1期；刁书仁：《康熙年间穆克登查边定界考辨》，《中国边疆史地研究》2003年第3期；等等。有关清朝和廓尔喀的边界划定，参见张永攀《乾隆末至光绪初藏哲边界相关问题研究》，《中国边疆史地研究》2016年第3期。

③ 法国于1885年4月强迫清朝签订了《越南条款》，其后在此基础上通过一系列的勘界活动明确了清朝与越南的"边界"。1876年10月英国和清朝签订的《烟台条约》（又称"滇案条约"《中英会议条款》）最早涉及缅甸事务，1886年6月签订的《缅甸条款》则是双方针对缅甸签署的专门性条约，而1894年1月英国迫使清朝签订的《续议滇缅界、商务条款》则以经纬度的方式议定了清朝与缅甸的"边界"。上述条约在王铁崖编辑的《中外旧约章汇编》第1册都有收录。关于英国和清朝划界的情况，参见朱昭华《中缅边界问题研究》，黑龙江教育出版社2013年版。

④ 参见李大龙《"中国"与"天下"的重合：古代中国疆域形成的历史轨迹——古代中国疆域形成理论研究之六》，《中国边疆史地研究》2007年第3期。

基础上溯历史上中国疆域范围的叙述体系，二者都未能摆脱先前叙述体系的理论束缚，只是补入了对边疆政权疆域的阐述。21世纪以来对中国疆域形成与发展理论的探索，依然受困于历代王朝和"民族国家"理论的束缚，对诸多历史和现实问题不能从学理上做出准确而合理地阐释。"国族"概念的提出，虽然有助于中华民族共同体的凝聚，但在当下学界很难取得共识。

相对于立足于历代王朝和民族国家等视阈建构的中国疆域叙述体系，从传统王朝国家向主权国家转变的视角构建中国疆域形成与发展的话语体系，既和中华民族形成与发展的大历史是一致的，又具有充分的学理依据。一方面，主权国家和中国传统"天下观"的主要构成因素有着相同的属性；另一方面，这一叙述体系既可以规避"民族国家"理论所造成的问题分歧，也可以弥补前述三种叙述体系的不足。在从传统王朝国家向主权国家转变的视域下，"中国疆域"是一个动态的研究对象，"传统王朝国家"是"中国疆域"的源，而"主权国家"是"中国疆域"的流。在传统王朝国家阶段，中华大地上的所有政权，无论是"大一统"王朝，还是分裂王朝，无论是传统的"汉族"政权，还是"非汉族"政权，其疆域自然都是"中国疆域"的组成部分，都可以在"中国疆域"的框架中展开叙述。只有在对中华大地上所有存在过的政权的历史及其疆域做出全面系统阐述的基础上，我们才能看清楚"中国疆域"的源与流，才能完整展现作为"主权国家"的"中国疆域"形成与发展的轨迹和最终结果。而对这一过程进行全面客观的考察并对其规律做出理论总结，则是我们构建中国疆域形成与发展话语体系的重要理论依据。

从传统王朝国家向主权国家转变的视角，也可以为我们构建中国历史话语体系提供有益参考。中华人民共和国作为一个多民族国家，是历史上多个政权在由分裂到统一不断循环的过程中最终形成的，是生息繁衍在中华大地上的所有族群共同缔造的。这一全新的视角和方法，不仅可以彻底摆脱"民族国家"理论对中国历史叙述带来的一系列困扰，有助于构建符合中国历史实际情况的话语体系，也为解开如何界定中国的"民族属性"等诸多难题提供一个新的思路，进而为国家的稳定与发展提供学术支持。

（原载《中国社会科学》2020年第7期）

先秦国家制度建构的理念与实践

晁福林[*]

商周时期的祭祀、分封、宗法、礼仪等皆依制度而行。起初人们将制度称为"制"或"度"。"制"之本义为裁断;[①] "度"之本义为度量,引申为度量之标准。[②] 将两者合而用之,"制度"即表示裁断之标准,包括法令礼俗等多重内容。大而言之,国家机器、统治权力的运作皆在制度的框架内运行;小而言之,社会各阶层各集团的人际关系及个人言行,也要受制度约束。制度之出现甚古远,但"制""度""制度"等概念的抽绎和形成则经历了较长时段的发展。后人言"黄帝始作制度"[③],或言禹、汤、文武的小康时代才"设制度"[④],正可以说明"制度"观念的历史悠久。

一 尊天敬祖与强化王权:商周制度建构的核心元素

商周时期是国家制度初创阶段,但商周两代的政治家已经创制了符合当时社会发展的各种制度,其荦荦大端者如商代的祭祀制度、贡纳制度,周代的分封制度和宗法制度等,我们现在都有比较深入的了解。商周两代国家制度构建的理念特色主要有以下两项。

其一,商周两代国家建构中尤重尊天事鬼。

天命观念起源甚早,相传夏启攻灭有扈氏时,就声称自己是"恭行天之罚"(《尚书·甘誓》),商汤灭夏时宣称"致天之罚"(《尚书·汤誓》)。商代对于天帝鬼神的敬重和依赖,后世鲜有与之并肩者。专家将这一特点概括为"残民以事神"[⑤],今天来看,还是正确的观点。经过对殷商卜辞的大量研究,专家已经可以明晰商代后期周祭制度的具体情况。[⑥] 祭祀的实质乃是借非人格化的制度之力来凸显

---

[*] 晁福林,北京师范大学历史学院教授。

[①] "制"字用若裁断之意。刘钊考释《金文编》附录的"𠛱"字,指出当隶定为"制",意为"裁断"[《〈金文编〉附录存疑字考释(十篇)》,《人文杂志》1995年第2期],其说可从。在文献中最早见于《尚书·盘庚》"制乃短长之命"、《尚书·酒诰》"刚制于酒",清儒孙星衍引郑玄说"刚制"的"制"之意为"断也"(《尚书今古文注疏》,陈抗、盛冬铃点校,中华书局1986年版,第383页)。在裁断的意义上,"制"每与"折"相通假,如"制狱"又称"折狱"。甲骨文有"折"而无"制","折"字虽是以斧断木之形,但在卜辞中却只作地名用,并不用作裁断之意。"制"字在金文里用为"制度"之义者,迄今唯有春秋时铜器《王子午鼎》"子孙是制"[中国社会科学院考古研究所编:《殷周金文集成》(修订增补本)2811,中华书局2007年版,以下简称"《集成》"]一例。

[②] "度"本义为度量,后引申为限度、标准。"度",不见于甲金文字,始见于商周文献,如《尚书·盘庚》"度乃口",宋儒蔡沈释"度"之义,谓"法度汝言"。(《书集传》,凤凰出版社2010年版,第100页)《诗·小雅·楚茨》"礼仪卒度",毛《传》:"度,法度也。"(《毛诗正义》,阮元校刻:《十三经注疏》,中华书局1980年版,第468页)西周以降,"度"用为法度之意,是其主要用法之一。

[③] 陈立:《白虎通疏证》,吴则虞点校,中华书局1994年版,第53页。

[④] 《礼记正义》,阮元校刻:《十三经注疏》,第1414页。

[⑤] 郭宝钧:《中国青铜器时代》,生活·读书·新知三联书店1963年版,第229页。

[⑥] 参见常玉芝《商代周祭制度》,中国社会科学出版社1987年版。

人格化（亦即神化）的权威。商代之所以出现非常强大的神权，主要原因是国家统治权力尚薄弱，要借"神之力"维系统治。商末敬神之风虽然趋减，周祭制度下的遍祀祖先神灵，逐渐沦为虚应故事，以方国联盟为基本制度的商王朝依然挡不住牧野之战的冲击而崩溃。

周王朝承继了商的天命思想，并且将其改造为可以变置的天命观，以之作为立国的基本观念。通过不断宣扬灌输，周人把自己的天命观强化为天下的共同观念。正如马克思、恩格斯《德意志意识形态》所谓"赋予自己的思想以普遍性的形式，把它们描绘成唯一合乎理性的、有普遍意义的思想"①。武王伐纣时声称"膺更大命，革殷，受天明命"②。西周建立后，逐渐将神灵崇拜的重点转向"敬宗尊祖"（《礼记·大传》）。商周两代虽然在敬天事鬼方面有所差异和变化，但于祭祀制度的理念和实践方面还是大体一致。商代卜辞表明贞人、史官都在行政事务上有重要影响，周代祭祀之官的职守遍布于《周礼》的"六官"，特别是"春官"几乎全部是各类掌管祭祀的官员。如作为"春官"之首的"大宗伯"，"掌建邦之天神、人鬼、地示（祇）之礼，以佐王建保邦国"（《周礼·春官·大宗伯》）。关于设祭祀之官的作用，后世有精辟论述："故政者，君之所以藏身也。是故夫政必本于天。……降于五祀之谓制度。"（《礼记·礼运》）意即政治是保卫王权的屏障，但政治以天命为本，天命表现在五种祭礼上就是"制度"。商周两代，鬼神与天命就是笼罩在王朝之上的护佑灵光，直到春秋时代，周卿王孙满还以"天命未改"（《左传》宣公三年），呵斥兵临成周城下的楚庄王，让其不敢造次。除天命以外，周王朝亦重"事鬼"。当时人认为人死为鬼，祖先神灵即为鬼。"事鬼"，就是奉祀祖先神灵。③周代的世卿世禄之制、宗庙祭祀之制皆与此观念有密切关系。

其二，逐渐加强王权：商周政治建构的主轴。

天命观基本解决了商周两代王朝政权的合法性问题，但理念认同并不等于秩序行动。政治秩序问题还需制度来规范。王权的强化是那个时代政治秩序的顶端。以方国联盟为特色的商王朝，由于强大的神权和族权的干扰，商王的势力和影响还比较小，从卜辞和文献里见不到商王大规模分官设职、构建国家制度的记载。至周代，情况有了很大转变，王国维曾敏锐地注意到这一转变的关键所在，谓"欲观周之所以定天下必自其制度始"④。

周代创设的政治制度中，对当时及后世产生深远影响的是分封制和宗法制。分封之制，即"封建亲戚，以蕃屏周"（《左传》僖公二十四年）。周天子分封诸侯，诸侯在自己的领地内再次分封，层层建立起以血缘关系为纽带的政治秩序，即"天子有田以处其子孙。诸侯有国以处其子孙。大夫有采以处其子孙。是谓制度"（《礼记·礼运》）⑤。在分封制度下，周王朝又制定了巡狩、贡纳、朝聘等制度，大大加强了王朝与各诸侯国的联系。分封制建构起纵向的统治秩序，加强了王权。宗法制则从普遍存在的宗族关系层面，增强了周王的影响力。近年面世的清华简记载，王朝卿士祭公鉴于"夏商之既败，丕则亡遗后"的历史经验，对周穆王说："惟文武中大命……惟是我后嗣方（旁）建宗子，丕惟周之厚屏。"⑥祭公这段话的意思是说周王朝接受夏商两代败亡以至

---

① 《马克思恩格斯选集》第1卷，人民出版社2012年版，第180页。
② 《史记》卷4《周本纪》，中华书局1959年版，第126页。
③ 《论语·先进》："未能事人，焉能事鬼。"朱熹谓"事鬼"即"所以奉祭祀之意"。（《四书章句集注》，中华书局1983年版，第125页）
④ 王国维：《观堂集林》，中华书局1959年版，第453页。
⑤ 彝铭记载参见《宜侯夨簋》（《集成》4320）。簋铭记载宜侯夨接受周王"易（赐）土"、赐民的具体情况，可视为"天子有田以处其子孙"的佐证。
⑥ 清华大学出土文献研究与保护中心编，李学勤主编：《清华大学藏战国竹简（壹）》，中西书局2010年版，第174页。按，《逸周书·祭公》篇述周人分封诸侯事，谓"大开封方于下土"，意谓在天下之地域大开分封邦国之举。

于其后嗣失去天下的教训,所以,周文王、武王得天命,广建宗子为诸侯国,来作为王朝屏障。由宗法关系织就的血缘关系网将当时主要的诸侯国笼为一体,周王室即所谓"天下之宗室"①。周天子是天下共主,亦是天下最大的宗子。在周人的观念里,君统与宗统合而为一,再加上天子头上的天命光环,周天子便拥有了前所未有的"王"之权威。这个权威适应了当时社会发展的需要。分封和宗法两项制度,使周天子成为天下政治秩序的代表和最高权力的拥有者,其影响之深远,直到春秋战国时还余波未息。②

二 "天下一家":春秋战国时期的制度重构

西周政治制度建构的核心思想和出发点,是实现统一有序的国家治理,而这一思想在王纲解纽、礼废乐坏的东周时期,成为各诸侯国重建统一秩序的思想根源。

在东周时人的印象里,周王朝的全盛时期是礼乐文明的时代,是制度与秩序皆优的时代,这并非仅是一种复古思想,而是通过对历史的回溯和建构,来表达现实的政治理想。春秋战国时代,虽然有华夷之辨,但占主流的声音是"天下一家"。《周颂》的时代已有"无此疆尔界,陈常于时夏"(《诗经·周颂·思文》)的呼唤。春秋战国时期,随着列国间争霸、兼并活动的愈演愈烈以及士阶层的兴起与流动,邦国轸域不再是阻挡人们视野的壁垒。人们的眼光可以投向远方。西周时期彝铭称"皇天""天子""天令(命)"者甚多,这些皆出于天命观念。春秋时期,上起王公贵族,下至普通士人则多言"天下"。仅《韩非子》中"天下"之辞就凡三百余见。这种视域的拓展过程正如《老子》所言,"以家观家,以乡观乡,以邦观邦,以天下观天下"③。到"观天下"的时候,人们的视野已经超出了家、乡以及邦国的轸域,投向更远的"天下"。

春秋以降,虽然周王朝权威严重衰落,但其思想遗产仍有强大影响。孔子期望恢复"礼乐征伐自天子出"(《论语·季氏》),战国儒家主张"天无二日,土无二主,国无二君,家无二尊,以一治之也"(《礼记·丧服四制》)。战国诸子多言天下当归于一统,孟子谓天下当"定于一"(《孟子·梁惠王》上),墨子主张"天下之百姓皆上同于天子"(《墨子·尚同》上),道家则从哲理层面提出"道通为一"(《庄子·齐物论》),齐法家从制度层面提出一统天下的具体措施,谓"天子出令于天下,诸侯受令于天子,大夫受令于君,子受令于父母,下听其上,弟听其兄,此至顺矣。衡石一称,斗斛一量,丈尺一绥制,戈兵一度,书同名、车同轨,此至正也"(《管子·君臣》上)。这些思想进一步滋养了春秋以降的"大一统"理念,为中央集权国家的诞生奠定了思想基础。④

将"天下一家"理念付诸制度实践的主要是战国法家,尤以商鞅为代表。商鞅在秦孝公支持下实行变法,经济上"开阡陌"而废井田,通过变革社会经济基础,使国君权力直抵基层,而不再层层分散于卿大夫、士等阶层,用经济制度强化"一"的力度。在国家行政层面,商鞅制定严格的户籍管理制度,规定"四境之内,丈夫、女子皆有名于上,生

---

① 梁启雄:《荀子简释》,中华书局1983年版,第235页。
② 关于周天子的权威影响,可举以下两例进行说明。其一,《诗经·小雅·北山》谓:"溥天之下,莫非王土;率土之滨,莫非王臣。"这是西周后期或春秋时期的诗作。从诗中看,在人们的观念里,周王依然有至高无上的地位。其二,战国初期,"威烈王二十三年,九鼎震。命韩、魏、赵为诸侯"。(《史记》卷4《周本纪》,第158页)是时,赵、魏、韩三国势力已经十分强大,但仍需周天子册命,方才拥有正式的诸侯之位,此时周王朝虽弱,但其权威仍被普遍认可。可见周王朝统治理念及其制度实践塑造的王权统一意识,已经给历史发展打上了深刻的思想烙印。
③ 陈伟等:《楚地出土战国简册·老子乙本》,经济科学出版社2009年版,第152页。
④ "大一统"思想端起于春秋,至西汉董仲舒形成了完备的理论。其所谓"《春秋》大一统者,天地之常经,古今之通谊也……统纪可一而法度可明,民知所从矣",是一个集中的表达。(《汉书》卷56《董仲舒传》,中华书局1962年版,第2523页)

者著，死者削"（《商君书·境内》），并且"集小乡邑聚为县，置令、丞，凡三十一县"①，为秦统一六国以后将郡县制度推向全国奠定了基础。在官制方面，商鞅变法以军功爵制代替了传统的世卿世禄制度，使得"有军功者，各以率受上爵……有功者显荣，无功者虽富无所芬华"②。这既是春秋以来"举贤才"社会思潮不断发展的结果，也使得统一国家的政治秩序获得了更加广泛、稳固的社会基础。

春秋战国时期"天下一家"政治理念的发展及其制度实践，为秦汉大一统王朝的诞生奠定了历史基础。若借用王国维"欲观周之所以定天下必自其制度始"这句名言，我们也可以说，春秋战国时期的社会巨变，亦是围绕制度的建构而展开的。

三　君主在制度之内：先秦制度文化的重要创建

值得注意的是，尽管先秦时期国家制度建构的核心是以王权为顶点的政治统一，但这并不意味着放任君主对王权的肆意滥用。相反，出于对君主以王权作恶的警惕，无论是理论建构还是制度实践，皆给予了充分注意，提出了限制性要求。

其一，制度的合法性和有效性，取决于制度创设者本人是否遵守制度，这在西周时期主要体现在对天子之德的强调。东周以降，"制度的制定者要率先执行制度"的观点，发展成一整套君德规范。孔子谓"其身正，不令而行；其（身）不正，虽令不从"，"苟正其身矣，于从政乎何有？不能正其身，如正人何？"（《论语·子路》）儒家强调君主率先垂范的作用，他们树立的圣王标杆有"禹、汤、文、武、成王、周公"，"此六君子者，未有不谨于礼者也，以著其义，以考其信，著有过、刑（型）仁讲义，示民有常"（《礼记·礼运》）。所谓"示民有常"，意即执政者以自己恪守礼义，作为尊德守制的典范，以此垂范民众。儒家特别看重君主个人品德修养，谓"意诚而后心正，心正而后身修，身修而后家齐，家齐而后国治，国治而后天下平。自天子以至于庶人，一是皆以修身为本，其本乱而末治者，否矣"（《礼记·大学》）。法家则主张法虽为君主所立，但立法者必须遵守法律，即"不游意于法之外，不为惠于法之内，动无非法"（《韩非子·有度》）。若统治者率先触法，法律必然无法实施，正所谓"法之不行，自上犯之"③。《韩非子》甚至提出了近似于近代法学理论中"恶法非法"的观念："明主立可为之赏，设可避之罚。故贤者劝赏而不见子胥之祸，不肖者少罪而不见伛剖背，盲者处平而不遇深溪，愚者守静而不陷险危"（《韩非子·用人》）。

其二，以制度约束君主言行。先秦时期有"师保""辅贰"之制。④ 春秋时人说："天生民而立之君……有君而为之贰，使师保之，勿使过度。"（《左传》襄公十四年）"贰"（即卿佐）的职责，就是约束君主言行，防范君主任意违制。《周礼》有"师氏"之官，"掌以媺诏王"，即"告王以善道"；又有"保氏"之官，"掌谏王恶"，即指正王之过错。辅贰之制在一定程度上保障了国家制度的正常运转。国家"辅贰"在特殊情况下可以代行王权，以保障国家安全。商代伊尹放逐太甲而自代其政，太甲悔过后，又还政于彼。西周初年，周公旦代年幼的成王行王政，平定三监之乱，确定礼乐制度，然后还政成王。近年面世

---

① 《史记》卷68《商君列传》，第2232页。
② 《史记》卷68《商君列传》，第2230页。
③ 《史记》卷68《商君列传》，第2231页。
④ 《礼记·文王世子》篇谓："《记》曰：'虞、夏、商、周，有师保，有疑丞，设四辅。'"按，"疑丞"之职较费解，孙诒让说："《大戴礼记·保傅》篇以道、充、弼、承为四圣，云：'博闻强记，接给而善对谓之承，承者，承天子之遗忘者也。'《书·益稷》'钦四邻'，孔疏引郑康成云：'四近，谓左辅右弼，前疑后承。'《文王世子》孔疏引《尚书大传》'承'作'丞'。"（《墨子间诂》，孙启治点校，中华书局2001年版，第48页）孙说甚是，"疑丞（承）"当依《保傅》篇所云，即王左右的"接给善对"之官。

的清华简《郑武夫人规孺子》载郑庄公继位之初，曾经滞留卫国三年，不能返郑，"不见亓（其）邦，亦不见亓（其）室"①，国内由卿大夫协商理政，使得郑国安稳不乱，这是西周后期"共和行政"以后又一次由卿权代行君权的实例。②鲁国季孙氏曾放逐鲁昭公，而主持鲁国政治，鲁昭公至死也未能回鲁，晋国的史墨评论此事说："王有公，诸侯有卿，皆有贰。天生季氏，以贰鲁侯，为日久矣，民之服焉，不亦宜乎？"（《左传》昭公三十二年）除辅贰制以外，限制君权的还有朝议之制，国家大事如立君、外交、战争等，国君需与卿大夫会商议定，根据所议事项及参加人员，又分为内朝、外朝等不同的形式。③这些制度在一定程度上限制了君权，"勿使过度"。

正因为先秦国家制度在理念与实践层面，均对君主行使其权力提出过明确、严格的要求，故而在诸如桀纣之类暴君当政时，人民起而推翻残暴统治的行为，便获得了合法支持："万民弗忍，居王于彘，诸侯释位，以间王政"（《左传》昭公二十六年）；"贼仁者谓之贼，贼义者谓之残，残贼之人谓之一夫。闻诛一夫纣矣，未闻弑君也"（《孟子·梁惠王》下）。这在某种意义上讲，亦不失为一种"制度"上的约束或惩罚。

先秦时期是中国早期国家的发轫和奠基期，尤其是商周时期国家制度建构的理念及实践，深刻影响了此后中国历史的发展走向。其一，开启了国家之制的历史时代，即明确了以制度作为立国基石。此后，以制度为中心，通过建章立制、改制更化等方式治理国家，成为重要的政治传统。其二，周王朝的分封制和宗法制实践，成为后世"天下一家""天下一统"的思想滥觞，进而引发春秋战国时期真正意义上的"定于一"的实践活动，最终实现向秦汉王朝"大一统"制度的嬗变。其三，奠定了以制度捍卫"有道天下"的政治传统。"其身正，不令而行""法之不行，自上犯之"的立制理念，"师保"与"辅贰"的制度建构以及"诛一夫纣，未闻弑"的违制惩处，始终发挥着维系历代国家制度旺盛生命力的重要作用。

（原载《历史研究》2020年第3期）

---

① 清华大学出土文献研究与保护中心编，李学勤主编：《清华大学藏战国竹简（陆）》，中西书局2016年版，第104页。
② 参见晁福林《谈清华简〈郑武夫人规孺子〉的史料价值》，《清华大学学报》2017年第3期。
③ 关于"外朝""内朝"，春秋时人谓："天子及诸侯，合民事于外朝，合神事于内朝；自卿以下，合官职于外朝，合家事于内朝。"（徐元诰：《国语集解》，王树民、沈长云点校，中华书局2002年版，第193页）关于"外朝"情况，《周礼·秋官·小司寇》云："外朝之政，以致万民而询焉。一曰询国危。二曰询国迁。三曰询立君。其位，王南乡，三公及州长百姓北面，群臣西面，群吏东面。"

中国文明起源中的巫及其角色演变

李禹阶[*]

摘 要：在中国史前社会复杂化进程中，主持宗教祭祀的巫大都为男性。他们既是氏族、部落中掌握神权、军权的首领，还是聚落秩序及原始道德的维护者及知识文化的掌握者。随着史前社会复杂化进程，巫师兼首领的贵族群体以神权和王权的力量，逐步占有并控制公共资源，由此促进了早期分层社会向早期国家的转型。随着颛顼宗教改革，原始宗教逐渐演变为等级化、家族化的"宗自为祀"的祭祀礼制。商周时，专门的巫师、贞人群体逐渐分化为巫、祝、卜、史等角色。女巫群体则从这时出现，而以女巫为牺牲以贿神、赂神成为一种专门职业。西周时期，传统"巫王合一""巫政合一"中的巫师职能逐渐融入国家祭祀系统与朝廷礼乐制度，而民间巫、卜、医等则延续于乡里社会中，成为古代民间宗教的承载者。

关键词：中国 文明起源 巫 角色演变

在中国文明起源中，氏族、部落的神权、军权往往是合一的。这些氏族、部落的酋长，既是主持宗教祭祀仪式的巫，也是掌握军权的首领，并在史前社会复杂化进程中促进了早期分层社会向早期国家的转型。从20世纪以来，不少学者对中国文明起源中的巫及其功能、角色演变分别从甲骨文、文献学、考古学、哲学或不同历史时段进行了研究，[①] 这些论著对我们认识巫的起源及其功能、特征有着重要意义。但是由于受到地下出土材料和历史学、人类学、考古学等理论的局限，以及研究者在研究角度、领域和历史时段的不同，过去对文明起源中的原始宗教及巫的研究往往限于一隅，缺乏较全面而翔实的论述。由于史前中国神权与王权所具有的相融性、同一性特征，原始宗教和巫的角色演变，不仅涉及史前文化、宗教的相关问题，也对探讨中国早期文明起源和国家形成具有重要意义，因此对该问题研究的学术价值不言而喻。近年来，随着考古材料的丰富，学科理论的发展，使我们有可能在前人基础上进一步深入对史前宗教及巫的研究。本文正是在近年来丰富的地下出土材料及相关理论基础上，对原始宗教及巫的性别、职能、角色演变，神权对史前分层社会和早期国家产生的作用，商周时代宗教与巫的二元分化，女巫群体形成等问题做进一步较全面、深入的研究，试图以此更清晰地认识中国文明起源中宗教、礼制、国家的相互关系及其特征。

---

[*] 李禹阶，重庆师范大学历史与社会学院教授。
[①] 例如，瞿兑之：《释巫》，《燕京学报》第7期，1930年；陈梦家：《商代的神话与巫术》，《燕京学报》第20期，1936年；李玄伯：《中国古代社会新研》，开明书店1948年版；张光直：《中国青铜时代》第2集，生活·读书·新知三联书店1990年版；袁珂：《中国神话传说：从盘古到秦始皇》，世界图书出版公司北京公司2012年版；梁钊韬：《中国古代巫术：宗教的起源和发展》，中山大学出版社1999年版；李安宅：《巫术的分析》，四川人民出版社1991年版；童恩正：《中国古代的巫》，《中国社会科学》1995年第5期；李泽厚：《说巫史传统》，上海译文出版社2012年版；邹昌林：《中国古代国家宗教研究》，学习出版社2004年版；陈来：《古代宗教与伦理：儒家思想的根源》，生活·读书·新知三联书店2009年版；江林昌：《中国上古文明考论》，上海教育出版社2005年版；等等。这些论著分别从文字学、文献学、考古学、哲学、文学领域对先秦宗教及巫的起源、功能、特征等进行了探讨。但是由于其研究的角度、时段、领域的不同，从多学科角度对文明起源中的巫作整体、综合性研究的论著尚不多见。

一 史前社会复杂化与原始宗教

史前中国的原始宗教有一个漫长发展进程。早在距今七八千年左右，就出现了具有原始宗教遗迹的聚落遗址。例如距今 8000 年左右的河南舞阳贾湖遗址墓葬中，就发现宗教仪式性器物如龟甲、骨笛等。而在距今 7000 多年前的北方内蒙古兴隆洼考古文化的兴隆洼遗址、阜新查海遗址中，就发现选用真玉精制的玉器如玉玦、玉钻孔匕形器、玉斧、玉锛等。这些出土玉器磨制精良、通体抛光、精巧别致、刃部无使用痕迹，很可能是当时祭祀用"神器"。尤其在查海聚落遗址中心发现用碎石块堆塑出的一条长 19.7 米的"石龙"，其南侧有墓葬和祭祀坑，应该与宗教祭祀有关。① 兴隆洼遗址 M118，墓主为男性，墓葬中出土的玉玦、牙饰、穿孔牙饰以及钻孔圆蚌等，说明墓主可能是氏族、部落里主持祭祀、占卜的酋长一类人物。这表明伴随原始定居聚落的产生而出现了最早的原始宗教及祭祀、占卜等形式，并可能已出现主持这种祭祀、占卜的巫师一类人物。

马林诺夫斯基认为，"巫术永远没有'起源'，永远不是发明的、编造的。一切巫术简单地说都是'存在'，古已有之的存在"②。当人类社会还处于蒙昧状态时，巫师及其所从事的求神、占卜、驱疠等巫术就作为人类精神活动的伴生物产生了。但是，作为史前先民社会群体性、聚集性的原始宗教活动，则是随着史前社会复杂化而逐渐形成的。在史前中国，正是随着各区域社会复杂化进程，原始宗教迅速发展，宗教祭祀的规模也日益扩大。例如在湖南沅水流域的高庙遗址下层，发现距今 7000 年左右、面积在 1000 平方米大小的大型祭祀场。而在湖南澧县发现的距今 6000 年前的城头山古城遗址中，亦发现椭圆形大型祭坛和 40 多个祭祀坑，以及放置有"祖"形大砾石的祭坑。它说明在这一时期的长江中游地区原始宗教在迅速发展。

距今 5000 年左右，我国各区域社会中原始宗教开始蓬勃发展。如著名的辽河流域的红山文化，太湖、钱塘江流域的良渚文化等遗址中，都不断发现史前大型宗教祭祀遗址，亦发现许多大、中型祭坛及随葬有大量祭祀器物，包括早期礼器的墓葬。它说明在距今 5000 年前后，史前中国各区域原始宗教不断发展，并且可能已出现专门的觋巫、祭司群体。

史前中国原始宗教的发展，与其时的社会复杂化密切相关。距今 7000 年前就出现了具有战争与防御性壕沟的环壕聚落组织。例如在距今 8000—7000 年左右的内蒙古兴隆洼遗址、长江中游的湖南彭头山文化八十垱遗址中，就发现了环壕设施的聚落。距今 7000—5000 年左右，环壕聚落逐渐增加，同时以级差为特征的聚落群组织不断出现。目前在我国中部、东部与北方的史前文化区域，都发现了许多这种花费巨大、具有战争防御作用的先民环壕聚落及"古城"等。王震中认为，在这种史前社会的演进中，"中心聚落、原始宗邑和酋邦三者在外在特征和内在功能上是一致的，它们共同的特征主要是神权政治或神权与军权并重，氏族部落社会中的不平等和以血缘亲疏做出身份和政治上的等差"③。这是因为早期国家不仅是生产力发展到一定程度的产物，也是在文明诸要素如政治、军事、宗教、文化等多方面合力作用下不断演进的。正是这些要素的聚合，使得早期国家在演进中蜕变而出。其结果，不仅使早期先民社会在通过内聚方式提高对外应力机制中，逐渐构成血缘与地缘相结合的社会政治体；也在不断强化、完善其氏族、部落的公共职能及原始道德、宗教信仰等精神生活要素中，形成早期华夏文明独具特色的原始宗教和作为祭祀主持者兼社会管理者的觋巫群体。

---

① 中国社会科学院考古研究所内蒙古工作队：《内蒙古敖汉旗兴隆洼聚落遗址 1992 年发掘简报》，《考古》1997 年第 1 期。
② ［英］马林诺夫斯基：《巫术科学宗教与神话》，李安宅译，中国民间文艺出版社 1986 年版，第 57 页。
③ 王震中：《中心聚落形态、原始宗邑与酋邦社会的整合研究》，《中原文化研究》2014 年第 4 期。

二 史前巫师的性别特征及社会角色

随着史前社会复杂化及原始宗教的发展,各区域出现大批反映原始宗教遗迹的聚落遗址。从考古材料看,当时的巫师既是氏族、部落的首领,也是原始宗教仪式的承载者。这些首领兼巫师的人大都为男性,并在氏族、部落中占据着神圣地位。

1999 年,考古工作者在湖北秭归距今 8500—7800 年的东门头遗址中发掘出一块太阳神石刻。太阳神刻为一个直立男神像,躯体底部顶端内刻画有男性生殖器。太阳人图像腰部两旁,分别刻画星辰,头上方刻画有 23 条光芒的太阳。同时还出土一件红色陶盆,盆口沿平折并呈放射形光芒状。① 显然,男子刻像及红色陶盆,均体现出超自然的太阳崇拜及人与神通的宗教观念,而该男子应是当时聚落的巫师。几乎与此同时,在湖北秭归县柳林溪遗址第一期遗存中,发现一尊人物坐像。其人物形象不具女性特征,可以认为是男性,该座像双手掌部虽然残缺,但仍可以看出其双手似做祈祷状。② 它说明当时从事宗教祭祀的巫师主要为男性,并且受到尊崇。秭归东门头人物石刻是我国长江中游地区最早发现的巫师及太阳崇拜现象,可以说开启了该地区"太阳神"崇拜的先河。

在距今约 7000 多年前的北方内蒙古兴隆洼遗址、阜新查海遗址中,也发现选用真玉精制的玉器如玉玦、玉钻孔匕形器、玉斧、玉锛等祭祀用器及男性巫师兼首领的情形。例如 M118,系一随葬品丰富之典型墓葬。经鉴定墓主为男性,殉葬器物有整猪 2 只及陶器、石器、骨器、玉器和蚌器等几类器物。从随葬器物来看,墓主应是氏族部落中有权势的男性军事首领兼巫觋一类人物。而在距今 6400 年左右的河南濮阳仰韶文化西水坡遗址墓葬中,发现 M45 大墓的墓主系一身长 1.80 米以上的成年男性。在该墓葬右侧,有由蚌壳摆塑的一龙,其左侧有由蚌壳摆塑的一虎。在此墓东、西、北三小龛内,各葬一少年,似为殉葬者。在距该墓南的地穴与灰坑中,则发现有用蚌壳砌成龙、虎、鹿、蜘蛛和人骑龙、人骑虎图案。与该墓形成鲜明对比的是,该墓葬群中的其他墓葬,均葬具简单,仅有少量石制工具及生活用品随葬,许多墓葬则无随葬品。这种对比既反映出当时宗教祭祀的神权具有极高地位,也说明 M45 男性墓主是聚落先民中能与天地、神祇沟通的大巫,有着很高权威。

从考古材料看,距今 6000 多年前的原始宗教主要还是出于先民生产、生活的实用需求。马林诺夫斯基认为,收成较稳定且缺少危险的生产活动大都不能产生巫术等形式,只有在既危险并且产量具有偶然性的生产活动中,"故有繁重的巫术仪式以期安全而佳美的效果"③。因此,早期原始宗教大都符合先民实用性的原则。但是,随着史前社会的发展,这种仅仅属于实用与经验性质的原始宗教,则开始发展为早期分层社会中或大或小的,具有超越性、"权威"性的神圣权力,而这些掌握神权或兼及军权的巫师则成为聚落或聚落群的各级首领。这种现象在距今 6000—4500 年前后的新石器时代遗址墓葬中甚为普遍。例如济南焦家遗址的大汶口文化墓地,发现大型墓葬 20 多座。这些大墓中最典型的是 M152。该大墓葬具为两椁一棺,墓主为老年男性,仰身直肢。棺内墓主身边随葬物多为玉器,包括耳饰、指环、臂钏、钺和刀,另有龟甲器、蚌片、骨梳、骨雕筒等随葬品。还发现陶器多件。④ 从随葬品看,该墓主不仅可能是该聚落掌握军事与行政权的首领,也是主持宗教祭祀的巫师。

从这一时期各区域文化遗址墓葬中,都能发现男性巫师兼军事首领的普遍情况。如山东

---

① 武仙竹、马江波:《三峡地区太阳崇拜文化的源流与传播》,《四川文物》2019 年第 2 期。
② 湖北省文物考古研究所:《湖北秭归县柳林溪遗址 1998 年发掘简报》,《考古》2000 年第 8 期。
③ [英]马林诺夫斯基:《巫术科学宗教与神话》,第 15 页。
④ 山东大学考古学与博物馆学系、济南市章丘区城子崖遗址博物馆:《济南市章丘区焦家新石器时代遗址》,《考古》2018 年第 7 期。

大汶口遗址墓葬中，通过对随葬品分类或能够进行的人骨鉴定看，可以大致确定当时的社会分工与性别、职业等情况。在对大汶口遗址墓葬初次发掘中，随葬品与性别关系就明显表现出来，即男性主要以武器、工具等陪葬，女子以纺轮、骨针等陪葬。① 在大汶口遗址墓葬第二、三次发掘中，这种情况更为典型。② 它证明大汶口文化类型的墓葬器物种类大致与男女性别有比较紧密的联系。这种情况在其他考古遗址墓葬中亦有体现。例如余杭瑶山良渚遗址墓葬中，"按史前墓葬的常例，凡纺轮和斧（钺）不共见者，一般作墓主性别的区分"③。

此外，通过对大汶口遗址墓葬随葬品分类，可以大致确定当时从事宗教祭祀的巫师的性别及职业情况。在大汶口文化中，专门用于宗教祭祀、占卜的涂朱龟壳、龟甲、象牙琮等"神器"主要发现在男性墓葬中，而女性墓葬则十分稀少或几乎没有。同时，在这些男性墓葬中，往往发现许多体现富有或权贵身份的随葬品。它表明当时主持祭祀、占卜的巫师，基本为男性，且为氏族、部落权贵人物。

在大汶口遗址早期墓葬中，大墓13系成年男女合葬墓。有大型葬具，人骨架按照男左女右排列。随葬品有40余件，包括陶制壶、罐、尊、鼎、豆及猪头、象牙雕刻物等。值得注意的是，在男子颈下锁骨间，放有象牙琮2件，左手附近有象牙雕筒、石铲等物。象牙琮是当时难得的器物，在古代是祭祀天地之神器。它说明该男性墓主既是一名富有者，也是主持祭祀、占卜的巫师。在大墓59中有一单人仰卧直肢，墓葬中发现象牙雕筒、盔形器等随葬品，应该为男性。该墓主同样在锁骨间佩象牙琮一对，应是与祭祀、占卜有关的人。在大墓26中除发现猪头、骨镞、石质武器、工具如锛、砺石等外，墓主头部左侧还发现一精美透雕象牙梳，头下压一象牙琮，左肩上方放一象牙琮。此外，在墓主腰左还发现石铲一件，腰右发现指环与龟甲各一个，二膝间则放置一骨雕筒。④ 从其随葬品中的武器、工具及象牙琮、龟甲来看，此墓主应为男性首领兼巫师。

大汶口晚期情形亦与此相似。例如墓葬4系单人仰卧直肢葬，墓主人架高大，约1.90米，随葬品除了有石刀、砺石、骨镞、骨钩、骨锥等物及陶器外，在左腰间佩一精工雕琢的骨雕筒，右腰和右膝均放置一龟甲。⑤ 从其身体构架及随葬的武器、工具、龟甲等来看，该墓主为男性并系祭祀、占卜的巫师是无疑的。

在能够确定为女性墓主的大汶口墓葬中，则很少发现像牙琮、龟壳、龟甲等宗教祭祀用品。值得注意的是晚期男女合葬墓1。该墓中的男子埋葬位置居中，环绕周身的随葬品丰富，除了工具、武器外，在其右腰部佩一龟甲，头部左侧有石笄、骨笄、鼎、豆各一件。而女性墓主则葬于男子墓主右边拓展出的一小坑内，其随葬品仅颈部佩一玉管，右腰部佩一龟甲。从随葬品及墓葬位置看，该女子显然地位卑微，并附属该男性墓主。而在男女腰间分别放置一龟甲，推测该男性墓主系这个部落的首领兼巫师，旁边小坑内的女子则可能系其妻子。⑥ 它除了说明当时的男子地位高于女子外，还可看出其时以父系为核心的家长为主持宗教祭祀的巫师兼首领的情形。

弗雷泽曾把早期巫术分为"个体巫术"和"公众巫术"两方面。在他看来，"个体巫术"属于驱邪避魅的法术范围，而"公众巫术"则是一种关系氏族、部落整体祸福、吉凶的法术与禁忌。所以，早期社会的"公众巫师占据这一个具有很大影响的位置"⑦。史前中国社会亦如此。随着史前分层社会的发

---

① 参见山东省文物管理处、济南市博物馆编《大汶口：新石器时代墓葬发掘报告》，文物出版社1974年版，第9页。
② 山东省文物考古研究所编：《大汶口续集：大汶口遗址第二、三次发掘报告》，科学出版社1997年版，第109页。
③ 浙江省文物考古研究所：《余杭瑶山良渚文化祭坛遗址发掘简报》，《文物》1988年第1期。
④ 山东省文物管理处、济南市博物馆编：《大汶口：新石器时代墓葬发掘报告》，第13、15页。
⑤ 山东省文物管理处、济南市博物馆编：《大汶口：新石器时代墓葬发掘报告》，第23页。
⑥ 山东省文物管理处、济南市博物馆编：《大汶口：新石器时代墓葬发掘报告》，第31页。
⑦ ［英］弗雷泽：《金枝》，徐育新等译，大众文艺出版社1998年版，第93页。

展，史前巫师群体也开始了分化进程，即作为整个聚落群的首领，有的是具有王者身份的大巫，也有的是其下属各聚落军事酋长兼巫师，甚或还有专门从事巫职的僚属。这种情况在距今5000年前后的聚落墓葬中已表现得十分突出。距今5500—5300年的凌家滩史前遗址，是目前发现的一处具有代表意义的大型祭坛遗址。发掘者认为，祭坛遗址的红陶土块的建筑可能是当时的神庙遗址。① 在凌家滩遗址中，墓地、祭坛均处于该区域最高位置，象征着它们在该祭祀区域的极高地位。祭坛是祭祀神灵的专用场所，分布在祭坛周围的墓葬，以及随葬如此多的玉礼器，说明该墓地中埋葬的基本是贵族性质的人物。而从随葬的诸多钺、锛、斧等武器、工具及有鲜明宗教特征的玉礼器之间的组合关系看，这些墓主很可能是当时聚落群落的男性巫师兼军事首领。

凌家滩遗址墓葬充分显现了那些巫师兼首领的权贵人物的不同身份、等级，以及在家族或氏族组织中的不同地位。例如在整个墓葬群中，排在第一排的87M4是一个典型的随葬重玉礼器及石制精美武器、工具的大墓。该墓发现玉器103件，包括玉龟、玉版、玉钺、玉斧、玉玦、玉璜、人头冠形器件等。一些玉器刻有图像。例如在玉龟的腹甲、背甲之间夹着的一块玉版上，刻画着由大圆、小圆等组成的类似于八卦的图形。研究者多认为这些玉版、龟甲代表了"天圆地方""四极八方"的宇宙观，或是"日行中道"宗教观念的图示，是用于八卦、占卜的法器或测天、祭祀用具。② 该墓还出土了当时极其少见的制作精美的"钺王""斧王""锛王"。发掘者认为："墓中随葬的重要玉器如玉版（刻画原始八卦图）、玉龟、玉勺、玉三角形饰、玉扣形饰、玉砭石、人头冠形饰和菌状饰，这些重礼器应属于工具类，可能与占卜巫师类人物有关。"③

凌家滩遗址第五次发掘中的07M23，是位于凌家滩墓地核心区域即南墓地祭坛附近的墓地。07M23中的随葬品大多数为玉器，其中以钺、环、镯、璧、锛、凿等重礼器及武器、工具为主。④ 在墓主腰部正中发现1件玉龟及2件玉龟状扁圆形器。这三件器物在墓主腰部呈扇形放置，应为一套组合器物。在玉龟腹腔内各放置一两件玉签。这些物件应是作为整套八卦占卜工具来使用的。这些发现表明凌家滩时代的占卜、原始八卦已普遍运用。墓中发现玉镯38件，其中在墓主双手臂位置，各有10件一组的玉镯对称放置，显示了其作为一个宗教领袖人物的形象。⑤ 此外，在该墓中出土的2件玉钺与53件石钺，以及数量众多的斧、锛、凿等典型的男性使用的武器、工具看，该墓主应是酋长、大巫师之类的男性"王巫"一类人物。

凌家滩墓葬中的层级化趋势已十分明显。例如在第一、二、三次发掘的墓葬群中，从南到北分为8排，其中重玉礼器主要分布在第一、二排。例如除了87M4外，87M15、98M29、98M16等大墓，均出土大型祭祀礼器与象征权力的钺等器物，说明这些墓主仍然是具有很高辈分及家族地位的军事首领兼巫师一类的人物。⑥ 如98M29中，发现随葬品86件，其中玉器52件。玉器包括玉人、鹰、璜、璧等；石器包括钺、戈、锛。从其发现的数量较多的钺、戈、锛等看，该墓主应系男性。而随葬的玉人、鹰则与祭祀天地、祖先的礼器有密切关系。在87M1中，出土玉器11件，其中有玉人3件。这3件玉人与98M29中发现的玉人在形体与特征上大致相同，应该都与宗教祭祀有关。参照其他随葬品，说明这两个墓主可能就是以祭祀为主要职业的巫师。

如果我们从凌家滩遗址墓葬的随葬品组合关系来探讨墓主性别，可以看到，拥有女性的

---

① 安徽省文物考古研究所编：《凌家滩：田野考古发掘报告之一》，文物出版社2006年版，第31页。
② 参见王震中《中国古代国家的起源与王权的形成》，中国社会科学出版社2013年版，第110、120—121页。
③ 安徽省文物考古研究所编：《凌家滩：田野考古发掘报告之一》，第70页。
④ 安徽省文物考古研究所编：《安徽含山县凌家滩遗址第五次发掘的新发现》，《考古》2008年第3期。
⑤ 王震中：《中国古代国家的起源与王权的形成》，第115页。
⑥ 安徽省文物考古研究所编：《凌家滩：田野考古发掘报告之一》，第36页。

随葬典型器纺轮的墓葬，往往随葬品规格较低。例如在 44 座墓葬中，有 7 座发现石、陶纺轮 8 件（石 1，陶 7），这些墓葬除了 87M11 由于被上层墓葬打乱无法窥其全貌，87M13 墓主据发掘者推测可能为未成年人外，其中 98M32 中随葬品仅陶器 9 件，无一件玉、石制品；98M19 随葬玉器 9 件，陶器 9 件（包括纺轮 2 件），无石器，其墓坑位置和随葬品等级、数量明显低于其他墓。比较特殊的是 87M9，墓葬中发现随葬品 82 件，包括璜、镯、玦、坠饰、丫形器等玉器 60 件，"推测墓主人生前虽不具有军事或政治、宗教地位的官职，但身份较高，生前地位也较高"，① 可能系贵族家族的富有女性。②

花厅遗址是属于大汶口文化中晚期黄淮地区重要的史前遗址，典型反映了北方大汶口文化与南方良渚文化的交汇融合。在花厅遗址北区墓地发掘墓葬 62 座，其中大型墓 10 座，中型墓葬 32 座。10 个大墓中共发现 8 例人殉现象，反映了这 10 座大墓系部落里的重要人物。花厅墓地出土的玉器如兽面纹玉琮、玉琮形管、刻简化兽面纹的玉锥形器、大型玉锛、双孔大玉钺等，在形制、玉质、纹饰上均与良渚文化宗教祭祀玉器相同。故发掘者认为其"具有强烈的社会功能，既可代表王权，又能沟通天地鬼神，是地位高下与贵贱等级的象征物"。而其人骨经鉴定大都为男性。例如大墓 M50，墓主经鉴定为一 25 岁左右的强壮男子。该墓葬大量随葬品，其中有玉琮、玉锥、玉锛、玉管、玉珠、玉斧等，其精美的镯式琮和长条形有段大玉锛、双孔玉钺放置在墓主的腹部及腿部。墓主脚后殉葬 2 具少儿骨架。整个墓葬气势宏大，随葬器物壮观。再如大墓 M60，墓主经鉴定为一个 30 岁左右的男性，墓主胸部发现由 24 件斑斓缤纷的鸟纹玉佩、半圆形玉璜和玉环、玉坠组成的特大型项饰，左右手臂上戴有环形玉镯，显然是从事宗教祭祀的器具。而在花厅墓地发现的其他大墓，其随葬品种类、规格则显然要少而低。它说明虽然同葬一处墓地，但其等级地位已存在差异。③

距今 5000 年左右的辽河流域红山文化牛河梁遗址，其规模巨大，包括方圆数十里的"坛、庙、冢"，并建有大型祭坛，规模巨大，气势恢宏，十分明显是祭天及礼祭那些手握神权与政权的上层贵族人物的。红山文化有着"唯玉为葬"的传统，"玉器作为积石冢主要甚至唯一的随葬品，也是祭祀址中与人的关系最近的物品，它们的功能应主要与通神有关"。我们从红山文化牛河梁遗址随葬玉器的中心大墓和大型土扩石棺墓中，可看出这些身份显赫的墓主除了均为男性外，都具有巫师的通天媚神及占卜的职能。如 N2Z1M21，墓主经鉴定为男性，约 30 多岁。墓中发现随葬玉器 20 件，包括玉兽面牌饰 1 件，玉璧 10 件，玉镯 1 件，玉璧形饰 1 件，被钻龟甲等，是随葬品最多的大墓。这些玉璧、玉兽面牌饰、龟甲，应该系祭祀、占卜之用。大墓 N5Z1M1，墓主经鉴定为 50 多岁的老年男性。墓葬中发现随葬玉器 7 件，包括璧、鳖、鼓形箍、镯、勾云形器等，鳖分别放置于遗体左右手部位。该墓葬地层还发现玉珠、玉联璧、玉蚕、石斧、石锛等，墓主显然系身份显赫的大巫师兼部落军事首领。N16M4 系成年男性墓，随葬玉器 6 件，绿松石坠饰 2 件。玉器中有凤 1 件，玉人 1 件，镯 1 件，环 2 件，分置于墓主的头、胸、腰腹部位，均保存完好。从随葬的凤、玉人来看，均具有通神敬天的功能，"寓上下贯通的玉巫人，更是通神作法时的具体形象；双手各握玉龟应与表现神权有关"④。而 N2Z1M23，墓主疑为成年男性，墓中发现龙凤佩 1 件，钺形璧 1 件，镯 1 件，绿松石坠 1 件，其随葬品的规格、数量显然与前述墓葬有着区别，其生前地位应在 N2Z1M21、N5Z1M1

---

① 安徽省文物考古研究所编：《凌家滩：田野考古发掘报告之一》，第 109 页。
② 随葬纺轮的墓葬中，87M15 是特殊一例。由于篇幅原因，该问题将另撰文探讨。
③ 南京博物院编：《花厅：新石器时代墓地发掘报告》，文物出版社 2003 年版，第 198、66 页。
④ 辽宁省文物考古研究所编：《牛河梁：红山文化遗址发掘报告（1983—2003 年度）》，文物出版社 2012 年版，第 482、97—104、312、403、482 页。

等之下。这种情形，既表明红山文化主持宗教祭祀的巫师基本为男性，也表明巫师群体中已有等级差异。

因此，在距今 5000 年前后，由于大型或超大型聚落群的出现，史前巫师的地位、角色也发生了显著变化。如果说在距今 7000 年前后的巫师主要还是在单个或小型聚落群中通过实用性、经验式的"权威"获得先民尊崇的个体巫者；那么这一时期巫师的权威性质发生了变化。这种权威既有着早期巫术、巫师的实用、经验的特点，也有着分层社会中神权与军权结合的"公众"式首领人物的属性。这种属性表现在史前各大型、超大型聚落群中的"王巫"与不同级别的军事首领兼巫师等身份上，甚至也表现在专门从事祭祀、占卜的"祭司"性质的"巫臣""巫僚"身上。

在良渚文化墓葬中，这种属性十分明显。良渚古城西北方坐落着良渚文化最高级别的贵族坟山反山墓地。反山墓地共有 11 座墓葬，出土成组成件的璧（125 件）、琮（21 件）、钺（5 组），以及璜、镯、三叉形冠饰、圆牌形饰、龟、蝉等玉制礼器、饰品数十种。反山墓地的第一台阶上有 9 座墓。其中最显赫的 M12 大墓中，发现随葬玉礼器、饰品达 647 件。这些随葬玉器包括大玉琮、大玉钺、镶嵌玉件的彩绘漆盘和漆杯、完整的神人兽面"神徽"等，从大玉琮、大玉钺、神人兽面"神徽"等看，墓主应该是一位掌握军政大权和宗教神权的男性首领即"王巫"。而在 M12 大墓两侧，分列着 M12、M14、M16、M17、M20 共 5 座墓葬，墓中均有数量较多随葬品。从随葬品种类看，这 5 座墓均系男性贵族墓，但是其随葬品规格、种类、数量与 M12 相比却差很多，可见 M12 与这些分列两侧的墓主，其等级、地位有很大差别。在这 5 座大墓之外，M22、M23 系女性墓，从其墓葬位置及随葬品看，应系 M12、M14 墓主的配偶。而 M15、M18 则位于墓地西并稍远，墓穴相比较浅，随葬品规格、种类相比前述 5 墓明显更差一些。但是，从这两个墓主"有资格入葬反山土台，以随葬有琮，雕琢神人纹的冠状器等数十件玉器，应为等级较低的贵族，似属 M12 为中心的上层贵族的'臣僚''巫觋'一级的人物"①，而"其中 M12、14、16、17、20 的墓主人更可能是身兼酋长、巫师的人物"②。

在良渚古城的瑶山祭坛及墓葬群中，所有墓葬分成南北两排。各排墓葬有六座，均为南北向的长方形土坑竖穴。该墓群南排 6 座墓，各出土 1 件玉钺和 1 件三叉形器，而北边墓葬出土较为典型的是玉璜、圆牌、纺轮等器物，"斧、钺在我国史前墓葬中一般是男性墓葬的随葬品，所以，判断南行墓列的墓主人为男性大概无误。而在北行墓列的 6 座墓葬的随葬品组合中没有玉（石）钺，玉器组合中主要为璜和圆牌，包括纺轮，所以，判断北行墓列的墓主人为女性也在情理之中"③。而南部墓葬中琮、三叉形器等祭祀礼器与象征军权的钺的发现，说明当时男性是拥有军权（钺）和祭祀权力（琮）的巫师兼军事首领一类人物。尤其在南部男性大墓 M2 中出土一戴冠羽的神人兽面像的冠状饰，该神人张开双臂，似乎拥抱苍天，显然具有通天地、明神灵的象征，说明墓主生前即是这种戴冠羽神人的大巫或"巫王"的角色。④

20 世纪中期西方新进化论学者如美国人类学家埃尔曼·塞维斯、莫顿·弗里德等，认为在原始平等社会与早期国家之间存在一种中介型政治组织形式，并用"酋邦"来指代这种组织。塞维斯认为前国家阶段中，"酋邦"是一种复杂的社会组织形式，其统治权力主要是依靠酋长们非强制性质的"权威"，而非强制性的军事权力。酋长们的这种"权威"主要来自于部落逐渐强大的宗教神权和这些酋长的生产、生活、战争经验。莫顿·弗里德也提

---

① 浙江省文物考古研究所编：《反山》（上），文物出版社 2005 年版，第 370 页。
② 浙江省文物考古研究所反山考古队：《浙江余杭反山良渚墓地发掘简报》，《文物》1988 年第 1 期。
③ 浙江省文物考古研究所编：《瑶山》，文物出版社 2003 年版，第 26、207 页。
④ 由于史前各区域文化发展的程度不一，习俗各异，不排除个别地区会有少数女巫的情形。但是作为巫师群体而论，目前尚未发现以女巫为主体的情况。

出了由原始的平等社会到阶等社会,再到分层社会,并最终演变为早期国家的阶段发展说。这些西方新进化论学说普遍注重酋邦组织中"权威"的建立及其本质特征,认为神权权威是酋邦社会权力结构中的一个重要特征。[①] 酋邦理论传入我国后,对多维度构建中国史前社会复杂化及演进模式有着重要启迪。特别重要的是,它让我们了解到在从史前平等社会向早期国家的转型中,有着漫长的由以首领"权威"为主向以权力为主的"威权"型过渡阶段。这一过渡阶段主要依靠神权权威作为酋邦治理的重要手段,这是区别早期国家以权力强制性的"威权"性统治的基本特征。

史前中国社会复杂化进程也充分表现了这一特点。纵观史前中国社会发展进程,可以看到这是一个由平等社会或简单的分层社会,向渐趋复杂的分层社会转化的时代。在这个转化进程中,原始宗教起到了对聚落社会内凝外聚的重要作用。如果说距今7000—8000年左右的内蒙古兴隆洼遗址、查海遗址,河南舞阳贾湖遗址中发现的宗教仪式性器物如龟甲等,仅仅是史前社会初期的原始宗教遗迹,还十分简单、粗犷、平易;那么经过近2000年的发展,我们能够充分感受到原始宗教在祭祀礼仪及礼器等方面的不断精致化、贵族化、权威化。在这个发展过程中,原始宗教逐渐以一种"权威"方式主宰着史前社会的先民精神,并在社会分层中不断扩大、显现它的超然性、公共性神权;同时,作为这种权威力量承载者的巫师群体,也在不断地层级化甚或专门性地"祭司"化,并在以神权为主的治理手段中逐步与世俗权力的"威权"式手段融合,维护着史前分层社会的精神凝聚与秩序稳定。

三 巫师的文化承载及功能

史前巫师的权威,不仅源于宗教祭祀等礼神事务上,而且还表现在这个群体所掌握的知识文化及对氏族、部落在生产、管理方面的贡献。"所以巫术信仰与巫术行为底基础,不是凭空而来的,乃是来自实际生活过的几种经验;因为在这种经验里面他得到了自己力量的启示,说他有达到目的物的力量。"[②] 史前的巫师群体,正是从最初的经验中逐渐获得超乎其时聚落先民的知识文化素养,是早期社会的哲学家、天文学家、工匠及医者。这种素养使他们既获得氏族、部落先民的尊崇,也影响着先民社会组织及社会生活的大小"传统"。

(一)巫与天文、天象

原始农业比现在更加依赖于天时、气象、节气。从原始思维角度看,变幻莫测的气象、雷电、风雨也使先民对周围的时空环境更有着畏惧与恐怖。这种情形使天文历象、观象测时成为原始宗教首先关注的重点。而最早的"巫",正是观象测时的掌握者。

从考古材料看,距今8500—7800年的湖北秭归城背溪东门头遗址发现的男性太阳神石刻图像,在其腰部两旁分别刻画星辰,头上方则刻画有23条光芒的太阳,就充分体现出三峡地区早期天神膜拜和巫与天象间的神职意识。在距今7000多年前的内蒙古查海遗址中发现用碎石块堆塑出的一条长19.7米的"石龙",其南侧有墓葬和祭祀坑,应与天象崇拜有关。距今7200—6400年左右的内蒙古敖汉旗赵宝沟文化南台地遗址(3546F1)中,出土陶尊14件,其中5件刻画有神兽纹天象图案。这些图像如神兽太阳纹(1件)、神兽月相纹(2件)、神兽星辰纹(1件),应该与象征天文星象的灵兽有关。

这些以天文、星辰为对象的龙、凤鸟、神兽纹天象图的发现,说明早期聚落先民的宗教信仰较为集中地体现在与天文、天象有关的观象授时或预卜吉凶上。例如濮阳西水坡大墓(M45)中由蚌壳摆塑的龙、虎图案,据冯时先生研究,该墓(M45)的墓穴形状与墓主的葬卧方向,蕴含着天圆地方宇宙模式、寒暑季节变化、昼夜长短更替、春秋分日的天文与气

---

① 易建平:《从摩尔根到塞维斯:酋邦理论的创立》,《史学理论与研究》2008年第4期。
② [英]马林诺夫斯基:《巫术科学宗教与神话》,第69页。

象认识。① 这说明 M45 墓主是既能与天地、神祇沟通的觋巫，也是通达天文、气象的知识者。

所以，祭祀与天象合一，是早期宗教的重要特征。由于天空中星宿运行的位置、变迁不仅反映了农业节气、风雨雷电的变化，也在先民原始思维中象征着阴阳吉凶、时空星移，因此其逐渐扩展到对氏族盛衰、部落兴替的人事中。它使史前祭坛、观象台通常起着宗教祭祀与天文观测的双重作用。这种情形在科技考古中也得到证实。2009 年 3 月 18 日，中国科学院"陶寺史前天文台的考古天文学研究"项目组在距今 4000 多年前的陶寺古观象台遗址，对春分日出情况进行观测。据项目组观测，当天晨 7 时正，冉冉升起的太阳正好出现于古观象台 7 号的石缝中，太阳下边缘则与远山正好相切，与春分节气准确相合。② 它说明当时担负观象授时的巫师，承担着主持祭祀，测定天象，预测雷、雨、风、暴等多种职能；同时也说明《尚书·尧典》所记帝尧等史前"帝""王"能够融"历象日月星辰，敬授民时"的观象授时的功能之说不虚。

在文献中也常可看到将宗教祭祀与观象测时融为一体的记载。如《左传》昭公元年："昔高辛氏有二子，伯曰阏伯，季曰实沈，……后帝不臧，迁阏伯于商丘，主辰。商人是因，故辰为商星。"意为高辛氏之子阏伯被迁于商丘，使其"主辰"。而"主辰"即是对辰星的观测、祭祀。辰星即大火星，大火星系二十八宿之东方苍龙七宿（角、亢、氐、房、心、尾、箕）之心宿第二宿。相传自颛顼时起，就派有专人观测此星，并发现了运用大火星来确定季节的规律。所以，当时对大火星的观测、祭祀之官，也是观天象测农时的官吏，亦称"火正"。《国语·楚语》："及少皞之衰也，九黎乱德，民神杂糅……颛顼受之，乃命南正重司天以属神，命火正黎司地以属民。"《国语·郑语》："黎为高辛氏火正。"由于"火正"一职，既是祭祀之官，亦是观测、预报农业节气的民事之官，故而文献记其有"命火正黎司地以属民"的民事职能。《史记·殷本纪》则有商族先祖契辅佐禹治水有功，舜即命契为司徒（司土），"敬敷五教"的记载。司徒（司土）即是后代与土地、农事相关之官职，即与由商所接续阏伯之"主辰"，"黎"之"火正"之"司地以属民"的职能有密切关系。它说明史前觋巫除了占卜吉凶、主持祭祀外，还通过观象测时在农业、经济、民事活动中扮演着领导者角色。③

（二）巫与工

"巫""工"原本一体。最早的"工"实际是专门制作祭祀用玉器、法器兼从事祭祀的"巫"世家。许慎《说文》释"工"曰："工，巧饰也。象人有规矩也。与巫同意。凡工之属皆从工。󰀠，古文工，从彡。"因此古代与"工"相关的字，多从󰀠。"工"字本义，目前学界尚无一致解释，孙海波曾言"工"字"象玉连之形……巫字卜辞作󰀡，象巫在神幄，两手奉玉以祀神"④。是将󰀠视为巫舞的法器，应是有见地的。《说文》亦释"巫"为"工"："巫，祝也。女能事无形，以舞降神者也。象人两褎舞形。与工同意。"许慎认为最早的"工"与"巫"实出一意。段玉裁注"工"曰："巧饰也……聿部曰：'聿，聿饰也。彡部曰彡，毛饰画文也……与巫同意。'󰀠有规矩。而彡象其善饰。巫事无形，亦有规榘。而󰀢象其两褎。故曰同意。"⑤ 甲骨文"工"作󰀣（《合集》19441）⑥，像多用途器具。金文"工"󰀤（司工丁爵）由󰀥和󰀦

---

① 冯时：《河南濮阳西水坡 45 号墓的天文学研究》，《文物》1990 年第 3 期。
② 徐凤先：《"陶寺史前天文台的考古天文学研究"项目组春分观测记行》，《中国科技史杂志》2009 年第 2 期。
③ 关于"火正"与司徒（司土）、民生关系，参见庞朴《"火历"初探》，《社会科学战线》1978 年第 4 期；王震中：《中国古代国家的起源与王权的形成》，第 446—447 页。
④ 于省吾主编，姚孝遂按语编撰：《甲骨文字诂林》第 4 册，中华书局 1996 年版，第 2909 页。
⑤ 段玉裁：《说文解字注》，上海古籍出版社 1981 年版，第 201 页。
⑥ 郭沫若主编，胡厚宣总编辑，中国社科院历史研究所编辑工作组编：《甲骨文合集》，中华书局 1978—1982 年版。以下凡引自该版本，均简称《合集》。

构成。目前学界对此字虽有不同解释,但其字形有祭祀物意可知。因此,甲骨文"巫"写作田(《合集》33159),李孝定疑其"象当时巫者所用道具之形"①,以工加⊐形,有抓、持器物之意。金文"巫"则写作田(齐巫姜簋),实为承续甲骨文形。所以,《说文》认为"巫"(田)字"与工同意";而"工"(舌)则"与巫同意"②。根据田与舌形,则可能表示祭祀神灵的巫舞者手持物形象似舌(工)的用羽毛等"巧饰"之"大袖"(法器)祝祷降神。所以其后篆文(巫)为工加两人,表示两人或多人抓、持"法器"祝祷降神的场面,其字即可能是继承了早期文字(符号)的"工""巫"合一之意。

在巫舞合一的古代社会,巫在向神祝祷的歌舞中,常挥动两袖、手持"法器"起舞,因此"巫"字像人持"法器"起舞,而"工"则有巧饰之"法器"之意。在早期聚落社会中,打造石制武器、工具应是氏族、部落中各家分内的事。随着原始宗教的发展,祭祀礼器如精美玉器及石、骨法器在工艺上日益繁复,于是产生了专门从事治玉与制作法器的"巫工"世家。③而最早的"工"也就成为巧饰祭祀礼器的设计、制造者的代名词,是氏族、部落中的技作巧匠,是大型祭祀仪式所需精美玉、石、骨制礼器的制作能手。例如凌家滩墓葬中的98M20,除了发现随葬玉制钺、镯、璜及石制钺、锛数十件外,尚有玉芯111件。这些数量众多的玉芯大多不配套,可能是制作玉礼器的中间产品,而墓主可能是一个制玉者。从该墓主能够葬于该祭坛并且随葬品有玉制钺、镯、璜等物看,他既为地位不低的男性,也与宗教祭祀有关。凌家滩墓地98M23也发现了一定数量的钻、砺石、石芯等工具及半成品,说明墓主可能是一个专门制作礼器、饰品的人。而从其入葬该祭坛的墓地位置看,该人生前亦有一定地位。

所以,早期的"工"即"巫","巫""工"一源。由于"巫"地位崇高,它也使"工"常与"王巫"之僚属的"官"在词源上同义。例如古文献中"百工"就常指代为"百官"。《书·尧典》有"允釐百工,庶绩咸熙";《左传》昭公二十二年记"王子朝因旧官、百工之丧职秩者",这里的"百工"就是指"百官"。

(三)巫与医

在史前中国,巫、医亦一源。《说文》:"医,治病工也……古者巫彭初作医。"篆文承续金文字形。六书通篆文用"巫"代替"酉",表明了古代巫、医同源。在古代神话传说中,巫彭等是医的始作者,所以文献记载巫发明百药。《山海经·大荒西经》:"有灵山,巫咸、巫即、巫盼、巫彭、巫姑、巫真、巫礼、巫抵、巫谢、巫罗十巫,从此升降,百药爰在。"《山海经·海内西经》:"开明东有巫彭、巫抵、巫阳、巫履、巫凡、巫相,夹窫窳之尸,皆操不死之药以距之。"《吕氏春秋·审分览》:"巫彭作医,巫咸作筮,此二十官者,圣人之所以治天下也。"说明自古以来巫与医、筮就有密切关系。延及后代,亦常有"巫医"连句。如《论语·子路》:"人而无恒,不可以作巫医。"《管子·权修篇》有"上恃龟筮,好用巫医"之说。《汉书·爰盎晁错传》有"为置医巫,以救疾病"④。早在凌家滩87M4中,除了发现玉制钺、璜等与武器、祭祀有关的大量随葬器物外,还发现具有专门用途的玉石,而这些玉石可能是刮痧治病的用具。在87M14中除发现玉璜3件外,还发现玉石料5件,一些研究者认为从其形制看应是中医用的砭石,而墓主则

---

① 于省吾主编,姚孝遂按语编撰:《甲骨文字诂林》,第2922页。
② 段玉裁:《说文解字注》,第201页。
③ 尽管随着氏族、部落间交换的发展,逐渐出现了专门制作交换产品的工匠、工奴,但这不是早期"工"字本义。文献泛称工匠、工役等为"工"则是西周以后的事。
④ 《汉书》卷49《爰盎晁错传》,中华书局1962年版,第2288页。

是巫医。① 这说明该墓主既与祭祀有关，同时还兼具医的职能。所以，古代中医大约出自史前巫医。而此后巫医以巫降神祛病消灾的事，在历代文献中则多有记载。

（四）巫与原始道德

史前巫师还是原始道德及社会秩序的维护者。从世界人类学材料看，原始时代许多进入酋邦阶段的社会，正是通过宗教权威的影响维护着聚落社会秩序与原始道德。这在古老的埃及、印度、两河文明中都能见到。古代中国亦是如此。有学者认为："中国信仰是一种象征权力或符号权力的建构，是一种以神人之伦基础的权力关系的建构。"② 由于当时血缘与地缘的交叉性特征，以祖先崇拜为核心的祭天、祭祖活动已经成为各聚落群先民凝聚共同精神信仰与价值观的重要手段，因此这些与"天""祖"相联系的宗教信仰即弗雷泽所谓"公众巫术"起着维护聚落等级秩序的原始道德观念与规范。而聚落的内聚性更需要通过"祭祖""祭天"的宗教信仰而建构一种以神人之伦为基础的权力关系。所以，在前国家时代，这种权力关系更主要表现为一种与血缘祖先身份高低、亲疏远近，或者与氏族、部落首领的军事统领、管理经验的"权威"相交叉的精神力量。李泽厚曾认为："卜、筮服务于人事，主要服务于王的政治活动，世俗性与实用性很强烈很明显，仍非心灵慰安之类。"③ 它促使先民产生对"祖先""神灵"的敬畏，而又将原始道德伦理去附丽在祖先神灵身上，以此维护部落、家族间的社会与人伦关系，强化氏族团结。由于这种关系掺杂了祖先崇拜、自然崇拜、神灵禁忌及早期的天文、气象等因素，因此它常常使史前先民文化中的情感与理性、迷幻与科学相互缠绕，互相依托，共同形成原始宗教的神圣价值与道德观念。

在这里，信仰因素与政治因素、科学因素与伦理因素相互渗透，建构起史前先民的精神结构。这种情形在考古材料中也能发现。在余杭良渚古城的大型墓葬、祭坛中，发现大量玉制祭器，这些祭祀礼器不仅是墓主在另一个世界的使用重器，而且它还具有维护现实人间秩序的精神震慑功能。如反山墓地 M12 贵族大墓就发现形制甚大的玉琮、玉钺、神人兽面的"神徽"等，它也表明当时人们希望通过死去的先祖先辈的在天法力，来维护现实人间秩序的信仰。"这种神人兽面纹在良渚文化的分布范围内都有发现，且形态千篇一律，所以应当就是良渚人心目中共同尊奉的地位最高乃至唯一的神祇，也即整个良渚社会有着高度一致的精神信仰。"④

正是这种文化承载与道德建构功能，使原始巫承担着宗教祭祀、传播知识、传承工艺、建构道德、维护秩序等多种角色与职能，维持着原始宗教弥漫史前社会方方面面的"大传统"。由于这些职能包容了史前社会的方方面面，所以其后早期国家首领，政府的各种官、吏，大都由巫演变而来。故陈梦家先生认为，上古官吏，多由巫来，"由巫而史，而为王者的行政官吏；王者自己虽为政治领袖，同时仍为群巫之长"⑤。

四 从"权威"到"威权"
——史前巫师地位、角色的转化

塞维斯等西方学者曾认为，酋邦能够进行动员与组织、获取资源的力量来源，主要是宗教神权的"权威"，正是这种"权威"使前国家组织在"非暴力"情形下具有大规模动员、组织民众的能力。这种理论对解释我国史前分层社会亦有着参照性。正如前述，从距今7000年以降的中国史前史来看，许多区域都开始进入社会分层及冲突、暴力等状态中，也

---

① 安徽省文物考古研究所编：《凌家滩：田野考古发掘报告之一》，第137页。
② 李向平：《信仰是一种权力关系的建构——以中国社会的"信仰关系"为中心》，金泽、李华伟主编：《宗教社会学》第1辑，社会科学文献出版社2013年版。
③ 李泽厚：《历史本体论·己卯五说》，生活·读书·新知三联书店2008年版，第166页。
④ 赵辉：《良渚的国家形态》，《中国文化遗产》2017年第3期。
⑤ 陈梦家：《商代的神话与巫术》，《燕京学报》第20期，1936年。

出现了诸多层级特征明显的聚落与聚落群。从考古与人类学资料看，史前中国各个区域文化演变都是社会分层、原始宗教、血缘继承、世俗权力等相互纠缠、合力的结果。这种合力使各个区域社会逐渐由"权威"性管理向"强制"性的武力、宗教混合体的"威权"治理方式转型。而且随着史前社会的复杂化，一些上层人物如巫师之类通过"公众巫术"而不断占有"公权力"，并将过去属于服务性的"公权力"转变为具有暴力及威慑意味的政治性"威权"。这些巫师兼首领集团通过神权和王权力量，在不断占有公共资源的过程中，促进了"酋邦"向早期政治国家的转型。

从史前史看，距今 8000—7000 年的北方兴隆洼遗址、查海遗址和距今 6400 年左右的濮阳西水坡大墓（M45）中都发现了具有祭祀、占卜性质的随葬品或蚌塑龙、虎等，但是并没有发现数量众多的象征财富与武力的随葬品，这说明这些墓主主要是主持祭祀、测定天文、从事巫医等以实用性经验服众的角色。在距今 6000 年左右的澧县城头山古城遗址既发现了大型祭祀场与多个祭祀坑，又在周边发现了与祭祀有关的大型建筑遗址，它说明该祭祀遗址很可能曾为该区域聚落群的具有较大规模的"公众巫术"功能的宗教中心。但是从城头山古城相关物质遗留尚未发现层次明显的墓葬分级等迹象看，该古城及附近聚落可能还处于阶层分化初、中期的状态中。但在距今 5000 年前后，这种情况发生巨大变化。在辽河流域发现的牛河梁大型祭祀遗址，其"庙、坛、冢"三位一体的规模宏大的祭祀遗址群，以及精美而意蕴突出的宗教祭祀器具，周边的聚落群分布，说明该社会组织已经有强大的对于部落族众的动员能力。而在余杭良渚遗址群中，在其周围数十平方公里范围内分布着反山、瑶山、汇观山等良渚文化大墓、祭坛，以及出土的诸多玉璧、玉琮、玉钺等精美玉礼器以及"神徽""神鸟""三叉形冠饰"等，则表现出强烈的神祇权威与神人合一、巫王合一

的等级差序的政治、宗教意识。它也说明在史前各个阶段的先民社会整合中，世俗权力和宗教神祇发挥的作用是各不相同的。

由于受生态环境及其他内外诸因素影响，史前各区域在宗教神权与世俗权力的关系上各有偏重，并产生权力资源配置的差异。李伯谦先生认为在距今 5000—4000 年间，"红山文化古国是以神权为主的神权国家，良渚文化古国是神权、军权、王权相结合的以神权为主的神权国家，仰韶文化古国是军权、王权相结合的王权国家"①。此说具有一定合理性。但是不论权力资源的配置如何侧重，"巫王"或"王巫"，即"巫"与"王"一身二任的情况却是相差无几的。尤其是距今 4000 多年前，红山文化、良渚文化、石家河文化等中原周边区域文化突然衰弱，而以中原龙山文化为代表的区域文化一枝独秀。它给了中原文化模式一种新的机遇。即在以王权为核心的威权模式中，社会资源被更多地投入实用性的建筑，如大型防卫设施的夯土城墙、环壕、宫城等。而在宗教祭祀方面却相对简朴。这在陶寺文化遗址中也充分表现出来。如陶寺遗址公共墓地发掘的 1300 多座墓葬可以看到，除了极少数大型墓与部分中型墓外，占总数 90% 的 1000 余座小型墓无随葬品或仅有极少的石、骨器具随葬。这与红山文化、良渚文化的奢靡葬俗有极大区别。但是陶寺遗址所表现的王权、神权结合的属性仍十分明显。例如该遗址大型墓随葬成套石斧、石镞、玉（石）钺、瑗、鼍鼓、特磬、龙盘等重型礼器，其中型墓亦随葬成组陶器和玉（石）钺、琮、瑗、佩饰等礼器。这些司掌宗教神权的人物，显然也是掌握着该部落组织的世俗权力的人物。"在陶寺墓地Ⅲ区中部，五座随葬鼍鼓、特磬的大型墓集中在一片……死者似乎是同一家族中的几辈人。同时，他们又都是部落中执掌大权的显贵。"②它反映了当时王权与神权在结构配置上正发生变化。从随葬的成组陶器和玉（石）钺、鼍鼓、特磬等大型礼器来看，世俗王权的"强

---

① 李伯谦：《中国古代文明演进的两种模式——红山、良渚、仰韶大墓随葬玉器观察随想》，《文物》2009 年 3 期。
② 高炜等：《关于陶寺墓地的几个问题》，《考古》1983 年第 6 期。

"制"性力量占据着更加主动的地位,而族权的地位也日益突出。它说明其时社会"权力"已经由一种实用、经验型的"权威"存在演变为以王权为核心,包括神权、族权的三位一体的"威权"存在,首领兼巫师则是这个政治场域中的运作主角。

由上述例子也能看出其时巫师集团身份、地位的变化:随着世俗性权力加大,逐渐形成以王权为中心的三位一体的权力配置结构,宗教则演变为王权形而上的超越、神圣的本体保障。这种情况在陕西神木石峁遗址、偃师二里头遗址中都表现得十分明显。从二里头文化中发现最早的都城遗址、大型宫殿建筑群、成套的宗教祭祀用礼器可以看出,它在标示政治等级与宗教祭祀方面的用"礼"制度和"礼"器运用方面有很强的专断性、等级性和独占性特点。此外,二里头遗址还发现不同于日常用品的大量陶礼器如爵、觚、盉等,它说明"礼"器及用"礼"制度已广泛存在。史前社会复杂化过程中的政治、经济、文化、宗教多种因素的合力,形成了中原地区先民社会复杂化进程中精神与制度力量的整合。它使社会的维持机制,通过其不断强化的精神性、礼仪性的物化形式(例如大型宫殿建筑群、成套礼器群以及等级不同的墓葬制式等),来达到维持现实社会组织和政治等级的合法性、神圣性的目的。

史前巫师群体的身份、角色则在这种社会演变中不断转化。在距今5500—4300年前后的大汶口文化、凌家滩文化、红山文化、良渚文化、屈家岭—石家河文化中,其大、中型墓葬中发现的如玉璧、玉琮、玉钺、玉璜、神徽等器物,标志着墓主不仅是具有与天地沟通的巫师之类人物,也是部落、部族中具有世俗权力的首领。这与在兴隆洼遗址、濮阳西水坡遗址等发现的"巫"的情况已完全不同。而在距今4300—3700年前后的襄汾陶寺遗址、陕西神木石峁遗址、偃师二里头遗址中,这种神权、王权,以及血缘性族权相结合的"威权"从整体上看就更加突出。它说明王巫合一以及宗教权力(祀)与世俗暴力(戎)相结合的情况正不断发展。可以说,距今5500—3700年前后的中国,既是早期分层社会(酋邦)快速发展并向"古城""古国"转化的时期,也是巫师兼首领的权贵由对部落社会的经验型"权威"管理向强制型"威权"统治过渡的时期。它使巫师兼首领的"巫""王"合一者成为角逐"公权力"场域上的主角。

这种格局是史前社会复杂化的一个显著特点。其结果是使史前中国在还没形成一个地域广大的统一宗教神时,就在宗教祭祀与自然山川崇拜的基础上,形成以世俗性的血缘祖先崇拜为中心,以自然禁忌为特征的"早熟"的宗教信仰及祭祀、禁忌的格局。这与古代希腊、罗马所建立的以公民政治为基础的超越氏族血缘、贵族祖先神的,以宇宙和自然神祇为最高护佑神的城邦(国家)的统一神祇宗教世界有极大区别。以祖先神为主神的原始宗教信仰,使酋长兼巫师转型为已逝的先王先公型的受祭者,及现世以暴力与宗教相结合的"威权"型统治者。也就是说,这时的宗教神权已成为推动早期国家形成和"王权"扩张的重要助力,而"巫政""巫战"合一的贵族群体则成为最早的"王巫"及各级首领和扈从、僚属。关于史前权力系统的演进,王震中先生曾提出"王权"源于神权、军权、族权的三来源说,认为"王权有源于宗教祭祀之权的一面或王本身就是神……事实上,绝大多数原生形态的国家,在其形成的过程中,既产生了掌握祭祀、行政和军事的最高统治者或执政,也形成了一个辅佐统治的祭司或巫师阶层"[1]。这是颇具合理性的。尤其是史前社会的族权与神权的过早结合,形成以祖先崇拜为核心的宗教信仰。以这种信仰为内涵的"公众巫术"仪式中已蕴含了诸多向世俗政治权力转化的因素,它通过祭祀祖先、天地等礼仪促进了各级酋长(包括先王先公)的神圣化和神圣权力的扩展。而史前连绵不断的战争,又催生了各级酋长掌握的军权、神权对氏族、部落的控制,最终促进了"王权"的不断

---

[1] 王震中:《中国文明起源的比较研究》,陕西人民出版社1994年版,第369页。

发展。

从宗教意义上说，这种祖先崇拜因素又过早结束了史前中国的原始宗教向统一的宇宙至上神的单向度扩展，使神权屈服、服务于现世王权，由此演变为各首领家族、部落的护佑神，从而走上了以宗法血缘为基础的神权世俗化道路。它的典型表现即是原始宗教向以祖先崇拜为核心的早期礼制的转型。这在考古材料中多有表现。但不可否认，这种礼制是在吸收、消化了原始宗教的诸多要素后才变化、转型为新的部落政治体的宗教价值、等级精神。它使原始宗教在向礼制的过渡中没有发生断层式的变化。在这个过程中，那些巫王、巫战合一的显贵人物，也通过神权、军权、族权，逐渐演变为酋邦或早期国家的贵族阶层，并形成文明曙光期的"巫君合一"传统。

这种情形也表现在原始宗教的主神崇拜中。主神观念是神明崇拜的核心观念。所谓主神即指宗教诸神系统中统治众神的神。从世界范围看，不少早期部落、部族的护佑神都在社会阶级的分裂中演化为超世俗、超氏族的护佑城邦的公共自然神祇，并且在这些自然众神中形成神界之主神系统，而最高神祇则是自然的宇宙神。但是在中国，早期的宗教与"礼"则是将部落联盟中占统治地位的部族祖先神作为最高主神来尊崇，由此提升了这些主神所护佑的氏族、部落的尊崇地位，也随之提升了这些氏族、部落首领的宗教、政治权力。这种传统使得史前宗教中的主神崇拜与王权敬畏相互合一。从文献记载的神话、传说看，战国、秦汉以来流传的史前中原帝王系统中混淆不清的数十个"帝""王"，当时一度在黄河流域及其周边地区处于优势地位的各部落联盟中集巫政、巫战身份合一的世代相传的首领。例如《史记·五帝本纪》记黄帝时，"顺天地之纪，幽明之占，死生之说，存亡之难"，"而鬼神山川封禅与为多焉。获宝鼎，迎日推筴"①，俨然是部族首领兼大巫的"王巫"角色。长沙马王堆汉墓出土战国佚书《十六经·立命》中，有以"黄帝为天下宗"的说法："昔者黄宗（帝）质始好信，作自为象，方四面，傅一心。四达自中……是以能为天下宗。"② 它说明早在战国人心目中，黄帝既是"战神"，也是有四张面孔（巫）、能预测吉凶的"巫君合一"型首领。此外，如虞舜时代的尧、舜、禹等，既是先古之"帝""王"，亦是带神灵色彩的大"巫"。《史记·五帝本纪》载舜为政，"类于上帝，禋于六宗，望于山川，辩于群神"③；《史记·夏本纪》记"天下皆宗禹之明度数声乐，为山川神主"④，说明古人心目中的禹也即一大巫。它说明史前中国政治史的演化过程，也是由"酋邦"式的实用型、经验型"权威"治理不断向神权和王权合一的"威权"型统治演进的历程。

所以，史前社会的发展，是神权与世俗权力结合的结果。古史传说中的史前"帝""王"世系的崇拜对象，其祭祀主神大都是当时统治部族的先公先祖，兼具血缘祖先神和护佑神性质，是集神圣性、世俗性、社会性品格的最高神祇。《国语·鲁语》："故有虞氏禘黄帝而祖颛顼，郊尧而宗舜；夏后氏禘黄帝而祖颛顼，郊鲧而宗禹；商人禘舜而祖契，郊冥而宗汤；周人禘喾而郊稷，祖文王而宗武王。"在这个祀典中，上古诸多世俗性"帝""王"，均成为中原王朝世系的神权与王权兼具的受祭主神。这种情况在前述陶寺遗址家族式的大型贵族墓及随葬的成套石斧、石镞、玉（石）钺、特磬、龙盘的礼器中也可以看到。这种情形一直延续、浸淫到夏商周三代祭祀礼制脉络中。晁福林认为，在商代，祖先神是殷人祈祷的主要对象。殷王朝从上甲至帝辛37王，除极少数外，绝大部分都有受到隆重祭祀的卜辞

---

① 《史记》卷1《五帝本纪》，中华书局1959年版，第6页。
② 国家文物局古文献研究室编：《马王堆汉墓帛书》（壹），文物出版社1980年版，第61页。
③ 《史记》卷1《五帝本纪》，第24页。
④ 《史记》卷2《夏本纪》，第82页。

记载。①

这种巫、王合一的演变，在上古有一个重要转变，这就是史前传说中颛顼的宗教改革。《国语·楚语》曾记观射父对上古原始宗教三个阶段的阐述：即先古时期的"民神不杂"；少昊、九黎时的"民神杂糅""家为巫史""民神同位"；颛顼时期"乃命南正重司天以属神，命火正黎司地以属民，使复旧常，无相侵渎"的"绝地天通"的宗教改革。对于"使复旧常，无相侵渎"的"绝地天通"，学界一般认为这是统治者杜绝民众与"天""帝"等至上神祇的沟通，由此获得垄断神、人交往的威权，这无疑有其合理性。但是如果认为这一次宗教改革扫除了"民神杂糅""家为巫史"的旧习，则有失允当。实际上"绝地天通"的结果，主要是将"民""神"沟通等级化、层次化、礼仪化了，它规定了人与神交往、沟通的层次性，使先民社会在宗教祭祀主体上各祭其神，各主其宗，"家为巫史""民神同位"的情况仍然存在。它使各级臣、民形成各自对生于斯、长于斯的家族、宗族祖先神礼祭、尊享的礼仪制度，也形成民众对所处地域的山川诸神（如土地、山林、河流神祇等）的禁忌与祭祀。它由此改变了过去王、臣、民均能够与天神沟通的祭祀方式，而仅仅由"王巫"及附属臣巫来垄断与最高神祇的交通。所以，颛顼宗教改革使王者被定格为与上天交通的最高巫者，是"天"在人间的唯一代言人。而各级附属的部落政治体只能在自己的属地中举行祭祀、封禅等仪式。这种情形在商周时可以清晰看出。应该看到，颛顼的宗教改革虽然断绝了虞夏先民与最高天神的交往通道，改变了民间祭祀的主神等次，却使原始先民与最高神祇的沟通转化为民间更加广泛的以家族、宗族为单位的对自然山川的泛灵禁忌、山川崇拜的宗教建构，并转化为不同等次的各级官、吏、民对自己家族、宗族祖先神的"家祭""宗祭""族祭"仪式，由此形成自上而下的"宗自为祀""家自为祀""各宗其主"的现象。《礼记·曲礼》："非其所祭而祭之，名曰淫祀。淫祀无福。"《国语·鲁语上》："凡禘、郊、祖、宗、报，此五者国之典祀也……非是，不在祀典。"正是早期国家在祭祀、封禅的垄断化、等级化方面的反映。所以，颛顼宗教改革使宗教祭祀主体、主神的等序化逐渐固定下来，代表国家层面的"天子祭天地，祭四方"，与民间社会的"宗自为祀""家自为祀"及泛灵崇拜并存共生，由此使早期国家与民间社会产生了在祖先崇拜、泛灵禁忌与自然神灵祭祀上的二元化宗教现象。

王权对最高主神祭祀的垄断，切断了自然界诸神向统一、超越的宇宙主神上升的道路，它使"王"兼"巫"者的一身二任的祭祀天地、封禅山川的功能更加突出。民间社会中形形色色的"家祭""宗祭"，也使各宗族、家族内部的祖先崇拜和血缘祭祀泛起，形成不同等级和规格的神主（祖先）崇拜，并与国家宗教祭祀一道产生了由权力距离形成的等级差异的祭祀礼仪。它的结果是淡化了普通中国人对于国家统一神祇的尊崇与信仰，强化了民间社会对乡土社会神祇（如土地、山川等神）及对自己的宗族先祖的尊崇、礼祭，形成国家、社稷与乡土社会各祭其祭、各祀其祀的宗教传统。这也使过去正在分化的巫师群体进一步呈现二元分离局面。例如王权及宫廷巫师作为最高神祇的代言人，在祈祷社稷永久、年事丰登等方面享有最高的与天、帝相通的优势。而民间对"天"的祈祷、诉求，以及祈求风调雨顺、多福多子、选择吉地、降神占梦、驱邪逐鬼等则由民间巫去执行。所以，颛顼改革使史前宗教更加凸显出国家、民间的二元格局，同时也奠定了其后商周时代巫师群体角色进一步二元分离的基础。

---

① 参见晁福林《论殷代神权》，《中国社会科学》1990年第1期。晁福林还提到，迄今所见关于祭祀上甲的有1100多条卜辞，祭祀成汤的有800多条，祭祀祖乙的有900多条，祭祀武丁的有600多条。在全部卜辞里，确认为祭祀祖先的卜辞共有15000多条。

五　商、周时代的巫在角色、功能上的转变

从夏至商，虞舜时代的宗教传统在传承中不断"变异"。由于文献与考古材料的阙如，对夏代国家及宗教、祭祀礼仪我们还不能详细探讨。可是，从华夏早期的神话、传说看，夏代基本继承了虞舜时代原始宗教的种种特征，最高统治者垄断了最高天神与人间交往的威权，尧、舜、禹、启等仍然是集王权与神权为一身的首领兼大巫，具有与"天"沟通、代"天"发号施令的权力。

商代甲骨卜辞的发现，使我们初步地了解其政治、宗教情况。在商代卜辞中，"帝"或"上帝"具有最高权威。它可以命令、指挥各种自然神祇如雷、电、风、雨、云等，也管理着人世间的吉凶祸福如战争、出行、作邑、婚姻、狩猎等各种事务。从商代卜辞、金文看，商代至上神的"帝"或"上帝"，既是自然与人间的主宰，也是殷民的祖先宗主神祇，即商民族的祖先神。胡厚宣先生曾经指出，"从早期即武丁卜辞中，就出现了上帝的称号而已"。① 例如武丁时的卜辞就将自己的生父称为"帝"。在殷代人心目中，自己部族的先公先祖就是最高的神祇。商代的先公先王本来均为本部族主神，但在商立国后，均跨越部族神的身份而成为天下各部族的最高共神。这样，殷人所崇拜的上帝鬼神也就成为诸侯方国所崇拜的上帝鬼神。

以统治部族的祖先神为主神的祭祀制度，表明三代礼制中与"帝"相通的宗教诸神，乃是地上王者的祖先及其附属方国的先公、先王。同时，商代王室还按照人间政治、尊卑等级而设立了以商人祖先神为最高主神的神权秩序及等级性祭祀礼仪。在这种祭祀礼仪中，主持祭祀的仍然是商代最高的"巫王合一"的"王"，及其属下方国、大臣等各级"巫政合一"的首领。卜辞中，有商王自称"余一人"，并由王直接下卜辞断语的记载。《吕氏春秋·顺民》记汤时大旱，"汤乃以身祷于桑林，曰：'余一人有罪，无及万夫。万夫有罪，在余一人。'"陈梦家先生亦认为："卜辞中常有'王卜'、'王贞'之辞，乃是王亲自问卜，或卜风雨或卜祭祀征伐田猎。王兼为巫之所事，是王亦巫也。"② 所以，"巫王合一""巫政合一"是当时现实的社会政治现象。管东贵先生曾提到周及以前朝代实行的是"祭政合一"，即祭祀及讨论政务都在祭祖用的"庙堂"中进行，只有到了周代封建制解体时才逐渐演变为庙堂祭祖与朝廷论政各有场所。③ 这样，在商代王权中，神权与王权始终纠缠在一起。商王室在垄断最高神权的同时，也占据了与"帝""上帝"沟通的大巫师地位。

随着国家职能的发展及宗教的二元分化，巫师群体也出现进一步的二元分化与细致的职能分工。这种分化表现在两方面：其一，随着王朝领域的扩大、官僚职能的细化，王者逐渐成为象征性的"大巫"角色，而日常的巫、卜事务则由专门为王室服务的巫、祝、卜等"祭司"一类的神职人员承担；其二，由于国家与民间在权力距离上的加大，宗教、祭祀的二元分离更加突出，在民间形成许多涉及社会性事务的卜、祝、医之类的民间巫，他们以替民众禳灾祛病、占卜算卦、趋吉避凶等为职能，成为专门的群体活跃在民间。这样，随着民间巫、祝事务的发展，史前氏族、部落中的巫亦形成不同功能、职业的巫师群体，并且在社会演进中其职能也在随之变化、发展。

例如在商代，随着王朝领域的扩大，王权世俗性事务的增加，虽然商王仍然是最高地位的主持国家宗教祭祀的大巫，可是日常的占卜、祭祀职能却是由专门的巫师群体如"贞人"等神职人员来承担。随着时日流逝，主管国家宗教祭祀、预测吉凶、典藏王室宗谱、记载王朝大事的神职人员逐渐演变为官僚群体

---

① 胡厚宣：《殷卜辞中的上帝与王帝》（下），《历史研究》1959 年 10 期。
② 陈梦家：《商代的神话与巫术》，《燕京学报》第 20 期，1936 年。
③ 管东贵：《从宗法封建制到皇帝郡县制的演变：以血缘解纽为脉络》，中华书局 2010 年版，第 136 页注 3。

中的一个专门部分。如商王室就有专门的"贞人"群体。这些"贞人"地位极高，卜辞中往往有"贞人"和殷先王一起受祭的记录。例如卜辞有："辛酉卜，宁风巫九牢"(《合集》34138)；"辛亥卜，小褅北巫"(《合集》34157) 等。传说中巫咸、巫贤等均为商王重臣兼巫师，如《尚书·君奭》有太戊时"巫咸乂王家"的说法。《说文》"巫部"亦曰："古者巫咸初作巫。"段玉裁注："盖出《世本·作篇》……马云：'巫，男巫，名咸，殷之巫也。'郑云：'巫咸谓为巫官者。'"① 这些传说表明巫咸、巫贤以及傅说等虽为商大臣，亦可能兼及主持祭祀及巫卜之职。

从巫的社会功能来看，商代巫的职能不仅涉及王朝的政治、财政、军事、祭祀诸事务，也广泛涉及诸如水旱灾异、作物丰歉等民间事务。例如在卜辞中，以舞求雨是一种经常性的宗教祭祀活动。商王常自任巫师为舞求雨，"……王舞允雨"(《合集》20979)；"……王其乎舞……大吉"(《合集》31031)。卜辞中常有"今日奏舞㞢从雨"(《合集》12828) 等记载，说明当时求雨主要是用一种巫舞的礼祭媚神方式。这种方式正是史前原始宗教巫舞合一的遗留。由于中国国家的"早熟性"，使许多原始宗教的内容遗留下来，成为三代宗教祭祀的基本内容。

从商至周，巫师职能不断细化为巫、史、卜、祝等专门负责祭祀、占卜、记事的官员。特别是周代朝廷中巫职能演变更加明显。一方面王权利用"天"与"德"来证明周王朝形而上的"天命"本体保障，并通过"礼制"将"神"寓于"礼""德"中。它使国家宗教祭祀、占卜等成为王朝礼制的重要组成部分；另一方面，当标志神权的国家祭祀、占卜等寓于王朝礼制中时，巫等神职人员也逐渐融入周代礼乐系统中担负祭祀、占卜、事神、祈福的体系内，成为周代礼制中专门从事神职的人员（如《周礼》所述"六官"中的"春官"系统），成为王室的专职"祭司"角色。

《礼记·礼运》有"王前巫而后史，卜筮瞽侑皆在左右"之语；《周礼·春官宗伯》谓"占人"职能是"凡卜筮，君占体，大夫占色，史占墨，卜人占坼"。孔颖达《周易正义·巽卦》注疏谓"史""巫"云："史谓祝史，巫谓巫觋，并是接事鬼神之人也。"② 说明其时的巫官、卜史对王权有既依附又服务的特点。同时，周代巫的职责分化更加明显。《周礼·春官宗伯》有大宗伯、小宗伯、大卜、筮人、大祝、巫官等记载。如大宗伯"掌建邦之天神、人鬼、地示之礼……以吉礼事邦国之鬼神示，以禋祀祀昊天上帝"等。这种情形使我们看到上古的"巫王一体"，已随着王与官僚之间权力距离的加大，朝堂诸多巫官、巫臣转化为专门从事神职的僚、吏，并成为周代礼乐系统中负责祭祀、占卜、事神、祈福的主持或操作者。同时，在民间，巫的降神占梦、舞雩求雨、驱除疠疫等仍然盛行，并继承了原始巫之遗风，代代相传。特别是从西周至春秋战国时代，巫的民间化和乡里社会中以巫占卜吉凶、禳病祛疾、驱逐恶厉等亦呈普遍趋向。例如《逸周书·大聚解》有"乡立巫医"说。《管子·权修篇》有"上恃龟筮，好用巫医"之论。《荀子·王制》记："相阴阳，占祲兆，钻龟陈卦，主攘择五卜，知其吉凶妖祥，伛巫、跛击之事也。"在马王堆出土西汉医学帛书《五十二病方》中亦叙录大量以祝由巫术愈病如以祈祷"黄神"来驱邪逐鬼等巫技、巫法等。③

三代时一个重要宗教现象，便是女巫的专门化。在史前，主持祭祀、占卜、与"天"沟通的巫师通常是氏族、部落的男性首领。但在三代尤其是商、周时代，随着父权制的发展，女性地位的进一步卑弱化，于是以女巫舞"雩"求雨，焚女巫为牺牲以贿神，就成为一种普遍的祈雨方式。在商以前的考古材料及神话传说中，我们很少看到女巫沟通天地、主持祭祀，或焚女巫求雨、女巫舞雩等内容。但在

---

① 段玉裁：《说文解字注》，第 201 页。
② 王弼、韩康伯注，孔颖达正义：《周易正义》卷 6，阮元校刻：《十三经注疏》，中华书局 1980 年版，第 69 页。
③ 李零：《中国方术考》（修订本），东方出版社 2001 年版，第 332—340 页。

商代卜辞中,以女巫代替王室"通天""贿神"的祈雨仪式却多次出现。如卜辞有:"贞,今丙戌烄奴㞢从雨。"(《合集》9177正)"其烄,此又雨。"(《合集》30789)"烄"字系求雨而焚烧人之象形字。从卜辞看,这些被焚烧的人往往是带有女字旁如奴等的女巫。而在西周时期,亦专设女巫来"岁时祓除,衅浴。旱暵,则舞雩"。《周礼·春官宗伯》记司巫"掌群巫之政令。若国大旱,则帅巫而舞雩。国有大灾,则帅巫而造巫恒"。司巫下设"男巫,无数。女巫,无数",男巫执掌望祀、望衍、授号等事;女巫则职掌"岁时祓除,衅浴。旱暵,则舞雩……凡邦之大灾,歌哭而请"诸事。这是因为在古代宗教中,人们往往认为干旱是阴阳不调造成的,因此需要以地上之阴(雌)、妩柔去媚、合天神之阳(雄)、刚。汉代董仲舒曾记女巫舞"雩"之理曰:"大旱者,阳灭阴也。故崇阴以厌之,用女巫舞雩也。"①所以《春秋繁露·求雨》篇记其时求雨之俗曰:"凡求雨之大体,丈夫欲藏匿,女子欲和而乐。"②这种赤裸裸的以女子"和而乐"的说法应该是三代流俗所遗。这种阳尊阴卑、阴阳和合的观念,导致女巫主要从事岁时祓除、舞雩求雨、临丧下神、遇大灾歌哭等献身媚神、以身贿神等祓、雩之事。

女巫群体的出现,是国家发展到一定阶段的产物。众所周知,国家具有社会整合与阶级压迫两大功能。在国家的阶级压迫功能中,除了统治者对普通民众的阶级压迫,便是父权制下男性对女性的压迫。这种压迫,除了要求女性对男性的绝对服从与献身外,便是以女性充当祭"天"媚"神"的牺牲。因为在父权制社会的文化潜意识中,作为至上神的"帝""天",应该是当然的"阳""刚"之尊,天大旱,即应以"阴"柔之物来仰合而贿赂之。如《周易·咸卦》有"(泽山咸)兑上艮下"卦象,《荀子·大略》则释为:"易之咸,见夫妇。夫妇之道,不可不正也,君臣父子之本也。咸、感也,以高下下,以男下女,柔上而刚下。"说明"阳""刚"之尊,"阴""柔"之卑,在早期国家中是天经地义的礼义之本,因此以女巫舞雩作为媚神之举,便被认为是当然之事。《山海经·海外西经》有:"女丑之尸,生而十日炙杀之……以右手鄣其面。"它暗示了其时以女巫作为求雨牺牲被虐的残酷画面。所谓"女丑之尸",即女巫在舞雩求雨中作为牺牲被"十日"暴晒时"以右手鄣其面"、无可奈何的惨象。故《说文》训"巫"为"女能事无形,以舞降神者也"③。这种女巫以"舞"媚神、降神、贿神的说法,应是三代国家产生后的后起之义。

由于西周礼乐体系是一套复杂的政教合一体系,它除了包括西周的政治等级制外,还通过礼乐制度融入了古代宗教中的祭祀、占卜、舞雩、驱疠、望祀等内容,将具有"天命"与"德"的本体保障的王权合法性通过"礼"所标示的等级观念固化下来,形成"天命"、神灵蕴含在"礼"中的现象。这种"天命"与"德"的结合使周代社会的伦理道德成为"天命"保佑的内在条件,使"德"成为最高的精神价值及哲学本体。由于"天命"、神灵蕴于"礼"中,就使先秦时代的早期宗教无法构成一个能超越王权"天命"观及世俗政治等级观的宗教信仰与秩序,从而奠定了周代的国家祭祀、"天命"信仰及道德价值观念对各种宗教信仰的整合与控制。值得注意的是,这种"德"的本体化不是对早期宗教的消解,而是将古代宗教各要素吸收进政教合一的礼乐体系中,蜕变成官方"礼制"的一部分,巫、卜、筮、祝等也成为周王朝官僚体制及"礼制"中的重要组成部分。它说明古代中国在经历巫术时代后,尽管没有像古代希腊、罗马那样出现统一宗教神的信仰体系,但传统巫术、巫师及其信仰并没有消失,而是通过特有

---

① 孙诒让撰:《周礼正义》卷50《春官·女巫》"旱暵,则舞雩"条下注疏引《春秋繁露·精华篇》佚文,王文锦、陈玉霞点校,中华书局1987年版,第2077页。
② 董仲舒:《春秋繁露》卷16《求雨》,凌曙注,中华书局1975年版,第554页。
③ 段玉裁:《说文解字注》,第201页。

的"礼制"形式对巫术，尤其是弗雷泽所说的"公共巫术"部分加以了改造与转化，通过强化祖先崇拜而最终形成古代中国以"家族""宗族"为核心的形而上"礼制"传统。而服务于民间的"个体巫术"及实用性巫术等，则与这种具有形而上特征的"礼制"相脱离，继续存在于民间社会。这是因为在古代政治国家发展中，由于统治阶级有意加大官、民之间的权力距离，而这种权力距离产生的作用力就使上层社会与民间基层社会对于宗教（或巫术）的取舍日趋分离。它使民间巫、卜更趋向与下层社会的结合，民间巫术在基层社会不断发展，而使古代中国宗教的二元分离现象及国家宗教与下层宗教的张力越加突出，巫师群体的两极分化日益加剧。国家权力通过礼乐系统不断整合、吸纳早期宗教内容，宫廷中巫、祝、卜的功能通过皇室隆重的礼祀天地、河流、山川的宗教祭祀活动而表现出来。宫廷巫、祝不仅成为代王室礼天、祀地的职官群体，也成为其后两千多年来帝制中国礼乐祭祀体系中重要组成部分；而民间巫、卜则在乡里社会的延续中，成为古代民间社会生活的重要内容。可以说，周代"礼制"对古代宗教各要素的融合，使过去巫的功能在与礼乐精神整合、同一的保存、改造和转化中，逐渐淡化了原始巫、巫术的符号及象征意义；而在民间，由于下层社会需求，也使一部分继承原始巫术的巫、卜活跃在民间，成为中国古代乡里社会对民众生老病死、禳灾消祸、驱疠求福有关的专职性载体，并构成古代中国历史悠久的民间巫术传统。

（原载《中国社会科学》2020年第6期）

龙岗秦简中的"行田""假田"等问题

晋 文[*]

摘 要：龙岗秦简中有"吏行田"的记录，以往多认为"行田"即"授田"。从禁苑的限定条件来看，"行田"还并非授田，而应与简中多次出现的"假田"相关。"假田"是一种把禁苑的土地短期租给民户耕种、不改变所有权的租赁行为。它的性质属于国有的公田或官田，是一种特殊的国有土地。加之岳麓秦简的佐证，即说明秦的租佃制度可能渊源于商鞅变法。民间的租佃关系亦当如此。"假田"的田租既不是定额租制，也不是分成租制，而应是一年一定的约定租制。"假田"的田租率较高，这为禁苑官吏的寻租提供了机会。他们通过转租"假田"，非法占有了一部分田租，亦即"分田劫假"。在"程田"的两个主要环节上，"假田"的租赁还出现了众多"盗田"与"匿田"的犯罪行为。这些内容都更加拓展了秦与战国时期的土地制度研究。

关键词：龙岗秦简 禁苑 行田 假田 分田劫假

在龙岗秦简中，记有众多土地制度的律令，涉及"行田""假田""程田""盗田"与"匿田"等等规定。学界以往对这些律文研究不多[①]，本文不揣谫陋，拟就"行田""假田"等问题谈谈粗浅的看法。

一 "行田"的内涵问题

1989年发现的龙岗秦简，最引人注目的是关于"行田"的律文，即："廿四年正月甲寅以来，吏行田赢律（？）詐（诈）☒。"（116）[②] 对这条律文，最早参加发掘并就简文进行释读的刘信芳、梁柱等认为，此律可归之为"田赢"，其中"'赢'字残，据《秦律十八种》29'上赢不备县廷'赢之字形隶定，其下二字或为律名，略可辨识为'假法'二字，谨录以备考"[③]。而采用"红外线读简仪"并由胡平生最后核定释文的《龙岗秦简》则指出，"赢"后之字可能为"律"，"法"字为"詐"。特别是提出"田赢"二字并非词汇，"田"字应当上属，与"行"字乃构成"行田"一词[④]，就更使这条律文具有重要的史料价值。值得注意的是，《龙岗秦简》并未把"行田"与"种田"相关的田制联系起来，而是认为"田"指"田猎"，并与禁苑有关。其理由如下：

"行田"，可能就是行猎。"赢律"，

---

[*] 晋文，南京师范大学历史系教授。

[①] 主要论著有张金光《秦制研究》，上海古籍出版社2004年版，第38—85页；于振波《简牍所见秦名田制蠡测》，《湖南大学学报》2004年第2期，第5—10页；杨振红《龙岗秦简诸"田"、"租"简释义补正——结合张家山汉简看名田宅制的土地管理和田租征收》，卜宪群、杨振红主编《简帛研究2004》，广西师范大学出版社2006年版，第79—98页；臧知非《龙岗秦简"行田"解——兼谈龙岗秦简所反映的田制问题》，雷依群、徐卫民主编《秦汉研究》第1辑，三秦出版社2007年版，第71—76页。

[②] 中国文物研究所、湖北省文物考古研究所编：《龙岗秦简》，中华书局2001年版，第109页。

[③] 湖北省文物考古研究所、孝感地区博物馆、云梦县博物馆：《云梦龙岗6号秦墓及出土简牍》，《考古》编辑部编：《考古学集刊》第8集，科学出版社1994年版，第113页；刘信芳、梁柱：《云梦龙岗秦简》，科学出版社1997年版，第37页。

[④] 《龙岗秦简》，第110页。

即超过法律规定的限度，见于睡虎地简《秦律杂抄·除弟子律》："使其弟子赢律，及治（笞）之，赀一甲。"因此，此简应当是对官员打猎超过法律规定的次数或规模的惩处的律令。原整理者拿"田赢"二字来作篇题，当然是不妥的。而田猎，自然与禁苑有关。

在古代文献里，"田"有田猎和种田两种意义。……龙岗简里的"田"，有些关乎田猎，如 117 号简"田不从令者论之如律"、118 号简"……非田时也，及田不□□坐□"，有可能是与《田律》有关的律令内容。①

但这却是多少有些遗憾的误读。

张金光也对"田赢"的释读提出批评。令人费解的是，张金光并未引用《龙岗秦简》以及之前胡平生发表的《云梦龙岗秦简考释校证》一文②，而是以原创的方式辨析说：

> 《综述》与《考释》将"田赢"相联成辞，并以为是"田赢"律文。然其义尤不可通解，二文对此亦均无说，实为误读。我以为若以辞论，"田"当属上读，与"行"字相联成辞曰"行田"。赢当属下读。"行田"与"赢"可结构成句，然不可成辞。"赢"在睡虎地秦简中多与"不备"相对为文，义为"多余"，系指超过了原额。"不备"，乃为少于原额。"赢"字在龙岗此简中，义不可解，或可训"余"之义。如此则"田赢"之义尤不可知矣。③

这与胡平生和《龙岗秦简》的看法基本相同。从书中提到《考释》看，张金光的研究最早应始于龙岗秦简释文公布之后，或许在 1995 年初，抑或稍晚。而《简牍学研究》第一辑的编定在 1996 年 5 月之前，说明其结论应为各自独立得出。但既然《秦制研究》是晚在 2004 年 12 月出版，那么对张金光来说，在书中提一句胡平生的看法与己相似，它不约而同地证明"田赢"的释读不确，恐怕就不会让人联想他对史料的追踪能力和学术规范问题了。

不过，张金光的"行田"释读也确有独到见解。他根据传世文献多载"行田""行田宅"等词，把"行田"视为"普遍土地国有制下国家颁授田地之事"，并进一步发挥说：

> 睡虎地秦简透露有"受田"之律，龙岗秦简又露"行田"之律，两地均为秦之新占领区，……尤其是龙岗秦简的出土，为秦"行田"之制，提供了新的铁证，表明秦统一前后，乃至秦末尚维持执行着国家授田制，无可辩驳地证明了秦普遍土地国有制及其国家授田制，无论在时间或空间上，都具有普遍性、久远性和广泛性。④

至于"行田"是否为授田"提供了新的铁证"，恐怕还值得探讨。

大约与张金光同时，或者稍晚，于振波、杨振红也研究了"行田"问题。与张金光不同的是，二人除了征引传世文献，还列举了汉初《二年律令》涉及田宅之"行"的多条律文。如《田律》："田不可田者，勿行；当受田者欲受，许之。"（239）⑤ 他们同样认为把"行田"视为"田猎"不妥——"考诸战国秦汉时期的文献及考古资料，并未发现'行田'

---

① 《龙岗秦简》，第 6 页。
② 胡平生：《云梦龙岗秦简考释校证》，西北师范大学历史系、甘肃省文物考古研究所编《简牍学研究》第 1 辑，甘肃人民出版社 1997 年版，第 44—54 页。
③ 张金光：《秦制研究》，第 40 页。按：文中所说"《综述》和《考释》"，即刘信芳、梁柱《云梦龙岗秦简综述》（《江汉考古》1990 年第 3 期，第 78—84 页）和前揭《云梦龙岗 6 号秦墓及出土简牍》。
④ 张金光：《秦制研究》，第 40—41 页。
⑤ 张家山二四七号汉墓竹简整理小组编：《张家山汉墓竹简〔二四七号墓〕》（释文修订本），文物出版社 2006 年版，第 41 页。

即'行猎'的例证，却有不少将官府授田称做'行田'的例子，……116号简中的'行田'，也是指授田。"① "无论传世还是出土文献，均不见'行猎'意义的'行田'。因此，龙岗秦简……中的'行田'应指国家分配土地即授田。"② 就证据而言，这无疑要比张金光的论述更为有力，尽管能否把"行田"都说成"授田"也值得探讨。

此后，臧知非也对"行田"提出了与张金光、于振波、杨振红类似的解读，认为胡平生将"行田"连读具有事实依据，"在逻辑上也通顺得多。但是，谓'行田'是进行田猎活动则大成问题"。他通过辨析田猎与田地或田作的区别，强调"行田"之"田"应指"农田"，且"除了田典之田以外，龙岗秦简中包括'行田'之田在内的所有'田'字都是田地之田，律文都是关于农田生产的规定，'行田'不是'进行田猎'，而是授田的意思"③。但令人更加费解的是，他对"行田"的解读与张金光、于振波、杨振红雷同，却只字未提三人。从臧知非把《考古学集刊》第八集《云梦龙岗6号秦墓及出土简牍》"错引为《考古学集刊》第八辑《云梦龙岗秦墓及出土简牍》"，以及征引"行田"简的"考释编号"而不是出土编号④，可以明显看出他的数据主要是转引胡平生的《云梦龙岗秦简考释校证》，因为其原文就是写的"第八辑"，有点随意。也就是说，臧知非的资料搜集并没有做到详尽占有，甚至还转引了第二手材料。但尽管如此，在相关论著都早于他的论著情况下，这恐怕也不能以目力未及来解释⑤。

那么，究竟应如何看待龙岗秦简中的"行田"呢？我们认为，把"行田"说成"田猎"固然牵强，但把"行田"都视同"授田"也大成问题。首先，"授田"与"行田"均出自法律文书，无论作为面向全国的法律规定，还是作为特定地区的法律规定，其含义都不可能完全等同。从时间上看，龙岗秦简（116）有着明确的纪年月日——"廿四年正月甲寅"，睡虎地秦简《田律》"入顷刍稿，以其受田之数"，没有指明确切年代，但睡虎地秦简"所反映的时代是战国晚年到秦始皇时期"⑥，二者的施行时间在秦王政二十四年（前223）后完全重叠。再从地域来看，睡虎地与龙岗并非"两地"，而是同属云梦地区，也排除了区域特殊性的可能。这就带来了逻辑和法律的概念等同问题。显而易见，"行田"的概念要大于"受田"。受田是指农民接受国家授田，而"行田"除了含有"授田的意思"，还有施行公田、赐田、"假田"等语义。在没有其他资料佐证的情况下，并不能把"行田"都视同"授田"。尽管"行田"还有着传世文献或秦汉简牍的记载，如《吕氏春秋·乐成》"魏氏之行田也以百亩"⑦，《汉书·高帝纪下》"法以有功劳行田宅"⑧，岳麓书院藏秦简（以下简称岳麓秦简）《为吏治官及黔首》"部佐行田"（10）⑨ 等，但该简内容残缺，"行田"的释读还有着其他可能。

其次，龙岗秦简所反映出的法律适用范围，也决定了不能把"行田"都视同"授田"。从龙岗秦简的律文看，它的内容都与禁苑管理有关。《龙岗秦简》便明确指出：

龙岗简其实只有一个中心，那就是

---

① 于振波：《简牍所见秦名田制蠡测》，第10页。
② 杨振红：《龙岗秦简诸"田"、"租"简释义补正——结合张家山汉简看名田宅制的土地管理和田租征收》，《简帛研究2004》，第82页。
③ 臧知非：《龙岗秦简"行田"解——兼谈龙岗秦简所反映的田制问题》，《秦汉研究》第1辑，第72页。
④ 中国文物研究所、湖北省文物考古研究所编：《龙岗秦简》，第175、179页。
⑤ 按：臧知非《战国西汉"提封田"补正》（《史学月刊》2013年第12期，第24—32页），即主要与张金光《秦制研究》对"提封田"的看法商榷。
⑥ 睡虎地秦墓竹简整理小组：《睡虎地秦墓竹简》，文物出版社1978年版，第27、3页。
⑦ 许维遹撰，梁运华整理：《吕氏春秋集释》卷一六《乐成》，中华书局2009年版，第416页。
⑧ 《汉书》卷一下《高帝纪下》，中华书局1962年版，第54页。
⑨ 朱汉民、陈松长主编：《岳麓书院藏秦简（一）》，上海辞书出版社2010年版，第112页。

"禁苑"。睡虎地秦墓竹简《秦律十八种·内史杂》:"县各告都官在其县者,写其官之用律。"秦代官吏制度规定,各县应分别通知设在该县的都官,抄写该官府所遵用的法律,而龙岗简正是从各种法律条文中摘抄出了与禁苑管理有关的内容,编在了一起。①

可见讨论"行田"还有着禁苑的限定条件。这意味着"行田"的活动均在禁苑的范围之中,而禁苑是肯定不会对百姓或黔首开放授田的。众所周知,关于授田的性质学界还存在很大争议,焦点是授田户能否拥有对授田的所有权②。但即使按照所谓"普遍国家授田"说,授田户没有土地所有权,而只有长期占有权和使用权③,这也足以说明禁苑是不能对百姓或黔首授田的。因为一旦在禁苑里授田,土地被长期占有,并越来越多,所谓"禁苑"也就不再是禁苑了。尽管在禁苑之外的过渡地区还不能排除有授田的存在,但在禁苑及其垣墙之中却肯定不能授田。所以就算禁苑开放,通常也不准猎杀野兽,只能渔采,或把一些空地短期租给农民,而不可能在禁苑里授田。如龙岗秦简(27):"诸禁苑为翌(墉),去苑卌里,禁毋敢取翌(墉)中兽,取者其罪与盗禁中【同】☐。"④ 从某种意义上说,对文献稔熟的胡平生等不把"行田"视为"授田",也确有道理。

第三,种种迹象表明,龙岗简中的"行田"应为"假田",即把禁苑的空地租借给农民的意思。主要有三个方面:

一是禁苑有着"假田"的便利条件。秦的禁苑范围很大,通常要在禁苑外边建造一道垣墙,作为隔离地带。根据前揭简(27),可知这道垣墙称为"翌(墉)",距离禁苑有40秦里。秦里与汉里相同,一里的长度约为417.53米⑤。据此折算,这个隔离带大致宽度有16.7公里。此外,在垣墙外还要再建一个20秦里宽的过渡地带。如龙岗秦简(28):"诸禁苑有翌(墉)者,☐去翌(墉)廿里毋敢每(谋)杀☐。"⑥ 也就是说,隔离带加上其过渡地带,总计有60秦里,大致相当于25公里的宽度。这就为禁苑的"假田"提供了比较充足的土地资源。尽管在禁苑的过渡地带也可能有一些授田的存在,但在禁苑之中甚或过渡地带把一些空地或荒田暂时租给民户耕种,却是从商鞅变法便开始形成的政策。西汉董仲舒说,商鞅"颛川泽之利,管山林之饶"⑦。桑弘羊和文学亦分别褒贬商鞅说:"昔商君相秦也,内立法度,……外设百倍之利,收山泽之税。""商鞅以重刑峭法为秦国基,……又外禁山泽之原,内设百倍之利。"⑧ 都证明了这一点。岳麓秦简《金布律》规定:"官府为作务、市受钱,及受斋、租、质、它稍入钱,皆官为鈢,谨为鈢空(孔),婴(须)毋令钱能出,以令若丞印封鈢而入,与入钱者叁辨券之,辄入钱鈢中,令入钱者见其入。"(121—122)⑨ 此律提到的"租",即应当包括"假田"所收之租。睡虎地秦简也证明在禁苑的过渡地带有不少耕田。《徭律》云:"其近田恐兽及马牛出食稼者,县啬夫材兴有田其旁者,无贵贱,以田少多出人,以垣缮之,不得为繇(徭)。"⑩

值得一提的是,以往并不清楚"其近田""其旁"的距离多远,而且对律中"田"的性

---

① 《龙岗秦简》,第5页。
② 闫桂梅:《近五十年来秦汉土地制度研究综述》,《中国史研究动态》2007年第7期,第9—18页。
③ 晋文:《睡虎地秦简与授田制研究的若干问题》,《历史研究》2018年第1期,第161页。
④ 《龙岗秦简》,第82页。
⑤ 陈梦家:《亩制与里制》,《考古》1966年第1期,第40页。
⑥ 《龙岗秦简》,第83页。
⑦ 《汉书》卷二四上《食货志上》,第1137页。
⑧ 王利器校注:《盐铁论校注(定本)》卷二《非鞅》,中华书局1992年版,第93—94页。
⑨ 陈松长主编:《岳麓书院藏秦简(肆)》,上海辞书出版社2015年版,第108页。
⑩ 《睡虎地秦墓竹简》,第77页。

质也有很大分歧①。现在看来，这个距离最远就是20秦里（8.35公里）。所谓"材兴"，就是根据到垣墙的远近，按实际需要征发有耕田的民户来修缮垣墙。所修缮的工程量越小，征发的民户距离垣墙越近；工程量越大，征发的距离越远。之所以"以田少多出人"并"不得为繇（徭）"，就是因为在禁苑周边的耕田都与禁苑有关，其耕种者有承担修缮垣墙的义务，且耕田多者得利多。

二是龙岗秦简中有各种抵押方式的"假田"事例。比如：

> 诸叚（假）两云梦池鱼（籞）及有到云梦禁中者，得取灌【苇】、【茅】☐（1）
>
> 黔首钱假其田已（？）☐☐☐者……（155）
>
> 诸以钱财它物假田☐☐☐☐☐☐☐（178）
>
> 复以给假它人，取☐（213）②

其中简（1）便总括性提到，在两云梦禁苑中有各种租借池籞的人。所谓"池籞"，实际就是禁苑③，"假田"当为各种租借之一。简（155）和（178）是说黔首要以钱财"假田"④，即交纳押金⑤。而简（213）则描述了一种在"假田"中非法获取田租差额的犯罪行为，亦即汉人常说的"分田劫假"。该简中的"给"字，《龙岗秦简》注云："给，假借为'诒'，给予。诒假，借给。"⑥实际却应当读若本字——欺骗，《史记》："项王至阴陵，迷失道，问一田父，田父绐曰'左'。"⑦全文是说"又以欺骗的方式把田地转租给它人"，此乃"分田劫假"的常用手法。由此可见，在秦的禁苑里确有各种抵押方式的"假田"。岳麓秦简《数》的一个算题——"田五十五亩，租四石三斗而三室共叚（假）之，一室十七亩，一室十五亩，一室廿三亩，今欲分其租。"（47）⑧亦证明当时有较多"假田"。对某些管理者而言，为了谋取私利，便自然会出现"吏行田赢律"的现象。

三是简中有许多关于禁苑收租的律文。诸如：

> 不遗程、败程租者，☐；不以败程租上☐（125）
>
> 虚租希（稀）程者，耐城旦舂；☐☐☐☐（129）
>
> 租不能实☐，☐轻重于程，町失三分，☐（136）
>
> 租笄索不平一尺以上，赀一甲；不盈一尺到☐（140）
>
> 皆以匿租者，誃（诈）毋少多，各以其☐（142）
>
> 租者、誃监者诣受匿所租、所【监】☐☐☐☐（144）
>
> 坐其所匿税臧（赃），与灋（法）没

---

① 唐赞功：《云梦秦简所涉及土地所有制形式问题初探》，中华书局编辑部编《云梦秦简研究》，中华书局1981年版，第57—58页；张金光：《秦制研究》，第102页。

② 《龙岗秦简》，第69、125、129、135页。按：简（1）"灌"字后未释，下文简（144）的释文亦原义不畅，今据陈伟主编《秦简牍合集释文注释修订本（叁）》（武汉大学出版社2016年版）校改。以下皆径改，单字以【】标识，不再注明。

③ 《龙岗秦简》，第69页简1注［三］。

④ 裘锡圭据此认为："汉代盛行的假民公田的办法，在秦代已经在实施了。"（裘锡圭：《从出土文字资料看秦和西汉时代官有农田的经营》，《裘锡圭学术文集》第5卷，复旦大学出版社2012年版，第212页）

⑤ 张金光曾就"黔首或始种则故出"评论说："其语虽不全，却透露出一个重大的普遍的社会问题，即份地农初则受田而耕，后则出离垄亩，弃农不作。"且声称此简为他的"秦土地不可买卖"提供了"新的绝妙证据"（张金光：《秦制研究》，第71—72页，其中所引为《云梦龙岗6号秦墓及出土简牍》第176简，在《龙岗秦简》里则为修订后的第158简，参见第116页，且"出"字错释已改为"☐"标记）。其实不然。"假田"即租田，它既非授田，亦非赐田，当然不能被承租人买卖。对出租者来说，若百姓或黔首承租不耕，而甘愿奉送押金，也当然乐得他们悔约。归根结底，这就是一个土地租赁问题，根本谈不上什么"新的绝妙证据"。

⑥ 《龙岗秦简》，第135页简213注［一］。

⑦ 《史记》（点校本二十四史修订本）卷七《项羽本纪》，中华书局2014年版，第423页。

⑧ 朱汉民、陈松长主编：《岳麓书院藏秦简（贰）》，上海辞书出版社2011年版，第8页。

入其匿田之稼。☐（147）

租者且出以律，告典、田典，典、田典令黔首皆智（知）之，及☐（150）①

这些律文大多涉及官吏收租时的舞弊行为。如"遗程、败程租者"，是指官吏逃漏和擅自改变田租应缴纳的份额；"虚租希（稀）程"，是指虚高租率和降低租率；"租不能实☐，☐轻重于程"，则指少计和多计田租。因此，在禁苑不能授田的情况下，便只能把这些犯罪行为同记录较多的"假田"联系起来。也就是说，"行田"之"田"，或其他所记之"田"，实际都应当作"假田"解。尤其"租者且出以律"，这更是"假田"如何租赁的法律规定。尽管龙岗秦简的律文有些也并非仅仅适用于禁苑，如"行田"在非禁苑地区通常是指授田或赐田，但就禁苑的特殊情况而言，这种"行田"却显然应指"假田"。《龙岗秦简》曾概述禁苑与土地出租的关系说："从龙岗简看，秦代禁苑外围有大量土地归禁苑官吏管辖，……这些土地和禁苑内的土地都有可能出租给农民耕种，并以所征租税供给禁苑官吏。"②但它没有把土地出租及收租同"假田"联系起来，在结论呼之欲出时却止步不前，令人不免惋惜。

总之，根据众多"假田"和收租、招租律文，从禁苑的限定条件来看，"行田"就是施行"假田"，把空地或荒田出租的意思。这对于全面认识秦的土地制度具有重要的史料价值。

二 "假田"的性质与田租问题

如前所述，"假田"是把禁苑的土地短期租给民户耕种，这是一种不改变所有权的租赁行为。因为禁苑及其土地均由秦廷派遣官吏管辖，所以它的性质毫无疑问属于公田或官田。张金光就曾断言："'假田'是国有土地的临时使用方式，其稳定性绝不可与国家份地授田同开比例。"尽管他把"假田"也视为"国家授田制的具体形式之一"，混淆了"假田"的租赁性质，甚至提出"假田"只是断简残文中的"一个没有上下文的孤立的概念，非但不知其内容，亦不知政府之态度。因之其是否合法，实成问题"，但认为"假田"仍"属于土地国有制范畴"③，却显然是合理的。

当然，"假田"尚与通常所说的公田或官田不同。大致可归纳为三点：

其一，耕种者的身份不同。"假田"的耕种者是百姓或黔首，他们的身份都是平民或自由民。从秦的身份等级制度看，百姓或黔首又可大致分为两类：一是有赐爵的军功地主，二是以士伍和庶人为主体的平民。就纯粹的租赁而言，他们显然都有权来承租"假田"。至于承租的军功地主多，还是平民多，则不得而知。臧知非认为：

> 龙岗秦简规定的是用钱、物"假"田的行为规范，这必须以有相应数量的钱物为前提，这些"假田"者不一定是农民，更不一定是无地农民；所假之田来自何处，是私人的，还是国家的，都无法认定。④

实际却并非如此。农民的概念古今不同，通常可分为富农、中农、贫农、佃农与雇农。就秦代阶级状况而言，有爵者和无爵者并不完全是划分农民与否的标准。由于贫富分化，有些低爵者已沦落到偷盗、流亡或为人佣耕的地步。在睡虎地秦简中便有公士甲对偷盗自首和检举同伙的案例——

> 爰书：某里公士甲自告曰："以五月晦与同里士五（伍）丙盗某里士五（伍）丁千钱，毋（无）它坐，来自告，告

---

① 《龙岗秦简》，第114、116、118—122页。
② 《龙岗秦简》，第7页。
③ 张金光：《秦制研究》，第72—73、75—76页。
④ 臧知非：《龙岗秦简"行田"解——兼谈龙岗秦简所反映的田制问题》，《秦汉研究》第1辑，第76页。

丙。"即令【令】史某往执丙。①

在岳麓秦简中也有公士豕"田橘将阳"（096）②的案例。而某些士伍则有钱有势，富贵者的身份俨然。如里耶简8—1554：

卅五年七月戊子朔己酉，都乡守沈爰书：高里士五（伍）广自言：谒以大奴良、完，小奴嚋、饶，大婢阑、愿、多、□，禾稼、衣器、钱六万，尽以予子大女子阳里胡，凡十一物，同券齿。典弘占。③

因之也可以认为，那些"假田"者多为农民。就算是"无地农民"，为了维持生计，在亲友的帮助下借钱"假田"，恐怕也不能绝对排除。睡虎地秦简、里耶秦简和岳麓秦简都有着大量的民间借贷记录，又怎么能断言"更不一定是无地农民"呢？当然，这些"假田"者是农民也好，不是农民也好，都是法律规定的自由民却毋庸置疑。从"假田"招租和收租来看，"假田"属于公田或官田也毋庸置疑。

而公田或官田耕作者的身份，则主要是丧失或短期丧失自由的特殊人群。他们大多是官奴婢、刑徒，也有少数被强制劳动的戍卒④。在里耶秦简中便有许多给官田徒隶、戍卒出粮的记录，例如：

卅年六月丁亥朔甲辰，田官守敬敢言之：疏书日食牍北（背）上。敢言之。
城旦、鬼薪十八人。小城旦十人。舂廿二人。小舂三人。隶妾居赀三人。
戊申，水下五刻，佐壬以来。／尚半。逐手。（8—1566）

卅一年七月辛亥朔癸酉，田官守敬、佐壬、稟人荅出稟屯戍簪褭襄完里黑、士五（伍）胸忍松涂增六月食，各九斗少半。令史逐视平。

敦长簪褭襄坏（褒）德中里悍出。壬手。（8—1574+8—1787）⑤

尽管在公田或官田里的劳作也确有少量自由民，如前揭岳麓秦简中的公士豕，但其主要耕作者并非自由民却毋庸置疑。

其二，耕田的管理方式不同。由于"假田"的租赁性质，"假田"的耕作应是承租人自主管理。除了耕田数量、耕种作物和田租的最后确定，以及相关法律规定外，土地所有人的管理机构——禁苑对"假田"的具体耕作通常都不会予以干预。前揭"假田"的相关律文，主要就集中在这几个方面。如简（1）是"假田"者在禁苑里可以获取什么，简（27）是在禁苑的隔离地带不准猎杀野兽，简（125）（129）（136）（140）（142）等是关于耕田数量、收租及其违法犯罪的规定，简（150）则是告知"假田"的法律规定，包括承租的程序、押金、租率、验收、约定与违约等。在龙岗秦简中还有一些关于田作的规定。如"田不从令者，论之如律"（117），是说"假田"的耕作应遵守禁苑的相关律令；"侵食道、千（阡）、邨（陌），及斩人畴畔（畦），赀一甲"（120），是说耕作不能侵蚀田间道路，不得破坏别人的田界，否则处以"赀一甲"的罚款；"盗徙封，侵食豕【庙】，赎耐"（121）⑥，是说擅自移动实际耕种土地的田界，侵占公共墓地，要予以"赎耐"的惩治。而《繇律》"县啬夫材兴有田其旁者，无贵贱，以田少多出人，以垣缮之，不得为繇

---

① 《睡虎地秦墓竹简》，第251页。
② 朱汉民、陈松长主编：《岳麓书院藏秦简（三）》，上海辞书出版社2013年版，第145页。按：朱汉民等注释："《秦封泥汇考》1091有'橘官'。田橘，为橘官种地，语法结构与《左传·成公二年》'御齐侯'等相同。"（第150页）
③ 陈伟主编：《里耶秦简牍校释》第1卷，武汉大学出版社2012年版，第356—357页。
④ 李勉、晋文：《里耶秦简中的"田官"与"公田"》，杨振红、邬文玲主编《简帛研究2016》春夏卷，广西师范大学出版社2016年版，第120—131页。
⑤ 陈伟主编：《里耶秦简牍校释》第1卷，第362、363页。
⑥ 《龙岗秦简》，第110—112页。

（徭）"的规定，则强调"假田"者（也包括"受田"者）有修缮垣墙的义务。但总的来看，这都是关于"假田"必须遵守和惩治相关违法犯罪的律令，与具体的耕种无关。

而公田或官田则完全由官府管理。如播种，睡虎地秦简《仓律》规定："种：稻、麻亩用二斗大半斗，禾、麦亩一斗，黍、荅亩大半斗，叔（菽）亩半斗。利田畴，其有不尽此数者，可殹（也）。其有本者，称议种之。"对不同作物的播种数量以及灵活酌减都做了细致安排。对徒隶的口粮定量，《仓律》特别规定，在耕种公田时，"隶臣月禾二石，隶妾一石半"，并在农忙时给隶臣再增加半石口粮——"隶臣田者，以二月月稟二石半石，到九月尽而止其半石。"① 还有关于田间管理、留种和耕牛的使用等，秦律都作了比较详细的规定②。此外，在里耶秦简中也有掌管官田的"田官"将"狼田课"上报到县廷的记录："元年八月庚午朔庚寅，田官守獲敢言之：'上狼（垦）田课一牒。敢言之。'"（9—1869）③ 这些都说明公田或官田在生产管理上与"假田"有很大不同。

其三，农产品的分配方式不同。公田或官田的分配方式简单，所有农产品均全部上缴。复杂的是"假田"的分配方式，即田租的租率及征收方法问题。由于是短期租赁，主要农作物皆一年一熟，故可以断定："假田"的田租既不会是"挍数岁之中以为常"④的定额租制，也不会完全采用耕种私家土地的分成租制。"假田"应是一年一定的约定租，亦即承租人按租赁双方约定的农田面积租率和农产品数量租率向禁苑交纳田租。前引简（125）（129）（136）所说的"败程""轻重于程"等，也证明"假田"采用的是约定租制。但问题是，当时的那些约定简中并未记载，给后人研究便留下了很大难题。

总的来说，"假田"和公田或官田在耕种者的身份、管理和分配上有很大不同。它的性质应属于一种特殊的国有土地。也正因为特殊，所以田租才采用约定租的形式，值得我们进一步研究。

一般来说，约定租都具有临时性特点。它虽然在形式上与分成租相似，在最后征收田租的数量上也很像定额租，但其田亩租率却是每年临时约定的。由于年有丰歉，地有肥瘦，以及承租人的变换，因而每年的田租都需要租赁双方重新确定。"假田"的田租也应当作如是观。当然，"假田"的租率如何确定，还往往与谁来提供土地和生产工具有关。"假田"由禁苑提供，已确凿无疑，但禁苑是否还提供耕牛、农具和粮种，却不得而知。姑且按禁苑仅提供土地推算。董仲舒曾严厉批评秦的苛政说："或耕豪民之田，见税什五。"⑤ 即证明秦汉时期的私家田租通常是对半分成，即租率50%。但董仲舒既以"见税什五"来批评其田租之高，那么其他类型的田租便明显应低于这个租率，因之"假田"的田租也肯定要低于50%。以足以显示差距说，这或许就是30%，甚至30%以下。

众所周知，秦代授田户的田租通常为"什一之税"。这是说的农田面积，即"税田"为"舆田"面积的十分之一。在岳麓秦简《数》中，所有算题的禾田租率都是十分之一。例如：

租误券。田多若少，赭令田十亩，税田二百卌步，三步一斗，租八石。·今误券多五斗，欲益田。其述（术）曰：以八石五斗为八百。（11）

禾舆田十一亩，【兑】（税）二百六

---

① 《睡虎地秦墓竹简》，第43、49页。
② 安作璋：《从睡虎地秦墓竹简看秦代的农业经济》，中国秦汉史研究会编《秦汉史论丛》第1辑，陕西人民出版社1981年版，第27—40页。
③ 里耶秦简博物馆、出土文献与中国古代文明研究协同创新中心中国人民大学中心编：《里耶秦简博物馆藏秦简》，中西书局2016年版，第187页。
④ 《孟子注疏》卷五上《滕文公章句上》，[清]阮元校刻《十三经注疏》下册，中华书局1980年版，第2702页。
⑤ 《汉书》卷二四上《食货志上》，第1137页。

十四步，五步半步一斗，租四石八斗，其述（术）曰：倍二【百六十四步为】……☐（40）①

其中简（11）按每亩240平方步计，"税田二百卌步"正是舆田"十亩"的十分之一。简（40）的税田"二百六十四步"，也是"舆田十一亩"的十分之一。可见30%的租率并不算低。仅就"什一之税"而言②，若"假田"最高为30%租率就已是它的三倍之高了。更有甚者，据北京大学藏秦简（以下简称北大秦简）《算书》记载，所计算田租的《田书》每简分上下两栏书写，上栏为"矩形土地面积的计算"，"下栏则为田租的计算，包括税田面积、税率和田租数额。税田面积均为上栏所记亩数的十二分之一"③，租率还低到十二分之一。证诸里耶秦简，如简8—1519：

迁陵卅五年垦（垦）田舆五十二顷九十五亩，税田四顷【卌二】，户百五十二，租六百七十七石。衡（率）之，亩一石五；户婴四石四斗五升，奇不衡（率）六斗。
启田九顷十亩，租九十七石六斗。
都田十七顷五十一亩，租二百卌一石。
贰田廿六顷卅四亩，租三百卌九石三。
六百七十七石。④

按舆田5295亩、税田442亩计算，其平均租率约为8.35%，去除四舍五入，则恰好就是十二分之一。可见北大《算书》的租率更切合实际，而应该是地区差异。无论是十二分之一，还是十分之一，这也都表明若"假田"租率为30%已相当之高。因为从"见税什五"来看，30%的租率似乎低了很多，但从十一之税或十二税一来看，实际却高了很多。所以把"假田"的舆田租率假定在30%，甚或30%以下，当与真实租率相近。或许"假田"也有土质和粮食作物的区别，那么租率就可能是在20%左右。

除了税田的亩数租率，秦及汉初的田租征收还有产量租率，即按农作物不同产量征收田租的级差租率，如三步一斗、八步一斗、廿步一斗等⑤。这个租率由于是变化的，且租率核定的方法与授田相同，故通常便采用约定的"禾稼"预估和验收方式来操作。在二者租率比较时，虽然差距很大，比如八步一斗，在税田占舆田十分之一时为每亩三斗，在五分之一时则为每亩六斗，但限于资料，可暂且忽略不计。

另一方面，"假田"的租率也不可能过低。从道理上说，一块需要交一定押金才能租赁的耕田还有人愿意租赁，除了它的收益较高外，别的都很难讲通。尽管我们不完全知道"假田"的收益究竟高在什么地方，是地肥水美产量高，还是减免徭役和得以渔采的其他补偿，抑或无以为生而急需暂渡难关，但它具有很大的吸引力却可想而知。这就决定了它的田租必然要高于普通授田。以授田来说，上引简8—1519有"亩一石五"的记载，按442亩收租677石计算，实际其每亩平均收租约1.53石。如果按启陵、贰春和都乡分计，则三乡税田每亩平均收租约为1.29石、1.65石、1.54石（详见表1），舆田每亩平均收租约1.28斗⑥，最高亩产量可能在2石到3石之间。"假田"的平均产量当更高于此，估计在2石左右，最高亩产量则可能在4石左右。但

---

① 朱汉民、陈松长主编：《岳麓书院藏秦简（二）》，第38、53页。
② 在岳麓秦简《数》中还记有枲田的租率，均为十五税一。参肖灿《从〈数〉的"舆（与）田"、"税田"算题看秦田地租税制度》，《湖南大学学报》2010年第4期，第12—13页。本文暂不讨论。
③ 韩巍：《北大秦简中的数学文献》，《文物》2012年第6期，第85页。
④ 陈伟主编：《里耶秦简牍校释》第1卷，第345—346页。
⑤ 晋文：《睡虎地秦简与授田制研究的若干问题》，第166页。
⑥ 按：里耶秦简中的官方记录还要稍高一些，每亩田租为"一斗三升九百一十三分升二"（湖南省文物考古研究所编《里耶秦简〔一〕·前言》，文物出版社2012年版，第4页）。

表1　　　　　　　　迁陵县三乡田租、平均亩租量分计表　　　　　　　　（单位：石）

名称	舆田总数	舆田租率	税田亩数	田租总数	平均每亩收租	备注
启陵乡	910亩	十二税一	76	97.6	97.6÷76≈1.29	四舍五入
都乡	1751亩	十二税一	146	241	241÷146≈1.65	四舍五入
贰春乡	2634亩	十二税一	220	339.3	339.3÷220≈1.54	四舍五入
合计	5295亩	十二税一	442	677.9	(1.29+1.65+1.54)÷3≈1.5	四舍五入

每亩究竟收租多少，秦简较少记录。前引《数》载"田五十五亩，租四石三斗"，平均每亩约7.8升，就是比较难得的一例。因缺乏对比，故只能暂以汉简中的收租记录来参证。

据《居延汉简释文合校》和《居延新简》，在可能是反映西汉后期的"假田"简中，有几枚记载了田租的收取情况。诸如：

A. 右第二长官二处田六十五亩　　租廿六石　303·7
B. 右家五田六十五亩一租大石　廿一石八斗　303·25
C. 率亩四斗　19·43
D. ☐率亩四斗　182·25①
E. 北地泥阳长宁里任俱　二年田一顷廿亩　租廿四石　E·P·T51：119②

其中简A有田65亩，收租26石，按一石十斗换算，即260÷65计算，每亩收租4斗，与简C简D相合。简E有田120亩，收租24石，按240÷120计算，每亩收租2斗，比简A等低了2斗。简B亦有65亩，收租21.8石，按218÷65计算，每亩收租约3.35斗。但简B收租为"大石"，应折换为"小石"。大石是指已脱壳的口粮，小石是指未脱过壳的原粮③。至少在战国末年，大石与小石的折算比率便确定为50∶30，即50斗粟折算为30斗粝米。如睡虎地秦简《仓律》："【粟一】石六斗大半斗，舂之为糯（粝）米一石。"④ 张家山汉简《算数书》亦可旁证："禾黍一石为粟十六斗泰（大）半斗，舂之为糯米一石。"(88)⑤ 因此，简B每亩收租大石3.35斗约折换为小石5.6斗，比简A等每亩4斗高了1.6斗，比简E高了3.6斗。这反映出简B是当地的上田，简E是当地的下田，简A等则是中田。我们取5简平均数，即(4+5.6+4+4+2)÷5，其平均租率为3.92斗；取上中下三类田租平均数，即(5.6+4+2)÷3，其平均租率约为3.87斗。二者差别可以忽略，那么再取整数，则恰好就是"率亩四斗"。按"假田"平均亩产2石左右算，其平均租率约为20%。这与上文所说"假田"的舆田租率当在20%左右基本吻合。考虑到禁苑的土地通常会更好一些，租率应该更高，我们便可以大致得出一个结论——秦代"假田"的真实租率可能就在25%左右。

"假田"的租率很高，还要交纳押金，有些人却趋之若鹜，最根本的原因应是它的产量较高。当然，有些官吏和豪强沆瀣一气，通过前述"分田劫假"来获取田租的差额，也是

① 谢桂华、李均明、朱国炤：《居延汉简释文合校》，文物出版社1987年版，第496、498、32、292页。
② 甘肃省文物考古研究所、甘肃省博物馆、文化部古文献研究室、中国社会科学院历史研究所编：《居延新简》，文物出版社1990年版，第180页。
③ 吴朝阳、晋文：《秦亩产新考——兼析传世文献中的相关亩产记载》，《中国经济史研究》2013年第4期，第39—40页。
④ 《睡虎地秦墓竹简》，第44页。
⑤ 《张家山汉墓竹简〔二四七号墓〕》（释文修订本），第144页。

其中一个主要缘故。

关于"分田劫假",以往学界曾多有争议①,主要问题是"分田"和"劫假"应如何理解。但如果不去纠缠"分田"究竟是公田出租,还是私田出租,抑或"假民公田",那么在租赁禁苑公田或官田的前提下,我们便可以把它界定为:通过"假田"租赁所非法占有一部分田租的行为。用今天的话说,这实际就是禁苑官吏和豪强勾结起来的寻租行为。就龙岗秦简而言,则大致有两种情况:

一是在承租人租赁"假田"后,利用"程田"官吏的职务之便,非法提高或降低租率,如"虚租希(稀)程"。"虚租"就是把租率故意提高,本来该定亩数租率为20%,在租赁文书上写的也是20%,但却要求实际耕种者按30%交租;本来产量租率该定八步一斗,在"程禾"的文书上写的也是八步一斗,但却要求实际耕种者按六步一斗交租,然后把10%的多交田租或每亩多交的几斗田租装入私囊。而"希程"则是少报"假田"面积和产量,明明是租种舆田100亩,在租赁文书上却写成80亩;明明是产量租率该定为六步一斗,在"程禾"文书上却写成八步一斗,然后就可以偷漏20亩的田税,或每亩少交几斗田租。前者似乎损害了承租人的利益,实际却往往都会在订立租赁合同时预先约定,并可以通过"希程"的方式来补偿,且承租人还多把"假田"转租给了实际耕种者;后者更是狼狈为奸,合伙牟利。这两种现象都涉及主管"假田"的官吏和承租"假田"的豪强,而且是共同犯罪,所以法律才会把"虚租希(稀)程"都放在一起处罚。张金光曾经推测:这种"改篡簿籍之类,或隐瞒实际计数等,也许就是包括了如后代官厅在收敛租赋过程中的两本账"②,颇有见地。杨振红亦曾经指出:

> 核定田租率时的违法行为主要表现为故意压低或抬高田租率,此事通常发生在乡吏与田主有不正常的私人关系情况下。乡吏故意压低田租率,或者因为接受了田主的贿赂,或者迫于田主的权势,或者与田主私交甚密。故意抬高田租率的情况正好相反,田主的社会地位或者较低,或者与乡吏有私人恩怨,也不排除乡吏为了追求政绩而故意抬高田租率以达到多征田租的目的。③

尽管她把"假田"当作授田,也没有把承租人和实际耕种者区别开来,但强调"此事通常发生在乡吏与田主有不正常的私人关系情况下",却显然是正确的。还要注意的是,承租"假田"的官吏(以亲友或他人名义)或豪强并不需要自己种田,他们只要把"假田"转租给无地或少地的农民,也就天衣无缝地达成"分田劫假"的意图。

二是除了故意降低田租,即"故轻",有些官吏和豪强在承租"假田"后,还直接强迫被转租"假田"的耕种者交纳高于规定租率的田租。比如规定租率为25%,他们却强迫农民交纳35%,或40%,甚至高达50%,也就是董仲舒严厉谴责的"或耕豪民之田,见税什五"。所谓"故轻故重",就"故重"而言,就是对"假田"的实际耕种者故意加重田租。这虽然损害了实际耕种者的利益,且国家也曾试图保护他们的利益,如规定"假田"要尽可能让黔首了解政策,知道"假田"应怎样租赁和租赁的真正租率——"租者且出以律,告典、田典,典、田典令黔首皆智

---

① 张锡忠:《"分田劫假"辨析》,《新疆大学学报》1982年第4期,第62—70页;王彦辉:《汉代的"分田劫假"与豪民兼并》,《东北师大学报》2000年第5期,第35—40页。
② 张金光:《秦制研究》,第54页。
③ 杨振红:《从新出简牍看秦汉时期的田租征收》,武汉大学简帛研究中心主办《简帛》第3辑,上海古籍出版社2008年版,第337页。

（知）之"①。但出于无奈，在无法获得"假田"承租权的情况下，即使明知自己转租的"假田"租率要大大高于实际，他们也只能违心地忍痛接受，通常还不敢声张。这不仅反映了秦代租佃关系的真实存在和发展，也从另一个侧面展现了严酷的剥削和压迫问题。

龙岗秦简所揭露的"分田劫假"是令人有些意外的。以往都认为，这种现象最早出现在西汉中期。而龙岗秦简则证明，"分田劫假"实际上渊源于秦，并间接宣告土地私有制度已由星星之火而形成燎原之势，即便公田或官田也难以幸免了。

三　"程田""盗田"与"匿田"问题

与"假田"直接相关的还有"程田""盗田"和"匿田"等问题。弄清这些问题，对全面认识"假田"乃至授田、赐田等土地制度都有重要的学术价值。

（一）"程田"

所谓"程田"，就是核查其耕种面积、评估庄稼或经济作物的长势、确定租率和最后验收的过程，"程"在这里有考核、衡量、程序、标准、课率等多种含义。在禁苑只能"假田"的前提下，关于"程田"的种种活动，实际都可以"吏行田"概括。如果超过了法律规定，比如越权，把田地不当出租，擅自降低或提高租率等，就是"行田赢律"了。同授田、赐田的"程田"一样，龙岗秦简中的"程田"也分为"程田"和"程禾"两个阶段，无非更具有"假田"的特点而已。

先说"程田"。这种"程田"是狭义上的"程田"，主要内容是核查、登记"假田"的实际耕种面积、作物种类和出苗情况。之所以必须"程田"，这是因为秦及汉初的田租征收有两个同时参照的租（税）率：一个是税田占舆田的比例，即税田的亩数租率，这个租率是固定不变的，如十二税一或什一之税；一个是按农作物不同产量征收的级差租率，即产量租率，这个租率是变化的，如三步一斗、五步一斗、八步一斗等②。只不过"假田"的亩数租率要高于授田和赐田而已。换言之，确定税田亩数的前提，就是要核实舆田即实际耕种土地的面积。从"假田"来看，禁苑官吏也都要确定其承租人到底耕种了多少田亩和出苗情况。具体来说，就是在春天播种期间以"吏行田"的形式去勘察耕种田亩的数量及范围，并观察庄稼和经济作物的出苗，然后记录备案。如里耶简9—39："律曰：已狠（垦）田，辄上其数及户数，户婴之。"③就是对垦田耕种核查后应立即上报田数、户数和每户平均亩数的规定。"假田"也不例外。至于出苗，睡虎地秦简《田律》亦明确规定："雨为澍，及诱（秀）粟，辄以书言澍稼、诱（秀）粟及狠（垦）田畼毋（无）稼者顷数。"④"假田"同样如此，也要把不出苗的田亩剔除在外，这样才能算出承租人的真正耕种面积，并体现对承租人的公平。但问题恰恰就出在这里。由于技术和人员有限，在当时的条件下，要核查一块田地的总产量将非常耗时，也极不方便，因而秦及汉初的田租征收实际是按比例把舆田中的一小部分称为"税田"。臧知非认为："税田"制是征收田税过程中"按照'税田'标

---

① 臧知非认为："这'租者且出'是应该缴纳或者需要缴纳的田租（税）。律文规定，确定田租（税）数以后，要以法律的形式告诉里典、田典，由里典、田典通知各家各户：'令黔首皆知之'。这里典、田典'令黔首皆知之'的内容，就是黔首应该缴纳的'租'（税）。"（臧知非：《说"税田"：秦汉田税征收方式的历史考察》，《历史研究》2015年第3期，第27页）此说非是。"租者且出以律"不能点断，这实际是"假田"如何租赁的法律规定。况且，在没有最终确定其舆田即实际耕种面积前，无论"假田"，还是授田，都无法得知田租的大体数量；在没有根据禾稼的长势预估产量前，即使舆田数已经确定，也仍然无法得知田租的具体数量。能够得知的，也是里典、田典要告知黔首的，乃是"假田"的租赁方法，以及舆田面积的约定租率和不同农作物的产量租率，如八分之一、六分之一、五分之一、四分之一等，或五步一斗、八步一斗、廿步一斗等。

② 晋文：《睡虎地秦简与授田制研究的若干问题》，第166页。

③ 《里耶秦简博物馆藏秦简》，第182页。按：张家山汉简《二年律令·田律》也有相同规定，唯增加"毋出五月望"的时间限制。这与秦律的规定亦可以互证。

④ 《睡虎地秦墓竹简·田律》，第24页。

准产量，在民户垦田中划定'税田'面积，用做田税，秋收时按户征收"①。其实不然。"税田"只需在"舆田"中确定纳税的统一比例，如十二税一或什一之税、什五而税一，而根本不必在舆田中专门划出哪块舆田收税，哪块舆田不收税②。"税田"是按租率确定的应该纳税的舆田亩数，亦即测算方法，并不特指舆田中的某块田地。它的目的是简化对舆田总产量的核查，并把测算后的"税田"亩数折换成总步数，如"税田千步"，然后除以"程禾"核定的产量租率，如"廿步一斗"，从而算出整块舆田的田租数。如北大秦简《田书》："广百廿步，从（纵）百步，成田五十亩。税田千步，廿步一斗，租五石。"③所核实的舆田为"五十亩"，按十二税一租率折算为"税田千步"，除以被核定后的"廿步一斗"的产量租率，即可得出"租五石"的结论（平均每亩一斗）。这和农户要不要在舆田中划出税田没有任何关系。总之，通过"程田"来确定"舆田"耕种的总面积，乃计算"税田"亩数的前提。"假田"也是如此，而官吏和豪强则往往在这个环节里舞弊。比如明明是耕种了100亩，在"程田"后的"假田"文书上却登记为80亩，然后谎称有20亩耕田没有出苗。这就是所谓"希程"和"故轻"，而堂而皇之地偷漏了20亩的田租。反之，明明有20亩耕田没有出苗，在"程田"后的"假田"文书上也登记为80亩，但却伪造文书登记为100亩，强迫其实际耕种者按100亩交租。这就是所谓"虚租"和"故重"，而公然霸占了20亩的田租。官府也很快发现了这些问题，并力图制定法律来严惩犯罪的官吏，此即"田及为諆（诈）伪写田籍皆坐臧（赃），与盗□☑"（151）④。但作用似乎不大，此类案件仍时有发生。

再看"程禾"。所谓"程禾"，或称"取禾程""取程"，主要就是"禾稼"即将收割时根据其长势来预估亩产量，并核定产量租率的高低，亦即"度稼得租"（11）⑤。如三步一斗最高，廿四步一斗最低。这是确定整块舆田具体征收多少田租的另一个关键，租率高则交租多，租率低则交租少。如八步一斗、六步一斗，按税田占舆田十分之一计算，分别是每亩交租三斗和四斗；而按十二分之一计算，则分别是每亩交租二斗半和三又三分之一斗。但"程禾"的过程中也存在一些问题。比如对产量租率的核定，"程禾"主要是依靠经验来预估产量，这只能做到大体准确。在岳麓秦简《数》中有一些关于"益田""减田""误券"的算题，显然都反映了这一问题。例如：

> 为积二千五百五十步，除田十亩，田多百五十步，其欲减田，精令十三【步一】斗，今禾美，租轻田步，欲减田，令十一步一斗，即以十步乘十亩，租二石者，积二千二百步，田少二百步。（42—43）
>
> 取禾程，三步一斗，今得粟四升半

---

① 臧知非：《说"税田"：秦汉田税征收方式的历史考察》，第28页。按：认为"税田"要从舆田中单独划出，实际是彭浩、于振波早先提出的，虽然并不准确，但臧知非陈述这一观点时却并未提及二人。
② 臧知非认为："（迁陵）三个乡'税田'所占'垦田舆'比例均低于十税一，又各不相同。这是因为'垦田舆'是新开垦之田，劳动强度大而产量低，所以'税田'比例低于十税一；而在生产实践过程中，各乡的'垦田舆'和人户数字并不相同，每户'垦田舆'数量和产量也有差别，于是在户均四石四斗五升这个原则之下，通过'税田'的不同比例显示这三个乡'垦田舆'的数量和质量差别。"（臧知非：《说"税田"：秦汉田税征收方式的历史考察》，第28—29页）其实不然。迁陵三乡的"税田"占舆田的比例都是固定统一的，即十二税一，并有着北大秦简《田书》的证明。之所以看起来"各不相同"，那是因为简8—1519的记录四舍五入，去除了余数。至于说迁陵三乡的租率均低于十分之一，"是因为'垦田舆'是新开垦之田，劳动强度大而产量低"，也同样有误。实际在简8—1519还记有被视为原有舆田的收租记录，即"凡田七十顷卌二亩。·租凡九百一十"。而7042亩租9100斗和5295亩租6770斗相比，前者为每亩平均约1.29斗，后者约为1.28斗（晋文《里耶秦简中的积户与见户——兼论秦代基层官吏的量化考核》，《中国经济史研究》2018年第1期，第63—64页），差别甚微，可忽略不计。
③ 韩巍：《北大秦简中的数学文献》，第85页。
④ 《龙岗秦简》，第123页。
⑤ 朱汉民、陈松长主编：《岳麓书院藏秦简（一）》，第113页。

升，问几可（何）步一斗？得曰：十一步九分步一而一斗。（5）

租误券。田多若少，耤令田十亩，税田二百卅步，三步一斗，租八石。·今误券多五斗，欲益田。其述（术）曰：以八石五斗为八百。（11）①

其中第一道算题是把预估低的产量改为更高的产量，而更改的理由就是"禾美"，即"禾稼"产量高。尤其第二道算题，原来预估的"三步一斗"，最后竟被更改为"十一步九分步一而一斗"，可见其误差之大。尽管这可能有着自然灾害等特殊原因，但也足以说明"程禾"往往存在着误差。有的官吏可能预估得比较准确，有的官吏则可能出入较大。这对纳税的农户来说即很不公平。

更重要的是，这也充分证明：无论"益田"，还是"减田"，实际都是用计算数字来进行平账，而并非真要增加或减少农田。"益田"有两种方法，都存在多收农户田租的现象。一是平账时增加舆田和税田的总步数。如简（11）就是账面上增加税田15步（舆田增加150步），加上原来的240步，共255步，再除以"三步一斗"（255÷3＝85），使田租的总数最终等于"误券"的"八石五斗"。二是平账时提高产量租率的定额。如"租禾。税田廿四步，六步一斗，租四斗，今误券五斗一升，欲奡□□【步数】，几可（何）步一斗？曰：四步五十一分步卅六一斗"（14）②。这是不改变舆田的总步数，而在账面上把原来的六步一斗改为四步五十一分步卅六一斗，然后二者相除（24÷240/51＝5.1），也使田租的总数等于"误券"的"五斗一升"。问题是，既然算错或记错了田租数额，那就应该按正确的数额征收田租，或在多收田租后退还给农户。但这无疑会带来许多麻烦、纠纷和隐患，比如县乡田租总数的更改，工作量剧增，

部门之间扯皮，不必要的官民纠纷，以及"误券"的责任认定等，还不如将错就错地按"误券"征收田租，并修改券书。更重要的是，简要记录每户舆田亩数和田租数的券书已经被上报县廷，乡吏也不得单方面更改③。总的来看，当时的平账原则就是将错就错，多了不退，少了也同样不补。而"减田"则是平账时提高或降低产量租率的定额，其中降低定额即涉及实质上少收农户田租的问题。如前引简（42—43）将原来的十三步一斗提高为十一步一斗，即20（斗）＝220（步）÷11（步），使之等同于20（斗）≈255（步）÷13（步），在不改变田租总量的情况下，把舆田和税田的账面总步数分别减少了350步和35步。再如"取程，禾田五步一斗，今干之为九升，问几可（何）步一斗？曰：五步九分步五而一斗"（4）④，也是把原来的五步一斗降低为五步九分步五而一斗，在粮食晒干后已变成五步九升的情况下，将产量租率的账面定额增加了九分之五步（等于减少舆田的总步数），使之符合田租实际征收的总数。以税田240步为例，即原为240÷5＝48（斗），现为240÷50/9＝43.2（斗）。可见，"益田"和"减田"实际都是对田租记账出错时所采用的平账方法。正如杨振红所说：

"误券"和"租误券"的算题表明，当时每亩的田租率要写在券书上，如果出现误写，不能修改券书，而要以误写的券书为准，通过增减"程"步数的方式，增加或减少每块地应缴纳"程"的数量，使实际征收的田租额与应缴纳的田租额相等。⑤

吴朝阳也说：

这类算题的做法是以"误券"的数

---

① 朱汉民、陈松长主编：《岳麓书院藏秦简（二）》，第8、3—4页。
② 朱汉民、陈松长主编：《岳麓书院藏秦简（二）》，第40页。
③ 吴朝阳：《张家山汉简〈算数书〉校证及相关研究》，江苏人民出版社2014年版，第70页。
④ 朱汉民、陈松长主编：《岳麓书院藏秦简（二）》，第34页。
⑤ 杨振红：《从新出简牍看秦汉时期的田租征收》，《简帛》第3辑，第336页。

目按比例计算出具体的田租率。从算法、算例看，这种计算只是将错就错，重新算出"几何步一斗"，与田地之授受无关。本书"税田"题也属于"误券"算题，"税田"题注所引岳麓书院藏秦简《数》书中的算题也可以参看。我们再强调一次：所有这些算题实质上都一样，都是以计算出的数字掩盖原有的错误，并无实际税田授受或变更。①

尽管误写的田租数并不是"每亩的田租率"，而且秦的田租征收既按实际耕种的面积，又按农作物的产量，两种租率是同时参照的。

当然，在"程禾"的过程中，也还会发生一些舞弊现象，主要就是前文所说的故意提高或减少产量租率。"假田"也不例外。所谓"故轻故重"、"☑租故重"（170）、"为轻租"（172）、"轻【重】同罪☑"（173），或"☑希（稀）其程率；或稼☑"（134）、"租不能实☐，☐轻重于程，町失三分，☑"（136），显然都包括了这两种犯罪行为。尤其官府还默认将错就错的平账方法，可谓推波助澜，更使基层官吏的舞弊肆无忌惮。因上文已详细论述，故不再重复。

（二）"盗田"

关于"盗田"问题，龙岗秦简的律文主要有以下几条：

人家，与盗田同灋（法）。☑（124）

盗田【一】町，当遗三程者，☐☐☐☐☐☐☑（126）

一町，当遗二程者，而☐☐☐☐☐☑（127）

程田以为臧（赃），与同灋（法）。田一町，尽☐盈☐希☑（133）

田及为詐（诈）伪写田籍皆坐臧（赃），与盗☐☑（151）

以为盗田。反农☐☐☐☐☑（175）②

对"盗田"的内涵，《龙岗秦简》注云："盗田，盗占田地，此处疑指申报的田地面积少于实有的田地面积，等于是'盗田'。"③ 杨振红则提出异议，认为"盗田"并非是申报的田地少于其实有的田地面积，并引证《唐律》和汉代案例说："无论是唐律关于盗田的规定，还是汉代关于盗田的实例，盗田的行为不仅与少申报土地的行为有所区别，而且犯罪性质更为恶劣。"④ 而于振波认为："盗田"指私自改变田界。"盗占的土地不可能在官府登记，因此也不可能向官府缴纳田租，显然属于违法行为。"⑤ 实际却都有问题，或不完全准确。从授田和赐田来说，杨振红的看法不无道理，"盗田"的确不是仅仅少申报了土地，也不是概念等同的问题，但就禁苑中的"假田"而言，这种看法就恐怕有些欠妥了。因为"假田"和授田一样，均按实际耕种面积收租，即使其耕种面积多于租赁文书的约定，但只要如实申报，按章纳税，也多半不会论为"盗田"。至少在"程田"时便完全可以纠正。只有其耕种面积多于租赁文书的约定，却故意按原先约定的面积申报，并与主管"假田"的基层官吏相互勾结，在租赁文书上作弊，才真正会造成"盗田"的后果。所谓"程田以为臧（赃）"，"田及为詐（诈）伪写田籍皆坐臧（赃），与盗☐☑"，对此即一语道破。

至于"盗田"的具体情节，以及如何惩处"盗田"，上引律文也都作了相应规定。总的来说，"盗田"就是故意少报违约多占的"假田"耕种面积。比如，"盗田一町，当遗三程者"，或"一町，当遗二程者"，即故意少报了"二町"或"一町"田地。其中

---

① 吴朝阳：《张家山汉简〈算数书〉校证及相关研究》，第94页。
② 《龙岗秦简》，第114—115、117、123、129页。
③ 《龙岗秦简》，第115页。
④ 杨振红：《龙岗秦简诸"田"、"租"简释义补正——结合张家山汉简看名田宅制的土地管理和田租征收》，《简帛研究2004》，第96页。
⑤ 于振波：《简牍所见秦名田制蠡测》，第10页。

"町"的含义今已不明,当为"假田"的一种面积计算单位,可能相当于若干亩。而"人冢,与盗田同法",则可能是耕种"假田"时把无主的坟墓平了[1]。这种犯罪倒不是少报"假田"面积,而是破坏别人家的坟墓,行为特别恶劣,所以才严令"与盗田同法"。对秦代惩处"盗田"人的刑罚规定,目前尚没有明确的文献记载。从道理上讲,对"盗田"人和"程田"官吏均应处以刑罚。但从龙岗秦简来看,其律文对"盗田"人却主要是经济处罚。究其原因,则大概是所有田籍文书都出自"程田"官吏之手,在没有确凿证据的情况下,通常都不便对"盗田"人直接指控。所以才主要采用经济处罚,如规定"盗田一町,当遗三程者",或"一町,当遗二程者"。也就是足额补交被偷漏的田租,并缴纳一定罚款(多交田租或钱物)。尽管并不清楚其中究竟补交了多少田租,也不知道究竟缴纳了多少罚款,但"当遗三程者"或"当遗二程者"的规定,却显然透露出它的数量要远比偷漏的田租数量高。另一方面,对"程田"的基层官吏也确曾严厉处罚,并作了故意与过失的区分。如果是故意少报,并从中获利,即规定按贪污受贿罪论处——"程田以为臧(赃),与同灋(法)";而如果是过失少报,则规定按遗漏"三程"或"二程"的失职办,其中也当含有加重处罚的意味。但此类案件仍然不断出现,可见其漏洞较多。

(三)"匿田"

关于"匿田",龙岗秦简的律文主要如下:

> 皆以匿租者,詐(诈)毋少多,各以其☒(142)
> 坐其所匿税臧(赃),与灋(法)没入其匿田之稼。☒(147)
> 其所受臧(赃),亦与盗同灋(法);遗者罪减焉☒(148)
> 田及为詐(诈)伪写田籍皆坐臧(赃),与盗□☒(151)
> 逆徙其田中之臧(赃)而不☒(160)
> ☒罪及稼臧(赃)论之。(161)
> ☒□者租匿田☒(165)
> ☒故轻故重☒(171)
> 轻【重】同罪☒(173)[2]

对"匿田"的概念,《龙岗秦简》注云:"匿田,隐瞒田亩数量。"[3]张金光的看法略有不同,认为"'匿田'就是'匿税'。匿税,除坐其所匿税赃之外,还要没收其所匿田上之全部庄稼。可见匿税即论为匿田。'匿税'亦即'匿租'"[4]。而杨振红则把"匿田"概括为三种情况,可谓更为全面和细致。

> 所谓"匿田",即隐瞒应缴纳田租的土地,主要与"遗程"等相区别。部佐"程田"时少登记应缴纳田租的土地数量可能存在两种情况,一种为故意所为,一种是工作疏忽造成。前者又分为两种情况,一种是为了侵吞这些土地上的田租,即秦律中所谓"匿田";一种是接受了土地主人的贿赂,帮助他们逃避田租。[5]

但三者都存在一个共同的误区,就是把"匿田"仅仅看作"隐瞒田亩数量"。这也难怪,在发现秦及汉初的田租征收有两个同时参照的租率前,他们并不清楚"匿田"或"匿租"还包括隐瞒真实的农产量。明白了这一点,我们便不难理解:对"匿田"的讨论实际应分为两个方面——隐瞒田亩数量和隐瞒真实产量。

---

[1] 《龙岗秦简》,第114页,"人冢"条注释[一]。
[2] 《龙岗秦简》,第120—123、126—128页。
[3] 《龙岗秦简》,第121页,"匿田"条注释[二]。
[4] 张金光:《秦制研究》,第54页。
[5] 杨振红:《龙岗秦简诸"田"、"租"简释义补正——结合张家山汉简看名田宅制的土地管理和田租征收》,《简帛研究2004》,第94页。

先看前者。这与"盗田"有明显的相通之处，区别在于"盗田"是在租赁文书约定的亩数外隐瞒的多种之田，而"匿田"则是在约定的亩数内隐瞒的已种之田。涉及这方面的律文主要是惩治"匿田"的田主和"程田"的官吏，如规定"皆以匿租者，诈（诈）毋少多"，"诈（诈）伪写田籍皆坐臧（赃）"，并"没入其匿田之稼"。大致如杨振红所说：故意隐瞒有"两种情况，一种是为了侵吞这些土地上的田租，即秦律中所谓'匿田'；一种是接受了土地主人的贿赂，帮助他们逃避田租"。

再说后者。这一方面是以往不清楚的，涉及的律文主要是惩治故意降低产量租率，如六步一斗降为八步一斗，处罚的对象则多为"程禾"的官吏。如"故轻故重"，"轻重同罪"，"皆以匿租者，诈（诈）毋少多"，"罪及稼臧（赃）论之"，"坐其所匿税臧（赃），与瀌（法）没入其匿田之稼"等。其中值得注意的，是简（160）中的"进徙其田中之臧（赃）"。据《龙岗秦简》注云，"进"为"合并"①，是把"匿田"中的庄稼一次性运走的意思。张金光则推测，此条"似指分散转移'田中之赃'即将被没收之'匿田之稼'而不上缴"②。从故意降低产量租率看，"合并"运走和"分散转移"都有道理，这样就无法测定这块"假田"的产量租率了，可达到掩盖匿租的目的。但所谓"不上缴"，却完全是想当然的解释。如果真要隐瞒田亩数量的话，就算把庄稼全部收走，一旦被发现"匿田"后，由于耕种的痕迹还在，也肯定会真相大白的。此外，为了避免把失职论为"匿田"，简（148）还同样对故意和过失作了区分，并规定前者从重——"其所受臧（赃），亦与盗同瀌（法）"，后者从轻——"遗者罪减焉"，体现了对基层官吏的保护和公正。

简短的结论与启迪

综上所述，可以得出如下几点结论与启迪。

首先，龙岗秦简中的律文均与禁苑有关，这决定了简中记录的"行田"不可能是授田，而应是简中多次出现的"假田"。这些"假田"散布在禁苑内外，有的在禁苑之中，有的在禁苑的隔离地带，还有一些在禁苑外围的过渡地带。简（1）"诸叚（假）两云梦池鱼（篡）及有到云梦禁中者"，就是一个证明。

其次，"假田"把禁苑的土地短期租给民户耕种，是一种不改变所有权的租赁行为。它的性质属于国有的公田或官田，是一种特殊的国有土地。"假田"的承租人皆为自由民，他们有权决定"假田"的耕作方式。前揭董仲舒云："或耕豪民之田，见税什五。"以往皆据此认为，在战国中期便已出现对半分成的民间租佃关系。但随着睡虎地秦简的发现，在授田制被视为基本土地制度的情况下，学界又大多认为董仲舒是以汉况秦。而龙岗秦简的大量"假田"记录，以及岳麓秦简的"假田"算题，则证明中国最早的租佃制度确实在商鞅变法后出现。民间的租佃关系亦当如此。

再次，"假田"的田租既不是"挍数岁之中以为常"的定额租制，也不会完全采用耕种私家土地的分成租制，而应是一年一定的约定租，亦即承租人按租赁双方约定的农田面积租率和农产品数量租率向禁苑交纳田租。"假田"的田租率较高，是因为它的产量较高。根据里耶秦简和岳麓秦简，并参证居延汉简，可推算"假田"的平均产量为每亩2石左右，最高亩产量则可能在4石左右。这是"假田"虽交纳押金却仍有不少人愿意承租的根本原因。从种种迹象来看，"假田"的真实租率当在20%到30%之间，很可能是25%左右。鉴于都必须预估产量，即"度稼得租"，"假田"的产量租率应与普通授田相同。

复次，"假田"的租赁也为禁苑官吏的寻租提供了机会。他们和一些豪强相互勾结，通过各种方式租赁"假田"，然后再转租给实际耕种者，以便达到非法占有一部分田租的目

---

① 《龙岗秦简》，第126页，"进徙"条注释[一]。
② 张金光：《秦制研究》，第62页。

的。这种寻租行为就是后世所常见的"分田劫假",主要有两种方式:一是故意提高或降低租率,二是强迫实际耕种者交纳高于规定租率的田租。以往皆认为,"分田劫假"始于汉武帝时期,而龙岗秦简则证明:至少在战国末年,"分田劫假"的现象便大量存在。这突出反映了剥削和压迫的社会问题。

最后,在"程田"的两个主要环节上,"假田"的租赁还出现了众多"盗田"与"匿田"的犯罪行为。"盗田"是"假田"的实际耕种面积多于租赁文书的约定,却故意按原先约定的面积申报;而"匿田"则是在约定的面积内少报实际耕种的面积,并故意降低其产量租率。无论是"盗田",还是"匿田",除了少数"假田"的承租人外,实际上都是要"分田劫假",以获取一部分田租差额。尽管秦朝(国)统治者曾竭力遏制其犯罪行为,但效果似乎不大,这表明秦的国家控制金瓯已缺。秦之灭亡,良有以也。

(原载《文史》2020 年第 2 辑)

秦代属邦与民族地区的郡县化

邹水杰[*]

摘 要：属邦是秦针对境内少数民族设置的管理机构，在秦统一六国前具有中央与地方双重属性，管理归服的"臣邦"和有蛮夷聚居的"道"；统一后，属邦与内史、郡平级，主要在陇西地区辖有县、道，管辖界内蛮夷和秦人。秦统一前，在属邦之下由"臣邦君长"统辖"臣邦人"，袭用原有的统治方式；统一后，相应称谓变为"蛮夷君长"和"蛮夷"。秦始皇三十三年之后，境内蛮夷全部划归郡下之道，由国家官吏行使管理职责，基本实施了郡县一元化。道中蛮夷本有交纳賨钱即免徭赋的政策，但随着时间演进，蛮夷被征发屯戍，实际上同于编户，故徼内蛮夷的编户化也逐渐达成。

关键词：属邦 臣邦 蛮夷 郡县化 编户化

自睡虎地秦简《属邦律》公布之后，秦属邦问题正式进入学者的研究视野。睡虎地秦墓竹简整理小组注："属邦，管理少数民族的机构，见秦兵器铭文。汉代因避汉高祖刘邦讳，改称属国、典属国。"[①] 日本学者工藤元男对《属邦律》作了专门研究，以分析秦如何将非秦人编入秦。他指出，秦国不断对周边地区发动战争扩大领土，在征服了邻近地区的少数民族居住地后，会在其地设郡，其法制上的地位是作为属邦的臣邦，它由几个（县、）道构成。臣邦君长及其统治下的人民也被纳入秦的爵制之中进行统治。[②] 孙言诚指出秦设属邦乃为收容少数民族降者，利用他们为秦国服务，以瓦解塞外的敌对民族。[③] 陈力指出，秦孝公、惠王时期，统治征服地相当不易，因此秦人不得不采取属邦这种较为缓和、间接的方式。他认为在秦国对东方战争还未了结的情况下，设置属邦，分开内属与外附进行统治是一种良策。[④] 刘瑞则认为秦只设立有"属邦"而未设"典属邦"，秦的属邦只设在中央，而且只有一个，汉设立"典属国"的时间在景帝之世。[⑤]

日本学者渡边英幸指出，秦让难以编入"秦"的人们服属于"君长""君公"，构筑了"臣邦"这一与直辖郡县有别的统治途径。他指出"臣邦"以下嫁的秦人女性为媒介，构筑了让秦女所生的"臣邦人"也归属的血统架构。[⑥] 史党社重申"臣邦"不可能是封国或臣服的诸侯，强调属邦管理的对象是秦境内的非秦族群，其地方基层组织是道。他指出，秦境内的非秦族群走过了不同的发展道路：先进者为"秦人"而以县治之，后进者为"臣

---

[*] 邹水杰，湖南师范大学历史文化学院教授。
① 睡虎地秦墓竹简整理小组：《睡虎地秦墓竹简》，文物出版社1978年版，第110—111页。
② 工藤元男：《睡虎地秦墓竹簡の属邦律をめぐって》，《東洋史研究》第43卷第1号，1984年。后收入《睡虎地秦简所见秦代国家与社会》，广濑薰雄、曹峰译，上海古籍出版社2010年版，第73—104页。
③ 孙言诚：《秦汉的属国和属邦》，《史学月刊》1987年第2期。
④ 陈力：《试论秦国之"属邦"与"臣邦"》，《民族研究》1997年第4期。
⑤ 刘瑞：《秦"属邦""臣邦"与"典属国"》，《民族研究》1999年第4期。
⑥ 渡边英幸：《秦律的"夏"与"臣邦"》，李力译，载杨一凡、寺田浩明主编《日本学者中国法制史论著选·先秦秦汉卷》，中华书局2016年版，第241—268页。

邦"以道治而君长享受特殊待遇。① 黎明钊和唐俊峰认为《史记》《华阳国志》中公子通（或通国）所封的"蜀国"为"蜀属邦"，并认为大概经历"蜀邦—蜀属邦—蜀郡"三个阶段。②

以上均是在秦简和秦兵器铭文的基础上，学者们结合相关文献所做的研究。围绕睡虎地秦简"属邦""臣邦"和"秦""夏"等概念，已有研究作了相当深入的探讨。但由于以往材料过少，有些问题语焉不详。近年来里耶秦简和岳麓书院藏秦简又有新的材料面世，虽不足以构建对秦代属邦的全面研究，但对于部分前人有争论的观点，尤其对属邦性质与秦代民族地区的郡县化问题，可资做出更为合理的解释。

一 属邦性质的再探讨

文献中直接记载属邦的材料并不多，为便于分析，兹将相关材料列举于下：

1. 道官相输隶臣妾、收人，必署其已稟年日月，受衣未受，有妻毋（无）有。受者以律续食之。属邦☐（《秦律十八种》，简201）③

2. ☐④亥朔辛丑，琅邪叚（假）【守】☐敢告内史、属邦、郡守主：琅邪尉徒治即【默】☐琅邪守四百卌四里，卒可令县官有辟、吏卒衣用及卒有物故当辟征逯☐告琅邪尉，毋告琅邪守，告琅邪守固留费，且辄却论吏当坐者。它如律令。敢【告主】⑤。郡一书。·以苍梧尉印行事。/六月乙未，洞庭守礼谓县啬夫：听书从事。☐☐、军吏在县界中者各告之。新武陵别四道，以次传。别书写上洞庭尉，皆勿留。/葆手。　洞☐

☐月庚午水下五刻，士五宕渠道平邑疵以来。/朝半。

/骄手。/八月甲戌，迁陵守丞膻之敢告尉官主：以律令从事。传别书貳春，下卒长奢官。/☐手。/丙子旦食，走印行。（《里耶壹》，简8—657）⑥

3. ·令曰：吏及黔首有赀赎万钱以下而谒解爵一级以除，【及】当为疾死、死事者后，谒毋受爵，以除赀赎，皆许之。其所除赀赎，[皆许之其所除赀赎]过万钱而谒益【解】爵、【毋受爵者，亦许之。一级除赀赎毋过万】钱，其皆谒以除亲及它人及并自为除，毋过三人。赀赎不盈万钱以下，亦皆【许之。其年过卌五以上者，不得解】爵、毋受爵，毋免以除它人。年睆老以上及罢癃（癃）不事从睆老事及有令终身不事、畴吏解爵而当复爵者，皆不得解爵以自除、除它人。鼎者劳盗〈盈〉及诸当撢（拜）爵而即其故爵如鼎及撢（拜）后爵者，皆不得解其故爵之当即者以除赀赎。为人除赀赎者，内史及郡各得为其眅（界）中人除，毋得为它郡人除。【中】县、它郡人为吏它郡者，得令所为吏郡黔首为除赀赎。属邦与内史通相为除。为解爵者，独得除赀赎。令七牒。·尉郡卒令第乙七十六

---

① 史党社：《"属邦"发微》，《重庆师范大学学报》2018年第4期。
② 黎明钊、唐俊峰：《秦至西汉属国的职官制度与安置模式》，《中国史研究》2018年第3期。
③ 陈伟主编：《秦简牍合集：释文注释修订本（壹）》，武汉大学出版社2016年版，第141页。下文所引睡虎地秦简皆引自该书，不另出注。
④ 原简前端有残。唐俊峰补为"廿七年四月乙"。参见唐俊峰《秦汉的地方都官与地方行政》，《新史学》第25期第3卷，2014年。郑威补为"廿八年五月己"。参见郑威《里耶简牍所见秦即墨考》，《江汉考古》2015年第5期。简文为统一之后的文书可无疑义。
⑤ "告主"二字已残，根据图版的残存笔划和文书格式补。
⑥ 图版见湖南省文物考古研究所：《里耶秦简（壹）》，文物出版社2012年版，第91页；释文校释见陈伟主编《里耶秦简牍校释》第1卷，武汉大学出版社2012年版，第193页。文书的书写顺序和格式根据内容和行款作了调整，以方便阅读。

(《岳麓伍》，简 138—145)①

4. 武库受（授）属邦。中。卅，卅年，诏事。中阳。②

5. 二年，属邦守蓐造，工室建，工後。③

6. 五年，相邦吕不韦造。诏事图，丞戴，工寅。诏事。属邦。④

材料 1《属邦律》是对不同机构间输送"隶臣妾、收人"时禀食、受衣等的规定。其中的"道官相输"，既可以理解为"各道官府之间互相输送"⑤，也可以理解为"道与都官之间互相输送"⑥。但无论如何，依据律文并不能分辨属邦为中央机构还是地方机构。材料 2 为秦统一后琅邪假守发给"内史、属邦、郡守"的文书，三者并列，开头又用了"敢告"的平行文书格式，说明至少在秦统一后的秦始皇二十七、二十八年，秦设有内史、属邦、郡三种郡级统县机构，内史、属邦、郡守三者为郡级机构长官，⑦内史、属邦作为长官与机构同名。材料 3 中"内史"与"郡"并列，又言"各得为其畛（界）中人除""属邦与内史通相为除"，虽体现了属邦、内史与郡有稍异之处，但可以得出二者都像郡一样，是有实土、有区界的地方行政机构，治下均包含了有爵位的秦人。⑧虽然张金光指出睡虎地和郝家坪秦简牍中的内史"绝非郡级地方行政长官"⑨，但秦统一后的情况确如杨振红指出的，内史可表示京师特别行政区和王畿长官。⑩ 材料 2、3 也明确显示了内史、属邦既可表示郡级行政区，又表示同名的行政区长官。依此再来看材料 1，体现了"道"是属邦所辖的县级机构，且此条《属邦律》规范的也是县级地方行政事务。

但材料 2、3 显示内史与属邦全国均只设有一个，且机构与职官同名，符合秦汉中央二千石官的特点。尤其是材料 4、5、6 所载秦兵器铭文中，属邦与中央的相邦、诏事、武库有兵器授受的联系，且属邦设有"工室"。学者研究也认同属邦为中央机构。⑪ 郭永秉和广濑薰雄认为，《史记·孝文本纪》载文帝后元七年（前 157）六月己亥遗诏中的"属国悍为将屯将军"，即"典属国悍"，并据以指出"属

---

① 陈松长主编：《岳麓书院藏秦简（伍）》，上海辞书出版社 2017 年版，第 113—116 页。下文所引《岳麓书院藏秦简（伍）》省称为《岳麓伍》，不另出注。
② 吴镇烽将戈断为战国晚期。吴镇烽：《商周青铜器铭文暨图像集成》第 32 册，编号 17135，上海古籍出版社 2012 年版，第 194—195 页。王辉断为昭襄王三十年（前 277）或秦始皇三十年（前 217）。刻有"武库受属邦"铭文的秦兵器还有"少府矛""十三年少府矛""寺工矛"。王辉、王伟编：《秦出土文献编年订补》，三秦出版社 2014 年版，第 61—62 页。
③ 郭永秉、广濑薰雄：《绍兴博物馆藏西施山遗址出土二年属邦守蓐戈研究——附论所谓秦廿二年丞相戈》，复旦大学出土文献与古文字研究中心编：《出土文献与古文字研究》第 4 辑，上海古籍出版社 2011 年版，第 112—127 页。文章指出戈内背还有"邦"字铭文，年代断为庄襄王二年（前 248）或秦王政二年（前 245）。
④ 王辉、王伟编：《秦出土文献编年订补》，第 119 页。由相邦或丞相监造、有"诏事。属邦"铭文的兵器还有"八年相邦吕不韦戈""十二年丞相启、颠戈"，年代均为秦王政时期。
⑤ 整理小组注释："道，少数民族集居的县。"在译文时将"道官"译为"各道官府"。
⑥ 《岳麓伍》中有以"县道官"表示县、道、都官的用例："发（？）传，县道官令、丞、官长皆听为封，勿敢留，伟（使）毋传与诸吏毋印者，毋敢擅寄封。"（简 337）"县道官"对应"令、丞、官长"，明确表示"县、道、都官"。
⑦ 里耶秦简中有"巴叚（假）守丞敢告洞庭守主"（8—61＋8—293＋8—2012），以及大量"旬阳丞滂敢告迁陵丞主"（8—63）一类敢告郡守与县丞的文书，表明发文者和收文者均用职官名。详细研究参见邹水杰等《国家与社会视角下的秦汉乡里秩序》第 3 章第 1 节"简牍所见秦代行政文书格式"，湖南师范大学出版社 2014 年版，第 77—102 页。
⑧ 西嶋定生强调民爵赐予的对象只能是居于郡县乡里的编户良民，参见西嶋定生《中国古代帝国的形成与结构——二十等爵制研究》，武尚清译，中华书局 2004 年版，第 225—239 页。
⑨ 张金光：《秦简牍所见内史非郡辨》，《史学集刊》1992 年第 4 期。后收入《秦制研究》，上海古籍出版社 2004 年版，第 151—156 页。
⑩ 杨振红：《从秦"邦""内史"的演变看战国秦汉时期郡县制的发展》，《中国史研究》2013 年第 4 期。后收入《出土简牍与秦汉社会（续编）》，广西师范大学出版社 2015 年版，第 15—18 页。
⑪ 董珊：《战国题铭与工官制度》，博士学位论文，北京大学，2002 年，第 223—224 页。

邦"应该就是"典属邦"之义。① 由此也可知材料 5 中的"属邦守"应为试守或代理的"守",与郡守之"守"异。

根据以上考述可知秦代属邦作为中央机构,其职掌与汉代的典属国相延续,其主官名称为"属邦";然属邦又可为郡级地方行政机构,其主官名也为"属邦",统辖有县一级机构,② 与郡、内史有明确的区划界限,治下至少部分为有爵之秦人。故秦代的属邦具有中央机构与地方机构的双重属性。③ 具有这种双重属性的机构,至少在西汉后期仍然存在。西汉绥和元年(前 8)前太常为九卿,但又辖有陵县,以至于西北汉简中还出现"太常郡"④ 的提法。可见不止秦代的属邦,汉代太常同样为具有双重属性的机构。⑤

二 统一前属邦统辖有道、臣邦与县

如果像材料 1《属邦律》那样,属邦只统辖"道"一种行政区划,问题就会相当简单。的确,秦汉时代的"道"是表示少数民族集居的区域,《汉书·百官公卿表》概括为"有蛮夷曰道"⑥。这已经成为学界共识。但战国秦汉秦戎混居、华夷杂处,不仅统一前的秦旧地为"中县道"(统一后为内史县道),扩张后的郡同样设有"郡县道"。可见设"道"并不是区分是内史、郡还是属邦的标准。因此,材料 1 仅仅表示属邦下设有道,而不能仅凭这条摘抄律文说属邦下只设有道。

事实上,统一前属邦更重要的是辖有"臣邦"。《汉书·百官公卿表》载:"典属国,秦官,掌蛮夷降者。"⑦ 虽然秦代文献中并未见到"典属国"或"典属邦",但秦代属邦为掌管被征服的周边少数民族或归义蛮夷的机构,是学界基本认同的。正如孙言诚所说:"秦专门设置一个管理少数民族降者的属邦,有其历史原因。自春秋至战国,秦一直处在戎狄的包围之中,在它的北部、西部以及西南边境,布满了形形色色的少数民族。这些民族对秦时叛时服,和战不已,可以想见,零星的或者大批的少数民族降者,终秦一代源源不断。为收容这些降者,并利用它们为秦国服务,属邦的机构自然就应运而生了。"⑧ 秦的属邦专门为蛮夷降者设置,但降服的民族政权并没有立刻被全部纳入郡县体系进行一元化管理,而是保留有君长或君公治理的"臣邦"。既云为"臣邦",就表示这些民族政权虽然已成为臣属于秦的"秦属",但臣邦君长的统治地位和管理模式仍然没有改变,只是臣属于秦后改名为"臣邦君长"或"君公",接受属邦的羁縻

---

① 郭永秉、广濑薰雄:《绍兴博物馆藏西施山遗址出土二年属邦守藆戈研究》,复旦大学出土文献与古文字研究中心编:《出土文献与古文字研究》第 4 辑,第 117 页。
② 里耶秦简另有:"廿六年五月辛巳朔壬辰,酉阳麟敢告迁陵主:或诣男子它,辞曰:士五,居新武陵轪上,往岁八月毄(击)反寇迁陵,属邦候显。"(9—2287)湖南省文物考古研究所:《里耶秦简(贰)》,文物出版社 2017 年版,图版,第 243 页,释文,第 85 页。校释者认为:"邦候或是负责送、接待宾客的机构。"陈伟主编:《里耶秦简牍校释》第 2 卷,武汉大学出版社 2018 年版,第 381 页。简 9—1874 有"迁陵邦候守建敢告迁陵主"的文书,说明"邦候"即"迁陵邦候","属"是动词,为"隶属"之意,与"属邦"无关。
③ 高智敏认为秦时最初设中央属邦,统一之际又在边郡地区设置属邦,地方属邦应当是中央属邦的派出单位,以军事方式控制归附的蛮夷部族,参见《秦区域行政体制研究——以出土文献为中心》,博士学位论文,北京师范大学,2019 年 6 月,第 75—79 页。
④ 肩水金关汉简中有:"大常郡茂陵始乐里公乘史立,年廿七,长七尺三寸,黑色。轺车一乘,骊牡马一匹,齿十五岁;弓一,矢五十枚。六月乙巳出。"(73EJT37:1586)甘肃简牍博物馆等编:《肩水金关汉简(肆)》中册,中西书局 2015 年版,第 246 页。
⑤ 孔祥军依据肩水金关汉简材料,明确认为存在"太常郡",且有边界和实土。见孔祥军《肩水金关汉简所见"太常郡"初探》,《中国历史地理论丛》2012 年第 3 辑。然马孟龙认为,太常并不具备完备的郡级政区行政职能,还不能称之为郡级政区。见马孟龙《西汉存在"太常郡"吗?——西汉政区研究视野下与太常相关的几个问题》,《中国历史地理论丛》2013 年第 3 辑。考虑到太常的双重属性,这种争论的存在就可以理解了。
⑥ 《汉书》卷 19 上《百官公卿表上》,中华书局 1962 年版,第 742 页。
⑦ 《汉书》卷 19 上《百官公卿表上》,第 735 页。
⑧ 孙言诚:《秦汉的属国和属邦》,《史学月刊》1987 年第 2 期,第 13 页。

统治。① 吴永章指出："秦在民族地区虽设置郡、县，委派守令，但'蛮夷邑君侯王'并未废除，可谓实行与汉区不同的郡、县守令与臣邦君长并存的双轨制。清人钱大昕说，秦'其初虽有郡名，仍令其君长治之'（《潜研堂文集·三十六郡考》），这一见解，是符合历史实际的。"② 睡虎地秦简中有关臣邦的材料有如下几条：

> 7."擅杀、刑、髡其后子，獻（谳）之。"·可（何）谓"后子"？·官其男为爵后，及臣邦君长所置为后大（太）子，皆为"后子"。（《法律答问》，简72）
>
> 8. 可（何）谓"赎鬼薪鋈足"？可（何）谓"赎宫"？·臣邦真戎君长，爵当上造以上，有辠（罪）当赎者，其为群盗，令赎鬼薪鋈足；其有府（腐）辠（罪），【赎】宫。其他辠（罪）比群盗者亦如此。（《法律答问》，简113—114）
>
> 9."臣邦人不安其主长而欲去夏者，勿许。"可（何）谓"夏"？欲去秦属是谓"夏"。（《法律答问》，简176）
>
> 10."真臣邦君公有辠（罪），致耐罪以上，令赎。"可（何）谓"真"？臣邦父母产子及产它邦而是谓"真"。·可（何）谓"夏子"？·臣邦父、秦母谓殹（也）。（《法律答问》，简177—178）

材料7中，臣邦君长可以自置"后大（太）子"，而不需要向秦官府报告，说明臣邦君长有独立选置继承人的权力。但选置之后却不能擅自刑杀，否则得按秦法接受处罚，表明秦法对臣邦君长有约束力。材料8首先揭示了在秦的爵制秩序规范之下，有爵的"臣邦真戎君长"即使在犯有重罪时也可以赎免；材料10体现的是"真臣邦君公"在犯有轻罪时可以赎除。可以想见，"臣邦君长"或"真臣邦君公"虽然在本臣邦有一定的自治权力，但前提是遵守秦法。因此材料9中的"臣邦人"，即使对统治他们的"主长"不满，也禁止离开臣邦，因为离开臣邦就意味着脱离"秦属"。从这里可以看出，臣邦并非设于道之下。设若臣邦设于道之下，臣邦人逃离臣邦主长控制之后，就会来到道及乡里的县治空间，这是不能称作脱离"秦属"的。只有当臣邦为属邦之下在边徼独立设置的区划时，逃离臣邦就可能意味着脱离秦的控制，即"去秦属"。可见"臣邦"与"道"同级，均接受属邦的管辖。

传世典籍中也有与之对应的材料。《后汉书·南蛮西南夷列传》"巴郡南郡蛮"条载："及秦惠王并巴中，以巴氏为蛮夷君长，世尚秦女，其民爵比不更，有罪得以爵除。其君长岁出赋二千一十六钱，三岁一出义赋千八百钱。其民户出嫁布八丈二尺，鸡羽三十鍭。"王先谦《集解》引刘攽曰："巴氏之君，可有爵耳，民何故辄得之？明衍民字。"③ 刘攽之意即蛮夷君长方得有爵，普通賨民不得有爵。对照材料8，可知刘攽所论甚碻。虽然简文中蛮夷君长并非可直接以爵除其罪，但有爵的君长重罪可赎，轻罪更是有无爵位均可赎除，而赎金对君长来说不是问题，也就相当于可以爵除罪了。《舆地纪胜》引陈寿《益部耆旧传》云："昔楚襄王灭巴子，封废子于濮江之南，号铜梁侯。"④ 段渝、谭晓钟征引这条材料，认为这个"巴子"即镇守枳的巴废王子，重庆涪陵小田溪M1、M2就与巴王子有关。⑤ 文物专家在研究了M1、M2出土的编钟、有"王"字的铜钲和錞于等高等级的随葬器物组合后指出，小田溪墓地可能是战国晚期巴国的

---

① 段渝认为秦对巴国的改造采用郡县制与羁縻制相结合的治理策略，巴地大姓首领是基层统治代理人，参见《论秦汉王朝对巴蜀的改造》，《中国史研究》1999年第1期。
② 吴永章：《从云梦秦简看秦的民族政策》，《江汉考古》1983年第2期，第69页。
③ 王先谦：《后汉书集解》，中华书局1984年版，第994页。
④ 王象之：《舆地纪胜》卷159《景物下》，"铜梁山"条，中华书局1992年版，第4321页。
⑤ 段渝、谭晓钟：《涪陵小田溪战国墓及所见之巴、楚、秦关系诸问题》，《四川文物》1991年第2期，第7页。

王陵所在地。① 这就说明巴地在被楚征服和入秦后的一段时间内，还保留着君长的统治。② 巴地蛮夷的"君长"应为简牍中的"臣邦君长"。

除了南边的巴地，北边义渠的情况也类似。《史记·秦本纪》载惠文君十一年（前327），"县义渠"，"义渠君为臣"③。《后汉书·西羌传》记为："义渠国乱，秦惠王遣庶长操将兵定之，义渠遂臣于秦。"④ 惠文王派兵平定义渠之地，虽设有部分县道，⑤ 但"义渠君为臣"表示义渠君长臣服于秦，应该就是以"臣邦君长"的形式接受秦的管理，而非统一于郡县之下。刘瑞指出："'臣邦'虽然已经被纳入了秦的版图，但实际上与传统上的'秦'是有着具体的区别的。"⑥ 义渠君长有自己管辖的部众，义渠臣邦或许还领有不少城，因而才会有惠文王更元十年（前315）"伐取义渠二十五城"和武王元年（前310）再度"伐义渠"。《史记·匈奴列传》载："秦昭王时，义渠戎王与宣太后乱，有二子。宣太后诈而杀义渠戎王于甘泉，遂起兵伐残义渠。于是秦有陇西、北地、上郡，筑长城以拒胡。"⑦ 义渠戎王之所以能在甘泉宫与宣太后有染，或也是由于其作为义渠臣邦君长，可以"尚秦女"，有机会接近秦国太后的缘故。

虽然上述材料都未明言臣邦隶属何种机构，但臣邦为蛮夷戎狄政权之孑遗，学者对照《汉书·百官公卿表》所记典属国的职掌，因之将臣邦隶于属邦所辖，当无问题。因此，秦统一之前，属邦之下辖有自治权较大的蛮夷臣邦。

需要指出的是，睡虎地秦简中还有"外臣邦"一词。《法律答问》简180载："'使者（诸）候（侯）、外臣邦，其邦徒及伪吏（使）不来，弗坐。'·可（何）谓'邦徒'、'伪使'？·徒、吏与偕使而弗为私舍人，是谓'邦徒'、'伪使'。"简中"外臣邦"是能与秦通使的民族政权，居于秦边界之外，在秦人的观念中，与关东诸侯一样属于"它邦"⑧。外臣邦虽有"臣邦"二字，实非秦的属国，与臣邦性质不同。⑨

根据上述考证可知，统一前属邦辖有道与臣邦。那么属邦之下是否辖有县呢？工藤元男虽然在秦属邦研究的结语中，指出臣邦"由几个（县、）道构成"，但在具体的论述中，则只描述了属邦与道的问题。⑩ 他用"（县、）道"这种方式仅仅为了表示"道"为县级机构。然从文献包含的信息分析，直到统一之后，属邦之下仍然设有县，管理部分有爵之秦人。像义渠之地，从"义渠君臣于秦"而非

---

① 国家文物局主编：《中国文物地图集·重庆分册》，文物出版社2010年版，第219页。
② 金秉骏认为秦对巴国实施君长支配族民的方式，是因为巴国还停留在以姓氏为单位的君长统治制阶段，因此秦国必须考虑到巴国的传统君长秩序，参见《巴蜀文化的地域差异及秦的郡县控制》，段渝校译，《中华文化论坛》1998年第1期。
③ 《史记》卷5《秦本纪》，中华书局1982年版，第206页。
④ 《后汉书》卷87《西羌传》，中华书局1965年版，第2874页。
⑤ 《汉书·地理志》载北地郡下有义渠道。梁云认为最初设县，后来改置为道，参见《考古学上所见秦与西戎的关系》，载《西部考古》第11辑，科学出版社2016年版，第137页。《史记正义》引《地理志》："北地义渠道，秦县也。"（《史记》卷5《秦本纪》，第206页）说明设"义渠道"同样可以说成是"县义渠"，其本质是说政府设县道官吏管理，与臣邦君长管理异。
⑥ 刘瑞：《秦"属邦""臣邦"与"典属国"》，《民族研究》1999年第4期，第94页。
⑦ 《史记》卷110《西羌列传》，第2885页。这条材料在《后汉书》中记为周赧王四十三年，即秦昭王三十五年。《后汉书》卷87《西羌传》，第2874页。
⑧ 史党社指出，"外臣邦"是秦域之外具有独立性的少数民族邦国，虽然臣属于秦，但其地不在秦境内，参见《秦关北望——秦与"戎狄"文化的关系研究》，博士学位论文，复旦大学，2008年，第44—47页。
⑨ 朱圣明指出外臣邦是独立于秦域之外的，秦人有包含外臣邦在内的天下观："秦本土、臣邦、外臣邦共同构成了秦国'天下'的地域、政治格局。"朱圣明：《华夷之间：秦汉时期族群的身份与认同》，厦门大学出版社2017年版，第92页。李大龙认为汉代在藩属观念指导下构建了三个层次的天下统治体制，即郡县统治核心区、边疆民族特设机构管辖区和边疆民族政权区。参见李大龙：《汉唐藩属体制研究》，中国社会科学出版社2006年版，第50—51页。这种汉代体制与秦的臣邦体制实质上一脉相承。
⑩ 工藤元男：《睡虎地秦简所见秦代国家与社会》，第75—79页。

秦灭义渠来看，此后应有一段设臣邦管理的时期。撇开对"县义渠"的争论，史籍记有乌氏县，①岳麓秦简记载"中县道"北部原义渠之地的阴密、泥阳均为县，②里耶秦简记载彭阳也为县。③这些地方本为"西戎八国"之地，入秦后，戎狄臣邦与嬴秦县道杂厝，④这是由当地秦戎杂居的现实状况决定的，也决定了管辖义渠戎狄的属邦会辖有县。最为直接的记载是岳麓秦简中出现了与"中县道""郡县道"相对的"陇西县道"：

11. 郡及襄武、上邽、商、函谷关外人及罨（迁）郡、襄武、上邽、商、函谷关外男女去阑亡、将阳，⑤来入之中县道，无少长，舍人室，室主舍者，智（知）其请（情），以律罨（迁）之。典、伍不告，赀典一甲，伍一盾。不智（知）其请（情），主舍，赀二甲，典、伍不告，赀一盾。舍之过旬乃论之。舍，其乡部课之，卒岁，乡部吏弗能得，它人捕之，男女无少长，伍（五）人，诣乡部啬夫；廿人，赀乡部啬夫一盾；卅人以上，赀乡部啬夫一甲，令、丞谇。乡部吏主者，与乡部啬夫同罪。其亡居日都官、执法属官、禁苑、园、邑、作务、官道畛（界）中，其啬夫、吏、典、伍及舍者坐之，如此律。（《岳麓肆》，简053—057）

12. □□□罪而与郡县道，及告子居陇西县道及郡县道者，皆毋得来之中县道官。犯律者，皆（《岳麓肆》，简093）

13. 襄武。内史。（《里耶贰》，简9—965）

材料11中，"中县道"的西界涵盖了"襄武"；材料13显示，直至统一后设置内史时，襄武仍然是内史辖县。⑥《史记·秦始皇本纪》的记载显示，统一后秦与匈奴仍然是以昭襄王长城为国界，直至三十三年始皇派蒙恬发兵"西北斥逐匈奴"，才越过昭襄王长城，将国境推进到榆中边上的黄河一线。⑦如此一来，襄武以西的国境之内，已知的县道就只有狄道和临洮。春秋战国时代，陇山以西之地是戎羌聚居之地，秦穆公得戎人由余，"遂霸西戎，开地千里"。但直至秦王政时，"务并六国，以诸侯为事，兵不西行，故种人得以繁息。秦既兼天下，使蒙恬将兵略地，西逐诸戎，北却众狄，筑长城以界之，众羌不复南度"⑧。可以说，陇西乃戎羌旧地，遍布各种戎羌部族。昭襄王虽然筑长城将陇山以西部分区域和戎羌包含于境内，但襄武以西之地并无

---

① 《史记正义》引《括地志》云："乌氏故城在泾州安定县东三十里。周之故地，后入戎，秦惠王取之，置乌氏县也。"《史记》卷110《匈奴列传》，第2884页。

② 陈松长主编：《岳麓书院藏秦简（肆）》，上海辞书出版社2015年版，简084，第66页。下文所引《岳麓书院藏秦简（肆）》省称为《岳麓肆》，不再出注。

③ 里耶秦简8—105为"彭阳。内史"的封检，说明彭阳为内史辖下之县。

④ 《史记》卷110《匈奴列传》："秦穆公得由余，西戎八国服于秦，故自陇以西有绵诸、绲戎、翟、獂之戎、岐、梁山、泾、漆之北有义渠、大荔、乌氏、朐衍之戎。"（第2883页）考古发现表明，乌氏东南的彭阳一带早在西周就实施了有效的统治与管理，秦应该也沿袭了管辖权。参见马强、侯富任、马天行《宁夏彭阳姚河塬发现大型商周遗址》，《中国文物报》2018年1月26日，第8版；李伯谦：《周人经略西北地区的前哨基地——姚河塬遗址》，《华夏文明》2018年第2期。

⑤ 整理者标点为"男女去，阑亡、将阳"，但岳麓简《亡律》中存在诸多"去亡"或"去某亡"的表述，故笔者将此处标点改为"男女去阑亡、将阳"。参拙作：《论秦及汉初简牍中有关逃亡的法律》，《湖南师范大学社会科学学报》2019年第1期。

⑥ 晏昌贵根据"彭阳。内史"（8—105）、"酉阳。洞庭"（8—65）、"迁陵。洞庭"（8—188）等多枚同类封检得出"里耶秦简牍中凡属此类文例，前者均为后者之属县"的结论。晏昌贵：《里耶秦简牍所见郡县名录》，《历史地理》第30辑，上海人民出版社2014年版，第140页。《里耶秦简（贰）》出版后，他又据"城父。淮阳"（9—760正）、"美阳。内史"（9—2534）、"襄武。内史"（9—965）等作了进一步论证。晏昌贵：《里耶秦简牍所见郡县订补》，《历史地理研究》2019年第1期。

⑦ 秦始皇三十三年，始皇派蒙恬"西北斥逐匈奴。自榆中属之阴山，以为（三）〔四〕十四县，城河上为塞"。《史记》卷6《秦始皇本纪》，第253页。

⑧ 《后汉书》卷87《西羌传》，第2876页。

设郡的地理空间，对戎羌的治理也更适用以属邦管理的民族政策，以便于统摄戎羌各部。材料12中与"中县道""郡县道"相对的"陇西县道"，显示襄武以西的陇西之地既未设郡，也没涵盖在"中县道"之内，最合理的解释就是由属邦管辖。同时，"陇西县道"意味着属邦在陇西区域辖有县和道。材料3显示属邦与内史互相"解爵以除赀赎"货赎的人得有爵位，且享受互相解爵为他人除赀赎的特殊政策，也正是因两地相邻，便利行政之故。因此，属邦管辖的陇西之地是设有县和道的。

综合义渠戎国与秦县道的杂厝、"陇西县道"和属邦界中包含有爵的编户民等情况，可知属邦辖境中应有县的设置，只是道与臣邦占比更多而已。到了西汉，"武帝元狩三年，昆邪王降，复增属国，置都尉、丞、候、千人"①。《汉书·地理志》记载，很多属国都尉的治所均为县而非道，如三水县为安定属国都尉治，日勒县为张掖属国都尉治，或存在秦的传统。属国虽为管理蛮夷降者而置，但既然辖有县，其中就会有汉人编户。秦的属邦所辖县亦当如此，这也是材料3中属邦所辖部分黔首可以"解爵以除赀赎"的原因。

综上所述，秦统一前，属邦所辖并非完整的一片区域，而是领有分布在沿边民族地区的陇西县道、北地义渠和巴国旧地等多片实土，②其下设有臣邦和县道。区界内主要是蛮夷，但也存在部分有爵位的秦人。然而，随着统一后郡县一元化的推进，属邦所辖机构发生了改变，"臣邦人"的称谓也随之改变。

三 统一后"臣邦人"称谓的变化

查找已知秦代文献，上文所论含有"臣邦"的材料均出自秦统一之前抄写的睡虎地秦律，且都为解释法律条文和术语的《法律答问》。③在抄写年代主要为统一后的岳麓秦简《亡律》中，④与"臣邦人"相应的名词为"徼中蛮夷"：

14. ☐☐主，不自出而得，黥颜（颜）頯，畀其主。之亡徼中蛮夷而未盈岁，完为城旦舂。奴婢从诱，其得徼中，黥颜（颜）頯；其得故徼外，城旦黥之；皆畀其主。（《岳麓肆》，简099—100）

15. 诱隶臣、隶臣从诱以亡故塞徼外蛮夷，皆黥为城旦舂；亡徼中蛮夷，黥其诱者，以为城旦舂；亡县道，耐其诱者，以为隶臣。（《岳麓肆》，简101）

16. 道徼中蛮夷来诱者，黥为城旦舂。其从诱者，年自十四岁以上耐为隶臣妾，奴婢黥颜（颜）頯，畀其主。（《岳麓肆》，简102）

这三条《亡律》的条文虽不完整，但明确涉及三种区域：县道、徼中蛮夷、故塞徼外蛮夷。⑤材料15完整地体现了这三种区域，逃亡罪的处罚也根据逃亡区域的不同有轻重的差别。与睡虎地秦简中的律令相对照，可以发现，睡虎地秦简中统辖民族地区的"臣邦"与"外臣邦"，在岳麓秦简《亡律》中不再出现，代之而起的是被称为"徼中蛮夷"与

---

① 《汉书》卷19上《百官公卿表上》，第735页。
② 郭永秉、广濑薰雄根据绍兴出土的"二年属邦守蓐戈"认为："在绍兴及其附近地区，秦代有一段时间设置过属邦。大致可以作如下推测，这一地区当时为百越所居，秦征服此地后，首先设置属邦，中间经历种种变迁，最后定名为会稽郡。"郭永秉、广濑薰雄：《绍兴博物馆藏西施山遗址出土二年属邦守蓐戈研究》，复旦大学出土文献与古文字研究中心编：《出土文献与古文字研究》第4辑，第123页。
③ 有关睡虎地秦简秦律的时代，学者多有考证，大都认为是统一前的律文，有些可能更会早至商鞅时代，参见陈伟主编《秦简牍合集：释文注释修订本（壹）》，第39—40、180—181页。
④ 陈松长根据朔日干支，得出简牍抄写最迟应该在始皇三十五年的结论，参见《岳麓书院所藏秦简综述》，《文物》2009年第3期。
⑤ 周海锋认为"县道""徼中蛮夷""徼外蛮夷"三者可作为行政区划名使用，参见《岳麓书院藏秦简〈亡律〉研究》，杨振红、邹文玲主编《简帛研究2016》春夏卷，广西师范大学出版社2016年版，第168页。

"故塞徼外蛮夷"的人群。欧扬据里耶秦简"更名方"中"边塞曰故塞，毋塞者曰故徼"指出："'故塞'和'故徼'在岳麓秦简《秦律令比》中合称'故塞徼'，简称'故徼'。"① 材料14中的"故徼"当作如是观，"徼中蛮夷"也应理解为"故塞徼中蛮夷"。

有关秦"故塞徼"的设置，除《史记·匈奴列传》所载北边与匈奴的关塞在秦时已为"故塞"外，《史记·朝鲜列传》的"辽东故塞"②和《史记·西南夷列传》的"蜀故徼"③，均在汉时方称为"故塞""故徼"。陈松长披露了岳麓秦简中有"东故徼"："绾请许而令郡有罪罚当戍者，泰原署四川郡；东郡、三川、颍川署江胡郡；南阳、河内署九江郡"（0706）、"河内署九江郡；南郡、上党、□邦道当戍东故徼者，署衡山郡。"（0383）④虽然我们暂时还不知道"东故徼"具体所指何地，但秦地东边接境原韩、魏旧地，是中原而非蛮夷地区，入秦后相对秦旧地而言为"新地"⑤。《法律答问》中称出徼逃入关东六国的行为是"邦亡"，所受处罚为"城旦黥之"（简5）；材料15、16中"亡故塞徼外蛮夷"和"道徼中蛮夷来诱者"的处罚也为"黥为城旦春"；睡虎地秦律又称东方六国为"诸侯"⑥，张家山汉简《奏谳书》中汉高祖十年（前197）的罪名"从诸侯来诱"，以及使人"亡入诸侯"的处罚也是"黥为城旦"⑦。因此，"亡故塞徼外蛮夷"与逃往关东诸侯所指不同，只能是逃往与秦地接壤的西北匈奴与戎羌，这从岳麓秦简秦令中可以看出：

17. ·捕以城邑反，及非从兴殹（也）而捕道故塞徼外蛮夷来为间，赏毋律。今为令：谋以城邑反及道故塞徼外蛮夷来欲反城邑者，皆为以城邑反。智（知）其请（情）而舍之，与同皋。弗智（知），完为城旦春。以城邑反及舍者之室人存者，智（知）其请（情），与同皋，弗智（知），赎城旦春。典、老、伍人智（知）弗告，完为城旦春，弗智（知），赀二甲。·廷卒乙廿一（《岳麓伍》，简170—172）

18. ·吏捕告道徼外来为间及来盗略人、谋反及舍者，皆勿赏。·隶臣捕道徼外来为间者一人，免为司寇，司寇为庶人。道故塞徼外蛮夷来盗略人而得者，黥劓（劓）斩其左止（趾）以为城旦。前令狱未报者，以此令论之。斩为城旦者，过百日而不死，乃行捕者赏。县道人不用此令。·廷卒乙廿一（《岳麓伍》，简176—178）

19. ·数人共捕道故塞徼外蛮夷来为间及来盗略人、以城邑反及舍者若诇告，皆共其赏。欲相移，许之。（《岳麓伍》，简180）

20. ·告道故塞徼外蛮夷来为间及来盗略人、以城邑反及舍者，令、丞必身听其告辞（辞），善求请（情），毋令史（《岳麓伍》，简181）

21. 治道故塞徼外蛮夷来为间及来盗略人、以城邑反及舍者，死皋不审，耐为司寇；城旦春皋不审，赀（《岳麓伍》，简182）

这几条令文处罚的是"道故塞徼外蛮夷

---

① 欧扬：《岳麓秦简"毋夺田时令"探析》，《湖南大学学报》2015年第3期，第27页。
② 《史记》卷115《朝鲜列传》："秦灭燕，属辽东外徼。汉兴，为其远难守，复修辽东故塞，至浿水为界，属燕。"（第2985页）此辽东故塞即为蒙恬时的长城。
③ 《史记》卷116《西南夷列传》："秦时常頞略通五尺道，诸此国颇置吏焉。十余岁，秦灭。及汉兴，皆弃此国而开蜀故徼。"第2993页。
④ 陈松长：《岳麓书院藏秦简中的郡名考略》，《湖南大学学报》2009年第2期，第7—8页。
⑤ 琴载元指出，"东故徼"曾经是秦与六国对峙的战线，统一后成为区分秦"故地"与"新地"的界线，参见琴载元《漢初'關外郡'의 設置와 ユ源流》，中国古中世史学会编：《中国古中世史研究》第38辑，2015年。
⑥ 睡虎地秦简《法律答问》简180的"使者（诸）候（侯）、外臣邦"，就是将关东诸侯与西北境外政权对言。
⑦ 彭浩、陈伟、工藤元男主编：《二年律令与奏谳书》，上海古籍出版社2007年版，第338—339页。

来为间"及"来盗略人"或"以城邑反"等行为,既契合秦统一后秦匈关系的紧张局面,也符合匈奴劫略人口的特性。① 据《汉书·匈奴传》:"匈奴单于曰头曼,头曼不胜秦,北徙。十有余年而蒙恬死,诸侯畔秦,中国扰乱,诸秦所徙适边者皆复去,于是匈奴得宽,复稍度河南与中国界于故塞。"②《资治通鉴》胡三省注:"故塞,秦之先与匈奴所关之塞。自秦使蒙恬夺匈奴地而边关益斥,秦、项之乱,冒顿南侵,与中国关于故塞。及卫青收河南,而边关复蒙恬之旧。所谓故塞外,其地在北河之南。"③ 则此河南故塞即昭襄王长城,原为秦胡间之障塞,蒙恬扩边后方称为"故塞"。又根据《岳麓肆》简 331 的"二年曰:复用"和简 334—335 的"三年诏曰:复用",岳麓简中部分秦律令的颁布年代可能晚至秦二世三年(前 207),④ 则这些令条应是秦二世时针对内部谋反和匈奴侵扰寇边的内外形势而颁发。对比前引三条《亡律》的用语及内容,大致可以认为材料 15 处罚隶臣"亡故塞徼外蛮夷"的律令,同样发生在秦二世时期。

因为"故塞徼外蛮夷"是指原昭襄王长城之外的匈奴与戎羌等少数民族,这些区域在秦始皇三十三年前并非秦属之地,睡虎地秦简中称这区域的少数民族政权为"外臣邦"。相应地,昭襄王长城之内的少数民族就是"故塞徼中蛮夷",原为属邦之下的"臣邦"统辖。现在的问题是,为何在统一前称为"臣邦人"的非秦人,在始皇三十三年后被称为"徼中蛮夷"?

秦统一前,为争取臣邦君长的支持,让民族地区平稳过渡,由属邦羁縻臣邦,形成中央政权下辖中县道、属邦和郡的多轨体制。属邦除辖县、道外,重要的是领有管理蛮夷的"臣邦"。秦始皇统一六国后,于二十六年"分天下以为三十六郡",但仍然存在与内史、郡平行的属邦,实行的是以郡为主、内史与属邦为辅的管理体制。统一后的属邦至少仍辖有襄武以西的"陇西县道",直到秦始皇三十三年蒙恬"西北斥逐匈奴",扩境四十四县之后,陇西郡和北地郡方得以跨故塞徼而置,属邦也就失去了管辖的县、道与臣邦,成为专门管理蛮夷降者事务的中央职官。⑤ 可以说,只有到秦始皇三十三年后,秦王朝才完成中央辖郡的一元化管理模式的变革。原有的"臣邦"不能再称"邦",全部隶属于郡县体制下的"道","臣邦君长"改称"蛮夷君长","臣邦人"就成了令文中的"徼中蛮夷"。《史记·东越列传》载:"闽越王无诸及越东海王摇者,其先皆越王句践之后也,姓驺氏。秦已并天下,皆废为君长,以其地为闽中郡。"⑥ 说明秦统一后的闽中郡仍然有闽越"君长",只是不能再以"王"为称,也不存在"闽越臣邦"。就西北而言,蒙恬扩张之后,继续留在秦境内的蛮夷戎狄,虽然还保留有君长为治,但不复能有与县道并立的"臣邦",而成为县道之下的"徼中蛮夷"。材料 12 的"陇西县道"并非表示襄武以西的陇西之地没有蛮夷,而是表示这些"徼中蛮夷"居于道之辖区,蛮夷君长和部众均要接受道的管理,受

---

① 《居延新简》"捕匈奴虏购科赏"规定:"有能生捕得匈奴间、候一人,吏增秩二等,民与购钱十□□人命者,除其罪。"(E. P. F22·225)"捕反羌科赏"规定:"·有能生捕得反羌从徼〈徼〉外来为间、候动静中国兵、欲寇盗杀略人民,吏增秩二等,民与购钱五万,从奴它与购如比。言吏,吏以其言捕得之,购钱五万,与众俱追先登□"(E. P. F22·233—234)马怡、张荣强主编:《居延新简释校》,天津古籍出版社 2013 年版,第 775—776 页。说明到西汉后期,匈奴仍然会有从徼外来为间、盗略人民之事。

② 《汉书》卷 94 上《匈奴传上》,第 3749 页。

③ 《资治通鉴》卷 19《汉纪十一》,武帝元狩二年,中华书局 1956 年版,第 634 页。

④ 陈松长:《岳麓秦简中的两条秦二世时期令文》,《文物》2015 年第 9 期。

⑤ 张家山汉简《二年律令·秩律》的二千石官列有"典客"而无"属国"(简 440),整理小组根据《百官表》注"掌诸侯归义蛮夷"。张家山二四七号汉墓竹简整理小组:《张家山汉墓竹简(二四七号墓)》,文物出版社 2001 年版,第 192 页。然《汉书》卷 4《文帝纪》后元七年六月文帝崩时明确记有"属国悍"。或秦始皇三十三年后至汉文帝前,中央职官中管理归义蛮夷事务的只有典客,而无属邦或属国。此点系李迎春教示,谨表谢忱!

⑥ 《史记》卷 114《东越列传》,第 2979 页。

秦法的约束。

与此相应，原来黄河以南故塞外的"外臣邦"，由于被蒙恬征服，纳入郡县道的统辖，不再有"邦"，因此被称作"故塞徼外蛮夷"。由于"故塞徼外蛮夷"处于缘边之地，故有境外蛮夷通过他们入秦为间谍或掠夺人口，因而要临时下诏令颁布处罚措施。但由于"徼中"与"故徼外"有地缘政治和文化传统的区别，在管理政策上也存在一定差异性。材料14、15"亡故塞徼外蛮夷"的奴婢、隶臣由于有"去秦属"的意图，因而受到的处罚更重。

四 秦及汉初蛮夷的编户化

不管是统一前的"臣邦君长""臣邦君公""臣邦人"，还是统一后的"蛮夷君长""徼中蛮夷""故塞徼外蛮夷"，均属于受秦政府统辖的少数民族。根据材料8和10，归服的蛮夷君长或君公在违犯秦法后，可以通过自身爵位或身份特权获得更轻的处罚。但无论如何，这些律令表明，蛮夷归义之后，即使是君长，也要像秦国贵族那样接受秦法的规范，这就意味着他们已经成为秦国君权之下的特权阶层，在政治身份上已经从非秦人向秦人转化。睡虎地秦简《属邦律》虽然仅存一条，但可以想见，完整的《属邦律》中还应有与《法律答问》的解释相对应的其他条文。秦国正是通过立法，赋予属邦管控这些"秦化"蛮夷君长和君公的权力，再通过他们治理各种少数民族，使各种非秦人向郡县编户民过渡。

秦统一前的法律解释表明，对于刚纳入秦国的"臣邦人"，照旧接受臣邦君长的统治，即使"不安其主长"，也不得"去夏"来脱离秦属。但在统一后抄写的岳麓秦简中，全然不见"臣邦君长""臣邦人"的用法，代之而起的是"徼中蛮夷"与"故塞徼外蛮夷"，典籍中则出现了"蛮夷君长"。这些蛮夷在县道管理之下，逐渐需要担负郡县民的贡赋义务，如巴氏蛮夷"其民户出幏布八丈二尺，鸡羽三十鏃"；武陵蛮直到汉初仍"岁令大人输布一匹，小口二丈，是谓賨布"①；板楯蛮在秦时，昭王"复夷人顷田不租，十妻不算"，至汉兴，"秦地既定，乃遣还巴中，复其渠帅罗、朴、督、鄂、度、夕、龚七姓，不输租赋，余户乃岁入賨钱，口四十"②。从上述规定来看，似乎蛮夷只要交纳一定的"賨钱"或"賨布"，就可免除其他徭赋。然"賨布"或"賨钱"是徭赋的货币化或物化形式，这就表明，蛮夷地区在行政上郡县化以后，接下来就开始了蛮夷的编户化。"賨"这种贡赋实际上就是蛮夷编户化的开端。

蛮夷不出田租，在西汉仍然一样。长沙走马楼西汉简"都乡七年垦田租簿"中有一项为："出田十三顷四十五亩半，租百八十四石七斗。临湘蛮夷归义民田不出租。"马代忠据整批简的年代将这里的"七年"定为长沙王刘庸七年（前122），蛮夷归义夷民垦田数占都乡垦田总数的22.4%。③ 这批简已公布的部分简文中有："具狱亭长庚爱书：先以证律辨告搞，乃讯。辞曰：士五，无阳共里壻子吏令为奥皇人择（译）。洒二月中不识日，啬夫襄人在轻半，令搞收责濮溪奥人□☑□□船一楼（艘），当米八斗，士五强秦、麐、仆予肠各廿五斤，凡七十五斤。搞令安居士五周乘船下，搞先去濮溪中环（还）轻半襄人所，收责得船☑"（简0080）④ 可知无阳有集居在濮溪的奥人。里耶秦简中特别指出迁陵县都乡无濮人、杨人、奥人，但其他地区可能有。校释者据《左传》杜预注"百濮，夷也"指出，

---

① 《说文解字》贝部："賨者，南蛮赋也。"巾部："幏，南郡蛮夷賨布也。"许慎撰，段玉裁注：《说文解字注》，上海古籍出版社1988年版，第282、362页。
② 《后汉书》卷86《南蛮西南夷列传》，第2831、2842页。
③ 马代忠：《长沙走马楼西汉简"都乡七年垦田租簿"初步考察》，《出土文献研究》第12辑，中西书局2013年版。
④ 最新整理的释文见王博凯《走马楼西汉简所见"译人"及相关问题试论》，邬文玲、戴卫红主编《简帛研究2019》春夏卷，广西师范大学出版社2019年版，第246—247页。

三者均为部族名。① 上述"垦田租簿"中不出田租的临湘蛮夷归义民，可能就是包括漊溪俚人在内的賨民。士伍强秦、磨、仆只要向啬夫襄人缴纳 25 斤肠等物资以为賨米，耕种的田地不再需要交纳田租。长沙蛮夷缴賨赋而不缴田租的制度，应是承自秦及汉初的制度，而非武帝时的创制。

秦汉郡县编户民除了田租、口赋之外，还有更卒、徭戍之役。蛮夷本可免除更徭之役，里耶秦简载："卅四年后九月壬戌〈辰〉朔辛酉，迁陵守丞兹敢言之：迁陵道里毋蛮更者。敢言之。（正）十月己卯旦，令佐平行。平手。（背）"（8—1449 + 8—1484）② 这是迁陵县廷回复洞庭郡询问的文书，答复迁陵县不存在让蛮夷服更役的情况。③ 说明直到始皇三十四年，迁陵县的蛮夷在制度上是不需要服更役的。然洞庭郡的询问和迁陵县的回复文书中隐含的意思，显现出洞庭郡属县中可能有让蛮夷服更役的现象存在。张家山汉简一个汉初案例就是如此：

22.·十一年八月甲申朔己丑，夷道介、丞嘉敢谳（谳）之。六月戊子发弩九诣男子毋忧，告为都尉屯，已受致书，行未到，去亡。·毋忧曰：变〈蛮〉夷大男子，岁出五十六钱以当繇（徭）赋，不当为屯，尉窑遣毋忧为屯，行未到，去亡。它如九。·窑曰：南郡尉发屯有令，变〈蛮〉夷律不曰勿令为屯，即遣之，不智（知）亡故，它如毋忧。·诘毋忧：律：变〈蛮〉夷男子岁出賨钱，以当繇（徭）赋，非曰勿令为屯也。及虽不当为屯，窑已遣，毋忧即屯卒已。去亡，④何解？毋忧曰：有君长，岁出賨钱，以当繇（徭）赋，即复也，存吏，毋解。·问，如辝（辞）。·鞫之：毋忧变〈蛮〉夷大男子，岁出賨钱，以当繇（徭）赋，窑遣为屯，去亡，得，皆审。·疑毋忧罪，它县论，敢谳（谳）之。谒报，署狱史曹发。·吏当：毋忧当要（腰）斩，或曰不当论。·廷报：当要（腰）斩。（《奏谳书》，简 1—7）⑤

夷道位于南郡西南部，境内蛮夷部族有君长，蛮夷向官府缴纳賨钱。这与秦代蛮夷的情况是一致的。高祖十一年（前 196），是西汉立国后的第六年。根据"汉兴，南郡太守靳强请一依秦时故事"⑥，可知汉初南郡的制度大体依秦之旧。从蛮夷大男子毋忧的辩词可以看出，夷道之下的蛮夷，是有蛮夷君长的賨民。按《蛮夷律》规定，有君长的蛮夷男子每年出賨钱，以当徭赋。⑦ 因此，毋忧认为按律上缴 56 钱的賨钱就可以免除徭戍。都尉却发出致书征发毋忧屯戍，治狱吏解释说虽然法律规定蛮夷男子"岁出賨钱，以当徭赋"，但并没说不能兴发屯戍，因此夷道尉窑有权征发。审理案件的夷道官吏怀疑毋忧有罪，因而上谳。南郡官吏在讨论毋忧案时有按吏民

---

① 里耶秦简有："☒□不通濮人曰臣奥人［曰］☒"（9—1145）"都乡黔首毋濮人、杨人、奥人。☒"（9—2300）陈伟主编：《里耶秦简牍校释》第 2 卷，第 268、466 页。

② 陈伟主编：《里耶秦简牍校释》第 1 卷，第 328 页。伊强认为"蛮更"读作"变更"，表示迁陵县道路里程没有变更，参见伊强《〈里耶秦简〉（壹）字词考释三则》，2012 年 9 月 26 日 http：//www.bsm.org.cn/show_article.php？id＝1742，2019 年 8 月 22 日。然"道里"可解释为"道路里居"或"地方"，《奏谳书》案例一"变夷"读作"蛮夷"，并不能简单就说"蛮"可读作"变"。因此本文同意《校释》的解释。

③ 王勇认为："'迁陵道里毋蛮更者'是指迁陵交通沿线以及乡里聚落没有承担更役的蛮夷，这也是秦迁陵政府实际控制的区域。"王勇：《里耶秦简所见迁陵蛮夷与秦朝蛮夷政策》，《中央民族大学学报》2019 年第 1 期。

④ 整理者读为"毋忧即屯卒，已去亡"；又有人读为"毋忧即屯，卒已去亡"。见彭浩、陈伟、工藤元男主编：《二年律令与奏谳书》，第 335 页注释 11。

⑤ 彭浩、陈伟、工藤元男主编：《二年律令与奏谳书》，第 332—333 页。

⑥ 《后汉书》卷 86《南蛮西南夷列传》，第 2841 页。

⑦ 从整理小组开始，学者一般都认为简文当读作"南郡尉发屯有令，《变〈蛮〉夷律》不曰勿令为屯"，因而认为汉初存在《蛮夷律》，参见张家山汉墓竹简整理小组《江陵张家山汉简概述》，《文物》1985 年第 1 期，第 9 页。

"乏军兴"当腰斩①和按《蛮夷律》不论罪两种意见。案件上谳到最高审判机构廷尉,最终的答复是当腰斩。

根据简文信息可以推知,汉初规范蛮夷的法律是《蛮夷律》,郡县道依据《蛮夷律》管理蛮夷事务。毋忧所在的蛮夷聚居区有君长,但在整个案件过程中,蛮夷君长却是缺位的,这说明蛮夷君长已经不能实施对族人的自治,而是完全接受政府的直接管理。② 毋忧特别说明他们是有君长的賨民,只是为了强调在法律上自己与编户民不同。的确,有君长的蛮夷男子毋忧可以适用《蛮夷律》的"岁出賨钱,以当徭赋",即他可以免除屯戍。因而有学者认为毋忧案是一桩冤案。③ 但问题是,通过县上谳到郡,直至廷尉,最终论定他还是被判腰斩,就不能简单以"冤案"来定性了。案件中,官吏明确表示"虽不当为屯,窑已遣,毋忧即屯卒已",且参与覆狱的部分郡吏和廷尉认可尉窑的说法,否定了毋忧的复除权,揭示出在现实政治生活中,蛮夷已经很难享受复除徭戍的权利,而是与郡县编户民无异。《晋书·李特载记》云:"及汉高祖为汉王,募賨人平定三秦,既而求还乡里。高祖以其功,复同丰沛,不供赋税。"④ 虽其撰述较晚,但文中指出刘邦募汉中賨人为兵,应是当时实情;后来賨人因功才得复除赋税,也说明秦时賨民本不能完全免除徭赋。又《史记·司马相如列传》载唐蒙"发巴蜀吏卒千人,郡又多为发转漕万余人,用兴法诛其渠帅,巴蜀民大惊恐",既云"渠帅",则其民为賨人无疑。事后,武帝乃使司马相如责备唐蒙,安抚巴蜀民。相如一方面发檄申明"发军兴制"非陛下之意,另一方面指出:"当行者或亡逃自贼杀,亦非人臣之节也。"⑤ 意即虽然使者"发军兴制"非皇帝之意,但既已兴发吏卒,巴蜀民就不当亡逃。这与官府对毋忧案的态度一致,事实上已经将賨民视同编户。湖北荆州松柏汉墓出土的 47 号木牍《南郡卒更簿》列出了汉武帝早期南郡辖下 17 个县、道、侯国卒更的情况,其中有"夷道二百五十三人,四更,更五十四人,余三十七人"⑥。35 号木牍记夷道有"免老六十六人""新傅卅七人""罢癃卅八人,其卅人可事"⑦。《卒更簿》显示夷道所辖蛮夷与编户一样需服更役。甘肃武威县磨咀子汉墓出土的"王杖诏书令"简册载成帝建始元年(前32)诏令中有:"夫妻俱毋子男为独寡,田毋租,市毋赋,与归义同。"⑧ 此处的"归义",应即内附的归义蛮夷。诏令表明归义蛮夷只是不出田租与市赋,并未提到复除更徭,说明元、成时期,归义蛮夷须服徭戍已经制度化。经过西汉一代的转变,至迟在东汉时代,"县道皆案户比民",⑨ 道中蛮夷逐步纳入郡县编户齐民体系。而将蛮夷纳入官府赋役体系,也导致了蛮夷的一次次反叛和政府的军事镇压,最终结果是蛮夷被纳入王朝体系,成为王朝编户,而蛮夷也逐渐形

---

① 李均明认为以乏军兴条款判毋忧"当腰斩",与战时环境有关,故从严。李均明:《秦汉简牍文书分类辑解》,文物出版社 2009 年版,第 102 页。
② 王勇:《里耶秦简所见迁陵蛮夷与秦朝蛮夷政策》,《中央民族大学学报》2019 年第 1 期,第 144 页。
③ 曾代伟、王平原:《〈蛮夷律〉考略——从一桩疑案说起》,《民族研究》2004 年第 3 期。
④ 《晋书》卷 120《李特载记》,中华书局 1974 年版,第 3022 页。
⑤ 《史记》卷 117《司马相如列传》,第 3044—3045 页。
⑥ 彭浩:《读松柏出土的四枚西汉木牍》,《简帛》第 4 辑,上海古籍出版社 2009 年版;陈伟:《简牍资料所见西汉前期的"卒更"》,《中国史研究》2010 年第 3 期;杨振红:《松柏西汉墓簿籍牍考释》,《出土简牍与秦汉社会(续编)》,第 223—238 页。
⑦ 荆州博物馆:《湖北荆州纪南松柏汉墓发掘简报》,《文物》2008 年第 4 期,第 30、32 页。
⑧ 武威县博物馆:《武威新出王杖诏令册》,甘肃省文物工作队、甘肃省博物馆编:《汉简研究文集》,甘肃人民出版社 1984 年版,第 34—41 页。
⑨ 《续汉书》卷 5《礼仪志中》,《后汉书》,第 3124 页。

成了对华夏的政治认同和文化认同。①

史载可以复除更徭的賨民基本上为南蛮与西南夷。徐中舒认为南郡以西的巴濮族与阆中周围的姬姓巴族称为賨。②从毋忧案来看，南郡夷道蛮夷只出賨钱，同样称为賨民。然《二年律令·秩律》显示，西汉初年设道较多的除蜀郡、广汉外，以陇西与北地最为集中。陇西有平乐道、辨道、武都道、狄道、予道、氐道、獂道、薄道，北地有朐衍道、义渠道、略畔道、除道，③但史籍未曾记载两郡的戎狄、义渠享有何种复除政策。然北大汉简《苍颉篇》有："汉兼天下，海内并厕。胡无噍类，菹醢离异。戎翟给賨，百越贡织。"（简8—9）又简14—15中有："狄署赋賨，猰𤞇駥𩢗。"④这样就将戎狄与賨联系起来，或许秦及汉初西北戎狄同样只要出类似"賨"的贡赋。⑤但与西南夷不同的是，秦始皇三十三年在西北"筑亭障以逐戎人。徙谪，实之初县"，⑥说明蒙恬驱逐原有的戎狄，将内地的"七科谪"和"闾左"等迁往河套地区，⑦加速了西北民族地区的郡县化。在西汉时代的历史书写中，史家并没有特别关注西北戎狄，似乎在蒙恬扩边设郡县徙民实边后，境内的蛮夷戎狄已渐渐编户化。⑧但从材料14—16中特别注明隶臣逃亡至"徼中蛮夷"与"故塞徼外蛮夷"分别处理的情况分析，蛮夷集居地还是存在的。秦简材料中既有奴婢、隶臣亡之故塞徼外者，也有境外蛮夷潜入境内为间谍而得到舍匿者，更有徼中蛮夷谋以城邑反者，显示出蒙恬之后民族问题的复杂和西北边疆形势的严峻。

---

① 温春来强调，这种诸蛮族群从"异域"到"旧疆"的演变过程，呈现的是周边族类逐渐整合进王朝国家的宏伟过程。温春来：《从"异域"到"旧疆"：宋至清贵州西北部地区的制度、开发与认同》，生活·读书·新知三联书店2008年版，"导言"，第1—10页。鲁西奇试图从地方视角探寻中古王朝国家如何在南方地区实现统治的，并关注地方社会建构的多样性。鲁西奇：《释"蛮"》，《文史》2008年第3期。罗新着重考察了长江中游的诸蛮族群，都经历了"霑沐王化"与"依阻山险"之间的艰难选择，其结果则是越来越多的土著族群被吸纳进华夏政权的政治秩序之中。罗新：《王化与山险——中古早期南方诸蛮历史命运之概观》，《历史研究》2009年第2期。魏斌指出东汉时期对武陵蛮的赋役征发，带来了武陵蛮的叛乱，随着官府的平叛和对南方的军事控制，蛮人逐渐编户化。魏斌：《古人堤简牍与东汉武陵蛮》，"中研院"《历史语言研究所集刊》第85本第1分，2014年。胡鸿则着力区分政治体意义上的华夏化和文化认同意义上的华夏化。胡鸿：《六朝时期的华夏网络与山地族群——以长江中游地区为中心》，《历史研究》2016年第5期。

② 徐中舒：《巴蜀文化续论》，《四川大学学报》1960年第1期，第25页。

③ 晏昌贵：《〈二年律令·秩律〉与汉初政区地理》，《历史地理》第21辑，上海人民出版社2006年版，第41—51页。

④ 北京大学出土文献研究所编：《北京大学藏西汉竹书（壹）》，上海古籍出版社2015年版，第15、17页。胡平生认为《苍颉篇》有陈述式和罗列式两种类型，阜阳汉简《苍颉篇》第五章"囗兼天下"是"陈述式"，"是些歌功颂德的内容"，参见《阜阳汉简〈苍颉篇〉的初步研究》，《胡平生简牍文物论稿》，第3、7页。杨振红、单印飞认为《苍颉篇》各章均有主题思想，整章内容均围绕章旨展开，句子之间文义有承启关系，参见《北大汉简〈苍颉篇〉的释读与章旨》，《历史研究》2017年第6期。

⑤ 有关北大汉简《苍颉篇》中的"百越贡织"，秦桦林认为"賨"与"织"相对，故"賨"为"賨布"。秦桦林：《北大藏西汉简〈苍颉篇〉札记（二）》，2015年11月15日，http：//www.bsm.org.cn/show_ article.php？id=2356，2019年7月30日。然英藏斯坦因《苍颉篇》残简2606之第二字，可根据左边的"言"旁释读为"识"。汪涛、胡平生、吴芳思主编：《英国国家图书馆藏斯坦因所获未刊汉文简牍》，上海辞书出版社2007年版，图版伍伍。白军鹏在对居延汉简9.1C"贡诺"、英藏2543"贡赋"和2606"识"的校释中，认为这几处全当释为"百越贡识"，解作"百越贡职"。白军鹏：《敦煌汉简校释》，上海古籍出版社2018年版，第152—153页。其论甚确。《苍颉篇》中"賨"乃笼统指贡赋。如此，北大简中"贡织"亦当解作"贡职"，"给賨"与"贡职"为互文，泛指少数民族所出贡赋均可称为"賨"。则戎狄、西羌等西北民族所出贡赋也可称"賨"。

⑥ 《史记》卷6《秦始皇本纪》，第253页。

⑦ 学者估计有近30万人迁入了河套地区，参见葛剑雄主编《中国移民史》第2卷《先秦至魏晋南北朝时期》，福建人民出版社1997年版，第68—69页。

⑧ 《汉书》卷28下《地理志下》云"汉兴，六郡良家子选给羽林"；（第1644页）《汉书》卷94下《匈奴传下》记文帝时，有"六郡良家材力之士"，颜师古注："陇西、天水、安定、北地、上郡、西河。"（第3841页）《史记》卷109《李将军列传》载陇西李广"以良家子从军"，如淳注："非医、巫、商贾、百工也。"（第2867页）六郡多戎狄杂居，但良家子并未将戎狄排斥在外，剽悍的材官、骑士也颇有戎狄之风，或由于华戎杂居时间很长，戎狄早已编户化，其身份已然成为汉人矣。

结　语

属邦是秦在扩张过程中，针对民族地区纳入秦国疆域后的管理而设置，具有中央机构与地方机构的双重属性。秦只在中央设置属邦，下辖"臣邦君长"，管理"臣邦"和"道"内民族事务，在统一六国前还有铸造兵器的任务，其长官亦称属邦。统一后的属邦是与内史、郡同级的地方行政机构，主要辖有陇西地区的道，管理被征服的少数民族。由于秦戎杂处，有些县会被道包围或隔离，同样可能置于属邦之下。政府制定《属邦律》规范属邦对下辖机构的管理和对蛮夷的控制。但属邦的这种双重属性并非贯穿秦朝始终。

统一六国前，由于秦在征服西边的陇西戎羌、北边的义渠与匈奴，以及南边巴人的过程中，虽将部分地区设县道归入"中县道"直接管理，但在曾有过民族政权的蛮夷集居区，蛮夷势力较强大、较难以直接管控，政府因而设立"臣邦"。原来的蛮夷侯王或渠帅改为臣邦"君长"或"君公"，在属邦之下管理蛮夷部众。边地蛮夷的区域并不连属，而是分几片散在秦地周边。因此，属邦在秦统一前至少辖有过北地义渠、陇西戎羌、巴地蛮夷等并不相连的实土，甚至在绍兴地区（秦时为会稽郡）也有可能管辖过百越"臣邦"。"臣邦君长"率先被纳入秦的爵制秩序中，享受秦法给予的特权，但也接受秦法的约束。在"臣邦人"只是"秦属"的非秦人之时，"臣邦君长"在法制身份上已经率先"秦化"，且享有以金钱赎重罪的特权。

设置属邦只是秦在民族地区的过渡性政策，最终目的是要实施郡县一元化。至迟在秦朝设置36郡之际，昭襄王长城内北地义渠的县道归入内史，巴地蛮夷在经过蜀巴郡的短暂过渡后独立设置巴郡，[①] 会稽郡也可能完成了对百越蛮夷的统辖。故统一之后，在岳麓秦简律令中就只记载了独立于内史与郡之外的"陇西县道"，应是仍然由属邦管理，且与内史在襄武一带存在明确边界。随着秦始皇三十三年蒙恬的扩边，陇西郡与北地郡设立，秦最终完成了中央辖郡（含内史）的一元化进程，属邦也因不再辖有实土而成为完全的中央机构。

蛮夷地区郡县化以后，蛮夷的编户化就成了王朝统治的自然延伸，也是蛮夷进入国家秩序的必然结果。原来的"臣邦"归入郡县之后，不能再保有"臣邦"之名，蛮夷只能根据其所处区域称为"徼中蛮夷"或"故塞徼外蛮夷"，原来的"臣邦君长"也只能称作"蛮夷君长"。根据张家山汉简和汉代史籍的记载，汉代有君长的蛮夷享有缴纳賨钱即免除徭赋的政策，但张家山汉简《奏谳书》记载南郡夷道有君长的蛮夷大男子毋忧，由于不听都尉发屯而被判处腰斩，案件经由县、郡而至廷尉，虽然存在不同意见，但最终毋忧还是比照编户民的身份受斩刑，而不是按《蛮夷律》论定无罪。这就意味着政府已经不愿认定他们可复除徭戍，而是试图以编户民对待。西北地区由于与匈奴特殊的地缘关系，并有大量中原徙民，境内戎狄与徙民杂厝，编户化进程较之西南地区更快。北大汉简《苍颉篇》中虽然记有"戎狄给賨""狄署赋賨"，但更常见的则是戎狄与诸羌为汉守边、抵御匈奴的记载，这是西北与西南少数民族不同的编户化途径与方式，然而他们在入秦之初经历属邦管理这一过程则是一致的。

当越来越多的蛮夷成为王朝编户，被纳入国家赋役体系后，地方官吏致力于通过发展经济、传播教化，使之沾沐王化而变夷为夏。睡虎地秦简《语书》和岳麓秦简律令中有禁止恶俗的规定，说明秦对长江中游蛮夷风俗的移易相当重视，这也与秦始皇刻石"匡饬异俗""黔首改化，远迩同度"的精神高度契合。走马楼西汉简记载西汉中期长沙国蛮夷民户不出田租，五一广场东汉简牍中偶有蛮夷出现，而长沙吴简中已不区分蛮夷与汉人编户。经过东

[①] 参见拙作《岳麓秦简"蜀巴郡"考》，邬文玲、戴卫红主编：《简帛研究2018》秋冬卷，广西师范大学出版社2019年版，第114—126页。

汉循吏修教设礼，长沙平原地带的蛮夷在文化改造后基本华夏化，逐渐融入国家体系。自秦至汉，在边陲地带少数民族中得以建立国家秩序，其最初的契机即是秦属邦的设置。

最后需要说明的是，本文对秦及汉初民族地区郡县化、蛮夷编户化进程的一些判断，由于史料所限，不可避免地存在一定推测的成分，有赖新材料的进一步发现做出验证。

（原载《历史研究》2020年第2期）

全文转载·魏晋南北朝隋唐五代史（栏目主持：彭建英）

简纸更替与中国古代基层统治重心的上移

张荣强[*]

摘　要：简纸更替对中国古代地方的行政管理与权力运作模式产生了重要影响。秦汉时期，由于简册书写不便，更因形体繁重，运输保管不易，以致户籍等各类基础账簿只能在乡制作，最高呈至县级机构。这些文书所负载的管控民众、征发赋役的基层行政功能，也主要是在国家权力末端的乡一级机构展开。但乡吏介于官、民之间的政治身份以及鱼肉百姓的经济行为，向来为统治者所诟病；皇帝也因朝廷并不掌握赖以稽核的基础账簿，无法遏制地方上计的严重造假而谓叹。纸张代替简册后，在帝国革除乡政弊端以及强化中央集权体制的内在驱动下，各种基础账簿上移至县廷制作，基层事务亦随之由县令统揽。简纸更替虽为基层统治重心的上移提供了技术条件，但县廷并不具备直接面对分散个体小农的能力，随着唐后期地方社会结构的变化，新兴的士绅阶层逐渐登上乡村政治舞台，从而开启了后世"皇权不下县"的局面。

关键词：简纸更替　乡　县廷　基层统治重心上移

魏晋时期，纸张取代简牍成为主要的书写载体，这是众所周知的事。但对这一变化的意义以及带来的影响，人们的认识有个逐渐深化的过程。西晋时期的文人傅咸写过一篇《纸赋》，重点描写了纸张质地轻薄柔软、书写传播便利这些显见的优点。[①] 清代学者章学诚敏锐地观察到简纸更替带来的文风上的变化，指出简牍时代载体空间狭小和书写不便，写的文章篇幅短小，语言简质；纸本时代文本容量扩大且书写便利舒适，文辞就变得冗长枝蔓。[②] 现代学者查屏球、李壮鹰等承继并发挥了章学诚的观点，进一步考察了简纸变革对当时文学体裁以及文学观念的影响。[③]

近些年，历史学界的研究取向也在发生变化，从原来重点讨论纸张的出现对文字字体、书写工具、书籍制度乃至学术风气等方面的影响，[④] 转而开始关注书写载体与行政制度之间的关系。富谷至提出了简牍文书行政的概念，指出"在简牍的基础上展开的汉帝国的行政，与纸张时代的唐代的政治之间，必然是有区别"[⑤]；笔者也就简纸演变对中古造籍制度的影响做过专题讨论，[⑥] 本文在此基础上，进一步考察中国古代由于简纸替代引发的地方权力

---

[*] 张荣强，北京师范大学历史学院教授。
[①] 欧阳询等：《艺文类聚》卷58《杂文部·纸》，上海古籍出版社1999年版，第1053页。
[②] 章学诚：《乙卯札记》，中华书局2006年版，第194页。
[③] 查屏球：《纸简替代与汉魏晋初文学新变》，《中国社会科学》2005年第5期；李壮鹰：《纸与诗》，《北京师范大学学报》2014年第4期。
[④] 代表性论著有藤枝晃：《北朝写经の字すがた》，《墨美》第119号，1962年；饭岛千雄：《书体大百科字典》，东京：雄山阁，1996年；清水茂：《纸の发明と后汉の学风》，《东方学》第79辑，1990年。
[⑤] [日]富谷至：《木简竹简述说的古代中国——书写材料的文化史》，刘恒武译，人民出版社2007年版，第138页。
[⑥] 张荣强：《〈前秦建元籍〉与汉唐间籍帐制度的变化》，《历史研究》2009年第3期。

运作与行政管理上的变化。

一 简牍时代的账簿编造与正、副本关系

《论衡·别通》谓"萧何入秦，收拾文书，汉所以能制九州者，文书之力也"①，对照《史记·萧相国世家》，这里的文书指包括账簿在内的"律令图籍"。对于地方基层机构来说，以户籍、田籍为代表的基础账簿因具有征发赋役、管控民众的职能，而成为其行政运作的基石。张家山汉简《二年律令·户律》详细记载了西汉初年乡级行政机构制定并掌握的各种账簿：

> 恒以八月令乡部啬夫、吏、令史相杂案户，户籍副臧（藏）其廷。有移徙者，辄移户及年籍爵细徙所，并封。
> 民宅园户籍、年细籍、田比地籍、田命籍、田租籍，谨副上县廷，皆以箧若匣匮盛，缄闭，以令若丞、官啬夫印封，独别为府，封府户；节（即）有当治为者，令史、吏主者完封奏（凑）令若丞印，啬夫发，即杂治为；臧（藏）府已，辄复缄闭封臧（藏），不从律者罚金各四两。其或为诈（诈）伪，有增减也，而弗能得，赎耐。官恒先计雠，□籍□不相（?）复者，毄（系）劾论之。②

湖南里耶秦简8—731有"☑八月□□☑☑春乡户计。☑"③，八月造籍的制度应当是沿承秦代。所谓"户籍副臧（藏）其廷"，联系居延汉简"户籍藏乡"之语，并参据里耶秦简 JI（16）9A 迁陵县令要求启陵乡呈送年籍的记载，可以推知秦汉时期的户籍都是编造两本，正本放乡，副本呈县。律文这里列举的五种籍簿大致分为两个系列，"民宅园户籍、年细籍"属户籍，"田比地籍、田命籍、田租籍"属田籍，这也和战国时期《管子·禁藏》篇"户籍、田结者，所以知贫富之不訾也"④的说法一致。

《户律》介绍包括户籍在内各种基础账籍的制作、保管及修订时，涉及一系列官职，"令""丞""令史""乡部啬夫"等无须多作解释，我们重点考察一下"官啬夫""吏"及"吏主者"的身份。律文规定县廷在保管各种账籍副本时，必须盖上县令（县丞）、官啬夫的印章。王彦辉认为"官啬夫"是指户曹，⑤但这里说的账籍除户籍外，还包括田籍，后者显然不是户曹管理的范围。⑥秦汉地方官府通常设有稗官、列曹两类机构，稗官是如乡、仓、库等具有一定职能性质的部门，列曹则是设于官署内辅助长吏处理文书的机构。⑦列曹的负责人称掾、史或泛称令史，稗官的负责人才称官啬夫。列曹皆无官印，⑧官啬夫至少乡啬夫有半章印或称小印。从职能上看，这里的"官啬夫"以及后面提到修订户籍的"啬夫"

---

① 黄晖：《论衡校释》卷13《别通》，中华书局1990年版，第591页。
② 张家山二四七号汉墓竹简整理小组：《张家山汉墓竹简［二四七号墓］》（释文修订本），文物出版社2006年版，第54页。个别字句参考邬文玲（《张家山汉简〈二年律令〉释文补遗》，载《简帛研究2004》，广西师范大学出版社2006年版）、陈剑（《读秦汉简札记三篇》，《出土文献与古文字研究》第4辑，上海古籍出版社2011年版）意见改。
③ 陈伟主编：《里耶秦简牍校释》第1卷，武汉大学出版社2012年版，第211页。以下凡引里耶秦简，皆出此书，不再注明。
④ 黎翔凤撰：《管子校注》卷17《禁藏》，梁运华整理，中华书局2004年版，第1025页。传世本原作"结"，陈剑亦认为当作"䋠"，参见《读秦汉简札记三篇》。
⑤ 王彦辉：《秦汉户籍管理与赋役制度研究》，中华书局2016年版，第39页。
⑥ 里耶秦简8—488载"户曹计录"凡七，与土地有关的只有"田提封计"（《里耶秦简牍校释》第1卷，第167页），这指的是县境内的疆域面积而非耕地。
⑦ 参见郭洪伯《稗官与诸曹——秦汉基层机构的部门设置》，《简帛研究2013》，广西师范大学出版社2014年版。
⑧ 里耶秦简中，列曹所发文书用令或丞印，如简8—1155"狱东曹书一封，丞印"，8—1225"尉曹书二封，迁陵印"等。（《里耶秦简牍校释》第1卷，第285、295页）

只能是指乡啬夫。①

户籍由乡啬夫、吏和令史共同编造。邢义田推测此处的"吏"指县吏，②但县廷中除了律文提到的（户曹）令史外，还会有哪些掾属参与造籍呢？《户律》排列这三个职官时，将"吏"置于乡啬夫之后；我们目前见到的秦代律文中，紧随官啬夫其后的"吏"往往是指官啬夫的下属。睡虎地秦简《内史杂》规定，"毋敢以火入臧（藏）府、书府中。吏已收臧（藏），官啬夫及吏夜更行官。毋火，乃闭门户。令令史循其廷府"③。令史是县廷防火责任人，与官啬夫一起的"吏"负责防范秭官火灾。岳麓秦简藏《金布律》《司空律》中，提到百姓赴外乡或外县买卖牛、羊、奴婢，"弗为书，官啬夫、吏主者，赀各二甲，丞、令、令史弗得，赀各一甲"；民众居赀赎债，"当居弗居者，赀官啬夫、吏各一甲，丞、令、令【史】各一盾"④。秦律记载当时1甲合钱1344，1盾合钱384。⑤ "官啬夫""吏"（吏主者）作为主管或具体承办官吏，对事件负有直接责任，故惩罚较重；包括丞、令及令史在内的县廷官吏负指导、监督责任，处理就轻得多。⑥ 以上例证中的"吏"指的都是官啬夫的属吏，而非县廷僚属。我更倾向于认为上引《户律》参与造籍的"吏"是乡啬夫的下属。⑦ 所谓"乡部啬夫、吏、令史相杂案户"，秦汉时期的县通常有4、5个乡，但一县户曹令史不过1、2人，造籍工作集中在八、九月进行，时间紧、任务重，令史人手有限，不可能深入各乡全程参与造籍事宜。令史在其中主要担负什么职责呢？《续汉书·礼仪志》《后汉书·江革传》都有县"案比"的说法，县只是"案比"的负责机构，并非"案比"的地点。⑧ 李贤指出汉代的案比如同唐代的貌阅，⑨ 是对影响到赋役征免的特定人群的审核。我们知道，秦汉时期编造户籍之前，也有一个民户自占即自行申报户籍资料的环节；但官府并非全以民户自占为依据，而是要对民户申报的重点内容如"罢癃""新傅""免老""给侍"等特定身份和年龄的人群进行案验，这项工作应当就是县廷派令史分赴各乡与乡吏共同完成的。由此看来，在秦汉时期，乡部啬夫及其属吏才是造籍的主要责任人，县令史代表上级机构更多是起监督、审查作用。所以，《三国志·崔琰传》记载东汉末年，崔琰"年二十三，乡移为正"，就直接说是乡将崔琰傅籍为正卒。户籍如此，田籍的情况怎么样呢？张家山汉简《户律》说"代户、贸卖田宅，乡部、田啬夫、吏留弗为定籍，盈一日，罚金各二两"⑩，"代户"涉及户籍变更，贸卖田地需要调整田籍，如果以上事项发生变动，就要由乡吏及时反映到相应的籍账上。前引《户律》称"田比地籍、田命籍、田租籍，谨副上县廷"，看来田籍与户籍一样，也是以乡为主体制作并由乡掌握正本。

《户律》提到与令史一起订正账籍的"吏主者"，我怀疑也就是上面编造账籍时的乡吏。岳麓书院未刊秦简有"书下官，官当遣徒而留弗遣，留盈一日，官啬夫、吏主者，赀各一甲""留一日到二日，官啬夫、吏赀二

---

① 如果是田籍，就可能是田啬夫；但西汉中期田啬夫被裁撤后，职能就被并入了乡啬夫。出土文献如里耶秦简8—1555、8—297＋8—1600中也可以找到乡啬夫称官啬夫的证据。
② 邢义田：《张家山汉简〈二年律令〉读记》，《地不爱宝：汉代的简牍》，中华书局2011年版，第158页。
③ 睡虎地秦墓竹简整理小组：《睡虎地秦墓竹简》"释文·注释"，文物出版社1990年版，第64页。
④ 陈松长主编：《岳麓书院藏秦简（肆）》，上海辞书出版社2015年版，第134、153—154页，下文皆简称《岳麓秦简（肆）》，不再出注。
⑤ 朱汉民、陈松长主编：《岳麓书院藏秦简（贰）》，上海辞书出版社2011年版，第13页。
⑥ 龙岗秦简152有"部主者各二甲，令、丞、令史各一甲"之语（中国文物研究所等编：《龙岗秦简》，中华书局2001年版，第124页），秦律对部主、监临官的处罚就有明确区别了。
⑦ 秦汉乡级行政机构设有"小史"，如里耶简8—1562提到启陵乡"小史适"，五一广场东汉简CWJ1①：94有"阳、陶前各给桑乡小史"之语。（长沙市文物考古研究所等编：《长沙五一广场东汉简牍选释》，中西书局2015年版，第4页）
⑧ 邢义田：《汉代案比在县或在乡？》，参见氏著《治国安邦：法制、行政与军事》，中华书局2011年版。
⑨ 《后汉书》卷39《江革传》李贤注，中华书局1965年版，第1302页。
⑩ 《张家山汉墓竹简［二四七号墓］》（释文修订本），第53页。

甲""过二日到三日，官啬夫、吏赎耐""过三日，官啬夫、吏耐"①，前面说"吏主者"，后面泛称"吏"，实际上就是官啬夫手下具体经办相关事务的人员。《岳麓秦简（肆）》简054—057提到民户逃亡，"乡部吏弗能得……卅人以上，赀乡部啬夫一甲，令、丞谇，乡部吏主者，与乡部啬夫同罪"；这里径称"乡部吏主者"，也显然是乡啬夫手下追捕逃亡的小吏。

从以上分析可以看出，秦汉时期包括户籍在内的各种基础账籍，无论是其前期编造还是后期修订，都是由乡吏具体负责，县吏参与其中，主要起监督、审核作用。

律文特别提到账簿分正、副本，并对正、副本存放的相应机构作了明确要求。古人对正副本的效力问题早有认识，《周礼·天官·小宰》："执邦之九贡、九赋、九式之贰，以均财节邦用。"孙诒让解释说："此亦治法之副贰，大宰修其正本，小宰执其副本，与司会、司书为官联也。"②《汉书·魏相传》记汉代臣民上书皆为二封，副本由领尚书事审查，若无问题再将正本上呈皇帝。③官府在编造账籍时，虽然正本和副本同时制作，内容也完全相同，但两者的法律效力明显不同。正本是原件，副本作为抄件必须服从于正本，并且随着正本内容的变更适时做出调整。《户律》明确规定，秦汉时期乡掌握账籍正本，这就确立了账籍的决定权在乡，如果县廷根据保管的副本发现账簿资料不实，也需由乡吏出面进行整改。因而律文规定"节（即）有当治为者，令史、吏主者完封奏（凑）令若丞印，啬夫发，即杂治为"，改动县里的户籍副本时，乡啬夫必须到场。也正由于各种账簿正本放在乡，县里的副本仅作留存并备核查，秦汉时期官府需要调查民众的相关信息时，照例是由乡司而非县廷提供。

这不是说副本就可有可无。事实上，县廷掌握的这些账簿副本，恰恰是其对辖乡各项工作进行日常指导和考核监管的依据。长沙走马楼出土的西汉简中，保存了临湘县纠正都乡户计的一个实例：

> 五年九月丙辰朔壬申，都乡胜敢言之，狱移劾曰：复移五年计□口四千二百廿七，案阅实四千二百七十四，其卌九口计后。④

"五年"是长沙王纪年，大致相当于汉武帝元朔五年（前124）；"五年计"，即五年都乡的户口统计。秦汉时代的劾，是由被举劾者所属的机构做出后再移交至狱实施；⑤故上简中狱发出的劾文实际上是由都乡上级机构县廷制作的。都乡上报的五年户口数是4227人，但临湘县户曹经核查发现是4274人，其中有49人⑥被都乡违规列入了下一财政年度。临湘县能够对都乡的户口数字了如指掌，没有户籍副本在手是不可想象的。

秦汉时期基础账簿在乡编造，一式两份，正本留乡，副本呈县，没有提到县之上如郡、州等行政机构掌握账簿的情况。是否有可能县司接受各乡呈报的账簿后，汇总起来攒造县账簿，再上呈郡，郡、州也如法制作，最后上至中央呢？答案是否定的。我们知道，唐代的户籍是县赴州依式勘造，"总写三通……一通送尚书省，州县各留一通"⑦，是由制作单位一式三份同时编制再分别呈送的。秦汉虽然在乡

---

① 周海锋：《秦律令研究——以〈岳麓书院藏秦简〉（肆）为重点》，博士学位论文，湖南大学，2016年，第52页。
② 孙诒让撰：《周礼正义》，王文锦、陈玉霞点校，中华书局1987年版，第159页。
③ 《史记》卷130《太史公自序》裴骃《集解》引如淳曰"天下计书先上太史公，副上丞相"。（中华书局1959年版，第3287页）鎌田重雄指出，计书正本实际是在每年的岁首元会上，通过太史令之手呈送皇帝的。（参见鎌田重雄《秦漢政治制度の研究》第10章《郡国の上計》，東京：日本学術振興会，1962年，第384—386页）
④ 释文参见胡平生《新出汉简户口簿籍研究》，《出土文献研究》第10辑，中华书局2012年版。
⑤ 唐俊峰：《甲渠候官第68号探方出土劾状简册的复原与研究》，《简牍学研究》第5辑，甘肃人民出版社2014年版。
⑥ 此处计算有误，二者相差实际只有47人。
⑦ 《唐会要》卷85《籍帐》，中华书局1955年版，第1559页；《册府元龟》卷486《邦计部·户籍》，中华书局1960年影印本，第5811页上栏。

编造，但也只能是几份同时做成；那种依次攒造的猜测，在纸质时代尚不可能，遑论简牍时代。秦汉时期以乡为主体编造账簿以及账簿最高保存在县级机构的事实，固然可以说是中央控制力较弱的体现，但这种现象的形成，和简牍书写不便以及体积笨重、运输困难有直接关系。

《户律》列举的户籍、田籍等基础账簿，是秦汉帝国维持其政治、经济统治的基本工具，也是乡级机构实现征调赋役、管控人口、受理诉讼等行政职能的基石。

二　秦汉：乡吏统揽基层事务

秦统一六国后，乡级机构成为中国古代稳定的基层组织。学术界就秦汉时期乡的性质存在一些争议，大多数学者如王毓铨、张金光等将乡视作帝国的基层政权；[1] 严耕望、余行迈强调乡是县的派出机关，不能算是一级行政单位。[2] 两种看似矛盾的说法也并非不可调停。根据现代行政学理论，县级以上地方政府经有权机关批准，在特定行政区划内设立的行使政府管理职权的派出机关，如20世纪省级政府设立的地区行署、县级政府设立的区公所以及现在市辖区设立的街道办事处，都具有一级地方政府的地位和作用。秦汉时期的乡作为县的派出机关，管辖一定的地域范围、一定数量的人口，有固定的行政机构，俨然具备了一级地方行政组织的性质。这也符合当时人的认识。

秦及汉初的简牍中，就将县廷派驻在乡任职的吏员称为"乡官"[3] "乡部吏"[4]，后世"乡吏""乡官部吏"的说法就更多了。《汉书·百官公卿表》记载汉平帝元始年间，有"县、道、国、邑千五百八十七，乡六千六百二十二"；汉代介绍民众籍贯时标明某县某乡的例子也为数不少。[5] 这显然都是将乡视作县之下的行政机构。不过，秦汉时期乡级行政的权力确实分散在几个机构，除了主管乡政的乡啬夫、乡佐之外，秦及汉初有与乡部平行设立的田部系统；田部裁撤后，仍存在不属乡吏系统专司治安捕盗的游徼、亭长等。借用周振鹤的说法，这一时期的乡只能算作虚的一级政区。[6]

《汉书·百官公卿表》尤其《续汉书·郡国志》中，详细记载了秦汉时期乡吏的职掌。现代学者如张金光、王彦辉全面梳理了这一时期乡级政权的行政、经济、教化、治安等职能，[7] 卜宪群、苏卫国也从文书行政的角度对乡制的运作情况做过讨论。[8] 我这里除了做些查漏补缺的工作，重点想考察秦汉时期县、乡两级行政组织主民施政的具体方式。

秦汉乡级政权的核心任务是征发赋税和徭役。《汉书·百官公卿表》记乡啬夫"职听讼，收赋税"，《风俗通》解释说"啬者，省也。夫，赋也。言消息百姓，均其役赋"[9]，征调赋役是乡啬夫的基本职责。秦汉时期的赋税主要有口算赋和田租。江陵凤凰山10号汉墓5号木牍记载了乡吏派里正挨家挨户征收口

---

[1] 王毓铨：《汉代"亭"与"乡""里"不同性质不同行政系统说——"十里一亭……十亭一乡"辨正》，《历史研究》1954年第2期；张金光：《秦乡官制度及乡、亭、里关系》，《历史研究》1997年第6期。

[2] 严耕望：《中国地方行政制度史》甲部《秦汉地方行政制度》，"中研院"历史语言研究所，1997年，第57页；余行迈：《汉代乡亭部吏考略》，《苏州大学学报》1992年第1期。

[3] 里耶秦简8—198+8—213+8—2013 "不当令乡官别书军吏，军吏及乡官弗当听"。（《里耶秦简牍校释》第1卷，第109页）张家山汉简《二年律令》"诸欲告罪人……皆得所在乡，乡官谨听"。见《张家山汉墓竹简［二四七号墓］》（释文修订本），第22页。

[4] 陈松长主编：《岳麓书院藏秦简（肆）》，第42页。

[5] 长沙五一广场东汉简J1③：201—30公布的临湘县罪犯名单中，四名人犯籍贯都注明了县、乡、里。（参见长沙市文物考古研究所《长沙五一广场东汉简牍发掘简报》，《文物》2013年第6期）

[6] 周振鹤：《行政区划史研究的基本概念与学术用语刍议》，《复旦学报》2001年第3期。

[7] 张金光：《秦乡官制度及乡、亭、里关系》；王彦辉：《汉代豪民研究》，东北师范大学出版社2001年版。

[8] 卜宪群：《从简帛看秦汉乡里的文书问题》，《文史哲》2007年第6期；苏卫国：《秦汉乡亭制度研究——以乡亭格局的重释为中心》，黑龙江人民出版社2010年版，第81—103页。

[9] 《续汉书·百官志五》注引《后汉书》，第3624页。

算赋，汇总后再交到乡啬夫和乡佐手中；① 居延汉简45·1记有荥阳东利里父老会同西乡有秩、乡佐一起征收算赋的事。② 东汉延熹元年（158），宗正刘柜上奏中，也提到多起乡啬夫、乡佐非法征敛刘姓宗室口算赋的案件。③

乡吏征纳田租的情况不明晰。邹水杰、苏卫国参考吴简交纳租税的事例，陈明光根据《汉书·兒宽传》的记载，均认为汉代的民众直接向官仓输纳税粮。④ 我们不能用孙吴的情况讨论秦汉的制度。《兒宽传》记载的是一起特殊事件，民众到仓库补交租粮是官府结束收租后的行为，很难判断正常交纳租粮的程序就是如此。根据里耶和岳麓秦简公布的材料并综合彭浩、于振波等的研究，我们知道秦及西汉前期主要实行"税田"制，其基本程序是：官府从民户田地总面积中划出一部分通常是十分之一的土地作为"税田"，在每年的五月，根据农作物的长势估算出"税田"的全部产量，以之作为民户秋收后交纳的田租额。⑤ 在计算田租的整个过程中，包括税田划定、根据作物长势取程再到最后测算田租总额，全部由乡吏操作完成。岳麓秦简《为吏治官及黔首》所谓"部佐行田，度稼得租"⑥，就是这个意思。⑦ 乡吏测算完田租后，再制作一乡的租券，⑧ 通知各户需要缴纳的田租额。⑨

种种迹象表明，乡吏也负责田租的征收工作。武威旱滩坡东汉墓出土的律文提到"乡吏常以五月度田，七月举畜害，匿田三亩以上坐☐"⑩，睡虎地《法律答问》对"匿田"的解释是："部佐匿者（诸）民田，者（诸）民弗智（知），当论不当？部佐为匿田，且可（何）为？已租者（诸）民，弗言，为匿田；未租，不论○○为匿田。"⑪ 乡吏收取民众田租后不上报，属于匿田；未征收民户田租，不以匿田论处。判断乡吏是否属于"匿田"，关键是其有无贪污田租的行为。如果民众直接把租粮交到仓库，乡吏怎么能将田租中饱私囊呢？鲁西奇对《秦律十八种·田律》作过一番解释："禾、刍稾彻（撤）木、荐，辄上石数县廷"，是说民众入禾、刍稾时，要另行交纳贮存粮草所用的木材和草垫，再由乡将禾、刍稾石数上报县廷；"刍自黄穮及蓐束以上皆受之，入刍稾，相输度"，说的是乡负责接受编户按照受田之数交纳的禾、刍稾，并负责禾、刍稾的输送与计量。⑫ 由此看来，民户交纳田租时，首先将禾、刍稾交至乡，再由乡根据县廷的支度计划输送，未输送者就放在乡储存。江陵凤凰山10号汉墓的墓主人做过市阳里所在西乡的啬夫，我们在简牍中除见到征收口算赋的记录外，也发现市阳里在交纳田租时，分别折以"稾""麦""秏""黄白☐"等不同谷物的记载。⑬ 田租以里为单位征收，

① 湖北省文物考古研究所编：《江陵凤凰山西汉简牍》，中华书局2012年版，第98—100页。
② 简牍整理小组编：《居延汉简（壹）》，"中研院"历史语言研究所，2014年，第146页。
③ 张学正：《甘谷汉简考释》，收入甘肃省文物工作队等编《汉简研究文集》，甘肃人民出版社1984年版。
④ 邹水杰：《两汉县行政研究》，湖南人民出版社2008年版，第133页；苏卫国：《秦汉乡亭制度研究》，第99页；陈明光：《中国古代的纳税与应役》，商务印书馆2013年版，第187页。
⑤ 彭浩：《谈秦汉数书中的"舆田"及相关问题》，2010年8月6日，http：//www. bsm. org. cn/show_ article. php? id = 1281. 2016年3月28日；于振波：《秦简所见田租的征收》，《湖南大学学报》2012年第5期。
⑥ 朱汉民、陈松长主编：《岳麓书院藏秦简（壹）》，上海辞书出版社2010年版，第112—113页。
⑦ 部佐本来是田啬夫的佐吏，汉武帝裁撤田部系统后，这些工作就落在了乡啬夫的头上。五一广场东汉简CWJ1③：264—294就记载了沮乡别治掾率部吏度田时，手下人被刺伤的一个案件。（长沙市文物考古研究所：《湖南长沙五一广场东汉简牍发掘简报》，《文物》2013年第6期）别治掾也就是乡啬夫。
⑧ 长沙东牌楼出土一枚东汉签牌，其背面就有"南山乡啬夫租券本也"的记载，参见庄小霞《东牌楼简"中仓租券签牌"考释》，《简帛》第5辑，上海古籍出版社2010年版。
⑨ 龙岗秦简有"租者出以律，告典、田典，典、田典令黔首皆智（知）之"的话。（参见中国文物研究所等编《龙岗秦简》，第122页）
⑩ 武威地区博物馆：《甘肃武威旱滩坡东汉墓》，《文物》1993年第10期。
⑪ 《睡虎地秦墓竹简》"释文·注释"，第130页。
⑫ 鲁西奇：《秦汉乡里制度及其实行》，待刊稿。
⑬ 湖北省文物考古研究所：《江陵凤凰山西汉简牍》，第105页。

并在此基础上实行各种折纳，说明乡吏不仅负责征收田租，也在一定程度上掌握着分配田租的权力。

《风俗通》称乡啬夫"均其役赋"，《续汉书·百官志五》谓乡啬夫主"为役先后"①。我们可以举出许多以乡为单位征派徭役的例子：里耶秦简8—1539记载秦始皇二十五年（前222）年末贰春乡向迁陵县上呈徭计，简8—651启陵乡呈报的劾文中提到船人十二月践更的事，江陵凤凰山10号乡啬夫张偃墓中也出土了文景时期南郡江陵县西乡的据算派役簿。②《岳麓秦简（肆）》提到了乡派遣徭役的具体程序和原则：

> 繇（徭）律曰：岁兴繇（徭）徒，人为三尺券一，书其厚焉。节（即）发繇（徭），乡啬夫必身与典以券行之。田时先行富有贤人，以闲时行贫者，皆月券书其行月及所为日数，而署其都发及县请（情）。其当行而病及不存，署于券，后有繇（徭）而聂（躡）行之。节（即）券繇（徭），令典各操其里繇（徭）徒券来与券以昇繇（徭）徒，勿征赘，勿令费日。其移徙者，辄移其行繇（徭）数徒所，尽岁而更为券，各取其当聂（躡）及有赢者日数，皆署新券以聂（躡）。

归纳起来，乡吏征发徭役时的具体职责有：（1）每年根据派役原则制作征发徭役的券书，然后派遣属下即里典，手持券书征发应役民众；（2）每月汇总民众服役的情况，在券书上注明民众实际服役的天数，或者因疾病、死亡、逃跑等脱免徭役的原因；（3）如果民众迁徙他地，负责将其服役记录转到迁入地。《徭律》也涉及对乡吏在征发徭役过程中不法行为的处罚：没有如实记录民众的服役情况以及把不应算为徭役的记到券书上，乡啬夫及经办吏员作为主体责任人罚赀一甲，县廷官吏监督不力要连带罚赀一盾；擅自征发"人属弟子、人复复子、小敖童、弩"等人服役，主管乡吏及具体经办人罚赀二甲，相关县吏知情不报，与之同罪，如果不知情，负连带责任，罚赀一甲。

由此可以看出，法令只是规定了徭役征发的原则、程序、范围以及违法行为的惩罚，并明确了其中县廷的监督责任；而在具体的征发环节上，大到征发什么人、如何征发，小到民众服役档案的登记和管理，就完全由乡吏负责了。里耶秦简J1（16）6也为我们了解县、乡两级机构在征发徭役时的相应职责提供了一个实例。木牍正文称：秦始皇二十七年（前220）二月十五日，洞庭郡发文，要求辖县根据相关法律以及郡的规定传输甲兵；郡卒史、属等官吏负责核查各县的征发工作，一旦发现基层有违反命令者要移交县审理，由县依法判决并上报郡。根据木牍背面的收发记录：

> 三月庚戌，迁陵守丞敦狐敢告尉："告乡、司空、仓主，听书从事。尉别书都乡、司空，［司空］传仓；都乡别启陵、贰春，皆勿留脱。它如律令。"/钏手。庚戌水下□刻，走裙行尉。
>
> 三月戊午，迁陵丞欧敢言之：写上。敢言之。/钏手。己未旦，令史犯行。
>
> ［三］月戊申夕，士五（伍）巫下里闻令以来。/庆半。如手。③

迁陵县三月戊申（三日）接到郡守命令后，三月庚戌（五日）就转给了县尉，由县尉传书都乡，再由都乡传书其他乡，要求他们严格按照郡的命令行事。整个事件中，县廷不过是将郡的命令传达给乡并监督乡执行，征发徭役的具体实施是在乡一级。

《汉书·百官公卿表》说乡啬夫的首要职责是"听讼"。在汉代人观念中，讼、狱有不

---

① 《后汉书》，第3624页。
② 杨际平：《凤凰山十号汉墓"算"派役文书研究》，《历史研究》2009年第6期。
③ 释文主要参考杨振红、单印飞《里耶秦简J1（16）5、J1（16）6的释读与文书的制作、传递》，《浙江学刊》2014年第3期。

同含义，审讯定罪的刑事案件称为"狱"，不涉及刑罚的民事纠纷谓之"讼"①。东汉王充说，"卿（乡）决疑讼，狱定嫌罪""狱当嫌辜，卿（乡）决疑事"②，民事诉讼由乡吏负责，刑狱案件由县丞掌管。王符讨论过民众赴乡诉讼不成、逐级上告的现象，"中才以上，足议曲直，乡亭部吏，亦有任决断者，而类多枉曲，盖有故焉"③，指出主要原因是乡吏贪图贿赂，不秉公执法。徐世虹对王符这句话有不同解释，认为汉代乡亭的职能是传讯当事人听取陈诉，做出爰书报告县廷，"有任决断者"当属越权行为；一般情况下，大多数民事案件应当是在县终审结案。④ 这其实是误解了"任"的意思，此处的"任"当作"能任、堪任"而非"任意"或"任性"解。长沙五一广场东汉简就记载一起由乡吏决讼的案件：

谭所讼辞讼事在乡，当为治决。请以谭、泛属 南 乡有秩明等治决，处言。□□勤职事留迟无状，惶恐叩头死罪死罪敢言之。（CWJ1③：325－2－1）⑤

我们不了解案情原委，但文书说得很清楚：当事人谭所述案件应交由乡处理，故县廷下令"南乡有秩明等治决""处言"。"决"，"断也"⑥，亦即此案归南乡啬夫审理判决，最终结果向县廷汇报即可。⑦

《二年律令·户律》规定民众迁徙外地，必须到乡吏处办理迁籍手续；湖北荆州高台18号汉墓出土的M18：35—乙木牍，就是模仿人间制度，以乡吏口吻为死者迁徙阴间开具的介绍信。⑧ 民众因事外出，也要向官府申请传书才能出入关津。我们透过肩水金关出土的传文书，可以了解汉代民众请传的整个过程：民众首先向乡报告外出的目的、地点以及随行人员，乡吏核查外出者无犯罪在查事项、赋役已经完纳、符合取传的规定后，再汇报给上级，由县廷发放传书。刘欣宁根据传书经常提到"谨案户籍藏乡者""谨以乡书案"等语，指出乡吏审核取传资格的方式为书面审核，依据的也是乡所藏的户籍及其他各种账簿。⑨

整个取传过程中，乡吏负责听取民众的汇报、审核民众取传的资格，最后提交给传的建议，县廷所做的不过是认可乡的意见，下发传书而已。《岳麓秦简（肆）》公布的《金布律》规定：民众赴外地买卖牲口、奴婢申请传书，官府刁难不给，乡吏要罚赀二甲，县廷主管官吏罚赀一甲。法律处罚的轻重程度也说明，乡吏在是否发放传书的问题上起着决定性的作用，县吏不过是审核程序罢了。附带指出，《龙岗秦简》有"取传书乡部稗官"⑩ 一语，联系岳麓秦简《金布律》"县皆为传"的规定看，民众并非亲自赴县而是到乡里取回县廷发放的传书。在民众外出取传这件事上，完全是乡一手操作，民众并不与县廷打交道。

黎明钊、唐俊峰从计、课文书的制作与定本过程入手，讨论了秦代县廷所设稗官与列曹的不同职能，提出稗官负责制作计课文书，列曹则负责对稗官上呈县廷的计、课执行校计、

---

① 《周礼·秋官·大司寇》郑玄注："讼，谓以财货相告者""狱，谓相告以罪名者"。（阮元校刻：《十三经注疏》，中华书局1980年影印本，870页下栏）
② 黄晖：《论衡校释》卷29《案书》、卷30《自纪》，第1172、1196页。裘锡圭指出"卿"即"乡"字。（参见氏著《〈论衡〉札记》，《古代文史研究新探》，江苏古籍出版社1992年版）
③ 《后汉书》卷49《王符传》，第1640页。
④ 徐世虹：《汉代民事诉讼程序考述》，《政法论坛》2001年第6期。
⑤ 长沙市文物考古研究所等编：《长沙五一广场东汉简牍选释》，中西书局2015年版，第162页。
⑥ 刘文典：《淮南鸿烈集解》卷5《时则训》高诱注，冯逸、乔华点校，中华书局1989年版，第175页。
⑦ 中国古代的民间诉讼十有八九是由邻里乃至亲属的田宅纠纷引起的，秦汉时期乡级机构掌握户籍、田簿以及先令等基础资料，也就为乡吏裁决民事案件提供了依据。
⑧ 湖北省荆州博物馆：《荆州高台秦汉墓——宜黄公路荆州段田野考古报告之一》，科学出版社2000年版，第222页。
⑨ 刘欣宁：《汉代"传"中的父老与里正》，《早期中国史研究》2016年第2期。
⑩ 中国文物研究所等编：《龙岗秦简》，第74页。

定课和整合。① 这也大致符合乡与县两级行政机构职责的分野。秦汉时期，诸如户籍与土地管理、赋役征发及差派、社会治安和民事诉讼等实际政务均是由乡吏主管，县廷不过是日常指导、行政监督、考课成效而已。是故《续汉书·百官志五》记载当时的县道与郡国一样，除负责教化百姓，审理狱讼外，几乎不承担具体的民政事务。② 因此，秦汉时期的史籍称乡吏为"亲民之吏""主民之吏"③，当时也有一批乡啬夫因能做到"平徭赋""省徭赋"而深受民众爱戴。这与魏晋以后，县令掌握县内一切庶务，乡吏只是奉令执行的情况迥然不同。

乡吏处在国家与社会的交接点上。秦汉时期的乡吏是郡县所署，并非中央任命，他们代表国家行使权力的同时，不可避免受到民间势力的影响。同时，由于乡吏处在整个帝国统治链条的末端，政治上没有多大升迁空间，经济上又俸禄微薄，他们工作上经常有私派加征、盘剥百姓的行为。随着东汉以降社会结构的变化，统治者对照例由民间有势力者充任的乡吏愈益不信任，认为他们无法承担国家赋予的治民重任，只知道谋取个人私利。整个乡吏阶层进一步被污名化，根据王充《论衡》的说法，当时社会上甚至流行着乡吏是农田害虫化身的奇谈怪论。元初四年（117）京师及周边雨水成灾，汉安帝认为是"人怨之所致"，下令"乡吏因公生奸，为百姓所患苦者，有司显明其罚"④。安帝寄希望以严刑峻法杜绝乡吏危害百姓的做法，显然行不通；左雄上书建议说：

> 乡官部吏，职斯禄薄，车马衣服，一出于民，廉者取足，贪者充家，特选横调。纷纷不绝，送迎烦费，损政伤民。和气未洽，灾眚不消，咎皆在此……乡部亲民之吏，皆用儒生清白任从政者，宽其负算，增其秩禄，吏职满岁，宰府州郡乃得辟举。⑤

左雄没有将乡吏的贪污简单归结为整个群体的素质问题，他建议朝廷通过增加俸禄、为其提供政治出路的方式，解决乡吏因地位低下而造成的贪腐问题。我们知道，汉代乡啬夫的秩级不过百石，百石往上，就进入中央任命的正式官吏系统了。左雄提议朝廷选用儒生为乡吏，并为乡吏"增其禄秩"，根本目的就是想改变乡吏的政治身份。针对左雄的建议，史籍说"宦竖擅权终不能用"。如何解决乡政弊端、稳定王朝的统治，终东汉之世，始终是统治者棘手而又亟待解决的难题。

三 简纸替代与县、乡行政机构的变化

纸张替代简牍是文字书写史上一场划时代的革命。与简牍相比，纸张有三大优点：一是体积轻便、易于携带，二是幅面宽阔、容字量大，三是表面平滑、书写快捷。根据邢义田的测量结果，一部竹木简本不含三家注的《史记》重约43.7—48.1公斤，是现代纸本的54—60倍；体积达284310立方厘米，是现代纸本的225倍。⑥ 而若以魏晋时期的纸张规格、容字数做比较，可测算出当时书写400—

---

① 黎明钊、唐俊峰：《里耶秦简所见秦代县官、曹组织的职能分野与行政互动——以计、课为中心》，《简帛》第13辑，上海古籍出版社2016年版。
② 《续汉书·百官志五》"凡郡国皆掌治民，进贤劝功，决讼检奸。常以春行所主县，劝民农桑，振救乏绝。秋冬遣无害吏案讯诸囚，平其罪法，论课殿最"，县道之职也是"显善劝义，禁奸罚恶，理讼平贼，恤民时务，秋冬集课，上计于所署郡国"。（《后汉书》，第3621、3622—3623页）
③ 《后汉书》卷61《左雄传》，第2018页；虞世南：《北堂书钞》卷79《设官部·啬夫》引黄义恭《交州记》，文海出版社1978年影印本，第349页下栏。
④ 《后汉书》卷5《安帝纪》，第227页。
⑤ 《后汉书》卷61《左雄传》，第2017—2018页。
⑥ 邢义田：《汉代简牍的体积、重量和使用——以中研院史语所藏居延汉简为例》，《地不爱宝：汉代的简牍》。邢先生未对比竹木简本与现代纸本的重量，但他指出司马迁撰写的《史记》总字数与中华点校平装本3册《周书》相近，我们称重《周书》约805克。

500字即一张纸的容字量,纸张的体积只是秦汉简册的3/100,重量不过是简册的9/100。①纸张去除了简牍表面粗糙的纹理,运笔的流畅性、受墨性大为改进;容字量增大,又节省了每写一行就要换简的时间,从而极大提升了书写的速度。

从105年东汉蔡伦改进造纸术到404年东晋桓玄下诏彻底废除公文用简,是一个相当缓慢的过程。东汉后期造纸技术还比较落后,当时的纸张主要用于抄写典籍和私人书信;汉末三国,随着技术不断改进以及统治者大力推动,纸张开始进入公文书领域。曹操建安十年(205)发布《掾属进得失令》,鼓励僚属上书使用纸张;《三国志》卷14《魏书·刘放传》记载了魏明帝时,中书监刘放用黄纸起草诏书的事。出土文献中也有孙吴官府用纸的情况。孙吴前期的江西南昌高荣墓中出土了两方遣册,上面记载有"书刀一枚……官纸百枚",②长沙走马楼吴简中,也见"草白差调诸乡出纸(?)四百枚□☑"(柒·4670)等记载。③西晋时期,史籍谈到公文用纸的领域就更多了。

编造基础账簿因其工作时间紧、任务重且一式几份,更有使用纸质材料的动力和紧迫性。随着征税原则和赋税体制发生变化,魏晋时期的账簿体系也有很大不同。由于缺少《二年律令·户律》那样的记载,我们只能借助史籍知道,这一时期地方官府编制的基础账簿中,除了台账性质的户籍外,还有赀簿。我专文讨论过魏晋时期户籍书写材料的变革,这里简要作一介绍。④《太平御览》卷606引《晋令》"郡国诸户口黄籍,籍皆用一尺二寸札,已在官役者载名",学者通常根据"札"字,推测西晋时期的户籍还在用简册。但纸张取代简牍后,仍经常沿用"札"的旧称;纸张前缀以尺寸,也是晋人常见的说法,我们很难据此判定户籍的材质。事实上,与前代相比,西晋户籍的著录内容发生了很大变化。从走马楼吴简可以看出,承汉而来的孙吴户籍简只登载家口内容;但西晋时期的"黄籍"除著录家口外,也记载田宅等资产。秦汉及孙吴时期的家口分类统计比较简单,最多分"大男""大女""小男""小女"四种名目;但西晋太康元年(280)颁布了包含"老""小""丁""次丁"在内的一整套课役身份,家庭分类统计要复杂得多。我们目前所见最早的纸本户籍是前秦建元二十年(384)籍,该籍分为三栏,第一栏著录家庭成员,另两栏分别登载家庭资产和家口分类统计,这显然是沿承了西晋的户籍格式与内容。根据《晋书·华廙传》《王尼传》等记载,西晋的户籍已经不再由乡而是归县编造;前引《晋令》谓"郡国诸户口黄籍",表明此时的户籍也不再像简牍时代那样最高放于县级机构。种种迹象表明,西晋时期的户籍已经是由县廷编造的纸质户籍。

刘宋史籍正式提到"赀簿",但其作为官府评定户等、征收户调的依据至少东汉末年就出现了。与户籍不同,赀簿是魏晋时期的新兴事物,不存在历史的惯性依赖,可能一经产生就采用了纸质材料。我们知道,曹操颁布户调令是在建安九年(204)平冀州之后,但开始征收户调的时间更早。根据《三国志·曹洪传》,当时官府为征发户调而进行的评定民户赀产是由县令亲自负责的。下引《晋书·刘超传》记载村民申报的赀产情况被直接送交县,亦可视为县廷编造赀簿的明证。汉代计赀范围有土地、房屋、奴婢、牲口、车辆等,南朝计赀甚至还包括桑树;我们现在见到的北凉赀簿中,只著录了各类田园及相应的计赀标准,但记载的内容并不比户籍少。秦汉时期简册账簿在乡编制,曹魏县廷制作的赀簿也应该

---

① 推算过程详见张荣强《中国古代书写载体与户籍制度的演变》,待刊稿。
② 江西省历史博物馆:《江西南昌市东吴高荣墓的发掘》,《考古》1980年第3期。
③ 长沙简牍博物馆等编:《长沙走马楼三国吴简·竹简[柒]》(下),文物出版社2013年版,第844页。
④ 张荣强:《中国古代书写载体与户籍制度的演变》,待刊稿。

是纸质的。①

纸质时代的到来，为统治者解决乡政弊端、加强中央集权提供了技术条件。简牍时代，以户籍为代表的基础账簿只能在乡编制，乡吏掌握账簿正本的同时，也就操控了处理日常行政事务的权力。各种基础账簿的副本最高仅上呈县廷，中央掌握的有关国计民生的各种数据主要依靠上计得来。地方为了应对考课，"择便巧史书习于计簿能欺上府者，以为右职"②，中央政府明知上计数据造假严重，但苦于无基础账簿可供稽核，皇帝也只能无奈发出"上计簿，具文而已，务为欺谩"③的感叹。随着纸张代替简册成为书写载体，基础账簿摆脱了只能在乡级行政机构编制的限制，转而由国家控制力更强的县廷负责制作，保存账簿的机构也不再限于乡、县机构，而是一式多份，由县上报郡、州，直至中央政府。④ 中央据此就可以更深入地掌握实际情况，发现地方弄虚作假，也可以利用同一时期的相关簿籍或前后不同时期的同类簿籍进行查核。南朝宋齐之际，中央政府发起大规模"检籍""却籍"行动，充分说明了这一点。

与账簿编造机构从乡转移到县相伴而来的，是魏晋之际县衙组织的大幅度扩张和乡级机构职能的弱化。《晋书·职官志》记西晋县制：

> 县大者置令，小者置长。有主簿、录事史、主记室史、门下书佐、干、游徼、议生、循行功曹史、小史、廷掾、功曹史、小史书佐干、户曹掾史干、法曹门干、金仓贼曹掾史、兵曹史、吏曹史、狱小史、狱门亭长、都亭长、贼捕掾等员。户不满三百以下，职吏十八人，散吏四人；三百以上，职吏二十八人，散吏六人；五百以上，职吏四十人，散吏八人；千以上，职吏五十三人，散吏十二人；千五百以上，职吏六十八人，散吏一十八人；三千以上，职吏八十八人，散吏二十六人。⑤

同样基于这段史料，宫崎市定与唐长孺得出了截然相反的结论。宫崎氏指出，西晋县廷掾属名目繁多且成套出现，较诸汉代，县级机构规模明显扩大。⑥ 但唐先生就《晋书》这段记载与东汉情况对比后，指出："西晋郡县置吏远少于东汉……晋代各级地方置吏数额少于汉代是无疑的。"⑦ 按理说，西晋县衙机构大规模扩张，吏员总额应该增加，为什么《晋书》记载的人数看起来不升反降呢？这实际上是由于汉代与西晋郡县吏员统计口径不同，给我们造成了错觉。唐先生讨论汉代县吏的规模主要依据《汉官》对东汉洛阳县的记载：

> 洛阳令秩千石，丞三人四百石，孝廉左尉四百石，孝廉右尉四百石。员吏七百九十六人，十三人四百石。乡有秩、狱史五十六人，佐史、乡佐七十七人，斗食、令史、啬夫、假五十人，官掾史、干、小史二百五十人，书佐九十人，修行二百六十人。⑧

东汉洛阳是国都所在，事务繁剧，但与西汉末年东海郡辖县吏员数最多100余人相比，即使考虑到后代吏员数额增加的因素，洛阳796人的规模还是大得惊人。对照尹湾汉简就

---

① 当然，我们也不能忽视魏晋时期户口减耗对账簿编造机构上移的影响，但这方面的影响也不应夸大。这一时期仍然存在如武平、山阳、邺县、洛阳、成都等一批万户以上的县，如果当时用简册编造账籍，这些县是无法履行这一基本职能的。
② 《汉书》卷72《贡禹传》，中华书局1962年版，第3077页。
③ 《汉书》卷8《宣帝纪》，第273页。
④ 东晋南朝的纸本户籍是一式四份，除县保存一份外，再呈郡、州、中央一份；唐代废郡后，县、州、中央各一份，而且中央保存的才是正本。
⑤ 《晋书》卷24《职官志》，中华书局1974年版，第746页。
⑥ 宫崎市定：《読史箚記——漢代の郷制》，《宫崎市定全集》17，東京：岩波書店，1993年。
⑦ 唐长孺：《魏晋南北朝时期的吏役》，《山居存稿续编》，中华书局2011年版，第139页。
⑧ 《续汉书·百官志》注引《汉官》，《后汉书》，第3623—3624页。

会看出，西汉时期吏员的统计范围仅限于斗食、佐史以上，并不包括干、小史、书佐、修行之类杂役。① 如果减去上述人等，东汉洛阳县的员吏不过 300 多人，这一数字就比较容易接受了。两汉统计县吏的口径也有一致的地方，最明显就是将县之下的在乡吏员都算进去了。上引洛阳县吏员中列举出了"乡有秩""乡佐""啬夫"，但不清楚具体人数。我们知道东海郡下辖 38 个县级机构吏员的详细情况：海西县吏员总数 107 人，其中乡有秩 4 人、乡啬夫 10 人、乡佐 9 人，再加上不属于乡吏但也是县吏出部在乡的游徼 4 人、亭长 54 人，在乡吏员合计共 81 人，几占全县吏员总数的 75%，县署吏员只有 26 人；下邳吏员 107 人中，在乡吏员 72 人，占全县吏员数的 67%，县署吏员不过 35 人。② 依此比例推算，东汉洛阳县署吏员也只有 100 人左右。东海郡下辖"县邑侯国卅八""户廿六万六千二百九十"，每县平均 7000 余户；各县县署吏员平均 20 多人，最多者下邳为 35 人，最少者平曲 18 人。《晋书·职官志》记载大县"三千（户）以上，职吏八十八人，散吏二十六人"，吏员合计 114 人；③ 而这只是县署吏员的数额，并不包括乡吏。两相比较，西晋县衙置吏额已是西汉末年的 5 倍。

魏晋以降，乡级机构甚至存在被架空的迹象。《晋书·职官志》《宋书·百官志》记载了当时的乡里组织及其系统，但学者普遍持怀疑态度。④《晋书·职官志》记载的乡里制度，可能更多反映的是西晋平吴前情况，"乡置啬夫一人"的说法也显然是沿承魏制而来。⑤ 江南情况不太一样。湖南长沙走马楼出土的数万件孙吴临湘县官府档案中，除了一枚文字待考简提到"乡啬夫"外，⑥ 几乎看不到乡吏存在。临湘县各乡日常事务诸如查核户口、编制户籍、催交赋税、度量田亩等等，都是由临湘县分部派遣劝农掾或典田掾负责。这也不限于孙吴一时、临湘一地的情况。从束皙《劝农赋》可以看到，西晋时的劝农掾除了春季劝民耕作外，还负责核查田亩、计算田租、征纳赋税，和孙吴一样担负了乡里主要工作；而从"专一里之权，擅百家之势""录社长、召闾师"⑦ 等话语看，这一时期劝农掾俨然是里的直接上司。在东晋南朝的史籍中，也几乎见不到乡吏具体活动的记录。

北魏孝文帝接受给事中李冲的建议，仿效《周礼》乡约原则，建立了不同于汉魏乡里组织的三长制。三长由民间有势力者担任，待遇不过是免除家内一到三人的兵役。整个北朝期间，虽然邻、里、党的编制有过多次调整，三长身为民众的性质没有变化。三长既非国家正式官吏，又没有下属，主要承担案比民户、⑧ 恤养孤老、督劝农耕等具体事务，没有治民施政的权力。

---

① 《汉书》卷 19 上《百官公卿表上》："吏员自佐史至丞相，十二万二百八十五人。"（第 743 页）《后汉书·明帝纪》永平十五年（72）四月诏，提到赐官吏布匹时说，"郎、从官（视事）二十岁以上帛百匹，……官府吏五匹，书佐、小史三匹"，也将"书佐""小史"划到"官府吏"之外。（第 119 页）
② 连云港市博物馆等：《尹湾汉墓简牍》，中华书局 1997 年版，第 79—81 页。
③ 《晋书》卷 24《职官志》反映的置吏标准不过是太康元年（280）的规定，此后官吏规模也在不断增加。西晋郴州简记载桂阳郡便县"领员吏一百六十一人"，晋宁"领员吏一百廿五人"，"员吏"是法定的吏员数。郴州简是晋惠帝时期的资料，简中这两个县的吏员数额已经超过了《职官志》最大县的规模。
④ 周一良：《南朝境内之各种人及政府对待之政策》，《魏晋南北朝史论集》，北京大学出版社 1997 年版，第 93—94 页；鲁西奇：《汉隋间汉水上游地区的乡里控制》，《人群·聚落·地域社会：中古南方史地初探》，厦门大学出版社 2012 年版，第 263 页。
⑤ 《通典》卷 36《职官·秩品二》列举的曹魏八、九品中，有"诸乡有秩、三老""诸乡有秩"的记载。
⑥ 简［叁］6982"□□都　乡　啬　夫□……"参见长沙简牍博物馆等编《长沙走马楼三国吴简·竹简［叁］》（下），文物出版社 2008 年版，第 873 页。
⑦ 欧阳询等：《艺文类聚》卷 65《产业部·农》，第 1157 页。"社长""闾师"，古代之乡官名，亦即里正。
⑧ 这里"案比民户"并非指汉代的造籍，而是如唐代里正"案比户口"一样，不过是负责征收民户手实，再汇总上报。

四　魏晋隋唐：县司亲理庶务

黄宽重提到中国古代基层行政组织职能的变化，"就行政建置而言，先秦出现了乡里；到隋唐时，乡官制已逐渐遭到破坏。及至宋代，乡里虚级化正式确立，与国计民生关系密切的刑名钱谷，都在县衙办理，县衙成为统揽基层事务的枢纽。"[1] 黄先生观察到古代管理基层事务的机构有一个从乡到县的发展过程，但他将这一变化置于唐宋之际，值得讨论。西晋时期傅玄就指出"亲民授业，平理百事，猛以威吏，宽以容民者，令长之职也"，称县令长为"最亲民之吏，百姓之命"[2]；时代稍后的葛洪也说"烦剧所钟，其唯百里。众役于是乎出，诛（调）求之所丛赴""令长不堪，则国事不举，万机有阙"[3]，"百里"是县令长的代称。说明至少从西晋开始，县廷就负责包括征调赋役在内的大小事务了。而从史籍记载的具体事例看，魏晋之际已经出现了县衙直接治理民众、处理基层事务的趋势。

汉代已有计赀定赋的传统，《续汉书·百官志五》说乡啬夫"知民贫富，为赋多少，平其差品"，意为乡吏一定程度上拥有根据民户的贫富程度，在一乡的范围内调节民众税负的权力。曹魏实行户调制开始，计赀定课的权力就收归了县令。《三国志·曹洪传》注引《魏略》："初，太祖为司空时，以己率下，每岁发调，使本县平赀。于时谯令平洪赀财与公家等，太祖曰：'我家赀那得如子廉耶！'"[4] 曹操任司空在建安元年至建安十三年。曹魏颁布户调令在建安九年平冀州之后，但这种征税办法此前就在兖、豫等地实行了。曹操是沛国谯县人，当地为征发户调进行的评定民户赀产的工作是由谯县县令亲自负责的。从"每岁发调，使本县平赀"一语看，当时县令评赀似乎已成定制。《初学记》卷27引《晋故事》称西晋沿承曹魏户调制，"书为公赋，九品相通，皆输入于官"[5]。所谓"九品相通"，是说朝廷下发按户征收的定额只是一个平均标准，地方官府实际征发时，根据民户的贫富程度，采用富户多纳、贫户少纳甚至不纳的办法，计算下来，每户交纳的平均数达到这个定额就可以了。这里说的地方官府就是县廷，九品相通的原则是由县令具体掌握的。《晋书·刘超传》记载了东晋元帝时，传主评定民户赀产的做法：

> 寻出补句容令，推诚于物，为百姓所怀。常年赋税，主者常自四出结评百姓家赀。至超，但作大函，村别付之，使各自书家产，投函中讫，送还县。百姓依实投上，课输所入，有踰常年。[6]

这里提到按赀征收的赋税就是户调。当时通行做法是县令每年亲赴乡村逐一评定民户赀产，在此基础上再确定各户的交纳额，刘超听凭民户自书家产送县的做法是个特例。北魏继承了魏晋九品混通的征调原则，太延元年（435）十二月，拓跋焘诏书中提到县令计赀定课的具体做法："若有发调，县宰集乡邑三老计赀定课，裒多益寡，九品混通，不得纵富督贫，避强侵弱。太守覆检能否，核其殿最，列言属州。"[7] 为准确了解民间情况，县令所到之处要召集乡邑三老一起划分户等，确定税额。拓跋焘指出北魏计赀时有"纵富督贫，避强侵弱"的行为，萧子良也抨击南齐计赀，"守宰相继，务在裒克，围桑品屋，以准赀

---

[1] 黄宽重：《宋代基层社会的权力结构与运作——以县为主的考察》，收入其主编《中国史新论·基层社会分册》，联经出版事业股份有限公司2009年版，第283页。
[2] 魏徵等：《群书治要》卷49《傅子》，《丛书集成初编》第204册，商务印书馆1937年版，第873页。
[3] 杨明照：《抱朴子外篇校笺》卷28《百里》，中华书局1997年版，第49页。
[4] 《三国志》卷9《曹洪传》，中华书局1959年版，第278页。
[5] 徐坚：《初学记》卷27《宝器部·绢》，中华书局1962年版，第658页。
[6] 《晋书》卷70《刘超传》，第1875页。
[7] 《魏书》卷4《太武帝纪》，中华书局1974年版，第86页。

课,致令斩树发瓦,以充重赋"①,郡不过是上级管理机构,具体计赀的仍是县级官吏。

与汉代乡吏征收租赋不同,从长沙走马楼出土的吏民田家莂以及交纳租税的竹简看,孙吴民众要自行将田租、口算赋交到官府指定的仓库。曹魏政权也有民众直接向仓库交纳租赋的迹象。《三国志·司马芝传》传主上奏曹明帝,指出"运输租赋"已经成了农民的沉重负担。黄初年间颜斐为京兆太守,"课民当输租时,车牛各因便致薪两束,为(郡学)冬寒冰炙笔砚"②,可见当时有的民众要直接向长安交纳租赋。北魏迁都洛阳前,每年要从各地调拨大量租调入代,太仓尚书李䜣"用范檦、陈端等计,令千里之外,户别转运,诣仓输之",造成"远近大为困弊"③。献文帝为此改革了民户运送租粮的方式:"遂因民贫富,为租输三等九品之制。千里内纳粟,千里外纳米;上三品户入京师,中三品入他州要仓,下三品入本州。"④ 按照财富多寡,民户被划分为上中下三等,等级不同输租地点也不同,富户运到距离最远的京城,中等户送至邻近州,贫穷户输纳当地。北齐"垦租皆依贫富为三枭""上枭输远处,中枭输次远,下枭输当州仓,三年一校焉"⑤,也延续的是北魏政策。按照制度的本来设计,民户将租赋直接交纳到官府指定的地点;但在实际执行中,不排除也会采取一些变通措施,比如民户可以交纳不同数额的运费,再由官府统一组织配送,这就和唐代的情况一样了。

唐代的乡仍是一级地方行政组织,只不过贞观十五年(641)废除乡长后,其财务行政转由"承符"即当值里正负责。李锦绣提出唐代租税征收需要经过三道程序,第一道就是里正征收民众租税,⑥ 但据《通典》引开元二十五年(737)令:"每里置正一人……,掌按比户口,课植农桑,检察非违,催驱赋役。"⑦《唐六典》卷3"户部郎中员外郎"条、《唐律疏议》卷11《职制》"监临之官家人有犯"条及卷30《断狱》"监临自以杖捶人"条,都有类似说法。律令再三声明,里正征税过程中主要负责催督、稽核、追欠等工作,而非直接经手租税。⑧ 唐代继承北朝租调制度的同时,也延续了民户直接向官府交纳租赋的做法。当时民户输纳租庸调的方式可以分为交纳本州、上解京师和配送他州三种,⑨ 唐令谓"其赋役轻重、送纳远近,皆依此(九等簿)以为等差"⑩,官府也是根据贫富程度分配输纳地点的远近。《通典》卷6《食货·赋税下》说输庸调时"其运脚出庸调之家,任和雇送达",《赋役令》也有"诸租须运送,脚出有租之家。如欲自送及雇运水陆,并任情愿"一语。⑪ 民户可以自行或者以个体身份雇人解运,但最常见的做法是民户按户等交纳数额不一的脚钱,再由官府组织人力统一运到指派的地点。

《新唐书·食货志》谓"凡税敛之数,书于县门、村坊,与众知之",县廷每年将各户应纳赋税的情况张榜公布,民户再根据缴税数额直接将赋税交给州、县官仓,⑫ 这就减少了赋税征收的中间环节,一定程度上杜绝了胥吏

---

① 《南齐书》卷40《竟陵王子良传》,中华书局1972年版,第696页。
② 《三国志》卷16《仓慈传》引《魏略》,第513页。
③ 《魏书》卷46《李䜣传》,第1041页。
④ 《魏书》卷110《食货志》,第2852页。
⑤ 《隋书》卷24《食货志》,中华书局1973年版,第678页。
⑥ 李锦绣:《唐代财政史稿》(上卷),北京大学出版社1995年版,第113—114页。
⑦ 杜佑:《通典》卷3《食货·乡党》,王文锦等点校,中华书局1988年版,第63页。
⑧ 孙吴时期的民户自行赴仓库交纳租赋,负责行政事务的乡劝农掾也不过行督促之职,我们从吴简中甚至见到,劝农掾因未能有效督促民户按时完纳赋税而被鞭杖的记录。
⑨ 张荣强:《"租输三分制"与唐前期财赋格局特点》,《魏晋南北朝隋唐史资料》第17辑,武汉大学出版社2000年版。
⑩ 天一阁博物馆:《天一阁藏明钞本天圣令校证(附唐令复原研究)》,中华书局2006年版,第476页。
⑪ 天一阁博物馆:《天一阁藏明钞本天圣令校证(附唐令复原研究)》,第475页。
⑫ 张弓指出,唐代州仓、县仓互不重设,州治所在地只设州仓不设县仓,州治所在地的民众输州仓即可。(参见氏著《唐朝仓廪制度初探》,中华书局1986年版,第5页)

私派加征的现象。不论上解京师还是外配他州，都是民户将租赋交纳州、县仓后，再由州级官府按国用支度计划，组织州县官吏充任纲典，统一配送京或外州。

魏晋南北朝时期有关力役的记载零散而隐晦。《三国志·司马芝传》记载传主任菅县长时，不顾掾属劝阻，坚持征发当地大族刘节的宾客服兵役；《晋书·刘卞传》称士家出身的刘卞在兄长死后，"兵例须代，功曹请以卞代兄役"，县令不听，说明这一时期的兵役不再像汉代那样"乡移为正"，而是掌握在县令手中。徭役的情况也是如此，《晋书·窦允传》就称传主西晋初年任浩亹长，因能做到"平均调役"而深受百姓爱戴。《晋书·王裒传》记载王裒拒绝替门生向县令求情，但通过亲自送门生赴县服役的举动，迫使县令放免了该生的徭役。

唐代的情况比较清楚。上引《通典》《唐六典》《唐律疏议》只提到了里正"催驱赋役"，李锦绣据《天圣令·赋役令》复原的"唐令"说得非常详细：

> 诸县令须亲知所部富贫、丁中多少、人身强弱。每因收手实之际，即作九等定簿，连署印记。若遭灾蝗旱涝之处，任随贫富为等级。差科、赋役，皆据此簿。（凡差科，先富强，后贫弱；先多丁，后少丁。凡丁分番上役者，家有兼丁者，要月；家贫单身者，闲月。）其赋役轻重、送纳远近，皆依此以为等差，豫为次第，务令均济。簿定以后，依次差科。若有增减，随即注记。里正唯得依符催督，不得干豫差科。若县令不在，佐官亦准此法。[1]

"九等定簿"亦即户等簿，唐代的户等簿以及据此而来的差科簿皆由县令亲自制定。唐代"差科"一词含义广泛，但前期主要是指徭役。县令要按照贫富强弱、丁中多少的原则，同时考虑农时，在差科簿上依次注明民户祇应徭役的先后顺序，遇有临时征发，依次派遣。里正所做的不过是按照官府下发的名单，催促应役者及时赴役而已，法令严禁其有操纵徭役征发的行为。从《太平广记》记载的"山东佐史"故事看，唐前期的县令不仅亲自注定差科簿，还负责确定征发差科的名单和先后顺序。[2] 当然，无论制度规定如何严格，也难以避免地方官员假权胥吏或者胥吏在实际操作中贪墨舞弊的行为。隋末唐初的诗人王梵志写道："佐史非台补，任官州县上……有事检案追，出帖付里正……钱多早发遣，物少被颓颜。解写除却名，揩赤将头放。"[3] 本来胥吏只是协助县令拟定差科名单，但他们往往收受贿赂，采取涂改征发名单的方式，帮助富人逃避徭役。也正因为如此，法令才特别规定里正"不得干预差科"。

前引《晋书·职官志》列举的县吏中有游徼，宫崎市定就此认为，西晋的乡啬夫在失去警察权的同时也丧失了裁判权。[4] 汉代的游徼并非乡啬夫的属吏，但我们确实看不到西晋乡啬夫负责调停民事纠纷的迹象。西晋建兴元年（313），临泽县孙香、孙发兄弟为争夺祖母死后留下的家产告到县廷，县令在审理这一民事案件时，除了征询过宗长的意见外，整个案件中全然不见乡吏的影子。[5] 东晋葛洪指出，当时县令所选非人"或有不省辞讼，而刑狱乱者矣"[6]，此处"讼""狱"并举，是县令不仅负责刑事案件，也调停民事纠纷。隋开皇年间，朝臣就是否恢复乡正审理民事案件

---

[1] 天一阁博物馆等：《天一阁藏明钞本天圣令校证（附唐令复原研究）》，第 476 页。
[2] 李昉等编：《太平广记》卷 252《诙谐·山东佐史》，中华书局 1961 年版，1957 页。故事出自《启颜录》，张鸿勋指出该书结集成书时间最迟在开元十一年（723）八月以前。（参见张鸿勋《敦煌本〈启颜录〉的发现及其文献价值》，《庆祝潘石禅先生九秩华诞敦煌学特刊》，文津出版社 1996 年版）
[3] 王梵志著、项楚校注：《王梵志诗校注（增订本）》卷 2《佐史非台补》，上海古籍出版社 2010 年版，第 99—100 页。
[4] 宫崎市定：《読史箚记——漢代の郷制》，《宫崎市定全集》17。
[5] 张荣强：《甘肃临泽新出西晋简册考释》，《魏晋南北朝隋唐史资料》第 32 辑，上海古籍出版社 2015 年版。
[6] 杨明照：《抱朴子外篇校笺》卷 28《百里》，第 54 页。

有过激烈争论：

> 苏威奏置五百家乡正，令理人间词讼。李德林以为："本废乡官判事，为其里闾亲识，剖断不平，今令乡正专理五百家，恐为害更甚。"……然高颎同威之议，遂置之。十年，虞庆则等于关东诸道巡省使还，并奏云："五百家乡正专理词讼，不便于人，党与爱憎，公行货贿。"乃废之。①

"乡官"与"乡正"本来是两类不同的群体，"乡官"指魏晋以来州郡自行辟署的僚佐，他们是地方豪族势力的代表，李德林将"乡正"与"乡官"相提并论，意在说明乡正出身民间，与地方势力也有密切联系。李德林、虞庆则拿乡吏身份说事，认为这些人往往为民间势力所左右，不能严格贯彻法令，负责民事诉讼会影响到国家的统治。《资治通鉴》将苏威与李德林的论争置于开皇九年（589），汪篯赞成这一说法。② 如此，开皇九年复置乡正，十年再次被废，乡正审理词讼的现象不过昙花一现。从此，乡吏审判民事案件的做法就成为了历史，《唐六典》"京畿及天下诸县令之职"条以及《旧唐书·职官志》，皆记载唐代的县令"审察冤屈，躬亲狱讼"，无论刑事还是民事案件，皆由县令负责审问。

魏晋隋唐，民众通行关津的凭证称为"过所"。程喜霖推测魏晋时期的过所已改由郡签发，并根据《唐六典》卷6"刑部司门郎中、员外郎"条的记载，总结了唐代申请过所的程序："无论是尚书司门勘给过所，还是州府、都护府、节度使衙判给过所，一般都要经请过所者向本县呈牒申请、请得保人、向里正交待出行目的以及离乡后赋役由谁代承、县司质询并向州府呈牒、州府户曹司户参军依过所式勘查判给等五个步骤。"③ 阿斯塔那509号墓所出《唐西州天山县申西州户曹状为张无疡请往北庭请兄禄事》中，申请人张无疡首先向县司呈牒，说明其出行事由及随行的人畜情况，天山县接到牒文后，询问了张无疡所在地的里正、保人，得到上述人的证实和担保后，天山县向西州行文，请州户曹发放过所。如果州户曹勘查县司的牒文时发现问题，也会下符询问，要求县司再次调查。同出509号墓的《高昌县状为申麴嘉琰请过所事》，西州下符要求进一步勘问申请过所者麴嘉琰"去后何人代承户徭？并勘作人是何等色？"高昌县就此再次展开调查，在逐一询问了保人麴忠诚等、里正赵德宗、麴嘉琰本人以及作人王贞子、骆敬仙后，向州府做了回复。④ 由此可以看出，诸如调查、审核申请人所述理由是否属实，随行人畜是否合法，身后赋役由谁应承以及判断申请人是否符合领取过所资格等事宜，在唐代则是县司的责任，汉代都是乡啬夫一体负责。

魏晋以降，随着县司渐次掌握赋役征发、诉讼审判、民政管理等权力，乡吏失去了负责和管理基层事务的职能，平日不过是跑腿办事、完成县廷指派的各项任务而已。这一时期的史籍不再将乡吏与"亲民"联系起来，代之而来称县令为"亲民之主""亲民之要""亲民要职"⑤ 的说法不绝于耳。与汉代皇帝强调"太守吏民之本"⑥，重视直接秉命的郡国长吏相比，六朝隋唐的统治者更为关注直接治民的县令，前引葛洪所谓"牧守虽贤，而令长不堪，则国事不举，万机有阙"，表述得就很清楚。

按照唐朝法令，县令执掌一县之政，负责土地、户口、赋役、治安、狱讼、教化、民政

---

① 《通典》卷3《食货·乡党》，第63页。
② 汪篯：《汪篯隋唐史论稿》，中国社会科学出版社1981年版，第34—35页。
③ 程喜霖：《唐代过所研究》，中华书局2000年版，第88页。
④ 唐长孺主编：《吐鲁番出土文书（肆）》图文本，文物出版社1996年版，第286—287页。
⑤ 《宋书》卷5《文帝纪》元嘉八年（431）闰六月庚子诏"县宰亲民之主"。（中华书局1974年版，第80页）《南齐书》卷3《武帝纪》永明三年（485）正月诏"守宰亲民之要"等。（第50页）
⑥ 《汉书》卷89《循吏传》汉宣帝诏，后世所谓"与我共治天下者，其惟良二千石乎"，来源于此。

等，诸如编制户籍、注定差科、收授田地、审理狱讼等重要事务甚至需要县令亲自承担。实际上，县令作为行政机构的长官更多是发号施令，"县宰下于乡吏，乡吏传于村胥，然后至于人焉"①，具体事宜则交付县衙和乡里的胥吏办理。唐代的县令通常是科举入仕，行政能力参差不一；加上他们异地为官，任期较短，难免对地方事务不熟，故县令处理行政事务时假权胥吏，或胥吏侵夺长官权力的现象时有发生。唐肃宗就下诏提到，县令"或有案牍之间，曾未闲于令式，征赋之际，或委任于胥徒，由是吏转生奸，遂为蠹政，人不堪命，流而失业"②。基层胥吏因为地位低、役使重，执行县廷交派的任务时，经常有不依法办事、蠹害乡里的行为。唐后期社会形势尤其是税法役制改变后，复杂的计赏环节为乡吏上下其手提供了更大空间。马端临引用过沙随程氏的一句话："陆贽称租调法曰'不校阅而众寡可知'，是故一丁之授田，决不可令输两丁之赋。非若两税，乡司能开阖走弄于其间也"③。由于监督措施不完善和信息的不对称，乡里胥吏凭借处于县廷与民众交接的枢纽地位，实际上就操控了乡村的日常事务。

唐宋之际，地方胥吏的身份也发生了变化。唐初对拣选里正有严格要求，当时民众还热衷担任这一职务；随着役使不断加重，尤其里正催交不上租赋时要负赔偿之责，担任里正就被视为畏途。大中九年（855），唐宣宗下诏以"州县差役不均，自今每县据人贫富及役轻重作差科簿，送刺史检署讫，锁于令厅，每有役事委令，据簿定差"，胡三省谓"今之差役簿始此"④；宋人马端临说"观大中九年之诏，然后知乡职之不易为，故有轮差之举"⑤，认为从此里正由原来的县廷选任转为向豪民富户轮流差派。到了宋代，诸如户长、乡书手、甲长等主要乡吏均由乡村富豪轮流担任，中国古代的乡官制最终完成了向职役制度的蜕变。

余　论

包括户籍、田籍在内的基础账簿是古代帝国征发赋役、管控民众的基本工具，也是地方基层机构行政运作的基石。秦汉时期，由于简册书写不便，更因形体繁重，运输保管不易，以致户籍等各类基础账簿只能在乡制作，这些文书所负载的管控民众、征发赋役的基层行政功能，也主要是在国家权力末端的乡一级机构展开。但乡吏介于官、民之间的政治身份以及鱼肉百姓的贪腐行为，向来为统治者诟病，随着东汉以降地方社会结构的变化，统治者对于照例由民间有势力者充任的乡吏阶层愈益不信任。魏晋时期的简纸更替，为账簿的编造权从乡上移到县创造了条件，在帝国试图解决乡政弊端以及强化中央集权体制的内在驱动下，县逐渐取代乡成为统揽基层事务的枢纽。当然，导致这一时期地方行政运作方式产生变化的因素有许多，如战乱频繁造成的户口锐减、乡里组织体系的破坏、中央对基层控制力削弱等等。但就制度运行条件而言，简纸替变的影响更为深远更具基础性。否则我们就无法解释，在国家权力重振、管控户口数量达到新高的隋唐帝国，为什么会彻底废除乡吏、继续强化以县廷为中心的治民方式了。

简纸更替并非基层统治重心上移的原因，而是为这一转变提供了技术前提和物质条件。也就是说，简纸更替并不必然会引起基层统治重心的上移，而基层统治重心的上移必定以简纸更替为前提。中国古代基层统治重心上移的背后，实际上反映的是统治集团因应技术进

---

① 白居易著、朱金城笺校：《白居易集笺校》卷63《人之困穷由君之奢欲》，上海古籍出版社1988年版，第3473页。
② 宋敏求：《唐大诏令集》卷104《察访刺史县令诏》，中华书局2008年版，第533页；并参见《册府元龟》卷69《帝王部·审官门》"乾元二年九月诏"，第779页上栏。
③ 马端临：《文献通考》卷3《田赋考·历代田赋之制》，中华书局1986年版，第45页。
④ 《资治通鉴》卷249"大中九年闰四月"条，中华书局1956年版，第8056页。
⑤ 马端临：《文献通考》卷13《职役考·历代乡党版籍职役》，第140页。

步,为强化中央集权所做的不懈努力。[1] 魏晋隋唐时期,县司包揽了地方各项事务,但以县令为首的县廷不可能直接面对分散的个体小农,具体工作仍旧是由乡里胥吏承担。只不过这一时期的乡里社会,在所谓"门阀贵族政权"的六朝,地方大族势力雄厚;天下重归一统、郡县属吏品官化的隋唐,中央集权力图渗透到末端,基层胥吏并不能武断乡里。随着中唐后由人丁而资产的税制变化,唐末五代地方新兴势力的成长,国家权力对基层的渗透力逐步转弱,官府对乡里胥吏的依赖转深,特别是乡官向乡役的转变,士绅阶层和宗族组织登上了乡村政治的舞台。如果我们将整个魏晋南北朝隋唐时期视为中间阶段的话,中国古代基层的行政运作就会呈现出前后两种完全不同的状态。费孝通认为,中国传统政治实行的是双轨制,皇帝的统治基本局限在县一级,县以下的行政管理和乡村治理则有乡绅主导;[2] 温铁军讨论中国古代社会的基层管理模式时,也提出了"皇权不下县"的观点。[3] 相较于秦汉时期国家权力直接渗透到基层,皇帝力图实现个别人身支配而言,这些说法显然更适合宋代之后的情况。傅衣凌分析乡绅阶层之所以能够支配乡村时,指出:高度集权的中央政权实际上无法完成其名义上承担的各种社会责任,其对基层社会的控制只能由一个双重身份的社会阶层来完成,而基层社会也期待着有这样一个阶层代表它与高高在上的国家政权打交道。[4] 赞成"皇权不下县"观点的学者,也将这一局面的出现归结为国家无力在基层社会建立起有效的官僚系统。宋代以后基层官员面对的社会问题、承担的行政事务远较以前复杂,这是不争的事实;但如果追根溯源,我们就会发现,县廷掌握直接治民权在前,乡绅全面控制乡村社会在后。这种基层统治结构的转变,历经魏晋隋唐间数百年的曲折演化,其最终完成不得不说是统治集团致力于强化中央集权却又事与愿违的结果。

(原载《中国社会科学》2019年第9期)

---

[1] 魏晋与宋以后情况有很大不同。魏晋时期社会地方势力并没有出现结构性成长,这一时期基层统治重心的上移实际上是统治者借助简牍文书向纸质文书的转变,主动把原来乡吏的权力全部收到以县令为首的县廷;宋之后则是随着乡绅阶层和宗族组织的兴起以及朝廷为了减轻统治成本,统治阶级不得不让渡部分权力给民间势力。

[2] 费孝通:《基层行政的僵化》及《再论双轨政治》,《乡土中国》(修订本),上海人民出版社2013年版,第275—293页。

[3] 温铁军:《半个世纪的农村制度变迁》,《战略与管理》1999年第6期。

[4] 傅衣凌:《中国传统社会:多元的结构》,《中国社会经济史研究》1988年第3期。

吐谷浑晖华公主墓志与北朝北方民族关系

周伟洲[*]

摘　要：本文据新出土之《吐谷浑晖华公主墓志》，考证其父伏连筹（志称"明元"帝）时，"准拟天朝，树置官司"的政治制度改革，及其夫乞伏孝达的族属；从公主姊与柔然阿那瑰可汗和亲，为其可敦，论述吐谷浑与柔然的关系；又从墓志记载公主一家送其甥女（魏悼后）下嫁西魏文帝，至长安，并卒于该地，揭示柔然与西魏之微妙关系。总之，此墓志补证北方民族关系史实甚多，弥足珍贵也。

关键词：吐谷浑　晖华公主墓志　柔然　西魏

一　出土的吐谷浑晖华公主墓志

2014年11月至2015年7月，陕西省考古研究院、陕西历史博物馆、长安旅游民族宗教文物局等机构的考古工作者发掘了位于西安市长安区大兆郭庄村南一座北朝时墓葬。此墓坐北朝南，有斜坡墓道，长约42.2米，有四个天井，四个过道，分前、后室，前室彩绘壁画因垮塌严重，仅余顶部星象图。后室仅发现两具人骨。随葬品主要分布于前室，共165件（组），有铜器、石器、陶镇墓兽、武士俑、骑马俑等。另出墓志两方。一方为《吐谷浑晖华公主墓志》，另一方为公主丈夫《乞伏孝达墓志》，因《乞伏孝达墓志》系用朱砂书写，且字迹脱落，故已难辨识。《吐谷浑晖华公主墓志》为青石质，长49，宽43，厚13厘米，字迹完好。志共21行，满行20字。[①]（见墓志拓片）

现据吐谷浑晖华公主墓志拓本，将墓志铭文，重录如下：

> 茹茹骠骑大将军、俟利、莫何、度支尚书、金城王乞伏孝达妻晖华公主吐谷浑氏墓志铭
>
> 公主讳库罗伏，字尉芮文，吐谷浑主明元之第四女也。洒祖洒考，世君西域。既鹊起而辟土，亦虎视以称雄。斯乃备之于简素，可得而略也。主茹茹可敦之妹，即悼皇后之姨也。公主之称，始自本国。金城初仕于吐谷浑，为车骑大将军、中书监。浑主重其器望，遂以妻之。若夫窈窕之誉，藉甚于椒芳，烦辱之功，有闻于权木。四教既闲，百雨云萃，妇德内融，母仪外肃。又从夫至于茹茹，亲傲礼遇，莫之与先。悼皇后来归也，金城以姨智之重，作上宾于魏。时主及三子亦从此行。婉若春风，瞰如秋月，光仪容止，式谐典度。方调琴瑟，永训闺庭，而偕老之愿未申，朝露之危奄及。春秋卅有九，以大统七年正月甲午卒于苌安。皇帝悼之，葬以公主之礼。生远其乡，死异其地，德音虽在，形颜已歇，嗟行之人，惜而泪下。粤二月乙酉窆于山北县小陵原。乃作铭曰：
>
> 昭昭列星，乃降斯灵。诞兹闲淑，既素且贞。来仪君子，作宾上京。规矩其

---
[*] 周伟洲，陕西师范大学中国西部边疆研究院教授；宁夏大学民族学学科特聘教授。
[①] 以上均参见陕西省考古研究院、陕西历史博物馆、长安旅游民族宗教文物局《陕西西安西魏吐谷浑公主与茹茹大将军合葬墓发掘简报》，《考古与文物》2019年第4期；墓志又见陕西省考古研究院编：《陕西省考古研究院新入藏墓志》，上海古籍出版社2019年版，第4页。

度,兰菊其馨。方申介祉,式范宫庭。岂期舟壑,奄望佳城。银海虽湛,玉桂不荣。伤哉玄夜,已矣泉扃。

二 吐谷浑晖华公主家世考

《晖华公主墓志》开首云,"公主讳库罗伏,字尉芮文,吐谷浑主明元之第四女也"。可知公主父为"吐谷浑主明元",此"明元"又是何人? 据墓志记,公主卒于西魏大统七年(542),年三十九岁,故其生于北魏正始四年(504),时为吐谷浑十四世主伏连筹(490—529年在位)在位①,则公主父当为时吐谷浑主伏连筹之第四女。按,《北史》卷九六《吐谷浑传》记:

> 伏连筹内修职贡,外并戎狄,塞表之中,号为强富。准拟天朝,树置官司,称制诸国,以自夸大。②

内记伏连筹在位时,"准拟天朝,树置百官,称制诸国",即其政治制度系仿照承袭了汉魏官制的北魏(天朝)的制度而来。同书还记载了北魏宣武帝下诏切责伏连筹,"准拟天朝","称制诸国"(即对其所属宕昌国"称书为表,名报为旨")③。过去研究吐谷浑史的学者对此注意不够,且史籍记载不多,仅见伏连筹时,其第二子镇西域鄯善(今新疆若羌)、且末,号"宁西将军"④。但是,《晖华公主墓志》却提供了更多的信息。伏连筹拟照北魏政治制度,称皇帝、天子,故其女称"公主",号"晖华公主";《墓志》还专门强调"公主之称,始自本国"。又公主下嫁的乞伏孝达,《墓志》亦云其"初仕于吐谷浑,为车骑大将军、中书监"。车骑大将军、中书监为汉魏以来的职官,也是北魏太和改制后的职官,前者为一品下武职,后者为从二品中书省官员⑤。甚至伏连筹卒后,也仿照北魏制度,对之有"谥号"之制,称"明元皇帝";正如北魏皇帝拓跋嗣卒后,"上谥曰明元皇帝"⑥同例。这就是《墓志》云晖华公主父伏连筹为"明元"帝的由来。

至于《晖华公主墓志》所云:"洒祖洒考,世君西域",据史籍载,公主祖应为拾寅,父为度易侯(又作"易度侯")⑦;云其"世君西域"则有误。众所周知,吐谷浑原为东北辽东慕容部鲜卑慕容廆之庶兄名,4世纪初,慕容吐谷浑率部由阴山,过陇山,迁徙至陇右枹罕(今甘肃临夏);不久即征服甘南、青海及四川西北的众羌族。自吐谷浑孙叶延时(329—417年在位)正式建国,以祖父吐谷浑名为姓氏、国号和族名。其地不在西域之地。然而,考虑到吐谷浑在伏连筹时,向西据有西域的鄯善、且末之地⑧,故在西魏、北周时,又往往将吐谷浑视为西域诸国之一。如《周书》卷五〇《异域传下》,就将吐谷浑与高昌、鄯善、龟兹等西域诸国列为一传。《隋书》迳直将吐谷浑传列在卷八三《西域传》之首。从这一角度看,西魏撰《墓志》者称当时吐谷浑"世君西域"也有一定的依据。

《晖华公主墓志》记晖华公主下嫁的吐谷浑车骑大将军、中书监乞伏孝达其人,由于出土的乞伏孝达墓志上用朱砂书写的字迹脱落,故对其族属、事迹、生卒年等信息不得而知。但其绝非如《晖华公主墓志》首题的"茹茹(柔然)"人,而是源于十六国时曾在陇西建

---

① 见周伟洲《吐谷浑史》,广西师范大学出版社2006年版,第41—45页;同书附《吐谷浑世系表》。又《周书》卷50《吐谷浑传》,中华书局1974年版,第912页。内记"自吐谷浑至伏连筹一十四世",即吐谷浑、吐延、叶延、碎奚、视连、视罴、乌纥堤、树洛干、阿豺、慕璝、慕利延、拾寅、度易侯、伏连筹。
② 《北史》卷96《吐谷浑传》,中华书局1974年版,第3185页。
③ 《北史》卷96《吐谷浑传》,第3185页。
④ 杨衒之撰,范祥雍校注:《洛阳伽蓝记校注》卷5引《宋云行记》,古典文学出版社1958年版,第252页。
⑤ 见《魏书》卷113《官氏志》,中华书局1974年版,第2994页。
⑥ 《魏书》卷3《太宗纪》,中华书局1974年版,第64页。
⑦ 见《北史》卷96《吐谷浑传》,中华书局1974年版,第3184页。
⑧ 关于伏连筹据西域鄯善、且末之考证,见上引周伟洲《吐谷浑史》,第41—42页。

立西秦的"陇西鲜卑"乞伏氏。十六国时，吐谷浑与西秦有密切的关系，双方时有争战，且两者王族有和亲，吐谷浑曾一度向西秦纳贡称臣。乞伏暮末即位后，西秦衰弱，吐谷浑主慕璝多进占原西秦陇西之地。① 后西秦为夏国赫连定所灭，赫连定又为吐谷浑慕璝所灭，夏国所俘西秦人口及夏国赫连氏等皆为吐谷浑所俘获，成为吐谷浑属下臣民，后渐融入吐谷浑中。② 其中就包括原陇西鲜卑族的乞伏氏，如《魏书·吐谷浑传》记慕璝上北魏表内，要求遣还西秦使者乞伏曰连等三人，并说此三人家口在吐谷浑。③ 又，乞伏炽磐子成龙后也入吐谷浑。④ 这些事实都说明吐谷浑据西秦地后，乞伏氏有一部分归其统治。以后，乞伏氏在吐谷浑政权内还有任显职者，如《周书·吐谷浑传》所记吐谷浑"仆射乞伏触扳"⑤。晖华公主下嫁的乞伏孝达，也当原为陇西鲜卑西秦乞伏氏贵族，如《墓志》所云，因"浑主重其器望，遂以妻之"。

据《晖华公主墓志》记，公主还有一姊，下嫁到北方游牧民族柔然（茹茹），为其可汗之"可敦"。关于此，下面将详论之。

三　从墓志看吐谷浑与柔然之关系

《晖华公主墓志》记："主（公主）茹茹可敦之妹，即悼皇后之姨也"。即是说，吐谷浑晖华公主之姊，是伏连筹第一至第三女中的一个，嫁与柔然（茹茹）可汗，为其可敦，可汗与可敦的长女与西魏文帝和亲，即魏悼后，则晖华公主为悼后之姨。《北史》卷一三《后妃传上·魏悼皇后传》云："文帝悼皇后郁久闾氏，蠕蠕主阿那瓌之长女也"。由此可知《墓志》所记之"茹茹"可汗即柔然复兴时之"阿那瓌可汗"。

关于柔然的历史，《魏书》《北史》之《蠕蠕传》记载颇详。蠕蠕，又作茹茹、芮芮（南朝史籍），自号"柔然"。据《魏书》卷一〇三《蠕蠕传》（此传系宋人据《北史》卷九八《蠕蠕传》补）记："蠕蠕（柔然），东胡之苗裔也，姓郁久闾氏。"据学者考证，柔然族系"一个主要由鲜卑、敕勒、匈奴和突厥等组成的多氏族、多部落的部族"⑥。正如《南齐书》卷五九《芮芮虏（柔然）传》所云，其为"塞外杂胡"。北魏天兴五年（402）柔然首领社仑统一漠北，建立政权，自称丘豆伐可汗，与北魏长期争战。到北魏正光元年（520）柔然内乱，新立可汗阿那瓌投归北魏，入朝洛阳，后要求返回漠北，朝议许之。后阿那瓌叛回漠北，众推其为可汗。北魏末年，阿那瓌曾助北魏镇压六镇起义，后北魏则分裂为东、西魏及后之北齐、北周，故东、西魏对漠北复兴的柔然则力图拉拢，"竞结阿那瓌为婚好"⑦，这就是柔然阿那瓌可汗长女郁久闾氏与西魏文帝和亲的由来。⑧

《北史·蠕蠕传》称"柔然"系其自号，"后太武（太武帝拓跋焘）以其无知，状类于虫，故改其号为蠕蠕"。后来柔然贵族投北魏甚多，耻用"蠕蠕"这一带有侮辱性的族称，而改为"茹茹"。这一族称的改变，大致是在北魏后期。⑨

至于柔然"可汗""可敦"之号，"可汗"一词，最早原为鲜卑语"可寒""可汗"，

---

① 《宋书》卷96《吐谷浑传》，中华书局1974年版，第2372页，内记："慕璝前后屡遣军击，茂曼（即暮末）率部落东奔陇右，慕璝尽据有其地"。
② 关于吐谷浑与西秦的关系，可参见上引周伟洲《吐谷浑史》，第18—31页。
③ 《北史》卷96《吐谷浑传》，中华书局1974年版，第3181页。
④ 见《魏书》卷4《世祖纪下》中华书局1974年版，第99页。
⑤ 中华书局1974年标点本《周书》卷50校勘记云："宋本'扳'作'拔'南本作'扳'。《北史》本传、《通鉴》卷一六五作'狀'。"
⑥ 周伟洲：《敕勒与柔然》，上海人民出版社1983年版，第83—84页。
⑦ 《北史》卷98《蠕蠕传》，第3264页。
⑧ 以上关于柔然的历史，可参见上引周伟洲《敕勒与柔然》，第76—130页。
⑨ 详细考证，见周伟洲《杨文思墓志与北朝民族及民族关系》，载周伟洲主编《西北民族论丛》第14辑，社会科学文献出版社2016年版。

意为"官家",自柔然建国,此号即变成"皇帝"的专称,后为北方和中亚民族对最高首领(相当于"皇帝")的称呼。"可敦"又译作"可贺敦""恪尊""可孙""母尊"等,即可汗之妻,相当于内地王朝的"皇后"[①]。

关于北朝时吐谷浑与柔然的关系,现存的历史文献记载不多,见于《北史》卷九八《高车传》内引北魏宣武帝于永平元年(508)与高车国诏书中有:"蠕蠕、嚈哒、吐谷浑所以交通者,皆路由高昌(今新疆吐鲁番),掎角相接……";此仅说明漠北柔然与吐谷浑有过交往,路皆经高昌。又《南齐书》卷五九《河南(吐谷浑)传》,记南齐建元元年(479)吐谷浑拾寅来贡献,齐高帝诏书中云:"……又仍使王世武等往芮芮(柔然),想即资遣,使得时达"。同书又记,永明三年(491),南齐"遣给事中丘冠先使河南(吐谷浑)道,并送芮芮使"。故《南齐书》卷五九《芮芮虏传》记:"芮芮常由河南道而抵益州。"此外,《北史》卷九六《吐谷浑传》也记:"兴和(539—542)中,齐神武作相,招怀荒远,夸吕(吐谷浑可汗)遣使致敬……夸吕乃遣使人赵吐骨真,假道蠕蠕,频来东魏。"上述史籍的记载,仅只能说明,吐谷浑与漠北的柔然可能有互通使臣及资送南朝或假道柔然使臣的关系。

然而,新出土的《吐谷浑晖华公主墓志》却明确记载了吐谷浑伏连筹将其一女嫁与柔然阿那瑰可汗为可敦,双方和亲,关系更为密切的事实。这是与当时的形势密切相关,因自伏连筹祖拾寅、父度易侯以来,北魏曾多次派军征讨吐谷浑;伏连筹即立后,北魏边将又攻取吐谷浑洮阳、泥和(在今甘肃临潭)二戍,迫使吐谷浑称臣纳贡。[②]而漠北柔然阿那瑰可汗自叛逃回漠北后,柔然复兴,与北魏及后东、西魏分庭抗礼,并不时寇扰东、西魏北边。[③]因此,立国于今青海、甘南及新疆东部的吐谷浑自然欲与漠北的柔然结盟、联合,与北魏抗衡。吐谷浑伏连筹嫁女于柔然阿那瑰可汗,结和亲联盟,共抗北魏,则为形势之所致。

不仅如此,《晖华公主墓志》还记公主"又从夫至于茹茹,亲俶礼遇,莫之与先"。晖华公主与其夫乞伏孝达何时、因何原因又离开吐谷浑,投归柔然的呢?伏连筹卒于北魏永安二年(529)[④],《北史·吐谷浑传》记"伏连筹死,夸吕立……"而据《梁书》卷五四《诸夷·河南(吐谷浑)传》记:"筹死,子呵罗真立。大通三年(529年,此年十月改元中大通元年)诏以为宁西将军、护羌校尉,西秦、河二州刺史。"又同书卷三《武帝纪下》也记:中大通元年(529)三月,梁"以河南王阿罗真(即呵罗真之异译)为宁西将军,西秦、河、沙三州刺史"。次年四月,又"以河南王佛辅为宁西将军,西秦、河二州刺史"。即是说,呵罗真在位仅一年,其子佛辅即立。至六年(534),梁"以行河南王可沓振为西秦、河二州刺史,河南王"。则《梁书》《南史》记伏连筹卒后,吐谷浑王位变动频繁,其内部可能发生动乱。与《北史》记伏连筹子夸吕一直在位百年异。据《北史·吐谷浑传》云,北魏末年,"自尔以后,关徼不通,贡献遂绝",故《梁书》记载较《北史》为确。又《北史》《周书》记夸吕于大统初(535年左右),始遣使到西魏,兴和中(540年左右)始遣使至东魏,均在可沓振之后。故疑夸吕之立,当在可沓振之后。如此,则伏连筹死后,吐谷浑王位换动频繁,可能发生内乱,故推测乞伏孝达夫妇因内乱,经由西域高昌,投归漠北柔然,是在伏连筹卒后到夸吕继立之间(529—534)。而公主夫妇之投归柔然,也是因公主之姊为柔然阿那瑰可汗可敦

---

① 参见上引周伟洲《敕勒与柔然》,第 96、157 页。
② 《北史》卷 96《吐谷浑传》,中华书局 1974 年版,第 3184 页。
③ 《北史》卷 98《蠕蠕传》,第 3264—3266 页。
④ 按,《资治通鉴》卷 158 系伏连筹卒于梁武帝大同六年(540),同年夸吕继立。然而,《梁书·河南传》云:"筹死,子呵罗真立。大通三年(529年,此年十月改元中大通元年)诏以为宁西将军、护羌校尉,西秦、河二州刺史"。是知伏连筹死于大通三年。

故也。

正因如此，乞伏孝达夫妇投柔然后，受到重用，"亲俶礼遇，莫之与先"。《墓志》首题之"茹茹骠骑大将军、俟利、莫何、度支尚书、金城王乞伏孝达妻晖华公主吐谷浑氏墓志铭"，内孝达前官爵名，当为孝达在柔然之官爵名。内"骠骑大将军"（从一品）、度支尚书（为中央尚书省官职，实职，三品）、金城王（爵号，一品）为原汉魏职官名，沿吐谷浑伏连筹拟北魏官制而来。"俟利、莫何"为柔然官号，莫何有勇健者之意，后转为"酋长"之称。① 而其妻似仍有原"晖华公主"之号，而姓"吐谷浑氏"。《魏书》卷一一三《官氏志》云"吐谷浑氏，依旧吐谷浑氏"。出土北朝时入魏之吐谷浑贵族墓志，如《魏故直寝奉车都尉汶山郡侯吐谷浑玑墓志》《魏故武昌王妃吐谷浑氏志铭》《故骠骑大将军、开府仪同三司、征羌县开国侯尧公妻吐谷浑氏墓志铭》等，也证实北朝时，吐谷浑王族仍姓"吐谷浑氏"②。至夸吕可汗死后，吐谷浑才"还以慕容为姓"③。

四 从墓志看柔然与西魏的关系

柔然阿那瑰返漠北后，柔然复兴，而北魏却因六镇及各地的反抗斗争而衰弱，继而在永熙三年（534）分裂为东、西魏两个政权；形成"东、西魏竞结阿那瑰为婚好"的局面。西魏初建立，势力较东魏弱，文帝元宝炬系丞相宇文泰所立。西魏大统初，漠北柔然也屡犯北边。为了通好及获得漠北柔然的支持，文帝以原舍人元翌女称化政公主，下嫁与柔然阿那瑰兄弟塔寒。又娶阿那瑰长女，即阿那瑰与可敦（吐谷浑伏连筹另一女）所生长女为皇后（魏悼后）。

西魏对柔然阿那瑰长女郁久闾氏和亲十分重视，大统三年（537）派遣原与柔然阿那瑰可汗相识的扶风王元孚，以及曾因被六镇起义军击败而一度逃至柔然的车骑大将军、太子太傅杨宽出使柔然，奉迎阿那瑰长女。④ 柔然可汗及臣下见元孚，"莫不欢悦，奉皇后来归"⑤。据《北史·后妃传上·魏悼皇后传》记：阿那瑰长女随行有"车七百乘，马万匹，驼千头"，可见阿那瑰可汗资送甚厚，和亲队伍之庞大。"蠕蠕俗以东为贵，后之来，营幕户席，一皆东向……到黑盐池（大致在今陕西定边北盐池），魏朝卤簿文物始至。孚奏靖正南面，后曰：'我未见魏主，故蠕蠕女也。魏仗向南，我自东面'。孚无以辞。"⑥

又据《晖华公主墓志》记："悼皇后来归也，金城（指金城王乞伏孝达）以姨智之重，作上宾于魏。时主及三子亦从此行。"即是说，《墓志》补证了柔然阿那瑰可汗长女和亲，随行的还有柔然可敦妹、长女之姨吐谷浑晖华公主夫妇及其三个儿子。阿那瑰可汗夫妇显然是想以长女之姨夫妇的智慧，来护祐出嫁的、年仅十四岁的长女。西魏朝廷自然也视晖华公主夫妇为"上宾"。

大统四年正月，柔然阿那瑰长女至西魏都城长安，"立为皇后，时年十四"⑦。西魏文帝则废大统元年所立皇后乙弗氏（原为居青海湖一带吐谷浑属鲜卑乙弗部人），令其"逊居别宫，出家为尼"。大统六年，因柔然举国过黄河至夏州（治今陕西靖边北白城子），文帝又被迫使乙弗氏自缢，时乙弗后年仅三十一，后葬于麦积崖（今甘肃天水麦积山石窟），号"寂陵"⑧。

---

① 见上引周伟洲《敕勒与柔然》，上海人民出版社1983年版，第168—169页。
② 见周伟洲编《吐谷浑资料辑录》，青海人民出版社1992年版，第87—90页。
③ 《通典》卷190《边防六·吐谷浑传》。
④ 《北史》卷16《元孚传》，第615页；《周书》卷22《杨宽传》，中华书局1974年版，第367页。
⑤ 上引《北史》卷16《元孚传》，第615页。
⑥ 《北史》卷13《后妃上·魏悼后传》，第507页。
⑦ 《北史》卷13《后妃上·魏悼后传》，第507页。
⑧ 《北史》卷13《后妃传上·文皇后乙弗氏传》第506—507页。1957年洪毅然先生，在甘肃天水麦积山石窟发现了乙弗后所葬之"寂陵"，其文稿（刻印稿），现藏甘肃省图书馆。

也就在大统六年，柔然郁久闾皇后因难产而卒，"年十六，葬于少陵原。十七年（551），合葬永陵"①。"魏悼后"，当为其卒后之谥号。魏悼后卒后，东魏大丞相高欢（后之齐神武帝）遣张徽纂出使柔然，以离间西魏与柔然的关系，其中即有说西魏宇文泰"杀害"柔然阿那瑰可汗长女魏悼后一事。后阿那瑰又归诚于东魏，与之和亲。阿那瑰即为其子庵罗辰请婚，东魏以常山王妹乐安公主许婚，改称兰陵长公主，嫁与庵罗辰。东魏兴和四年（542），阿那瑰又以孙女邻和公主嫁与高欢第九子长广公高湛。武定四年（546），阿那瑰又将其爱女，即魏悼后之妹嫁与高欢。于是高欢娶阿那瑰爱女，号"蠕蠕公主"，为正室，其妻娄氏避正室为妾。②

随柔然魏悼后至西魏长安的原吐谷浑晖华公主夫妇，如《晖华公主墓志》所云：初公主"婉若春风，瞰如秋月，光仪容止，式谐典度"，即其仪态端庄，处事合于典制。然而，在魏悼后去世不到一年，公主也因疾而逝。《墓志》记：公主"方调琴瑟，永训闺庭，而偕老之愿未申，朝露之危奄及。春秋卅有九，以大统七年正月甲午卒于苌安（即长安）。皇帝悼之，葬以公主之礼，生远其乡，死异其地，德音虽在，形颜已歇。嗟行之人，惜而泪下。"即是说，晖华公主因病不幸于大统七年（541）正月卒于长安，年仅三十九岁。西魏文帝仍以"公主之礼"葬之。这就是墓志首题将公主夫妇视为"茹茹"之上宾，仍称公主为"晖华公主吐谷浑氏"的缘故，且墓葬形制（如墓道四个天井，四个过道，分前、后室等）及丰富的陪葬器物均按西魏公主丧葬制度办理。

《墓志》又记："粤二月乙酉窆于山北县小陵原"。此即晖华公主于大统七年二月归葬于"山北县小陵原"，即今发掘墓葬之今西安长安区大兆郭庄村。内"山北县"，最早为后秦姚兴置，北魏、西魏因之，北周天和三年（568）废省。③地在今西安长安区南。西魏山北县所辖的少陵原（即小陵原），即在今西安长安区大兆一带，此地是北朝至隋唐时期许多王公贵族的墓葬区，见于记载和发掘的墓葬甚多。据宋代宋敏求《长安志》卷一一《少陵原》记："少陵原。在县南四十里。南接终南，北至铲水，西屈由六十里，入长安县界，即汉鸿固原也。宣帝许后葬于此，俗号少陵原。"唐颜师古注《外戚传》称，"即今之所谓小陵者，去杜陵十八里"④。晖华公主之所以葬于少陵原，也与魏悼后原葬于此地有关。

五 结语

出土的《吐谷浑晖华公主墓志》虽然只有短短的460字，但其补证北朝吐谷浑政权制度及吐谷浑、柔然、西魏相互关系史实甚多，主要有：

1. 关于吐谷浑的政治制度，早在20世纪80年出版的拙著《吐谷浑史》一书，对吐谷浑政治制度及其演变的历史作了探索：认为"吐谷浑自叶延起正式建立政权，以后就由部落联盟进入国家的阶段，设置了一套国家机器，并逐渐趋于完善。《晋书·吐谷浑传》记其初期官制时说：'其官置长史、司马、将军'"。"但其统治下的各部首领仍以部大、酋豪、别帅等一般称呼。叶延以后，吐谷浑与内地的前秦、西秦、南凉、北魏等政权先后发生关系，且受其政治制度之影响。至树洛干时，始自称为'大都督、车骑大将军、大单于、吐谷浑王'，'号为戊寅可汗'。"这些称号表明，树洛干不仅仿内地政权称"大都督、车骑大将军、吐谷浑王"，而且又采用漠北原匈奴最高首领"大单于"的称号，还保留了本民族"戊寅可汗"的称号。这三种类型的称号中，以"吐谷浑王"为主，"而与内地政权

---

① 《北史》卷13《后妃传上·魏悼后传》，第507页。永陵为西魏文帝陵，地在今陕西富平岳留古乡何家村北，1996年国务院公布全国第四批重点文物保护单位。
② 《北史》卷14《后妃传下·蠕蠕公主传、齐明皇后娄氏传》，第517—518页。
③ 王仲荦：《北周地理志》卷1《关中》，中华书局1980年版，第6页。
④ 见辛德勇、郎洁点校《长安志》，三秦出版社2013年版，第361页。

封树洛干以后诸吐谷浑王为'河南王'、'陇西王'、'西平王'等号一致。"又说："吐谷浑政治制度的重大改革，大致开始于慕利延，最后完成于夸吕之时。"①

因《晖华公主墓志》的出土，上述结论应有所修正，即吐谷浑至伏连筹即立后，其政治制度有一个大的变革，如《魏书》《北史》所记："准拟天朝，树置官司，称制诸国"：原杂有匈奴、内地政权及本民族称号的政治制度，一改为仿汉魏及北魏时的制度，最高首领称"皇帝"，卒后有谥号，其女称"公主"，有"车骑大将军、中书监"等职官等。

伏连筹卒后，吐谷浑王位换动频繁，似有动乱。至夸吕即立后，史称其"始自号可汗"，这一"可汗"的意义与前期的可汗不同。它是吐谷浑接受了漠北柔然政权"可汗"称号的结果，意思已变为"内地汉魏以来官制，如设丞相，总揽国内外大事"。此外，还有王、公、仆射、尚书、侍郎、郎中、别驾等官。诸王一般由王室子弟充任，也有其他民族部落的首领。即是说，从夸吕始，吐谷浑政治制度又发生了一次重大变革，并基本定型，其制一直延续到唐龙朔三年（663）吐谷浑政权为吐蕃所灭为止。

2.《吐谷浑晖华公主墓志》揭示和补充了北魏末至东、西魏分立时期，西北的吐谷浑和漠北的柔然的关系。现存史籍只记载吐谷浑与柔然有通使的关系，《墓志》则明确记载双方有更为密切的"和亲"关系，即吐谷浑主伏连筹曾嫁女于柔然阿那瑰可汗，为其可敦；双方结盟，以抗北魏。伏连筹卒后，吐谷浑晖华公主夫妇又投归柔然。这些史实揭示出北朝北方各族及其所建政权之间更为复杂的关系。

3.《吐谷浑晖华公主墓志》还补证了史籍阙载的柔然与西魏关系的若干史实：柔然阿那瑰长女（魏悼后）嫁与西魏文帝时，随行的还有阿那瑰长女之姨吐谷浑晖华公主夫妇，以及公主夫妇在长安被待为"上宾"，公主卒后，葬于长安少陵原。这些史实更深一层地揭示了柔然与西魏在和亲过程中，西魏为结好柔然，以对付东魏，故对柔然妥协、忍让，两者之间的微妙关系。

吐谷浑晖华公主虽然三十九岁即卒于长安，但其短短的一生中，先后定居及活动于当时北方三个大的民族及所建政权（吐谷浑、柔然和西魏）之中；其《墓志》记述北朝时三个北方民族之间的关系，补证史籍之处甚多，且更为翔实和具体，弥足珍贵也。

（原载《民族研究》2020年第2期）

---

① 均见周伟洲《吐谷浑史》，宁夏人民出版1985年版，第120页。

布发掩泥的北齐皇帝：
中古燃灯佛授记的政治意涵

孙英刚[*]

摘 要：中古时期的一个重要时代特征，是佛教带来了新的文化基因。佛教的传入，不但重塑中土信仰世界，也带来了新的政治意识形态，对政治理念和政治实践都产生了重要影响。在宗教思想弥漫的中古时代，政治史的面貌也因此呈现出丰富的面相。北齐文宣帝高洋视高僧法上为佛，模拟燃灯佛授记的场面，布发于地，让法上踩之。通过这样的仪式，塑造自己佛教转轮王的身份，从信仰和政治的双重维度加强统治的神圣性。燃灯佛授记在佛教信仰体系中居于极为特殊的地位，带有明确的宗教和政治意涵。其发源于犍陀罗地区，在印度本土罕见，但是却在中国中古政治和信仰世界里成为一个重要的信仰主题和政治理念。这一方面说明中古政治文化的复杂性，另一方面也反映了中国文明具有世界主义的开放性和包容性——这也是中国文明能够长盛不衰的重要原因。

关键词：燃灯佛授记 佛教 北齐 犍陀罗 转轮王

近年来，有关王朝正统地位或合法性问题的讨论，已成中古史学界的重要话题。这一讨论，是政治史研究回归其应有位置的一种尝试，既有对权力来源和委任统治权的思考，也提供了深入讨论不同政治文化传统、不同知识与宗教信仰体系与中古政治关系的机会。[①] 历史图景往往不是单线、单一画面、非黑即白、整齐划一的。采用不同类型的史料、从不同的视角出发，我们会看到历史真相的不同层面。不同历史事实叠加呈现的历史画面，可能更加复杂，却更加接近真实，更加符合中古时期信仰繁荣、知识创新、包容开放的时代特征。

王朝体制和君主理念这一核心的政治史议题，近年来获得中古史学界越来越多的重视，不论是方法论更新，还是具体史实的挖掘，都取得了显著成绩，也彰显出将不同史料引入中古政治史研究这一研究思路的潜力。就与本文相关的北朝政治史而言，有的研究从中国传统的五德终始、阴阳术数的政治文化入手，从中土固有的天命、历运思想出发，讨论北朝的君主与政治；[②] 有的研究则基于南北朝时期民族冲突融合的时代特征，从所谓"内亚"的视角出发，将有关北亚草原政治文化传统纳入北

---

[*] 孙英刚，浙江大学历史学系教授。

[①] 关于这一研究主题的学术脉络，可参见楼劲的相关论述。他认为，考虑到百年以来政治史研究屡经改弦更张，这是政治史回归其应有位置，对之研究真正开始实事求是的积极进展。"即就王朝体制而言，古人用以讨论其是否正当的理论、方法与今相当不同，却不等于其思考不认真或毫无恒久的价值，更何况这一体制及其由诸多要素凝聚而成的传统还广泛切实地影响着历史，也就亟须对之展开深入研究"（楼劲：《主持人语》，《华东师范大学学报》2018 年第 4 期）。

[②] 这些研究都有力图突破目前制度史观的努力，例如，何德章：《北魏国号与正统问题》，《历史研究》1992 年第 3 期；罗新：《十六国北朝的五德历运问题》，《中国史研究》2004 年第 3 期；楼劲：《谶纬与北魏建国》，《历史研究》2016 年第 1 期；楼劲：《魏晋以来的"禅让革命"及其思想背景》，《华东师范大学学报》2017 年第 3 期。也可参见孙英刚《神文时代：谶纬、术数与中古政治研究》（上海古籍出版社 2014 年版）有关章节的讨论。值得注意的是，南北朝时期同时还面临着复杂的宗教和民族问题，五德终始的天命学说在这样的背景下呈现出更加纷繁复杂的局面。

朝政治史的讨论，有效地丰富了历史图景。①除上述视角外，中古时期的另一个重要时代特征是佛教传入。这是一个佛教和其他宗教繁荣的时代，宗教对当时人们的思想世界和信仰世界都有深刻影响。佛教的兴起与传播，不仅仅是宗教信仰的输入，也带来了新的政治理论和君主观念。②那么，将丰富的宗教文献纳入研究视野，或是拓展中古政治史研究视野的一种有效方法。

北齐的王朝政治与佛教关系密切，其处在魏晋南北朝分裂时期到隋唐统一的转折点上，为我们讨论中古时期佛教与王朝政治的关系，提供了一个很好的样本。北齐文宣帝高洋（550—559年在位）以燃灯佛（汉文也翻译为"定光佛"等，为统一起见，本文统称"燃灯佛"）授记③的仪式来装扮王权，一方面是当时政治与宗教关系密切的反映，另一方面也是外来文化元素在中古时期的发展与发挥。④

一 高洋布发掩泥及高齐政权与佛教之关系

东魏孝静帝武定八年（550）五月，东魏权臣高洋迫使孝静帝禅位，建立北齐政权。高洋就是后来的文宣帝。文宣帝高洋在正史如《北齐书》《北史》中常常被描述为性情乖戾的暴君，但是在法琳、道宣等佛教史学家笔下，却是护持佛法的明主。佛教在其塑造君主形象、加强统治合法性论述中，扮演着举足轻重的角色——这也是南北朝到隋唐政治世界与信仰世界关系的一个重要层面。尤其是高洋视高僧法上为佛，自己布发于地令其践之的做法，看似乖张荒诞，实具深刻的政治宗教意涵。

有关高洋布发掩泥，广泛见诸佛教文献。比如唐初高僧法琳（572—640）《辩正论》卷3记载：

> 高齐高祖文宣皇帝（讳洋）……或出或处，非小节之所量；乍智乍愚，故大人之所鉴……所以斟酌能仁、碎波旬之众；宪章觉者，轻轮王之尊。固是大权应物、弘誓利生者也。天保之始，请稠禅师受（授）菩萨戒，于是又断肉禁酒，放舍鹰鹞，去官渔网。又断天下屠杀，……大起寺塔，度僧尼满于诸州。又以昭玄大统法上为戒师，常布发于地，令师践之……所度僧尼八千余人，十年之中佛法大盛。⑤

法琳对高洋评价很高，认为他"或出或处""乍智乍愚"，是"大人之所鉴"，非"小节之所量"，并且认为高洋"轻轮王之

---

① 近年来，罗新等学者的一系列研究，极大地拓展了这一研究方向。有关研究的结集可看罗新：《中古北族名号研究》，北京大学出版社2009年版。最能彰显其从"内亚"视角出发讨论中古君主观这一研究精神的，或是其出版的一本小书，参见罗新《黑毡上的北魏皇帝》，海豚出版社2014年版；近年来从"内亚"视角讨论中国中古政治史的研究，还可参见陈三平的相关研究，其主要成果结集于Sanping Chen, *Multicultural China in the Early Middle Ages*, Philadelphia: University of Pennsylvania Press, 2012。

② 佛教与中古君主观的相关研究可参见康乐《转轮王观念与中国中古的佛教政治》，"中研院"《历史语言研究所集刊》第67本第1分，1996年；周伯戡：《姚兴与佛教天王》，《台大历史学报》第30期，2002年；古正美：《从天王传统到佛王传统——中国中世佛教治国意识形态研究》，商周出版社2003年版；孙英刚：《转轮王与皇帝：佛教对中古君主概念的影响》，《社会科学战线》2013年第11期；孙英刚：《武则天的七宝：佛教转轮王的图像、符号及其政治意涵》，《世界宗教研究》2015年第2期。

③ 授记，梵语"Vyākarana"，巴利文"Veyyākarana"，在汉译佛典里也译作受记、受决、记别、记说等，或音译为和伽罗那、和罗那、弊伽蓝陀、毘耶佉梨那等，有预言、记说、解答等意涵。参看杨郁如《佛教授记思想研究现状与论著目录》，《敦煌学辑刊》2012年第1期；田贺龙彦：《授记思想の源流と展开》，京都：平乐寺书店，1974年。

④ 诹访义纯对文宣帝布发掩泥有所讨论，参见诹访义纯《中国中世仏教史研究》第2章，东京：大东出版社1988年，第231—232页注3。

⑤ 法琳：《辩正论》卷3，高楠顺次郎编《大正新修大藏经》（以下简称《大正藏》）第52册，大正一切经刊行会，1934年版，第507页下栏。

尊",护持佛法,不但请僧稠给自己授菩萨戒,①而且以法上为戒师,常常"布发于地,令师(法上)践之"。

唐初高僧道宣(596—667)也反复提到高洋布发、受戒一事。比如在其《集古今佛道论衡》卷甲描述道:"凡所行履,不测其(高洋)愚智。委政仆射杨遵彦。帝大起佛寺,僧尼溢满诸州……受戒于昭玄大统法上,面掩地,令上履发而授焉。"② 在其《续高僧传》法上本传中,也描述了这一场景:"既道光遐烛,乃下诏为戒师。文宣常布发于地,令上践焉。"③ 道宣对高洋的评价与法琳类似,认为他"凡所行履,不测其愚智",并且将法上为高洋授菩萨戒和高洋布发于地的宗教仪式做了连接,明确了两者之间的关联性,所谓"受戒于昭玄大统法上,面掩地,令上履发而授焉"。

道宣和法琳的记载,撇除其僧人身份,实是当代人追忆,具有相当高的可信性,基本可以肯定是对王劭《高齐书·述佛志》的延续。作为北齐旧臣和以史才见称于时的人物,王劭的记载更是直接证明了布发掩泥的存在。④

上述佛教文献提到,高洋布发于地并非一次,而是常常如此。考虑到这一行为的宗教政治意涵,高洋最早做这样的仪式,不会早于其即位为帝。开元七年(719)的大唐邺县修定寺传记碑或许能提供一点线索。修定寺是北齐的皇家寺院,也是高僧法上长期经营的寺院。其碑文云:"魏历既革,禅位大齐,文宣登极,敬奉愈甚。天保元年(550)八月,巡幸此山,礼谒法师,进受菩萨戒,布发于地,令师践之,因以为大统。"⑤ 若碑文所记属实,则高洋最早通过布发掩泥的仪式接受菩萨戒,是天保元年八月。值得注意的是,他迫使东魏孝静帝禅位是在当年五月。在建立新王朝之后不久,高洋就通过布发掩泥接受了菩萨戒。这其中除了个人信仰的原因之外,政治的考虑非常明显。通过借重于佛教意识形态,高洋宣示了自己的转轮王身份,增强了自己受禅的正当性。

高洋的这一行为,离不开南北朝后期以来佛教获得空前发展的大背景。"自东晋以来,佛寺与僧尼数迅速增长,南朝以梁,北朝以北魏末到北齐时为顶点"⑥ 佛教在政治、经济、社会生活各个层面都取得了举足轻重的地位,这是这段时间佛教能够在政治世界(包括政治理念与政治实践)里扮演重要角色的历史背景。长期以来党派分野与政治集团是中古政治史研究的重要思路,所以在讨论佛教与政治的关系时,以往的研究总是将特定僧团、寺院、宗派与特定政治势力做分门别类的条理分析。尽管在这样的研究模式里,信仰的因素、佛教的政治理念被隐匿不见,分野清楚的集团对立也往往违背常理,但从某些细节上它的确能够揭示一些通体的真实。比如,南北朝后期佛教高僧们在国家政治中极为活跃,不但对王权进行理论包装,甚至赤膊上阵,参与国家管理与政治斗争。在孝武帝西奔宇文泰时,为其背负玉玺,持千牛刀随行护卫的是沙门都惠臻,而替高欢奉表关中请孝武帝返回的是僧人道荣。⑦ 管理佛教僧尼的机构昭玄寺一再扩充规模,到文宣帝时达到鼎盛,同时设置十位昭玄统管理 200 余万僧伽。高洋以法上为大统,

---

① 僧稠在禅宗历史上地位很高,与北齐政权也关系密切,道宣在《续高僧传》卷 20 习禅篇《论》中云:"高齐河北,独盛僧稠。周氏关中,尊登僧实……致令宣帝担负,倾府藏于云门,冢宰降级,展归心于福寺,诚有图矣。故使中原定苑,剖开纲领,惟此二贤。"(《大正藏》第 50 册,第 596 页)有关僧稠的讨论,参看葛兆光:《记忆、神话以及历史的消失——以北齐僧稠禅师的资料为例》,《东岳论坛》2005 年第 4 期。
② 道宣:《集古今佛道论衡》卷甲,《大正藏》第 52 册,第 370 页下栏—371 页下栏。道宣《广弘明集》卷 4 (《大正藏》第 52 册,第 112 页下栏)记载略同。
③ 道宣:《续高僧传》卷 8《齐大统合水寺释法上传》,《大正藏》第 50 册,第 485 页。
④ 藤善真澄《道宣伝の研究》附篇《王劭の著述小考》,京都:京都大学学术出版会,2002 年版,467—475 页。
⑤ 《全唐文补遗》第 3 辑,三秦出版社 1996 年版,第 304 页。
⑥ 汤用彤:《汉魏两晋南北朝佛教史》(增订本),北京大学出版社 2011 年版,第 2 页。
⑦ 《北史》卷 5《孝武皇帝本纪》,中华书局 1974 年版,第 173 页;卷 6《高欢本纪》,第 224 页。

其他为通统。① 从北魏昭玄寺一统一都（维那）或一统若干都，到东魏昭玄寺三位或三位以上沙门统并立，再到北齐时昭玄十统俱兴，显示了僧官员额扩大的趋势。②

高齐政权的建立，与佛教关系密切。研究政治史的学者往往注意到佛教僧团对高齐政治集团的支持，以及高齐延续魏晋南北朝佛教热衷参与政治的传统。比如北魏末年佛教僧侣制造"佛图入海""东海出天子"等谣谶，附会王朝起伏盛衰，宣扬高齐取代北魏建国。③ 研究佛教史的学者，则对高齐政权的佛教属性更加熟悉——因为后世极为流行的《高王观世音经》就是在高齐建国过程中被制造出来的，目的很明确，就是为高欢的神圣性张目。④ 这一高欢资助和推动的观音信仰运动在民间取得了极大的成功，将高氏家族和佛教信仰成功地绑在了一起。

与北周灭佛相对照，北齐执行的是一个从始至终的崇佛政策。⑤ 由于统治集团支持，僧众和寺院数量都远远超过了北魏。齐境"十余年间教法中兴，僧至二百余万，寺院凡四万余所"⑥，人口占比达到了惊人的程度。以至隋朝建立后，隋文帝为复兴佛教，需要召集关东六大德（基本是原北齐的佛教高僧）充实关中佛教力量。⑦

天保六年的文宣帝废道事件，反映了北齐一边倒倾向佛教的情形。对这一事件唐初佛教文献多有记载，比如法琳《辩正论》，道宣《续高僧传》《集古今佛道论衡》《广弘明集》，道世《法苑珠林》等。据道世记载，道教领袖陆修静因梁武帝舍道，愤而叛入北齐。天保六年九月，文宣帝高洋主持佛道论衡，结果昭玄大统法上等挫败道教，于是下敕取缔道教，甚至让归伏的道士跟随法上出家为僧。除此之外，高洋下令，"自谓神仙者，可上三爵台，令其投身飞逝。诸道士等皆碎尸涂地"⑧。不过陆修静早已亡于刘宋泰始年间。学者对此多有讨论，基本认为北齐文宣帝崇佛废道确实存在，但是佛教文献进行了文学性夸张。⑨ 高洋命令道士从三爵台飞下这一情节，或是高洋以佛教断刑的附会。对此《隋书》有记载："帝尝幸金凤台，受佛戒，多召死囚，编篷簏为翅，命之飞下，谓之放生。坠皆致死，帝视以为欢笑。"⑩ 可以说，佛教在北齐境内始终处于独尊态势，取得了近乎国教的地位；文宣帝高洋布发掩泥的举动，是高齐利用佛教信仰和理论进行政治宣传中的一环。

---

① 道宣：《续高僧传》卷8《齐大统合水寺释法上传》，第485页下栏。
② 谢重光：《中古佛教僧官制度和社会生活》，商务印书馆2009年版，第75—76页。
③ 姜望来：《论"永宁见灾"》，《史林》2009年第2期；姜望来：《论"齐当兴，东海出天子"——兼论高齐氏族问题》，《魏晋南北朝隋唐史资料》第26辑，2010年；张冠凯：《关于北齐佛教政治性的探讨》，《五台山研究》2017年第4期。
④ 最新的研究，参看池丽梅：《〈高王经〉的起源——从"佛说观世音经"到"佛说高王经"》，《佛学研究》2018年第1期；仓本尚德：《北朝仏教造像铭研究》，京都：法藏馆，2016年；也可参看张总：《观世音〈高王经〉并应化像碑——美国哥伦比亚大学藏沙可乐捐观音经像碑》，《世界宗教文化》2010年第3期。最新的研究显示，所谓"高王观世音经"，是高欢动用官方力量资助和推动在民间流传的观音系统经典，通过观音信仰的传播来树立高欢在社会上的影响力和神圣性。
⑤ 张冠凯：《关于北齐佛教政治性的探讨》，《五台山研究》2017年第4期。
⑥ 念常：《佛祖历代通载》，《大正藏》第49册，第554页。
⑦ 参见孙英刚《从"众"到"寺"：隋唐长安城佛教中心的成立》，荣新江主编《唐研究》第19卷，北京大学出版社2014年版。
⑧ 道世《法苑珠林》卷55，《大正藏》第53册，第707页中栏；道宣：《续高僧传》卷23《昙显传》，《大正藏》第50册，第625页中栏。法上的重要弟子法存原本就是道教徒。
⑨ 常盘大定：《支那に於ける仏教と儒教道教》，东洋文库，1930年，第581—586页；久保田量远：《中国儒道佛交涉史》，胡恩厚译，金城书屋1986年版，第94—99页；刘林魁：《北齐文宣帝高洋废除道法考论》，《宗教学研究》2011年第2期；姜望来：《论"亡高者黑衣"》，《中华文史论丛》2011年第1期。
⑩ 《隋书》卷25《刑法志》，中华书局1973年版，第704页。《北史》卷7《文宣帝高洋本纪》（第261页）也有类似记载："又召死囚，以席为翅，从台飞下，免其罪戮。果敢不虑者，尽皆获全；疑怯犹豫者，或致损跌。"《北史》卷19《彭城王㲗传》（第709页）还记载了一个个案："世哲从弟黄头，使与诸囚自金凤台各乘纸鸱以飞，黄头独能至紫陌乃坠，仍付御史狱，毕义云饿杀之。"

二 北齐君主的转轮王身份及其政治宣传

佛教对北齐政治的影响，不限于上述特定僧团、寺院、高僧与特定君主及政治集团的联系，更值得注意的是其作为一种系统化的信仰和意识形态，在北齐王朝体制和政治理念中扮演的角色。当佛教在政治修辞、国家仪式、王权理念等层面都占据相当显著的地位时，这一时期的政治思想和政治实践，无疑会打上深刻的宗教色彩——这既符合中古政治世界的宏观思想语境，也是中古历史不可忽略的脉络。

就佛教对中古君主观的影响而言，转轮王的理念——虽然有不同样式的变形和不同经典和理念的背景——始终是最核心的。佛教传入中国之前，中国传统君主观念，主要植根于天人感应、阴阳五行思想，强调统治者"顺乎天而应乎人"。统治人民的是"天子"，天子接受"天命"统治人民，而"天命"可以通过尧舜禅让或者汤武革命的方式转移。中古时期，在没有现代政治学说可以凭借的背景下，"太平""祥瑞""灾异""天命"等是主要的政治语言；而"龙图""凤纪""景云""河清"等，则是主要的政治符号。佛教的传入，带来了新的意识形态，为世俗君主们提供了将统治神圣化的新理论，也为君主权力在世俗和神圣两界的扩张提供了条件。等于是在中土本有的"天子"意涵之外，加上了"转轮王"的内容，形成了可以称之为"双重天命"的政治论述。而佛教对未来美好世界的描述，以及对理想的世俗君主的界定，都有其自身信仰和思想背景。① 比如说，转轮王是理想的君主、统一君主（Universal Ruler）、佛陀的世俗对应者、护持佛法的君主；他的合法性来自功德的集聚而不是天命的赋予，等等。与转轮王理念相配合的一套政治修辞，比如"七宝""十善""飞行"等也频繁出现在中古的历史书写中。②

北齐君主被视为转轮王，可以说是当时一种从高层到民众的普遍做法。从石刻史料看，跟转轮王有关的词汇常见于北齐，与高齐政权相始终。③ 比如文宣帝天保八年（557），高洋族弟赵郡王高叡定国寺碑歌颂北齐云："属大齐之驭九有，累圣重规，羲轩之流，炎昊之辈，出东震，握北斗，击玉鼓，转金轮。"④ 太宁二年（562）彭城王高浟修寺碑歌颂北齐皇室"乘宝殿以飞空，驾金轮而傍转"⑤。武平二年（571）《皇太后造观世音石像记》："仰资武成皇帝，升七宝之宫殿，皇帝处万国之威雄，傍兼有心之类，一时俱登圣道。"⑥ 武平三年唐邕刻经碑云："我大齐之君……家传天帝之尊、世祚轮王之贵。"⑦ 这套糅合了中国传统政治术语和佛教转轮王概念的说辞，反映了当时政治和信仰世界的复杂与交融。而这种情况一直延续到隋唐，在当时的政治修辞中常见。

孝静帝时，东魏与西魏分裂对峙。高欢将都城从洛阳迁往邺城，洛中诸寺僧尼也随之迁邺。东魏北齐都邺凡34年，由于高齐政权的崇佛政策，佛教获得空前发展，获得了类似国教的地位，邺都由此成为中原北方的佛教中心。据记载，"都下大寺略计四千，所住僧尼

---

① 关于转轮王理念在中古政治中的角色，可参看康乐《转轮王观念与中国中古的佛教政治》，"中研院"《历史语言研究所集刊》第67本第1分，1996年；古正美《从天王传统到佛王传统——中国中世佛教治国意识形态研究》；孙英刚《转轮王与皇帝——佛教对中古君主概念的影响》，《社会科学战线》2013年第11期；孙英刚《武则天的七宝：佛教转轮王的图像、符号及其政治意涵》，《世界宗教研究》2015年第2期。
② 孙英刚：《"飞行皇帝"会飞行吗?》，《文史知识》2016年第6期。
③ 仓本尚德已对此进行了初步的收集，参看仓本尚德：《北朝造像铭における転輪王関係の用語の出現》，《印度学佛教学研究》第60期，2011年。
④ 颜娟英主编：《北朝佛教石刻拓片百品》第1册，"中研院"历史语言研究所，2008年，第152页。
⑤ 颜娟英主编：《北朝佛教石刻拓片百品》第1册，第180页。
⑥ 钱大昕：《潜研堂金石文跋尾》卷3，《嘉定钱大昕文集》第6册，江苏古籍出版社1997年版，第78页。
⑦ 颜娟英主编：《北朝佛教石刻拓片百品》第1册，第252页。

将八万,讲席相距二百有余,听者常过一万"①。可谓名僧云集,讲席如林,寺院和僧尼规模,已俨然超越南朝。高僧如菩提流支、那连提黎耶舍、慧光、法上、道凭、僧稠、灵裕等,皆一时之选。隋唐时期的诸多学派,大都与这一时期的邺城佛教有关。②

虽然关于邺城佛教的很多历史记忆已经湮灭,但是有些偶然保存的信息,仍然留下高齐君主标榜自己为佛教理想君主转轮王的证据。如北齐赵郡王高叡被杀的地点,就在邺城雀离佛院。《北史》和《北齐书》都记载,高叡出至永巷,遇兵被执,送华林园,在雀离佛院被刘桃枝所杀。③ 根据这条记载,当时北齐都城邺城有一座雀离佛院。所谓"雀离",最初是指贵霜帝国君主迦腻色迦(约127—150年在位)在都城布路沙不逻(今巴基斯坦白沙瓦)修建的著名佛塔迦腻色迦大塔——也就是汉文文献中屡屡出现的"雀离浮图"(Cakri Stupa,意为"轮王之塔")。④ 其实,有关雀离浮图的信息已经在中土流传很久,"雀离"甚至成为石刻铭文中的常用字眼,如大都会博物馆所藏东魏造像碑,其铭文上就有"至如宝塔五层,则浮空耀昬,金棠百刃,则无日承天□□□□□□□□雀离之高妙矣"⑤ 的表达。从根本上说,雀离这样的佛教建筑,直接标志着君主的转轮王身份,⑥ 这也跟石刻史料和文献描述相吻合。

不过要指出的是,高欢和高澄虽然掌握东魏实权,但名义上仍是魏臣,并不具备君主身份。真正开始大张旗鼓宣扬高齐君主为转轮王,是从文宣帝高洋开始的。实际上,我们看到的有关记载都始自高洋。这也能够佐证作为北齐皇家石窟的北响堂山石窟,开凿于高洋即位之后。北响堂山石窟无疑具有帝王陵寝的意义,道宣《续高僧传》和北宋时期编撰的《资治通鉴》对此都有记载。道宣记载云:"仁寿下敕,令置塔于慈州之石窟寺。寺即齐文宣之所立也。大窟像背文宣陵藏中诸雕刻骇动人鬼。"⑦《资治通鉴》记载高欢下葬云:太清元年(547)正月丙午,东魏渤海献武王欢卒,世子澄秘不发丧。"八月甲申,虚葬齐献武王于漳水之西;潜凿成安鼓山石窟佛寺之旁为穴,纳其柩而塞之。"⑧

从佛教教义和逻辑来说,北响堂石窟实际就是高齐君主的转轮王塔。高洋为父兄和自己开凿的北响堂三窟(大佛洞对应高洋、中间的释迦洞对应高欢、刻经洞对应高澄)是以佛教转轮王身份安葬君主的做法,而邺西高欢的平陵、高澄的峻成陵、高洋的武宁陵则是按照中土传统建造的帝陵。高欢"虚葬"于传统帝陵,却埋骨于响堂山石窟——如果这一记载可靠的话,或许正是对这种安排的生动写照。笔者并不认为一定存在"虚葬"问题,至少需要考古证据来进一步证明。但无论如何,高洋的确试图通过开凿北响堂山三窟,达到树立自己及追认父兄为佛教理想君主转轮王的政治目的。在佛教理念里,转轮王和佛都有起塔供养的资格。而且,佛陀的葬礼,本来就是源于转轮王的葬礼,都是起塔供养。转轮王不过是佛陀的世俗对应者。

---

① 道宣:《续高僧传》卷10《靖嵩传》,《大正藏》第50册,第501页中栏。
② 邺城佛教之盛况,参看丁明夷《北朝佛教史的重要补正——析安阳三处石窟的造像题材》,1988年第4期;圣凯《僧贤与地论学派——以〈大齐故沙门大统僧贤墓铭〉等考古资料为中心》,《世界宗教研究》2017年第4期。
③ 《北齐书》卷13《赵郡王琛附子叡传》,中华书局1972年版,第173页;《北史》卷51《齐宗室诸王上·赵郡王琛附子叡传》,第1846页。《北史》诸本"雀"讹作"崔",据《北齐书》改。
④ 在汉文文献中,也异译为"雀梨""爵离""昭怙厘"等。
⑤ 钟稚鸥、马德鸿:《东魏〈邑义五百余人造像碑〉考释》,《故宫博物院院刊》2009年第3期。
⑥ 有关雀离浮图的讨论,参看村田治郎:《雀离浮图小考》,《日本建筑学会研究报告》22,1953年;李澜:《有关雀离佛寺的几个问题》,《敦煌研究》2009年第4期。有关雀离的宗教政治意涵及在中古史上的反映,参看古正美:《贵霜佛教政治传统与大乘佛教》,允晨文化出版公司1993年版,第487、549页;孙英刚、李建欣:《月光将出、灵钵应降——中古佛教救世主信仰的文献与图像》,《全球史评论》第11辑,中国社会科学出版社2016年版,第108—140页;孙英刚:《"雀离"补论》,《中国中古史集刊》第5辑,商务印书馆2018年版,第315—322页。
⑦ 道宣:《续高僧传》卷26《明芬传》,《大正藏》第50册,第669页下栏。
⑧ 《资治通鉴》卷160,中华书局1956年版,第4957页。

很明显，北响堂石窟的塔形窟，是石窟与陵寝相结合的特殊形制，具有强烈政治纪念碑性。① 高洋在塑造自己佛教转轮王身份时，是从追认其父兄的转轮王身份开始的，根本目的是为了彰显自己统治的合法性，正所谓"我大齐之君……家传天帝之尊、世祚轮王之贵"②。

高齐政权对开凿石窟、摩崖造像极为重视。③ 晋阳除了有名的天龙山石窟外，另有西山大佛和童子寺大佛——都开凿于文宣帝高洋时期，开创了中原北方雕凿大佛的先例。天保七年的童子寺大佛开凿于峭壁上，现存北齐燃灯石塔一座，高 4.12 米。李裕群考察揭示出北响堂山石窟是带有转轮王塔性质的帝王陵寝，而高洋开凿西山大佛和童子寺大佛，则承袭北魏传统，仿昙曜五窟（三世佛的理念）而开凿。进而他认为，这种情况与北齐皇帝自诩为转轮圣王不无关系。④

被高洋视为佛的高僧法上，是东魏北齐时期的佛教领袖。他继承高僧慧光的宗教遗产，担任最高佛教领袖长达数十年。用道宣的话说，"故魏齐二代历为统师。昭玄一曹纯掌僧录，令史员置五十许人，所部僧尼二百余万。而上纲领将四十年"，"帝之待遇，事之如佛"⑤。法上由高洋之兄高澄引入邺都，"兴和三年，大将军尚书令高澄□□（奏请）入邺，为□□（昭玄）沙门都维那，居大定□（国）寺而充道首"⑥。法上修建的修定寺塔是其与北齐皇室关系的明证。该塔位于今天安阳西北 30 多公里处，于 1961 年被河南省文物工作队在文物普查时发现，是中国最早以雕砖饰面的单层方形浮雕砖头舍利塔。塔壁四周上下共镶嵌二十余组转轮王"七宝"图案，都占据中心位置，其中轮宝位于正中，其他六宝则分列两侧。⑦

修定寺深受高齐皇室重视。1980 年河南省文物研究所在清理修定寺塔基时出土舍利函，上面刻有一段文字："释迦牟尼佛舍利塔。婆摩诃般若波罗蜜，诸佛之母。甚深缘起，诸法实相。摩诃般涅盘那至极圆寂。天保五年岁次甲戌四月丙辰八日癸亥，大齐皇帝（即高洋）供养、尚书令平阳王高淹供养、王母太妃尼法藏供养、……平阳王妃冯供养、李娘供养。"⑧ 法上是一位虔诚的弥勒信徒，隋代费长房《历代三宝记》记载法上"起一山寺名为合水，山之极顶造兜率堂，常愿往生，觐睹弥勒，四事供养百五十僧。齐破法湮，山寺弗毁，上私隐俗，习业如常。常愿残年见三宝复，更一顶礼慈氏如来"⑨。《唐相州邺县天城山修定寺之碑》则称修定寺"有龙花瑞塔，

---

① 刘东光对这一问题有深入敏锐的探讨，参看刘东光：《试论北响堂石窟的凿建年代及性质》，《世界宗教研究》1997 年第 4 期。他认为，大佛洞的原貌是一座典型的佛殿式转轮王供养窟，其覆钵及瘗穴等，应为高洋死后所增设；北响堂石窟系高洋以转轮王身份营建，而以塔形窟为灵庙的做法正是高洋力图表现其转轮王身份的反映。贵霜帝国君主也是转轮王，参看 Giovanni Verardi and Alessandro Grossato, "The Kuṣāṇa Emperors as Cakravartins, Dynastic Art and Cults in India and Central Asia: History of a Theory, Clarifications and Refutations," *East and West* 33, No. 1/4 (December 1983), pp. 225—294.
② 颜娟英主编：《北朝佛教石刻拓片百品》第 1 册，第 252 页。
③ 高齐在短短四分之一世纪的时间，开凿制作了大量至今闻名的佛教石窟造像，参看大内文雄：《北齐佛教衰亡的一面——以摩崖石刻经典的盛行与衰退为中心》，吴彦译，《佛学研究》2017 年第 1 期；任继愈：《中国佛教史》卷 3，中国社会科学出版社 1985 年版，第 689 页。
④ 李裕群：《晋阳西山大佛和童子寺大佛的初步考察》，《文物季刊》1998 年第 1 期。
⑤ 《续高僧传》卷 8《齐大统合水寺释法上传》，第 485 页。
⑥ 《大唐邺县修定寺传记》，《全唐文补遗》第 3 辑，第 304 页。原文标点及错漏较多，此为笔者所修订。东魏迁邺，高欢以南台（御史台）为定国寺，以砖修建佛塔，其铭为温子升所撰，见欧阳询：《（宋本）艺文类聚》卷 77，上海古籍出版社 2013 年版，第 1969—1970 页。
⑦ 有关修定寺塔浮雕意涵，参看孙英刚：《武则天的七宝：佛教转轮王的图像、符号及其政治意涵》，《世界宗教研究》2015 年第 2 期。
⑧ 关于修定塔的讨论很多，可参看李裕群：《安阳修定寺塔丛考》，《宿白先生八秩华诞纪念文集》，文物出版社 2002 年版，第 445 页；郭露妍：《安阳修定寺塔七政宝砖雕装饰图案探源》，《西北美术》2006 年第 3 期。对铭文的讨论，参见钟晓青《安阳灵泉寺北齐双石塔再探讨》，《文物》2008 年第 1 期。
⑨ 费长房：《历代三宝记》，《大正藏》第 49 册，第 105 页上栏。

降于忉利；雀离仙图（轮王之塔），来于天竺"①。其思想核心仍是弥勒下生、转轮王供养一类。

法上作为北齐官方地位最高的僧人，在王朝仪式和僧团管理中举足轻重。除他之外，服务于高洋政治宣传的佛教译经，还有一些是由来自今天巴基斯坦斯瓦特地区（Swat，属犍陀罗故地，白沙瓦平原北部，中文古籍中常称为"乌苌"）的那连提黎耶舍（Narendrayasaś，约517—589）完成的。那连提黎耶舍最为我们熟知的，是他在隋文帝时的译经。隋文帝以佛教转轮王自居，其中最重要的宣传文件，是那连提黎耶舍在开皇二年（582）开始翻译的《德护长者经》（又名《尸利崛多长者经》）。这一两卷本的佛经，之前已有多个译本。②重译的主要动机，是为隋文帝提供统治合法性的"于经有征"的证据。如前辈学者们屡屡指出的那样，这个在当时被隋文帝高度重视的翻译项目，在文末做了一番现在看来非常直白的宗教性政治预言："又此童子，我涅槃后……于当来世佛法末时，于阎浮提大隋国内，作大国王，名曰'大行'。"③但实际上，那连提黎耶舍在北齐时期，已经作为重要的译经僧为高洋所重视。那连提黎耶舍到达邺城时，高洋"极见殊礼，偏异恒伦"，请其翻译佛经，"又敕昭玄大统沙门法上等二十余人监掌翻译"。④

后来他在隋文帝时期的译经，跟北齐时期的作为是一以贯之的。

三 燃灯佛授记思想起源及其在北朝后期的流行

高洋模拟的燃灯佛授记，在佛教历史观中地位特殊。它是佛本生故事的结束，也是佛传故事的起点。这个故事发生的地点，不在佛陀故土，而在今天阿富汗贾拉拉巴德（Jalālābād）地区，玄奘时代称为那揭罗曷国（Naharahara）。玄奘在西行求法途中经过此地，描述了跟燃灯佛授记有关的种种圣迹。⑤历史上的释迦牟尼不可能去过犍陀罗，但通过燃灯佛授记这样的"历史叙事"，将释迦牟尼的前世儒童（Megha 或 Sumati）⑥置于犍陀罗——通过燃灯佛的授记，他正式获得了未来成佛的神圣性和合法性，之后历经诸劫转生为释迦太子已顺理成章。释迦牟尼的出生、成道、传法、涅槃，这一切都要从燃灯佛授记说起。在早期汉文译经中，佛传故事基本上都是从燃灯佛授记说起的，而不是从释迦牟尼出生说起，这在犍陀罗佛教浮雕中得到验证。西克里（Skri）窣堵波上的13块佛传故事浮雕，就是从燃灯佛授记开始的。北魏至东魏时，大部分佛传故事都从燃灯佛授记开始，并时常出

---

① 侯卫东：《〈相州邺县天城山修定寺之碑〉校读》，《殷都学刊》2012 年第 4 期。
② 西晋竺法护译有《月光童子经》[又名《月明童子经》，与《申日兜（儿）》《失利越》是同本异译] 一卷。另外疑为三国支谦译《佛说申日经》，之后又有刘宋求那跋陀罗译《申日（说明：此处不用改为"曰"）儿本经》，皆收于《大正藏》第 14 册。《佛说申日经》在文末预言，"月光童子当出于秦国作圣君"，统领夷夏，崇信佛法。（《大正藏》第 14 册，第 819 页中栏）不过这一记载不见于竺法护和求那跋陀罗的译本。
③ 那连提黎耶舍译《佛说德护长者经》，《大正藏》第 14 册，第 849 页中栏—850 页上栏。有关研究参看藤善真澄：《末法家としての那连提黎耶舍：周隋革命と德护长者经》，《东洋史研究》第 46 卷第 1 号，1987 年。
④ 道宣：《续高僧传》卷 2《隋西京大兴善寺北天竺沙门那连耶舍传》，第 432 页。古正美认为文宣帝依赖那连提黎耶舍树立自己的佛王形象，不过其观点、逻辑及史料解读都存在明显问题，参看古正美：《从天王传统到佛王传统——中国中世佛教治国意识形态研究》，第 156—211 页。
⑤ 玄奘口述、辩机撰：《大唐西域记》卷 2（《大正藏》第 51 册，第 878 页中栏—下栏）对燃灯佛授记的圣迹多有记载，说明玄奘到达那里时，这些圣迹仍在。比如他记载："那揭罗曷国……城东二里有窣堵波，高三百余尺，无忧王之所建也。编石特起，刻雕奇制，释迦菩萨值然灯佛，敷鹿皮衣，布发掩泥，得受记处。时经劫坏，斯迹无泯。或有斋日，天雨众花，群黎心竞，式修供养。其西伽蓝，少有僧徒。次南小窣堵波，是昔掩泥之地，无忧王避大路，遂僻建焉。""城西南十余里有窣堵波，是如来自中印度凌虚游化，降迹于此，国人感慕，建此灵基。其东不远有窣堵波，是释迦菩萨昔值然灯佛，于此买华。"另，据《天譬喻经》（Divyāvadāna）记载，燃灯本生故事发生在犍陀罗的灯光城（Dīpavatī），讲述佛陀倒数第二次转生为婆罗门青年须摩提（Sumati）的故事。
⑥ 在汉文文献中，儒童也被翻译为其他多种名字，为论述方便，本文一律使用"儒童"。

现在石塔或石碑上。① 用宫治昭的话说，"释迦的足迹不曾到达的地方"却是"佛教美术的故乡"②。

根据汉文译经，我们把燃灯佛授记的主要故事情节总结如下：释迦牟尼的前世是一个修行菩萨道的梵志，名叫儒童。儒童听闻当时的佛——燃灯佛要进城，就去拜见。在路上碰到王家女瞿夷（Gopikā），跟她买莲花；然后儒童见到燃灯佛，把五枚莲花散向空中，居然都停止在空中，没有一朵坠落地上；燃灯佛做出预言：自今以后，历经九十一劫，你将成佛，名释迦文；儒童听后，霍然无想，身体升入虚空，去地七仞；儒童看见地上泥泞，就解下身上穿的鹿皮衣盖住泥泞，但是仍不足覆盖，于是把头发散开，铺在地上，让佛蹈而过；自此之后，儒童历经九十一劫，上为四天王，下为转轮圣王，最终降生迦毗罗卫国成佛。

燃灯佛授记的主题于印度罕见，在中亚却得到重视。在犍陀罗现存本生浮雕中，其数量之多令人惊讶。有学者认为，儒童跪伏在燃灯佛脚下的姿势与萨珊王朝初期纪念胜利的摩崖浮雕，以及表现崇拜罗马皇帝的美术作品类似。③ 但无论如何，燃灯佛授记的信仰和艺术主题，随着佛教传入，从犍陀罗逐渐流布于中土，对中古历史产生了深刻影响。④

从早期汉文译经看，跟燃灯佛授记有关的理念和知识，早在佛教传入之初就被介绍进来了。比如《修行本起经》等在讲述佛传故事时，并不是从释迦太子出生讲起，而是从燃灯佛授记——过去佛燃灯佛预言儒童（释迦牟尼的前世）将在未来成佛——开始的。⑤ 这一点跟犍陀罗佛教艺术对佛传故事的描述完全吻合。跟燃灯佛授记有关的佛教造像，即便经过历次残酷的灭佛以及历史的洗礼，仍然可以反映其在中古受到重视的情况。北魏时期，燃灯佛授记的造像广泛分布于中原北方，尤其是东魏北齐时期，成为大众常见的造像主题——这反映了这一主题代表的意涵成为大众的普遍观念，进而成为高洋利用这样的仪式加强自己统治合法性的思想基础和信仰环境。

有关燃灯佛授记图像的制作，最早见诸文献记载的是刘宋元嘉八年（431），来自罽宾（犍陀罗）地区的高僧求那跋摩在始兴虎头山寺宝月殿，"手自画作罗云像及定光儒童布发之形，像成之后每夕放光，久之乃歇"⑥。不过，求那跋摩来自犍陀罗地区，可能是个早期的特例。从现存文献和实物证据看，有关燃灯佛的造像广泛流行，发生在北魏时期，尤其是集中于北方中原地区，这跟当时北朝流行三世佛信仰有关。过去的燃灯佛为释迦牟尼的前世儒童授记，未来弥勒菩萨也会继承释迦成为新佛教化人间。北魏昙曜五窟即以三世佛为中

---

① 孙英刚：《佛教是从印度传来的吗？》，2018 年 5 月 31 日，https：//www.thepaper.cn/newsDetail_forward_2142891；宫治昭：《丝绸之路沿线佛传艺术的发展与演变》，赵莉译，《敦煌研究》2001 年第 3 期；穆罕默德·瓦利乌拉·汗（Mohammad Waliullah Khan）：《犍陀罗：来自巴基斯坦的佛教文明》，陆水林译，五洲传播出版社 2009 年版，第 196 页。蔡枫认为，犍陀罗本生雕刻中最令人瞩目的是燃灯本生，数量之多，版本之多，时间跨度之大，非犍陀罗其他本生雕刻所能匹敌。参见蔡枫《犍陀罗本生雕刻的印度文化母题》，《深圳大学学报》2012 年第 1 期。

② 宫治昭：《犍陀罗美术寻踪》，李萍译，人民美术出版社 2006 年版，第 7 页。

③ H. Buchthal, "The Common Classical Sources of Buddhist and Christian Narrative Art," *Journal of the Royal Society*, Vol. 75, no. 3-4, July 1943, pp. 137-148。

④ 有关研究参看：李静杰《卢舍那法界图像研究》，《佛教文化》增刊，1999 年 11 月；《定光佛授记本生故事图考补》，《故宫博物院院刊》2001 年第 2 期；贾应逸《印度到中国新疆的佛教艺术》，甘肃教育出版社 2002 年版，第 441—447 页；刘敏《广安冲相寺锭光佛石刻造像考略——兼论锭光佛造像的有关问题》，《中华文化论坛》2003 年第 4 期；赵雨昆《云冈北魏儒童本生+阿输迦施土图像组合模式》，《2004 年龙门石窟国际学术研讨会文集》，河南出版社 2006 年版，第 361—364 页；苗利辉《龟兹燃灯佛授记造像及相关问题的探讨》，《西域研究》2007 年第 3 期；霍旭初《龟兹石窟"过去佛"研究》，《敦煌研究》2012 年第 5 期；俄玉楠《甘肃省博物馆藏卜氏石塔图像调查研究》，《敦煌学辑刊》2011 年第 4 期；耿剑《"定光佛授记"与定光佛——犍陀罗与克孜尔定光佛造像的比较研究》，《中国美术研究》2013 年第 2 期。

⑤ 与燃灯佛授记有关的汉文经典有后汉竺大力共康孟祥译《修行本起经》、三国吴支谦译《太子瑞应本起经》、吴·康僧会译《六度集经》、西晋居士聂道真译《异出菩萨本起经》、东晋僧伽提婆译《增一阿含经》、后秦佛陀耶舍译《四分律》、南朝宋求跋陀罗译《过去现在因果经》、隋代阇那崛多译《佛本行集经》等。

⑥ 慧皎：《高僧传》卷 3，《大正藏》第 50 册，第 340 页。

心。云冈第5窟和第13窟上部小龛，以三世佛为中心题材。其他如龙门宾阳中洞、龙门魏字洞、永靖炳灵寺第80、81、102窟和天水麦积山第5、30窟，都以"三佛"为造像题材。"三佛"石窟由云冈而龙门而炳灵寺而麦积山，其他还包括义县万佛堂、巩县石窟寺等，几乎普遍流行于当时中国北方。① 也有学者认为昙曜五窟象征着祈愿北魏皇室如佛法传承一样永远不灭。②

燃灯佛、释迦、弥勒构成了过去、现在、未来的传承系统，而且燃灯佛为释迦授记的"史实"，佐证弥勒于未来成佛的合理性。1981年出土于郑州市西十公里红石坡寺院基址的北魏正光二年（521）造像碑，正面释迦牟尼，右侧面燃灯佛，左侧面交脚弥勒，③完美地表现了"三世佛"的理念。这样的情况还可参看偃师天统三年（567）邑主韩永义等造像碑，其碑阳上部弥勒菩萨，中部燃灯授记和燃灯佛，下部释迦佛，构成典型三世佛造像。④ 更加令人注意的是，根据碑文记载，这块碑矗立在北魏重要寺院平等寺门外燃灯佛铜像后。文献记载，北魏都城洛阳平等寺门外矗立着高二丈八尺的燃灯佛金铜像。此像地位特殊，经常与政局动荡连在一起，所谓"国之吉凶，先炳祥异"⑤。这一点在正史中多有印证。⑥

除了平等寺金铜燃灯佛巨像，有铭文的燃灯佛造像，以龙门北魏永平三年（510）比丘尼法行造定光像和延昌三年（514）清信女刘口儿造定光像为最早。⑦ 东魏北齐时期，以燃灯佛授记为题材的石刻造像明显增多，如东魏武定元年《道俗九十人等造像碑》云："帝道熙明，普光训世……定光佛入国□□菩萨花时，如（儒）童菩萨卖银钱与玉（王）女买花"⑧；山东平原出土的北齐天保七年造像碑，⑨ 时代正好就是本文讨论的高洋统治时期；山东鄄城县文物管理所保存的造像碑，⑩ 时代是北齐皇建元年（560）；《董洪达四十人等造像记》碑阴铭文云："大齐武平元年，岁次庚寅，正月乙酉朔廿六日。盖诸佛智海，本自无住。既与法界净宽，复共虚空竞远。如（儒）童尊重，卧渥而布发；药王思报，上天而雨花。"⑪

最能说明问题的是水浴寺石窟的燃灯佛授记造像。水浴寺石窟俗称"小响堂"，位于河北省邯郸市峰峰矿区寺后坡村西200米处，居鼓山东坡，与鼓山西坡著名的北响堂石窟隔山相峙。北响堂石窟与北齐诸帝的关系，前文已论，实际上是带有灵庙性质的转轮王塔。邯郸市文物保管所对水浴寺石窟清理发现：西窟后壁东侧是定光佛龛，西窟前壁东侧是礼佛图，

---

① 刘慧达：《北魏石窟中的"三佛"》，《考古学报》1958年第4期。刘慧达认为这是受到《法华经》思想的影响，也反映了当时佛教的变动，可谓判断精准。另可参看贺世哲《关于十六国南北朝时期的三世佛与三世佛造像的诸问题》，《敦煌研究》1992年第3期。

② 小森阳子：《昙曜五窟新考——试论第18窟本尊为定光佛》，云冈石窟研究院编：《2005年云冈国际学术研讨会论文集·研究卷》，文物出版社2006年版，第324—338页。她认为这是一种关于佛的以时间为轴的世代传承学说。如果将三世佛学说中的佛替换为皇帝，则"过去"相当于太祖，当今和未来表示后代皇帝，从而可以表达拓跋氏基业世代相传的祈愿。

③ 郑州市博物馆：《郑州市发现两批北朝石刻造像》，《中原文物》1981年第2期。

④ 李献奇：《北齐洛阳平等寺造像碑》，《中原文物》1985年第4期。该文通过系统梳理这批造像碑，准确地指出，平等寺代表的宗教信仰主要是弥勒下生信仰。

⑤ 杨衒之撰，范祥雍校注：《洛阳伽蓝记校注》，上海古籍出版社1982年版，第104—108页。

⑥ 《魏书》卷112《灵征志》记载："永安、普泰、永熙中京师平等寺定光金像每流汗，国有事变，时咸畏异。"（中华书局1974年版，第2916页）

⑦ 陆蔚庭：《龙门造像目录》，《文物》1961年第4、5期合刊。

⑧ 陆增祥：《八琼室金石补正》，文物出版社1985年版，第114页；毛远明：《汉魏六朝碑刻校注》第7册，线装书局2008年版，第343页。

⑨ 贺小萍：《山东平原出土北齐天保七年石造像内容辨析》，《敦煌研究》2011年第1期。

⑩ 马爱梅：《鄄城北朝造像碑中的"燃灯佛授记"》，《中国文物报》2013年11月20日，第8版。这块造像碑清楚地描述了释迦牟尼的前世儒童布发掩泥的场面，燃灯佛则施无畏印，站立在他头发之上。

⑪ 颜娟英主编：《北朝佛教石刻拓片百品》第1册，第241页。

正好相对。西窟前壁西侧左起第一人为昭玄大统定禅师,有铭文"昭玄大统定禅师供养佛"。西窟北壁东侧一龛有造像发愿文:"武平五年甲午岁十月戊子朔,明威将军陆景□张元妃敬造定光佛并三童子,愿三界群生,见前受福,□者托荫花中,俱时值佛。"具体的形象,则是"龛内造一佛,赤足立于覆莲座上,右侧造三个裸体男童,一个跪伏于佛足下;一个双手举钵,立于跪伏者背上;另一个双手捧钵,立于一旁"①。

铭文中的"定禅师",见于南响堂第二窟中心柱北壁上部铭文,"昭玄沙门统定禅师敬造六十佛"②。如果水浴寺石窟铭文记载准确的话,那么北齐时期法上并不是唯一的昭玄大统,在他之后,还有一位定禅师担任此职。可惜有关这位高僧,《续高僧传》等没有记载。值得注意的是,昭玄大统定禅师和燃灯佛授记及礼佛图的题材在石窟空间的表现方式,和文献记载的昭玄大统法上法师跟文宣帝高洋的布发掩泥仪式,存在非常直观的一致性。这说明,仪式背后反映的宗教和政治思想,在北齐时期是臣民普遍认知的一种常识。

水浴寺石窟出现的"定光佛并三童子"造像样式,是在中土的新发展和变形。以前多被认作是阿育王施土因缘,但据铭文可知,这是燃灯佛授记造型。③ 一般的燃灯佛授记造像样式,是儒童买花、散花、布发掩泥等情节,但"定光佛并三童子"造型则是糅合了燃灯佛授记与阿育王施土因缘两种佛教故事而产生的本土化造像样式。这种样式在东西魏和北齐北周非常丰富。④ 燃灯佛预言了释迦牟尼成佛,而释迦牟尼则预言了阿育王(小儿)将在未来成为佛教转轮王;一个是成佛,一个是成转轮王,正好相对。两者糅合在一起,政治意味明显增加:该童子将成为转轮王,也将在遥远的未来成佛。⑤ 这完全符合佛教教义比如《修行本起经》的记载。北朝后期出现的"定光佛并三童子"造像样式,或许反映了当时佛教和政治社会情势的变动。不过要指出的是,早在犍陀罗的时期,燃灯佛授记和阿育王施土因缘的主题就已经被对应处理了,只是没有糅合在一起,说明其依然有悠久的思想背景。

这种样式往往跟弥勒信仰连在一起——正如我们前文所论,燃灯佛授记和弥勒信仰的关联性,在犍陀罗就已经发展成熟了。比如1976年于河南荥阳大海寺遗址出土的魏孝昌元年(525)道晗造像碑,又称为"北魏弥勒造像龛"或者"贾思兴百八十五人等造弥勒像龛"⑥。正面为交脚弥勒,背面是燃灯佛授记,跟犍陀罗构图同出一辙。其上有燃灯佛并三童子造像,但往往被误认为是阿育王施土。⑦

结　语

作为北齐开国君主,高洋最初是有一番作为的。⑧ 在正史或世俗史料中,往往强调他乖戾怪异的暴行。但在佛教文献中,高洋呈现出

---

① 邯郸市文物保管所:《邯郸鼓山水浴寺石窟调查报告》,《文物》1987年第4期。
② 田熊信之:《山东西部における刻经事业について》,《学苑》第845号,2011年。
③ 这个观点由李静杰提出,可谓确论。另外李静杰也举出多重证据,比如北魏末期平等寺碑右侧面上部题记"定□佛时"、稷山大统六年(540)碑阴题记"此是定光佛教化三小儿补(布)施,皆得须陀洹道",以及河清二年(563)思愁碑左侧面题记"定光佛主、三童子主",参看李静杰《造像碑佛本生本行故事雕刻》,《故宫博物院院刊》1996年第4期。
④ 李静杰:《图像与思想——论北朝及隋的佛教美术》,《清华历史讲堂续编》,生活·读书·新知三联书店2008年版,第144—145页。
⑤ 宫治昭认为,小儿施土是预言幼儿将来要成为转轮圣王阿育王的故事,与预言青年儒童将要成为释迦佛的"燃灯佛授记本生"在内容上是相对应的,特别是"小儿施土"和"燃灯佛授记本生"是"转轮圣王"和"佛陀"的授记组合。参见宫治昭《犍陀罗美术寻踪》,第193页。
⑥ 河南省郑州市博物馆:《河南荥阳大海寺出土的石刻造像》,《文物》1980年第3期。
⑦ 王景荃:《贾思兴造弥勒像龛与荥阳大海寺的创建》,《中原文物》2015年第3期。
⑧ 例如,高洋统治前期,对外与契丹、柔然、库莫奚等战争取得了一系列胜利,领土往南拓展到长江以北;通过均田制、度量衡改制、并省州郡等重大政治、经济举措,社会经济繁荣发展,在当时的北周、北齐、南陈三国中实力最强。

完全不一样的形象——如上文提到的那样，法琳、道宣等人对他评价都很高。研究佛教史的学者，从佛教文献的记载中发现他积极进取和护持佛教的举动跟南朝的梁武帝非常相似。①将世俗文献和宗教文献结合起来，把高洋置于当时的信仰和知识背景下，可能会帮助我们看得更加清楚。

燃灯佛授记、弥勒信仰等宗教思想，在平等寺金铜燃灯佛像身上体现得淋漓尽致。作为高洋父兄的高欢和高澄与燃灯佛信仰的关系，从北魏洛阳平等寺的燃灯佛金铜相可以看出。前文提到，当时的人们将这尊燃灯佛像和北魏末年以来的政治动荡连在一起。《魏书》记载："永安、普泰、永熙中京师平等寺定光金像每流汗，国有事变，时咸畏异之。"②《洛阳伽蓝记》卷2"平等寺"条记载更加详细：

寺门外有金像一躯，高二丈八尺，相好端严，常有神验，国之吉凶，先炳祥异。孝昌三年十二月中，此像面有悲容，两目垂泪，遍体皆湿，时人号曰佛汗。京师士女空市里往而观之。有一比丘，以净绵拭其泪，须臾之间，绵湿都尽。更换以它绵，俄然复湿。如此三日乃止。明年四月尔朱荣入洛阳，诛戮百官，死亡涂地。永安二年（529）三月，此像复汗，京邑士庶复往观之。五月，北海王入洛，庄帝北巡。七月，北海大败，所将江淮子弟五千，尽被俘虏，无一得还。永安三年七月，此像悲泣如初。每经神验，朝野惶惧，禁人不听观。至十二月，尔朱兆入洛阳，擒庄帝。帝崩于晋阳。③

关于平等寺燃灯佛金铜像，《冯翊王高润修平等寺碑》记载了许多细节："平等寺者，□□平□□□所立。永平中造定光铜像一区，高二丈八尺。永熙年金涂讫功。像在寺外。"④可知燃灯佛金铜巨像位于平等寺门外，建造于永平年间，最初只是铜像，永熙年间（532—534）完成涂金。可以想象，这样一尊金铜巨像在北魏洛阳城中是一道多么引人注目的宗教景观。

北齐冯翊王高润修平等寺碑刊刻于武平三年。高润是高欢之子，高澄、高洋之弟，他在碑文中详细回顾了自己家族跟燃灯佛金铜巨像之间的渊源：

□祖（高欢）以王业草创，遘寇犹□。志去关泥，观兵故洛。见像瑰奇，神征屡感。庄严具足，相好如真。若出崛山，犹居祇树。时流运谢，隐晦多纪。遂使明月不□，净□青莲，未迁福地。达人弘道，触物兼怀。发菩提觉心，希无上正果。躬亲致礼，迁像入寺。登给羽林，长□守□。⑤

根据高润的回顾，高欢"观兵故洛"，将这尊"神征屡感"的燃灯佛巨像迁入平等寺中，并且派兵保护。这并非一时之举。到了高澄当权，依然延续了高欢的做法：

武定末，世宗文襄皇帝，□□□□幸河洛，历揽周京。睹佛仪相，世未尝有。身色光明，实所希妙，崇申礼敬，广施军资，增给兵力。⑥

538年或者543年高欢开始派兵保护燃灯佛像，548年高澄增加兵力加以保护，到高洋上台，于550年做了布发掩泥的受戒仪式，给自己直接加上转轮王头衔。从某种意义上说，

---

① 诹访义纯：《中国中世纪仏教史研究》第2章，第226—241页。
② 《魏书》卷112《灵征志》，第2916页。
③ 有关这一记载的五行思想，参见游自勇《释家神异与儒家话语：中古〈五行志〉的佛教书写》，《首都师范大学学报》2018年第6期。
④ 颜娟英主编：《北朝佛教石刻拓片百品》第1册，第255页。
⑤ 颜娟英主编：《北朝佛教石刻拓片百品》第1册，第255页。
⑥ 颜娟英主编：《北朝佛教石刻拓片百品》第1册，第255页。

高洋只不过延续了其父兄的做法，甚至可以说完成了其父兄未竟的事业——虽然高欢和高澄掌握东魏的实权，但毕竟没有称帝，仍是臣下的身份，而高洋则在550年废魏建齐，成为新王朝的开国君主。从某种意义上说，北响堂石窟象征高欢、高澄、高洋的三窟（转轮王塔样式），和高洋延续父兄礼敬燃灯佛的做法，其信仰基础是一脉相承的。如前文提及，为高洋做燃灯佛授记仪式的高僧法上，也不是他邀请入邺的，而是其兄高澄邀请的。可以说，从高欢、高澄到高洋，高氏家族跟燃灯佛信仰始终存在特殊的联系，这也使得高洋可以以此加强自己统治的神圣性。

文宣帝高洋将自己打扮成"布发掩泥"的儒童——修行菩萨道的释迦牟尼的前世。容易被理解的是，高洋通过燃灯佛授记的形式受了菩萨戒。在中古佛教观念里，受菩萨戒是世俗帝王登上转轮王位的必经仪式。① 如《梵网经》所说："若佛子！欲受国王位时，受转轮王位时，百官受位时，应先受菩萨戒。"② 这也是为什么转轮王也被称为"皇帝菩萨"的原因。梁武帝是菩萨戒的积极践行者，他在天监十八年（519）受菩萨戒，称菩萨戒弟子，并让皇室成员、官僚、僧人都受菩萨戒，敕撰《在家出家受菩萨戒法》，形成了一系列新的仪式，由此树立皇帝菩萨的形象。③ 东魏之时，孝静帝曾从法上的老师慧光受菩萨戒。④ 慧光、法上等僧人重视《菩萨地持经》《十地经论》，对转轮王受戒等多有论述，如"菩萨住此受生多作转轮圣王，得法自在，七宝具足，有自在力，能除有情犯戒之垢，善巧令彼有情安处十善业道……佛子住此作轮王，普化有情行十善"⑤。孝静帝天保元年五月禅位于高洋，同年高洋从慧光徒弟法上那里接受了菩萨戒。从实际效果上，这一举动或许能增强高洋受禅的合法性。

除了受菩萨戒之外，燃灯佛授记本身具有强烈的预言性质，跟当时流行的三世佛信仰、弥勒下生信仰紧密相关。高洋并不是宣扬自己在遥远的未来成佛，而是强调当下的佛教转轮王身份。关于这一点，早期译经中表述得非常清楚。以后汉竺大力共康孟祥译《修行本起经》为例，它描述燃灯佛授记之后发生的事情：

能仁菩萨（儒童）……为转轮王飞行皇帝，七宝导从。……圣王治正，戒德十善，教授人民，天下太平。⑥

《修行本起经》花了很大篇幅描述儒童成为转轮王的各种细节，而成佛则在遥远的九十一劫之后。高洋及其父高欢、其兄高澄礼敬燃灯佛，除了个人信仰的因素外，用佛教理念装点王朝体制和王权观念，以获得庞大的佛教僧侣和信徒支持，乃题中应有之意。

除了高齐政权，高昌王国君主也曾有布发掩泥的举动，可证这样的操作并非孤例，燃灯佛授记思想的影响可能比保存下来的记载要深远得多。唐初道宣记载长安胜光寺高僧慧乘的事迹云：

从驾张掖，蕃王毕至。奉敕为高昌王麹氏讲金光明。吐言清奇，闻者叹咽。麹布发于地，屈乘践焉。⑦

高昌国王麹伯雅对慧乘布发掩泥，虽然没有证据表明像高洋那样纳入受戒仪式，但其思想来源应该是一样的。到了麹伯雅的儿子麹文泰，似乎也有此举动：

---

① 参见孙英刚《转轮王与皇帝——佛教王权观对中古君主概念的影响》，《社会科学战线》2013年第11期。
② 《梵网经》卷2，《大正藏》第24册，第1005页上栏。
③ 关于这一问题，讨论甚多，可参看颜尚文《梁武帝》，海啸出版事业有限公司1999年版；牟发松：《陈朝建立之际的合法性诉求及其运作》，《中华文史论丛》2006年第3期。
④ 陈志远：《从〈慧光墓志〉论北朝戒律学》，《人文宗教研究》第8辑，宗教文化出版社2016年版。
⑤ 菩提流支译：《十地经论》卷2，《大正藏》第26册，第554页中栏。
⑥ 竺大力、康孟详译：《修行本起经》卷上，《大正藏》第3册，第462页中栏—463页上栏。
⑦ 道宣：《续高僧传》卷24《唐京师胜光寺释慧乘传》，第633页下栏。

> 后日，王别张大帐开讲，帐可坐三百余人，太妃已下，王及统师大臣等，各部别而听。每到讲时，王躬执香炉自来迎引。将升法座，王又低跪为蹬，令法师蹑上，日日如此。①

唐武则天在洛阳建立的佛授记寺，曾经在其政治宣传和宗教活动中扮演极为重要的角色。据李静杰考证，无论从政治、佛教，还是佛教造像方面来看，武则天的行为都十分符合燃灯佛授记思想。② 虽然武周政权倒台之后很多佛教痕迹被抹去，但是佛授记寺和《大云经神皇授记义疏》（即《大云经疏》）的存在，让我们确知，武周政权的宗教和政治活动中，燃灯佛授记必然扮演了一定角色。

中国唐代之后经历去神秘主义的思想变革，佛教在政治史中的痕迹遭到反复冲刷湮没。但是从细微处入手，仍能恢复部分片段，可以一窥当时佛光笼罩下的时代面貌。这是中国历史演进的重要阶段，也是中国文明的重要组成部分，更是中国文明开放包容的明证。

中古政治史的研究，亟待扩大研究视野，一方面实现研究方法更新，一方面将现有研究领域外时常被忽略的历史信息纳入。就本文所论，域外的文本文献与图像文献，比如犍陀罗佛教有关信息，可以说明我们更好地理解中国文明的脉络；而世俗文献之外，补充宗教文献的记载，或许是让历史画面更加丰富但更接近真相的办法。

（原载《历史研究》2019 年第 6 期）

---

① 慧立撰、彦悰笺：《大慈恩寺三藏法师传》卷 1，《大正藏》第 50 册，第 225 页中栏。
② 李静杰：《北朝时期定光佛授记本生图像的两种造型》，《艺术学》第 23 期，2007 年；李静杰：《安阳修定寺塔唐代浮雕图像分析》，《故宫学刊》第 5 辑，紫禁城出版社 2009 年版，第 488—557 页。

宦途八俊：中晚唐精英的仕宦认同及其制度路径

刘后滨[*]

摘　要：到唐代中后期，南北朝遗留下来的门第依凭渐失去现实意义，无论是往日的旧门还是晚近的新贵，其获得当朝冠冕进而跻身政治社会精英阶层，都需要通过一条统一的新途径。这个途径不仅是进士及第的出身，而是一个动态的过程，渐次形成了以八俊为标志的仕宦阶梯。宦途八俊既是一条潜在的精英生成制度路径，更是一种构建等级编制的仕宦认同。仕宦认同的建立，需要利用举选制度和官僚体制，同时又塑造了其时的政治文化，并反过来影响到举选制度和官僚体制的发展进程。

关键词：宦途八俊　仕宦认同　制度路径　唐代

笔者曾撰文指出，唐宋间统治阶层尤其是政治精英构建与维护机制的变迁，是近年来在士族门阀研究基础上出现的重要学术论域。其中，科举制带来的唐代社会等级再编制及相关社会观念的变化，围绕科举和铨选而形成的"孤寒"与"子弟"，唐代不同时期政治话语中的"清流"与"浮薄"，诸如此类与统治精英集团形成途径和价值认同相关的问题，在史料解读和论题开掘方面都有了实质性的进展。[①]不过，已有的研究在官僚制度（尤其是选官制度）与政治文化两个方面各有侧重。将二者有机结合，寻找恰当的切入点，以求得对唐宋间政治社会变迁轨迹的深度描述，仍然是一个艰巨的课题。本文在已有研究的基础上，以唐人概括的宦途八俊快速升迁路径为考察对象，结合选官制度（包括政策与实践层面的制度）与政治文化，论证中晚唐时期政治与文化精英的仕宦认同及其所依托并深刻影响着的制度路径，试图为理解中晚唐官僚政治和社会结构的变化提供一个立体的观察视角。

一　八俊认同与唐人仕历书写的变化

八俊之说，见于封演《封氏闻见记》卷三《制科》，其文如下：

> 宦途之士而历清贵，有八俊者：一曰进士出身、制策不入。二曰校书、正字不入。三曰畿尉不入。四曰监察御史、殿中不入。五曰拾遗、补阙不入。六曰员外、郎中不入。七曰中书舍人、给事中不入。八曰中书侍郎、中书令不入。言此八者尤为俊捷，直登宰相，不要历余官也。[②]

据《四库全书总目提要》考证，封演天宝中为太学生，而后从进士出身，唐代宗大历年间曾任邢州刺史，唐德宗贞元时期终于

---

[*] 刘后滨，中国人民大学历史学院教授。

[①] 参见刘后滨《改革开放40年来的隋唐五代史研究》，《中国史研究动态》2018年第1期。相关研究的代表性论著，可举吴宗国《唐代科举制度研究》，北京大学出版社2010年版；陈铁民《制举——唐代文官摆脱守选的一条重要途径》，《文学遗产》2012年第6期；王德权《为士之道——中唐士人的自省风气》（修订版），政大出版社2019年版；陆扬《清流文化与唐帝国》，北京大学出版社2016年版。

[②] 封演撰：《封氏闻见记校注》卷3《制科》，赵贞信校注，中华书局2005年版，第18页。此条文字有脱漏，点校者据王谠撰《唐语林》补。

"朝散大夫检校吏部郎中兼御史中丞"①。封演的这个概括性说法，反映了安史之乱平定之后不久的时间里，其本人所在的社会群体（或者至少他本人认为属于这个群体）的某种流行看法。

这里的八个"不入"，是指这八个步骤之外的其他出身和官职都不入八俊之列。

进士出身，或者非进士出身者制策登科是起点，是必需的门槛。非进士出身、非制策登科者不入八俊。进士出身或制策登科之后，非校书、正字不入八俊。依此类推，最后做到中书侍郎、中书令。"宦途之士而历清贵"，强调认同的标准是"清贵"，只有符合八俊的仕宦轨迹，才能称之为清贵。当然，从唐人的各种撰述来看，包括寄托撰者与志主共同价值认同的墓志在内，并非以全部走完八俊轨迹者才能称之为清贵。至于八俊之中的哪一个环节对于"清贵"来说最为关键，除了进士及第的出身之外，恐怕就是"七曰中书舍人、给事中不入"了，或者至少要到"六曰员外、郎中不入"。一是因为唐代以五品为"通贵"，只有担任尚书省的郎中或中书舍人、给事中以后，才能称之为贵。二是唐代的"词臣"主体是中书舍人，此外就是以员外郎和郎中知制诰者。进士及第者制策登科之后，从校书郎或正字释褐起家，历经畿尉、监察御史和殿中侍御史，或者拾遗和补阙等官，做到员外郎、郎中并担任知制诰，最好能够真授中书舍人，到了这个阶段，就进入既清且贵的精英群体了。至于担任中书侍郎同平章事或者中书令，那就是少之又少的人才有可能实现的目标。实际上，符合进士及第并制策登科这两个条件的人，能够做到五品官的人应不在少数。但能够符合八俊标准途径的却为数有限。不过，这条标准途径却像是一根指挥棒，指引着唐代中后期的文人士子按照一条既定的路径经营自己的仕宦履历。

封演所述宦途八俊，并非唐代官员选任的制度规定，而是一种现象的概括，更体现为一种对于仕宦经历的价值认同。封演所述是目前所见这个认同最早的明确表述，可以推测这种认同是在安史之乱以后开始出现的。这种认同的产生和强化，背后有着复杂的政治社会变迁和制度变革背景。自《封氏闻见记》之后，类似的表述不断出现，进而形成了一种鲜明且强烈的仕宦价值导向，进而影响到唐人的文学创作和仕宦履历的书写。

唐宪宗元和元年（806），白居易罢秘书省校书郎，为了准备应制举而"揣摩当代之事，构成策目七十五门"，其中有一条《大官乏人》（小注曰"由不慎选小官也"），略曰：

> 问：国家台衮之材，台省之器，胡然近日稍乏其人。将欲救之，其故安在？
> 臣伏见国家公卿将相之具，选于丞郎给舍；丞郎给舍之材，选于御史遗补郎官；御史遗补郎官之器，选于秘著校正、畿赤簿尉。虽未尽是，十常六七焉。然则畿赤之吏，不独以府县之用求之；秘著之官，不独以校勘之用取之。其所责望者，乃丞郎之椎轮，公卿之滥觞也。②

白居易的模拟策文完全是"揣摩当代之事"，基本符合封演概括的八俊途径，他本人也是朝着这条路径规划自身仕途的。《旧唐书·白居易传》记其仕历为，"贞元十四年，始以进士就试，礼部侍郎高郢擢升甲科，吏部判入等，授秘书省校书郎。元和元年四月，宪宗策试制举人，应才识兼茂、明于体用科，策入第四等，授盩厔县尉、集贤校理"③。两《唐书》所记唐人仕历，不仅多有选择性地简化或者模糊年月，而且错误甚多。据朱金城《白居易年谱》考证，其进士及第在贞元十六年（800），贞元十八年冬参加铨选，以平判入等（一谓书判拔萃）于十九年（803）春登第，释褐为秘书省校书郎。元和元年（806）年罢校书郎，为应制举而撰写了策目七十五

---

① 《四库全书总目》卷120《封氏闻见记》提要，中华书局1965年版，第1033页。
② 《白居易集》，顾学颉点校，中华书局1979年版，第1326页。
③ 《旧唐书》卷166《白居易传》，中华书局1975年版，第4340页。

门,命曰《策林》。四月,应制举才识兼茂明于体用科,与元稹、韦惇、独孤郁、沈传师、萧俛等同登第,授盩厔尉。元和二年任集贤院校理,十一月应诏入翰林院试文,十二月任命为翰林学士①。白居易的早期仕历,不仅与八俊符若合契,甚至可以说是一个浓缩精华版。这篇模拟策文,可以看作是贞元、元和年间官场与士林一种普遍仕宦认同的经典表述,也可以视为八俊认同形成的标志性文本。

八俊认同影响及于文学创作之例甚多。大抵与封演同时代的沈既济,主要活动于唐代宗和德宗时期,其传奇小说《枕中记》当作于德宗建中年间②。《枕中记》描述的卢生在梦中的仕宦经历如下:明年,举进士,登甲科,解褐授校书郎。应制举,授渭南县尉。迁监察御史、起居舍人,为制诰。三年即真。后来卢生历经同州刺史、京兆尹和河西陇右节度使等官职,最后做到了宰相,"拜中书侍郎同中书门下平章事,与萧令嵩、裴侍中光庭同掌大政十年,嘉谋密命,一日三接,献替启沃,号为贤相"③。

《枕中记》描写黄粱梦境中卢生的仕途经历,无疑是八俊群体仕宦认同构建的一种文学呈现。尽管作者意在揭示仕宦辉煌背后的虚妄人生,一定程度上将卢生作为嘲弄的对象,却也不乏某种企羡与向往,更是鲜明的现实写照。史载沈既济博通群籍,经学该明,进士及第,官至礼部员外郎,基本进入八俊的轨道,勉强符合清贵的标准。而且,《枕中记》的创作似乎也在规划着这个来自吴兴的名门望族以后的仕宦策略,其子沈传师即是按照卢生之经历而展开仕途的。宋代谈钥《嘉泰吴兴志》载,沈传师,《吴兴统记》云德清县人,贞元十九年进士及第,二十年登制科,儒学、文艺为一时之冠④。又据《旧唐书·沈传师传》及杜牧所撰沈传师行状可知,其进士及第制策登科之后,历任太子校书、鄠县尉、左拾遗、左补阙、司门员外郎知制诰、司勋和兵部郎中、中书舍人。元和年间曾任翰林学士,官至吏部侍郎⑤。沈传师的两个儿子和孙子都进士及第。沈既济以下三四代人"皆有名迹,列于国史"⑥。

八俊认同影响及于文学创作,还见于白行简《李娃传》和蒋防《霍小玉传》等传奇小说。《李娃传》中的郑生,进士及第后应制举而走入仕途。《霍小玉传》中的李益,进士及第后以书判拔萃登科,授华州郑县主簿,从此阶层跃升,与霍小玉之间出现了鸿沟⑦。晚唐陈翰所编《异闻集》,有《樱桃青衣传》一文,所写"频年不第"的"范阳卢子"梦中仕宦经历也是进士擢第,宏词甲科,从校书郎释褐,历经王屋尉(畿尉)、监察御史、殿中侍御史,拜吏部员外郎,升为郎中、知制诰,数月即真授中书舍人,迁礼部侍郎。后来任京兆尹,改吏部侍郎,最终官拜黄门侍郎、平章事⑧。可以说,八俊作为一种仕宦认同的普遍价值,成为文学创作的一个重要母题。

八俊不是单一的出身认同,而是建立在进士及第这个出身认同前提下的仕历认同,是一个"清贵"身份认同的基准体系。在这条完整的仕宦路径中,可以区分出若干环节,或者说区分出若干个台阶及其组合。随着这个认同观念的出现和强化,唐人仕宦履历的书写也朝着契合这条路径或其间某个环节的方向转变,八俊之官构成了仕历书写的参照标准,此外的官职则可忽略或被有意忽略。最能体现唐人仕历书写意图的场合是墓志的撰刻,请人撰写的

---

① 参见朱金城《白居易年谱》,上海古籍出版社1982年版,第20—38页。
② 参见俞钢《论唐代吴兴良才沈既济的科举选官法改革主张》,《山西大学学报》(哲学社会科学版)2014年第5期。
③ 《太平广记》卷82《异人二》,中华书局1961年版,第527页。
④ 谈钥撰:《嘉泰吴兴志》卷16,湖州市地方志编纂委员会办公室整理,浙江古籍出版社2018年版,第271页。
⑤ 《杜牧集系年校注》,吴在庆点校,中华书局2008年版,第924—925页。
⑥ 《元和姓纂(附四校记)》卷7"吴兴武康县沈氏条",中华书局1994年版,第1137页。参见俞钢《论唐代吴兴良才沈既济的科举选官法改革主张》。
⑦ 参见俞钢《唐代进士入仕的主要途径及特点》,《上海师范大学学报》(哲学社会科学版)2003年第6期。
⑧ 陈翰编:《异闻集校证》,李小龙校证,中华书局2019年版,第38页。

墓志无论是收录于文集还是镌刻到石碑，都传递着志主和撰写者特定的价值认同。若将集部文献收录和出土的唐人墓志中有关仕历书写按时代加以排列，八俊作为模板的出现，当与这个价值认同的形成时间和强化趋势大体一致。例如，署名为"工部侍郎集贤院学士族孙张九龄撰"的张说墓志，仕历书写如下：

> 初天后称制，举郡国贤良，公时大知名，拔乎其萃者也。起家太子校书，迄于左丞相，官政册有一，而人臣之位极矣。尚书国之理本，公悉更之；中书朝之枢密，公丞掌之。休声与偕，升降数四。守正而见逐者一，遇坎而左迁者二。其余总戎于外，为国作藩，所平除者，唯幽并秉节钺而已。至若三登左右丞相，三作中书令，唐兴以来，朝右莫比。①

张说在武则天时期以制举对策第一而步入仕途，《旧唐书·张说传》记其早期仕历为，"弱冠应诏举，对策乙第，授太子校书，累转右补阙，预修《三教珠英》……长安初，修《三教珠英》毕，迁右史内供奉，兼知考功贡举事，擢拜凤阁舍人……中宗即位，召拜兵部员外郎，累转工部侍郎"②。可知张说的仕宦途径与后来的八俊还有较大差别，沈既济以张说为原型创作的《枕中记》中的卢生，其仕历实际上经过了八俊模式的改写。值得重视的是，在张九龄撰写的张说墓志中，八俊模式中必不可少的右补阙、中书舍人（凤阁舍人）、兵部员外郎等官，皆被略而不记。

韩愈撰写的《柳子厚墓志铭》是古文名篇，其所记柳宗元的早期仕历如下：

> 子厚少精敏，无不通达。逮其父时，虽少年，已自成人，能取进士第，崭然见头角。众谓柳氏有子矣。其后以博学宏词授集贤殿正字。俊杰廉悍，议论证据今古，出入经史百子，踔厉风发，率常屈其座人。名声大振，一时皆慕与之交。诸公要人争欲令出我门下，交口荐誉之。贞元十九年，由蓝田尉拜监察御史。顺宗即位，拜礼部员外郎。遇用事者得罪，例出为刺史。③

柳宗元进士及第后，遇父丧丁忧，服丧期满后任秘书省校书郎，后应科目选博学宏词科登科，释褐集贤殿正字，而后担任蓝田县尉，拜为监察御史，再任礼部员外郎。自其释褐为校书郎后短短十个年头，柳宗元就走过了常人要数十年才有可能达到的仕途高峰，担任礼部员外郎而进入准"清贵"行列。如同白居易一样，这些于贞元年间进士及第的中下层官僚子弟，凭着自身的苦读力学和文学才能，走出了一条八俊仕途的浓缩精华版。同样值得重视的是，韩愈撰写的墓志文，无疑是一篇经典的文学作品，其文学性丝毫不亚于张九龄撰写的张说墓志。就是在这样一篇文学性极强的墓志文中，有关柳宗元的仕宦经历，韩愈也遵循着八俊模式来撰写。至于贞元、元和及其后大量中规中矩的名宦墓志，其仕历书写大体遵循八俊模式。典型者如刘禹锡为李绛所写仕历，以及白居易为张仲方所写墓志。刘禹锡在《唐故相国李公集纪》中对李绛仕历的书写，不仅是一种实录，颇令人相信这本身就是八俊认同构建的重要文本。④ 白居易为张仲方所写墓志云："贞元中进士举及第，博学选登科。初补集贤殿校书郎，丁内忧，丧除，复补正字。选授咸阳县尉。鄜坊节度使辟为判官，奏授监察御史里行，俄而真拜。历殿中，转侍御史、

---

① 录文见李献奇《唐张说墓志考释》，《文物》2000年第10期。又参见《张九龄集校注》卷12《唐故开府仪同三司行尚书左丞相燕国公赠太师张公墓志铭》，熊飞点校，中华书局2008年版，第951—953页。
② 《旧唐书》卷97《张说传》，第3049—3051页。
③ 《韩昌黎文集校注》，马其昶校注、马茂元整理，上海古籍出版社1986年版，第510—514页。
④ 《刘禹锡集》卷19，《刘禹锡集》整理组点校、卞孝萱校订，中华书局1990年版，第224—225页。又《文苑英华》卷705《相国李公集序》，中华书局1966年版，第3634页；《全唐文》卷605《唐故相国李公集序》，中华书局1983年版，第6109页。

仓部员外郎，金州刺史、度支郎中。驳宰相谥议，出为遂州司马。"白居易一生撰写的墓志很少，一方面是由于他与张仲方"少同官，老同游，结交慕德，久而弥笃"，另一方面也是对张仲方的仕途挫折感到惋惜。志文中写到，仲方伯祖张九龄"开元中以儒学、诗赋独步一时，及辅弼明皇帝，号为贤相。余庆济美，宜在于公。公沿其业，袭其文，而不嗣其位。惜哉！"① 白居易对张仲方理想仕历的想象，应该是踩着进士及第、宏词登科的起点，顺着八俊的轨道，在担任尚书郎官"出选门"之后，经过给事中、中书舍人的关键台阶而跻身宰相行列。有理由相信，白居易在撰写墓志的时候，不仅想起了张仲方的伯祖张九龄及其辉煌仕历，脑子里一定还盘旋着自己当年所撰策目中的《大官乏人》条，对张仲方的惋惜油然而生。

当八俊成为一种仕历书写的模式之后，所有八俊中涵盖的官职自然都必须写入，其他的官职当视文本性质和撰作者意图而定。② 若有起家官不是校书郎和正字，而接下来的仕宦经历却进入八俊轨道者，有可能在其仕历书写中就直接从进入八俊轨道的第一步写起。如杜牧为牛僧孺所作墓志，其所载第一个官职就是伊阙尉，称牛僧孺元和四年应贤良直谏科，诏下第一，授伊阙尉。③ 据考，牛僧孺贞元十八年进士及第，元和四年参加制举，为敕头，授河南伊阙（畿县）尉。从贞元十九年到元和三年长达六年的时间里，牛僧孺应该曾任过官，伊阙尉不应是其释褐官。故有学者推测，因为牛僧孺的释褐官不是校、正，不属八俊范畴，故杜牧隐而不提，一者为君子隐，二者通过直接书写入官为畿尉以增声望。④

综上所述，大抵从大历、建中年间开始形成宦途八俊这样一个普遍的社会价值认同。这种认同影响及于传奇小说的创作和墓志等志传文体有关人物仕历的书写。八俊认同因此得以在各种形式和场合的书写中得到强化，进而与唐代举选制度的演变发生交互影响。

二 八俊认同出身门槛的建立

进士出身和制策登科（包括制举和科目选）是八俊的第一步，并列作为进入八俊序列的门槛条件。从中晚唐进入"清贵"范围官员仕历的实际情况看，这个门槛条件逐渐朝着同时具备进士出身和制策登科的方向发展。这可以看作是对官员出身强调文词的一种加持，也是对于没有进士出身者的进一步排斥。

关于进士出身作为清贵之官的出身正途，以及制举和科目选在唐代官员选任制度中的特殊作用等问题，学界已有深入且相当充分的研究。研究表明，从高宗武则天时期开始，进士科在唐代官员出身诸种途径中地位不断提高。陈寅恪指出，"进士之科虽设于隋代，而其特见尊重，以为全国人民出仕之唯一正途，实始于唐高宗之代，即武曌专政之时。及至玄宗，其局势遂成凝定。迄于后代，因而不改"⑤。吴宗国针对这个论断进行商兑后提出，尽管开元、天宝时期强调文词的进士科和制举已经被视为入仕和闻达的主要途径，社会风气也强调士人耻不由文学而进，但在事实上，开元时期进士科出身者直到安史之乱平定之初都没有取得政治上的主导地位，进士科还没有成为出仕之唯一正途。只有到唐德宗时期，随着高级官员选任中以才学为主要标准的原则的确立，中下层官僚子弟中苦读力学之士的涌现，以及进士科考试内容和录取标准调整到能够保证录取的都是真才实学的"艺实之士"，进士科才得以稳定地成为高级官员出身正途和主要来源。⑥

---

① 白居易：《唐故银青光禄大夫秘书监曲江县开国伯赠礼部尚书范阳张公墓志铭并序》，《白居易集》卷70，中华书局1979年版，第1482—1483页。
② 可参看杜牧《自撰墓志铭》，《杜牧集系年校注》，第812—813页。
③ 《唐故太子少师奇章郡开国公赠太尉牛公墓志铭》，吴在庆点校：《杜牧集系年校注》，第700—707页。
④ 参见杨薇、刘卫武《唐代校书郎、正字任职经历对士子仕途发展的影响》，《华夏文化》2018年第1期。
⑤ 陈寅恪：《唐代政治史述论稿》，上海古籍出版社1982年版，第22页。
⑥ 吴宗国：《唐代科举制度研究》，辽宁大学出版社1992年版，第168—178页。

制举从高宗武则天时期以后，科目选则从开元中期以后，在官员选任中开始承担优异人才选拔的特殊作用，参加制举和科目选不限出身和资历，登第后可以"隔品授官"，获得快速升迁。① 陈铁民通过对大量唐人传记和墓志的统计分析，揭示了制举登第是唐代文官成为六品以下常参官和五品以上官员的重要契机，进而指出制举是唐代文官摆脱守选的一条重要途径。所谓守选，就是获得任官资格的有出身人或任满等待下一次铨选的前资官，需要待选年数不同的时间。官员要获得快速升迁，首先要摆脱守选，缩短或免除待选年限，其次最好能够"隔品授官"，避免循年蹑级。除了少数可以摆脱守选或"隔品授官"的文官，六品以下文官大都是要守选的，即参加由吏部主持的常选（常调），按照铨选条例和办法（选格）的规定，停官待选，循年蹑级，终老一般只能做到七品之官。五品以上官则不由吏部，而由宰相拟任报请皇帝批准，或者直接由皇帝提名授任，称为"制授官"，乃相对于吏部通过奏抄上报而后授任的"奏授官"而言。在"奏授官"和"制授官"之间，还有"敕授官"，指的就是可以摆脱守选或"隔品授官"的六品以下官。能够进入"敕授官"或五品以上官行列，就摆脱了吏部常选的约束，在晚唐五代被称为"出选门"。这些制度都有一个发展变化的过程，停官待选的制度化和循资格的设立在开元十八年（730）。"敕授官"的范围也是不断变化且有所扩大的，制举或科目选登科（统称为制策登科）者在开元以后绝大部分都能够进入这个范围。② 如果有了进士及第再制策登科，则大体能够进入八俊行列。

制举登科者授官的情形，可举长庆元年（821）制科考试为例加以说明。长庆元年十二月辛未，唐穆宗下制宣布制科考试的结果，并令中书门下根据等第分别"优与处分"和"即与处分"③。十三日后的十二月甲申，中书门下对登科的 15 人进行了拟任，分别是：

> 以登制科人前试弘文馆校书郎庞严为左拾遗，前试秘书省校书郎吕述为右拾遗，前试太常寺协律郎吴思为右拾遗供奉，京兆府富平县尉韦曙为左拾遗内供奉，前乡贡进士姚中立、李躔、崔嘏并可秘书省校书郎，同州参军崔龟从为京兆府鄠县尉，太子正字任畹为京兆府兴平尉，草泽韦正贯为太子校书郎，前乡贡进士崔知白为秘书省正字，前乡贡进士崔郢为太子校书郎，前乡贡进士李商卿为崇文馆校书郎。

皇帝下令"优与处分"的庞严和吕述二人，分别被授任为左、右拾遗，他们的前资官都是试校书郎。庞严"元和中登进士第，长庆元年应制举贤良方正、能直言极谏科，策入三等，冠制科之首。是月，拜左拾遗……明年二月，召入翰林为学士。转左补阙，再迁驾部郎中、知制诰"④。吕述是否进士出身，目前尚无确切证据。从庞严的情况看，进士及第后从校书郎释褐，再参加制举，登科后授任左、右拾遗，这就开启了典型的八俊仕宦经历。皇帝下令"即与处分"的其他 13 人，中书门下按照其既有资历，分别授任校书郎、正字和京畿县尉。本次登科的全部 15 人所授任都是八俊系列的低品官，尤其是那位草泽韦正贯和那些刚获得进士出身的"前乡贡进士"们，在制举登科之后直接授任校书郎和正字。说明制举之目的非常明确，就是要选拔一批日后可以破格提拔、快速升迁的后备官员。随后，唐穆宗对中书门下申奏的这个拟任名单加以批准，批复的王言类文书，《唐大诏令集》作"除制举人敕"，《册府元龟》作"制曰"，似应为一道批复奏状的敕旨。此 15 人的授任方式皆为

---

① 参见刘后滨《唐代文官铨选制度的建立与发展》，《中国考试制度史论文集》，高等教育出版社 1999 年版。
② 参见陈铁民《唐代守选制的形成与发展研究》，《文史》2011 年第 2 辑；陈铁民：《制举——唐代文官摆脱守选的一条重要途径》，《文学遗产》2012 年第 6 期；刘后滨：《唐宋间选官文书及其裁决机制的变化》，《历史研究》2008 年第 3 期。
③ 《册府元龟》卷 644《贡举部·考试二》，第 7716—7717 页。
④ 《旧唐书》卷 166《元稹传附庞严传》，第 4339 页。

敕授，这道敕文后来都要作为"词头"写进他们的告身之中。敕文中提到"延登谏垣，式伫忠益。黼书结绶，皆曰显途。修其秩次，亦示科等"，说明遗、补、校、正基本成为专门授予制举（包括科目选）登科者的"显途"之官。根据陈铁民对制举登科后授官情况的研究可知，从武周时期开始，制举登科后就多有授遗、补、校、正者，开元中期以后逐渐普遍起来，大体在贞元元和时期成为一种惯例。①

制举和科目选作为选拔具备破格提拔资格、进入快速升任五品以上台省要职轨道的后备官员的主要途径，其制度要素和功能定位的形成要早于八俊认同的形成。换言之，制举（含科目选）作为文官摆脱守选重要途径的制度化，是八俊认同形成的一个重要前提，是八俊认同的一个要素。制策登科后的授官，基本是校、正、遗、补和京畿县尉，这就规划出了八俊认同环节中的低品官序列。以此为基础，加上进士及第作为门槛条件，八俊认同的基本框架得以呈现出来。大体从贞元以后，进士及第并制策登科之人，除了特殊的政治因素或个人原因之外，一般都能够沿着八俊的轨迹做到台省三品官甚至宰相。

明经等非进士出身者通过制举登科而进入八俊的情况，在贞元以前尚可觅得踪迹。如贞元时期担任中书侍郎同平章事的卢迈，两经出身，"历太子正字、蓝田尉。以书判拔萃，授河南主簿，充集贤校理"。其仕宦经历由太子正字、京畿县尉（蓝田尉）、集贤校理、右补阙、侍御史、刑部和吏部员外郎而后经过一任刺史而任司门郎中，"出选门"进入五品官行列，接着迁右谏议大夫、转给事中、迁尚书右丞。贞元"九年以本官同中书门下平章事，岁余，迁中书侍郎"②。卢迈的仕宦经历大体符合八俊的轨道。

当贞元、元和时期八俊认同作为朝野都接受的一种政治理念基本形成后，如果未获进士出身，即使制举登科后做到五品以上官，大体也难进入八俊认同的范畴。王仲舒的经历似可作为旁证。"贞元十年，策试贤良方正、能直言极谏等科，仲舒登乙第，超拜右拾遗"③。王仲舒此前并没有任何出身，应是以白身应制举者。《旧唐书》本传记其长庆三年冬，卒于镇，《新唐书》本传记其"卒于官，年六十二"④，则其生年当为唐肃宗上元元年（760），贞元十年应制举时已35岁。后来担任过右补阙，迁吏部考功员外郎，元和初，召为吏部员外郎，未几，知制诰。《旧唐书》概括为"累转尚书郎。元和五年，自职方郎中知制诰"，其时已年过五十。经历几任州刺史，被召为中书舍人，《新唐书》本传记载，至元和十五年穆宗即位后，召为中书舍人。"既至，视同列率新进少年，居不乐，曰：'岂可复治笔砚于其间哉！吾久弃外，周知俗病利，得治之，不自愧。'宰相闻之，除江西观察使"。年过六十的王仲舒在中书舍人的任上无法与新进少年的同僚们共事，只有外放地方终老其身，他的出身和年龄都使得他无法在八俊的轨道上再向前一步。王仲舒心目中的"新进少年"，包括任知制诰的杜元颖、王起、白居易以及担任翰林学士的李德裕、李绅、元稹等人，他们作为"辞臣"，都表现出强劲的仕进势头。如杜元颖贞元末进士登第后进入八俊轨道，在穆宗即位之初超拜中书舍人，长庆元年三月，以本官同平章事。《旧唐书》本传称，"元颖自穆宗登极，自补阙至侍郎，不周岁居辅相之地。辞臣速达，未有如元颖之比也"⑤。

元稹则是非进士出身而由制举登科进入八俊轨道做到宰相的一个特例。"稹九岁能属文。十五两经擢第。二十四调判入第四等，授秘书省校书郎。二十八应制举才识兼茂、明于体用科，登第者十八人，稹为第一，元和元年

---

① 参见陈铁民《制举——唐代文官摆脱守选的一条重要途径》，《文学遗产》2012年第6期。
② 《旧唐书》卷136《卢迈传》，第3754页。
③ 《旧唐书》卷190下《文苑传下》，第5059页。
④ 《新唐书》卷161《王仲舒传》，第4985页。
⑤ 《旧唐书》卷163《杜元颖传》，第4264页。

四月也。制下，除右拾遗"①。元稹虽然没有进士及第，却是完全依靠文学而进身的，被时任宰相的一代文宗令狐楚誉为"今代之鲍、谢"。所以他的仕宦经历大体是循着八俊的轨道而展开的，长庆二年以工部侍郎同平章事，迅速做到了宰相。元和元年制举对策名列第一，是元稹进入八俊仕宦轨道的重要契机。大部分取得明经及第等其他出身者，虽然可以像元稹一样应制举而争取进入八俊轨道，但是难度极大且概率很小。对于有志于进入清贵行列的士人来说，明经及第后仍然有致力于进士科考试的强大动力，甚至多次参加进士科考试，这在中晚唐时期是精英家族采取的一种较为普遍的仕宦策略。这是一个需要另文详论的重要问题。

三 八俊"清贵"之资形成的制度路径

如前所述，八俊认同的形成过程与唐代官僚制和举选制的发展密切相关，二者存在相互影响。列入八俊的为什么是校书郎、正字、畿县尉、监察御史和殿中侍御史、拾遗、补阙、员外郎、郎中和给事中、中书舍人这些官？陆扬从文词与清流文化的角度对此做出部分解答，认为清流群体首先要"在以强调文学才能为主的进士科和制举等考试中，不断获取成功"，然后是"在此前提之下，这些家族的子弟得以长期垄断某些被当时社会认为是最需要文辞能力的朝廷职位，特别是知制诰、中书舍人、翰林学士、礼部侍郎知贡举等等，最终登廊庙而成为宰相"。陆扬强调，中唐以后，这一政治文化机制不仅使清流家族成员能够复制其成功，而且进一步建立起密切的关系网络，以此产生极强的身份认同。② 不过，文辞能力并不足以解释八俊中的全部官职，尤其是六部郎中和给、舍之前的那些低品官。那些官之所以列入八俊而得到认同，实际上还有着唐代官僚制度发展的现实原因。一方面，这些官在唐代官僚品阶体系中处于相应的合适位置，且员额设置有限，是一种相对稀缺的资源，能够用以当作士人获得出身后快速升迁的台阶。另一方面，这些官无论从历史传统还是现实政治安排来说，都具有某种特殊的地位，其成为八俊中的台阶，本身也有名实相副的一面。

唐代秘书省置校书郎 8 人，正九品上，正字 4 人，正九品下。隶于门下省的弘文馆置校书郎 4 人（开元二十三年减 2 人），从九品上。隶于东宫的崇文馆置校书郎 2 人，从九品下。隶于东宫的司经局置校书郎 4 人，正九品下。集贤院全称集贤殿书院，正式成立于开元十三年，乃专以斯文艺能为己任的纯粹文化机关③。贞元四年六月依集贤院奏请，将院中学士、直学士之外，"自余非登朝官，不问品秩，并为校理，其余名一切勒停。仍永为例程。从之"。贞元八年六月十三日，"置集贤殿校书四员、正字两员。仍于秘书省见任校书、正字中量减。秘书省所减官员，便据数停之"④。据此统计，贞元八年以后，设置于秘书省、弘文馆、崇文馆、集贤院和太子东宫司经局五馆的校书郎和正字共有 20 人。

校书郎和正字"掌详定典籍，正其文字"⑤，日常职掌就是和典籍图书打交道，在历史上也是通儒达学、才学之士兼任之职。虽然不能等同于需要文辞能力的职位，但在低品文官中却是和文辞能力最相关的职位了。秘书省本为清闲之地，被称为"病坊"⑥。但是其中的低品文官校书郎和正字却被认为是"九品之英"，"其有折桂枝、坐芸阁者，非名声衰落、体命辘轲，不十数岁，公卿之府缓步而登之"⑦。20 员校书郎和正字中，以秘书省校书郎的官品最高，为正九品上阶，而以崇文馆

---

① 《旧唐书》卷 166《元稹传》，第 4327 页。
② 参见陆扬《唐代的清流文化》，《清流文化与唐帝国》，第 238—242 页。
③ 参见池田温《盛唐之集贤院》，池田温：《唐研究论文集》，中国社会科学出版社 1999 年版，第 190—242 页。
④ 《唐会要》卷 64《集贤院》，中华书局 1955 年，第 1120 页。
⑤ 《大唐六典》卷 10《秘书省》，广池千九郎训点，东京：横山印刷株式会社 1973 年，第 216—217 页。
⑥ 《太平广记》卷 187《职官》，中华书局 1961 年版，第 1405 页。
⑦ 符载：《送袁校书归秘书省序》，《文苑英华》卷 726，第 3767 页；《全唐文》卷 690，第 7070 页。

的校书郎官品最低，为从九品下阶。不同品阶的校书郎和正字，作为进士及第及制策登科者的起家官，在往后的仕途迁转过程中都具有同样的资历意义，却跨越四阶，从正九品上阶到从九品下阶，因此能够给不同身份背景和不同出身者全面提供进身快速升迁轨道的机会。不过，这两个职位在实际选任时往往强调出身，只授予进士及制策登科或铨选时试判成绩优异之人，以致宪宗在元和三年（808）三月下诏改变此种限制，规定"秘书省、弘文馆、崇文馆、左春坊司经局校书、正字，宜委吏部自今以后于平留选人中加功访择，取志行贞退、艺学精通者注拟。综核才实，惟在得人，不须限以登科，及判入等第。其校书、正字，限考入畿县尉簿，任依常格"①。从后来授官实际情况看，这个限制基本没有施行，反而更加明显的是授予进士和制策登科之人。②

八俊中继校书郎和正字之后的职位是畿尉。唐人习称县令为"明府"，县尉为"少府"，唐代县尉依照县之等第而分为不同品阶，六个京县的县尉（每县置6人）从八品下，六县之外的京兆、河南和太原府所管诸县为畿县，每县置尉2人，正九品下。据《旧唐书·地理志》，三府共50个左右的畿县，100名左右的畿尉员额，比20个左右的校书郎员额多出5倍。尽管如此，畿尉仍然是非常抢手的职位，甚至比畿尉低一级的紧县和上县尉（从九品上），长时间内也是炙手可热。考虑到进士及第和制策登科者每年都有，而畿尉任期不太固定，一般一至两年，故大体能够容纳新及第的进士和制策登科者，以及自从九品上下阶迁任的校书郎和正字。上引元和三年诏所说"其校书、正字，限考入畿县尉簿，任依常格"，就是为从九品上下阶的校书郎和正字提供紧俏的升迁职位。

畿尉在唐代低品文官中有着一定的特殊性。任职靠近京畿地区，为其与高级官员之间的应酬交际提供了机会。九品的地方官中100名左右的畿尉员额适用于安排经过筛选的初入仕精英或潜在精英，由于员额适中，邻近京畿，且符合"不历州县者不拟台省"选官原则，畿尉至少从开元时期开始就成为文士释褐后理想的仕途起点，并在安史之乱以后逐渐纳入八俊轨道。刚刚释褐入仕或步入仕途不久的年轻士子们，大都是带着诗酒豪情走上畿尉任上的。酬答、赠别"少府"（即县尉）的诗作数量相当多，甚至出现了"县尉诗人"这样一个特殊的文士群体。③

八俊中的八品和七品官包括监察御史、殿中侍御史、拾遗、补阙，制度规定的员额为24员。监察御史置10员，正八品上。殿中侍御史置6员，从七品下。左右拾遗置4人，从八品上。左右补阙置4人，从七品上。御史和遗、补在官员的实际迁转过程中往往是两条并行的轨道，很少有官员在监察御史、殿中侍御史和遗、补之间迁转。从选官制度的角度看，大抵到开元年间这几个职位已经成为不由吏部铨选而由宰相拟任的敕授官了，所谓"五品已上以名闻，送中书门下，听制授焉。六品已下常参之官，量资注定：其才识颇高，可擢为拾遗、补阙、监察御史者，亦以名送中书门下，听敕授焉；其余则各量资注拟"④。《通典》记唐代的选授之法，其注曰，"供奉官若起居、补阙、拾遗之类，虽是六品以下官，而皆敕授，不属选司。开元四年，始有此制"⑤。这既可看成八俊认同的制度前提，同时也是清贵资历的观念开始出现而带来的制度结果。当其成为敕授官之后，就在制度上确定为"美迁"和"显秩"了。

御史和遗、补是选任中高级文官不可跨越的八品和七品官台阶，如果一个官员没有做过这几个职位的官，大概就很难升任到三品及以上官职了。如果御史台长时间阙员，将会导致官员升迁重要链条上一些环节的中断。唐德宗

---

① 《唐会要》卷65《秘书省》，第1125页。
② 参见杨薇、刘卫武《唐代校书郎、正字任职经历对士子仕途发展的影响》，《华夏文化》2018年第1期。
③ 参见万伯江《盛唐县尉诗人的文化心态及其诗歌创作》，《中国文化研究》2013年春之卷，第121—127页。
④ 《大唐六典》卷2"吏部尚书侍郎"，广池千九郎训点本，第25页。
⑤ 《通典》卷15《选举三》，中华书局1984年版，第84页。

建中、贞元年间就曾出现这种情形。① 贞元八年四月，赵憬与陆贽并拜中书侍郎、同中书门下平章事。赵憬乃献《审官六议》，其中一条针对京诸司阙官，曰："当今要官多阙，闲官十无一二。文武任用，资序递迁，要官本以材行，闲官多由恩泽。朝廷或将任，多拟要官则人少阙多，闲官则人多阙少；明当选拔者转少，在优容者转多，宜补阙员，务育材用"②。熟识朝廷典故的唐人赵璘所撰笔记《因话录》中也记录了赵憬向德宗推荐御史人选的故事，由于"时宪僚数至少，德宗甚难于除授"，赵憬乘间奏曰："御史府阙人太多，就中监察尤为要者，臣欲选择三数人。"唐德宗的意见是"非不欲补其阙员，此官须得孤直茂实者充选"，如果取轻薄后生朝中子弟，则不如不置。赵憬表示想于录事参军和县令中求之，德宗表示这就完全符合自己的心意。故事里说，由于裴延龄的阻挠，赵憬的用人计划流产，赵憬的故人、前吉州新淦县令王蒙"绣衣之拜"的愿望落空，只在多年后"边帅奏为从事，得假御史焉"③。

八俊中的六品官只有尚书省诸司员外郎，与员外郎并列的诸司郎中则已经进入五品官行列。尚书都省左右司员外郎各一员，六部二十四司共有员外郎30员，合计32员，从六品上阶。由于员额的限制及其在国家政务运行中的紧要地位，员外郎成为官僚体系中的"清选"和"清资"④。其地位之紧要，尤其体现在"弥纶之务"。唐代国家日常政务裁决依靠奏抄，奏抄申奏的主体是尚书六部的诸司，诸司郎中员外郎在奏抄拟制过程中起关键作用，主要体现在"弥纶"一词，即对寺监和州府申报政务的文书加以弥缝和综括，是一种统摄性的政务文书汇总工作，需要很高的文学水平。所以尚书郎官历来都被文学晋身之进士及第者最为企望之官职⑤。如果诸司郎中不由员外郎升任，则会遭到讥讽。"旧例，郎中不历员外郎拜者，谓之土山头果毅。言其不历清资便拜高品，似长征兵士，便得边远果毅也"⑥。

以上分析了八俊中的六品以下诸官之所以列入八俊的制度背景。当然所谓制度并非全然是律令规定的刚性条文，还包括选官政务运行中遵循的惯例。这些旧例当然也时常会有突破，而当其被突破时遭遇的议论，往往就成为体现这种惯例受到遵循的反证。八俊中的五品官诸司郎中和给事中、中书舍人，构成宰相和高级文官拜授的必要资历，也在这种议论中得到体现。《南部新书》载：

> 崔郾为京兆尹日，三司使在永达亭子宴丞郎，崔乘酒突饮，众人皆延之。时谯公夏侯孜为户部使，问曰："伊曾任给、舍否？"崔曰："无。"谯公曰："若不曾任给、舍，京兆尹不合冲丞郎宴席。"命酒纠来恶下筹，且吃罚爵。取三大器引满饮之，良久方起。决引马将军至毕，崔出为宾客分司。⑦

崔郾在酒席上遭到取笑侮辱，以致闹出人命，竟是由于未曾担任给、舍，虽然官至从三品的京兆尹，也没有资格与四品和五品的尚书丞、郎叫板。这个故事说明唐人对仕宦经历的看重，现居官品的高低不是衡量一个人政治社会地位的唯一标准，有时甚至不是主要标准。

---

① 建中、贞元年间台省官阙员的情形，不仅出现在御史台，中书、门下两省也是如此。如，"贞元初，中书舍人五员皆缺，在省唯高参一人"。见《唐会要》卷55《省号下》，第945页。
② 《旧唐书》卷138《赵憬传》，第3777页。
③ 《因话录》羽部，上海古籍出版社1957年版，第119—120页。
④ 参见徐敏霞《〈唐尚书省郎官石柱提名考〉点校说明》，劳格、赵钺著，徐敏霞、王桂珍点校：《唐尚书省郎官石柱题名考》，中华书局1992年版。
⑤ 参见刘后滨《文书、信息与权力：唐代中枢政务运行机制研究反思》，《唐宋历史评论》第3辑，社会科学文献出版社2017年版。又参见王孙盈政《天下政本——从公文运行考察尚书省在唐代中书门下体制下的地位》，《历史教学》2012年第24期。
⑥ 《大唐新语》卷13《谐谑》，中华书局1984年版，第190页。
⑦ 钱易撰：《南部新书》卷辛，黄寿成点校：中华书局2002年版，第134页。

综括言之，八俊作为唐代官员选任的清贵之资，有着复杂的制度背景。一方面，除了畿尉，八俊中六品以下官都是20—30名左右的员额，这个数字与每年进士及第的人数大体相当。作为选官制度中遵循的某种惯例和士人仕宦的价值认同，八俊的构成无疑与唐代官僚体制这种构成形态密切相关。另一方面，包括八俊（不仅限于八俊）中六品以下官在内的那些清贵职位，在官僚制度和选官制度中的特殊地位，体现为不仅可以比一般官员缩短任期，摆脱《循资格》规定的守选而不必停官待选，而且还享有"隔品授官"的特权。据《唐六典》卷二吏部尚书侍郎之职条载，"若都畿、清望，历职三任，经十考已上者，得隔品授之。不然则否（谓监察御史、左右拾遗、大理评事、畿县丞簿尉三任十考已上，有隔品授者）"①。

正是因为八俊中的低品文官具有快速升迁的台阶作用，在各种政治势力对官位资源的争夺中，其在制度规定中的员额限制势必被突破。尤其是唐中后期藩镇势力的坐大，他们在为辟署的使府僚佐向朝廷奏请授官时，大都请授八俊中的低品文官，通过兼、试、检校等名义，极大地突破这些职位员额在制度上的限制。这应该也是八俊认同在唐宋之际被消解的一个现实原因。

四 余 论

相对于从南北朝走来的门阀士族，中晚唐的贵胄盛族是一种新型的精英阶层。尽管由于家世和地域的不同，这个阶层也分为不同的群体，但其无疑具备一些共同的政治文化特征。能否进入这个阶层的影响因素是多方面的，而制度路径却并无二致，只是难易程度和概率大小的不同。这条复杂的制度路径及其形成与变化的过程，尚需做实证性的探讨，也需要与其时的政治文化尤其是仕进策略结合分析。一方面，背景各异的士子与官员，无论是孤寒还是贵胄，都有可能通过其时的制度路径跻身精英阶层。中唐以后，宦途八俊已经成为精英阶层生成的制度路径，其背后则体现为精英阶层构建标准从重家世门风到重文才词艺的价值观念的转型。在此背景下，一个士人即使并不出自功名世家，只要机缘巧合地契合了其时的精英生成路径，且仕途通达，经过一定时间的仕宦历练和文化积淀，至其仕途顶峰之时，无论自我认同还是社会认知，当初的俚士陋儒都有可能成为精英人物②。另一方面，士人的仕进策略相对于制度路径而言，并非仅仅是被动的适应与运用，二者之间存在着相互影响。制度路径对仕进策略发挥着规范作用，而普遍被认同的仕进策略又有可能重塑制度路径。或者说，得到朝廷和士林普遍认同的价值和惯例，本身就是一种规则，势必对制度路径产生深刻影响。

［原载《北京大学学报》（社会科学版）2019年第6期］

---

① 《大唐六典》卷二吏部尚书侍郎之职条，广池千九郎训点本，第25页。
② 参见陆扬《论冯道的生涯》，收入氏著《清流文化与唐帝国》，第201页。

释唐后期上行公文中的兼申现象

叶 炜[*]

摘 要：上行公文的兼申，是指下级机构将同一事项分别上报两个或两个以上相关上级机构的现象。唐代上行公文中的多种兼申规定，主要出现在唐后期，反映了唐后期在信息分层的基础上，皇帝与中央机构力求更为及时准确地掌控重要、敏感政务信息的一种努力。通过报告性公文的兼申，皇帝或上级机构能够与具体负责机构同步掌握信息，有利于皇帝或上级机构对具体负责机构的管理、指导和监督。

关键词：唐后期 上行公文 报告 兼申

上行公文的兼申，是指下级机构将同一事项分别上报两个或两个以上相关上级机构的现象。吴丽娱先生最早关注到唐后期机构或大臣的表状中，存在闻奏皇帝的同时兼申宰相机构中书门下的情况[①]。唐代上行公文的兼申不仅存在同时上皇帝与宰相机构这一种情况，而且还存在其他多种类型。上行公文的兼申现象，未见于唐代以前，在唐朝也主要见于开元、天宝以后，特别是唐德宗以后，主要体现为中央政府的各项制度安排，是唐朝的制度调适与创新。本文拟在厘清唐后期上报中央的多种类型、不同层次的兼申上行公文的基础上，进一步思考闻奏皇帝兼申中书门下这一做法在唐后期决策中的地位，并探讨上行公文的兼申规定在唐后期的意义。

一 唐后期关于上行公文的兼申规定

公文是政务信息的载体，由于信息的性质、内容差异以及发出、接收方的不同，存在不同渠道。那么，需要兼申的政务信息有什么特点？兼申的对象是哪些机构？唐后期需要兼申的政务信息，主要是财政、刑狱、人事等方面的重要或敏感信息。在吴丽娱先生揭示的闻奏皇帝兼申中书门下之外，从唐后期上行中央公文的兼申规定来看，还包括要求闻奏皇帝兼申所司、报中书门下兼申所司、并申除皇帝和中书门下之外的两个或两个以上相关机构等三种类型，以下分别探讨。

第一种是要求奏闻皇帝的同时，并报相关中央机构，可以称之为闻奏兼申所司。相关机构包括省、六部诸司、御史台。内容主要涉及财政、刑狱方面，以财政信息的报告占绝大多数。

相对于唐德宗时出现的闻奏皇帝兼申中书门下现象，闻奏皇帝兼申所司出现得更早一些。《唐六典》编撰于唐玄宗开元年间，其太府寺部分规定："凡左、右藏库帐禁人之有见者，若请受、输纳，人名、物数皆著于簿书。每月以大筹印纸四张为之簿，而（太府）丞、众官同署。月终，留一本于署。每季录奏，兼

---

[*] 叶炜，北京大学中国古代史研究中心暨历史系教授。
[①] 分见吴丽娱《试论"状"在唐朝中央行政体系中的应用与传递》，《文史》2008年第1辑；吴丽娱《下情上达：两种"状"的应用与唐朝的信息传递》，《唐史论丛》第11辑，三秦出版社2009年版，第65—70页。

申所司。"① 左藏署、右藏署下属诸库中，具有一定保密性质的账目需要定期报告。"录奏"的对象是皇帝，需兼申之"所司"具体何指，并不十分清楚，李锦绣推测包括刑部比部司。② 参考德宗时陆贽所述，"凡是太府出纳，皆禀度支文符，太府依符以奉行，度支凭按以勘覆，互相关键，用绝奸欺。其出纳之数，则每旬申闻，其见在之数，则每月计奏，皆经度支勾覆，又有御史监临"③，我们推测这里太府寺需要兼申的"所司"，除比部司外，或还有户部度支司和御史台。

闻奏皇帝兼申所司的规定，德宗以后渐多。德宗建中元年（780）正月颁布两税法，同时规定："其黜陟使每道定税讫，具当州府应税都数及征纳期限，并支留合送等钱物斛斗，分析闻奏，并报度支、金部、仓部、比部。"④ 度支、金部、仓部隶属户部，掌财政；比部隶属刑部，掌审计。即要求黜陟使将各地税额、缴税期限以及留州、送使额度等重要且基本的财务信息上报皇帝及有关部门，以便管理与监督。两税法实行之后，原则上"除两税外，辄率一钱，以枉法论"⑤，但实际上地方各种名目的杂税屡禁不止，对百姓生活影响很大，常常引发社会矛盾。文宗大和三年（829）赦文再次强调"其擅加杂榷率，一切宜停"⑥，大和七年御史台奏："伏请起今已后，应诸道自大和三年准赦文所停两税外科配杂榷率等复却置者，仰敕至后十日内，具却置事由闻奏，仍申台司。每有出使郎官御史，便令严加察访，苟有此色，本判官重加惩责，长吏奏听进止。"皇帝"敕旨：宜依"⑦。对赦文禁止但再次出现的"两税外科配杂榷率"现象，令诸道限期整理违规名目，并同时报告皇帝与御史台，还派出使郎官、御史严加监督。与财政信息报送相关的，还有文宗开成二年（837）二月敕，要求地方将遭遇水旱灾后的欠税额补足后，"复填补钱物数闻奏，并报度支"⑧，将钱物数字闻奏皇帝并报户部度支司。

少量与刑狱相关的信息，也有要求闻奏并兼申所司的现象。德宗贞元六年（790）赦文云："近日州县官吏专杀立威，杖或逾制。自今以后，有责情决罚致死者，宜令本道观察使具事由闻奏，并申报刑部、御史台。"⑨ 所谓"责情"，是指根据实际情况处理，往往指超过了法律规定的处理限度。⑩ 赦文强调，决罚致死的情况必须以兼申形式报告，让皇帝与相关部门都及时掌握情况，有加强管理的意味，但并非一定要对相关官吏有所处分。

第二种是报送宰相机构中书门下的同时报送另一相关机构，可以称为报中书门下兼申所司。由于内容多涉及人事任免，故兼申机构主要是掌管官员铨选的吏部和兵部。典型者如代宗《大历五年大赦天下制》云："其官人犯贿，经恩免罪者，并宜申报中书门下及所司，不得容其却上。"⑪ 对因犯贿、犯赃得罪的官员，即使免罪，也要报告相关部门，限制他们参选。这里的"所司"很可能是指吏部。此推测从大历十四年（779）要求将部分选人信息同时上报"中书门下、吏部"的敕书中⑫也可以得到支持。德宗贞元九年赦文规定，"诸州府长官，每年以当管回残余羡物，谷贱时收

---

① 李林甫等撰，陈仲夫点校：《唐六典》卷20《太府寺》太府丞条，中华书局1992年版，第542页。
② 李锦绣：《唐前期公廨本钱的管理制度》，《文献》1991年第4期。
③ 陆贽：《陆贽集》卷21《论裴延龄奸蠹书一首》，王素点校，中华书局2006年版，第672页。
④ 王溥撰：《唐会要》卷83《租税上》，上海古籍出版社1991年版，第1818页。
⑤ 《旧唐书》卷21《德宗纪》，中华书局1975年版，第324页。
⑥ 宋敏求编：《唐大诏令集》卷71《大和三年南郊赦》，商务印书馆1959年版，第397页。
⑦ 分见《旧唐书》卷49《食货志下》，第2128页；王溥撰：《唐会要》卷84《杂税》，第1832页。
⑧ 王溥撰：《唐会要》卷84《租税下》，第1826页。
⑨ 宋敏求编：《唐大诏令集》卷70《贞元六年南郊赦》，第389页。
⑩ 长孙无忌等撰：《唐律疏议》卷2《名例》"应议请减"条，刘俊文点校，中华书局1983年版，第36页。
⑪ 李昉等编：《文苑英华》卷433，常衮《大历五年大赦天下制》，"贿"字下小注"集作赃"，中华书局1966年版，第482页。
⑫ 《唐会要》卷58《尚书省诸司中·吏部尚书》，第1178页。

籴，各随便近贮纳，年终具有无多少报中书门下，兼申考功，以为考课升降"①。要求地方长官将官府营建后剩余物资变卖，所得用于购买粮食并贮存以备灾荒，年终将相关信息上报。这不仅是地方财政信息，也与地方官个人治绩、考评相关，故在上报宰相机构的同时，还需兼申吏部考功司。与武职考选相关的信息，则需报送兵部。如宣宗大中年间敕云："自今已后，委诸道观察、节度、都防御、团练、经略等使，每道慎择会兵法及能弓马、解枪弩及筒射等军将两人，充教练使，每年至合教习时，分番各以本艺阅试，其间或有伎艺超异者，量加优赏，仍作等第，节级与进改职名。每至年终，都具所教习马步及各执所艺人数申兵部及中书门下"②。

与报中书门下同时报送的相关机构，有时与任务来源有关。如《册府元龟·铨选部·条制三》：

（开成）二年二月吏部奏：准制请叙一子官。张茂昭男左武卫大将军克勤进状称，男小未堪授任，请回与外甥。准起请节文，只许回与周亲。克勤又奏，承前诸家请回授外甥，并蒙允许。中书省牒吏部详断，左司员外郎权判吏部废置裴夷直断："一子官，恩在报功，贵延赏典，若无已子，许及周亲。今张克勤自有息男，妄以外甥奏请，移于他族，知是何人？傥涉卖官，实为乱法。虽援近日敕例，难破著定节文。国章既在必行，宅相恐难虚授。具状上中书门下并牒中书省。"克勤所请不允，遂为定例。

此事《旧唐书·张茂昭传》记为"具状上中书门下"③，并没有说同时"并牒中书省"。两种记载哪一种更为准确呢？可以关注二者存在的系年差异。《册府元龟》将此事系于文宗开成二年，《新唐书·张茂昭传》记为"开成中"，但《旧唐书》本传和《唐会要》均将此事系于穆宗长庆年间。④ 此事由"左司员外郎权判吏部废置裴夷直"处理，我们可以根据裴夷直任此职的时间做出判断。根据近年出土的裴夷直墓志，胡可先认为，裴夷直从元和十五年（820）九月至宝历二年（826）先后在武宁节度使崔群、陕虢观察使庾承宣幕府中，其中长庆二年（822）三月到九月空缺，当是任寿安尉。穆宗长庆年间裴夷直在地方工作，其任职吏部的时间当在文宗开成中。⑤ 故相对而言，《册府元龟》的记载更为准确、完整，当为"具状上中书门下并牒中书省"。吏部"并牒中书省"的原因，很可能是因为这一任务是由中书省下达的，即"中书省牒吏部详断"。

第三种是同时并申除皇帝和中书门下之外的两个或两个以上相关机构。这种情况唐前期已经出现，亦多见于财政领域。大谷文书《仪凤三年（678）度支奏抄》中就有"每年破除见在，具帐限（？）〔八〕月上旬申到度支、金部，拟据勘会"等规定。⑥ 又如玄宗以后规定，"支度使及军州每年终各具破用、见在数申金部、度支、仓部勘会"⑦，要求支度使等地方财政官员年终向中央若干机构同时报送财务数据。如果说以上诸机构都是户部下属诸司的话，那么唐后期还可以看到同时报两

---

① 《唐大诏令集》卷70《贞元九年南郊大赦天下》，第390页。《文苑英华》卷426《贞元九年冬至大礼大赦天下制》略同，但《陆贽集》卷3《贞元九年冬至大礼大赦制》中未见此段文字。
② 王钦若等编：《册府元龟》卷124《帝王部·讲武》，中华书局1960年版，第1492页。
③ 《旧唐书》卷141《张茂昭传》，第3859页。
④ 《新唐书》卷148《张茂昭传》，中华书局1975年版，第4771页；《旧唐书》卷141《张茂昭传》，第3859页；《唐会要》卷58《尚书省诸司中·吏部员外郎》，第1181页。
⑤ 胡可先：《新出土〈裴夷直墓志〉考论》，《中国典籍与文化论丛》第11辑，凤凰出版社2009年版，第118页。裴夷直墓志录文，见吴钢主编《全唐文补遗·千唐志斋新藏专辑》，三秦出版社2006年版，第397页。
⑥ 录文见大津透《唐律令国家的预算——仪凤三年度支奏抄·四年金部旨符试释》，苏哲译，《敦煌研究》1997年第2期。并据李锦绣《唐代财政史稿》（上卷）第一分册，北京大学出版社1995年版，第28页。
⑦ 李林甫等撰：《唐六典》卷3《尚书户部》度支郎中员外郎条，第81页。

个独立的平行机构的实例。在宪宗元和四年（809）规范判案时间的敕文中，要求刑部行文相关中央或地方相关机构协助调查时，协助单位处理时限为五日，"牒到后计日数，被勘司却报不得过五日"，而且"令刑部具遣牒及报牒月日，牒报都省及分察使，各准敕文勾举纠访"①。其中"都省"为尚书都省，而"分察使"隶属御史台，职司监察。②

需要说明的是，无论唐朝前期还是后期，上行中央公文中的大宗，都不是兼申类文书，而是直接奏报皇帝或单独申报某一中央机构的文书。目前所见唐后期上行文书中关于兼申的史料共有30余条，且多为制度性安排，可以肯定还有不少按照规定实际执行的兼申现象有待进一步发掘出来。而且同样可以肯定的是，无论制度安排还是实际上行文书，直接奏报皇帝或单独申报某一机构的情况，在唐后期是远远多于兼申现象的。首先，中央或地方机构日常报告的报送对象，往往有明确规定，绝大部分为单一对象。如穆宗时规定"诸州府，仍请各委录事参军，每年据留州定额钱物数，破使去处，及支使外余剩见在钱物，各具色目，分明造帐，依格限申比部"③，强调刑部比部司的勾检职能；④ "五年一定税，如有逃亡死损，州县须随事均补，亦仰年终申户部"⑤。又"每岁十一月，〔折冲府〕以卫士帐上尚书省天下兵马之数以闻"⑥。穆宗长庆二年"令神策六军使及南衙常参武官，各具由历，并前后功绩，牒送中书门下"⑦。同年诏诸道节度使"至年终，各具榷盐所得钱，并均减两税，奏闻"⑧。日常报告中，是要求报诸司、部、省，报中书门下还是皇帝，规定均十分明确。

以上诸例，之所以均选自穆宗朝，是因为穆宗朝仅四年，想以此显示这类申报单一机构规定的常见。其次，从临时报告也可以看出这一点。据《册府元龟》载：

> 魏謩为右补阙，开成二年（837），荆南观察使韦长，以监军使吕令琮下官健入江陵县凌辱县令韩忠事申西院，院即内枢密院也。謩上疏曰："臣见诸司杂报，韦长送状西院，分析监军下凌毁江陵县令事。伏以州县侵屈，祗合上闻，中外关连，须遵旧制。韦长任鄜观察，体合精详，公事都不奏论，私情擅为踰越。况事无大小，不可将迎。傥县官官业有乖，便宜理罪，监军职司侵轶即合闻天，或以虑烦圣聪，何不但申门下。今则首紊常典，理合纠绳。伏望陛下宣示宰臣，速加惩戒。"⑨

据魏謩所言，此类事务向上报告，无论是"祗合上闻""但申门下"，还是申"内枢密院"，都是单一机构。

综上，唐后期上行中央公文的兼申情况，从内容上看，涉及财政、刑狱、人事等方面，主要包括国家基本财政收入、支出、官员参选、地方备荒、法外施刑致死等重要或敏感的政务信息；从兼申对象看，至少包括闻奏兼申中书门下、闻奏兼申所司、报中书门下兼申所司、并申除皇帝和中书门下之外两个或两个以上相关机构等四种类型，也构成了不同的层次。与直接奏报皇帝或单独申报某一中央机构的上行公文相比，唐后期要求兼申的公文只是

---

① 《旧唐书》卷50《刑法志》，第2153页。
② 《唐会要》卷81《考上》，肃宗宝应"二年（763）正月，考功奏：请立京外按察司。京察连御史台分察使，外察连诸道观察使，各访察官吏善恶"，第1779页。
③ 《唐会要》卷59《尚书省诸司下·比部员外郎》，第1219页。
④ 参见李锦绣《隋唐审计史略》，昆仑出版社2009年版，第73—74页。
⑤ 《册府元龟》卷90《帝王部·赦宥九》，第1080页。
⑥ 《旧唐书》卷44《职官志三》，第1906页。
⑦ 《唐会要》卷72《京城诸军》，第1536页。
⑧ 《旧唐书》卷48《食货志上》，第2109页。
⑨ 韩忠事申西院，"申"原作"甲"，据王钦若等编《宋本册府元龟》卷520下《宪官部·弹劾三下》改，中华书局1989年版，第1355页。

很少一部分。

二 从闻奏兼申中书门下类公文看其"报告"属性

根据兼申对象的地位差异，唐后期兼申公文实际构成了不同层次。虽然闻奏兼申中书门下类公文，只是唐后期上行公文兼申规定中的一种，但由于上报层次最高，无疑最为引人注目。那么此类公文在唐后期中央决策中处于何种地位？

参考现代政府公文中"请示"与"报告"的区分，从公文内容着眼，唐代上行公文可以分为请示性和报告性两大类。请示性公文的特点，是其内容包含明确诉求，请求皇帝或上级机构批准或给予批示。如德宗贞元二年（786），针对馆驿经费开销过大的问题，河南尹充河南水陆运使薛珏上奏，提出"伏乞重降殊恩，申明前敕，绝其侥滥，俾惧章程，庶邮驿获全，职司是守"，得皇帝"敕旨：宜付所司，举元敕处分"①。"敕旨"是德宗对薛珏奏状中请示内容的批复，支持了他"申明前敕"的主张。元和十五年，祠部郎中知制诰元稹起草《中书省议举县令状》，在论述吏部诸举措"不可施行"后，提出具体诉求："伏请但依起请节文处分，仍请据今年县令员阙，先尽举荐人数留阙有余，然后许注拟平选人等，冀将允当"②。上奏皇帝者如此，申请上级机构批准者也是这样。吐鲁番出土文书中所见的请示，如"望请追征去年佃人代纳，请裁"，"均给前件斛𣁋与馆家。□案分明，伏听处分"等，③ 具体诉求均清晰明确。

与以上请示性公文不同，唐后期出现的闻奏皇帝并申中书门下类公文，绝大多数均属典型的报告性质，文书内只有对具体情况的陈述，并不需要皇帝或中书门下加以批示。个别需要中书门下处理的，介于请示性与报告性之间，将在本文第三部分讨论。

管见所及，唐后期最早要求机构闻奏并报中书门下的情况，来自德宗朝宰相陆贽的建议。贞元八年（792），陆贽上疏建议通过和籴来解决边地军粮问题，"待收籴毕，具所籴数并收贮处所闻奏，并报中书门下。总计贮备粟一百三十五万石，是十一万二千五百人一年之粮"④。虽然陆贽的建议是否执行不得而知，但是从中可见闻奏皇帝并申中书门下的，是具体和籴粮食数字及其储存地点，并非请示。

还需要指出的是，唐后期要求闻奏皇帝并申中书门下的公文，往往是中央或地方机构的定期报告，内容也是主要涉及日常行政，尤其集中于刑狱、财政、人事等方面相对比较重要的信息。宪宗元和四年九月敕规范了刑部、大理寺办案审判的时间，同时命大理寺"每月具已断未断囚姓名、事由闻奏，并申报中书门下"⑤，以加强对刑部、大理寺的监督。《唐会要》卷五八《尚书省诸司中·户部侍郎》记：

> 〔元和〕十三年十月，中书门下奏："户部、度支、盐铁三司钱物，皆系国用，至于给纳，事合分明。比来因循，都不剖析，岁终会计，无以准绳。盖缘根本未有纲条，所以名数易为盈缩。伏请起自今以后，每年终，各令具本司每年正月一日至十二月三十日所入钱数及所用数，分为两状，入来年二月内闻奏，并牒中书门

---

① 《唐会要》卷61《御史台中·馆驿使》，第1249页。
② 《元稹集校注》卷36《中书省议举县令状》，周相录校注，上海古籍出版社2011年版，第974页。
③ 分见《武周载初元年（公元689年）史玄政牒为请处分替纳逋悬事》，中国文物研究所、新疆维吾尔自治区博物馆、武汉大学历史系编：《吐鲁番出土文书（叁）》，文物出版社1996年版，第496页；《唐天宝十三载（公元七五四年）后请处分诸馆马料牒》，中国文物研究所、新疆维吾尔自治区博物馆、武汉大学历史系编：《吐鲁番出土文书（肆）》，文物出版社1996年版，第489页。
④ 《陆贽集》卷18《请减京东水运收脚价于缘边州镇储蓄军粮事宜状》，第598页。按，上疏时间参见《资治通鉴》卷234《唐纪五十》贞元八年八月条，中华书局1956年版，第7534页。陆贽时任中书侍郎、同中书门下平章事。
⑤ 《唐会要》卷66《大理寺》，第1358页。

下……如可施行，望为常典。"从之。

此段文字所包含文书的主体，是中书门下的奏请，其诉求是要户部、度支、盐铁三司每年二月结束前，将前一年账目闻奏皇帝并报中书门下，并希望成为"常典"。宪宗"从之"，定为制度。这是财政方面的例子。文宗大和八年定制，"一品二品官，如合朝不朝，及尽入众集不到，临朝时请假等，并请假旧例，〔御史台〕每季终仍具请事故假日，录状闻奏，兼申中书门下"①。这是御史台对人事信息的定期报告制度。新旧节度使或观察使离任、上任交接工作后要上交割状，内容包括"见在钱帛、斛斗、器械数目"等②，唐后期对此环节颇为重视，曾规定这类交割状需要"限新人到任后一个月内，分析闻奏，并报中书门下"③。宣宗大中六年（852）还规定，观察使、刺史到任一年以后，需"悉具厘革、制置诸色公事，逐件分析闻奏，并申中书门下"④。以此加强中央对地方实际情况的了解和掌控，并作为对地方官考核的依据。

此外，唐后期出使郎官、御史对地方诸道"违法征科及刑政冤滥"情况有监督职责，文宗大和七年闰七月诏规定："自今已后，应出使郎官、御史所历州县，其长吏政绩、闾阎疾苦及水旱灾伤，并一一条录闻奏。郎官宜委左右丞勾当，法官委大理卿勾当，限朝见后五日内闻奏，并申中书门下。"⑤ 出使郎官在唐后期已经成为地方监察系统的一部分⑥，出使郎官、御史所了解的地方情况，要由尚书左右丞或大理卿奏报皇帝，同时申报中书门下。

以上诸例，无论是每月、每季、每年，还是到任一个月内或一年后、朝见后五日内等等，都是中央或地方机构将比较重要的刑狱、财政、人事或地方综合信息向皇帝和宰相定期报告的制度。

与此相对应的是，唐代请示性公文一般不会采取闻奏并申中书门下的兼申形式，通过僖宗朝崔致远为淮南节度使高骈所作堂状的对比可以看出来。崔致远《桂苑笔耕集》卷六收淮南节度使高骈上中书门下的堂状十篇，其中八篇为近似于报告、没有具体诉求的贺状与谢状，这八篇都可以在同书中找到高骈为同一事上皇帝的贺表与谢表⑦。而另外两篇《请降诏旨指喻两浙状》《请转官从事状》有请示内容，这两篇请示性公文仅上中书门下。

把握了唐后期闻奏皇帝并申中书门下类公文的"报告"属性，我们就更容易理解其兼申、并报特点。参考现代政府公文运行原则，"请示"重在呈请，主要是就某一问题而请求上级的批准和指示，要求上级予以答复。为了避免产生意见不一、甚至互相推诿而贻误工作的情况，"请示"必须坚持主送一个机关，杜绝多头举送，也不能同时抄送下发。而"报告"是陈述性公文，重在呈报，主要是向上级汇报工作、反映情况，不需上级批复。因此，根据需要，"报告"可以同时报送两个或多个主送机关⑧。唐后期闻奏皇帝并申中书门

---

① 《唐会要》卷82《休假》，第1800页。
② 《旧唐书》卷16《穆宗纪》载元和十五年七月敕，中华书局1975年版，第479页。
③ 《唐会要》卷78《诸使杂录上》载敬宗长庆四年（824）二月敕，第1706页；《册府元龟》卷636《铨选部·考课二》载文宗大和元年正月敕略同，第7629页。
④ 《唐会要》卷69《刺史下》，第1434页。
⑤ 《册府元龟》卷65《帝王部·发号令四》，第724页。《唐会要》卷62《御史台下·出使》第1277页亦载此诏，仅记"七年闰七月敕"，未书年号，根据上文，当理解为系于元和七年。但元和七年未置闰，大和七年有闰七月，故《唐会要》此条不准确。
⑥ 参见陈明光《唐朝的出使郎官与地方监察》，《厦门大学学报》2009年第2期。
⑦ 其中七状对应情况，请参见拙稿《唐后期同时上呈皇帝、宰相类文书考》，北京大学中国古代史研究中心编《田余庆先生九十华诞颂寿论文集》，中华书局2014年版，第536页。《贺内宴仍给百官料钱状》未见内容完全吻合的上皇帝表，但它与卷一《贺回驾日不许进歌乐表》均有"沿路州县切不得辄进歌乐及屠杀者"的内容，可见二者也部分存在同时上皇帝与宰相机构的现象。
⑧ 参见王新立《论请示与报告之异同》，《档案》1998年第2期；何世龙《请示与报告的历史渊源及区别》，氏著《文种、格式与表述：党政机关法定公文处理规范化研究》，武汉大学出版社2014年版，第71—74页。

下类公文属于报告性公文，作为情况汇报，可以同时报送两个主送机构，它们无须上级批复，并不直接导致决策，只是作为日后决策的情报资料。这也是唐后期绝大多数兼申类上行公文的共同属性。

三 唐后期上行公文兼申的意义

上文所述上行文书的兼申现象，未见于唐代以前，在唐朝也主要见于开元、天宝以后，尤其是唐德宗以后。如何认识这种现象的出现及其存在的意义呢？

本文讨论的兼申现象，主要体现于中央政府的各项规定之中。那么，在讨论其意义之前，有一个问题需要回答，这些规定是停留在纸面上，还是在政务运作中被执行了？我们认为，上行公文的兼申现象也存在于实际政务运作当中，在正史与文集中都可以看到实例。宪宗时，陈许节度使郗士美去世，库部员外郎李渤充吊祭使，路过陕西，他发现逃户、驿马问题严重，便上疏宪宗，希望皇帝重视并尽快处理，同时将"疏奏仍具状申中书门下"①。"宪宗览疏惊异，即以飞龙马数百匹，付畿内诸驿"，但他具状申中书门下后，"执政见而恶之"，李渤被迫谢病归东都②。在《柳宗元集》中，也可以看到据元和六年制，柳州刺史分别上皇帝与中书门下的举柳汉自代状③。对日常公文做摘要、登录的事目文书，也可以显示公文兼申现象的存在。敦煌文书 S.2703v 是《天宝年间敦煌郡典应遣上使文解牒并判抄》④ 前五行录文如下：

1. 合郡廿五日应遣上使文解总玖道。
2. 一上北庭都护府为勘修功德使取宫观斋醮料 事。
3. 一牒交河郡为同前事。一牒伊吾郡为同前 事。
4. 一牒上中书门下为勘修功德使默敕并驿家 事。
5. 一上御史台为同前事。一上节度使中丞衙为同前 事。

文书第 4 至第 5 行所言"一牒上中书门下为勘修功德使默敕并驿家事"，一上御史台、一上节度使中丞衙都是"为同前事"，显示敦煌郡为勘修功德使默敕并驿家事，分别"牒上"中书门下、京师御史台、河西节度使中丞衙。文书第 3 行提到的二牒也是"为同前事"，显示敦煌郡为勘修功德使取宫观斋醮料事，分别牒北庭都护府、交河郡、伊吾郡⑤。这两组六道文书目录，反映了天宝年间地方政府上行公文的兼申现象。

上行公文兼申现象的实际存在，为我们提供了通过规定讨论其功能与意义的前提。前引吴丽娱文指出，唐后期要求官司或者地方在闻奏皇帝的同时兼申中书门下，其意义"一方面是强调皇帝对政事的知情和掌控，另一方面也是表明宰相对于重要政务的知会处理"。这无疑是正确的认识，这里想略作补充的是：第一，就每一次制度调整而言，侧重点是有差异的。总体来看，更加注重皇帝对重要信息的掌控。第二，兼申现象可以视为唐后期在信息分层基础上，皇帝与中央力求更为准确地掌控政务信息，加强管理、监督的一种尝试。需要说明的是，关于兼申规定的个别材料前文已有列举，本节从不同角度分析时，为了阅读方便，请容再引。

先讨论第一点。每一次制度调整的具体背景和原因难以确知，个别或可推测。宪宗元和十三年十月，令户部、度支、盐铁三司"每年终，各令具本司每年正月一日至十二月三十

---

① 《册府元龟》卷510《邦计部·重敛》，第6115页。
② 《旧唐书》卷171《李渤传》，第4438页；《资治通鉴》卷241《唐纪五十七》元和十四年八月条，第7771页。
③ 《柳宗元集》卷39，中华书局1979年版，第1023、1042页。
④ 录文见郝春文、宋雪春、李芳瑶、王秀林、陈于柱编《英藏敦煌社会历史文献释录》第13卷，社会科学文献出版社2015年版，第486页。参见方诚峰《敦煌吐鲁番所出事目文书再探》，《中国史研究》2018年第2期。
⑤ 参见荣新江《唐代西州的道教》，《敦煌吐鲁番研究》第4卷，北京大学出版社1999年版，第133页。

日所入钱数及所用数，分为两状，入来年二月内闻奏，并牒中书门下"，报告内容包括"其钱如用不尽，须具言用外余若干见在；如用尽，及侵用来年钱并收阙，并须一一具言。其盐铁使所收，议列具一年都收数，并已支用及送到左藏库欠钱数。其所欠亦具监院额缘某事欠未送到。户部出纳，亦约此为例"，目的是"条制既定，亦绝隐欺"①。此时宰相的构成是裴度、崔群、皇甫镈、程异。裴度和崔群都是中书侍郎、同中书门下平章事，九月刚刚提拔为宰相的财政官僚皇甫镈依旧判度支、程异也仍然为盐铁使②。二人的提拔，遭到了包括裴度和崔群在内的众多大臣反对，史称"〔皇甫镈〕与盐铁使程异同日以本官同平章事，领使如故……诏书既下，物情骇异，至于贾贩无识，亦相嗤诮。宰相崔群、裴度以物议上闻，宪宗怒而不听"，"独排物议相之"③。在此背景下，裴度、崔群与皇甫镈、程异之间的矛盾是可想而知的。因为具有判度支和盐铁使的身份，皇甫镈和程异即使没有三司"并牒中书门下"的要求，二人也可以直接掌握相关财政数字。因此，我们判断，要求户部、度支、盐铁三司将年度财政数字"并牒中书门下"，很可能是宰相裴度与崔群的诉求，以防被"隐欺"。

如果说这个例子反映了此次兼申规定是出于宰相之间矛盾，财政资料获得上处于劣势的部分宰相提出信息共享的话，那么唐代更多的例子则表明兼申制度安排的出台，是为了中央，特别是皇帝及时掌控重要信息。

文宗大和初年，中央致力于规范制度，曾"诏：元和、长庆中，皆因用兵，权以济事，所下制敕，难以通行。宜令尚书省取元和已来制敕，参详删定讫，送中书门下议定闻奏"④。整理删汰"难以通行"的制敕，目的当然是使其他制敕得以更好地贯彻。同时，中央也着手整顿地方秩序。宰相裴度、韦处厚以高瑀为忠武节度使，改变"自大历已来，节制之除拜，多出禁军中尉"的状况，走出节度使先"广输重赂"、后"膏血疲民以偿之"的"债帅"怪圈，时称"韦、裴作相，天下无债帅"⑤。又"诏方镇节度观察使请入觐者，先上表奏闻，候允则任进程"⑥，加强对地方高官的管控。在此背景下，出台了一项兼申规定。《唐会要》卷六八《刺史上》：

〔文宗大和〕四年八月，御史台奏："谨按大历十二年五月一日敕：'刺史有故及缺，使司不得差摄，但令上佐依次知州事。其上佐等，多非其才，亦望委外道使臣，精加铨择，不胜任者，具以状闻。'昨者，宣州观察使于敖所差周墀知池州。若据敕旨，便合奏剖。今勘其由，长史、司马并在上都守职，有录事参军顾复元在任。若不重有条约，所在终难守文。伏请自今已后，刺史未至，上佐阙人，及别有勾当处，许差录事参军知州事。如录事参军又阙，则任别差判官。仍具阙人事由分析闻奏，并申中书门下、御史台。所冀诏旨必行、绳违有据。"敕旨依奏⑦。

池州为宣州观察使所辖，池州刺史缺，观察使于敖没有按照"但令上佐依次知州事"的既有制度执行，在"录事参军顾复元在任"的情况下，任命周墀知池州。针对这一事件，御史台奏请，一方面在强调大历诏书的基础上定制，只有在上佐，包括录事参军皆缺的情况下，才能由节度使或观察使"别差判官"；另一方面要将此具体情况闻奏皇帝，并申中书门

---

① 《唐会要》卷58《尚书省诸司中·户部侍郎》，第1188页。
② 《旧唐书》卷15下《宪宗纪》，第464页。
③ 《旧唐书》卷135《皇甫镈传》，第3739—3741页。
④ 《旧唐书》卷17上《文宗纪》，第526页。
⑤ 《旧唐书》163《高瑀传》，第4250页；欧阳修、宋祁撰：《新唐书》卷171《高瑀传》，第5193页。
⑥ 《旧唐书》卷17下《文宗纪》，第540页。
⑦ 《唐会要》卷68《刺史上》，第1424—1425页。

下和御史台。其"诏旨必行、绳违有据"的目的，与大和初强调制敕的权威性、整顿地方秩序的背景完全吻合。"敕旨依奏"，御史台的奏请得以推行。可以说，这是通过兼申的方式，加强皇帝和中央对方镇人事变动情况的了解与掌控。

除了对具体个案背景的分析，通过制度颁布前后情况的对比，也有助于了解制度变化的意义。无奈材料过少，只有极少事例具有比较的条件。

例一，对两税之外的苛捐杂税，宪宗元和四年的规定是"请诸道盐铁、转运、度支、巡院察访，状报台司，以凭闻奏"①，文宗大和七年的要求则是由御史严加查访，一旦发现，御史"具却置事由闻奏，仍申台司"②，也就是御史不仅要将"两税外科配杂榷率等复却置者"状报御史台，还要直接上报皇帝，取消了此前御史台转奏的环节。

例二，《册府元龟》卷五〇二《邦计部·常平》记载：

〔宣宗〕大中六年四月，户部奏："天下州府收管常平、义仓斛斗，今日已后，如诸道应遭灾荒水旱，便委长吏〔差〕清强官审勘，如实是水旱处，便任开仓，先贫下不济户给。贷讫，具数分析申奏并报臣本司，切不得妄给与富豪人户。……"从之③。

所谓"具数分析申奏并报臣本司"，就是"具数分析申奏并报户部"④。"申奏"的对象，当包括皇帝，即属闻奏兼申所司类。可资对比的，是十余年前的文宗朝制度，大和"九年二月，中书门下奏：常平、义仓本虞水旱，以时赈恤，州府不详文理，或申省取裁，或奏候进止。自今已后，应遭水旱处，先据贫下户及鳏寡茕独不济者，便开仓，准元敕作等第赈贷讫，具数申报有司"⑤。对比可见，宣宗新制的不同之处在于，报有关机构的同时，强调增加对皇帝的报告。

以上两例都是对报告中的重要事项，在申报有司或宰相机构的基础之上，通过制度调整，加强了同时直报皇帝的要求。

再看第二点。将思考范围扩大至有唐一代，发现玄宗以前兼申现象数量极少，且主要集中于并申两个或两个以上相关机构这一类型，而这些机构，往往是业务相关的平级机构，如前文所述户部诸司。与之相比，开元、天宝后得以扩展的，是闻奏兼申中书门下、闻奏兼申所司、报中书门下兼申所司等三种类型，它们的共同点是同时报告两个层级。就中央集权制国家而言，皇帝以及中央机构迅速准确地了解下情，甚至垄断某些重要政务信息，对集权体制掌控国家是至关重要的。玄宗开元十一年（723），改政事堂为中书门下。中书门下体制建立后，宰相政务官化，皇帝也走上处理国家政务的前台⑥，要求皇帝和中枢机构处理的信息量更大。但是，由于信息处理能力的限制，不可能将所有信息都集中于中央，信息分层是必不可少的前提。上行文书是下情上传的主要载体，唐后期上行文书中的兼申现象，可以视为唐后期中书门下体制之下，在信息分层基础上，皇帝与中央力求更为准确掌控政务信息、加强管理监督的一种尝试。

上行信息的分层，是指地方或中央行政机构的请示或报告，不能都直接奏请或奏报皇帝，而是根据具体情况，区别政务的轻重缓急，向不同层级的机构请示或报告。唐前期不是本文的关注重点，仅举一例说明。高宗仪凤元年（676）诏书称，"比者在外州府，数陈表疏，京下诸司，亦多奏请"，直接上奏皇帝事务过多，造成"览之者滋惑"的局面，故

---

① 《唐会要》卷88《盐铁》，第1902页。
② 《旧唐书》卷49《食货志下》，第2128页。
③ "差"字，据《旧唐书》49《食货志下》补，第2127页。
④ 《唐会要》卷88《仓及常平仓》，第1918页。
⑤ 《册府元龟》卷502《邦计部·常平》，第6023页。
⑥ 刘后滨：《唐代中书门下体制研究》，齐鲁书社2004年版，第245页。

诏书要求"自今已后,诸有表奏,事非要切,并准敕令,各申所司"①。强调非重要紧急事务,报相关机构即可,不必都直报皇帝。安史乱后政局复杂多变,一般而言,政治环境越复杂,决策过程中所需要信息的数量就越多,这就更需要区分上行信息的层次。代宗永泰二年(766)制:"尚书宜申明令式,一依故事。诸司诸使及天下州府,有事准令式各申省者,先申省司取裁。"②规定地方机构要按既有章程行事,该申报尚书省的就申报尚书省。德宗即位后颁布赦文,其中云:"天下诸使及州府,有须改革处置事,一切先申尚书省,委仆射已下众官商量闻奏,外使及州府不得辄自奏请。"③"不得辄自奏请",就是强调报告层次,限制地方向皇帝的直接奏报。敬宗即位不久,就有如下规定,"应进状人论事,大者请分析闻奏,次者请申中书门下,小者请各牒诸司"④。根据事务的大小、轻重,将上报对象明确区分为皇帝、宰相机构、相关部门。

上行信息的分层与管理权限的配合,还体现在唐后期的实际政务运作之中。比如铨选问题,向来敏感,容易引发舆情,文宗时规定,吏部留放选人不当,经选人投诉确为吏部失误者,事涉三名选人以上,"牒都省"处理,若事涉十名选人以上,则须"具事状申中书门下处分"⑤。根据影响范围大小决定上报层次。

在唐后期愈发强调上行信息分层的背景下,再来审视上行中央文书中的兼申现象。首先,兼申本身层次分明。据前文所述,兼申包括闻奏皇帝兼申中书门下、闻奏皇帝兼申所司、报中书门下兼申所司、并申除皇帝和中书门下以外两个或两个以上相关机构等四种类型。其中最重要的报告,要同时呈报皇帝与宰相机构中书门下。僖宗乾符二年(875)诏书规定,"从今后,有监院处,亦仰州县常加听察,如监院官有不公不进,各申本州,行牒本司。便如状事稍重,仰专差使送申状本司。事大则任闻奏,兼申中书门下、御史台,以凭推勘。所冀递相检察,不敢侵凌"⑥。监院是肃宗实行榷盐政策后设置的机构,监院官是盐铁、户部、度支三司之下属,唐后期的监院官"皆郎官、御史为之","得察风俗,举不法"⑦。监院官对州县地方官有监督之责。僖宗诏书强调的,是要求地方官也要监督监院官,若发现监院官有问题,一般情况通过本州报本司,比较严重的通过专使报本司,最严重者,在奏报皇帝的同时,申报中书门下、御史台,作为日后审查的凭据。其目的是希望在中央的监督之下,达成监院与州县相互监督的实效。其次,闻奏兼申中书门下、闻奏兼申所司在唐后期的出现,强调了部分重要信息需要直接奏报皇帝,也体现了对信息的筛选与分层。

上引乾符二年诏中,日后对监院官的"推勘",是中书门下、御史台的责任,皇帝并不直接参与。这一点让我们意识到唐后期上行文书兼申规定的又一功能,即兼申要求意味着上下级机构对信息的同步掌握,有利于上级机构指导、监督责任的行使。这一点,通过介于请示与报告之间、需要机构处理的一类兼申文献能够更好地予以说明。《唐会要》卷四一《左降官及流人》记载宪宗元和十二年(817)七月敕云:

> 左降官等考满量移,先有敕令,因循日久,都不举行,遂使幽退之中,恩泽不及。自今以后,左降官及〔责授正员官等,宜并从到后,经五考满量移。今日已后,左谪远等官〕量移未复资官,亦宜准此处分。如是本犯十恶五逆及指斥乘舆、妖言不顺、假托休咎、反逆缘累,及

---

① 《文苑英华》卷464《删定刑书制》,第2369页。《唐大诏令集》卷82《颁行新令制》,第472页的内容与之略同。
② 《唐会要》卷57《尚书省诸司上·尚书省》,第1155页。
③ 《册府元龟》卷89《帝王部·赦宥第八》,第1057页。
④ 《册府元龟》卷474《台省部·奏议五》,第5658页。
⑤ 《唐会要》卷74《选部上·吏曹条例》,第1601—1602页。
⑥ 《唐大诏令集》卷72《乾符二年南郊赦》,第402页。
⑦ 分见《旧唐书》卷17下《文宗纪下》,第571页;《新唐书》卷177《高元裕传》,第5286页。

赃贿数多、情状稍重者，宜具事由奏闻。其曾任刺史、都督、郎官、御史、五品以上常参官，刑部检勘，具元犯事由闻奏，并申中书门下商量处分。①

该敕对左降官中曾经担任重要职务者的处理比较谨慎，既闻奏皇帝，也申中书门下。而且值得注意的是，其"商量处分"是由中书门下做出的。

再请看唐后期新、旧节度使交接过程中交割状处理的两个例子。敬宗即位不久，敕"诸道节度使去任日，宜准元和十五年七月十五日敕处分。其交割状，限新人到任后一个月内，分析闻奏，并报中书门下，据替限，委中书门下据报状磨勘闻奏，以凭殿最"②。又文宗大和元年二月敕云："诸道节度、观察使去任日，宜具交割状，仍限新人到任一月日分析闻奏，并报中书门下，据新旧状磨勘闻奏，以凭殿最。"③ 交割状所载"钱帛、斛斗、器械数目"等，是供中书门下"磨勘"的资料。这两份诏书还要求中书门下要将磨勘处理的结果报告皇帝。以上闻奏皇帝兼申宰相机构的三例，具体处理都是由中书门下做出的。

同样，在报中书门下兼申所司的兼申中，部分需要处理的事务，其处置职责也是在下级（即所司）。《文苑英华》卷四二六《贞元九年冬至大礼大赦天下制》中云："宜委诸州府长吏，每年以当管回残余羡钱物，谷贱时收籴，各随便近贮纳，年终具有无多少报中书门下，兼申考功，以为考课升降。"唐代地方官的考课由吏部考功司负责。又，宣宗大中六年敕规定，每道设教练使，教练使负责训练、选拔军事人才，至年底，由地方"都具所教习马步及各执所艺人数申兵部及中书门下，仍委兵部简勘，都开件闻奏"④。或许正是因为此事具体由兵部负责，故同一敕书，在《旧唐书》和《唐会要》所载的简略版本中，均只记为"申兵部"⑤，并未言及"中书门下"。以上报中书门下兼申所司的两例，具体处理职责分别在吏部考功司和兵部。

无论是闻奏兼申中书门下，还是报中书门下兼申所司，负责具体事务处理的，都是下级机构。兼申规定带来的对信息的同步掌握，有利于上级机构对下级机构行使指导、监督责任。

唐后期中书门下体制下，皇帝和宰相更多地参与政务处理，他们也在不断摸索、提高对政务信息的处理能力。玄宗以后，特别是唐德宗以后陆续出台的关于上行公文兼申的规定，也是这种努力的体现。它们虽然不需要皇帝或上级机构立即批复，不直接导致决策，但多种类型的兼申现象仍然引人注目，可以将其视为唐后期在信息分层基础上，皇帝与中央机构力求更为准确地掌控政务信息、加强管理的一种尝试。这不仅反映在对报告内容中的重要信息、敏感信息，要求向皇帝或宰相机构的直报，而且体现于通过兼申要求，皇帝或上级机构能够与下级具体负责机构同步掌握信息，有利于皇帝或上级机构对具体负责机构的管理和监督。作为唐后期进行的制度调适与创新，上行公文兼申的方式在宋代获得更为广泛的应用。

（原载《史学月刊》2020年第5期）

---

① 《唐会要》卷41《左降官及流人》，第862页。"责授正员官等"至"左谪远等官"，据文渊阁四库本《唐会要》补，台湾商务印书馆1986年影印本，第547页。
② 《唐会要》卷78《诸使中·诸使杂录上》，第1706页。
③ 《册府元龟》卷636《铨选部·考课二》，第7629页。《册府元龟》原作"正月"，据刘昫等撰：《旧唐书》卷17上《文宗纪》，宝历三年（827）二月乙巳（十三日）改元大和，此敕颁布，日在"甲寅"，当为二月二十二日。
④ 《册府元龟》卷124《帝王部·讲武》，第1492页。池田温编：《唐代诏敕目录》将此诏系于大中六年五月条，三秦出版社1991年版，第532页。
⑤ 分见《旧唐书》卷18下《宣宗纪》，第630页；《唐会要》卷26《讲武》，第587页。

全文转载·宋元明清史　　（栏目主持：王善军）

论"耕读文化"在宋代的确立

程民生*

摘　要：耕读一体的形态自古即存在，孔孟主张分开，强调读书做官是君子的职业，耕田种地是小人的职业。但民间耕读情况一直存在，多是隐逸之士和学生。到了经济文化大发展的宋代，半耕半读成为常态，"耕读"专词应运而生。其最有价值的内涵是广大农民纷纷读书，即自下而上的读书热潮。对许多农家来说，读书识字只是生活的必需，未必参加科举，是为宋代与前代大不相同的亮点，也是耕读文化成熟的标志之一。而士人把耕读当作人生快乐之事，则是耕读文化普及流传的内在因素。耕作的实践有利于士人思维的创新和学问、创作题材与水平的提高，更主要的成就是知识、知识分子促进了农业发展。对社会影响最深刻的，则是促使文化普及到农家。耕读文化成为中华文明的一个重要组成部分，在宋以来的古代后期意识形态和生产领域中发挥了较大作用，可谓传统文化的一次充实。

关键词：耕读文化　宋代　生活模式

我国古代始终是农耕时代，所孕育的自然是农业文明。这就决定中国文化有着浓重的农业、农村、农民色彩，中国农业有着知识分子的广泛参与，或言农村、农民中诞生出大多数知识分子。这一特征的精髓，就是耕读文化。耕读文化是中华文明的基础和重要组成部分，影响极为深远。那么，像所有文化都有一个生长过程一样，耕读文化具体是何时、在何种背景下形成确立的呢？对此，学界不乏说法，[①]然似缺乏论证，更未必正确。有学者关注到宋代这一问题的某些方面，并有精彩论述，[②]但多是从文学、建筑等角度的认识，从历史学角度而言，尚有诸多问题需要论证研究与揭示。[③]

一　"耕读文化"的渊源及在宋代的确立

一般而言，耕读一体的形态先秦即存在，区别是形式不同、程度不同、普及范围不同。如果从士大夫角度而言，读书人无论从哪里入仕，家中大多总是有田产的，但不一定直接耕作或经营。科举制实行后，农家子弟入仕前以及致仕后，也还会与耕作经营打交道，但也未

---

* 程民生，河南大学历史文化学院教授。
① 张金凤：《由"耕读"铭文瓦当谈耕读文化——兼论对中国传统文化之影响及现实意义》，《文物鉴定与鉴赏》2018年第4期（下）："中国的耕读文化，产生于春秋战国，成熟于汉魏，鼎盛于唐宋，延续到明清，影响至今。"
② 刘培：《耕读传家观念的重塑与强化——以南宋中后期辞赋为中心》，《中山大学学报》（社会科学版）2018年第5期；刘培：《耕读传家观念与士绅文化形态——以南宋文学中岩桂意象的生成为中心》，《吉林大学社会科学学报》2018年第6期；朱晓明：《耕读与传统村落》，《同济大学学报》1998年第3期；胡念望：《芙蓉坡以及楠溪江畔的其它村落》，浙江摄影出版社2002年版，第30页。
③ 林文勋、黎志刚：《南宋富民与乡村教育文化的发展》，《国际社会科学杂志》（中文版）2011年第4期，提出"耕读传家：宋代以来乡村文化发展的新趋向"，并有所论证。

必直接耕作。耕读概念包含两层意思，一指读书者和耕作者是同一人物，即躬耕躬读、半耕半读，是为个人的耕读；二指一个家庭同时经营农业和学习读书，其成员一部分主要耕以生存，一部分主要读以发展，读书者通常都是子弟，是为家庭的耕读。

耕读分合作为一个问题的提起，应当从孔夫子说起。自从春秋时期民间教育兴起，孔子就力主区分耕读。《论语·子路》："樊迟请学稼。子曰：'吾不如老农。'请学为圃。曰：'吾不如老圃。'樊迟出，子曰：'小人哉，樊须也。上好礼，则民莫敢不敬；上好义，则民莫敢不服；上好信，则民莫敢不用情。夫如是，则四方之民襁负其子而至矣。焉用稼。'"在《论语·卫灵公》中又进一步指出："君子谋道不谋食，耕也，馁在其中矣；学也，禄在其中矣。"反复强调的是，读书做官是君子的职业，耕田种地则是小人的职业，不可混合在一起，亦耕亦读，正如君子、小人不会融为一体。作为历史上第一个民间教育家，他的意思大概还有既然读书，就应专心致志，不能一心二用；况且农耕是不需要教的，跟着长辈就学会了，而他教的是道理。其学说的继承发扬者孟子，同样秉承读书做官的理念，并有所发挥。《孟子·滕文公上》："然则天下独可耕且为与？有大人之事，有小人之事。且一人之身，而百工之所为备，如必自为而后用之，是率天下而路也。故曰，或劳心，或劳力；劳心者治人，劳力者治于人；治于人者食人，治人者食于人。天下之通义也。"强调阶级差异，宣扬的是要做官以俸禄养家，而不能屈尊耕田，劳心者与劳力者有着天经地义的差别。孔孟圣言，遂使士农对立，也即脑力劳动与体力劳动对立，并随着儒家地位定于一尊，成为统治思想，后代以至于形成了"万般皆下品，唯有读书高"的不良风气，把读书事业抬到远离农业的高空。

然而，即便有此圣贤教导，毕竟是"重农"的农耕社会，毕竟文化要发展，有此两大客观基础，耕读不可能断然分开。实际上，耕而读、读而耕的情况一直陆陆续续、星星点点地存在。班固曾回顾道："古之学者耕且养，三年而通一艺，存其大体，玩经文而已。是故用日约少，而蓄德多，三十而五经立也。"[①]这也是"三十而立"的一个内容，之所以持续时间长，是因为半工半读，而非全心全意只读书。孔子时代也遇见过耕地的隐士，即《论语·微子》所载"长沮、桀溺耦而耕"。有关隐士耕种的例子很多，属于"士"而后"耕"，耕是隐的形式，还不是完整意义上的耕读模式。

汉代以来，耕读事例渐多。如兒宽"以郡国选诣博士，受业孔安国。贫无资用，尝为弟子都养。时行赁作，带经而锄，休息辄读诵，其精如此。"[②]一边为人打工耕作挣钱，一边读书，打工耕作是为了读书。常林与其相同："少单贫。虽贫，自非手力，不取之于人。性好学，汉末为诸生，带经耕锄。"[③]三国诸葛亮自我介绍道："臣本布衣，躬耕于南阳，苟全性命于乱世，不求闻达于诸侯"[④]，属于隐耕。另一个典型就是晋代陶潜，他"种豆南山下，草盛豆苗稀。晨兴理荒秽，戴月荷锄归"。"卧起弄书琴，园蔬有余滋。"[⑤]是先读书做官、后耕田读书。三国西晋时期学者、医学家、史学家皇甫谧二十余岁时，"就乡人席坦受书，勤力不怠。居贫，躬自稼穑，带经而农，遂博综典籍百家之言"[⑥]。带经而农，即边耕边读。唐代的事例，如"儒翁九十余，旧向此山居。生寄一壶酒，死留千卷书。

---

① （东汉）班固：《汉书》卷三〇《艺文志》，中华书局1962年版，第1723页。
② （东汉）班固：《汉书》卷五八《兒宽传》，第2628页。
③ （晋）陈寿著，（刘宋）裴松之注：《三国志》卷二三《魏书·常林传》，裴松之注《魏略》，中华书局1982年版，第659页。
④ （晋）陈寿著，（刘宋）裴松之注：《三国志》卷三五《蜀书·诸葛亮传》，第920页。
⑤ （东晋）陶潜著，龚斌校笺：《陶渊明集校笺》（修订版）卷二《归园田居》《和郭主簿》，上海古籍出版社2011年版，第83、134页。
⑥ （唐）房玄龄：《晋书》卷五一《皇甫谧传》，中华书局1974年版，第1409页。

栏摧新竹少，池浅故莲疏。但有子孙在，带经还荷锄"①。也是耕读的意思。

从上大致可以看到，宋以前的耕读者成分简单，主要是隐逸之士和学生；数量也有限，尚谈不上普遍；多是以读为主，以耕为辅，或耕只是读的一种辅助形式，二者没有水乳交融，相辅相成，更缺以耕为主的读、从耕出发的读。朱熹指出："予闻古之所谓学者非他，耕且养而已矣。其所以不已乎经者，何也？曰，将以格物而致其知也。学始乎知，惟格物足以致之。知之至则意诚心正，而大学之序推而达之无难矣。若此者，世亦徒知其从事于章句诵说之间，而不知其所以然者，固将以为耕且养者资也，夫岂用力于外哉？"② 他指出：古代学者的耕是为了养学，是学的经济基础。其意义主要在于不将耕视之为贱事，并未耕读并列并重，更非底层的由耕而读，仍不是完整的耕读文化，只是初级阶段的一股源流。

二 "耕读"词汇在宋代的出现

流淌千余年的耕读文化上游，到宋代汇聚成洪流。随着唐代中后期士族门阀的瓦解，以及宋代社会的大发展大变革，在文化方面出现三大新形式。一是平民百姓可以通过科举入仕，二是教育发达，文化普及，以农民为主的广大底层民众有学文化的热情和条件；三是大量的士子、落榜考生没有或未能科举入仕，沉淀在农村家乡，以新的面貌继续务农。因而，边耕边读、半耕半读，就成了常态，"耕读"二字联合，作为专词在宋代应运而生。

检索爱如生等有关大型古籍数据库，最早出现"耕读"二字连为一词的，似是北宋中期的曾巩，他在孔延之墓志铭中写道："幼孤，自感厉，昼耕读书垄上，夜燃松明继之，学艺大成。乡举进士第一，遂中其科。"③ 是一个耕读成功例子的亮相。但是，真正将其作

为一个词语和概念使用的，是北宋后期官员唐庚，他所拟的考试策论题目就是《耕读》，让考生论述：

> 问：先王之时，其所谓师儒者，乃六卿之吏；而其所谓士者，乃六卿之民。故为士者未尝不耕，而为农者未尝不学。《周官》以九职任万民，而士不与焉，盖以士寓其间故也。周道衰，管仲始以新意变三代之法，定四民之居，而士农之判，盖自此始。而孔子、孟子之教，以耕稼为小人之事，非士君子之所当为，而从学之徒一言及此，则深诋而力排之者，何也？舜不耕于历山，禹稷不躬稼而有天下，伊尹不耕于有莘之野乎？何害其为圣且贤。而孔子、孟子之论如此，必自有旨也。有司愿与闻之。④

他提示的耕读演变历史是：三代时，只有六卿之官吏与六卿之百姓两类，读与耕并无分野。春秋时，管仲划分人民为士农工商四民，人们才各司其业。至孔孟，将读与耕强化为君子与小人之事。实际上，古来圣贤无不耕作，孔孟为何这么说呢？

这一试题的提出，反映着深刻的社会历史问题：耕读原本就应当为一体，孔孟断然分开的深意何在？其实际意义，未尝不是不便直接批判孔孟的婉转措辞，更是为当时流行的耕读模式扫清理论障碍，寻找历史依据，为"耕读"一词和耕读理念的登台鸣锣开道，大造舆论。

耕读文化的代表人物之一陈旉也曾纠结于此，试图破解。他一生隐居躬耕，并撰写《农书》，这就无法回避孔孟的观点。为了使自己的事业符合儒学，他努力向其靠拢，调和耕读对立："仆之所述，深以孔子不知而作为可戒……此盖叙述先圣王搏节爱物志。"⑤ 出

---

① （唐）许浑著，罗时进笺证：《丁卯集笺证》卷三《题倪处士旧居》，江西人民出版社1998年版，第71页。
② （宋）朱熹著，郭齐、尹波点校：《朱熹集》卷七七《一经堂记》，四川教育出版社1996年版，第4017—4018页。
③ （宋）曾巩撰，陈杏珍等点校：《曾巩集》卷四二《司封郎中孔君墓志铭》，中华书局1984年版，第575页。
④ （宋）唐庚：《眉山唐先生文集》卷三〇《策题·耕读》，四部丛刊三编，商务印书馆1936年版，第8页。
⑤ （宋）陈旉撰，万国鼎校注：《陈旉农书校注》，《陈旉自序》，农业出版社1965年版，第22页。

版时又对官员说:"樊迟请学稼,子曰,吾不如老农。先圣之言,吾志也。樊迟之学,吾事也。是或一道也。"①实际上仍然未能调和,既不能洗白孔孟,也不能洗白自己。

至南宋,耕读一词进一步扩展,将耕读名之于室额。李敬子因故被免官,"敬子既归,躬锄耰,其乐不改,治庙祀,裁古今彝制为通行,家事绳绳有法度。筑室曰'耕读',以待学者,横经其间,士争趋之,舆议亟称其贤。"②自己实践耕读,并号召广大士人耕读,受到士绅的高度赞扬。还有士大夫把耕读标之于堂号。合肥长官、赵鼎曾孙赵纶作示子赵玉汝诗云:"颜筋柳骨徒尔工,岛瘦郊寒竟何益?劝汝耕田勤读书,丰公非是无官职。"其子赵玉汝"今于居之堂,摘末联'耕读'二字以昭扁,志不忘也"③。为了纪念乃父,表明孝心,将父训凝聚为"耕读"二字,揭之为匾额,建堂明志。宋代遗民卫富益,还将这一概念自命为别号。他宋亡不仕,隐居教授著述,有《四书考证》《性理集义》《易经集说》《读书纂要》《耕读怡情》等著作。晚年还故里,"自号'耕读居士',绝不言世务,不理城市"④。把宋代的耕读理念带到元代,表明了自己的政治姿态。

这些情况表明,从"带经而锄"的行为开始,流传了千年之久的耕读事实最终在宋代概括提炼成一个确切的词语,耕读理念形成并进入文化层面,意味着耕读现象的普遍。

三 耕读理念的确立与实践

在文化普及、科举制发展的背景下,宋代社会中耕读已成为普遍现象。依据不同需求和形式,大致可分为两大类。

第一类是士人的耕读生活。其中又分几种形式。

一是"耕隐"。南宋士大夫牟巘在《耕隐说》中,阐述这种耕读隐居的生活时说:"自昔以来,士率以隐遁为高,事或不同,其致一也。有隐于耕者,长沮、桀溺耦而耕是也……吾友俞好问之田邻蔡道明,字子诚,自号'耕隐',其慕耕耦隐者欤?'但存方寸地,留与子孙耕',为此言者可谓知本矣,要使其后人长留得读书种子耳。吾老农也,曾无寸土可以施其鉏镈,于耕隐盖不胜健羡,因书而归之。"⑤这是耕读最早的源头之一,至宋代更加普遍。如宋真宗时陕西隐士刘巽,"治《三传》,年老博学,躬耕不仕"⑥。北宋中期的孔旼隐居汝州龙山之虿阳城,"性孤洁,喜读书。有田数百亩,赋税常为乡里先。"⑦虽是孔子后裔,更是一个有文化守法令的农民。

二是耕读作为事业和生活方式。如胡宪原本太学生,后"揖诸生归故山,力田卖药,以奉其亲。"⑧绍兴进士范良遂,"笔研不灵,卜筑江上,且耕且读,书与学俱晓。自号墨庄,有诗集刊于家,吴荆溪为序。"⑨南宋学者张邦基,失意后"归耕山间,遇力罢,释耒之垄上,与老农憩谈,非敢示诸好事也。其间是非毁誉,均无容心焉。仆性喜藏书,随所寓,榜曰'墨庄'"⑩。这些士人将耕读作为良好的归宿。远在广东沿海的南恩州莫家,从南宋末期开始一直践行这一模式:"宋至嘉定间,而天祐公又赐进士及第,称世家矣。载传世而生阿玖公,始迁恩州那西村,以耕读为

---

① (宋)陈旉著,万国鼎校注:《陈旉农书校注》,《洪兴祖后序》,第63页。
② (宋)岳珂撰,吴企明点校:《桯史》卷一五《李敬子》,第178—179页。
③ (宋)赵孟坚:《彝斋文编》卷三《耕读堂记》,景印文渊阁四库全书,商务印书馆1986年版,第1181册,第337页。
④ (明)董斯张:《吴兴备志》卷一三《卫富益传》,景印文渊阁四库全书,第494册,第433页。
⑤ (宋)牟巘:《陵阳集》卷一四《耕隐说》,宋集珍本丛刊,线装书局2004年版,第87册,第571页。
⑥ (宋)王辟之撰,吕友仁点校:《渑水燕谈录》卷四《高逸》,中华书局1981年版,第52页。
⑦ (元)脱脱:《宋史》卷四五七《孔旼传》,中华书局1977年版,第13435页。
⑧ (元)脱脱:《宋史》卷四五七《胡宪传》,第13463页。
⑨ (宋)边实:《咸淳玉峰续志·人物》,宋元方志丛刊,中华书局1990年版,第1103页。
⑩ (宋)张邦基撰,孔凡礼点校:《墨庄漫录·作者自序》,中华书局2002年版,第15页。

业，世有隐德。"① 将耕读作为世代相传的事业。

三是作为奋发图强的起点和形式。更多的情况是士人不得不边耕边读书，寻求出路。正如晁补之所言，这是宋代最为普遍的现象："补之尝游于齐、楚之郊，见夫带经而耕者，莫非求仕也。"② 都是农家子弟为了改变命运，通过读书参加科举而入仕，是"鲤鱼跳龙门"式的拼搏形式。

第二类最重要，即农民的耕读，这是新的主体或基础。

耕读模式是由两个行为组成，也是由两个阶层实践，因而有两方面的意思：一是自上而下的，士大夫不以耕种为耻，读书之余经营农业；二是自下而上的，农民不以读书为无用、不可能，耕作之余亲自或督导子弟读书。第一层意思在宋代已经毫不值得赞赏，因为早已不是孔夫子时代读书大都能够做官，而是大都不能做官，况且连商人也早就"以末致富以本守之"，农耕是本，是历代的基本国策，至少在理论上任何一个阶层也不敢轻视。耕读模式最有价值的内涵，就是占人口绝大多数的农民纷纷读书，即自下而上的读书热潮。

宋代还出现一个与耕读一词相关的新词："识字农"。如陈著："世多多才翁，谁识识字农"③，陆游也云："颓然静对北窗灯，识字农夫有发僧。"④ 北宋苏轼早有"吏民莫作长官看，我是识字耕田夫"的提法。⑤ 虽然都是士大夫耕读的自况，但读书识字的农夫也确实众多。宋末元初的黄应蟾云："荛夫被儒衣，耕叟辟家塾"⑥，便是宋代许多农民学文化、有文化的真实写照。例如"田父龙钟雪色髯，送儿来学尚腰镰"⑦。具体例子如北宋洛阳富裕农民王德伦，全家识字：他"常于孟春读诵《金刚经》数千遍……尝读《大戴礼》，觊取青紫于世……购藏经籍，以训子孙为务"。有子四人，一人"翼习《毛诗》，学究志业"，一人"亦常专经，止于中道"，一人进士及第入仕，一人"幼读诗礼"后"废书而置产"。他的妻子也读书识字："常说孟母择邻之事，以晦诸子，又好看《多心经》。"⑧ 可谓典型的耕读之家。北宋后期的毛滂自言其家三代耕读不辍："某本田舍家，自父祖皆昼耕锄，夜诵书。"⑨ 常德府富农余翁，家中专有书房："家岁收谷十万石……庆元元年六月，在书室诵经。"⑩ 两宋之际的张守指出："中上之户稍有衣食，即读书应举，或入学校。"⑪ 在文风浓郁、教育发达地区，相当一部分人家都是如此。如叶适所说："今吴、越、闽、蜀，家能著书，人知挟册，以辅人主取贵仕。"⑫ 具体如福建，"闽俗户知书"，连被差点为乡兵的

---

① （清）林星章主修：《新会县志》卷一二，（明）陈臣忠：《莫象泉迁葬墓志铭》，道光二十一年刊本，第 56 页。
② （宋）晁补之：《鸡肋集》卷五二《上杭州教官吕穆仲书》，四部丛刊初编，上海书店出版社 1989 年版，第 2 页。
③ （宋）陈著：《本堂集》卷八《戴帅初九日无憗以满城风雨近重阳为韵七首袖而示余因次其韵》，景印文渊阁四库全书，第 1185 册，第 44 页。
④ （宋）陆游著，钱仲联校注：《陆游全集校注·剑南诗稿校注》卷二〇《南省宿直·又》，上海古籍出版社 1985 年版，第 1575 页。
⑤ （宋）苏轼著，（清）王文诰辑注，孔凡礼点校：《苏轼诗集》卷三〇《庆源宣义王丈……为老人光华》，中华书局 1982 年版，第 1581 页。
⑥ （明）程敏政辑撰，何庆善、于石点校：《新安文献志》卷五八，（元）黄应蟾等：《秀山霜晴晚眺与赵宾旸黄惟月连句》，黄山书社 2004 年版，第 1392 页。
⑦ （宋）陈思编，（元）陈世隆补：《两宋名贤小集》卷三三一，陈鉴之：《东斋小集·题村学图》，景印文渊阁四库全书，第 1364 册，第 605 页。
⑧ （宋）王景：《大宋赠大理评事太原王公（德伦）墓志铭并序》，郭茂育、刘继保：《宋代墓志辑释》，中州古籍出版社 2016 年版，第 133 页。
⑨ （宋）毛滂著，周少雄点校：《毛滂集》卷一〇《重上时相书·又》，浙江古籍出版社 2012 年版，第 249 页。
⑩ （宋）洪迈撰，何卓点校：《夷坚志·甲志》卷七《查市道人》，中华书局 2006 年版，第 60 页。
⑪ （宋）张守撰，刘云军点校：《毘陵集》卷三《论措置民兵利害札子》，上海古籍出版社 2018 年版，第 36 页。
⑫ （宋）叶适著，刘公纯等点校：《叶适集·水心文集》卷九《汉阳军新修学记》，中华书局 1961 年版，第 140 页。

人，也"大抵举子也"①。其中的建州，有半数农民家庭已是半耕半读："山川奇秀，土狭人贫，读且耕者十家而五六。"② 读书识字只是生活的必需，未必非要参加科举。

把耕读当作人生快乐之事，是耕读文化普及流传的前提之一和内在因素。四川士人家颐就说："人生至乐无如读书，至要无如教子。"③ 吕午在《李氏长春园记》中指出："人生天壤间，有屋可居，有田可耕，有园池台榭可以日涉，有贤子孙诵诗读书，可以不坠失家声，此至乐也，而纡朱怀金不与焉。顾能备是乐，极鲜……间有高堂大厦，绚丽靓深，西陌东阡，日增月广，园囿景物之可纵所，如兰玉绳艺之相为辉映，岂不可乐？而缓役于富贵利达，如蜗牛升高而不疲，蠨蛸好上而不已，卒于钟鸣漏尽，未尝得一日少安厥居，载美酒、逐清景以自乐其乐者，亦可怜已。"④ 有田可耕，有子孙读书，就是人生难得的乐事，胜过荣华富贵。李日升"平居不易言，不以事不造公寺，喜读书，乐于耕事"⑤。既喜欢读书，又喜欢耕作，就是不喜欢与官府打交道。南宋中期的莆田人方审权，"少抱奇志，从伯父特魁镐仕湖之，所至交其豪隽。及归，慨然罢举。家有善和之书、东冈之陂，汾曲之田。君曰：'吾读此耕此足了一生矣。'始者人疑其功名顿挫愤悱而然，既而久幽不改，以至大耄，安之如一……君博古通今，父子皆能诗，有《真窖》《听蛙》二集。其志业不少概见于世者，皆于诗发之。"⑥ 科举失

利后，遂安心耕读终生，那些远大志向则通过诗歌发泄。吴兴人张维，"少年学书，贫不能卒业，去而躬耕以为养。善教其子，至于有成。平居好诗，以吟咏自娱。浮游闾里，上下于溪湖山谷之间，遇物发兴，率然成章，不事雕琢之巧，采绘之华，而雅意自得。徜徉闲肆，往往与异时处士能诗者为辈。盖非无忧于中，无求于世，其言不能若是也"⑦。都是以耕读为快乐人生的事例，意味着耕读生活对士人很有吸引力。这不仅是个人爱好，还成为一方风俗。如抚州"其民乐于耕桑，其俗风流儒雅，乐读书而好文词，人物多盛"⑧。是良性循环的典型地区。

耕读盛况因而形成。如陆游有诗云："农畴兴未耜，家塾盛诗书。"⑨ 具体情况是，冬季农闲，农家开始了另一种繁忙即延师教子："十月东吴草未枯，村村耕牧可成图。岁收俭薄虽中熟，民得蠲除已小苏。家塾竞延师教子，里门罕见吏征租。老昏不记唐年事，试问元和有此无？"⑩ 都是倡导和描述耕读之风，并认为前代无此习俗。刘克庄说："闽人务本亦知书，若不耕樵必业儒。"⑪ 务本知书即耕读的统一，已经十分普遍。新一轮的兼并在这种背景下兴起："古者士则不稼，大夫不为园夫红女之利，今者公卿大夫兼并连阡陌。"⑫ 特点就是士大夫热衷于买地耕种。

宋代虽然还未出现"耕读传家"一词，但这个理念已然形成。具体事例，如苏辙在给诸子的诗中写道："般柴运水皆行道，挟策读

---

① （宋）程俱著，徐裕敏点校：《北山小集》卷三四《故武功大夫昭州团练使骁骑尉徐公行状》，人民文学出版社 2018 年版，第 597 页。
② （宋）胡寅撰，容肇祖点校：《斐然集》卷二一《建州重修学记》，中华书局 1993 年版，第 442 页。
③ （宋）刘清之：《戒子通录》卷六，家颐：《教子语》，景印文渊阁四库全书，第 703 册，第 74 页。
④ （宋）吕午：《竹坡类稿》卷二《李氏长春园记》，续修四库全书，上海古籍出版社 2002 年版，第 1320 册，第 218—219 页。
⑤ （宋）员兴宗：《九华集》卷二一《李日昇墓志铭》，景印文渊阁四库全书，第 1158 册，第 180 页。
⑥ （宋）刘克庄撰，王蓉贵、向以鲜校点：《后村先生大全集》卷一六一《方隐君》，四川大学出版社 2008 年版，第 4133、4134 页。
⑦ （宋）周密撰，张茂鹏点校：《齐东野语》卷一五《张氏十咏图》，中华书局 1983 年版，第 279 页。
⑧ （宋）祝穆撰，祝洙增订，施和金点校：《方舆胜览》卷二一《抚州·风俗》，中华书局 2003 年版，第 373—374 页。
⑨ （宋）陆游著，钱仲联校注：《陆游全集校注·剑南诗稿校注》卷八〇《春近》，第 4327 页。
⑩ （宋）陆游著，钱仲联校注：《陆游全集校注·剑南诗稿校注》卷六〇《书喜·又》，第 3454 页。
⑪ （宋）刘克庄撰，王蓉贵、向以鲜校点：《后村先生大全集》卷一二《泉州南郭二首》，第 341 页。
⑫ （宋）陈舜俞：《都官集》卷七《说农》，景印文渊阁四库全书，第 1096 册，第 484 页。

书那废田？兄弟躬耕真尽力，乡邻不惯枉称贤。裕人约已吾家世，到此相承累百年。"① 表明其家已有百年的耕读传统。南宋前期舒邦佐的传家训词中，就有"后世子孙，优必闻于诗礼，勤必苦于耕读。教子择姻，慎终追远"②。显然就是耕读传家的意思。陆游说得更直接："力穑输公上，藏书教子孙。"③ 类似例子很多，如黄岩赵十朋有诗云："四枚豚犬教知书，二顷良田尽有余。鲁酒三杯棋一局，客来浑不问亲疏。"本人是"贤士"，家有两顷农田，四个儿子都读书。王十朋"亦有东皋二顷，两子皆学读书"，作诗云："薄有田园种斗升，两儿传授读书灯。"④ 陆游晚年在家乡当"识字农"时，有诗云："大布缝袍稳，干薪起火红。薄才施畎亩，朴学教儿童。羊要高为栈，鸡当细织笼。农家自堪乐，不是傲王公。""诸孙晚下学，髻脱绕园行。互笑藏钩拙，争言斗草赢。爷严责程课，翁爱哺饴饧。富贵宁期汝？它年且力耕。"⑤ 从诗中可以看出，其所教后代子孙的人生目标并不是为科举入仕，而是作有文化的农民。一般而言，读书求知目的有三：知识改变命运，知识服务生活，知识提升身心。读书大多不能改变命运，但可以改变生活方式，改善生活质量。如张邦炜先生所言："宋代读书人的学习目的是多元的，其中较为常见的大致有以下三种。一是为谋生而读书。二是为做官而读书，三是为救世而读书。"⑥ 是宋代与前代大不相同的亮点，也是耕读文化成熟的标志之一。

中国古代耕读传家的理念从宋代开始确立与普及，是宋代民众文化水平高起点的基础。在宋人看来，耕读都是人生的必须，其中耕是生存的需要，读是发展的需要；耕是本分，是物质需要；读是更新，是精神需要。基本生活环境改善之后，宋人对精神生活的需要更加强烈，也就是农民对文化的需求上升，主要还是为了子孙的发展和家庭生活质量的提高、社会地位的提升。如黄震说："人若不曾读书，虽田连阡陌，家赀巨万，亦只与耕种负贩者同是一等齐民。"⑦ 意思是农民应当读书，否则土地再多也只是普通百姓，读书的农民才有品位。文彦博甚至明确指出："则知富于文者，其富为美；富于财者，其富可鄙。"⑧ 流传至今的俗话"三代不读书，不如一窝猪"，就是民间对耕读或农民读书的强调。更深入普通农民人心的是卜算文化，北宋邵雍辑录的古代占梦书中对此有明确的态度：梦见"耕田读书，大吉。占曰：且耕且读，务本之象。必名利双全，大富大贵也"⑨。此书虽据传为晋代葛洪编撰，实际上前此并无文字等痕迹，也即并未在社会中起作用。只有在宋代适宜的环境中，才能广为流传。

在理论上，历史进程证明孔孟耕读分离的主张不符合社会实际和历史发展，宋代"朝为田舍郎，暮登天子堂"的社会现实，在一定程度上消融了使士农界限。更关键的是，耕读合一理念与习俗的形成，是对孔子耕读分离的公然反叛与不屑，确属宋人大胆解放思想的表现。

---

① （宋）苏辙著，曾枣庄、马德富校点：《栾城集·三集》卷一《示诸子》，上海古籍出版社1987年版，第1466页。
② （宋）舒邦佐：《双峰先生存稿》卷一《训后》，续修四库全书，上海古籍出版社2002年版，第1318册，第272页。
③ （宋）陆游著，钱仲联校注：《陆游全集校注·剑南诗稿校注》卷五五《题严壁·又》，第220页。
④ （宋）王十朋著，梅溪集重刊委员会编：《王十朋全集·诗集》卷一六《黄岩赵十朋贤士也有诗云四枚豚犬教知书二顷良田尽有余鲁酒三杯棋一局客来浑不问亲疏予亦有东皋二顷两子皆学读书客至则弈棋饮酒遂用赵君诗意成一绝》，上海古籍出版社1998年版，第274页。
⑤ （宋）陆游著，钱仲联校注：《陆游全集校注·剑南诗稿校注》卷七八《农家》《农家·又》，第4247、1249—4250页。
⑥ 张邦炜：《君子欤？粪土欤？——关于宋代士大夫问题的一些再思考》，《人文杂志》2013年第7期。
⑦ （宋）黄震著，张伟、何忠礼主编：《黄震全集·黄氏日钞》卷七八《又晓谕假手代笔榜》，浙江大学出版社2013年版，第2197页。
⑧ （宋）文彦博著，申利校注：《文彦博集校注》卷二《多文为富赋》，中华书局2016年版，第48页。
⑨ （宋）邵雍纂辑，（明）陈士元增删，（明）何栋如重辑：《梦林玄解》卷三《梦占·田园》，续修四库全书，上海古籍出版社1996年版，第1063册，第682页。

耕读文化的关键是读，全国范围内，不读而耕者毕竟是大多数，读而耕者，通常多见于文风昌盛的地方。

四 宋代耕读文化的效应

耕读模式是体力劳动与脑力劳动结合，意味着二者的相辅相成。宋代历史证明了这些辉煌成就，在此主要提示三个方面。

第一，对知识分子和文化而言，耕作的实践有利于思维的创新和学问、创作题材与水平的提高。例如济州士人邓御夫，"隐居不仕，尝作《农历》一百二十卷，言耕织、刍牧、种莳、括获、养生、备荒之事，较之《齐民要术》尤为详备。济守王子翻尝上其书于朝"[1]。成为由实践经验上升到理论的农学专家。其他如陈翥、邓御夫、陈旉、胡融、陈景沂等在乡间躬耕自食，同时撰写农书以总结生产经验，从而"把私人农学传统推到了一个新的阶段"[2]。如陈翥写出世界第一部研究泡桐的专著《桐谱》，刘蒙著成第一部菊花专著《菊谱》等即是。有学者统计宋代农书141部，而唐及以前历代农书总计也不超过80部，足见宋代是传统农学迅猛发展的时代。[3] 应该说，这正是耕读文化的产物。

最典型的人物是两宋之际的陈旉。他一生隐居躬耕在淮南的西山，是位饱学之士："西山陈居士，于六经诸子百家之书，释老氏黄帝神农氏之学，贯穿出入，往往成诵，如见其人，如指诸掌。下至术数小道，亦精其能，其尤精者易也。平生读书，不求仕进，所至即种药治圃以自给。"[4] 针对"士大夫每以耕桑之事为细民之业，孔门所不学，多忽焉而不复知，或知焉而不复论，或论焉而不复实"的耕读分离状况，立志隐居耕读，著《农书》三卷："此盖叙述先圣王撙节爱物之志，固非腾口空言，夸张盗名，如《齐民要术》《四时纂要》迂疏不适用之比也。实有补于来世云尔。"[5] 多年的亲自实践，使之发现前代名著《齐民要术》等的"迂疏不适"，敢夸海口。书中有不少突出特点，至今被称为"我国第一流古农书之一"[6]。绍兴年间完成《农书》后，正招抚难民垦辟荒地的知真州洪兴祖如获至宝，"取其书读之三复，曰：'如居士者，可谓士矣。'因以仪真劝农文附其后，俾属邑刻而传之"[7]。作为首批耕读的农学家，他是耕读文化的杰出代表，在耕读文化确立过程中起到标志性作用。

另一突出事例是农诗事的兴盛。有关研究表明，宋代农事诗的创作异军突起，成为宋代最引人注目的几类诗作；[8] 宋代是农事诗发展的高峰期，达到其艺术内涵的顶峰。[9] 这些成就都是耕读文化的产物，丰富了诗歌的题材和内容，使之更接地气，更有内涵，也使农业情况更多、更具体地传播与士大夫，使之更加关注。

第二，知识、知识分子大量进入农业生产领域，大大增添了农业的文化含量，促进了农业发展。典型如南宋初期四川人苏云卿隐居在南昌耕作："披荆畚砾为圃，艺植耘芟，灌溉培壅，皆有法度。虽隆暑极寒，土焦草冻，圃不绝蔬，滋郁，四时之品无阙者。味视他圃尤胜，又不二价，市鬻者利倍而售速，先期输直。夜织履，坚韧过革舄，人争贸之以馈远。"[10] 他开辟荒地种植蔬菜，以渊博的知识功底和聪颖，很快成为种植高手，无论冬夏均

---

[1] （宋）张邦基撰，孔凡礼点校：《墨庄漫录》卷一〇《邓从义作农历》，第274页。
[2] 曾雄生：《中国农学史》，福建人民出版社2008年版，第352页。
[3] 邱志诚：《宋代农书考论》，《中国农史》2010年第3期。
[4] （宋）陈旉撰、万国鼎校注：《陈旉农书校注》，《洪兴祖后序》，农业出版社1965年版，第63页。
[5] （宋）陈旉撰、万国鼎校注：《陈旉农书校注》，《陈旉自序》，第21页。
[6] （宋）陈旉撰、万国鼎校注：《陈旉农书校注》，万国鼎：《〈陈旉农书〉评价》，第20页。
[7] （宋）陈旉著，万国鼎校注：《陈旉农书校注》，《洪兴祖后序》，第63页。
[8] 朱刚：《从类编诗集看宋诗题材》，《文学遗产》1995年第5期。
[9] 韩梅、孙旭：《宋代农事诗的文化阐释》，《赤峰学院学报》（汉文哲学社会科学版）2012年第5期。
[10] （元）脱脱：《宋史》卷四五九《苏云卿传》，第13459页。

有蔬菜上市，而且品质优良，深受市场欢迎，商贩以至于提前付款订货。意味着无论技术还是经营，都是非常先进的，例如冬季蔬菜的商业化种植，是如何营造像现代塑料薄膜大棚那样既温暖又光线充足的环境的呢？耕读结合，提高了生产、经营水平和产品质量，又丰富了文化的实践经验。

第三，对社会影响最深刻的，是促使了文化普及到农家。正如北宋朱长文所谓："虽濒海裔夷之邦，执耒垂髫之子，孰不抱籍缀辞以干荣禄，褒然而赴诏者，不知其几万数，盖自昔未有盛于今也。"① 所言"执耒垂髫之子"，就是农家儿童。除了一心想通过科举入仕的大众潮流以外，非科举功利的识字读书者颇多。如会稽陈姓老人，生三子，有孙数人，"皆业农……子孙但略使识字，不许读书为士"②。宣和末，河北"有村民颇知书，以耕桑为业……其家甚贫"③。有的农家送子弟入学校读书，仅是为了应付官府的差役："学书意识偏傍，与门户充县官役足矣。"④ 在文风浓郁的东南地区更是普遍，如邵武军"力农重谷，然颇好儒，所至村落，皆聚徒教授"⑤。读书成为农家风俗，也即耕读文化的普及与硕果。

当然，耕读文化的效应绝不止于此，对官员的政治理念、治国行为等也有不小的影响。总之，耕读文化自从宋代确立以来，在历史上产生了重大影响，当代学者对耕读文化予以高度评价。认为耕读文化"在中国传统文化中具有普遍的道德价值趋向，是古代知识分子追求独立意识的精神寄托"⑥。"对于读书之人来说，耕读生活是他们最基础的生存形态。"同时敏锐地注意到这一文化形态确立于宋代："班固描绘的耕养之道的蓝图被南宋士绅践行了"⑦；"耕读传家是乡土中国生活观念的底色，它的兴起和发展与理学的塑造有着相当深刻的内在关联……在理学重新塑造后的人生信条中，耕读传家成为致太平事业的起点，读书受到了空前的重视……它继续演进、发展，最终凝定为乡土中国的基本生活观念，对后世影响深远"⑧。所言不乏真知灼见，但限于所论主旨，完全是从士大夫角度看问题，没有注意到广大农民起到的决定性作用，也没有看到北宋的盛况。

耕读文化由此成为中华文明的一个重要组成部分，在宋以来的古代后期意识形态和生产领域中发挥了很大作用。遍及农家的对联"耕读传家久，诗书继世长"，就表明耕读文化普及和深入人心的程度。所有这些，都是宋文化的历史贡献。

余 论

耕读文化源远流长，由零星的隐士行为发展为广大的士人行为，扩展为普通的农家行为，从特殊现象到普遍的人生信念、生活模式、价值趋向，如同从幕侧伴奏的笛声到舞台中央的交响乐。具体来说，对农家而言，读书不再是奢侈品，而成为必需品；对士人而言，耕读不仅是科举必须，也是生活乐事。这一强化与转变，完成于宋代。这与宋代农学大发展、成为北魏以来传统农学发展的一个新高峰正相一致。

耕读统一才能形成耕读文化。耕读文化是文化普及和可持续发展的深化形态，把文化融

---

① （宋）朱长文：《乐圃余藁》卷六《苏州学记》，景印文渊阁四库全书，第1119册，第29页。
② （宋）陆游著，马亚中校注：《陆游全集校注·渭南文集校注》卷二三《陈氏老传》，浙江教育出版社2011年版，第54页。
③ （宋）洪迈撰，何卓点校：《夷坚志·甲志》卷一《三河村人》，第3页。
④ （宋）李新：《跨鳌集》卷二〇《上王提刑书》，景印文渊阁四库全书，第1124册，第563页。
⑤ （宋）王象之：《舆地纪胜》卷一三四《邵武军·风俗形胜》，中华书局1992年版，第3833页。
⑥ 张金凤：《由"耕读"铭文瓦当谈耕读文化——兼论对中国传统文化之影响及现实意义》，《文物鉴定与鉴赏》2018年第4期（下）。
⑦ 刘培：《耕读传家观念与士绅文化形态——以南宋文学中岩桂意象的生成为中心》，《吉林大学社会科学学报》2018年第6期。
⑧ 刘培：《耕读传家观念的重塑与强化——以南宋中后期辞赋为中心》，《中山大学学报》（社会科学版）2018年第5期。

进社会不可或缺的生产活动并与之并列，号召士人像重视读书一样重视农业，号召农民像重视生产一样重视文化。正如两宋之际的李石在眉州劝谕百姓耕读结合时所云："俾田与孝同力，稼与学并兴。"① 这种体力劳动与脑力劳动结合、精神文明与物质文明并举的模式，既是生产模式，也是生活模式，广大士子因而有了实实在在的起点和落脚点，广大农家子弟因而有了文化武装和前途希望，使农业文化有了新发展，使文化与农业较好结合，对于民族文化素质的提高更是具有直接且深远的作用。特别要指出的还有，耕读模式增强了阶层之间的对流性和代际流动性，一定程度上消弭了社会的代际焦虑，使底层农家子弟有了长期发展愿景的感召力和凝聚力。是为宋代社会经济文化大发展的产物，经宋人的确立宣扬，遂成为优良传统的经典，中国古代后期一种标准的生活模式，可谓农耕文化的升级版，中华文明的一次更新与完善。其阶层结果，就是造就了明清的乡绅。

但是，平心而论，耕读文化也有着不可避免的局限性，从后代的情况来看不能评价过高，尤其是在政治上并未产生多大积极影响。耕读文化是一条固定的上下通道，其理想状态是既通天又接地。实际上，从明清时代的流行情况看，上下垂直的动态并没有质量的变化，并不能打通传统文化发展的"任督二脉"。被美化成田园诗的耕读文化顺从并固化了农耕思维，耕读的百姓有了自我修复能力，相应地也顺从并强化了君主专制主义，使之稳稳地落实在农耕大地，如系舟之锚，牢牢固定在大地，专制主义之舟从此只有前后左右的飘荡，中国政治不再航行前进。正如陈旉言："知夫圣王务农重谷，勤勤在此，于是见善明而用心刚，即志好之，行安之，父教子召，知世守而愈励，不为异端纷更其心，亦管子分四民，群萃而州处之意也。"② 世守而愈励的耕读文化，目的就是"不为异端纷更其心"，可谓一语道破。故而，耕读文化只能改变个别农民的命运，不能改变群体农民的命运。中国古代的传统文化，直到西学东渐之前再也没有大变化。因为普及的耕读人家主体已经不是以往少数自由自在的隐耕士人，而是农村士绅和农民，从"野生"到"圈养"，失去了独立人格和自由自在，落入世俗的牢笼；况且，经过理学强化的耕读文化贯彻着孔孟之道，不可能滋生新思想新文化。当然，这些反思都是题外话了。

近来李治安先生总结历史，提出了"耕战模式"概念。指出："自'商鞅变法'滥觞，基于授田和二十等爵的编民耕战，构成了秦汉以降近半帝制国家临民理政的主导性模式。它历经秦西汉的鼎盛、北朝隋唐赖'均田''府兵'及'租庸调'的再造复兴和明代'配户当差'为特色的最后'辉煌'，在两千年的历史舞台上表演不同凡响。作为马克思所云'行政权力支配社会'典型体现的编民耕战模式，重在对百姓及地主经济实施全面管控，尤以徭役、兵役沉重，故特名'耕战'。其目标是举国动员和富国强兵。"③ 这一论断甚有识见，但宋代社会与之不同，不在"耕战模式"推行之列。那么，填补这一时代空间的，或许正是"耕读模式"。并且由"耕战模式"的政府行为变为"耕读模式"的个人行为，由政治现象变为文化现象，因而更有生命力。实质与目标，却都是一样的。

（原载《社会科学战线》2020 年第 6 期）

---

① （宋）李石：《方舟集》卷一八《眉州劝农文》，景印文渊阁四库全书，第 1149 册，第 749 页。
② （宋）陈旉撰，万国鼎校注：《陈旉农书校注》，《陈旉后序》，第 62 页。
③ 李治安：《秦汉以降的编民耕战政策模式初探》，《文史哲》2018 年第 6 期。

辽金时期北方地区的乡里制度及其演变

鲁西奇[*]

摘　要：辽代燕云汉地的"村""里"是基本的乡村社会组织单位，却未见置有正、长；"乡正"与"帖乡"演变为县衙职役，主要负责户丁籍账的登记与造册；真正负责征发赋役的，可能是寨使、寨官。辽前期，"寨"（三百户）作为编排、管理各种俘户的基本单位；至辽中期，在中京、上京地区，有规划地编排、分划乡（五百户）、里，亦仍有州县以"寨"作为户丁编排与管理单位。金代猛安谋克部的基层管理单位是"寨"（五十户）；据有华北汉地之初，亦曾在部分州县推行"寨"制。金代的乡里制度乃是"乡里正—村社主首"制度，乡里正继承了辽代的乡正与北宋前期乡里正，"村社"的源头之一则是女真的"寨"制。

关键词：乡里制度　辽　金　北族　唐制

一　辽代燕云汉地的乡里制度及其根源

在《辽代社会基层聚落组织及其功能考探——辽代乡村社会史研究之一》《辽朝"里""村"问题再探讨——以石刻文字为中心》二文中，张国庆先生主要使用辽代碑石资料，系统考察了辽代社会基层聚落组织及其地域差异，指出辽代社会基层聚落组织主要有三种地域类型：（1）在长城以南的燕云农业耕作区，主要沿用唐制、并参仿宋制，实行乡、里（村）制度：乡由若干个里组成，是县之下的一级政府机构；里则属于最基层的居民组织；而含于乡里之中者，则是一个个大小不等的自然村落，有的称"村"，也有的称"庄""寨""社"。（2）在长城以北辽河流域农牧交错带的农业集中开发区内，既有斡鲁朵所属州、县下的乡、里组织，也有属于皇家私人庄园性质的寨、堡、庄、务等自然聚落。（3）在辽河流域的牧区及西部草原牧区，存在着"斡鲁朵"与游牧部族"石烈"下的抹里（弥里）、瓦里、得里和扎撒组织。[①] 张先生二文是今见有关辽代基层社会组织最为系统全面的研究，颇值得注意。[②] 张先生的着眼点，乃在于揭示并描述辽时不同地域所存在的不同类型的社会基层聚落组织，试图从聚落组织层面，揭示辽代基层社会的区域多样性，而对于这些"聚落组织"与辽朝国家间的关系，亦即这些"聚落组织"在辽朝国家统治体系中的地位与作用，则未加措意。正因为此故，其相关认识也存有若干可供进一步讨论之处：燕云汉地及辽河流域的乡、里组织或所实行的乡、里制度，究竟是沿用唐代乡里制度而来，还是遵照辽制编排、建立的？具体地说，若燕云汉地沿用唐制，编排乡里，又以里、村并存，那么，《辽史》的《地理志》《兵卫志》所记南京、西京道所属州县的户、丁数是否即根据各县的乡、里及户丁籍账而来？辽河流域各州县（无论其是否属于斡鲁朵）的乡里，

---

[*] 鲁西奇，武汉大学历史学院教授。
[①] 张国庆：《辽代社会基层聚落组织及其功能考探——辽代乡村社会史研究之一》，《中国史研究》2002年第2期；《辽朝"里""村"问题再探讨——以石刻文字为中心》，《辽宁大学学报》2017年第5期。
[②] 相关的研究还有：王欣欣《辽朝燕云地区的乡村组织及其性质探析》，《黑龙江民族丛刊》2013年第3期；程嘉静《从〈辽史〉看契丹的基层组织管理》，《兰台世界》2014年第11期。

又是何时、如何编排的？而如果上京、中京、东京三道所属州县并未普遍编排乡、里，那么，《辽史》所记三京道各州县的户、丁数又是从何而来？最为重要的是，这些"基层聚落组织"，是否负责登记籍账、编排户丁、征发赋役？其性质究竟是立基于自然居住方式的民间社会组织，还是官府控制基层社会的基层行政管理制度，抑二者兼具或重叠？显然，这些问题，既涉及对所谓"社会基层聚落组织"之性质的讨论，更关涉到对辽时社会控制的基本方式及其实质乃至辽朝国家形态的认识。

今见辽代碑石资料，以燕云地区为多，故相关讨论，多以燕云汉地为主。本节的讨论，亦从燕云汉地的乡里制度及其根源开始。

（一）唐后期燕云地区乡里制度的变化

开元二十八年（740）王守泰撰《（云居寺）山顶石浮图后记》记开元十八年金仙长公主（玄宗之妹）奏称："范阳县东南五十里上垡村赵襄子淀中麦田庄并果园一所，及环山林麓，东接房南岭，南逼他山，西止白带山口，北限大山分水界，并永充供给山门所用。"其下文又称，"系独树村磨碑"①。上垡村与独树村都是范阳县所属的村庄，盖唐中期燕地已不仅以村、庄指称具体田地位置（上垡村），亦用以指称户籍所在（独树村）。唐元和九年（814）《乔进臣买地牒》末句揭出买地人（亡人）乔进臣为"涿州范阳县向阳乡永乐村敦义□理南二里人"②。《太平寰宇记》谓范阳县"旧二十乡"③，向阳乡或即其一。"理南二里"当指在涿州治所之南二里处，则"永乐村敦义"下所缺省之字当是一种村下的组织名词，很可能是"保"或"社"字。牒文以"向阳乡永乐村敦义（保或社）"指称乔进臣籍属，则永乐村乃是一种基层行政管理单位，非仅指居住地。

大多数唐中后期燕云地区的墓志，述及亡人生前居地与葬地所在，但称某乡（若生前居地在城内，则多以坊、里为称），如贞元十九年（803）《蔡雄墓志》谓其葬地在（幽州）良乡邑北复业乡之原；元和三年（808）《史光墓志》谓其葬地在良乡县仁风乡。④ 但也有一些墓志叙述了乡以下的村、里。如元和十一年《和光烈墓志》谓其先为幽州幽都县人，生前居地在蓟县敬客坊，葬于幽府之东燕台乡高义村之原；元和十五年《朱曰□墓志》述其葬地，作"幽州城西一十五里幽都县界房仙乡大丰里之北原"；大和元年（827）《陶氏墓志》谓其生前居地在幽都县来远坊，葬地在蓟城东南八里会川乡从善村东北原；大和三年《侯□弘墓志》谓生前居地在幽都县平朔坊，葬地在幽都县界礼贤乡刘村之原；大和七年《周夫人刘氏墓志》叙其生前居地在蓟县开阳坊，葬地在幽府东南十里燕台乡高义村之原；会昌六年（846）《王邕墓志》谓王邕家于燕，居地在燕都坊，葬地在蓟县南一十五里广宁乡鲁村东一里之原；会昌六年《蔡氏墓志》也说其生前居幽州蓟县燕都坊，葬于幽州幽都县界礼贤乡龙道村西南一百步之原。⑤ 此类例证尚多，兹不再举。显然，在唐后期，"村"已基本取代"里"，成为幽燕地区"乡"之下的基层行政管理与社会组织单元。最重要的是，开成三年（838）《王淑墓志》谓其葬地在幽州幽都县西北界樊里之原，而大中元年《华封舆墓志》则谓其墓地在幽州幽都县保大乡樊村之原。⑥ "樊村"显系"樊里"之改称，说明"村"已逐步取代了"里"，或者二者可以互换通称。后唐长兴元年（930）《李夫人聂氏墓志铭》谓聂氏为代郡人，嫁于李使君，从夫"历职邢□，又迁镇阳务□"。天成二年（927）亡于镇府阅祯

---

① 北京图书馆金石组、中国佛教图书文物馆金石组编：《房山石经题记汇编》，书目文献出版社1987年版，第12页。
② 叶昌炽撰、柯昌泗评：《语石 语石异同评》，中华书局1994年版，第361页；鲁西奇：《中国古代买地券研究》，厦门大学出版社2014年版，第193页。
③ 《太平寰宇记》卷七〇，中华书局2007年版，第1412页。
④ 中国文物研究所、北京石刻艺术博物馆编：《新中国出土墓志·北京（壹）》，文物出版社2003年版，第10—11页。
⑤ 中国文物研究所、北京石刻艺术博物馆编：《新中国出土墓志·北京（壹）》，第13—14、16—17、19—20页。
⑥ 中国文物研究所、北京石刻艺术博物馆编：《新中国出土墓志·北京（壹）》，第19、22页。

坊之私第，权窆于石同村；长兴元年十月方扶柩归代郡故乡，葬于雁门县周刘村。志文又称其先代墓地，在周刘村南二十里之平田村。①则五代时，代云地区亦当如幽燕一样，多以"村"取代"里"，或"里""村"通称。

墓志材料还反映了唐后期幽燕地区乡里制度的另一个变化。咸通十一年（870）《孙英与夫人王氏墓志》谓孙英为涿郡范阳人，开成二年（837）亡后，葬于良乡县金山乡韩村管西南三里；其夫人王氏亡于咸通十一年，祔葬于孙英旧茔；其孙克绍亦亡于咸通十一年，葬于"涿州范阳县弘化乡白带管中庄西一里龙岗原"②。乡下置"管"，"管"领有"庄"，此为初见。宋开宝七年（974）"置管"③，或可溯源至晚唐。

张国刚先生曾讨论唐代乡村基层组织的演变，指出中唐以后乡村基层组织变化的基本方向，乃是"县—乡—里"结构让位于"县—乡—村"结构，其具体表现为整齐划一的"里"的功能在逐渐退缩，而自然居民点"村"的功能在扩张和强化。④ 显然，唐后期燕云地区乡村管理制度与乡村基层组织的演变，与张先生所揭示的唐代北方地区乡里制度演变的总体趋势，是一致的。而"管"的出现，则说明此种演变趋势，可下延至北宋初年。

（二）辽代燕云汉地的乡里体系多沿自唐代

今见燕云地区所出辽代墓志、买地券中，述及亡人生前籍属或居地，以"里"为称者，只有保宁元年（969）《张建立墓志》（平州卢龙县破卢里人）、天庆中（1111—1120）《张晋卿暨夫人高氏墓志铭》（白檀郡仁风里）与天庆九年《刘承遂墓志》（云中三井里人）三例；亡人生前居于燕京、云中城内者，则多以"坊"称述其生前居地（燕京隗台坊、卢龙坊、肃慎坊、西时和坊、永平坊、单罗坊、北罗坊、衣锦坊、齐礼坊，云州丰稔坊，共有十例）；以"村"为称者，则只有应历十七年（967）《王仲福墓志》一例（蓟州渔阳县界高村）。述及亡人墓地所在，以"乡、里"或"里"为称者，则有燕京蓟北县使相乡勋贤里、云中县权宝里、幽都县房仙乡鲁郭里、安喜县砂沟乡福昌里、幽都府幽都县礼贤乡北彭里、燕京幽都县礼贤乡胡村里、幽都县广老乡真宰里、幽都县元辅乡贺代里、燕京宛平县太平乡万合里、析津府宛平县仁寿乡陈王里、析津府宛平县礼贤乡北彭里、宛平县太平乡砂混里、宛平县房仙乡鲁郭里、析津府宛平县仁寿乡南刘里、潞县郑公乡杨□里、燕京宛平县南刘里、涿州范阳县加禄乡西沙里、鄞阳县北乡东石里、朔州马邑县侍中里、朔州鄞阳县司马里、宛平县仁寿乡陈王里、燕京析津县招贤乡东綦里、白檀郡仁智里与河阳里、昌平县仁和乡东道里、析津府宛平县房仙乡池水里、析津府宛平县元辅乡鲁郭里、宛平县西北乡南樊里、燕山府宛平县房仙乡万合里等；以"乡、村"或"村""庄""堡"为称者，只有蓟州北渔阳县界高村、京东燕下乡海王村、云中县口家庄、云中县孙权堡等（见表1）。根据这些材料，我们很容易得出这样的认识，即：辽代燕云地区的乡村控制体系，乃以乡、里二级制为主，"里"乃是乡村控制的基本单元，"村"（以及"庄""堡"等）乃是基本的聚落单位，而一些"村"已取代"里"，成为官府控制、管理乡村的基本单位，即"里""村"并存，以"里"为主。

墓志所见燕京（南京、析津府）蓟北（开泰元年改为析津）、幽都（开泰元年改为宛平）二县的乡、里建置，特别支持上述认识。综合今见墓志所记，可知辽时蓟北（析津）县有使相乡（有勋贤里）、招贤乡（有东

---

① 山西省考古研究所：《山西碑碣》，山西人民出版社1997年版，第159—161页。
② 中国文物研究所、北京石刻艺术博物馆编：《新中国出土墓志·北京（壹）》，第26页。
③ 关于宋开宝七年"废乡，置管"，请见《宋会要辑稿》职官四八之二五，"县官"，刘琳等校点，上海古籍出版社2014年版，第4321页。相关的讨论，请参阅郑世刚《宋代的乡和管》，载邓广铭、漆侠主编《中日宋史研讨会中方论文选编》，河北大学出版社1991年版，第246—259页；包伟民：《宋代乡村"管"制再释》，《中国史研究》2016年第3期。
④ 张国刚：《唐代乡村基层组织及其演变》，《北京大学学报》（哲学社会科学版）2009年第5期。

萦里)、燕下乡(有海王村)等,幽都(宛平)县有房仙乡(有鲁郭里、万合里、池水里)、礼贤乡(有北彭里、胡村里)、广老乡(有真宰里)、元辅乡(有贺代里、鲁郭里)、太平乡(有万合里、砂混里)、仁寿乡(有陈王里、南刘里)、西北乡(有南樊里)等。乡下置里、一乡有一个以上的里,使我们有理由相信,这是一套整齐划一的制度性安排。问题在于,如此整齐划一的乡里制度,究竟是辽(契丹)时根据唐制重新编排的乡里,还是基本沿用唐代编排的乡里体系?

表1　墓志与买地券所见辽代燕云汉地的乡里制度

墓志	年代	亡人生前居地	亡人墓地所在	出处
赵德钧妻种氏墓志	应历八年(958)	燕京隗台坊	燕京蓟北县使相乡勋贤里	陈述主编:《全辽文》卷四,中华书局1982年版,第76页。
王仲福墓志	应历十七年(967)	蓟州渔阳县界高村	蓟州北渔阳县界高村管	中国文物研究所等:《新中国出土墓志·北京(壹)》,文物出版社2003年版,第34页
张建立墓志	保宁元年(969)	平州卢龙县破卢里	榆州城内宅外	向南:《辽代石刻文编》,中华书局1982年版,第42—44页
李内贞墓志	保宁十年(978)	燕京卢龙坊	京东燕下乡海王村	《全辽文》卷四,第86—87页
许从赟暨夫人康氏墓志铭	乾亨四年(982)	燕京肃慎坊(许从赟)云州丰稔坊(康氏)	云中县权宝里	曹彦玲、王银田:《辽许从赟墓志略考》,《文物世界》2009年第6期。
韩佚墓志	统和十五年(997)	平州	幽都县房仙乡鲁郭里之西原	《新中国出土墓志·北京(壹)》,第36页
韩佚妻王氏墓志	统和廿九年(1011)	辽兴军(平州)	幽都县房仙乡鲁郭里之西原	《辽代石刻文编》,第139—141页
韩相墓志铭	开泰六年(1017)	永安军(滦州)	辽城西安喜县砂沟乡福昌里	《全辽文》卷六,第116页
张琪墓志铭	太平四年(1024)	燕京	幽都府幽都县礼贤乡北彭里	《全辽文》卷六,第125页
张嗣甫墓志	重熙五年(1036)	中京	燕京幽都县礼贤乡胡村里	《辽代石刻文编》,第201—202页
李继成暨妻马氏墓志	重熙十三年(1044)	燕京西时和坊	幽都县广老乡真宰里(权厝);元辅乡贺代里	王清材等:《丰台路口南出土辽墓清理简报》,《北京文博》2002年第2期。
王泽妻李氏墓志铭	重熙十四年(1045)	燕京永平坊	燕京宛平县太平乡万合里	《全辽文》卷六,第160—161页
张俭墓志铭	重熙廿二年(1053)		析津府宛平县仁寿乡陈王里	《全辽文》卷六,第128页
丁求谨墓志	清宁三年(1057)	燕京单罗坊	析津府宛平县礼贤乡北彭里	《新中国出土墓志·北京(壹)》,第36页

续表

墓志	年代	亡人生前居地	亡人墓地所在	出处
张绩墓志	清宁九年（1063）	蔚州	（宛平县）太平乡砂混里	《辽代石刻文编》，第313—317页
韩资道墓志铭	咸雍五年（1069）	燕京北罗坊	宛平县房仙乡鲁郭里	《全辽文》卷八，第190页
董匡信及妻王氏墓志铭	咸雍五年（1069）	大同府长清县	析津府宛平县仁寿乡南刘里之南原	《全辽文》卷八，第192页
郑颉墓志	大安元年（1085）	南京（燕京），籍属蓟北县	潞县郑公乡杨□里	任秀侠：《辽郑颉墓志考》，北京辽金城垣博物馆编《北京辽金文物研究》，北京燕山出版社2005年版，第224—229页
董庠妻张氏墓志铭	大安三年（1087）	中京留台前	燕京宛平县南刘里	《全辽文》卷八，第231页
梁颖墓志铭	大安五年（1089）	中京大定府	涿州范阳县加禄乡西沙里	杨卫东：《辽朝梁颖墓志铭考释》，《文史》2011年第1辑
牛公买地券	大安九年（1093）		云中县□家庄	大同市文物陈列馆：《山西大同卧虎湾四座辽代壁画墓》，《考古》1963年第8期。
董承德妻郭氏墓记	辽乾统七年（1107）	西京警巡院右厢	云中县孙权堡刘士言地	山西云岗古物保养所清理组：《山西大同市西南郊唐、辽、金墓清理简报》，《考古通讯》1958年第6期。
宁鉴墓志铭	乾统十年（1110）		鄪阳县北乡东石里	《全辽文》卷一〇，第309页
高为裘墓志	乾统十年（1110）	顺义军（朔州）南门私第	朔州马邑县侍中里（权厝），朔州鄪阳县司马里（归葬）	张畅耕主编《辽金史论集》第六辑，社会科学文献出版社2001年版，第219—226页
高泽墓志	乾统十年（1110）	朔州南门私第	朔州马邑县侍中里（权厝），朔州鄪阳县司马里（归葬）	张畅耕主编：《辽金史论集》第六辑，第219—226页
丁洪墓志	天庆元年（1111）		宛平县仁寿乡陈王里西南	《全辽文》卷一一，第313页
马直温妻张馆墓志铭	天庆二年（1112）		燕京析津县招贤乡东綦里	《全辽文》卷九，第265页
张晋卿暨夫人高氏墓志铭	天庆中（1112）	白檀郡仁风里	仁智里（张晋卿权厝）；河阳里（高氏权厝）	孙勐：《北京密云大唐庄出土辽代墓志考释》，《中国国家博物馆馆刊》2016年第2期。
丁文育墓志铭	天庆三年（1113）		宛平县仁寿乡陈王里	《全辽文》卷一一，第317页

续表

墓志	年代	亡人生前居地	亡人墓地所在	出处
史洵直墓志铭	天庆四年（1114）	昌平县	昌平县仁和乡东道里	《全辽文》卷一一，第319页
王师儒墓志	天庆四年（1114）	燕京齐礼坊	析津府宛平县房仙乡池水里	《辽代石刻文编》，第645—650页
刘承遂墓志	天庆九年（1119）	世本云中三井里人	于孙权堡刘士言处买地九亩	《辽代石刻文编》，第676—677页
杜悆墓志	天庆十年（1120）	燕京衣锦坊	析津府宛平县元辅乡鲁郭里	周峰：《辽代杜悆墓志铭考释》，《博物馆研究》2003年第1期。
鲜于氏墓志	保大元年（1121）		宛平县西北乡南樊里	《辽代石刻文编》，第684—685页
王安裔墓志铭	保大四年（1124）		燕山府宛平县房仙乡万合里	《全辽文》卷一一，第341页

我们先来看看以"里"指称亡人生前籍属或居地的情况。（1）保宁元年（969）《张建立墓志》谓张建立本为平州卢龙县破卢里人，其父张守贞曾任沧州马步军都指挥使，当是晚唐或后梁、后唐时事。张家居于荒僻海隅，"边境多虞，因滋向化"，至建立时方得"浴沐先皇（当指辽穆宗）眷泽"，任榆州刺史、兼[蕃]（番）汉都提辖使，天显五年（930）卒于任上。当张家入辽时，燕云之地尚未割让给契丹，故张氏当是被掠或主动投附契丹。据《辽史·地理志》，榆州乃"太宗南征，横帐解里以所俘镇州民置州"①。张家入北投，似久居榆州，其子彦英曾任榆、惠二州刺史、知权场事、兼兵马都监，西南路都提辖使、充乣使，彦胜也曾任榆州刺史、兼充南路乣使；父子三人也都葬在榆州（治在今辽宁凌源镇西十八里堡）。因此，墓志所谓张氏为平州卢龙县破卢里人，显然是指张氏手居榆州之前事，其时平州并未入辽，故"卢龙县破卢里"当是唐时卢龙县的乡里编制。

（2）北京密云大唐庄所出天庆前期（1112年前后）《张晋卿暨夫人高氏墓志铭》，谓张氏本为宋兴州人，辽承天太后南征，归于契丹，乃为行唐县人。②承天太后南征，当即指统和年间辽军南征定州、望都一带事。而宋河北沿边并无兴州，故兴州或当为"定州"之讹误。行唐县，《辽史·地理志》云：

行唐县，本定州行唐县。太祖掠定州，破行唐，尽驱其民，北至檀州，择旷土居之，凡置十寨，仍名行唐县。隶彰愍宫。户三千。③

则行唐县初置时，分为十寨，并未编排乡里。张氏至辽圣宗统和年间方被掠北来，被安置在行唐县。张晋卿之祖令崇、父仁杰，皆未入仕，在辽乃为普通编户。墓志铭说张氏私第在"白檀郡仁风里"；张晋卿于大康八年十二

---

① 《辽史》卷三九《地理志》三，《点校本二十四史修订本》，中华书局2016年版，第548页。
② 孙勐：《北京密云大唐庄出土辽代墓志考释》，《中国国家博物馆馆刊》2016年第2期。按：关于此碑刻之年代，孙先生文并未讨论。今绎墓志，知张晋卿于大康八年（1082）十二月卒，数年后夫人高氏亦卒，分别葬于仁智之故茔和河阳里之原。后经数十年，其子孙渐繁茂，乃于郡城西北三里另购得墓地，将张晋卿与高氏合葬在一起。墓志谓"以□□□年十月十九日，移葬于兹"。迁葬之年恰漫灭。然其下文又说：张晋卿仕途二十年，死后"权厝三十年"。则迁葬当在大康八年之后三十年左右。太康八年之后三十年，当是天庆二年（1112）。但墓志所云三十年或仅取其整数，故姑定为天庆二年前后。
③ 《辽史》四〇《地理志》四，《点校本二十四史修订本》，第565页。

月卒后，"权窆于仁智里之故茔"；数年后，其夫人高氏卒，"别权窆于河阳里之原"。墓志铭又说张氏之先茔在"郡城北之西三有里"，张晋卿与高氏迁葬之墓地又在先茔西北百余步。墓志所说之白檀郡，当即指檀州；郡城即指檀州城。辽檀州领密云、行唐二县，密云乃隋唐以来之旧县，行唐置于密云县境内。张晋卿虽籍属行唐县，居地却在檀州城内。而檀州城内之仁风里以及郡城西北之仁智里（以及夫人高氏墓地所在的河阳里），皆当属于密云县，而非属行唐县。换言之，辽时以俘户新置的行唐县，乃以十寨作为控制与管理组织，并未编排乡里；《张晋卿暨夫人高氏墓志铭》中所见的仁风里、仁智里与河阳里，当属于密云县，乃沿袭唐制而来。

（3）天庆九年（1119）《刘承遂墓志》说刘氏"世本云中三井里人"。乾统七年（1107）《董承德妻郭氏墓记》述董氏为"大辽西京警巡院右厢住人"，盖董氏居于西京大同府城内。① 据此推测，三井里当处于大同府城外。《刘承遂墓志》又谓记其墓地乃从孙权堡刘士言处买得，共九亩，准价五十贯文。《董承德妻郭氏墓记》也说"今为亡妻郭氏于京西南约五里，买到云中县孙权堡刘士言地五亩"。而乾亨四年（982）《许从赟暨夫人康氏墓志铭》与上述二志同出于大同市西南近郊新添堡村，志文称许从赟与唐氏墓志所在为"云中县权宝里"②。显然，"权宝里"与"孙权堡"当即同一地。"权宝里"演变为"孙权堡"，说明云中县本来编有"里"，在辽时"权宝里"之名逐渐不用，而代之以"孙权堡"。据此，《刘承遂墓志》说刘氏"世本云中三井里人"，也可理解为刘氏之三井里人的身份，乃来自于世代相仍。换言之，云中县的三井里（以及权宝里）当是相沿而来，应当是唐代编排的里。

因此，辽代墓志所记亡人生前居地或籍属的"里"，应当是沿用唐时编排的乡、里体系而来的，并非辽朝新编的里。此外，应历十七年（967）《王仲福墓志》所见"蓟州北渔阳县界高村管"中"管"的编制，与上引咸通十一年（870）《孙英与夫人王氏墓志》所见的"管"，也当有一定关联。"管"的编制从晚唐延续到辽代，也说明辽代燕云汉地的乡里控制体系乃是从唐代演变而来的。

墓志所述亡人生前居地或籍属使用的"里"既然沿自唐代，那么，其所述亡人葬地所在之乡、里（村），也当是沿用唐时编排、划分的乡、里（村）体系而来。换言之，辽时很可能并未全面系统编排、分划燕云汉地的乡、里，墓志等碑石文献中所见的乡、里，至少有相当一部分，乃是沿用唐时编排、分划的乡里体系（也当有部分调整）。那么，这些乡、里在辽时是否仍然发挥作用呢？或者说，辽时燕云汉地的乡、里，除了用于表示地域，是否还具有编排户口、征发赋役的功能呢？

在一些造塔记、建幢记中，或以"乡、里"表示造塔人、建幢人的身份。如乾统八年（1108）《刘庆为出家男智广特建幢塔记》前题"大辽国燕京涿州固安县归仁乡中由里刘庆出家男智广造身塔记"；天庆三年（1113）《张世卿为先妣建幢记》，署张世卿之身份，作"大辽国燕京涿州固安县归仁乡南阳里"③ 又，保大元年（1121）《王安甫造经题记》见有"施主固安县黑垡里王安甫"，《刘公辅造经题记》见有"施主永清县解口里刘公辅"④。造塔、建幢人当然都是"生人"，以"乡、里"表示其身份，说明乡、里还是用于界定民户身份的主要方式。大安五年（1089）《安次县祠城里寺院内起建堂殿并内藏埠记》谓建造寺院堂殿的刘惟极、宋守行、刘惟昇、李知新等，"户贯燕京析津府安次县

---

① 山西云冈古物保养所清理组：《山西大同市西南郊唐、辽、金墓清理简报》，《考古通讯》1958年第6期；鲁西奇：《中国古代买地券研究》，第283—284页。
② 曹彦玲、王银田：《辽许从赟墓志略考》，《文物世界》2009年第6期。
③ 陈述辑校：《全辽文》，中华书局1982年版，卷一〇，第307页；卷一一，第318页。
④ 陈述辑校：《全辽文》卷一一，第335页。

长寿乡，西南隅一小墅也，名曰祠垅里。"①显然，当时官府仍编排或保留户口籍账，而长寿乡祠垅里正是刘惟极等人户籍所在的乡、里。

统和十年（992）《玉河县清水院陀罗尼经幢题记》，按照寺院、村落分列了参与经幢建设的僧众，其中"清水村"下见有"里正齐延义、帖乡张承祈"，在"僧道岩"（村）见有"里正赵延琛、帖乡赵延训"②。"里正"与"帖乡"并列，当即按乡设置，即乡置里正、帖乡（或相当于宋代的"乡书手"）各一人。而"乡里正"或即《辽史》所见的"乡正"。《辽史·百官志》"南面方州官"谓五京诸州属县，"县有驿递、马牛、旗鼓、乡正、厅隶、仓司等役。有破产不能给者，良民患之。马人望设法，使民出钱免役，官自募人，仓司给使以公使充，人以为便"③。《辽史·马人望传》谓马人望在天祚后期，任南院枢密使，"当时民所甚患者，驿递、马牛、旗鼓、乡正、厅隶、仓司之役，至破产不能给。人望使民出钱，官自募役，时以为便"④。则"乡正"属于县役，本当从民户中征发，马人望改为雇募，惟其时已至辽末，故辽时"乡正"大抵仍以征发为主。一乡仅置一个里正，并增置帖乡（乡书手），与唐后期至北宋前期乡里制度不断演变的趋势是一致的。

上引《辽史·马人望传》说马人望曾任南京警巡使，受命主持"检括户口，未两旬而毕"。南京同知留守萧保先问之，人望曰："民产若括之无遗，他日必长厚敛之弊，大率十得六七足矣。"则知检括户口，包括检查、评估民户物力产业。保宁八年（976）《王守谦墓志》谓守谦在应历后期任蓟州蓟北县令，"是县也，户多兼并之室，人有物力之差。夏租秋税，恒踰年之逋负；调发役使，俾穷民之偏并。公之肇至也，峻其科条，严其程限，均其劳逸，恤其羸弱。期年，免稽逋之累，黎元绝轻重之□"⑤。则知燕地汉户仍以唐制，按各家物力，纳夏租秋税，并服属役使。乾统七年（1107）《三河县重修文宣庙记》云："燕京经界，辖制六州，总管内外二十四县。县贯三河者，古之名邑也。左附流渠，背连秭谷。作大都之襟带，为上郡之唇膰。户版颇多，赋调益大。……凡差发，立排门历，量见在随户物力，遂定三等，配率均平。"⑥ 编排门历，随户物力别为三等，据户等差发力役。各乡负责编制户版、分别户等的，盖仍当是由唐代每乡置五里正变而来的一乡置一里（称为"乡正"）以及晚唐以来增加的、专事籍账的"帖乡"（乡书手）。

（三）辽代燕云汉地"村（里）"的实质

在今见辽代燕云地区的造塔记、建幢记等碑刻中，大多以"村"，而不是以"里"指称相关主持人、施舍人或邑众身份或居地。在上引统和十年（992）玉河县清水院立幢题名中，列出了清水村、斋堂村、胡家林村、青白口村、僧道岩（村）、矾山村、交道村、齐家庄村等八个"村"，清水村、僧道岩（村）邑众中并有担任里正、帖乡者，然题名概称为"村"。北京房山县北郑村辽塔所出应历五年（955）《北郑院邑人起建陀罗尼幢记》在邑人之后，录有"在村女邑"高氏女小喜、严氏等三十一人，以及"村人王温、妻郑氏，男贵、次男□、次男小神奴"，"村人赵友德、男君霸"，"村人王师□、妻郑氏"等⑦。清宁二年（1056）《涿州超化寺诵法华经沙门法慈修建实录》说重熙十年（1041），"有瓦井村

---

① 陈述辑校：《全辽文》卷九，第233页。
② 包世轩：《辽玉河县清水院统和十年经幢考》，《北京文博》1995年第1期、第2期（连载）。
③ 《辽史》卷四八《百官志》四，第915页。
④ 《辽史》卷一〇五《能吏传》，"马人望"，第1611页。
⑤ 中国文物研究所、北京石刻艺术博物馆编：《新中国出土墓志·北京（壹）》，第35页。
⑥ 《全辽文》卷一〇，《三河县重修文宣庙记》，第293—294页。
⑦ 齐心、刘精义：《北京市房山县北郑村辽塔清理记》，《考古》1980年第2期；陈述辑校：《全辽文》卷四，中华书局1982年版，第74—75页。

邑人王文正三十余众",施建此院。① 咸雍七年（1071）《为亡父母造幢记》中,造幢人署名作"涞水县遵亭乡累子村李晟,并出家女法广等",所造之幢在李晟亡父母墓前,墓"在庄东落北约一里,林台之西"②。咸雍九年《水东村傅逐秀等造香幢记》谓:"维大辽之国燕京涞水县遵亭乡水东村邑众傅逐秀等,先于寺西约□步,有相承古塔一坐,村众共重兴□新……又弘大愿,新造香幢一所,普□□罪。今施香幢,保镇当村。"③ 保大元年（1121）《耿士均造经题记》《耿殿直造经题记》述施主身份,均作"安次县耿村"耿士均、耿殿直；《李师悦造经题记》作"施主永清县韩村李师悦"④。不详年月《齐师让妻阿石造经题记》中施主作"良乡县十渡村住人"⑤。此例甚多,无须缕举。

在很多情况下,"里"与"村"是合一的（亦即一个村即编为一个"里"）,可以互换称谓。咸雍八年（1072）《特建葬舍利幢记》述建幢之经过,谓"我涿州新城县衣锦乡曲堤里邑众、中书省大程官刘公讳清等,洎当村院内、业经律论大德讳善□"等,共同营建。⑥显然,"当村"就是指曲堤里。大安六年（1090）《靳信等造塔记》述造塔邑众之身份,作"燕京析津府涿州范阳县任和乡永乐里螺钹邑众"；而述其造塔之经过,则作"有当村念佛邑［众］（等）二十余人,广备信心,累世层供养诸佛,各抽有限之财,同证无为之果,遂乃特建宝塔一所",并记当年首领为王仙、乔寿等五人。⑦ 这里的"当村",也就是指永乐里。曲堤里、永乐里也可以称为曲堤村、永乐村。

里、村并存、交换指称的局面,在辽时燕云汉地,盖相当普遍。乾统四年（1104）沙门了洙在《范阳丰山章庆禅院纪实》中,详述了章庆院所属产业及周边环境,谓:

郡城西北两舍之外,峰峦相属,绵亘百有余里,有山嶙峒,俗曰太湖……因号曰丰山。盘蹬修阻,疏外人境,峪岈幽阒,雅称静居。翠微之下,营构新居。……一径东指,旁无枝岐,度石梯,下麻谷,缥□院道,南陟长岭,西南趣柳豀,至玄心,则下寺也。又道出甘泉村南,并坟庄。涉泥沟河水,东南奔西冯别野,则辗庄也。又东北走驿路,抵良乡,如京师,入南肃慎里,东之高氏所营讲宇,则下院也。⑧

章庆禅院共有三处寺院:一是丰山本院,二是柳豀心下寺,三是燕京城内南肃慎坊的下院。了洙提到的柳豀、甘泉村应当是较大村落,坟庄、辗庄、西冯别野都是较小的聚落,而燕京城内的南肃慎里,则当为高氏集居之区。了洙所撰《白继琳幢记》说白继琳是良乡县刘李村人,父澄,母杨氏,数世不显,是普通的编户齐民。白继琳夫妇葬地在良乡县尚太乡刘李村东原。继琳所生三子,二子了局,出家为燕京崇孝寺比丘；三子智才,亦为比丘,"钟爱弟居里之僧院"。三女,长适涿郡李宽,次适同里（当指刘李村）丁淮,次适卢村东宋氏。其三孙圆迪,"为比丘于同里之兰若,以失明近家故也。诵经十余部,里人讶其强记敏慧。"两个孙女,长适卢宏,幼宏李孝君,"皆同里之醇农也"⑨。这里的"里""同里",皆当指刘李村。

---

① 陈述辑校:《全辽文》卷八,第172页。
② 陈述辑校:《全辽文》卷八,第196页；向南:《辽代石刻文编》,《道宗编》上,《李晟为父母造幢记》,河北教育出版社1995年版,第347页。
③ 陈述辑校:《全辽文》卷八,第203页。
④ 陈述辑校:《全辽文》卷一一,第336—337页。
⑤ 陈述辑校:《全辽文》卷一二,第355页。
⑥ 陈述辑校:《全辽文》卷八,第202页。
⑦ 陈述辑校:《全辽文》卷九,第234—235页。
⑧ 陈述辑校:《全辽文》卷一〇,第270—271页。
⑨ 陈述辑校:《全辽文》卷一〇,第271—272页。

可是，这里引证的材料，都是乡村民众自发组织起来，开展建庙、树塔、立幢等宗教活动的记录，据此，可以认为辽时燕云汉地的村落乃是基层的乡村社会组织，包括张国庆先生在内的论者也多据此立论。可是，在今见材料中，并未见有辽时燕云汉地设有村正、长的证据，也并未见有以"村"（或"里"）为单位检括户口、登记造册、征发赋役的记录，所以，很难判断上引碑石文献中所见的"村"（里）就是辽朝控制燕云汉地乡村的基层行政管理单位。

这里有一条材料需加辨析。陈述先生辑校《全辽文》卷一引《宣府镇志》（当是嘉靖四十年刊本，孙世芳修，栾尚约辑）卷一四《贡赋考》所录会同六年（943）《下有司敕》云："于每村定有力人户充村长，与村人议，有力人户出剩田苗补贫下不逮顷亩，自愿者据状征收。"① 今查嘉靖《宣府镇志》，此条记载系于晋高祖天福七年"契丹严兵行伤禾之禁"目下。② 可此条并不见于《辽史》《契丹国志》等史籍记载，而《旧五代史·食货志》记后唐长兴二年（931）敕书云："委诸道观察使，属县于每村定有力人户充村长。与村人议，有力人户出剩田苗，补贫下不迨，肯者即具状征收，有辞者即排段检括。"③ 嘉靖《宣府镇志》所录，应即据此而来。所以，不能据此条材料，证明辽代燕云汉地州县设有"村长"。

因此，辽代燕云汉地的"村"（里），是一种社会基层聚落和社会基层组织单元，但却无法证明它同时是辽朝国家控制、管理乡村社会的基层行政管理单位。换言之，唐代赖以实际控制乡村民众、管理乡村事务的基层单位"里"（村），在辽代燕云汉地似乎较少发生实际作用。

（四）辽代燕云汉地的"寨"与"乡"

如果乡正（以及帖乡）乃是县中的职役，村（里）正、长未见设置，那么，在辽时燕云汉地，实际控制乡村民户，维持乡村秩序的，又会是怎样的人呢？《辽史》所记南京、西京道各州县的户数与乡丁数又是从何而来呢，其性质如何？

如上所述，檀州行唐县乃太祖时以定州俘户置，有户三千，分为十寨，平均每寨三百户。据《辽史·兵卫志》，行唐县需出乡丁六千，正是每户二丁，平均每寨六百丁。这种对应关系，说明"寨"很可能是负有征发乡丁等责任的行政管理单位。

上引《清水院陀罗尼经幢题记》中，在清水村下列有"差充十将兼寨司军头李在珪"与"寨官李怀金"；在僧道岩（村）下列有"寨官冯福殿"；在矾山村下列有"义军军使兼充寨官刘彦赟、王令谦、令从、闫哥"，以及"义军副兵马使颜承嗣、赵思友""交道镇使韩宗实"等；在交道村下列有"口官王景幸"等。这些职名，多不能考实。值得注意的是李在珪的身份是差充十将兼寨司军头。"十将"当是基层军官。《辽史·兵卫志》"兵制"谓："辽国兵制，凡民年十五以上，五十以下，隶兵籍……凡举兵，帝率蕃汉文武臣僚，以青牛白马祭告天地、日神，惟不拜月。分命近臣告太祖以下诸陵及木叶山神，乃诏诸道征兵。……始闻诏，攒户丁，推户力，核籍齐众以待。自十将以上，次第点集军马、器仗。符至，兵马本司自领，使者不得与。唯再共点军马讫，又以上闻。量兵马多少，再命使充军主，与本司互相监督。"④ "自十将以上，次第点集军马、器仗"，显然，十将是最基层的军官。李在珪在军队编制中的身份是"十将"。他统领"本司"（亦即本寨）征发的兵马，是本司兵马的"军主"，故得兼任"寨司军头"。在征兵诏书下达后，负责"攒户丁，推户力，核籍齐众以待"的，则当是"寨官"。因此，负责征发兵役的管理单位，当是

---

① 陈述辑校：《全辽文》卷一，第5页。
② 嘉靖《宣府镇志》卷一四，《贡赋考》，《中国方志丛书》本（塞北地方第19号），成文出版社1970年版，据嘉靖四十年刊本影印，第127页。
③ 《旧五代史》卷一四六《食货志》，《点校本二十四史修订本》，中华书局2015年版，第2267页。
④ 《辽史》卷三四《兵卫志》上，第451页。

"寨"。行唐县有十个寨,即当有十个寨官。一旦发兵,寨官即集中本寨应役兵丁;受命参战,"寨官"或即充任"十将",领本寨兵出发打仗,其身份则变为"寨司军头"(军主)。砚山村的刘彦赟、王令谦等人则以寨官充任义军军使,其地位或亦相当或略高于"寨司军头"。

如以上解释不误,那么,清水院立幢题名中的"义军",应当就是《辽史》所见的"乡兵"。《辽史·兵卫志》谓辽国起兵,"又于本国州县,起汉人乡兵万人,随军专伐园林,填道路"①。"本国州县"的"汉人乡兵"很可能就是在燕云汉地州县征发的。《辽史·地理志》谓"太祖神册元年,伐吐浑还,攻之,尽俘其民以东,唯存乡兵三百人防戍"②。这里的"乡兵",当即上引《辽史·兵卫志》所记本来只是"工兵"性质的"汉人乡兵"。《辽史·兵卫志》"五京乡丁"下称:

辽建五京:临潢,契丹故壤;辽阳,汉之辽东,为渤海故国;中京,汉辽西地,自唐以来契丹有之。三京丁籍可纪者二十二万六千一百,蕃汉转户为多。析津、大同,故汉地,籍丁八十万六千七百。契丹本户多隶官帐、部族,其余蕃汉户丁分隶者,皆不与焉。③

据此,则知所谓户丁之制,实为契丹州县征兵之制,盖十五至五十岁之民皆隶兵籍,每户以二丁计,故诸州县户、丁之比,皆为整齐的一比二。《辽史·兵卫志》于"五京乡丁"末总结说:"大约五京民丁可见者一百一十万七千三百,为乡兵。"④则"乡丁"就是"乡兵"。盖列入丁籍者,被称为"乡丁";乡丁受征入军,则成为"乡兵"。《辽史·兵卫志》于丰州振武县下未录丁数,但称"乡兵三百"⑤,也说明"乡丁""乡兵"所指基本相同。

行唐县分为十寨,每寨三百户、六百丁,"寨"就是"乡丁"的编排单位,丁籍也当是按"寨"登录的,征发时亦以"寨"为单位;乡丁入军后(乡兵、义军),仍以原属的"寨"作为军事编制的基础,平时的"寨官"乃成为战时的"寨司军头"(军主)或"军使"。这样,"寨"就成为辽时燕云汉地部分地区县以下实际的控制单位。

三百户、六百丁,可能是"寨"的标准规模。据《辽史》《地理志》与《兵卫志》所记,三河、玉田、景州(遵化县)、马城、石城、望都、广宁、奉义、怀仁、怀安、顺圣、宣德、砚山、缙山、怀来、广陵、灵丘、河阴、马邑等县均为三千户、六千丁。其中,行唐县以定州俘户置,隶彰愍宫,为投下县,已见上文。景州(领遵化一县)为重熙中(1032—1055)以唐平州买马监新置;平州望都县以定州望都县俘户置,其初抑或为投下;滦州马城、石城二县,均太祖时以俘户置;营州广宁县亦太祖置,"以居定州俘户"⑥。大同府奉义、怀仁二县均为辽分云中县新置,由其县名推测,亦当是以俘户或招抚人户设置;怀安、顺圣二县皆穆宗时由高勋分文德、永兴县置,所领亦当为招、俘人户;德州宣德县乃开泰八年(1019)"以汉户复置";可汗州怀来县乃太祖时以西奚去诸所部置;蔚州广陵县是统和十三年(995)析灵仙县置;应州河阴县

---

① 《辽史》卷三四《兵卫志》上,第452页。
② 《辽史》卷四一《地理志》五,第581页。
③ 《辽史》卷三六《兵卫志》下,第473页。
④ 《辽史》卷三六《兵卫志》下,第485页。
⑤ 《辽史》卷三六《兵卫志》下,第483页。
⑥ 《辽史》卷四〇《地理志》四,第568—570页;卷三六《兵卫志》下,第481页。

虽为唐旧县，但入辽后作了较大调整。① 此外，金肃州乃重熙十二年（1033）伐西夏时，"割燕民三百户置，防秋军一千实之"②。这些县（或不辖县的州），或以俘户、降户置，或分旧县部分属户新置，或在原县基础上作了较大调整，基本上是辽时新置的县。其所领户丁均为整齐的三千户、六千丁，很可能皆如行唐县一样，分为十寨。③

而其余的县，亦即隋唐五代以来的旧县，则大抵没有表现出这样的规律。据上考统和十年玉河县清水院立幢题名，知辽时玉河县当设有"寨"，而玉河县有户一千、丁二千，户、丁数并非三百之倍数，则玉河县的"寨"不是按三百户、六百丁编排的。一些以俘户、徙户新置的县，户、丁数也不是三百的倍数。如平州安喜县，乃太祖时以定州安喜县俘户置，而有户五千、丁一万。④ 据开泰七年（1017）《韩相墓志铭》，韩相葬地在辽城西安喜县砂沟乡福昌里（见表1），说明其时设立的安喜县仍以乡、里编制。蔚州定安县亦为辽时新置，也有户一万、丁二万。⑤ 析津府香河县、漷阴县均为辽时新置，却分别有七千户、五千户；滦州义丰县为辽世宗时置，有户四千、丁八千；大同府长青县亦辽是分置，户四千、丁八千；弘州永宁县置于统和中，统户一万、丁二万；奉圣州望云县为景宗时以御庄改置为县，户一千、丁二千。河清军与金肃州同置于重熙十二年（1034），"徙民五百户，防秋兵一千人实之"⑥。五百户、一千人，户丁之比亦为一比二。除上述各县外，南京、西京二道所属州县中，大部分可以确定属于唐旧县的县，所领户、乡丁数，皆为五百之倍数，包括析津府析津县（蓟北县，20000户、40000丁）、宛平县（幽都县，22000户、44000丁）、昌平县（7000户、14000丁）、良乡县（7000户、14000丁）、潞县（6000户、11000丁）、安次县（12000户、24000丁）、永清县（5000户、10000丁）、武清县（10000户、20000丁）、玉河县（1000户、2000丁），顺州归化县（5000户、10000丁），檀州密云县（5000户、10000丁），涿州范阳县（10000户、20000丁）、固安县（10000户、20000丁）、新城县（10000户、20000丁）、归义县（4000户、8000丁）、易州易县（25000户、50000丁）、容城县（5000户、10000丁），蓟州渔阳县（4000户、8000丁），平州卢龙县（7000户、14000丁），大同府大同县（10000户、20000丁）、云中县（10000户、20000丁）、天成县（5000户、10000丁），奉圣州永兴县（8000户、16000丁）、龙门县（4000户、8000丁），归化州文德县（10000户、20000丁），儒州缙山县（5000户、10000丁），蔚州灵仙县（20000户、40000丁）、灵丘县（3000户、6000丁），应州金城县（8000户、16000丁）、浑源县（5000户、10000丁），朔州鄯阳县（4000户、8000丁）、武州神武县（5000户、10000丁）。值得注意的是，涿州所属范阳、固安、新城三县，以及析津府武清县，大同府大同与云中二县等六县，均为一万户、二万丁；析津府永清县、顺州归化县、檀州密云县、易州容城县、大同府天成县、儒州缙山县、应州浑源县武州神武县

---

① 《辽史》卷四一《地理志》五，第579—585页；卷三六《兵卫志》下，第482—484页。关于河阴县，《辽史》卷八六《耶律颇的传》："咸雍八年，改彰国军节度使。上猎大牢古山，颇的谒于行宫。帝问边事，对曰：'自应州南境至天池，皆我耕牧之地。清宁间，边将不谨，为宋所侵，烽堠内移，似非所宜。'道宗然之。拜北面林牙。后遣人使宋，得其侵地，命颇的往定疆界。"（第1462页）同书卷九二《萧韩家[奴]传》："（大康）三年，经画西南边天池旧堑，立堡砦，正疆界，刻石而还。"（第1508页）天池即在河阴（山阴）县境。

② 《辽史》卷四一《地理志》五，第587页。

③ 此外，丰州富民县亦当以迁户置，户一千二百、丁二千四百，均为三百之倍数。《辽史》卷四一《地理志》五，第580页；卷三六《兵卫志》下，第482页。

④ 《辽史》卷四〇《地理志》四，第568页；卷三六《兵卫志》下，第481页。

⑤ 《辽史》卷四一《地理志》五，第584页；卷三六《兵卫志》下，第483页。

⑥ 《辽史》卷四一《地理志》五，第587页。

等八县均为五千户、一万丁。① 显然,《辽史》所记的户、丁数不会是上述各县的实际著籍数,而只能是按照某种原则编制的统计数。

如上所述,《辽史》所记大部分唐以来旧县的户、丁数,均为五百的倍数。而五百户的编制,正是唐制的一个乡。由此,我们推测:入辽以后,沿自隋唐五代旧县的燕云汉地州县,以及部分新置的县,仍以"乡"作为编排乡丁、计算丁籍的基本单位;而唐制规定五百户一乡,辽沿用这一规定,以各县的乡数计算各县应有之户、丁数,遂形成各县户、丁数往往为五百之倍数的现象。

《太平寰宇记》卷六九至七一所记幽燕诸州各县所领乡数,大抵当是开元、天宝年间之数(各州户数,皆为开元或天宝数)。自中晚唐经后梁、后唐以迄于辽,幽燕汉地的州县建置发生了很多变化,特别是唐前中期散布于幽燕地区的十余个有版籍縻州(如威州、慎州、思顺州等)所领民户渐次纳入了其所在的正州县,故各县所领民户及其乡里编排,必然有很大变化,但仍然有些蛛丝马迹,反映出辽时各县户、丁数与唐时乡数之间的关系。《太平寰宇记》记唐幽州天宝户有67242户,领八县,其中蓟县22乡、幽都县12乡、良乡县12乡、永清县10乡、安次县16乡、武清县10乡、潞县10乡、昌平县4乡,共为96乡。② 考虑到幽州城内诸坊所领户口并未编乡,故幽州各县的乡大抵仍保持在五百户上下。唐蓟县在辽代改称蓟北县、析津县,又分置玉河县。辽时析津、玉河二县(大致相当于唐蓟县所统地域)合计有户21000,出丁42000;宛平县(唐幽都县)领22000户、44000丁,看不出与唐代的乡数有怎样的关系。而辽永清县有5000户,若以五百户一乡计算,正有10乡;良乡县有7000户,当编有14乡;潞县6000户,当编为12乡;安次县有12000户,当编有24乡,与唐代各县所领乡数相近而略多。只有武清、香河二县(相当于唐武清县)合计17000户,当编34乡;昌平县有7000户,当编14乡,比唐时乡数高出较多。辽时涿州所领范阳县有户10000,当编为20乡,而唐时范阳县正为20乡。凡此,都说明燕云汉地沿用隋唐五代旧县而来的各县,很可能也沿袭唐时以五百户为一乡的编排方式编排民户,登录、统计丁籍,从而形成各县户、丁数多为五百之倍数的状况;而"乡丁""乡兵"之谓,或亦正可解释为按"乡"征发的丁或兵。

以五百户一乡为原则编排、计算各县户、丁数,主要是一种征役方式,在县衙中执役的乡正和帖乡大抵只会负责籍账的编制、统计以及赋役的分派,在乡村中真正发挥作用的,则应当是上引《玉河县清水院陀罗尼经幢题记》所见的各种军使、寨司、寨官。据《辽史》所记,玉河县有一千户、二千丁,其户、丁数应当是按五百的倍数计算的(亦即以"乡"的原则编制的)。显然,玉河县即使保持乡、里的编排,而真正在乡村中负责征役的,当是这些寨司、寨官、十将。行唐等主要以俘户、迁户设置的新县,以三百户为一寨,其寨司、寨官的职守、功能,也当如《玉河县清水院陀罗尼经幢题记》所见玉河县的寨司、寨官大致相同。据此推测,沿用唐时旧县乡里体系的各县,以户、丁统计上以五百户一乡为原则,而在乡村实际控制层面,大抵也以五百户为单位,组织寨司,分置寨官。换言之,准军事编排的军使、寨司、寨官应当是辽时燕云汉地乡村社会的实际控制者。

二 辽中京、上京、东京道所属州县的乡、里与寨、庄

今见辽代碑石文献中,述及辽中京、上京、东京道所属州县的基层行政管理单位,以"乡、里"或"里"为称者,主要有如下几例:

(1)统和十八年(1000)《刘宇杰墓志》

---

① 《辽史》卷四〇《地理志》四,第562—570页;卷四一《地理志》五,第578—587页;卷三六《兵卫志》下,第479—484页。
② 《太平寰宇记》卷六九,第1397—1403页。

（1979年出土于辽宁朝阳县西大营子乡西山村）谓刘宇杰卒于奉圣州，归葬于"霸州归化县积善乡余庆里，附先太保之坟"①。"先太保"即刘宇杰之父刘承嗣。刘承嗣为唐末刘仁恭之孙，其父刘守奇任平州刺史、横海军节度使，后归于契丹。刘承嗣于应历十七年（967）卒于燕京私第后，亲族迎葬于霸州西原，与其杨氏夫人合葬，说明刘氏亲族早已在霸州定居。②刘日泳又为刘宇杰之长子。重熙十五年（1046）《刘日泳墓志》称刘日泳为"兴中府南和州刘公"，谓其于重熙十五年七月十一日，"薨于兴中府南和州私宅。至当年拾月拾贰日，葬于府西南坟岳之际，附先茔，礼也"③。则刘氏在霸州（后改为兴中府）的住处称为"南和州"（当与下文所见的"南和乡"类似，并非州名）。《辽史·地理志》"兴中府"条谓："太祖平奚及俘燕民，将建城，命韩知方择其处，乃完葺柳城，号霸州彰武军，节度。"其"兴中县"条称："本汉柳城县地。太祖掠汉民居此，建霸城县。重熙中置府，更名。"④而并未记有归化县。然统和二十六《常遵化墓志》（出土于朝阳市旧城西北朝阳纺织厂内）谓遵化在保宁元年（969）曾"守霸州归化县令"，"固得劝课农事，应奉皇泽，屡见丰饶，略无悬阙"⑤。则霸州确曾置有归化县。《辽史·地理志》于中京大定府下记有归化县，谓："本汉柳城县地。"也说明归化县本在柳城境内，亦当以俘掠汉户置。盖归化县本属霸州，统和二十五年建置中京后，方移其户至中京。因此，《刘宇杰墓志》中的"霸州归化县积善乡余庆里"，当是辽时霸州实存的县、乡、里。

又，咸雍七年（1071）《弘农杨公墓志》（出土于辽宁朝阳县孙家湾乡代家店村）谓杨公曾任安德州军事判官，"发痟疾于兴中府南城"，其私第在"□里善□□"，葬地在"□□□龙岫乡狼河里"⑥。按《辽史·地理志》，安德州属兴中府，本为安德县，"统和八年析霸城东南龙山徒河境户置"⑦。"龙岫乡"之名，显然与"龙山"相关，则安德县分置乡、里，亦当在统和间。

（2）开泰四年（1015）《宋公妻张氏墓志》（出土于内蒙古宁城县）谓张氏卒于中京私第，亡后"祔葬于中京大定县南和乡□□里鹿鸣山，从舅姑之茔，礼也"⑧。咸雍八年（1072）《萧阐墓志》（出土于内蒙古宁城县头道营子镇埋王沟）谓萧阐葬于"大定府劝农县宽政乡韩家里西原，附先宰相之茔，礼也"⑨。大定、劝农二县均属于中京大定府。《辽史·地理志》谓统和二十五年（1007）建中京城，"实以汉户"。其"大定县"条称："白霫故地。以诸国俘户居之。""劝农县"条云："本汉宾从县地。开泰二年析京民置。"⑩据上引二墓志，则大定、劝农二县皆当编排乡、里。又大康四年（1078）《秦德昌墓志》说秦德昌卒后，其"幼子祺以公宅于雷都之久，因于都北不远一舍吴家里创以别墅，大康四年四月十八日，迁枢于里东桃港而茔之"⑪。雷都即指中京大定府，吴家里在中京城北一舍远，其东有桃港，显系有明确范围的地域。

中京大定府所属各县，均置于统和、开泰间，其中，大定、长兴二县当大定府同置，劝农及富庶、文定、升平、神水、金源、龙山等

---

① 向南：《辽代石刻文编》，"圣宗编"，《刘宇杰墓志》，第106—110页。
② 向南：《辽代石刻文编》，"太宗、世宗、穆宗、景宗编"，《刘承嗣墓志》，第47—53页。
③ 向南：《辽代石刻文编》，"圣宗编"，《刘日泳墓志》，第243—248页。
④ 《辽史》卷三九《地理志》三，第550页。
⑤ 向南：《辽代石刻文编》，"圣宗编"，《常遵化墓志》，第127—131页。
⑥ 向南、张国庆、李宇峰辑注：《辽代石刻文续编》，辽宁人民出版社2010年版，第139—140页。
⑦ 《辽史》卷三九《地理志》三，第551页。
⑧ 向南、张国庆、李宇峰辑注：《辽代石刻文续编》，第56—57页。
⑨ 盖之庸编：《内蒙古辽代石刻文研究》（增订本），内蒙古大学出版社2007年版，第341页。
⑩ 《辽史》卷三九《地理志》三，第546页。
⑪ 都兴智、田立坤：《辽秦德昌墓志考》，《辽海文物学刊》1995年第2期。

七县均为开泰二年（1013）"析京民置"①。《辽史·圣宗纪》开泰二年二月丙子，"诏以麦务川为象雷县，女河川为神水县，罗家军为闾山县，山子川为富庶县，习家寨为龙山县，阿览峪为劝农县，松山川为松山县，金甸子为金原县"②。象雷等八县在初置时均属于中京大定府，而麦务川、女河川、山子川、阿览峪、金甸子等显然都是河川、山峪、草原区域。因此，所谓"析京民置"诸县，即将此前集中迁居于大定府周围的诸国俘户、诸部民分划到女河川、山子川等地域，各立县以治之。中京周围各县的乡、里，很可能就是在这时编排、分划的。

（3）太平二年（1022）《韩绍娣墓志》（出土于辽宁喀喇沁左翼蒙古族自治县老爷庙乡果木营子村）于卒于利州管内永乐乡私第，葬于余庆之原。③ 据《辽史·地理志》，利州之地，本为奚人迁居之琵琶川，统和四年置为阜俗县，二十六年置利州，仍只领阜俗一县。④ 则"利州管内永乐乡"当属于阜俗县，而"余庆"则可能是里名。

太平六年（1026）《宋匡世墓志》（出土于辽宁凌源县北孙家杖子）说匡世乃榆州刺史之子，太平五年五月卒于晋国公主中京提辖使任上，"权厝于京南义井院精舍。以太平六年三月七日，归窆于榆州南和乡余庆里鹿鸣山先茔之左，举二夫人祔焉，礼也"⑤。榆州和众县与大定府劝农县相邻，鹿鸣山在和众、劝农二县间。因此，《宋匡世墓志》所记"南和乡余庆里鹿鸣山"与上引《宋公妻张氏墓志》所记"南和乡□□里鹿鸣山"当即一地（宋公亦当为宋匡世之族）。榆州本为横帐解里以镇州俘户设置的投下州，"开泰中没入，属中京"，其永和县置于统和二十二年。所以，榆州二县的乡、里分划也不会早于统和年间。

利州、榆州均为中京大定府属州。与利、榆州一样，大定府所属的惠州惠和县亦置于圣宗时，其领民本为太祖所俘汉民，原居于上京镀兔麋山下，圣宗时方迁至中京地区，并括诸宫院落帐户置县；高州三韩县乃圣宗时伐高丽，俘辰韩、弁韩、马韩遗人而立，有户五千；武安州沃野县所领民户本为太祖所俘汉民，原居于上京木叶山下杏埚新城，统和八年改属中京，可能亦于其时建县；北安州及利民县亦"圣宗以汉户置"⑥；潭州龙山县、松山州松山县皆开泰二年置，已见上文。据此，可以推知：圣宗统和、开泰年间，曾全面规划、调整中京地区的州、县建置，并至少在部分州县实行了乡里制度。

（4）重熙十三年（1044）《沈阳塔湾无垢净光舍利塔石函记》题名中见有"前乡正张惟善""乡正张希胤"，以及"老人康弘美""老人李昌胤""老人王赟睿"等。按：该塔立于"辽东沈州西北丰稔村东"，题名中见有昭德军（沈州军号）节度使耶律庶几、副使李克永、判官贾金等，⑦ 则张惟善、张希胤、康弘美等人所任之乡正、老人，当是沈州之乡正、老人。沈州虽然建于渤海国之时，然辽沈州所统乐郊、灵源二县却是太祖时以所俘蓟州三河、渔阳二县之民设置的。⑧ 故沈州之乡正、老人，很可能沿自唐后期之制；然汉人迁民入居沈州实已历百余年，故张惟善、张希胤、康弘美等人所任之乡正、老人，当为辽时实行的制度。换言之，辽时东京道所属州县，至少在部分州县，是实行乡里制的。

根据上述碑石材料，可以认知：在辽圣宗统和、开泰年间，中京大定府所属县、州以及兴中府各县和安德州，应当实行了乡里制。这些乡、里是在统和、开泰年间全面规划、调整中京地区

---

① 《辽史》卷三九《地理志》三，第546—547页。
② 《辽史》卷一五《圣宗纪》六，第189页。
③ 向南、张国庆、李宇峰辑注：《辽代石刻文续编》，第63—64页。
④ 《辽史》卷三九《地理志》三，第547—548页。
⑤ 向南：《辽代石刻文编》，"圣宗编"，《宋匡世墓志》，第180—183页。
⑥ 《辽史》卷三九《地理志》三，第547—548页。
⑦ 向南、张国庆、李宇峰辑注：《辽代石刻文续编》，第350—356页。
⑧ 《辽史》卷三九《地理志》三，第528页。

的州县体系时分划、编排的，不是沿用唐以来的乡、里体系。东京道至少在沈州分划了乡里，然其乡里的源头，既可能是汉民迁户所带来的唐制，也可能沿用了渤海国时的制度，也有可能是辽代重新编排、分划的，难以确定。

据《辽史》记载，大定府所统十州九县中，只有高州三韩县存有户、丁数，分别是户五千、丁一万。《辽史·兵卫志》说统和间中京各军、府、州、城、县，"草创未定，丁籍莫考"，可见者仅三韩一县。① 似乎说明中京道行政体系的调整未能全面推行，乡里体系更未能全面建立。三韩县的户、丁数皆为整数，且均为五百的倍数。结合上节所论，我们揣测中京大定府、兴中府所属各县、州的乡，也是以唐制的五百户一乡为原则编排的。

如果此一认识不误，那么，上京临潢府所属的各县也可能在统和年间编排、分划了乡里。上京临潢府所领临潢、长泰二县治所亦均居于上京皇城内，所领人户则散居于潢水之北；保和、定霸、宣化三县则散居于上京西、南二面，均于统和八年（990）"以诸宫提辖司人户置"；潞县则处于京东。临潢、长泰、保和、定霸、潞县等六县分处于上京城四面，显然经过全面规划，当皆置于统和八年前后。盖太祖时俘掠汉、渤海之民，迁居潢水流域，分地耕种，人户则隶属于诸宫提辖司，统和八年方分置上述五县。易俗、迁辽、渤海三县均置于太平九年（1029），居民主要为平定大延琳叛乱后所迁渤海户，居于上京城的东北面。② 上述九县所领皆以俘户为主，显然有规整的户丁编排。其户、丁数均为五百之倍数（见表2），很可能是按五百户一乡的标准编排的。若果如此，则上京临潢府诸县，也当如中京大定府各县一样，是按乡编排户、丁的。

表2　　　　　　　　　　　辽代上京临潢府各县所领人户与户、丁数

县	建置年代	人户来源	县境所在及县治	户数	乡丁数
临潢		太祖天赞间，攻燕、蓟所俘人户。	散居潢水之北，地宜种植。县治在上京皇城内南门内。	3500	7000
长泰		太祖时伐渤海，迁长平县之民。	京西北，与汉民杂居。县治在上京皇城内西南部。	4000	8000
定霸	统和八年（990）	太祖伐渤海，迁扶余府强师县之民，置县前属诸宫提辖司人户。	京西，与汉民杂处，分地耕种。治在上京汉城南门内西南部。	2000	4000
保和	统和八年	太祖伐渤海，迁龙州富利县之民，置县前属诸宫提辖司人户。	散居京南。治在上京汉城南门内西南部。	4000	8000
潞县		天赞元年（922），掠蓟州潞县民。	布于京东，与渤海人杂处。治在上京汉城（南城）东门内北侧。	3000	6000
易俗	太平九年（1029）	俘掠辽东渤海大延琳叛人家属。	迁于京北。治在上京汉城西门内北侧。	1000	1500
迁辽	太平九年	俘掠辽东渤海大延琳叛人家属。	京东北。治在上京汉城西门内北侧，易俗县治之东。	1000	1500
渤海	太平九年	俘掠辽东渤海大延琳叛人家属。			
兴仁	开泰二年（1013）		治在上京汉城东门内之南侧。		
宣化	统和八年（990）	太祖伐渤海，迁鸭渌府神化县民，置县前属诸宫提辖司人户。	居京之南。治在上京汉城南门内西侧。	4000	8000

资料来源：《辽史》卷三七《地理志》一，第496—500页；卷三六《兵卫志》下，第474页。

上京道祖州领有长霸、咸宁二县，县治均处于祖州城内，所领人户皆为渤海迁民，各有

---

① 《辽史》卷三九《地理志》三，第547；卷三六《兵卫志》下，第484页。
② 《辽史》卷三七《地理志》一，第497—498页。

二千、一千户，其情形大抵与临潢府诸县相同。上京道怀州所领扶余（1500户，3000丁）、显理（1000户、2000丁）二县，庆州所领玄德县（括部落人户，6000户、12000丁）、越王城（党项、吐浑俘户，1000户，无乡丁数）、长春州长春县（燕、蓟犯罪者流配，2000户、4000丁），乌州爱民县（汉民俘户，1000户、2000丁），永州所领长宁（渤海迁民，4500户、9000丁）、义丰县（渤海迁民，1500户、3000丁），仪坤州广义县（四征俘掠诸种人户，2500户、5000丁），龙化州龙化县（女真迁户与燕、蓟俘户，1000户、2000丁），饶州所领长乐（渤海迁户，4000户、8000丁）、临河（渤海迁户，1000户、2000丁）、安民县（渤海迁户，1000户、2000丁），东京道辽阳府所领辽阳县（渤海旧县，1500户、3000丁）、仙乡（渤海旧县，1500户、3000丁）、析木（渤海旧县，1000户、2000丁）、紫蒙（渤海旧县，1000户、2000丁）、兴辽（渤海旧县，1000户、2000丁），开州所领开远县（渤海旧县，1000户、2000丁），保州所领来远县（辽西诸县奚、汉民迁户，1000户、2000丁），辰州建安县（2000户、4000丁），铁州汤池（渤海旧县，1000户、2000丁），崇州崇信（渤海旧县，500户、1000丁），汤州（渤海旧州，500户、700丁），海州临溟（1500户、3000丁），嫔州（500户、700丁），渌州弘闻、神乡二县（2000户、4000丁），正州东那（500户、700丁），信州武昌（1000户）、等县所领户、丁数，以及属于头下军州的徽州（媵臣户，10000户、20000丁）、成州（媵臣户，4000户、8000丁）、懿州（媵臣户，4000户、8000丁）、渭州（媵臣户，1000户、2000丁），壕州（汉民俘户，6000户、12000丁），原州（汉民俘户，500户、1000丁），凤州（4000户，1000丁，疑误）、遂州（500户、1000丁）、丰州（500户、1000丁）、顺州（燕蓟顺州俘户，1000户、2000丁）、间州（1000户、2000丁）、松山州（500户、1000丁）、豫州（500户、1000丁）等所领户、丁数，① 大多为五百之倍数。其中，原、遂、丰、松山、豫等五个投下州，以及汤、宾二州和崇州崇信县、正州东那县等，各领有五百户。凡此，皆说明五百户，很可能是这些县、州（投下州）统领民户的基本编制单位。

另一些县、州（投下州），所领户、丁数，则为三百的倍数。如东京道盐州、穆州会农县、贺州、卢州熊岳县、丰州、同州东平县（冶铁户，无丁数），以及属于头下军州的福州（南征俘掠汉民）、宁州均为三百户，东京道辽阳府鹤野县（渤海旧县）则领有一千二百户。② 三百户，则可能是这些州、县统领民户的基本编排单位；而盐州、会农县、贺州、熊岳县、福州等五州县，领户各三百，乡丁数则是五百，说明无论户数多少，乡丁的编排单位均可能是五百丁。

只有少数的县、州（投下州），所领户、丁数，不表现为五百或三百的倍数，如上京道泰州兴国县（兴宗置县，领户为因犯罪流配的山前之民，700户）、永州慈仁县（400户、800丁）、降圣州永安县（渤海迁户，800户、1500丁），属于头下军州的横州（牧人，200户、400丁），东京道定州定东县（徙辽西民，800户、1600丁）、兴州（200户、300丁），耀州岩渊县（渤海旧县，700户、1200丁）、桓州（700户、1000丁）、慕州（200户、300丁）等。③ 这样的县、州，在今见材料中，不足十个。

因此，从总体上看，上京、中京与东京三道所属州、县对于其管领人户的基本编排单位可能主要有五百户与三百户两种，而乡丁的编

---

① 《辽史》卷三七《地理志》一，第500—509页；卷三八《地理志》二，第525—532页；卷三六《兵卫志》下，第474—479页。
② 《辽史》卷三八《地理志》二，第521—522、525、532页；卷三七《地理志》一，第507—508页；卷三六《兵卫志》下，第476—478页。
③ 《辽史》卷三七《地理志》一，第503—508页；卷三八《地理志》二，第521、523—525页；卷三六《兵卫志》下，第476—478页。

排则大抵以五百丁（亦有六百丁者）为一个单位。据上所引墓志材料，基本可判断圣宗以后，在中京地区特别是大定府所属各县编排了乡里；而太祖时所置行唐县，以三百户为一寨。那么，五百户为一个单位的编排方式，可能来源于五百户一乡的唐朝制度；而三百户、五百丁为一个单位的编排方式，则可能来源于契丹对于俘掠户口的控制制度（寨）。

在上京临潢府诸县中，潞县领有三千户，其设置时间与人户均与上引行唐县相似，也可能如行唐县那样，分为十寨，即按每寨三百户分划的。怀州所领扶余、显理二县，人户主要来源于太祖时所迁渤海降户，世宗大同元年（947）方置县，分别领有一千五百户、一千户。《辽史·地理志》"怀州"谓："天赞中，（太宗）从太祖破扶余城，下龙泉府，俘其人，筑寨居之。会同中，掠燕、蓟，所俘亦置此。"① 那么，在设置怀州及扶余、显理二县之前，居于此一地区的渤海迁户与汉人俘户，是按"寨"居住、编排的。降圣州及所属永安县皆置于穆宗时，而《辽史·地理志》降圣州"永安县"条下称："太祖平渤海，破怀州之永安，迁其人，置寨于此，建县。户八百。"② 则在立县之前，管理这一地区渤海迁户的，当是"寨"。上引《辽史·圣宗纪》谓开泰二年以习家寨设立龙山县，则在置县之前，习家寨既是一个聚落点，也可以管辖一定地域（如女河川、山子川一样）。换言之，在置龙山县之前，习家寨乃是一个行政管理单位。东京道银州永平县，"本渤海优富县地，太祖以俘户置。旧有永平寨"③。在永平置县之前，以永平寨管理居于其地的俘户。

如上所述，上京、中京道所属府州的各县，大约在圣宗统和、开泰至太平年间（983—1031），方得设立。那么，在置县之前（已置有府、州、军、城），安置在二道境内的诸种俘掠户口，大抵皆属于诸宫提辖司统领，其基层的军政管理单位则当为"寨"。其时在部分州、军下可能已设立了县，并沿用俘民固有的唐制乡、里，加以编排，但并不普遍。圣宗时期全面规划、调整上京、中京地区的府、州、军、县，并在临潢府、大定府、兴中府等府州，全面分划、编排乡里，按照五百户、一千丁的原则编制户、丁籍账，从而形成了《辽史》所记载的规整的、成五百倍数的府、州、县户丁数。与此同时，很多州县并未按五百户、一千丁为一个单位的标准编制户、丁籍，而仍然维持其固有的"寨"制，亦即三百户、五百丁（或六百丁）为一个编制单位。④

虽然临潢府各县大致在圣宗时可能编排了乡里，但与距离上京不远的庆州就可能仍然维持以三百户为基本管理单位的"寨"制。据《辽史·地理志》，庆州玄德县"本黑山、黑河之地。景福元年，括落帐人户，从便居之。户六千"。除玄德县所领六千户外，在庆州地区还有兴宗时所置为永庆陵（圣宗陵）守陵、隶属于大内都总管司的三千蕃、汉守陵户。⑤ 玄德（玄宁）县所领六千户与永庆陵三千守陵户，既为五百之倍数，又为三百之倍数，难以判定其基于何种原则编排。然《黑山崇善碑》题名，为我们深入细致地分析庆州地区的乡里控制情况提供了宝贵材料。⑥

---

① 《辽史》卷三七《地理志》一，第 501—502 页。
② 《辽史》卷三七《地理志》一，第 505—506 页。
③ 《辽史》卷三八《地理志》二，第 531 页。
④ 受资料条件的限制，东京道各州县的情形无法详悉，但推测其基本格局与进程，当与上京、中京二道相近似，所不同者，可能在于其较多地继承了渤海国的一些因素。
⑤ 《辽史》卷三七《地理志》一，第 502 页。
⑥ 1980 年发现于内蒙古昭乌达盟巴林右旗乌苏图山（一般认为即《辽史》所见之黑山），碑已残破，正面仅存"□迹□，善综有完。今再欲崇善迹，长存世而名不，不其伟欤？子请书，提点玄"等字样，当时昭盟文物工作站站长苏赫先生据之命名为"崇善碑"，并在中国辽金及契丹女真史研究会 1984 年年会上作了介绍与初步考释。碑阴文字清晰，全系汉文，楷书，字体工整。文字从上而下分为四段，段与段之间留有间隔，每段行数与字数不等，全录人名，在人名间列有司、寨、庄、店、务等名目，四段合计 154 行、2792 字。关于此碑的年代，苏赫先生根据碑文见有"兴中府"之名，而兴中府乃重熙十年（1041）升霸州置，故断定其上限不会早于重熙十年。苏赫：《崇善碑考述》，见陈述主编《辽金史论集》第三辑，书目文献出版社 1987 年版，第 31—44 页。向南《辽代石刻文编·补编》据苏赫先生抄本整理录文，第 716—723 页。

《黑山崇善碑》题名将参与立庙建碑事务的诸种人户，分别系于其所居住的聚落之下。题名碑首列的第一个聚落，恰好缺失，而在聚落名称之下的题名超过148人，在题名中单一聚落所列人数最多，又居题名之首，很可能就是庆州城（在今巴林右旗西北一百二十里，属白塔子镇；崇善碑所在之黑山南麓，在辽庆州东南约五十里）。题名所列的第二个聚落是黑河州，系于其下的人户只有"何寒食、妻刘氏，和贵，王军儿、弟喜儿，刘三贤、妻张氏、男兴儿，何寒哥、妻刘氏，刘得孙、妻王氏"。大约为六家。据沈括所记，黑河州在黑水（今查干木伦河）西北岸边，"绝水有百余家，墁瓦屋相半，筑垣周之，曰黑河州"。其地大约在今巴林右旗治地大坂东南高根肖隆地方。① 置立崇善碑时，黑河州已不再是州级行政单位，然很可能仍是一级行政管理单位的驻地。

《黑山崇善碑》题名在庆州、黑河州二城之后，列出的第三个聚落是"下三家寨"，其下题名有：

> 六院司契丹乌鲁本娘子，孙老子、妻□，孙儿，李佛留，孙王家奴，张奴阿、妻萧哥，冯陈儿、妻休哥，王重孙、男牛儿，冯重善、男□丑，王丑儿、妻大姐，张福哥，冯留国、妻二姑，孙西京奴，六院司契丹郭家奴，李赵哥，里古，李王哥□，六院司契丹乌者索董、妻蕊哥，刘第忠，□□□，王氏□、妻张氏、男闰兴、妻……寿、妻阿元，第猪儿，迎春，高□，王天男、母吴氏，□地、男……家奴，念九，泉家奴、妻古典……孙，妻阿李……

在下三家寨居住、标明为"六院司契丹"的有乌鲁本娘子、郭家奴、乌者索董及妻蕊哥，李赵哥、里古、李王哥□等三人是否属于六院司契丹，不能确定，但从其名字看，很可能是契丹；萧哥是张奴阿之妻，似也为契丹。显然，这是一个蕃、汉混居的聚落，与上引《辽史》所谓"括落帐人户""蕃、汉守陵"户的记载正相合。

《黑山崇善碑》题名中共见有三十多个地名，以"寨"命名者为最多，有桦皮寨、营作寨、长坐寨、窨坊寨、教坊寨、孔□寨、砂宸寨、下后妃寨、上后妃寨、果园寨、苏家寨、金家寨、南山杨墨里寨、西陡岭寨、下三家寨、赵家寨、杨家寨等十七个寨。这些"寨"，当然是一种聚落单位和社会组织单元，论者对此并无疑义。问题在于，这些"寨"是否也具有行政管理功能，是不是一种基层行政管理单位？

除"寨"之外，题名碑所见较多的聚落单位是"庄"，包括南新庄子、西寺家庄、兴[中]府庄、宜州庄、[显]（瞿）州庄②、□家庄、[宫]（官）庄、③ 赵虹庄等八个庄。其中，兴中府庄、宜州庄、显州庄三个以府、州之名命名的"庄"，其人户显然分别来自兴中府、宜州、显州三州。《辽史·营卫志》云：

> 阿思斡鲁朵，道宗置。是为太和宫。宽大曰"阿思"。以诸斡鲁朵御前承应人及兴中府户置。其斡鲁朵在好水泺，陵寝在上京庆州。正户一万，蕃汉转户二万，出骑军一万五千。④

所谓"以兴中府户"置太和宫，盖抽取

---

① 贾敬颜：《五代宋金元人边疆行记十三种疏证稿》，中华书局2004年版，第164页。
② 显州，苏赫及向南先生均释作"瞿州"。然瞿州不见于《辽史》及相关记载。苏赫先生说，"瞿州定然是辽境内的一个州，到道宗时仍然存在"，并未列出证据。考《辽史·营卫志》，积庆宫所领，除宜州外，又有显州山东县（治在今辽宁北镇市）。《辽史·地理志》显州"山东县"云："本汉望平县。穆宗割渤海永丰县民为陵户，隶积庆宫。"（《辽史》卷三八《地理志》二，第525—526页）题名碑抄本中的"瞿州庄"，当即"显州庄"之误录。
③ 宫庄，苏赫先生释作"官庄"。以兴中府庄、宜州庄、显州庄之例推测，此处之"官庄"当为"宫庄"之误释，则其性质当如兴中府庄等一样，也是属于诸宫（太和宫或积庆宫）的"庄"。
④ 《辽史》卷三一《营卫志》上，第417页。

兴中府所管的部分民户归属太和宫管领。《黑山崇善碑》于"兴中府庄"下列出的人户，当即属于太和宫提辖司管领的"蕃汉转户"。同样，"宜州庄""显州庄"当是由宜州（治在今辽宁义县）、显州（治在今辽宁北镇市）抽取的人户。这些"庄"不仅仅是一种聚落单位，也同时是一种行政管理单位。

题名碑中见有粮谷务、柿作务两个"务"①。"柿作务"下题名有：

> 陈阿吕，陈卢氏，毗梁氏，陈王氏，郝娘娘，陈定哥，韩娘娘，王姐，王阿张，陈阿董，张娘娘，张阿刘，陈张氏，陈俊春，徐秋哥，毗德进，猪儿……张士林，□外儿。

所列人名以女性居多，反映出柿作务应当是加工柿子的专门机构。据此，粮谷务也当是加工麦谷粮食的手工业单位。辽时置有榷务，以主市易通商。《辽史·食货志》云："征商之法，则自太祖置羊城于炭山北，起榷务以通诸道市易。太宗得燕，置南京，城北有市，百物山偫，命有司治其征；余四京及它州县，货产懋迁之地，置亦如之。"②柿作务与粮谷务虽非征榷机构，然其属于官府管理的手工业单位，则无疑问。

题名中又见有"八作司"。按："八作司"之称，见于《辽史·地理志》，谓在上京皇城（北城）大内西南部有绫锦院、内省司、麹院及赡国、省司二仓，又谓"八作司与天雄寺相对"③。按：天雄寺为契丹皇家寺院，在内城东南隅。八作司与天雄寺相对，即在内城西南隅，因此，所谓"八作司"当即指绫锦院、内省司、麹院及赡国、省司二仓等供奉内廷物资的机构。崇善碑题名所见"八作司"，则当是由上京城内的"八作司"抽取至黑山地区随扈斡鲁朵的人户。

总之，《黑山崇善碑》题名中所见的庄、务、司，皆当是一种人户编排与管理单位（其是否同时表现为聚落，并不能确定，特别是粮谷务、柿作务以及八作司），分别隶属于诸宫提辖司或上京城内的院、司，并不隶属于当地的州、县。然则，与庄、务、司并列的"寨"，也应当是隶属于当地州、县的一种人户编排与行政管理单位。

我们认为辽代碑石文献所记的三京道州县的"寨"乃是一种行政管理单位，还可以举出两条重要辅证。（1）乾统九年（1109）《僧智福坟幢记》出土地不详，其记智福之身份，作"府北郭长使寨僧智福"④。长使寨在"府北郭"，不当是聚落，而应是位于府北郭的一个基层管理单位。同样，显州北赵太保寨、杜家寨，双城县时家寨，也都可能是县以下的行政管理单位。⑤（2）辽宁阜新所出《懿州记事碑》题名亦主要按聚落分列参与义桥建设的人户姓名，其中见有田公主寨、陈汉显寨、□家寨、思目寨、□□新寨、赵家寨、□寨、护林寨、右家寨、独山寨、险□寨、秋山寨、□家寨、吕古寨、康家寨、□隗埚寨（以及祖家庄、杨义庄、□□庄、寿高□庄、董埚、高裕埚、申花埚、义花埚、□家庄、□□庄、郝花庄、进家庄、散水泊、杨家庄、田家庄、刘家庄、西花埚、北花埚、李□青埚、曾麻埚、赵家庄、南密务、王庄、主措庄、裕林庄、刘□镇、新庄子、习

---

① 题名碑中另见有上麦务、下麦务、西麦务、南［麦］务，论者或释为四个加工麦谷为事的手工业机构。然据《辽史·地理志》，开泰二年（1013），以麦务川置象雷县（治所当在今朝阳市西境），初隶中京，后属兴中府。则麦务川应当是大灵河（今大凌河）的一条支流。据正文所引，当道宗设立太和宫时，曾由兴中府抽取部分户口隶属太和宫，作为太和宫户。象雷县属兴中府，所抽户口中当包括象雷县民。因此，题名碑中上、下、西、南四个麦务，应当是由象雷县抽取的户口构成的"庄"，其性质应当与兴中府庄、宜州庄、显州庄相同。
② 《辽史》卷六〇《食货志》下，第1031页。
③ 《辽史》卷三七《地理志》一，第499页。
④ 向南：《辽代石刻文编》，"天祚编"，《僧智福坟幢记》，第601页。
⑤ 向南：《辽代石刻文编》，"道宗编上"，《显州北赵太保寨白山院舍利塔石函记》，第288—293页；《双城县时家寨净居院舍利塔记》，第366—368页。

麻塌、小寒庄、蒋荄村、小婆棣）等地名，①这些"寨"也可能是行政管理单位，并可能管辖庄、塌等自然村落。（3）《辽史·百官志》于"南面方州官"下总叙云："不能州者谓之军，不能县者谓之城，不能城者谓之堡。其设官则未详云。"② 这段叙述，显系后人之追述，然"堡"较"城"小，是一级行政管理单位，当无疑问。而在宋辽金元文献中，堡、寨（砦）大致通用，亦无疑问。据此推测，辽时的"寨"，也当是县以下的一级行政管理单位。

综上所考，我们对辽时上京、中京、东京三道所属州县的基层行政管理制度形成了一些大致的认识：（1）当辽前期，特别是太祖、太宗之世，征伐燕云河北汉地及渤海、高丽，俘掠汉、渤海、高丽人户，迁至契丹腹地安置，多置城、寨以领之，其时盖以"寨"作为编排俘户的基本形式，每寨定制约为三百户、五百丁（或六百丁）。（2）辽中期，特别是圣宗时期，相继在上京临潢府、中京大定府等地区有计划地调整州、县控制体系，采用唐式乡里制度，以五百户、一千丁为一乡，编排蕃汉民户与乡丁。然此种编排并未全面实行，仍有相当多的州、县沿用"寨"制，以三百户、五百丁（或者六百丁）编排其所属蕃、汉户；属于诸宫提辖司统领的人户，则以庄、务、司等作为基层管理单位。这样，上京、中京、东京三道所属州县统领的人户，就主要有两种控制体系：一是五百户、一千丁为单位的"乡"，一是三百户、五百丁（或六百丁）为单位的"寨"。无论是五百户、一千丁，还是三百户、五百丁，都是户丁编排单位与行政管理单位。因此，《辽史》所记三京道（以及南京、西京道）各州县的户数、乡丁数，皆当是按照五百户、一千丁或三百户、五百丁（或六百丁）为单位计算出来的，并非各州、县统领的实际著籍的户、丁数（虽然二者之间当有一定关联）。

三　金代华北地区的"寨"制与乡—村社制度

《金史·食货志》谓：

> 令民以五家为保。泰和六年，上以旧定保伍法，有司灭裂不行，其令结保，有匿奸细、盗贼者连坐。宰臣谓旧以五家为保，恐人易为计构而难觉察，遂令从唐制，五家为邻、五邻为保，以相检察。
>
> 京府州县郭下则置坊正，村社则随户众寡为乡，置里正，以按比户口，催督赋役，劝课农桑。村社三百户以上则设主首四人，二百户以上三人，五十户以上二人，以下一人，以佐里正禁察非违。置壮丁，以佐主首巡警盗贼。猛安谋克部村寨，五十户以上设寨使一人，掌同主首。寺观则设纲首。凡坊正、里正，以其户十分内取三分，富民均出雇钱，募强干有抵保者充，人不得过百贯，役不得过一年。（大定二十九年，章宗尝欲罢坊、里正，复以主首远，入城应代，妨农不便，乃以有物力谨愿者二年一更代。）
>
> 凡户口计帐，三年一籍。自正月初，州县以里正、主首，猛安谋克则以寨使，诣编户家责手实，具男女老幼年与姓名，生者增之，死者除之。正月二十日以实数报县，二月二十日申州，以十日内达上司，无远近皆以四月二十日到部呈省。③

此述金代乡里制度之大概，故频为论者所引。然其说实颇为含混，如第一段先说

---

① 向南、张国庆、李宇峰辑注：《辽代石刻文续编》，《阜新懿州记事碑》，第103—108页。
② 《辽史》卷四八《百官志》四，第906页。
③ 《金史》卷四六《食货志》一，"户口"，中华书局1975年版，第1031—1032页。

"令民以五家为保"，又说"泰和六年，上以旧定保伍法"，则金本有保伍法，泰和六年（1206）复更定之。那么，金之保伍法究竟何时颁行，其来源如何？又如第二段述京府州县郭下置坊正，乡村置里正，掌按比户口，催征赋役，显然是指汉地州县；其所说"猛安谋克部村寨"，则当指编为猛安谋克部的女真、契丹村寨，似既包括留居东北地区的猛安谋克部，也包括移入华北汉地、与汉民杂居的猛安谋克部。那么，以乡里正（坊正）—村社主首构成的汉地州县的乡里制度，与猛安谋克部的"寨"制，究竟是何时形成的？二者的关系若何？对此，尚未见有专门深入的研究，① 故本节即试图围绕这两个问题，略作探讨。

（一）女真固有的"寨"制及其在汉地的试行

宋人杨尧弼《伪齐录》谓阜昌元年（金天会八年，南宋建炎四年，1130年），伪齐初立，"依仿金房法，乡各为寨，推土豪为寨长。五家为保，双丁籍［一］，出为战军，每月两点集，呈器甲，试弓马，合格者与补效用正军，不愿者听。州县市民亦各籍为［伍］（五军），单丁夜巡，双丁上教。每调发一人，即同保四人备钱粮、器甲、衣服等费，就本州送纳类聚，官差人发赴驻扎处。"② 伪齐所行寨长—保伍法，乃仿"金房法"而来；其所谓"金房法"，当即女真人固有的部族法。《金史·兵志》云：

> 金之初年，诸部之民无它徭役，壮者皆兵，平居则听以佃渔射猎习为劳事，有警则下令部内，及遣使诣诸孛堇征兵，凡步骑之仗糗皆取备焉。其部长曰孛堇，行兵则称曰猛安、谋克，从其多寡以为号，猛安者千夫长也，谋克者百夫长也。谋克之副曰蒲里衍，士卒之副从曰阿里喜。③

双丁征一，同保之人共备兵甲，助应征之兵丁从军，原则与女真部民以壮者为兵，"凡步骑之仗糗皆取备"相同。《金史·兵志》续云：

> 部卒之数，初无定制，至太祖即位之二年，既以二千五百破耶律谢十，始命以三百户为谋克，谋克十为猛安。继而诸部来降，率用猛安、谋克之名以授其首领而部伍其人。出河之战兵始满万，而辽莫敌矣。及来流、鸭水、铁骊、鳖古之民皆附，东京既平，山西继定，内收辽、汉之降卒，外籍部族之健士。尝用辽人讹里野以北部百三十户为一谋克，汉人王六儿以诸州汉人六十五户为一谋克，王伯龙及高从祐等并领所部为一猛安。④

"部伍其人"，即以伍保之法编排其部民。所以，猛安谋克兵与猛安谋克户大抵皆以"伍"为最基本的单位。佚名《北风扬沙录》谓女真官职，"皆曰勃极列，犹中国总管，盖纠官也。自五户勃极列，推而上之，至万户，皆自统兵。缓则射猎，急则出战……其法，十、五、百皆有长，五长击柝，［什］（行）长执旗，百长挟鼓。千人将，则旗帜金鼓悉备。五长战死，四人皆斩；［什］（行）长战死，伍长皆斩；百长战死，［什］（行）长皆斩"⑤。五户勃极列（孛堇），统兵当即伍长。而据上引《金史·食货志》，寨最少也由五十户组成，亦即包括十个伍。《金史·宣宗纪》

---

① 关于金代华北汉地乡里制度的研究甚少，主要有杨讷《元代农村社制研究》（《历史研究》1965 年第 4 期）与刘浦江《金代户籍制度刍论》（初刊《民族研究》1995 年第 3 期，后收入氏著《辽金史论》，辽宁大学出版社 1995 年版，第 195—214 页）略有涉及。杨讷据上引《金史·食货志》，认为金代乡村管理机构只有乡与村社两级，一村一社，故称为"村社"。刘浦江不同意杨讷的意见，认为金代完整的乡社组织应包括乡、里、村、社四级。较新的研究成果则为武玉环《金代的乡里村寨考述》，《中国边疆史地研究》2013 年第 3 期。
② 杨尧弼：《伪齐录》卷上，《刘豫传》，《丛书集成续编》史部第 23 册，上海书店出版社 1999 年影印本，第 419 页。
③ 《金史》卷四四《兵志》，第 992 页。
④ 《金史》卷四四《兵志》，第 992—993 页。
⑤ 陶宗仪：《说郛》卷二五，中国书店 1986 年版，据涵芬楼 1927 年影印，第 25 页。

下记元光二年（1223）八月，"遣官分行蔡、息、陈、亳、唐、邓、裕诸州，洎司农司州县吏同议，凡民丁相聚立砦避兵，与各巡检军相依者，五十户以上置砦长一员，百户增副一员，仍先迁一官，能安民弭盗劝农者论功注授"①。则知寨（砦）长确以最少五十户为单位设置。而《金史·宣宗纪》说五十户以上设一寨使，百户以上即增置副使一人，则一个寨领有的户数，大抵从五十户到一百户之间。这样，实际上就构成了谋克（三百户）—寨（砦，五十户至一百户）—伍保三级制的控制体系。

这种控制体系，是与猛安谋克部（不仅包括女真人，也包括契丹、奚人与辽东汉人、渤海人）的居住状态相适应的。《大金国志》说：女真"初无城郭，星散而居，呼曰'皇帝寨'、'国相寨'、'太子庄'，后升'皇帝寨'曰会宁府，建为上京"②。"皇帝寨""国相寨""太子庄"云云，当是汉人的称谓，但女真贵人，无论地位高低，皆居于"寨"中，而其"寨"往往以贵人名号相称，则无疑问。金初到过其首都会宁府的宋人马扩在所著《茆斋自叙》中描述说：

> 某随打围，自来流河阿骨打所居，指北带东行，约五百余里，皆平坦草莽，绝少居民。每三五里之间，有一二族帐，每帐族不过三五十家。自过咸州至混同江以北，不种谷麦，所种止我稗子。③

三五十家的族帐，当就是"寨"。宣和六年（1124），许亢宗奉使北行，进入女真腹地后，沿途经过没咄［孛堇］寨、蒲里孛堇寨、托撒孛堇寨、漫七离孛堇寨、和里间寨、古乌舍寨（寨枕混同江湄）、句孤孛堇寨、达河寨、蒲挞寨等寨，就是这种寨。④明昌元年（1190），王寂奉命巡按辽东，曾经过胡土虎寨、胡底千户寨、南谋懒千户寨、松瓦千户寨、宿特拨合寨、辟罗寨、叩畏千户营、耶塔剌虎寨、和鲁夺徒千户［寨］、蒙古鲁寨、鼻里合土千户营等处。王寂解释说："胡土虎，汉语'浑河'也。""胡底，汉语'山也'。以其寨居山下，故以为名。""南谋懒，汉语'岭'也。以其近分水岭，故取名焉。""松瓦者，'城也'。寨近高丽旧城，故以名之。""辟罗，汉语'暖泉'也。以山间流水一股，经冬不冰，故以是名寨。""叩畏，汉语'清河'也。"耶塔剌虎，汉语"火镰石也"。"和鲁夺徒，汉语'松山'也。""蒙古鲁，汉语本'孟子'也。""鼻里合土，汉语'范河'也。"⑤而所谓"孛堇寨""千户寨"，当然是有孛堇、千户驻守的寨。所以，这些"寨"既是自然聚落，也是一种军政管理单位。

以五十户为一寨的制度，亦与女真兵制相合。张棣《金虏图经》"用师"条说：

> 虏人用兵专尚骑，间有步者，乃签差汉儿，悉非正军。虏人取胜，全不责于［步］，签军惟运薪水、掘濠堑、张虚势、般粮草而已。［骑］不以多寡，约五十骑为一队，相去百步而行……又其次曰随军万户，每一万户所辖十千户，一千户辖十谋［克］（客）（谋［克］（客）本百户也），一谋［克］（客）辖两蒲辇（蒲辇，五十户也）。⑥

"蒲辇"即《金史·兵志》所见的"蒲里衍"，又作"蒲里演""蒲里偃"，意为"谋克之副"。一"蒲辇"之兵由五十户组成，正与一"寨"所统人户相同。

女真入主中原后，很多猛安谋克部"自本部族徙居中土，与百姓杂处，计其户口给赐

---

① 《金史》卷一六《宣宗纪》下，第367—368页。
② 宇文懋昭撰、崔文印校证：《大金国志校证》卷三三《燕京制度》，中华书局1986年版，第470页。
③ 徐梦莘：《三朝北盟会编》卷四，宣和元年十一月二十九日，上海古籍出版社1987年影印本，第30页。
④ 贾敬颜：《五代宋金元人边疆行记十三种疏证稿》，第241—251页。
⑤ 王寂：《辽东行部志》，见贾敬颜《五代宋金元人边疆行记十三种疏证稿》，第274、296—301页。
⑥ 《三朝北盟会编》卷二四四，绍兴三十一年十一月二十八日，引张棣《金虏图经》，第1754页。

官田，使自播种，以充口食。春秋量给衣、马，殊不多余，并无支给。若遇出军之际，始月给钱米不过数千，老幼在家，依旧耕耨"①。移居中原的猛安谋克虽然散布于汉人地区，然却集中居住。张棣《金房图经》"屯田"条说：

> 今日屯田之处，大名府路、山东东西路、河北东西路、南京路、关西路四路皆有之，约一百三十余千户，每千户止三四百人，多不过五百。所居止处，皆不在州县，筑寨处村落间。千户、百户，虽设官府，亦在其内。②

《金史·食货志》"户口"记大定二十年（1180）世宗对宰臣说：

> 猛安谋克人户，兄弟亲属若各随所分土，与汉人错居，每四五十户结为保聚，农作时令相助济，此亦劝相之道也。③

据此，猛安谋克部移入中原后，实际上是"大分散，小聚居"，以四五十户为单位，筑寨保聚，"寨"即为其基层管理单位。所谓每五十户置一寨使，就是适应此种居住情况而做出的规定；而猛安、谋克的衙署，也设置在寨里，与管理汉人民户的州县衙署分开。

称入汉地的猛安谋克部所居的寨，也可称为"村"。《金史·兵志》载：

> （大定）二十三年，遣刑部尚书移剌慥迁山东东路八谋克处之河间，其弃地以山东东路忒黑河猛安下蘸答谋克，移闸幹鲁浑猛安下翕浦谋克、什母温山谋克九村人户徙于刘僧、安和二谋克之旧地。其未徙者之地皆薄恶且邻寇，遣使询愿徙者，相可居之地，图以进。④

蘸答、翕浦、什母温山三谋克的民户原本分居于九村，部分民户移住刘僧、安和二谋克之旧地，还有一部分留居于原来的村中。这里的"村"显然就相当于"寨"。又，《金史·曹望之传》记大定中望之上书言事，谓："招讨司女直人户或撷野菜以济艰食，而军中旧籍马死，则一村均钱补买，往往鬻妻子、卖耕牛以备之。"⑤ 招讨司女真人户，自当属于猛安谋克户；合村人户均钱补买军马，亦与上引《大金国志·齐国刘豫录》所记"金国法"相合。所以，这里的"村"也是猛安谋克部的"寨"。

辽宁彰武县平安乡出土明昌三年（1192）《祐先院碑》当是金懿州官民建寺藏经的记载，碑文所见的"城子头"当即指懿州城，宜民县则指其时属懿州的宜民县（大定六年前在宜民县置有川州，大定六年废川州，以宜民属懿州）。碑文中又见有"本寨二官王民□、三官贾兴"，"罗寨刘延中、新庄子张广□□"，"本寨副猊高子兴、都猊高子□"，"郭庄曲斌"等。⑥ 都猊、副猊、二官、三官等名目虽不明其指，但大抵皆表示其特殊身份，当无疑问。显然，寨是一级行政管理机构，置有都、副及二官、三官等。王民□、贾兴、刘延中、高子兴、高子□等人可能是汉人、渤海人猛安谋克户。本寨、罗寨等与属于州县的新庄子、郭庄等杂错共处，当属于猛安谋克村寨。

三上次男说："谋克户在州、县之间自设村、寨，由谋克统率，内有寨使掌管一切庶务，形成一个独特的社会。所以，这些村、寨的母体谋克部和它上面的猛安部的名称，具有

---

① 《三朝北盟会编》卷二四四，绍兴三十一年十一月二十八日，引张棣《金房图经》，第1754页。
② 《三朝北盟会编》卷二四四，绍兴三十一年十一月二十八日，引张棣《金房图经》，第1754页。
③ 《金史》卷四六《食货志》一，第1034页。
④ 《金史》卷四四《兵志》，第996页。
⑤ 《金史》卷九二《曹望之传》，第2038页。
⑥ 王新英辑校：《全金石刻文辑校》，第360—361页。

其说大致可从。可是，在金代，猛安谋克户实际上被看作为军户，猛安谋克部的人丁，要按时应征，更番防戍京师、州、县或边境各地；寨使应征入军，可能就充任五十人队的队长（蒲辇）。所以，猛安、谋克、蒲辇（寨）的编制，实际上是军民合一的制度，与汉地州、县、乡、村的制度，在性质并不完全相同。

据上引《伪齐录》，金初，在仿齐政权统治的山东、河南、陕西地区，曾经实行"金虏法"，改乡为寨，亦即试图在汉地推行女真固有的"寨"制。天会十四年（1136）《南怀州河内县□□□□□□□北村创修汤王庙记》云：

> 河内之北有村名曰许良巷，地尽膏腴，人颇富庶。筑居于水竹之间，远眺遥岑，增明滴翠，真胜游之所也。粤自宋朝宣和七年，本村有税户张卿做维那头，于本村创修其庙。不意庙基方就，而遭甲马。至天会四年十一月十二日，大军到此，攻围怀郡，至当月二十四日城破。人民投拜之后，蝗蝻炽生，盗贼蜂起，老幼荡析，率皆惊窜，田野之□，尽成荆棘。迄天会七年，官中召人归业，勒许良巷、上省庄、狄家林、齐家庄、西吴村并为一寨。众举上省庄贾进充为捉杀，因此荒田复耕，颓垣再筑，不期年而居民安堵，遂并力修完本庙。②

据《金史·地理志》，南怀州即宋时的怀州，天会六年以与临潢府怀州同，加"南"字。河内为怀州首县。天会七年，金人初下河北不久，即命改编原有乡里组织，将许良巷、上省庄、狄家林、齐家庄、西吴村等五个村落并为一寨。天眷元年（1138）《济阳县创修县衙记》说天会七年分济南府临邑县置济阳县，首任知县徐某按籍叹曰："吾邑环四镇，列二十寨，总万八千四百余户，郛郭肆市，咸为可观。"③ 据《金史·地理志》，济阳县领有回河、曲堤、旧孙耿、仁丰四镇。济阳县分列二十寨，平均每寨有920户，则其时济阳县各"寨"所领的户数，当远超过五十户。

以"寨"取代"乡"，显然是以女真制度改造汉地旧有的乡里制度。可是，女真旧制每寨仅为五十户，而汉地户口众多，以县辖寨，每寨动辄千户上下，实与女真"寨"制不合。最为重要的是，如上所述，猛安、谋克、寨（蒲辇）的编制实为军民合一的制度，在女真据有汉地之初，试图以此种制度编排汉地民户，以便签发汉军，但至皇统间（1141—1149），即渐次废罢契丹、汉人猛安谋克部，并逐步减少签发汉军。海陵王完颜亮更推行较为全面的汉化政策，所以，今见文献中，天德（1149—1153）以后，汉地乡村编制，多以乡—村（社）为称，较少见有"寨"的编制。据此推测，金代汉地乡—村社制度的逐步确立，应当是在完颜亮统治时期。

在汉地全面实行乡—村社制后，移入汉地的猛安谋克部中"寨"的地位，大致相当于"村社"，而不再等同于"乡"。据上引《金史·食货志》，猛安谋克部寨使的职掌同于汉人州县的村社主首。可是，猛安谋克部的"寨"之上并无"乡"的建置，寨使受命于谋克；而寨即使包括两个或以上的自然村，各村也只是自然聚落，并非基层管理单位。所以，汉地猛安谋克部的"寨"就是其基层管理单位，其性质、地位与"村社"相近。

（二）金代村社制的来源与实质

论者或引《金史·食货志》"遂令从唐制"之言，认为金代汉地州县的乡—村社制乃沿用唐制而来。据上引《金史·食货志》，乡置有里正。大定二年（1162）《英济侯感应记碑》说太原府阳曲县通德乡的"里人"共同立庙，祠祀英济侯；县令史纯亦前往奉祀，

---

① 三上次男：《金代女真研究》，金启孮译，黑龙江人民出版社1984年版，第359页。另请参阅关亚新《论金代女真族的村社组织——谋克》，《社会科学辑刊》1997年第3期。
② 王新英辑校：《全金石刻文辑校》，第17页。
③ 王新英辑校：《全金石刻文辑校》，第21页。

以祈雨，并撰《感应记》述其事。碑记署名中，见有"当里进士刘巨川、智深、乔玮"，"当里管勾助缘乔展"等，翟村郭立、镇城毛刚等，以及助缘里正王才等，"当乡力争（疑为'里正'之讹）专管勾乔□□"①。其所说的里正、当乡［里正］（力争）皆当是通德乡的里正。大定十一年《宝坻县记碑》谓其时分香河县东偏乡间万五千家置宝坻县，"于时，坊郭居民千有余家，自余村间，著为四乡：东曰海滨，南曰广川，西曰望都，北曰渠阳。其坊正、里正、胥吏、应僦从人数，列同上县"②。据此，则知金时确曾分划诸乡，乡各置里正。然新置之宝坻县有万五千余家，除坊郭居民千余家外，尚余一万三四千家，分置四乡，则乡各有三千余家。以三千余家之乡，仅置里正一人，盖只能掌其户口赋役之籍账，并不能实际负责催征。因此，虽然未见到直接材料，但我们认为，金代诸乡里正，事实上与晚唐五代至北宋前期的里正以及辽代的乡正（乡里正）一样，当属于县役，故上引《宝坻县记碑》将坊正、里正与胥吏、应僦从并列。换言之，金代的乡里正当沿自晚唐五代与宋初及辽代的乡里正，一乡置一里正，是县衙中的职役；而非唐制规定的一乡置五里正，是乡村中的"乡官"。

金代村社制的源头则颇需考究。据上引《金史·食货志》，金制汉地州县的乡村编排，原则上以五十户置一主首，设为一个村社。以五十户为标准编排村社，与汉唐时期以百户为一里迥然不同，却与女真以五十户为一寨的制度相合。因此，五十户置一村社，当源自女真固有的"寨"制。

金代既以女真固有的"寨"为标准（五十户为一寨）编排汉地民户，又何以将据此标准编排的乡村基层管理单位称为"村社"，而未迳称为"寨"？根本性的原因在于，在北方汉地，"村"早已成为汉人民户最基本的居住单位与社会单元，而自五代北宋以来，亦以"社"代替"里""村"，指称乡村基层行政管理单位。

唐代乡里制度，以百户为一里，然百户之村（自然聚落）并不多见，故唐代的"里"，多包括两个或以上村落，一村一里与一村数里之情形并不多见。中唐以来，北方地区的村落规模既渐次扩大，里正复渐次移至县衙当值，"村"的功能与意义乃渐次增强、提高，遂呈现出以"村"取代"里"的趋势。③ 此种趋势，在北方地区，历中晚唐、五代以至辽、北宋，实乃一脉相承，然受到旱作农业经济方式与乡村交通条件等因素的制约，百户之村实并不多见。所以，以五十户为原则编排村社，使作为行政管理单位的"村社"的规模与自然村落的规模更为接近。在这个意义上，以五十户为标准编排村社，是与北方地区的村落规模相适应的。此其一。

在大多数情况下，金代"村社"与自然村落相对应，故文献中多迳称为"村"，并不以"社"或"村社"为称。承安四年（1199）《太原王氏墓记》述王氏于唐末由青州徙至孟州河阳县，居于小仇村，立石人王珪之曾祖王整娶车村牛氏；祖王镇娶北虢村席氏。父王辉初娶大仇村尹氏，生珪；又娶州西章村范氏，生□、炳、耀三子：□娶唐村武氏，炳娶南逯村高氏，耀娶程家女程氏。珪长子政，娶白家庄焦氏；次子，娶东乡西长村张氏；三子昌，娶怀州河内县王村杨氏。④ 小仇村、车村、北虢村、大仇村、章村、唐村、南禄村、白家庄、东乡西长村、王村等，既当是自然村落，也同时是"村社"。在正式的官方表达中，也多使用"村"。如大安元年（1208）《真清观牒》称真清观在"怀州修武县七贤乡马坊村"，其下所录"本观置买地土文契"谓出卖地业人为"修武县七贤乡马坊村故税户马愈、男马用、同弟马和"⑤。

辽金时期北方地区的乡里制度及其演变　179

---

① 王新英辑校：《全金石刻文辑校》，第116—117页。
② 王新英辑校：《全金石刻文辑校》，第170—171页。
③ 张国刚：《唐代乡村基层组织及其演变》，《北京大学学报》（哲学社会科学版）2009年第5期。
④ 王新英辑校：《全金石刻文辑校》，第404页。
⑤ 王新英辑校：《全金石刻文辑校》，第489页。

当然，一村分为数社（有两个或以上的主首）以及一社数村（一个主首管理数个自然村）的情况也是存在的。正隆二年（1157）《王□买地券》记王□为邢州内丘县孟村社胡里村居人，孟村社当包括孟村、胡里村等自然村。① 泰和五年（1205）《重修润国院石幢记》署重修石幢主持人刘海之身份，作"大金国汝［州］鲁山县琴台乡阳石村西□上"②。"西□上"应当是阳石村所属的一个自然聚落。兴定五年（1221）郿县《宁曲社重修食水记》谓"郿之东南有村曰宁曲，右高阜，左平野，清渭经其北，太白当其南，厥田沃壤，物产蕃茂，则富庶甲于境内者也"。宁曲村显然是一个大村，社以村名。而下文又称宁曲村民众引赤谷水为渠，"北过于亮伏暨李义村，又北过于吴家社，以至于宁曲"③。其李义村并不称为"社"，或属于吴家社。

其二，从五代北宋以来，即已出现以"社"指称"乡"之下的基层管理单位的用法，金代"村社"之称，当是对此种用法的延续。由今见材料看，以"社"指称"里"，大约可以上溯至南唐保大十二年（954）周氏一娘地券文契所见之"江州德化县楚城乡甘山社"④。《八琼室金石补正》卷八四录有宋开宝八年（975）《修仓颉祠颂碑并阴》，其碑阴详记改修仓颉祠的当地"村众"，并将村众系于各社或村、庄之下。其中，（1）"崇明社"目下有邑义十八人，社人五十九人，另包括"井村"一人，"当社里正"三人。这里的"崇明社"置有"当社里正"，大致相当于"里"，或即崇明里之异称。（2）"诸社施主"目下有"徐庄"三人、"和苏"四人、"谷下"一人，"丰洛"三人，"树归"一人，"武庄"一人，"张庄"四人。这里的徐庄、和苏、谷下、丰洛、树归、武庄、张庄即是社名，亦当为自然村落。（3）"丰义村"三十三人。（4）"纪庄社"十七人。（5）"和苏社"十人。（6）"西章村"二十八人。（7）"东章村"二十九人。（8）"树归村"十五人。（9）"山下王庄"十二人。（9）"武庄"十七人。（10）"建德社"二人。（11）"丰洛社"十五人。（12）"群英社"十人。这里将纪庄社、和苏社、建德社、丰洛社、群英社等五个"社"，与丰义村、西章村、东章村、树归村、山下王庄、武庄等六个村庄并列，显然都是自然村落。⑤ 这通碑文反映了北宋初期同州白水县（今陕西白水县）东北部的一个乡（大致相当于清代白水县的长宁乡）范围里的"村社"供奉仓颉庙的情况，其题名中所见的"社"既有相当于"里"的崇明社，更多的则是相当于自然村落的"社"，也有纯属民间自愿结社性质的"社"（"邑社"之"社"），反映出"社"由立基于民间信仰活动的社会组织逐步向乡村基层管理组织过渡的状态。⑥

在今见北宋时期的买地券中，以"社"指称亡人生前籍属、居地或葬地所在者，大约有8例（见表3）。江州德化县金城乡城门社下领有松阳西保，这里的"城门社"当即"城门里"，"社"乃为"里"之改称。彭泽县五柳乡西域社，在元符二年（1099）张愈买地券中又作"五柳乡西域里"，说明"社"与"里"同义。绍圣三年（1096）胡氏十一娘地契文所见"蕲州罗田县直河乡马安社"也当是"马安里"之异称。政和七年（1117）马翁墓志既称马氏生前居地为泉项社，复称其葬地在"村东后掌房亲马继卒地内"，则泉项社当即指泉项村。绍兴九年朱近买墓田券中的卢家社、令远社，也当皆是指自然村落。凡此，均说明在女真入主中原之前，已出现以"社"指代里、村的情况。

---

① 王新英辑校：《全金石刻文辑校》，第96页。
② 王新英辑校：《全金石刻文辑校》，第459页。
③ 王新英辑校：《全金石刻文辑校》，第545页。
④ 鲁西奇：《中国古代买地券研究》，第229页。
⑤ 《八琼室金石补正》卷八四《修苍颉祠颂碑并阴》，《石刻史料新编》本，第1辑第7册，第5365—5369页。
⑥ 参阅金井德幸《宋代る村社と宗族——休宁县と白水县とにおける二例》，酒井忠夫先生古稀祝贺纪念の会编：《历史における民众と文化——酒忠忠夫先生古稀祝贺纪念论集》，东京：国书刊行会，1982年，第351—368页。

表3　宋代买地券中有关"社"的记载

买地券	年代	亡人生前籍属或居地	亡人葬地
赵荣甫墓地契	庆历七年（1047）		并州阳曲县乌城乡从封社百姓梁化地内
曹十四娘买地券	嘉祐三年（1058）	信州弋阳县招贤乡奉咸里童坑上社	
袁八娘买地券	熙宁三年（1070）	江州德化县金城乡城门社松阳西保	
蔡八郎地券文	元丰八年（1085）	江州德化县甘泉乡高平社西山保	
易氏八娘柏人书	元祐五年（1090）	江州彭泽县五柳乡西域社傅师东保	
胡十一娘地契文	绍圣三年（1096）	蕲州罗田县直河乡马安社北保	
何府君买地券	元符二年（1099）	凤州河池县塔俗社	
马翁墓志	政和七年（1117）	陇州吴山县仁川乡泉项社	村东后掌房亲马继卒地内
朱近买墓田券	绍兴九年（1139）	凤翔府虢县磻溪乡卢家社	磻溪乡令远社赵远处、村南

资料来源：鲁西奇：《中国古代买地券研究》，厦门大学出版社2014年版，第279—280、355、357、360、362、327、447、304—306页。

其三，自唐五代辽北宋以来，北方地区一直存在着立"社"的传统。泰和八年（1208）《襄垣双榆社碑》云：

> 成周之法，自大夫以下，成郡而立社，曰"置社"。降迄秦汉，虽非大夫，但民居五邻以上，自为立之，曰"里社"。皆坛而不屋，各树以土地所宜之木，所以达天昒，仍俾民望而师敬之。自里尔沿及于后，其闾巷村坊，或立或否，以兴以废，其事固不能一。设非仁者之里，其社之常敬者鲜矣。立义坊社者，故老相袭，不记其来，第以岁月绵远，基址倾圮，不任其祀。至大定二年季夏，耆老李珪等相谓曰："我里居民，不啻满百。且其家曰户曰灶，设其颓毁，宁肯坐视而不葺？矧兹众所祈报之所，岂全无用心于增饰者乎？"于是乃即日命畚锸，登登冯冯，是版是筑，信宿而新之。①

此种"里社"或"义社"，乃是民众自发组织的，虽然可能与所在的村相对应，但并非行政管理单位。虽然闾巷村坊间的"社"立否兴废"固不能一"，"常敬者"更为鲜少，但村、坊之有"社"，却一直延续不绝，成为较普遍的传统。同时，乡村民众围绕某种信仰、祭祀活动而自发组织的各种社邑更是非常普遍。如正隆三年（1158）《繁峙灵岩院水陆记碑》见有大邑社长姚良等四十五人，小邑社长张全等三十一人，管社人侯善等七人。②陕西扶风法门寺真身宝塔遗址所出大安二年（1210）《金烛和尚焚身感应之碑》题名中见有寺后社、云行东社、云行北社、豆村社、里村社、李家务社、□城社、梁马社、师高社、常兴社、府村社、高井社、高望社、豆村社、眉县段渡社、岐山县永昌屯、虢县孙家村、朱村西社、杜村社、樊村社、邵村社、隽村社、岐山县北城社、姜村［社］、□高社等，皆当是围绕岐阳镇重真寺净土院而结成的民间社邑。③

因此，金代的村社制度，当有三个源头：一是女真固有的"寨"制（五十户为一寨），二是北方地区自然村落规模大致以五十户上下者较为普遍，三是五代北宋以来，逐步以"社"指称里、村的演变趋势，以及较为普遍存在的里社、邑社等民间组织。总的说来，金代以五十户为一个村社的制度性规定，与北方地区乡村聚落的规模、固有的乡村社会组织，

---

① 王新英辑校：《全金石刻文辑校》，第478页。
② 王新英辑校：《全金石刻文辑校》，第103—104页。
③ 王新英辑校：《全金石刻文辑校》，第495—499页。

基本上是适应的。在这个意义上，金代的村社制度乃是一种适应北方乡村社会实际情况的制度性安排。

四 辽金时期北方地区乡里制度的多样性与统一性

综上考述，可以认知：（1）自唐代中后期以来，北方地区的乡里控制体系即逐步由乡—里制向乡—村制演变，"村"逐步取代"里"，成为乡村行政管理的基本单位，并形成"里""村"并存的状况。燕云十六州纳入契丹治下之后，其乡里制度的基本结构及其演变虽然延续中晚唐以来的格局与走向，然其功能与实质却已发生了一些改变：建基于自然村落的"村""里"虽是基本的乡村社会组织单位，但未见置有正、长，故村、里在户丁编排、赋役征发过程中似乎不再发挥实际作用；"乡"虽然沿用，然唐时由诸里正组成的"乡司"则演变为作为县衙职役的"乡正"（按乡设置，一乡一个里正，称为"乡里正"，简称为"乡正"）和"帖乡"（相当于宋代的"乡书手"），主要负责户丁籍账的登记与造册，或者亦负责催征赋役；真正负责征发包括"两税"与"乡丁"在内的诸种赋役的，则可能是根据"兵民一体"原则设置的寨使、寨官（即使在保留唐以来乡里体系的县，"乡"在性质上也发生了变化，成为与"寨"相似的兵民一体的管理单位）。（2）辽朝前期，对于从各地俘掠而来的诸种人户，大抵皆采用"寨"作为编排、管理单位，原则上以三百户、五百丁（或六百丁）为一寨。当太祖、太宗之世，在燕云汉地的北部（如行唐县）以及长城以北的农耕或半农耕区域，均设置了大量的寨（以及城、堡），用于安置、管理俘掠而来的户口。至辽中期，特别是辽圣宗时代，在以上京临潢府、中京大定府为中心的地区，有规划地调整州、县行政体系，以唐代乡里制度为原则，编排、分划乡、里。新编的"乡"，虽然按五百户、一千丁的原则编排，其目标却主要是征发、控制乡丁，也是建立在"兵民一体"原则之上的军政合一的管理单位。同时，在很多州县，仍然保留了"寨"作为户、丁编排与管理单位，其编排原则大致以三百户、五百丁（或六百丁）为一寨。（3）金代猛安谋克部（包括女真、契丹、奚及部分辽东汉人、渤海人）的基层管理单位是"寨"，每寨大约以五十户为标准。猛安（千户、千夫）—谋克（百户、百夫）—寨（五十户、五十夫）制度，是女真固有的"兵民一体"的部族制度。猛安谋克部大部移入华北汉地后，仍然实行"寨"制，形成以猛安—谋克—寨三个层级构成的猛安谋克部控制体系；女真据有华北汉地之初，亦曾在部分州县推行"寨"制，试图以女真固有的"寨"作为编排、管理汉地民户的基本单位，但并未全面推行，然以五十户为单位编排乡村民户的原则却被"村社制"所遵行。（4）金代的乡里制度可以概括为"乡里正—村社主首"制度。这一制度是在较长的过程中不断演变而来的，并非金朝通过法令或诏书颁行的制度。一方面，乡里正继承了辽代的乡正（乡里正）和北宋前期北方地区的一乡一里正的制度，并可上溯至唐制。另一方面，"村社主首"被认为等同于猛安谋克部的"寨使"，特别是以五十户置一"村社"，显然源自女真固有的"寨"制；同时，"村社"的规模和管理方式，亦与北方地区自然村落的规模、民间社会组织的传统相适应。

治辽金史者，多从"以契丹制待契丹，以汉制治汉人"，以及以猛安谋克制编排女真（以及部分契丹、奚、渤海和辽东汉人）、以州县制治理汉人出发，着意于从契丹、女真制度与汉制的二元分化、对立与统一的角度，揭示辽金制度的特质，并从契丹、女真制与汉制的关系，特别是二者在王朝控制体系中所发挥作用的大小变化，来讨论所谓"汉化"的进程及其程度。正是从这里出发，学界一般认为，金朝（女真）的"汉化"程度较之于辽朝（契丹）要高。这些讨论大都立意宏大，所论亦涉及政治、军事、经济与文化制度诸方面，揭示了辽金历史发展的基本线索与特征。本节试图在这些认识的基础上，从乡里制度的角度，进一步展开探讨与思考。我们认识到：

辽（契丹）、金王朝均没有制定、颁行专门的乡里制度，其所实行的乡里控制制度，实际上是在已有的乡里控制体系与乡村社会组织（包括聚落组织）的基础上，不断演变而来的。换言之，辽、金乡里制度是在统治过程中，从自身的统治原则出发，结合不同地区的实际情形，"因地制宜"，不断摸索、调整而形成的。因此，辽、金乡里制度，在总体上表现出强烈的区域多样性。就辽朝（契丹）而言，燕云汉地的乡里控制体系至少在形式上较多地继承了唐代乡里制度的诸多因素，上京、中京道所属州县的乡里控制体系则基本上是辽代的创制，而东京道各州县的乡里控制体系则至少是部分地继承了渤海国的因素；就金朝而言，猛安谋克部的"寨"制源自女真固有的部族统治体系，而在汉地实行的乡—村社制则融合了唐—辽—北宋的乡里正制、女真固有的"寨"制以及北方地区民间结社的传统。在这个意义上，辽、金时期北方地区的乡里制度是多元而多样的。

而在这种多元而多样的表象之上，辽、金王朝国家"统一性"的政治诉求与努力也程度不同地显现出来。在辽前期，契丹统治者不仅在其统治腹心地带（潢水流域）以"寨"制编排、管理俘掠而来的诸种人户，也试图在燕云汉地以"寨"制编排、管理俘户（如行唐县），并在形式上保留唐代以来乡里体系的基础上，通过寨司、寨官编排、征发乡丁，从而将起源于契丹制度的"兵民一体"的原则至少是部分地贯彻到燕云汉地。辽圣宗时期，在上京临潢府、中京大定府等地区推行乡里制，试图以汉地的乡里制度"统一"各种各样的基层社会控制体系，而其所推行的乡里制既然以乡丁的编排、征发为目标，故在实质上仍然是"兵民一体"的控制制度。金朝在据有汉地之初，曾试图在汉地全面推行女真固有的"寨"制，改行"村社"制后，村社编排的规模仍与"寨"相同，而其性质却不再是"兵民一体"的控制单位，而成为立基于乡村聚落组织的行政管理单位。不仅如此，移入汉地的猛安谋克部的"寨"也逐渐演变为汉地的"村"，从而失去了其作为"兵民一体"的军事单位的功能。在这个意义上，辽朝（契丹）更着重于实质上的统一，即将契丹统治的基本原则贯穿于各地区的乡里控制体系中；而金朝则更着重于形式上的统一，即努力将女真固有的"寨"作为社会组织的基本形式推行到汉地。

辽代"寨"的源头、性质，还有诸多不明，然其异于源自唐朝制度的"乡"、应当是源自包括契丹在内的"北族"制度、且具有程度不同的"兵民一体"的军事化管理性质，当无太大疑问。金朝（女真）的"寨"，则是女真固有的部族统治制度的组成部分。概括言之，"寨"源自"北族"，是北方诸族固有的、"兵民一体"的社会组织方式。乡、里（村）则是汉地固有的乡村社会控制制度，是"唐制"。辽金时期北方地区的乡里控制体系，是在"北族"制度与"唐制"两大制度背景下发展变化而来的，而来源不同的"北族"制度与"唐制"互相渗透，不断融合，很难判断何者在发挥主导作用。因此，"北族"制度（胡制）与汉人制度（"汉制"或"唐制"）二元对立、"胡化"与"汉化"两个发展方向的分析方法，固然有其合理性与有效性，但落实到乡里控制问题上来，则一定要做更为具体深入的分析，才能真正地洞察到历史的真相，而不被固有的研究理念和分析路径所遮蔽。

（原载《文史》2019年第4期）

"大元"国号新考：
兼论元代蒙汉政治文化交流

李春圆[*]

摘　要：民族文字史料显示，"大元"国号是面向全体臣民、因而具有普适性的政治符号。但是，不同文化圈的人们对国号内涵的理解并不相同。《经世大典·帝号总序》以疆域广大解释"元"，可能反映了参与大典编纂的蒙古局必阇赤们的看法。"以仁解元"则是元代汉人儒士的主流国号观。元代官方汉文文本构建起一个君王效法天道，以仁得天下、治天下的王朝形象；蒙古文化圈受此影响，也更多地将与"仁""民心"等对应的蒙文词汇应用于政治表达。元代国号的整体面貌是多元文化接触、吸收的结果，不能用"蒙汉分立"式的简单二元性来概括。

关键词：大元　国号　仁　政治文化

序　言

中国历史上非汉族王朝的国号特别是汉文国号，因为涉及王朝的意识形态、国家政权的性质、族群间文化交融等一系列重要议题，历来是学者讨论的焦点。[①] 元朝是中国历史上第一个实现大一统的非汉族王朝，也是第一个国号具有明确政治内涵的王朝。[②] 但是围绕其国号仍有许多争议，特别是下述的两个基础性问题。

首先，国号的内涵究竟为何？元世祖至元八年（1271）颁《建国号诏》定"大元"为国号，并指出其理论依据"盖取《易》经'乾元'之义"[③]。但诏书并未就其具体内涵做进一步阐释，现在学者主要有三种理解：一是认为"元"字本意为"始（The First Beginning）"[④]，进而引申为"宇宙之始（origins of the universe）""原始的力（the primal force）"等[⑤]；二是根据元代官修政书《经世大典·帝号总序》中"元者大之至也"一句，认为

---

[*] 李春圆，厦门大学历史系助理教授。

① 相关文献众多，除下文陆续引用外，可略举近要者如下。蔡美彪：《大清国建号前的国号、族名与纪年》，《历史研究》1987 年第 3 期。何德章：《北魏国号与正统问题》，《历史研究》1992 年第 3 期。刘浦江：《关于金朝开国史的真实性质疑》，《历史研究》1998 年第 6 期。张雅晶：《"大清"国号词源研究》，《清史研究》2014 年第 3 期。

② 即清人赵翼所说，"国号取文义"自元朝始。赵翼：《廿二史札记》卷 29《元建国号始用文义》，曹光甫校点，凤凰出版社 2008 年版，第 449 页。

③ 《元史》卷 7《世祖纪四》，中华书局 1976 年版，第 138—139 页。

④ E. Reischauner and J. Fairbank, *East Asia: The Great Tradition*, Boston: Houghton Mifflin Company, 1960, p. 272. H. Franke, "From Tribal Chieftain to Universal Emperor and God: The Legitimation of the Yuan Dynasty", in H. Franke, *China under Mongol Rule*, Aldershot/Brookfield: Variorum, 1994, p. 28.

⑤ H. Chan, "Liu Ping-chung 刘秉忠（1216-74）: A Buddhist-Taoist Statesman at the Court of Khubilai Khan", in *T'oung Pao*, 2nd Series, Vol. 53, livr. 1/3 (1967), p. 133. J. Langlois, "Introduction", in J. Langlois (ed.), *China Under Mongol Rule*, Princeton/Guildford: Princeton University Press, 1981, pp. 3-4. M. Rossabi, *Khubilai Khan: his life and times*, Berkeley/Los Angeles: University of California Press, 1988, p. 136. 莫里斯·罗沙比：《忽必烈和他的世界帝国》，赵清治译，重庆出版社 2008 年版，第 127 页。正文所引英文表述出自 Rossabi，其他学者有用 the primal force (of the Creative)、the original creative force 等。

"大元"是国号颁定前华北汉人惯用的"大朝"的"文义化"①,是对汉文经典的附会;②第三则是从蒙古文化中寻找依据,认为它是蒙古长生天信仰、崇尚黑色等的反映。③

第二个问题是"大元"国号的适用范围。元代汉文史料呈现出,"大元"是取代"蒙古"这一民族称呼、宣示忽必烈采行汉法的国号。④但现在周知的是,"大元"颁布之后,蒙文史料中自贵由汗时代就用于外交国书的"大蒙古国(yeke Mongγol ulus)"仍然在使用。萧启庆先生一方面说颁布"大元"国号是忽必烈效法汉唐"以取得中原正统正朝的地位"的举措,另一方面又说"真正国号仍是 Yeke Mongghol Ulus",大元只是"简译"⑤。对于两者之间可能的矛盾未予深论。金浩东则明确提出,"(大元)只在东亚汉字文化圈被使用。因此,忽必烈制定'大元'国号后,只向高丽和越南通知新制国号"⑥。换言之,对非汉字文化人群来说,"大元"名号是没有政治意义的。

不过,这一"汉/非汉"二元分立的格局并没有坚实的史料辨析为基础,对于元代汉字国号"大元"在非汉文化圈的接受情况,迄今尚未有学者予以深论,因此本文首先发掘蒙、藏、西夏文等民族文字相关史料,以揭示非汉文化圈对"大元"的认知。其次,讨论国号的内涵不能不关注到元代文化圈的多样性,这意味着国号理解的多种可能。本文即从这一视角出发,提出蒙、汉文化圈两种"国号观"的存在。论文最后梳理蒙、汉文史料中的国家政治语言,展示"大元"国号内涵的政治观念对元朝国家的影响,从而表明复数的国号观绝不意味着多文化圈的隔离或分立,相反正是文化交流与吸收的结果。

一 民族文字史料中的"大元"

目前在元代蒙文史料中,尚未发现直接使用"大元"的官方文件,但在涉及显要人物的碑铭中出现了这一国号。此前学者已经揭示的有两例,分别是后至元四年(1338)《达鲁花赤竹温台碑》的"Dai Ön kemekü yeke Mongγol ulus(被称为大元的大蒙古兀鲁思)",⑦ 和至正二十二年(1362)《追封西宁王忻都碑》的"Dai Ön yeke Mongγol ulus(大元大蒙古兀鲁思)"⑧。最近又有时间更早的一通汉蒙文合璧碑得以刊布,即现存于今内蒙古翁牛特旗的后至元二年《全宁张氏先德碑》,请求立碑的张丑闾为文宗皇后不答失里的陪嫁"媵者"⑨。该碑由马祖常撰写汉文本,由"奎章阁供奉学士中宪大夫兼经筵官尤柱(Yeüjü)"译为蒙文,起首也有"Dai Ön kemekü yeke Mongγol ulus"的用语。⑩

---

① 萧启庆:《说"大朝":元朝建号前蒙古的汉文国号——兼论蒙元国号的演变》,《蒙元史新研》,允晨文化实业股份有限公司1994年版,第41—44页。
② 陈得芝:《关于元朝的国号、年代与疆域问题》,《北方民族大学学报》2009年第3期,第7页。胡阿祥《蒙元国号概说》,《中国历史地理论丛》2000年第1期,第69页。葛仁考:《元朝重臣刘秉忠研究》,人民出版社2014年版,第95页。
③ 陈述:《哈喇契丹说——兼论拓跋改姓与元代清代国号》,《历史研究》1956年第2期,第75—76页。M. Sacchetti, "Sull'adozione del nome dinastico Yüan", in *Annali dell' Istituto Orientale di Napoli*, Vol. 31 (1971), p. 557. Sacchetti 文笔者未见,转引自 H. Franke, "From Tribal Chieftain to Universal Emperor and God: The Legitimation of the Yuan Dynasty", p. 28. 胡阿祥:《蒙元国号概说》,第67页。葛仁考:《元朝重臣刘秉忠研究》,第95页。
④ 参考韩儒林主编《元朝史》,人民出版社1986年版,第290—291页。
⑤ 萧启庆:《说"大朝":元朝建号前蒙古的汉文国号——兼论蒙元国号的演变》,第41—44页。
⑥ 金浩东:《蒙古帝国与"大元"》,崔允精译,《清华元史》第2辑,商务印书馆2013年版,第9页。H. Kim, "Was 'Da Yuan' a Chinese Dynasty?", in *Journal of Song - Yuan Studies*, Vol. 45 (2015), p. 288.
⑦ 渡部洋等:《漢文・モンゴル文対訳「達鲁花赤竹君之碑」(1338年)訳註稿》,《真宗総合研究所研究紀要》第29号,2012年,第113页。
⑧ F. Cleaves, "The Sino - Mongolian Inscription of 1362 in Memory of Prince Hindu", *Harvard Journal of Asiatic Studies*, Vol. 12, no. 1/2 (1949), p. 62.
⑨ 李俊义等:《元代〈全宁张氏先德碑铭〉汉文考释》,《北方文物》2016年第1期,第102—103页。
⑩ 嘎日迪等:《元代〈全宁张氏先德碑铭〉蒙古文考释》,《北方文物》2017年第2期,第58、62页。

应当注意的是，这三块碑都不是单纯的私碑，而是所谓的"敕赐"碑，即碑的竖立和碑文写作都是在皇帝直接授意之下进行的。以竹温台碑为例，汉文题额"大元敕赐……竹君之碑"，正文明确说"今皇帝尤爱之（按：竹温台之子），诏树碑其父之墓……而以文命臣偈斯。"对应的蒙文也表达了揭偈斯（Ge qiośi）是受"edüge qaγan（今大汗）"的命令撰写碑文的意思。① 因此这些碑刻都具有浓厚的官方色彩，其中蒙文国号的用语显然得到了元朝最高统治层的认可——至少碑文本身会向它的读者传达出这样的意思。

明军攻占大都后，退回草原的蒙古统治集团仍然长期沿用早前的各种政治标志，如年号、庙号、官称、玺印等，其中就包括"大元"名号。② 多位蒙古汗的汗号中有"大元"，如著名的"达延（Dayan）汗"就应当源自"大元"③。林丹汗的汗号有"大元林丹库图克图彻辰汗"④、"林丹呼图克图大元薛禅汗""呼图克图成吉思大元汗"等。⑤《阿勒坦汗传》说，阿勒坦汗推动蒙古与明朝议和"使大元国（Dayun yeke ulus）大享其乐"⑥。明朝史书也多有体现，如《明实录》记载也先自称"大元田盛（天圣）大可汗"⑦，达延汗"自称大元大可汗"⑧。明英宗被也先俘虏，"也先聚众大小头目说道：'我每问天上，求讨大元皇帝一统天下来，……'数中有一达子名唤乃公言说：'大明皇帝是我每大元皇帝仇人，今上天可怜见那颜上，恩赐与了到手里。'"⑨ 而且随着时间发展，这个称号甚至不限于国号或汗号，贵族也会使用它，如《蒙古黄金史》说阿勒坦汗曾孙的母亲是合撒儿后裔、"大元（Dayun）微青诺颜"的女儿。⑩

由此本文认为，"大元"国号一定在元代就已经在包括统治集团在内的蒙古人群中拥有了法理上的权威性，因此才得以作为一种象征极高荣耀的称号，长期留存于后来的蒙古社会中。⑪

藏文史料中，最直接的证据莫过于法旨上钤刻的印信。元代国师或帝师名义上掌管着释教僧徒和吐蕃地方，现存国师/帝师印信中就有带"大元"国号的。一种印文为"统领释教大元国师"，现存可见的有两方。⑫ 另一种为"大元帝师统领诸国僧尼中兴释教之印"⑬，元贞元年（1295）颁给乞剌斯八斡节儿的就是这一印文。⑭

---

① 渡部洋等：《漢文・モンゴル文対訳「達魯花赤竹君之碑」(1338年) 訳註稿》，第117、171页。
② 胡钟达：《明与北元—蒙古关系之探讨》，《内蒙古社会科学》1984年5期，第45—46页。
③ 乌兰：《Dayan与"大元"——关于达延汗的汗号》，《内蒙古大学学报》1990年1期，第10—14页。
④ 李盖提：《蒙古甘珠尔刻本目录》第1卷第5目录，转引自乌兰《Dayan与"大元"——关于达延汗的汗号》，第11—12页。
⑤ 蒙古文《甘珠尔经》后记，转引自沙·比拉：《蒙古史学史（十三世纪至十七世纪）》，陈弘法译，内蒙古教育出版社1988年版，第193、195页。
⑥ 珠荣嘎译注：《阿勒坦汗传》，内蒙古大学出版社2014年版，第75、271页。
⑦ 《明实录·明英宗实录》卷234景泰四年十月戊戌条，"中研院"历史语言研究所校印，1962年，第5110页。
⑧ 《明实录·明孝宗实录》卷14弘治元年五月乙酉条，第349页。
⑨ 杨铭：《正统临戎录》，薄音湖、王雄编：《明代蒙古汉籍史料汇编》第1辑，内蒙古大学出版社1993年版，第95页。
⑩ 罗布桑丹津：《黄金史》（蒙文），乔吉校注，内蒙古人民出版社1999年版，第679页。札奇斯钦注译：《蒙古黄金史译注》，联经出版事业股份有限公司1979年版，第302页。还有一些事例，可参考乌兰：《Dayan与"大元"——关于达延汗的汗号》，第14页；希都日古：《鞑靼和大元国号》，《元史及民族与边疆研究集刊》第28辑，上海古籍出版社2014年版，第126页。
⑪ 当然，"大元"名号延续的同时，其起源可能会逐渐被遗忘。参考乌兰《Dayan与"大元"——关于达延汗的汗号》，第13—15页；森川哲雄《大元の記憶》，《比較社会文化：九州大学大学院比較社会文化学府紀要》第14卷，2008年，第65—81页。
⑫ 照那斯图、薛磊：《元国书官印汇释》，辽宁民族出版社2011年版，第6—7页。
⑬ 照那斯图、薛磊：《元国书官印汇释》，第9—10页。
⑭ 《元史》卷202《释老传》，第4519页。

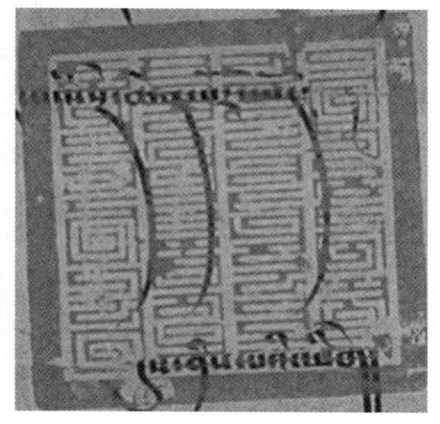

图 1　大元帝师统领诸国僧尼中兴释教之印
出处：（左）1304 年仁钦坚赞帝师颁给昆顿师长和仁钦贝桑布师长的法旨
　　　（右）1337 年贡噶坚赞贝桑布帝师颁给益西贡噶的法旨

重要的是，这些国师/帝师印信在元代都正式行用于藏地。照那斯图先生曾经搜集十四件钤有"大元帝师统领诸国僧尼中兴释教之印"的藏文法旨（参见下方法旨印文截图），涉及1286—1358年间共计六位帝师，除一件在广东南华禅寺外，其余都保存在西藏，涉及西藏地区的寺产、任官、赋税等僧俗事务。① 它们毫无疑问地证明，"大元"国号对藏地民众具有法理权威性。

元明时代的藏文史籍《红史》和《汉藏史集》中，都有一段应当是间接来自《建国号诏》的文本。下表将相应文本与《建国号诏》作一分段比较：

表 1　　　　　　　　　　　《建国号诏》《红史》《汉藏史集》文本比较

	《建国号诏》（节录）②	《红史》③	《汉藏史集》④
1	诞膺景命……必有美名，……且唐之为言荡也，尧以之而著称。虞之为言乐也，舜因之而作号。驯至禹兴而汤造，互名夏大以殷中	以前上古尧帝时定国号为"唐"，"唐"之意义为"国土胜乐"。此后在虞王时，定国号为"舜"，"舜"之意义为"具有治理国政之大智能"。汤王时，定国号为"殷"，"殷"之意义为"办一切事情秉公正直"	古时，唐国之王尧帝之时，国家之名称叫作"唐"，其意是国土安乐幸福。此后，禹王之时，国家之名称叫作"夏"，其意为国家能够兴盛之福德
2	世降以还，事殊非古。虽乘时而有国，不以义而制称	此后为小朝代未有命名	这以后，以王朝之名称其国家，不再另起国名

---

① 照那斯图：《蒙元时期宫廷文书的印章文字》，《民族语文》1997年第3期，第43—50页。法旨内容可参考陈庆英《夏鲁的元朝帝师法旨》（《陈庆英藏学论文集》上册，中国藏学出版社2006年版，第371—397页），西藏自治区档案馆编《西藏历史档案荟粹》（文物出版社1995年版，第8—12号文件）。印文截图出自《西藏历史档案荟粹》。
② 《元史》卷7《世祖纪四》，第138—139页。
③ 蔡巴·贡嘎多吉：《红史》，东嘎·洛桑赤列校注，陈庆英、周润年汉译，西藏人民出版社2014年版，第114页。
④ 达仓宗巴·班觉桑布：《汉藏史集》，陈庆英译，西藏人民出版社1986年版，第164页。《红史》与《汉藏史集》这两段汉译文差异很大，但藏文原文几乎一样，相对来说《汉藏史集》的译文更忠实于原文。

	《建国号诏》（节录）	《红史》	《汉藏史集》
3	我太祖圣武皇帝……既成于大业，宜早定于鸿名。……可建国号曰大元，盖取《易》经"乾元"之义	成吉思汗之时，定国号为"大元"，"大元"之意义，在《周易》一书中有"乾元"二字，意为"宽广辽阔，牢固之陆地"	蒙古成吉思汗皇帝，将国家起名为"大元"（𘝵𘑨𘂪），其义为《易经》一书中说，"乾元"（𘝵𘑨）二字为"广大、增长"，引申为"真实、坚固"

尽管《建国号诏》与另两段文本差异很大，但它们的基本主旨都是指明成吉思汗建立的国家名叫"大元"，更重要的是它们共享着一种"三段式"的说理结构：（1）三代有美名，（2）三代以下没有美名，（3）成吉思汗建立的国家据《易》经而取名"大元"。这显示出三者之间的源流关系，从而意味着《建国号诏》应该在元代（至晚元末明初）就已经传入藏地，并派生出与原文有所差讹的藏文叙述形式，然后被藏文史籍的编纂者们记录下来。① 《红史》在讲述完汉地五代至南宋的历史之后说，"蒙古之国称为大元。以上是依赞巴拉德室利衮所说而写成的"②，也印证了大元国号在藏地的流传。

元代西夏文文献中也屡见"大元"国号的使用。李范文先生所编《夏汉字典》解释西夏文"𘑨"字的第二个义项为"元，首也"，并举"𘝵𘑨𘂪（大元国）"为词例。③ 国家图书馆所藏西夏文本《阿毗达磨顺正理论》第5卷（B11.050［4.01\4.02］）卷首有九面版画，其中五面有西夏文题款，节录汉译如下：

> 释迦如来说法处。奉大元国（𘝵𘑨𘂪）天下一统世上独尊明德俱集当今皇帝圣寿万岁敕，印制一全大藏经流行……奉敕大德十一年六月二十二日，……印大藏经五十部流行。④

据介绍，国图所藏元代西夏文《悲华经》（B11.049［3.17］）、《经律异相》（B11.051［7］），⑤ 以及山西省图书馆所藏元刻西夏文佛经卷首祝赞一面，也都有同样的西夏文题款。⑥ 此外，史金波先生译释过一段皇庆元年（1312）西夏文《过去庄严劫千佛名经》后的一长段发愿文，记载元朝皇帝多次敕刊西夏字藏经，其中的第22行有"皇元界朝"之用语，第50行题有"大元国皇庆元年岁次壬子秋中望日"等语。⑦ 可见在元西夏遗民中，"大元"国号同样得到承认与使用。

此外还可以提出两个间接证据，一是元代中后期蒙文圣旨碑上已经频繁出现汉文年

---

① 《汉藏史集》原书自称成书于大明建国后六十七年，即1434年。《红史》的成书，整理者东嘎·洛桑赤列认为是1363年，但书中提到了1368年元帝放弃大都的事，说明至少部分内容是1363年后写入的。（《红史》，第25页）但具体到此处所引文本，其藏文源头的形成应当在元代或入明后不久，因为随着大元的失势和新朝的强盛，人们对一件久远诏书的兴趣也会自然消失。

② 《红史》，第19页。成书于1376年的释迦仁钦德《雅隆尊者教法史》中也有几乎相同的一段话。（汤池安译，西藏人民出版社2002年版，第21页）

③ 李范文：《夏汉字典》，中国社会科学出版社1997年版，第400页。字典注明出处为"聂II63"即"聂历山《西夏语文学》第II卷，莫斯科：东方文献出版社1960年版，第63页"，笔者未能寓目。

④ 尹江伟：《西夏文〈阿毗达磨顺正理论〉卷五译释》，硕士学位论文，陕西师范大学，2013年，第11—12页。

⑤ 史金波：《中国藏西夏文文献新探》，《中国社会科学院学术咨询委员会集刊》第3辑，社会科学文献出版社2007年版，第234页。崔红芬：《元杭州路刊刻河西字〈大藏经〉探析》，《西部蒙古论坛》2014年2期，第31页。

⑥ 段玉泉：《元刊西夏文大藏经的几个问题》，《文献》2009年第1期，第43—44页。

⑦ 史金波：《西夏文〈过去庄严劫千佛名经〉发愿文译证》，《史金波文集》，上海辞书出版社2005年版，第325—326页。

号，①如果年号能得到认可，似乎没有理由国号反倒会被拒斥。二是元代发行的八思巴字"大元通宝"钱币，②八思巴字是元代用于"译写一切文字"的"国字"，使用这种文字的钱币自然是面向全体臣民的。

可以说，蒙、藏、西夏等民族文字史料的记载充分证明，"大元"国号在元代就已经通过朝廷的诏书、印章、公文、钱币、敕赐碑刻、敕印藏经等渠道被传达到了非汉文化的社会，它的法理权威性也已得到非汉文化人群的认可。总而言之，"大元"二字绝不是只在汉文化人群中被使用，而是面向全体臣民的一件具有普适性的政治标识。

二 关于"元者大之至也"说

各文化圈人群都认可"大元"国号的法理权威，并不意味着对其内涵的理解也会完全一致。元代官修政书《经世大典》中有这样一段话：

> 金在中原，加之以天讨，一鼓而取之，得九州之腹心。宋寓江南，责之以失信，数道而举之，致四海之混一……（其余大理、高丽等）俯伏内向，何可胜数！自古有国家者，未若我朝之盛大者矣。盖闻世祖皇帝初易"大蒙古"之号而为"大元"也……元也者，大也。"大"不足以尽之，而谓之"元"者，大之至也。③

这段话被认为体现了元代汉人儒士的看法，甚至可能出自大典总裁官虞集这样的鸿儒之手，因而成为学者将"大元"解释为"大朝"之文雅化的主要依据。④但是，这段话所强调的疆域空间的广大（至多引申为崇高），和虞集对《易》经"乾元"之义的普遍理解是绝不相同的。虞集为《饮膳正要》所做的序中有这样一段话：

> 臣闻《易》之《传》有之："大哉乾元，万物资始"；"至哉坤元，万物资生"。天地之大德，不过生生而已耳。今圣皇帝正统于上，乾道也；圣后顺承于中，坤道也。乾坤道备，于斯为盛。⑤

在他看来，乾元、坤元指的是天地宇宙所具有的"生生"之"大德"，是万物所得以发生、成长的一种具有本源性的德性。以生说仁、以仁解元，这是宋代理学相对于汉唐儒学的新发明，而理学在元中后期已经成为士人思想的绝对主流，⑥类似前引虞集的说法在元人文集中比比皆是（详见下节），它与空间之大或单纯的崇高、伟大是两回事。⑦

可见，《经世大典》这个观点不可能出自虞集这样的汉儒精英，而是另有来源，对此有必要结合大典的修纂情况加以分析。天历二年（1329）元文宗下诏纂修一部大型政书并赐名《皇朝经世大典》，至顺元年（1330）四月正式设立纂修班子，第二年五月一日草成，至顺三年正式进呈御览。大典原文已大部散佚，从

---

① 呼格吉勒图、萨如拉编《八思巴字蒙古语文献汇编》刊布的圣旨中，第18—20、22—29号全部使用音译的汉文年号，涉及至治、泰定、元统、（后）至元和至正（内蒙古教育出版社2003年版）。
② 上海博物馆青铜器研究部编《元明清钱币》刊布馆藏元代钱币中，第59—74号都是八思巴字"大元通宝"钱。（上海书店出版社1994年版，第16—21页）此外西北、东南多地均有出土。杭州市文物考古研究所：《杭州蒋村古钱币窖藏》，文物出版社2013年版，第106页。苏正喜：《西吉古钱币志》，宁夏人民教育出版社2013年版，第95、97—98页。
③ 《经世大典·帝号总序》，苏天爵编：《国朝文类》卷40，《四部丛刊初编》，第4页。
④ 萧启庆：《说"大朝"：元朝建号前蒙古的汉文国号——兼论蒙元国号的演变》，第41—44页。陈得芝：《关于元朝的国号、年代与疆域问题》，第7页。
⑤ 忽思慧：《饮膳正要》，明景泰内府刻本，卷首，第1叶。
⑥ 参周良霄《程朱理学在宋、金、元时期的传播及其统治地位的确立》，《文史》第37辑，中华书局1993年版。
⑦ 可能引起误解的是，汉文典籍中也有训"元"为大的情况，但许衡对此阐释为："心胸不广大，安能爱敬，安能教思无穷容、保民无疆？""所谓善大，则天下一家，一视同仁，无所往而不为善也。"仍是将"大"视为一种德性，是实现仁的内在要求。许衡：《语录上》，王成儒点校：《许衡集》卷1，东方出版社2007年版，第3页。

《国朝文类》保存的序言类文字可以知道，大典包含君事四篇、臣事六篇，各篇均有"总序"；臣事各篇下又分子目，各目亦有序；另外全书还有一篇总"序录"①。前引解释"大元"国号的那一段话，就出自大典"君事·帝号篇"的总序（参见图2）。

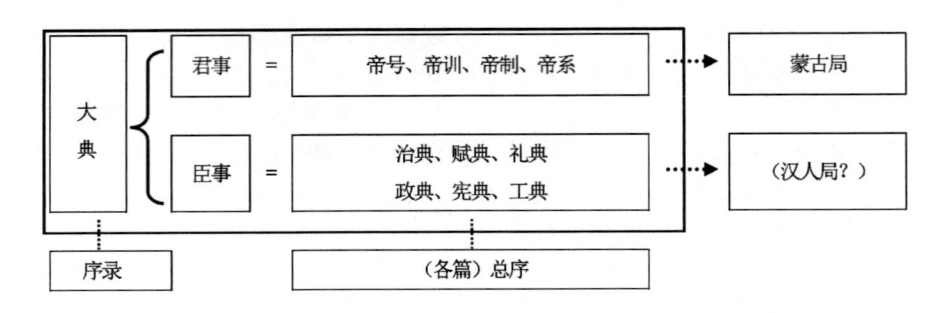

图 2 《经世大典》的结构及修纂情况示意

《国朝文类》没有记载大典序言文字的作者，只有总"序录"因为又被收入《道园类稿》，所以应当是虞集执笔。正是这篇序录明确告诉我们，大典的编纂是分为两套班子平行展开的：

> （至顺元年）四月十六日（奎章阁学士）开局（编修大典），仿六典之制，分天地春夏秋冬之别。用国史之例，别置蒙古局于其上，尊国事也……于是定其篇目，凡十篇……（帝号等四篇）皆君事也，蒙古局治之……（治典等六篇）皆臣事也。以至顺二年五月一日草具成书，缮写呈上。②

也就是说，奎章阁儒学士们"仿六典之制"组成的班子只负责臣事六篇，君事四篇则由蒙古局专掌。关于这个蒙古局的人员构成，管见所及尚未有明确记载。③ 不过引文说蒙古局之设效仿了"国史之例"，指的应该是元代在汉文国史之外另有蒙古文的"脱卜赤颜（tobčiyan，史纲）"。这种脱卜赤颜主要记述黄金家族的世系、禁秘事迹、帝王"圣训"及勋臣传记等，必须由"习于国典"的有根脚必阇赤负责书写和保管，而且"藏于秘宇，阅者有禁"④，是一般外臣所不得阅读的。⑤ 这意味着，大典"蒙古局"的负责人应该也不是汉儒如虞集等人，而是与蒙古统治集团关系更近、主要用蒙古语书写的必阇赤。⑥

大典各篇总序的行文风格也反映出，分别撰写君事、臣事总序的是两个文化修养很不相同的群体。限于篇幅，这里只引君事总序、臣事总序各一篇以作说明：

> [君事·帝训] 臣闻圣祖神宗之盛德大业，著在简册，昭如日星矣。惟圣心精

---

① 参见苏振申《元政书经世大典之研究》，"中华"文化大学出版部1984年版。
② 虞集：《道园类稿》卷16《经世大典序录（应制）》，王颋点校：《虞集全集》，天津古籍出版社2007年版，第470—471页。
③ 张韶华《元代政书〈经世大典〉参修人员辨析补正》揭示出，元人胡式曾作为"书手"之一参与大典缮写，并"兼述"君事四篇及治典。但书手仅负责誊抄，编纂当另有其人（《中国典籍与文化》2013年第3期，第32页）。
④ 黄溍：《金华黄先生文集》卷43《太傅文安忠宪王家传》，王颋点校：《黄溍集》卷19，浙江古籍出版社2013年版，第725页。
⑤ 关于元代的脱卜赤颜，详见朱翠翠《蒙元朝的必阇赤与脱卜赤颜》（《元史及民族与边疆研究集刊》第32辑，上海古籍出版社2016年）；白·特木尔巴根：《元代学者著述中所见〈脱卜赤颜〉考述》（《中央民族大学学报》2014年第3期）。
⑥ 他们不一定都是"蒙古"部族出身，如文宗时保管脱卜赤颜并曾阻止虞集索阅的翰林学士承旨塔失海牙就是畏兀儿人。《元史》卷181《虞集传》，第4178页。朱翠翠：《蒙元朝的必阇赤与脱卜赤颜》，第45—47页。

微，因言以宣者，有不得而具闻焉。采诸大臣故家，有因事而亲蒙教诫，或传诵而得诸见闻，及以文书来上者，悉辑而录之，以发其端。后有可考者，得以次第而补之矣。

［臣事·赋典］《传》曰："有德此有人，有人此有土，有土此有材，有材此有用。"兹古今不易之论也。粤若皇元肇基朔方，神功大业，混一华夏。好生之仁如天地，无不覆载。此圣德之昭著也。今赋典之目，有曰版籍……①

以上引《赋典》总序为例，臣事各篇的总序都包括义理阐释和子目介绍两部分，前者论证编纂本篇的意义，后者说明本篇的基本内容。虽然各篇之间也有差异，如《治典》总序行文极简略、《宪典》总序以子目在前、义理在后等，但两部分的基本结构都得到了保持，文句也都堪称工整。与之相对，君事各篇总序的内容全无共通之处，如上引《帝训》总序主要说明其采集圣训的来源，《帝制》总序则在解释本朝圣旨、诏书的区别，《帝系》总序说明著录的范围等。唯一构成君事各篇总序共同点的，是形式上都以"臣闻"二字开篇，臣事各篇则一律没有。另外它们的词句也相对质朴得多。这些对比清楚地显示了君事、臣事两个编纂班子的文化隔阂。

文风的差异甚至还延续到虞集执笔的总序录中，这篇文字罗列了大典篇名，并为各篇分别写了简短的引语（见下表）。

不难发现，臣事各篇的引语格式工整、文词典雅，而君事各篇不仅文句、篇幅长短不一，词意也甚为简朴。这绝不可能是因为虞集的笔力不够、前拙后工，而一定是君事四篇的引语别有所本。其实，这四条引语和总序是有关联的，特别是帝训篇引语与总序内容如出一辙，帝号篇引语即是移用总序的最后一句话。可以说，君事四篇的引语即使不是由蒙古局必阇赤们直接填入，也是虞集基于蒙古局的意思润色而成的。

至顺二年五月大典草成，到第二年三月才正式进呈，此时奎章阁的纂修负责人已经改为欧阳玄，人事变动的主要原因是文宗对虞集的主持工作不满意。虞集执笔的总序录在概述完修纂工作后，有一段非常突兀的话：

> 臣集等皆以空疏之学，谬叨委属之隆，才识既凡，见闻非广，或疏远不知于避忌，或草茅不识于忧虞，谅其具稿之诚，实欲更求是正，疏略之罪，所不敢逃……今之所述，粗立其纲……更加搜访，以待增修。重惟纂述之初献，实出圣明之独断，假之以岁月，丰之以廪饷，给之以官府之书，劳之以诸司之宴，礼意优渥，圣谟孔彰。而纂修臣僚贪冒恩私，不

表2　　　　　　　　　　　《经世大典序录》中的各篇引语

君事四篇引语	臣事六篇引语
君临天下，名号最重，作帝号第一。	设官用人，共理天下，治其事者，宜录其成，故作治典第五。
祖宗勋业，具在史策；心之精微，用言以宣，询诸故老，求诸纪载，得其一二于千万，作帝训第二。	疆理广袤，古昔未有，人民贡赋，国用系焉，作赋典第六。
风动天下，莫大于制诰，作帝制第三。	安上治民，莫重于礼，朝廷郊庙，损益可知，作礼典第七。
大宗其本也，藩服其支也，作帝系第四。	肇基建业，至于混一，告成有绩，垂远有规，作政典第八。
	政刑之设，以辅礼乐，仁厚为本，明慎为要，作宪典第九。
	六官之职，工居一焉，国财民力，不可不慎，作工典第十。

---

① 《国朝文类》卷40，第5—6、13—14叶。

称旨意，下情惊惧之至。惟陛下矜而恕之。①

这段话一再检讨纂修者的不称职，甚至用了"贪冒恩私"这样严重的字眼，显见文宗的不满和虞集的"惊惧"②。又说目前只是"粗立其纲""以待增修"，这让序录不像是全书正式颁行时的序言，而更像是一份工作汇报，它特意点出君事四篇为"蒙古局治之"应该也有厘清责任的意思。至顺三年欧阳玄的《进经世大典表》就只说"仿《周礼》之六官，作皇朝之大典"③，全篇无一字提及君事与蒙古局之事，更证明奎章阁的汉儒只能主导臣事六篇的修纂。

由此可见，《经世大典·帝号总序》以疆域广大为依据把"元"释为"大"，主要体现的应该是蒙古局中对汉文化有所认识而又不够精深的必阇赤们对国号内涵的理解。回到至元八年，儒士们在国号正式颁布之前，肯定向忽必烈解释过所谓的"乾元之义"，但忽必烈的汉文水平并不高，可以想见那个解释一定不会像汉文经典那样复杂精致，而是有相当程度的简化。具体情形已不可考，这里可以引元中期吴澄的一段经筵讲义以为佐证：

夫民乃国之本，国乃君之体。人主之体，如山岳焉高峻而不动，如日月焉圆明而普照。兆庶之所瞻望，天下之所归仰。宽大其志足以兼包，平正其心足以断制。非威德无以致远，非慈厚无以怀人。抚九族以仁，接大臣以礼。奉先思孝，处位思恭。倾己勤劳，以行德义。此乃君之体也。

唐太宗是唐家哏好底皇帝，为教太子底上头，自己撰造这一件文书，说着做皇帝底体面。为头儿说做皇帝法度，这是爱惜百姓最紧要勾当。国土是皇帝底根本，……非威武仁德，远地国土怎生肯来归附；非慈爱忠厚的心，百姓怎生感戴。皇帝的宗族，好生亲爱和睦者，休教疏远者。朝廷大官人每，好生祇待，休轻慢者。奉祀祖宗的上头，好生尽孝心者。坐着大位次里，好生谦恭近理，休怠慢者。拣好底勾当尽力行者。这是做皇帝的体面么道。④

讲义包括原文和口语解释两段，其中第二段里有"为……底上头""么道"等具有蒙古语特征的元素，可知它并不是汉语口头讲稿，而是从某个蒙古语讲稿重新译写而成，后者显然就是蒙古皇帝所接收到的内容。⑤ 可以看到，汉文的本、体、仁、礼、德等抽象概念都被"紧要""根本/体面""亲爱和睦""好生祇待""好勾当"等口语词汇所取代。忽必烈和大部分蒙古人所接受的，至多也就是这样的直白化讲解。正如许衡所说，汉文经典中原本就有"训元为大"的情况，尽管儒士们不会将之简单理解为空间广大，但是在对汉文哲学词汇相当陌生的非汉文化人群中，将"元"释为疆域之大是完全可能的，《经世大典·帝号总序》中的那段话应该就是这一情况在文本中留下的痕迹。

---

① 虞集：《道园类稿》卷16《经世大典序录（应制）》，《虞集全集》，第471页。
② 周少川《〈经世大典〉辑佚考论》引虞集至顺二年二月《题蔡端明苏东坡墨迹后》所言"目疾转深，不复能作字"，认为可能是其离任的原因。（《文史》2016年第2期，第174页）但《道园学古录》卷10《题孝节堂记后》有"至顺辛未（按：即至顺二年）五月七日史官虞某书"，可见此时尚能写字，目疾并未明显加重。（《虞集全集》，第402页）而且同作于五月的序录在检讨工作失职时全未提及目疾，可见不是主要原因。
③ 欧阳玄：《圭斋文集》卷13《进经世大典表》，汤锐校点：《欧阳玄全集》，四川大学出版社2010年版，第368—369页。
④ 吴澄：《吴文正公集》卷44《经筵讲义·帝范·君德》，《元人文集珍本丛刊》，新文丰出版公司1985年版，第4册，第49页。
⑤ 陈高华、史卫民《中国风俗通史·元代卷》认为，这段讲稿是吴澄特地使用"硬译公牍文体"书写，以方便翻译成蒙文。（上海文艺出版社2001年版，第521—522页）其说亦可通，在该文稿与蒙古语讲稿直接对应这一点上，与本文是一致的。

三 元代汉人儒士的国号观

既然《经世大典·帝号总序》出自蒙古文人之手，那么元代汉人儒士又是怎样理解本朝国号的呢？直接体现当时汉儒国号观的史料，笔者管见所及，仅有如下吴澄及其再传弟子余阙所写的两段话：

> 昔我世祖皇帝建国号曰"元"。元者，众善之长，天地生物之仁也。皇元之仁如天地，唯仁足以长人，故能臣妾万方，混一四海而为天下之君也。①

> 至于渡江临鄂与建元之诏观之，则我国家得天下之本，一仁而已矣。故以曹彬之事命帅臣，而革命之日市肆有不闭；以大《易》之"元"建国号，而中统之绍天下所归心。②

这两段话都把"元"释为"仁"，并以此推论仁德为本朝"得天下之本"，这是典型的理学家的看法。众所周知，理学在元代已经成为汉人儒士中的主流思想，仁宗以后更是科举的官定理论，"致海内之士，非程朱之书不读"③，"中州万里之内外，悉家有其书"④。因此欲在普遍的层面谈元代士人对"乾元"之义的理解，就不能不引述一下宋儒特别是朱熹的看法。

汉唐儒学里，元亨利贞属于天道，仁义礼智属于人道，二者本属两事，所以程颐说"自古'元'不曾有人解'仁'字之义"⑤。天道与人道、特别是"元"与"仁"的联结，是宋儒发明的重要议题。程颢已经提出，"万物之生意最可观，此元者善之长也，斯所谓仁也。人与天地一物也，而人特自小之，何耶？"⑥朱熹更明确讲到"仁义礼智，便是元亨利贞"⑦，从而"把宇宙论的范畴与道德论的范畴连接起来"，使德性概念在道德哲学之外，也具有了"宇宙论的意谓"⑧。真正使"元""仁"连接起来的概念是"生"，将仁、元与"生生"的宇宙观相联结也是宋儒的发明。朱熹认为仁就是天地生物之心，也可以说是天地之生气，"天地别无勾当，只是以生物为心。一元之气，运转流通，略无停间，只生出许多万物而已"⑨。"人物之生，又各得夫天地之心以为心"⑩，天地之心之德为元亨利贞，而以元为统；人心之德为仁义礼智，而以仁为统。⑪虽然名目各各不同，实际上都是同一个生物之心（也可以说生气流行）的不同截面而已。

在二程和朱熹的论述中，"元"与"仁"是可以互换、互释的。程颐解释"君子体仁足以长人"一句："体法于乾之仁，乃为君长之道，足以长人也。体仁，体元也。比而效

---

① 吴澄：《吴文正公集》卷6《崇仁县元侯木撒飞仁甫字说》，《元人文集珍本丛刊》，第3册，第155页。
② 余阙：《青阳先生文集》卷9《元统癸酉廷对策》，《四部丛刊续编》，第5叶。本文所谓"汉人儒士"，包括先世非汉文化人群出身，但本身受儒家文化影响较深的士人，如余阙为西夏遗民后裔，但《元史》卷143《余阙传》载其"留意经术，五经皆有传注"。（第3426—3429页）
③ 欧阳玄：《圭斋文集》卷9《元中书左丞集贤大学士国子祭酒赠正学垂宪佐运功臣太傅开府仪同三司上柱国追封魏国公谥文正许先生神道碑》，《欧阳玄全集》，第183—184页。
④ 袁桷：《清容居士集》卷18《庆元路鄞县学记》，《四部丛刊初编》，第1叶。
⑤ 《河南程氏遗书》卷15《伊川先生语一》，王孝鱼点校：《二程集》，中华书局1981年版，第154页。
⑥ 《河南程氏遗书》卷11《明道先生语一》，《二程集》，第120页。
⑦ 《朱子语类》卷6，朱杰人等编：《朱子全书》，安徽教育出版社2010年版，第14册，第246页；又《朱子语类》卷68，《朱子全书》，第16册，第2263页。
⑧ 陈来：《朱子思想中的四德论》，《哲学研究》2011年第1期，第26页。
⑨ 《朱子语类》卷1，《朱子全书》，第14册，第117页。
⑩ 《晦庵集》卷67《仁说》，《朱子全书》，第23册，第3279页。
⑪ 陈来：《仁学本体论》，《文史哲》2014年第4期，第46页。又，程朱所论"元""仁"都有两重含义，既可指代"生"的总体，也可指代生气流行的"一个截面"，即程颐所谓"四德之元，犹五常之仁，偏言则一事，专言则包四者"。（《周易程氏传》，王孝鱼点校，中华书局2011年版，第3—4页）

之，谓之体。"① 朱熹所说类似的话更多，如"且如恻隐之端，从此推上，则是此心之仁，仁即所谓天德之元"②；"元者天地生物之端倪也，元者生意……若言仁，便是这意思。仁本生意，乃恻隐之心也"③。有学生请教"仁"如何包含"义礼智"，朱熹径直答曰："《易》便说得好：'元者善之长'。义礼知莫非善，这个却是善之长。"④ 直接论及"乾元"之义，朱熹说："所谓'大哉乾元，万物资始'，'至哉坤元，万物资生'，那元字便是生物之仁，资始是得其气，资生是成其形。"⑤

不难想见，元代受过理学教养的士人绝大多数都应当有和虞集、吴澄等人一样的"以仁解元"的观念，元代众多本于程朱的经义专著自不必论，即一般文集中此类文字也比比皆是。⑥ 元代延续中原旧制，每遇节日或重大事件，臣下都要进呈贺（谢）表。在现存大量表文中，不断出现"体仁法元、师古合道"⑦，"运开泰治、仁体乾元"⑧，"道合坤元、仁均蒙养"⑨，"扇仁风以春四海、运元气以育群生"⑩，"心行四海、德会一元，风雨霜露、无非至仁"⑪之类的赞辞。此外，张养浩《牧民忠告》中说"天地之德无过好生，圣元体之以有天下"⑫。至元十三年南宋知严州方回降元，归附表文为"大哉元，至哉元，咸仰乾坤之造；会其极，归其极，同依父母之仁"⑬。笔者相信，写下这些词句的儒士们对"大元"国号的理解肯定不会与吴澄相差太远。

这里有必要追问的是，这种"理学式"国号观究竟在多大程度上契合至元八年《建国号诏》颁定的本意？当时忽必烈朝廷的文化元素复杂多样，对"大元"名号难免有多重的认识，但现有史料至少能够确定，有一部分参与制定国号方案的朝臣会持有类似的看法。许衡这位公认的元初理学大家自不必说，他在至元七、八年间先为中书左丞，后转集贤大学士兼国子祭酒，与刘秉忠等"议朝仪官制，多所详定"⑭，不会完全缺席有关国号的讨论。⑮ 下文谨对刘秉忠和王恽这两个人物稍作展开。

刘秉忠大概是最受忽必烈信赖的汉人谋士，其行状、神道碑、墓志铭都特别强调他对国号颁定的贡献。⑯ 此人学问极杂，但在经世

---

① 《周易程氏传》，第 5 页。
② 《朱子语类》卷 95，《朱子全书》，第 14 册，第 307 页。
③ 《朱子语类》卷 68，《朱子全书》，第 16 册，第 2265 页。
④ 《朱子语类》卷 25，《朱子全书》，第 14 册，第 882 页。
⑤ 《朱子语类》卷 68，《朱子全书》，第 16 册，第 2274 页。
⑥ 为免正文枝节，谨略引三例如下。金履祥：《仁山文集》卷 3《复见其天地之心》："所谓天地之心者，何也？仁也，生生之初也。"（景印文渊阁《四库全书》，第 1189 册，第 810 页）王旭：《兰轩集》卷 15《高唐李氏诸昆季名字说》："文言曰：元者善之长也。于五常则仁之属。统之以元，则众善有归，而仁心不息矣。"（景印文渊阁《四库全书》，第 1202 册，第 879 页）元末明初人王祎：《王忠文集》卷 13《贤良对武帝策》："夫天地以生物为心者也。《易》曰：'大哉乾元，万物资始'，'至哉坤元，万物资生'。元即仁也，仁即其所以生物者也。"（景印文渊阁《四库全书》，第 1226 册，第 879 页）
⑦ 袁桷：《贺千秋笺》，《国朝文类》卷 17，《四部丛刊初编》，第 6 叶。
⑧ 蒲道源：《顺斋先生闲居丛稿》卷 15《贺正表》，中国基本古籍库影元至正刊本，第 4 叶。
⑨ 《贺皇太后受尊号表》，王士点、商企翁：《秘书监志》卷 8，高荣盛点校，浙江古籍出版社 1992 年版，第 143 页。
⑩ 王旭：《兰轩集》卷 10《长芦运司贺正表》，景印文渊阁《四库全书》，第 1202 册，第 825 页。
⑪ 任士林：《松乡先生文集》卷 10《石刻天台瀑布寺谢表》，哈佛燕京图书馆藏明永乐三年刊本，第 1 叶。
⑫ 张养浩：《牧民忠告·因粮》，李鸣、马振奎校点：《张养浩集》卷 25，吉林文史出版社 2010 年版，第 218 页。
⑬ 方回：《桐江集》卷 5《严州归附表》，《宛委别藏》，江苏古籍出版社 1988 年版，第 105 册，第 346 页。
⑭ 欧阳玄：《圭斋文集》卷 9《元中书左丞集贤大学士国子祭酒赠正学垂宪佐运功臣太傅开府仪同三司上柱国追封魏国公谥文正许先生神道碑》，《欧阳玄全集》，第 181 页。《元史》卷 67《礼乐志一》，第 1664 页。
⑮ 另一位元初理学家王磐当时也活跃于朝中，见《元史》卷 7《世祖纪四》，第 132—139 页。
⑯ 张文谦：《故光禄大夫太保赠太傅仪同三司谥文贞刘公行状》，王磐：《故光禄大夫太保赠太傅仪同三司文贞刘公神道碑铭并序》，徒单公履：《故光禄大夫太保刘公墓志》，均载刘秉忠《藏春诗集》卷 6"附录"，《北京图书馆古籍珍本丛刊》，书目文献出版社 1989 年版，第 91 册，第 228、230、233 页。

方面显然是一位儒生，① 中统五年拜刘秉忠参领中书省事的制文就说他"虽晦迹于空门，每潜心于圣道"②。行状、墓志铭都强调他能发"邵氏皇极之奥旨"，即精于邵雍的《皇极经世书》。邵雍是被视为理学渊源的"北宋五子"之一，如果刘秉忠真的精通邵氏学说，他至少不会拒斥许衡对"乾元"之义的阐释。而且，在太子真金的伴读老师王恂的墓志中有这样一段话：

> 岁己酉，太保刘公自邢北上，取道中山，方求一时之俊，召公与语，贤其才，欲为大就之。逮其南辕，载之来邢，复居磁之紫金山，劝为性理之学。公感太保之意，振迅奋厉，所业大进。太保上其学行，寻蒙召见，即以为太子伴读。③

也就是说，王恂是感于刘秉忠的鼓励才全身心投宗理学的，学成之后又是刘向忽必烈举荐他为真金伴读。在真金学习过的种类并不多的儒书中，就有《小学》和《大学衍义节略》，的确理学色彩相当浓厚。④ 这里更能够看出刘秉忠对理学基本赞成的态度。

另一位值得讨论的人物是王恽，他在至元五年至八年间任御史，曾经上《建国号事状》，至元八年御史任满后仍居燕京，次年三月才转任平阳，期间与在朝重臣多所交游，⑤ 虽然资历较浅，也是颁定"大元"国号的当事之人。王恽大约在十七八岁时曾从王磐、姚枢等"学道苏门"，但其学杂而不纯，体现出理学与北方旧思想传统乃至本能观感的糅合，从这一面来说他在当时北方一般士人中更具代表性。⑥ 尽管如此，在元、仁、生这三个概念圆融贯通这一点上，王恽的看法与程朱许等人并无二致：

> 《中统神武颂并序》（为平李璮而作）：天地大德，曰生曰殖。致讨以来，惟天是则。吾皇之心，尧仁舜德。
> 《木斋铭》：大哉乾元，实维生德。在人曰仁，万善攸出。
> 《李太初元斋》：一气中含万善根，夫何为善即吾仁。⑦

在这里，乾元就是"天地大德"之"生德"，也是"万善攸出"之仁；王恽说世祖仁德"惟天是则"，与程颐"体仁，体元也，比而效之谓之体"的说法一脉相承。由此我们便能够从至元三十一年成宗即位前后的多篇表文，探究王恽对本朝国号的理解：

> 《中书省贺正庆八十表》：皇帝陛下

---

① 他的经世之道清晰地体现于《元史》卷157《刘秉忠传》所载"万言书"中。（第3688—3692页）
② 释念常：《佛祖历代通载》卷21，《北京图书馆古籍珍本丛刊》，第77册，第420页。
③ 苏天爵：《元朝名臣事略》卷9《太史王文肃公》，姚景安点校，中华书局1996年版，第182页。
④ 《秘书监志》卷5记载了本监收藏的、由王恂保存的真金"小时节读的文书"，一共有九种，其中的《小学》应是朱熹等人所编的儒学启蒙书，而《大学衍义节略》应当是真德秀所编《大学衍义》的"节略"本。（第92—94页）参考默书民：《太子真金的汉文化接受》，南开大学历史学院纪念文集编辑组：《杨志玖教授百年诞辰纪念文集》，天津古籍出版社2017年版，第362—372页。
⑤ 当时王恽与朝臣的往来，宋福利、杨亮《王恽年谱》辑考颇详，有名者如史天泽、许衡、王磐、姚枢，可能还有刘秉忠。（《王恽全集汇校》，中华书局2013年版，第9册，第4155—4169页）
⑥ 邱轶皓《吾道——三教背景下的金代儒学》曾经提示，元初理学风行之下，旧金儒学的"心学"话语并未被完全覆盖。（《新史学》第20卷第4期，2009年，第99—100页）这在王恽身上也有体现，如《泽州新修天井关夫子庙记》谓"夫子之道本原于天，天理出于人心"等。又《书太极图后》解释"太极"之时大段引用老子《道德经》。至元十九年《堆金塚记》更有感于金元之际的杀戮而置问，"三代而下以智力相角，其势不干戈血肉而莫已也，何天地生物之仁，返是其虀哉？……岂苍茫两间，初无关系，物盛而衰，自然而然邪？皆可而必以"，已经对德性化的宇宙论提出质疑。（《秋涧先生大全文集》卷36、44、39，《王恽全集汇校》，第5册，第1796、2071、1889页）不过在需要做出理论陈述时，理学还是他最重要的思想来源，至治年间为其文集作《后序》的王秉彝就说他"语性理则以周、邵、程、朱为宗"（《王恽全集汇校》，第10册，第4484—4485页）。
⑦ 《中统神武颂并序》《李太初元斋》，《秋涧先生大全文集》卷1、32，《王恽全集汇校》，第1册，第4页、第4册，第1618页。《木斋铭》，《永乐大典》卷2540《斋·斋名十六》，中华书局1986年版，第1216页。

德本至仁，天申显佑。

《中书省贺尊号皇帝寿八十表》：皇帝陛下德本至仁，天申纯佑……臣等率先列辟，拜舞称觞。久侍台阶，何益体元之政；愿言洛诵，永符垂亿之年。

《皇太后玉册文》：俨母仪于四海，德配坤元；期圣寿于万年，祥开神。

《进呈世祖皇帝实录表》：国号体乾坤之统，书画焕奎壁之文。①

世祖皇帝"德本至仁"，世祖的政治是"体元之政"，成宗的母亲"德配坤元"，这里的"元"毫无疑问都是作为一种具有根本性的德性而呈现的。那么当王恽说"国号体乾坤之统"时，除了将之理解为"体元＝体仁"之外，还能有什么别的解释呢？②

进一步地，"元＝仁"的理解也的确契合中统、至元初汉文诏书的整体语境。我们先看中统元年（1260）的两件诏书：

《世祖即位诏》：朕惟祖宗肇造区宇，奄有四方，武功迭兴，文治多缺，五十余年于此矣。盖时有先后，事有缓急，天下大业，非一圣一朝所能兼备也……（蒙哥去世之后，）求之今日，太祖嫡孙之中，先皇母弟之列，以贤以长，止予一人。虽在征伐之间，每存仁爱之念，博施济众，实可为天下主。天道助顺，人谋与能……于是俯徇舆情，勉登大宝……爰当临御之始，宜新弘远之规。祖述变通，正在今日……建极体元，与民更始。③

《中统建元诏》：朕获缵旧服，载扩丕图，稽列圣之洪规，讲前代之定制……法《春秋》之正始，体大《易》之乾元……可自庚申年五月十九日，建元为中统元年……于戏！秉箓握枢，必因时而建号；施仁发政，期与物以更新。④

这两件诏书为忽必烈即位后的蒙古政权构建起崭新的政治形象，它们告诉臣民，太祖以来虽然"肇造区宇"，但五十余年用兵黩武，"文治多缺"，现在"以贤以长"且"每存仁爱之念"的忽必烈即位为君，立志"祖述变通""施仁发政"，走一条新的文治道路。作为新君新政的法统依归，《世祖即位诏》说"建极体元"，《中统建元诏》说"体大《易》之乾元"，《建国号诏》则说"切体仁之要"，这三者无疑是一脉相承的，换言之"体元＝体大《易》之乾元＝体仁"，《建国号诏》所谓"乾元之义"的核心大概正在于此。

其实，早于"大元"国号七年前颁布的"至元"年号也可以为映证。《至元改元诏》说，

应天者惟以至诚，拯民者莫如实惠。……比者星芒示儆，雨泽愆常，皆阙政之所繇，顾斯民之何罪。宜布惟新之令，溥施在宥之仁。（1）据不鲁花、忽察、秃满、阿里察、脱火思辈，构祸我家，照依太祖皇帝扎撒正典刑讫；（2）可大赦天下；（3）改中统五年为至元元年。于戏！⑤

天通过灾害异象发出了对"阙政"的警示，因此君王要"至诚"应天、"溥施在宥之仁"。诏书列举了"施仁"的三项措施：处决奸臣、大赦天下和改年号"至元"。这里的"至元"不应该是强调伟大或者初始，而应该是对"至哉坤元"的化用，它与日后取意于

---

① 《秋涧先生大全文集》卷68、67，《王恽全集汇校》，第7册，第2905—2907、2865、2882页。

② 朱熹谓"（元）为四德之首，而贯乎天德之始终，故曰统天。"（萧汉明：《〈周易本义〉导读》，齐鲁书社2003年版，第167页）又谓"仁是天理之统体"，"'仁'字须兼义礼智看，方看得出……犹春夏秋冬虽不同，而同出于春……自四而两、两而一，则统之有宗，会之有元"（《朱子语类》卷6，《朱子全书》，第14册，第249、253页）。王恽所谓"乾坤之统"就是这个"贯乎天德之始终"的"统体"。

③ 《元史》卷4《世祖纪一》，第64—65页。

④ 《元史》卷4《世祖纪一》，第65页。

⑤ 《元史》卷5《世祖纪二》，第99页。文中括号及数字系本文所加。

"大哉乾元"的"大元"国号正是相互呼应的。

概括言之，虽然忽必烈朝中大臣的文化背景极其多样，对国号的理解容有差异，但至少我们可以说，"以仁解元"的理学式观点一定是当时选择"大元"二字作为国号的理论依据之一，而且从元初诸诏书的文本来看，甚至可能是核心的理论依据。无论如何，随着理学日益成为士人思想的主流，"元＝仁"的国号观也会逐渐地普遍化。对有元一代大多数汉人儒士来说，"仁"是本朝国号所传达出的最核心的价值内涵，"大元"之国就是至仁之国，"体元"之君就是体法天道、抚爱万民的至仁之君。

四　国号与王朝的政治文化

多种国号观的存在绝不意味着多文化圈的隔离和分立，相反正是文化交流与吸收的结果。尽管因为异文化底色的影响而出现内涵的错位，但以"乾元之义"为核心的汉文化政治哲学，还是在"大元"国家政治文化的各个层面产生了影响。

元初面对忽必烈政权的华北儒士是兼具承认与改造双重立场的。郝经在中统元年写给南宋边臣的一封信中就直白地表示，中统新政乃是儒士们苦心经营的成果：

> 呜呼！中州遗士，锋镝之余，收其惊魂，引其余息，营缉鸠赞，缔和图安，回生意于寒原，泮冰天于雪国，发为阳春，再立元气。而有主上断然行此，虽云天意，亦人力也。治乱之几，于是乎在！①

"大元"国号的颁布同样兼具这样的双重立场，它一方面为征服中原的蒙古政权建立起汉文化语境下的合法性叙事，另一方面也把儒家以天道规训统治者的理想导入新政权的意识形态中，从而将效法上天的仁德建构为本朝的君长之德与建政使命。这在中原王朝史上算不上新鲜事物，但对成吉思汗以来的蒙古国家而言无疑是政治文化的极大转变。《建国号诏》结尾处有这样一段话："称义而名，固匪为之溢美；孚休惟永，尚不负于投艰"②，翻译为白话就是：取意义高尚的国号，并不只是溢美；只有长期坚持仁德，才不负上天交予的重任。在某种意义上可以说，这道诏书就是儒臣们为忽必烈拟定的仁政宣言。

这样一个由"体元＝体仁"因以得天下、治天下的王朝意识完全被元代中后期的汉文诏书所继承，历次即位、建储、册封等诏书中总有"天赐仁孝""仁施溥博""仁义之至，视民如伤"等表彰君主德行的评语，改元诏书也屡见"天心仁爱，俾予以治""发政施仁""诞敷济众之仁"等政治宣示。③ 不仅如此，它还是儒士与蒙古君王交流的一种话语范式。元贞元年王恽向成宗奏呈《守成事鉴》，其中反复言及："人君代天理物，所当法者天也。天惟乾健不息……君惟体之不息"；"天以至仁生万物，人君代天理物，故当以仁爱为主。"④

从更宽泛的政治文化视角来说，它还影响到了元代汉地的非儒士民众与君王交流的方式。一般认为元代佛教相比儒学更受统治集团的青睐，因而地位更高，⑤ 但元代也存在佛教徒附会儒学以自抬身价的情况，例如下面这段僧人奉敕撰写的皇家寺院碑文就在附会世祖之教和《易经》，并宣称慈悲才是更好的达至"仁覆天下"的道路：

> 世祖皇帝丕宏佛教，以赞化育，法乾以易而易知、坤以简而易从之道，为政尚

---

① 郝经：《郝文忠公陵川文集》卷37《再与宋国两淮制置使书》，《北京图书馆古籍珍本丛刊》，第91册，第820—821页。
② 《元史》卷7《世祖纪四》，第139页。
③ 诏书用语都引自《元史》各处，为免烦冗，不再一一出注。
④ 王恽：《秋涧先生大全文集》卷79《元贞守成事鉴》，《王恽全集汇校》，第8册，第3294、3299页。
⑤ 参陈高华：《元代佛教与元代社会》，《元史研究论稿》，中华书局1991年版，第362—384页。

仁厚而务宽大……世俗徒知道莫大于仁义、教莫正于礼乐政刑，焉知九州之□□□之表，又有大而至者乎？所谓慈悲之道，盖亦恻隐之心而已……苟能推慈悲之道以及于人，仁覆天下矣。①

对于非汉文化圈的情况，现有的史料至少显示出，元朝的蒙古君王们对这一套政治话语及其内含的价值观绝不是无动于衷的。蒙古早期的政治观可见于《蒙古秘史》中铁木真即位时的贵族誓词，它清楚说明了大汗与其他贵族间的权利义务关系：大汗带领"战友"们取得战争的胜利和狩猎的丰收，从而分得虏获物中最好的一份。② 这里完全没有类似汉文化中的德性宣示，秘史里称赞成吉思汗时也从未用过任何类似汉文化中的德性的概念。③《史集》记载成吉思汗出征金国之前向上天乞求保护，理由只是血亲复仇的正当性。④

但元世祖之后，蒙古人中也出现了以仁德作为君主合法性来源的观念。《元史》记载，世祖去世后宗王大会讨论继承人，"晋王曰：'……母弟铁穆耳仁孝，宜嗣大统。'于是成宗即帝位"⑤。延祐七年（1320）英宗为仁宗病重而向天祈祷，"泣曰：'至尊以仁慈御天下，庶绩顺成，四海清晏。今天降大厉，不如罚殛我身，使至尊永为民主。'"⑥ 更有代表性的例子，是至治三年（1323）泰定帝在漠北即位之后发布的诏书：

薛禅皇帝可怜见嫡孙、裕宗皇帝长子、我仁慈甘麻剌爷爷根底，封授晋王……遵守正道行来的上头，数年之间，百姓得安业……今我的侄皇帝生天了也么道，……众人商量着：大位次不宜久虚，惟我是薛禅皇帝嫡派，裕宗皇帝长孙，大位次里合坐地的体例有……宜安抚百姓，使天下人心得宁，早就这里即位提说上头，从着众人的心，九月初四日，于成吉思皇帝的大斡耳朵里，大位次里坐了也。交众百姓每心安的上头，赦书行有。⑦

这几段材料都用了"仁"或"仁慈"来表彰君王，特别是泰定即位诏书，它的起草人无疑是一位蒙古知识人。这几处"仁"对应的蒙古文已经不能确知，但前引《全宁张氏先德碑》和《达鲁花赤竹温台碑》中有两段汉蒙文对译可供参考：

张碑：［汉］永是昭先帝悯仁群臣之意。　［蒙］Jayaγatu qaγan – u olan noyaliγudun nigülesün soyurqaγsan joriγ – i egüri – de kürtele ……⑧

竹碑：［汉］我朝以仁爱立心，以广大制国……。　［蒙］suu – dan degedüs nigülesküi isiyeküi sedkil – iyer ulus – iyan aγui – a dölegen – e bariγsan – u tula.⑨

---

① 释法洪：《皇元真定府龙兴寺重修大悲阁碑》，《常山贞石志》卷22，《石刻史料新编》第1辑，新文丰出版公司1977年版，第18册，第13547—13548页。
② 《蒙古秘史》，余大钧译注，河北人民出版社2001年版，第149—150页。巴托尔德：《成吉思汗帝国的建立》，余大钧译，《北方民族史与蒙古史译文集》，云南人民出版社2003年版，第440页。
③ 《蒙古秘史》中形容包括幼年在内的成吉思汗的品质，有74节的"有福（sutan）""有法度（jasaqtan）""聪明（secet）"、75节的"男子（汉）（eres）"、82节的"有才（智）（arqatu – yin）"、249节的"有威灵（süldertü）"等。《元朝秘史（校勘本）》，乌兰校勘，中华书局2012年版。参栗林均：《『元朝秘史』モンゴル語漢字音訳・傍訳漢語対照語彙》，仙台：東北大学東北アジア研究センター，2009年。
④ 《史集》第1卷第2分册，余大钧、周建奇译，商务印书馆1983年版，第359页。
⑤ 《元史》卷115《显宗传》，第2894页。
⑥ 《元史》卷27《英宗纪一》，第597页。
⑦ 《元史》卷29《泰定帝纪一》，第638页。
⑧ 李俊义等：《元代〈全宁张氏先德碑铭〉汉文考释》，第103页。嘎日迪等：《元代〈全宁张氏先德碑铭〉蒙古文考释》，第59页。
⑨ 渡部洋等：《漢文・モンゴル文対訳「達魯花赤竹君之碑」（1338年）訳註稿》，第117、171页。

这里用于对译"仁爱"的是 nigülesküi（和 nigülesün）。① 洪武本《华夷译语》杂字"身体门"中收录了这个词，汉字音写"纽列思魁"，回鹘体蒙文拼写与竹温台碑相同，译意就是"仁"②。在这本《华夷译语》的例文中，该词共出现四次，旁译全部作"仁"③，其中有两次都在明朝发给降明蒙古贵族的《敕礼部行移安答纳哈出》中：

  元朝太祖皇帝……生一个有仁德（纽列思魁·阿不里秃）的孙儿，来俺中国做皇帝，号做世祖皇帝么道……将及一百年来，仁德（纽列思魁·阿不里宜）谁不思慕……自脱欢帖木儿皇帝他做皇帝时，于多百姓上好生不爱恤么道，因此上天下人乱了。④

这段引文建构出了一个元朝皇帝因"仁（nigülesküi）"得天下、因不仁而失天下的叙事，虽然是明廷发出的文书，但它与明朝在汉地所用的叙事很不相同，可以说是专门针对作为蒙古人的纳哈出而采取的一种话语。由此看来，元代中后期以降 nigülesküi 可能已是蒙语中对译汉字"仁"的固定用词，并且超越了一般性的道德内涵，而具有了特定的政治意义，泰定帝即位诏书的原文所用的很有可能正是这个词。

值得注目的还有泰定即位诏对"民心"的强调，它说甘麻剌"遵守正道"，使"百姓得安业"；又说新君即位，可以"使天下人心得宁"；即位之后更"交众百姓每心安的上头，敕书行有"。伊斯坦布尔大学图书馆保存有一件八思巴字回鹘字蒙古文合璧的忽必烈圣旨手抄本，残存的部分内容可译为：

  忽必烈皇帝圣旨：我的子孙们，当你们在我之后要征服民众（ulus irgen – i guriyabasu）的时候，与其征服他们的肉体，不如征服其心灵（beye – yi anu guriyatala sedkil – i anu guriyabasu）……⑤

它几乎就是汉文"得民心者得天下"的对译。照那斯图先生认为这是某位回鹘人或蒙古人记录了"在民间流传的所谓忽必烈皇帝的圣旨"，时间上"不出元末明初"。但这是文本录写的时间，这一观念本身最初进入蒙古人群的时间应当要更早，这或许就是泰定即位诏那样强调"民心"的思想背景。⑥ 无论如何，泰定即位诏书尽管是在蒙古漠北权力中心产生的文本，却相当程度地容纳了来自汉文化的元素，与《蒙古秘史》相比它所体现的政治文化已经大不相同了。

"天道"可能是另一个能够体现蒙古统治层政治文化转变的观念。世祖即位诏书中已经提到"天道助顺，人谟与能"，意指忽必烈因为顺天道，所以得天助而为君，不是人力可以转移。到武宗时期，就有臣僚在与皇帝交流时援用了"顺天道"的说法：

  至大二年（1309）九月初四日奏过事内一件："……今年省里的勾当繁冗……大勾当法度废了，百姓每生受，天道不顺有……（今后删减冗务）勾当也成就，百姓也不生受，天道也顺也

---

① 道布先生将竹温台碑上的这一单词释读为 nigülseküi，而在录文中校改为 nigülesküi。[《回鹘式蒙古文文献汇编》（蒙文），巴·巴根校，民族出版社1983年版，第282、295页]
② 《华夷译语》，《北京图书馆古籍珍本丛刊》，第6册，第51页。
③ 栗林均：《『華夷訳語』甲種本モンゴル語全単語・語尾索引》，仙台：東北大学東北アジア研究センター，2003年，第71、79、87、89页。
④ 正文引用单句总译，两处"仁德"后括注汉字音写。
⑤ 照那斯图：《八思巴字和蒙古语文献 II 文献汇集》，東京：東京外国語大学アジア・アフリカ言語文化研究所，1991年，第216—219页。蒙文转写和汉译文有所调整。
⑥ 《史集》第1卷第2分册所载成吉思汗语录中，虽然也有富裕者应当救济穷人的话，但更强调贵族的军事统率能力和平民的驯服，其中记载成吉思汗论"男子汉的乐趣"是"连根铲除"叛乱者和敌人，夺取他们的军马、妻女等"所有的一切"。（第362页）这和以征服人心来夺取天下的观念格格不入。

者……"奏呵，"那般者。"么道，圣旨了也。①

虽然蒙古草原社会原本就有长生天信仰，但萨满教里的长生天有强烈的人格神的性质，不像汉文化中抽象的天那样具有一以贯之的"道"，更不会在百姓"生受"与否和天道的"顺"与"不顺"之间存在感应关系，后者应当是受到了汉文化的影响。

这说明，无论蒙古君王们的实际行动是否受"天道"约束，他们至少在形式上也接受了一些最初从"乾元之义"引申而来的政治语言。需要说明的是，用来对译"仁""民心""天道"等的蒙古语词汇是早就存在的，真正体现入元以后政治文化更新的是这些词汇在国家层面被用于政治宣示的特定用途和特定表达方式。此外，蒙文表达尽管容纳了汉文化元素，却一定不会与汉文表达完全相同，如汉文化中元与天、仁等相互联结的体系性就没有被非汉文化人群所认识，《经世大典》将国号解释为大，《红史》和《汉藏史集》更引申出真实、坚固等意思，这些都与天道、仁政的观念距离很远了。

结　语

概括前文，可以得到下述的基本结论：（1）"大元"国号不仅在汉文化圈传播，而且通过多种渠道传入了蒙、藏、西夏等非汉文化人群，是面向全体臣民的、具有法理权威性的政治符号。（2）不同文化的人群对国号内涵的理解不一样，《经世大典·帝号总序》所说的"元者大之至也"应该反映了蒙古知识层的看法，而在汉文化圈中，"以仁解元"是整个元代的主流国号观。（3）"大元"国号集中体现了中统至元之初儒臣建构起的以"仁"德作为王朝和君主合法性依皈的政治伦理，并且在相当程度上影响了忽必烈之后元代蒙古人的政治文化。

族群文化的多样性是元代的历史特征，因此"蒙汉二元性"一直是元史研究的重要命题。近年来又有所谓"内亚视角"概念的流行，重视从内亚人群（对中国史来说，主要是蒙、藏、满以及中亚非汉文化人群等）的角度看待历史问题。正是在强调蒙古视角的过程中，汉字"大元"国号被界定为只存在于汉文化视角下的事物。②不仅如此，这种以"汉/非汉"文化圈分立为基础的双重国号说，还被认为贯穿于辽金元等北族国家，是其"二元政治"的体现，也就是"本土因循草原旧制，其治下的汉地则采取中原制度"，因此"大契丹""大蒙古国"等是"草原本位主义"的体现，而"大辽""大元"等则是"止针对'中国'的新政"③。

所谓辽金元清等王朝之"二元性"的命题，最早由魏特夫在1949年系统提出，它针对当时西方学界流行的"同化（assimilation）"说，引入人类学的"涵化（acculturation）"概念，认为契丹人虽然接触到汉文化，但在很大程度上保留了自身文化特征，因此辽王朝的方方面面都表现出二元性。④虽然这一"二元性"的外在表征与《辽史》"以国制治契丹、以汉制待汉人"⑤的说法很相似，但魏氏所说的涵化并不仅是"国"与"汉"的区分，它在指出文化差异的同时更承认文化吸收与调适的长期存在，只不过它是"相对的（relative）、有选择的（selective）和阶段性的

---

① 《元典章》卷4《朝纲一·政纪·省部纪纲》，陈高华等点校，天津古籍出版社2012年版，第1册，第131页。
② 金浩东：《蒙古帝国与"大元"》，第9页。H. Kim, "Was Da Yuan'a Chinese Dynasty?", p. 288.
③ 此说最早由冯家昇《契丹名号考释》一文提出（《冯家昇论著辑粹》，中华书局1987年版，第29页），后刘浦江《辽朝国号考释》（《历史研究》2001年第6期）、陈晓伟《辽朝国号再考释》（《文史》2016年第4期）等又进一步申论。引文出自陈晓伟文（第154页）。
④ K. Wittfogel and C. Feng, History of Chinese Society: Liao, 907-1125, Philadelphia: The American Philosophical Society, 1949, pp. 4-8.
⑤ 《辽史》卷45《百官志一》，中华书局2016年版，第773页。

（graded）"①。单向、彻底的同化只是涵化进程的众多历史可能性之一，更多的时候文化底色与新入元素的相互适应形成的是"第三文化（a third culture）"，因此魏特夫明确地说，辽的军政组织、宗教祭祀乃至文字等都既不是纯粹契丹的，也不是纯粹汉人的，而是两类文化元素的调和。②

韩儒林先生曾经提出，元代"最突出的就是各民族文化通过接触，相互补充、相互吸收"③，这里要进一步说的是，文化吸收不是依样画葫芦，而是选择、改造甚至创造的过程。"大元"国号正是这一过程的典型体现，一方面其权威性得到普遍认可，另一方面非汉文化圈对其内涵、意义的理解又是选择性、创造性的，因此元朝国号的总体面貌超越了蒙汉两分的旧有框架。虽然"大元·大蒙古国"双重国号还带有明显的"榫接"痕迹，但它们无疑都是本朝的正式名称，无法被拆分为一个单独为蒙古君王所认可的"真"国号和一个仅仅作为统治策略的"假"国号。就学者常用于类比蒙元的辽朝，刘凤翥先生已经提出，"在使用契丹文字的范围内，辽代实行'辽·契丹'或'契丹·辽'的双国号制"④。陈晓伟和康丹都引用了诸多契丹人的契丹文墓志使用"辽"国号、甚至只称"辽"而不称"契丹"的例子，⑤足以说明辽的汉文国号（准确地说，是与之对应的非汉文形式）已逐渐被契丹人群所接受，只是他们的国号认知大概也不会与汉人完全相同。总之，忽视文化间的接触与创造性吸收，是无法全面地理解北族王朝之性质的。

最后交代一下，元代非汉文化人群对"大元"国号的接受应当有一个动态过程，同时汉文化人群对国号的理解也会存在时空差异。受现有史料的限制，本文只是围绕"大元"的法理普适性和文化差异性作框架式的论证，更加细致的考察仍待今后努力。

(原载《历史研究》2019年第6期)

---

① K. Wittfogel and C. Feng, *History of Chinese Society：Liao, 907 – 1125*, pp. 5.
② K. Wittfogel and C. Feng, *History of Chinese Society：Liao, 907 – 1125*, p. 20.
③ 韩儒林：《前言》，韩儒林主编：《元朝史》，第10页。
④ 刘凤翥：《辽朝的建国与国号》，刘宁、齐伟编：《辽金史论集》第15辑，科学出版社2017年版，第5页。
⑤ 陈晓伟：《辽朝国号再考释》，第97—100页。康丹（Daniel Kane）：《"大中央辽契丹国"考》，康鹏译，《欧亚译丛》第2辑，商务印书馆2016年版，第162—163页。

鱼鳞图册起源考辨

栾成显[*]

摘　要： 鱼鳞图册起源有各种说法。鱼鳞图之称在绍兴年间已然出现。绍兴经界继承了北宋方田法清丈土地之策，而有新的发展和突破。绍兴经界缘起于按图核实。打量步亩、画图供帐为绍兴经界的核心和关键。以保为单位的鱼鳞图帐，是绍兴经界的基本帐籍。砧基簿与鱼鳞图不应混为一谈。绍兴经界是先攒鱼鳞图，后造砧基簿。鱼鳞图帐以地为母，以人从地；砧基簿以人为母，以地从人，二者属性有所不同，其演变结果亦不尽相同。绍兴经界有关鱼鳞图册的基本框架已经确立，各种鱼鳞册籍雏形已经显现。后世鱼鳞图册实起源于绍兴经界的鱼鳞图帐，不是从砧基簿演变而来。

关键词： 绍兴经界　鱼鳞图　按图核实　保簿　砧基簿

关于鱼鳞图册的起源，学界有各种说法。大者而论，有南宋说，元代说，明代说。1933年，梁方仲发表《明代鱼鳞图册考》，指出鱼鳞图册起源于南宋。[①] 1982年，刘敏在《明代"鱼鳞图册"考源》中认为，最早的鱼鳞图册是在元代产生的，明代的鱼鳞图册渊源于元代。[②] 而林增杰等则认为，明太祖朱元璋"在总结宋代经界法及鱼鳞图经验的基础上，创立了鱼鳞图册制度"[③]。时至今日，随着资料发掘与研究深入，宋代说已被多数学者认同。

然鱼鳞图册具体起源于南宋何时，研究者又有不同说法。具体而言，可分为绍熙说，嘉定说，绍兴说。首先提出绍熙说的是梁方仲，其在考证"鱼鳞图册之来源"时，引证的最早史料，是朱熹在绍熙元年"晓示经界差甲头榜"中有关"画鱼鳞图"的记载，即认为绍熙元年（1190）朱熹在漳州的土地经界为鱼鳞图册来源之始。[④] 何炳棣说，"划时代的鱼鳞册终于在嘉定十七年编制完成，首次在金华地区出现"[⑤]，嘉定十七年即1224年，认为这是婺州经界完成的时间，而判定鱼鳞图册在南宋嘉定时期首次出现。尚平论述了南宋砧基簿与鱼鳞图册的关系，认为鱼鳞图册是由砧基簿演变而来，大致形成于南宋中期。[⑥] 1983年，王曾瑜发表《宋朝的鱼鳞簿和鱼鳞图》，指出宋代有保甲鱼鳞簿和经界鱼鳞图，为两种不同图籍；并认为："从南宋初绍兴年间开始，鱼鳞图已成经界时必备之图籍，而得到相当普遍的行用。"[⑦] 其他研究者说法大致不超出以上各家之说范围，不再胪列。本文拟就鱼鳞图册到底起源于南宋何时，试作探讨，敬请批评指正。

---

[*] 栾成显，中国社会科学院古代史研究所研究员，浙江师范大学特聘教授。
[①] 梁方仲：《明代鱼鳞图册考》，《地政月刊》第1卷第8期，1933年；收载《梁方仲经济史论文集》，中华书局1989年版，第3页。
[②] 刘敏：《明代"鱼鳞图册"考源》，《学习与思考》1982年第3期。
[③] 林增杰等：《地籍管理》，中国人民大学出版社2001年版，第25页。
[④] 梁方仲：《明代鱼鳞图册考》，《地政月刊》第1卷第8期，1933年。
[⑤] 何炳棣：《南宋至今土地数字的考释和评价》（上），《中国社会科学》1985年第2期。
[⑥] 尚平：《南宋砧基簿与鱼鳞图册的关系》，《史学月刊》2007年第6期。
[⑦] 王曾瑜：《中国历史大辞典通讯》1983年第1期，收载同氏《锱铢编》，河北大学出版社2006年版，第578—581页。

一 "鱼鳞图"之称首现时间

关于鱼鳞图册的起源时间,研究者多以文献记载中"鱼鳞图"之称首次出现的时间为据,来确定鱼鳞图册的起源时间。南宋时期,现存文献中出现"鱼鳞图"之称的记载,主要有以下几则。其中被引用最多的是《宋史·食货志》的一段记载:

> 知婺州赵恖夫行经界于其州,整有伦绪,而恖夫报罢。士民相率请于朝,乃命赵师嵒继之。后二年,魏豹文代师嵒为守,行之益力。于是向之上户析为贫下之户,实田隐为逃绝之田者,灿然可考。凡结甲册、户产簿、丁口簿、鱼鳞图、类姓簿二十三万九千有奇,创库匮以藏之,历三年而后上其事于朝。①

该记载言赵恖夫知婺州推行经界,其后赵师嵒、魏豹文继之,行之益力,并言及造有"鱼鳞图"等各种册籍。《宋史》叙其事系始于南宋嘉定八年(1215)。《宋会要辑稿》中也有关于此事记录:

> 嘉定十四年十一月四日臣僚言,臣闻"仁政必自经界始",孟轲有是言也。然近年经界一事,每难于讲画,而则败于垂成,惟官吏纵贪而取赢,故民心多疑以求免。有如诸郡赋役不均,豪右得志,穷弱受害,婺之为郡,乃其尤者。迩来谏臣台察,相继论奏,委曲详尽,诏旨赐可,德惠至渥。臣窃聆此令既颁,环婺之境,小民欢呼,豪右失色,可谓盛举。第如守臣赵师嵒申台状,则惩前守赵恖夫之覆辙,不无过虑。恖夫经界兰溪,颇见端绪,强家合力,厚有所携,遂去乃已。师嵒欲得本台主盟,遇有诉者,勿与受理。②

从以上所记,可知赵恖夫等在婺州经界所造鱼鳞图册之事,是在南宋嘉定时期。这是鱼鳞图册起源于嘉定说的主要依据。

而研究者又发现,南宋绍熙元年(1190)朱熹在漳州经界时也提到了"鱼鳞图",其在《晓示经界差甲头榜》中列有下项:

> 打量纽算,置立土封,椿摽界至,分方造帐,画鱼鳞图、砧基簿,及供报官司文字应干式样,见已讲究,见得次第,旦夕当行。镂版散下诸县,庶几将来经界,大小甲头等人各通晓,免至临时雇募他人,重有所费。③

其中明确提到在经界田土之际须"画鱼鳞图",对此何炳棣说,朱熹在"1190年的榜示很可能是现存文献中最早提到鱼鳞图这个名词的"。这一记载成为鱼鳞图册起源于绍熙说的主要根据。

不过,应注意的是,比上述所引史料更早的关于鱼鳞图的记载,还可在现存南宋史籍中见到。前述王曾瑜发表的《宋朝的鱼鳞簿和鱼鳞图》一文,征引了《历代名臣奏议》所载洪遵的上奏,其中即有"鱼鳞细图"的说法。原文如下:

> 绍兴中遵又荐用林珣,上奏曰:"右臣伏睹右通直郎、新差通判、福州军州事林珣,本出书生,敏于为政,治民有受利之行,持己有公廉之称……后知常州无锡县。旧例,令佐四厅催科,浮民得以为奸,号为杂催者,至七百余人,因缘侵渔,人蒙其害。经界复实官在县置枷械于门,追呼自便。又于太(大)保长名下勒取丁口图帐七千余本,皆鱼鳞细图,期限严峻,遂以重价就买官中本送纳。珣始

---

① 《宋史》卷一七三《食货志上一》,中华书局1977年版,第4179页。
② (清)徐松辑:《宋会要辑稿》食货七〇《经界杂录》,中华书局1957年影印本,第6437页上。
③ (宋)朱熹:《晦庵先生朱文公文集》卷一〇〇《公移·晓示经界差甲头榜》,《四部丛刊》初编,上海涵芬楼藏明刊本,商务印书馆1929年版,第9页。

至之日，即时禁止。"①

洪遵（1120—1174），南宋绍兴至乾道时大臣，著名钱币学家。其在绍兴时曾任户部侍郎、翰林学士等职，为官正直，多次上奏，荐举贤能。上述奏文言他于绍兴年间曾荐用无锡知县林珦，但具体年份不详。幸南宋《咸淳毗陵志》尚存于世，据该志载，林珦是在绍兴十九年十二月至二十年八月任常州府无锡县知县的②。从上述引文中"珦始至之日，即时禁止"可知，文中所言之事，当发生在绍兴十九年（1149）底。而洪遵所上奏文的时间亦不会太晚，即在绍兴二十年或稍后几年时间。

考绍兴经界，李椿年于绍兴十二年（1142）上经界奏文，次年朝廷正式在各地推行，至绍兴二十年（1150）前后长江下游地区基本经束。故可确认，林珦在无锡县禁止勒取与购买的"丁口图帐"，正是绍兴经界所产生的存于官府及民间的各种图籍，而从其所言"皆鱼鳞细图"，可知其中有大量的经理田土册籍，并被称为"鱼鳞细图"。史载，洪遵曾于绍兴十五年至十八年（1145—1148）任常州通判③，其后不久所荐无锡知县林珦，乃为常州府下属。洪遵是绍兴当时之人，所言为当时之事。鱼鳞图之称在绍兴年间已然出现，乃无疑问。

二　绍兴经界与所造图籍

那么，绍兴年间所称鱼鳞图到底是怎样一种册籍，绍兴经界又都造有哪些图籍呢？

绍兴经界是南宋初年采取的一项重要社会经济举措。当时，南宋政权刚确立不久，社会经济秩序亟待整顿：

> 兵火之后，文籍散亡，户口租税虽版曹尚无所稽考，况于州县乎！豪民猾吏因缘为奸，机巧多端，情伪万状，以有为无，以强吞弱。有田者未必有税，有税者未必有田。富者日以兼并，贫者日以困弱。④

而在这后面潜在的更大历史背景是，自唐中叶均田制败坏以后，土地私有成为主流，特别是进入宋代以后，田制不立，不抑兼并，土地私有迅速发展，占据了主导地位。"富者有赀可以买田，贵者有力可以占田，而耕田之夫率属役于富贵者也。"⑤ 土地的占有，不再是由官府授田所得，而主要是通过分析承继、田土买卖或土地兼并等手段获取。于是，业户占有土地的分布形态也呈现出新的局面，大多不是连成一片，"诸色之田，散漫参错，尤难检计"⑥。一方面，业户土地占有极为分散，加之豪民猾吏机巧多端，情伪万状；另一方面，对统治者来说，土地税收仍为财赋来源，乃是立国之本，经济命脉，须臾不可离开。这样，官府如何准确地掌握到业户占有土地的实际数量，以确保稳定的赋税来源，则成为统治者面临的一个新的历史课题。

关于核实业户田土，宋之前各代曾实行"自实""手实""首实"等举措，即先由业户自己陈报，再经官府核实。这种方法的实质，乃是以人为主，以地从人。在以授田制为主的时代，通过以地从人的方法，官府仍可基本掌握业户占有土地的状况。而在新的历史条件下，业户占有土地极为分散，且土地流转频繁，租佃关系发达，加之作弊多端，传统的

---

① （明）黄淮、杨士奇：《历代名臣奏议》卷一四三《用人》，清文渊阁四库全书本，上海古籍出版社2003年版，史部第437册，第33页。
② （宋）史能之纂：咸淳《重修毗陵志》卷一〇《秩官四·知县》，《宋元方志丛刊》第3册，中华书局1989年版，第3037页。
③ （宋）史能之纂：咸淳《重修毗陵志》卷九《秩官·郡官》，《宋元方志丛刊》第3册，第3027页。
④ （清）徐松辑：《宋会要辑稿》食货六《经界》，第4897页。
⑤ （元）马瑞临：《文献通考》卷二《田赋二·历代田赋之制》，万有文库《十通》影印本，浙江古籍出版社2000年版，考43页。
⑥ （宋）朱熹：《晦庵先生朱文公文集》卷一九《条奏经界状》，第36页。

"自实""手实",即从人户路径入手核实田土的方法,必致隐漏多多,且无法检核,已很难奏效。在这样一个历史节点上,新的制度萌生了。北宋时期推行的方田法即是一种新的尝试。所谓方田法,即"以东西南北各千步,当四十一顷六十六亩一百六十步,为一方;……分地计量……方量毕,以地及色参定肥瘠而分五等,以定税则……揭以示民,一季无讼,即书户帖,连庄帐付之,以为地符"①。其实质,则是从清丈土地入手,以地为主,以人从地的方法来核实业户的土地,以均赋税。但方田法只能在平原地区施行,还有很大局限。

南宋的绍兴经界,则继承了方田法的清丈土地、以人从地的方略,而更有新的发展和突破,它克服了方田法的局限,使之趋于成熟。

具体来说,绍兴经界乃缘起于吴江县的"按图核实"。绍兴十二年(1142)十一月李椿年在奏请推行经界时说:

> 臣尝闻于朝廷,有按图核实之请。其事之行,始于吴江知县石公辙,已尽复得所倚阁之数外,又得一万亩,盖按图而得之者也。以此知臣前所请不为妄而可行明矣。臣愚欲望陛下断而行之,将吴江已行之验施之一郡,一郡理然后施之一路,一路理然后施之天下,行之以渐,而迟以岁月,则经界正,而陛下之仁政行乎天下矣,天下幸甚。诏专委李椿年措置。②

这是一则十分重要的记载。它明确地告诉了我们绍兴经界的缘起。当绍兴经界在全国正式推行之前,平江府(苏州)吴江知县石公辙已在该县实行了"按图核实",即通过丈量土地,攒造图籍,核实业户田土,并且是成功的。除了完全补足该县"倚阁"即缓征拖欠之数外,又多得一万亩。石公辙是在绍兴初任吴江知县的,此事发生在绍兴初年。③李椿年即是用"吴江已行之验"多次奏请皇帝,向全国推行经界,从而受到朝廷专委,以措置经界。绍兴十二年十二月,李椿年在"被旨措置经界事"中,亦首先言明:"今欲先往平江府措置,候管下诸县就绪,即以次往其余州军措置经界。要在均平,为民除害,更不增添税额。"④

上述引文中,对"吴江已行之验"并未做具体说明,但已指出其主要的关键做法乃是"按图核实",其所增田亩数,也是"按图而得之者"。随后,李椿年上言被旨措置经界的各项事宜,其中不止一次提到"按图核实":

> 今画图,合先要逐都耆邻保在(伍),关集田主及佃客,逐坵计亩角押字,保正、长于图四止押字,责结罪状,申措置所,以俟差官按图核实。稍有欺隐,不实不尽,重行勘断外,追赏钱三百贯,因而乞取者,量轻重编配,仍将所隐田没入官。有人告者,赏钱并田并给告人。如所差官被人陈诉,乞许亲自按图核实,稍有不公,将所差官按刻(劾)取旨,重行窜责。如所诉虚妄,从臣重行勘断。⑤

这里所言主要有两项,首先是"画图",其次是差官按图核实。其中对按图核实所用文字较多,强调稍有欺隐,不实不尽,即重行勘断,对欺隐者加以处罚。但对画图亦有言及,所谓画图,即是逐都逐保集结耆邻、保伍,及田主、佃客,"逐坵计亩角押字,保正、长于图四止押字",所言"逐坵计亩角押字",即包含了对各保每一坵段田土的丈量和面积计算,核准无误,有关人员一一押字,然后上报措置经界所,以俟差官按图核实。可见,画图是经界首先要做到的一步,是按图核实的

---

① 《宋史》卷一七四《食货志上二》,第 4199 页。
② (清)徐松辑:《宋会要辑稿》食货六《经界》,中华书局 1957 年影印本,第 4897—4898 页。
③ (清)乾隆《吴江县志》卷十九《长官》,《中国方志丛书》华中 163 号,成文出版社 1975 年版,第 541 页。
④ (清)徐松辑:《宋会要辑稿》食货六《经界》,第 4897 页。
⑤ (清)徐松辑:《宋会要辑稿》食货六《经界》,第 4898 页。

前提。

何炳棣认为，"所谓的'画图'实在是田主自绘的丘块示意图"，"南宋土地经界数字并非得自履亩勘丈"，"都是一贯地实行田主自行陈报亩角并自行绘制丘块示意图"①。即根本否认打量画图、履亩丈量的存在。这与绍兴经界的历史实际不符。

打量画图的实施及其重要性，从绍兴经界所经历的波折中即可看出。绍兴十五年（1145），李椿年以忧去命，王铁以户部侍郎代之，而改变了李椿年的做法，对"两浙诸州县已措置未就绪去处，更不须图画打量、造纳砧基簿"，"令民十家为甲自陈，不复图画打量，即有隐田以给告者"。结果"缘为未曾差官复实，致有隐匿亩角土色，不实不尽，诡名挟户之类"②。王铁实行的结甲自陈之法，因不须画图打量，致使隐匿田土、诡名挟户等痼疾重发，而达不到经界的目的。这正说明了，是否实施打量画图乃是绍兴经界的关键所在。至绍兴十七年（1147）春，椿年免丧复故官，专一措置经界，才恢复了之前的做法，其在措置两浙路经界事件中则言：

> 本路州县经界，已用打量及砧基簿计四十县，欲乞结绝。未曾打量及不曾用砧基簿，止令人户结甲去处，窃虑大姓形势之家，不惧罪责，尚有欺隐，欲乞令措置行下州县，依旧打量画图，令人户自造砧基簿，赴官印押施行讫，申本所差官复实。稍有欺隐，不实不尽，即依前来已得指挥断罪追赏。③

此外，在该文以下所列各项经界措置中，亦多次申令"今来打量，依实供具，画图入帐"，"打量画图"，"近承画图指挥，依旧打量"等等。北宋欧阳修云，"以丈尺量地曰打量"④。所谓"打量"，即丈量田土，为宋代清丈土地的通常说法。

关于绍兴经界中实施的打量田土、按图核实的具体事例，还见于其他记载。南宋楼钥《攻媿集》中载有汪大猷行状，其中云：

> 本贯庆元府鄞县武康乡沿江里汪大猷，字仲嘉，年八十有一，状……遂中十五年进士乙科。秩满，关升左从事郎，为婺州金华县丞。处事益明，期限必信……时户部侍郎李公椿年建议行经界，选公为龙游县复实官，约束严峻，已量之田，隐藏亩步，不以多寡，率至黥配，盛气临人，无敢忤者。公独曰，愚民不识弓步，不善度量，若田少而所供反多，须使之自复，乃可并行。李公问，当何如？公曰，凡有不实，许其自陈，俟验实与改正，悉皆施行，受赐者已不知其几。既至，躬行阡陌，唱弓量之，目则已默计其广袤之实，吏运筹久之，无毫厘差，观者以为神。凡事俱有方略，邑人鼓舞，旁县皆取为法。事毕躬纳图帐。⑤

《金华府志》中亦载有汪大猷的相关事迹：

> 汪大猷，字仲嘉，鄞县人，由进士绍兴间任。争财者谕以长幼之礼，悦服而退。李椿年行经界法，约束甚严，檄大猷复视，请不实者得自陈，毋遽加罪。⑥

从该事例可知，在绍兴经界的实际推行中，主持者"躬行阡陌，唱弓量之"，是实施

---

① 何炳棣：《南宋至今土地数字的考释和评价》（上），《中国社会科学》1985年第2期。
② （清）徐松辑：《宋会要辑稿》食货七〇《经界杂录》，第6433页。
③ （清）徐松辑：《宋会要辑稿》食货七〇《经界杂录》，第6435页。
④ （宋）欧阳修：《欧阳文忠公集》卷一五三《归田录卷第二》，《四部丛刊》初编，商务印书馆1929年版，第18—19页。
⑤ （宋）楼钥：《攻媿集》卷八八《敷文阁学士宣奉大夫致仕赠特进汪公行状》，清武英殿聚珍版丛书本，紫禁城出版社2012年版。
⑥ （明）周宗智纂：成化《金华府志》卷一二《官师二》，学生书局1965年版，第741页。

了打量即丈量田土这一做法的；初步丈量之后又差官复实；其执法严峻，"已量之田，隐藏亩步，不以多寡，率至黥配，盛气临人，无敢忤者"；最后并造有图帐上纳。

其后不久朱熹论经界时，亦对绍兴经界的打量步亩、攒造图帐等做法，特别予以称赞和强调：

> 经界利害，如前所陈，则其不可不行审矣。然行之详略，又有利害者。盖版籍之所以不正，田税之所以不均，政缘教化未明，风俗薄恶，人怀私意，不能自克。是以因循积弊，以至于此，虽有教化，亦未可以卒然变也。况今吏治何暇及此，而遽欲版图之正，田税之均，是岂不差官、不置局、不打量步亩、不攒造图帐，之所能办乎？所以绍兴年中虽以秦太师之权力，李侍郎之心计，然犹不惮甚劳大费，以至淹历岁时之久，而后能有成也。若如议者之言，即是熙宁手（手疑当作首，去声——原注）实之法，其初虽若简易，其终必将大起告讦之风，徒伤淳厚之俗，而卒不足以得人户田产有无多寡之实，又反不如偷安度日，都不作为之为愈也。抑绍兴经界立法甚严，人所创见，莫不震悚，然而奸猾之民，犹有故犯之者，况于今日以此苟简之法，施之玩习之民，而欲妄意簿正而税平，岂可得哉！此经界详略之利害者然也。①

这里，朱熹列出了绍兴经界实施的几个重要步骤：差官，置局，打量步亩，攒造图帐，并称赞其"不惮甚劳大费，以至淹历岁时之久，而后能有成也"。所谓甚劳大费，淹历岁久，主要指的是打量步亩、攒造图帐之事。因为打量一事，最费功力；而攒造图帐，则所费甚巨。关于绍兴经界实行打量步亩之事，朱熹在另一处亦有提及：

> 至如经界一事，固知不能无小扰。盖驱田里之民，使之随官，荷畚持锸，揭竿引绳，以奔走于山林田亩之间，岂若其杜门安坐饱食而嬉之为逸哉？但以为若不为此，则贫民受害，无有已时，故忍而为之，庶其一劳而永逸耳。若一一恤此，必待其人人情愿而后行之，则无时而可行矣。且如此间，绍兴年间正施行时，人人嗟怨，如在汤火之中，是时固目见之，亦以为非所当行，但讫事之后，田税均齐，里闾安靖，公私皆享其利，遂无一人以为非者。②

所言"盖驱田里之民，使之随官，荷畚持锸，揭竿引绳，以奔走于山林田亩之间"，显然是指绍兴经界实施的履亩丈量之事，因其驱民奔走，故招嗟怨。还可证明，履亩丈量是由官府组织的，绝非是所谓"一贯地实行田主自行陈报"。

朱熹还将绍兴经界与北宋熙宁实行的手实法做了对比，指出手实法虽若简易，但终不足以得人户田产有无多寡之实，反而扰民，不如不做。所以，在论及绍兴经界时，对其实施的打量步亩，攒造图帐这一步绝不能忽略，它不是可有可无的，实为其最重要的一环，这是绍兴经界得以成功的关键。

绍兴经界的打量步亩、按图核实，最后则攒造有各种图帐。当时称之为"画图供帐"，或"画图入帐"。绍兴二十年（1150）二月，李椿年的继任者宋贶谈及绍兴经界时说：

> 壬子，权户部侍郎宋贶言，契勘经界本意，务要革去侵耕冒佃，诡名挟户，逃亡死绝，虚供抵当，差科不均，乡司走弄二税之弊，使民有定产，有定税，税有定籍。后来缘以画图供帐，分立土色等则，

---

① （宋）朱熹：《晦庵先生朱文公集》卷二一《经界申诸司状》，第17页。
② （宋）朱熹：《晦庵先生朱文公集》卷四九《书·答王子合》，第14页。

均任苗税，转生奸弊，遂致久不能结绝。①

画图供帐实施的整个过程，十分繁重而复杂，需动用各方面人力物力，耗时费力。首先必须对都保所属田土，逐坵丈量，计算面积，分立土色，确定税则，核实业主，集合耆邻保伍及田主佃客，逐坵计亩角押字，再经复实官按图核实无误后，最后才能将所画图子攒造成各种帐籍。正因为其十分繁杂，工作量巨大，且牵动面广，难度大，易转生奸弊，遂使绍兴经界耗时较长，致有久不能结绝者。

"画图供帐"，或"画图入帐"的"帐"，一般指的就是册籍。宋之前，于人口和土地有关的官府册籍，一般多称为"帐籍"或"籍帐"，宋代仍延续这种说法，至绍兴时仍是如此。关于绍兴经界所造册籍，现存史料记载并不为多，但有关绍兴经界的史料中，多处明确记有"画图供帐"或"画图入帐"等相关文字，如前引仅无锡县其丁口图帐就达"七千余本，皆鱼鳞细图"之事例，所以绍兴经界通过打量田土与按图核实，最后造有与丈量土地相关的各种图籍，这是确定无疑的。《宋会要辑稿》中，即明确载有绍兴经界中的"打量图帐"：

庆元元年二月七日，臣僚言：财赋源流所系在图籍，倘图籍之不明，则财用之不足，此必然之理也。伏自经界之久，打量图帐，一皆散慢（漫），递年税籍，又复走弄，所以州县日益匮乏，莫知所措，虽欲稽考，猝难搜索。乞申严行下，应经界以来打量图帐，与夫逐年乡司税籍，并行拘置官府，以候检核；民间或有隐匿，并与乡司同坐侵移之罪，不以赦降原减。从之。②

庆元元年即1195年，距离绍兴经界结束之时，已有40余年，所言"伏自经界之久"，显然是指其前的绍兴经界，所称"打量图帐"，即指绍兴经界中所造丈量土地的图籍簿册。由此可知，绍兴经界已专门造有丈量土地的图籍——"打量图帐"；又可知，这种打量图帐，在绍兴经界后一直是官府检核税赋的重要图籍，乃财赋源流之所系。

关于绍兴经界画图供帐所造册籍，朱熹有颇为全面的论述。

朱熹（1130—1200），于绍兴十八年（1148）登进士及第，绍兴二十一年（1151）授福建同安主簿，后亦在其他地方从政。朱熹是绍兴经界同时代人，深知经界实行与否对国计民生之利害。绍熙元年（1190），"是岁朱熹守漳州，复以三州经界为请。熹初为同安薄，已知经界不行之害。及到任，会臣僚有奏请行于闽中者，诏监司条具利害以闻，监司下其事于州，适与熹初意合。即加访问讲求，纤悉毕至，以至方量算造之法，尽得其说"③。朱熹向朝廷连上《条奏经界状》《经界申诸司状》《再申诸司状》等，④极言推行经界之必要。然朝廷迟迟不决，直到年底才下旨"先将漳州经界措置施行"，但农闲时间即将错过，朱熹只好申请来年十月方行打量。这期间，漳州经界仍受到朝廷与地方各种势力的阻挠和反对。绍熙二年（1191）正月，其长子朱塾卒，朱熹无奈以治子丧请祠，漳州经界终于未能推行下去。不过，朱熹为漳州经界做了大量的筹备工作，诸如选择官吏、招募谙晓算法之人，发布榜示，乃至差人于邻近州县已行经界去处取会绍兴年中施行事目等等。在其所上奏请和所发榜示之中，详细解释了经界的各种"可行之术"，诸如差官、置局、打量、画图，攒造图帐等。朱熹是绍兴同时代人，亦是

---

① （宋）李心传：《建炎以来系年要录》卷一六一，绍兴二十年二月壬子条，清文渊阁四库全书本，史部第327册，第244页上。
② （清）徐松辑：《宋会要辑稿》食货六九《版籍》，第6346页。
③ （宋）《两朝纲目备要》卷一，文渊阁四库全书本，史部第329册，第702页下。
④ （宋）朱熹：《晦庵先生朱文公文集》卷一九、卷二一。

绍兴经界的亲历者，他一再声称，其倡行之经界，乃是"仰遵绍兴已行之故典"，"今来经界乃是绍兴年中已行之法"，"经界之法当依绍兴年例"，"绍兴已行之法诚不可易"等等。① 故其所列各项，既是对漳州经界的筹划，同时也是对绍兴经界的解读。当然其中亦有对绍兴经界"一二未尽善者"加以改进之处，朱熹奏言：

> 经界之行否详略，其利害已悉具于前矣。今欲行之，则绍兴已行之法，诚不可易。但当时所行，亦有一二未尽善者，如不择诸道监司以委之，而至于专遣使命，不择州县官吏，而泛委令佐，至其中半，又差官复实以纷更之，此则今日之所不可不革者也……盖县令不能，则择于其佐，佐又不能，则择于它官，一州不足，则取于一路，见任不足，则取于得替待阙之中，皆委守臣，踏逐申差，权领县事，要以得其人而后已……则差官置局必可行之说也。
>
> 至于打量一事，则其势不得不少劳民力。但一县之地，大者分为数百千保，小者分为数十百保，使之分头散出，各自打量，则亦不至多费时月，而绍兴遗法亦必有能识之者。此打量步亩必可行之说也。
>
> 至于图帐之法，始于一保，大则山川道路，小则人户田宅，必要东西相连，南北相照，以至顷亩之阔狭，水土之高低，亦须当众公定，各得其实。其十保合为一都，则其图帐但取山水之连接与逐保之大界总数而已，不必更开人户田宅之阔狭高下也。其诸都合为一县，则其图帐亦如保之于都而已，不必更为诸保之别也，如此则其图帐之费亦当少减。然犹窃虑今日民力困弊，又非绍兴年中之比，此费虽微，亦恐难以陪备，若蒙朝廷矜怜三郡之民，不忍使之更有烦费，则莫若令役户只作草图草帐，而官为买纸雇工，以造正图正帐……此则攒造图帐必可行之说也。②

可知朱熹改进之处主要是，经界差官不再专遣使命，而择州县官吏；打量步亩派员分头散出，各自打量，以少劳民力；图帐攒造向上逐级简化，役户只作草图草帐，官为买纸雇工，造正图正帐，以减少负担费用等等，而经界的基本做法仍是遵循绍兴当年已行之法。

就攒造图帐而言，通过朱熹所述，可认证绍兴经界是以都保为单位，逐圩丈量，画鱼鳞图，先造保簿。然后诸保合为一都，只登大界及总数；诸都合为一县，亦如保之于都。前引李椿年与汪大猷的对话中亦谈及于此：

> 李公（李椿年）又欲以十保合为一图，仍与邻都犬牙相入。公（汪大猷）曰：一保之图用纸二百番，已无地可展，又从而十之，不惟不能图画，亦安所用之，徒重劳费，无益于经界也。由是诸郡俱免催科办事。③

此外，《建炎以来系年要录》亦有相关记载：

> （绍兴十三年闰四月）壬寅，诏人户应管田产，虽有契书而今来不上砧基簿者，并拘没入官，用两浙转运副使措置经界李椿年请也。时椿年行经界法，量田不实者，罪至徒流。江山尉汪大猷复视龙游县，白椿年曰：法峻民未喻，固有田少而供多者，愿许首复改正。又谓每保各图顷亩林塘，十保合一大图，用纸二百番，安所展视？椿年听其言，轻刑省费甚众。大猷，鄞县人也。④

---

① （宋）朱熹：《晦庵先生朱文公文集》卷一〇〇《公移·晓示经界差甲头榜》，第9页。
② （宋）朱熹：《晦庵先生朱文公文集》卷二一《经界申诸司状》，第17页。
③ （宋）楼钥：《攻媿集》卷八八《敷文阁学士宣奉大夫致仕赠特进汪公行状》，第3页。
④ （宋）李心传：《建炎以来系年要录》卷一四八，绍兴十三年四月壬寅条，清文渊阁四库全书本，史部327册，第76页下。

这里言汪大猷系江山县尉，与前引《攻媿集》中所记其为金华县丞有所不同。但两则史料关于汪大猷在绍兴经界中相关事迹的记述却是一致的。从这里首先可以看出，绍兴经界有"一保之图"，"每保各图顷亩林塘"，这与朱熹所言"图帐之法，始于一保"可相互印证，即绍兴经界造有保簿，颇为明确。又，关于"十保合为一图"之事，在汪大猷复实的龙游县似未实行，而绍兴经界是否均未实行，这里并未说明，不过，从后来朱熹建议对"十保合为一都""诸都合为一县"加以简化来看，当是绍兴经界时较为普遍的做法。

总之，"画图供帐""画图入帐"是绍兴经界的关键与核心。绍兴经界通过逐坵打量，纽算步亩，核实田主，画鱼鳞图，而造有各种图帐。其中既有描画各田土坵段、详录人户田宅的"鱼鳞细图"，也有"十保合为一图"的鱼鳞总图；既有以保为单位，"每保各图顷亩林塘"的保簿，也有登载合都、合县总数的各级总簿；既有以田土坵段为序、以户从田的土地清丈册，也有登载各户所有田产、以地从人的砧基簿，即归户册。应该说，绍兴经界有关鱼鳞图册的基本框架已经确立，各种鱼鳞册籍雏形已经显现。

三 砧基簿与鱼鳞图

关于绍兴经界所造图籍，迄今研究注意较多的是砧基簿。砧基簿确为绍兴经界所造之一重要册籍。砧基簿与鱼鳞图籍的关系十分密切。鱼鳞图是通过全盘清丈土地来核实业户所占有的田土，但鱼鳞图帐中所呈现的各业户土地占有是分散的；砧基簿则是以人户为中心来总括本户所占有的土地，这是征调赋役所需要的。在鱼鳞图册制度体系中，这两种册籍均不可缺少。二者看似相伴相生，但鱼鳞图是基础和前提，砧基簿是根据鱼鳞图而攒造的，而不是相反。此前研究对二者关系多叙述不清，甚至搞颠倒了。关于绍兴经界砧基簿与鱼鳞图的关系，至少应辨明以下几点。

一、砧基簿不应与鱼鳞图混为一谈。不少研究者在论及绍兴经界和鱼鳞图册起源时，只提砧基簿这一种册籍，给人的印象是绍兴经界仅造有砧基簿；或者虽然也提到鱼鳞图，但由于砧基簿上也画有鱼鳞图，而认为所谓鱼鳞图，所谓画图，就只是指砧基簿上的鱼鳞图而言的，并未指明鱼鳞图乃是绍兴经界所造的另外一种重要册籍，多将二者混为一谈。典型的例子，可以举出何炳棣在《南宋至今土地数字的考释和评价》中所言："南宋通用的'打量'，就是明清的'丈量'。表面字义虽是测量土地，真正的性质却与实际测量有很大的区别。南宋土地经界数字并非得自履亩勘丈，可从李椿年的原奏和代他主持全国经界两年的户侍郎王鈇的原奏中，得到坚强的证明。"然而，查阅原文不难看出，在李椿年的原奏中（见本节"二、先攒鱼鳞图，后造砧基簿"引文），措置经界打量画图，与其后所造砧基簿，分明是两种不同册籍，措置经界画图与砧基簿画图，乃是两种不同册籍上的画图。而何氏则将措置经界打量画图与其后所造砧基簿完全混为一谈，特别是在引证时对原文加以删节，将两种不同册籍上的画图合在一起论证，从而否认履亩丈量的存在。[①]

如前所述，绍兴经界不仅造有砧基簿，还造有鱼鳞图等其他多种图籍。在有关绍兴经界的记载中，多有"图帐""画图供帐""画图入帐""画图造帐""打画图本""打量图帐"等提法。"图帐"，既是册籍的泛称，亦有具体所指。这里的"图"，即指鱼鳞图，"帐"，即指帐籍或籍帐，"图帐"，即是绍兴经界所造各种鱼鳞帐籍。在绍兴经界中，各地多曾造完这种图帐，而为核实田亩、施行均税等所用：

（绍兴二十年七月）二十三日，前权知资州杨师锡言："乞诚谕逐路元委监司，令责自逐州守臣，恪意遵奉，躬亲照应，逐县逐都已造到图帐，已均了税数，一一核实……如是，前日经界打量不为虚

[①] 何炳棣：《南宋至今土地数字的考释和评价》（上），《中国社会科学》1985年第2期。

文，后来所毕帐籍可凭用矣。"诏令逐州县，遵依今年三月二十一日手诏施行。①

这些鱼鳞图帐遂成为南宋官府的重要版籍。几十年后，至淳熙时曾对绍兴经界版籍图帐进行过整顿：

（淳熙）八年闰三月十七日，知江阴军王师古言："经界版籍图帐历时浸久，令宰不职，奸胥豪民恶其害己，阴坏其籍，间有稍存处，类不藏于公家，而散在私室，出入增损，率多诈伪。乞下诸路漕司，专委知县主簿，根刷经界元在图帐簿籍，拘收入官，整缉齐备，置厨封锁于厅事之右。其散失者，将逐年版簿参对，间有疑误，则证以官本砧基，官本有阙，则以民户所存者参定，一依经界格式，置造簿籍。自今凡有分析及出产受产之家，以此为祖，即时逐项批凿，庶几欺弊可革。"从之。②

其所言"经界版籍图帐""经界元在图帐簿籍"，即指绍兴经界所造图帐，它是作为版籍而被官府收藏使用的；绍兴经界图帐是有一定格式的；特别是从这里可明确看出，作为官府版籍的图帐，与官府收藏的砧基簿并不是同一种册籍，故用它来检证版籍图帐。绍兴经界所造各种图籍，即相互关联，又各自独立成册。就砧基簿与鱼鳞图而言，二者既关系密切，而又是绍兴经界所造的不同图籍，不应混为一谈。

二、先攒鱼鳞图，后造砧基簿。不少学者认为，鱼鳞图册是从砧基簿演变而来，即先有砧基簿，后有鱼鳞图册。③ 已有学者研究提出不同看法。④ 认为鱼鳞图册是从砧基簿演变而来的说法，不符合绍兴经界实际情况。请看李椿年提出的关于措置经界与置造砧基簿的原文，即何炳棣所称李椿年原奏：

（绍兴十二年）十二月二日，两浙转运副使李椿年言："被旨措置经界事，臣今有画一下项：

一、今来措置经界，应行移文字，并乞以转运司措置经界所为名……

一、今画图，合先要逐都耆邻保在（伍），关集田主及佃客，逐坵计亩角押字，保正、长于图四止押字，责结罪状，申措置所，以俟差官按图核实，稍有欺隐，不实不尽，重行勘断外，追赏钱三百贯。因而乞取者，量轻重编配，仍将所隐田没入官；有人告者，赏钱并田并给告人。如所差官被人陈诉，许亲自按图复实，稍有不公，将所差官按刻（劾）取旨，重行窜责，如所诉虚妄，从臣重行勘断。

一、乞许于本路军州（州军）委自知、通踏逐保明精勤廉谨官三两员，不以有无拘碍，发遣前来，从臣差委逐都复实。俟平江措置就绪，却（即）令归本州依仿施行。

一、所委官自能于本州依（效）仿施行就绪，无人陈诉，乞从保明申朝廷，乞赐推恩施行。

一、有措置未尽事件，许续具申请。"从之。

既而椿年又言："今欲乞令官、民户，各据画图了当，以本户诸乡管田产数目，从实自行置造砧基簿一面，画田形坵段，声说亩步四至，元典卖或系祖产，赴本县投纳点检，印押类聚，限一月数足，缴赴措置经界所，以凭照对画到图子，审实发下，给付人户，永为照应。日前所有田产，虽有契书，而不上今来砧基簿者，并拘入官。今后遇有将产典卖，两家各赍砧基簿及契书赴县对行批凿，如不将两家

---

① （清）徐松辑：《宋会要辑稿》食货六《经界》，第4904页。
② （清）徐松辑：《宋会要辑稿》食货六九《版籍》，第6345—6346页。
③ 尚平：《南宋砧基簿与鱼鳞图册的关系》，《史学月刊》2007年第6期。
④ 葛金芳：《中国近世农村经济制度史论》，商务印书馆2013年版，第332—334页。

簿对行批凿，虽有契帖干照，并不理为交易……"①

这段文字所言，首先是"两浙转运副使李椿年言被旨措置经界事"，其次才是置造砧基簿之事。《宋会要辑稿》将二者作为绍兴经界的基本条例，编辑在了一起，遂成为考察绍兴经界与砧基簿的最基本史料。但二者在历史上并不是同时发生的。先是绍兴十二年十二月二日公布李椿年措置经界事；而置造砧基簿之事，则在其后，故《宋会要辑稿》说"既而椿年又言"，然"既而"二字常被研究者忽略。考诸相关史籍得知，"（绍兴十三年闰四月）壬寅，诏人户应管田产，虽有契书而今来不上砧基簿者，并拘没入官。用两浙转运副使措置经界李椿年请也"②。即李椿年提出置造砧基簿之请是在"绍兴十三年闰四月"，距前公布措置经界事已有五个月之久，这清楚地表明，绍兴经界是先进行画图打量，后来才提出置造砧基簿的。这是绍兴经界首先应该注意的基本史实。而何炳棣先生在征引上述李椿年原奏时，竟把上述原文中从"稍有欺隐，不实不尽"起，至"既而椿年又言"这一大段文字全部删去，将绍兴经界先实行的画图打量、"按图核实"，与其后"自行置造砧基簿"连在一起，成了一回事，从而造成了绍兴经界的画图打量不过是各户自行陈报这样的印象，以作为"南宋土地经界数字并非得自履亩勘丈"的"坚强的证明"③。

不仅如此，鱼鳞图帐的攒造与砧基簿的置造过程本身也有不同，亦呈现先后之分。前者是先以保为单位，委派保伍耆邻，关集田主佃客，逐坵打量画图，并要按图核实，攒造图帐；后者则是"各据画图了当"，即依据官府组织保伍等逐坵打量画图的鱼鳞图帐，而自行置造的。这一过程必须是，先打量画图，攒造鱼鳞图帐，待"画图了当"之后，再"从实自行置造砧基簿"。如果不是画图完成以后，怎能确知各户诸乡管田产数目？如果没有逐坵打量的鱼鳞图帐，砧基簿又怎能"从实"置造？如果不是先造鱼鳞图帐，措置经界所又如何将砧基簿"照对画到图子审实"？很明显，砧基簿必须俟"画图了当"、打量了毕，"灼见多寡实数"，方可置造。所以是先攒鱼鳞图帐，后造砧基簿，这是必然的。不唯如此，绍兴经界所要解决的问题与所造各种册籍，也都是在"打量了毕"之后才能进行的。如"绍兴经界打量既毕，随亩均产，而其产钱不许过乡"等等。④ 虽然绍兴经界之前砧基簿业已有之，但十分明确的是，自绍兴经界实施之后，鱼鳞图帐便成为砧基簿置造的根据和基础，而不是相反。

三、砧基簿与鱼鳞图属性有所不同。绍兴经界所造鱼鳞图帐，"始于一保"，即以保为单位，委派保伍耆邻，关集田主佃户，"逐坵计亩角押字"，画图入帐，是以田土坵块为序所攒造的土地册籍。明人论述鱼鳞图制度时说道：

旧制，丈量之法有鱼鳞图。每县以四境为界，乡都如之。田地以坵相挨，如鱼鳞之相比，或官或民，或高或圩，或肥或瘠，或山或荡，逐图细注，而业主之姓名随之。年月卖买，则年有开注。人虽变迁不一，田则一定不移，是之谓以田为母，以人为子，子依乎母，而的的可据，纵欲诡寄埋没，而不可得也。此鱼鳞图之制然也。⑤

绍兴经界所造鱼鳞图帐，即是从丈量土地

---

① （清）徐松辑：《宋会要辑稿》食货六《经界》，第4898页。
② （宋）李心传：《建炎以来系年要录》卷一四八，绍兴十三年四月壬寅条，清文渊阁四库全书本，史部第327册，第76页下。
③ 何炳棣：《南宋至今土地数字的考释和评价》（上），《中国社会科学》1985年第2期。
④ （宋）朱熹：《晦庵先生朱文公文集》卷一九，《条奏经界状》，第36页。
⑤ （清）顾炎武：《天下郡国利病书》原编第七册《常镇·武进县志》，《四部丛刊》三编，商务印书馆1936年影印本，第5页。

入手，攒造"打量图帐"，"以田为母，以人为子"，以人从地是鱼鳞图帐的基本属性。按绍兴经界的规定，砧基簿之中亦"画田形坵段，声说亩步四至"，即也画有鱼鳞图，但其上登载的乃是"本户诸乡管田产数目"，仅为本户所有田产，很明显，砧基簿实为一种归户册。它是在鱼鳞图帐攒造完成以后，为了税收方便，将田产赋税落实到户而造的归户税役册。砧基簿的基本属性乃是以地从人。绍兴经界之前砧基簿已存在，从其源流来看，则是属于唐宋以来户帖这一范畴的。故时人说："今造砧基簿，只如人家造户帖，初无难者，然恐沮（阻）于上户。"① 唐至北宋时期，户帖之上详载该户的田产及其应纳税额，而成为州县催科赋税的重要依据。于是在绍兴经界以后，作为具有户帖性质的砧基簿，则依然扮演着十分重要的角色。一是成为赋役征调的基本依据。南宋大臣曹彦约说："夫契书者，交易之祖也；砧基簿者，税役之祖也。"② 二是成为田宅诉讼的重要书证。砧基簿因详载民户田产，并经官府印押，故又有确认业权归属的作用，在田事诉讼中成为产权认证的法律依据之一。南宋《名公书判清明集》中，即多有砧基簿作为产业书证、"照砧基管业"的判语③。形成这种状况，主要是由于南宋时期鱼鳞图册初始产生，作为制度尚未完全确立，而原有的户帖制度的作用和影响仍在延续，正处于这样一个制度转换期的缘故。但这些并未改变砧基簿的归户属性。而鱼鳞图帐则是以人从地，这是宋代新出现的一种机制，至绍兴经界趋于成熟。由于"人虽变迁不一，田则一定不移"，鱼鳞图帐因而成为核实业户土地所有、清理奸弊、均平赋役的有效手段，遂被后世继承与发展，成为一种新的制度。至明初，鱼鳞图册制度正式确定下来，并向全国推广，同时又建立了黄册制度。赋役征调和田宅诉讼的依据则被鱼鳞册和黄册所取代，并出现了鱼鳞归户册，砧基簿遂退出历史舞台，走向消亡。如果说它还存在的话，则已变成了由鱼鳞图册派生的鱼鳞归户册。

鱼鳞图帐是以地为母，以人从地；砧基簿则是以人为母，以地从人，二者属性有所不同，故其演变结果亦不尽相同。而这也反映了宋代以后从倚重人口转向倚重土地的历史发展趋势。

四 方志族谱所载绍兴经界

徽州作为南宋畿辅之地，绍兴经界曾在此实施。罗愿于淳熙二年（1175）撰修完成《新安志》，这距绍兴经界结束仅20余年。据该志载，"凡六县田产，未经界前为百五十一万六千三百亩半，经界为三百万余亩，今为二百九十一万九千五百五十三亩有奇，税钱十一万一千七百八贯二百三十九文。"④ "绍兴中推行经界，尚书郎章侯为时相，力言民病，请因蠲减重赋，不见听。"⑤ 该志又载："紫金山，在县东三十五里，旧名金紫山，与绩溪石金山偕号。甘露大士道场，暮夜见种种光相映，绍兴十八年，尚书郎章侯睹而异之，因取佛语改其山曰紫金，而徙置白莲院焉。"⑥ 又据明万历《休宁县志·食货志》载："（宋）高宗绍兴十八年经界田土"⑦，康熙《婺源县志·食货》亦载："（宋）高宗绍兴十八年经界田土。"⑧ 由以上所载又据明万历《休宁县志·食货志》载："（宋）高宗绍兴十八年经界田

---

① （宋）陈宓：《复斋先生龙图陈公文集》卷二十《回使府造砧基簿拟事件》，续修四库全书本，第1319册，上海古籍出版社2002年版，第513页。
② （宋）曹彦约：《昌谷集》卷十《新知澧州朝辞上殿札子》，清文渊阁四库全书本，集部第1167册，第118页。
③ 《名公书判清明集》卷四《干照不明合行拘毁》，中华书局点校本，中华书局1987年版，第129页。
④ （宋）罗愿纂：淳熙《新安志》卷二《贡赋·税则》，《宋元方志丛刊》第8册，中华书局1989年版，第7626页。
⑤ （宋）罗愿纂：淳熙《新安志》卷二《贡赋·杂钱》，《宋元方志丛刊》第8册，第7626页。
⑥ （宋）罗愿纂：淳熙《新安志》卷三《歙县·山阜》，《宋元方志丛刊》第8册，第7637页。
⑦ （明）李乔岱：万历《休宁县志》卷三《食货志·公赋》，国家图书馆藏万历三十五年刊本，第7页。
⑧ （清）蒋燦：康熙《婺源县志》卷七《食货志·公赋》，国家图书馆藏康熙三十三年刊本，又七页。

土"①，康熙《婺源县志·食货》亦载："（宋）高宗绍兴十八年经界田土。"② 由以上所载可知，徽州经界是在绍兴十八年（1148）前后。这正是绍兴经界实施期间。徽州通过绍兴经界，官府掌握的田亩数量增加几近一倍，这表明绍兴经界在徽州是有效实施了的，是成功的。

在遗存丰富的徽州文献中，亦有关于绍兴经界的记载。《程典》为明万历徽州休宁人程一枝所修程氏族谱，编撰极富特色，所录资料珍贵。其中"图第三卷《茔兆图》"中，载有新安十三世祖墓图及相关文字，原谱册页如下图：

其所载文字是：

歙西黄牢山洗马池之墓
新安十三世梁仪曹府君暨夫人胡氏合葬所：

绍兴经界，歙县永丰乡环山里三保甲楹字源二百一号，坟山一角，土名黄牢山洗马池，东岭，西路，南、北吕希简山。

延祐经界，廿四都三保习字八百六十二号，坟地二十四步。

洪武经界，廿四都三保习字八百六十二号，坟地二十步。东、西、南、北至汪仁义山，业程世忠，税在世忠庙户。

万历清丈，知字三千八百七十二号，坟地七厘一毫四丝，业程世忠，税在世忠庙户。③

《程典》中又载：

歙西黄墩之墓
新安十四世陈重安忠壮公葬所：

绍兴经界，歙县仁爱乡长沙里二十五都第五源二十一号坟地，二亩十四步，地名黄墩，东路，西程十九园，南路及大溪，北程丙园。

这是有关绍兴经界鱼鳞图经理的两则具体记录，颇为珍贵。如上所示，《程典》中所载

---

① （明）李乔岱：万历《休宁县志》卷三《食货志·公赋》，国家图书馆藏万历三十五年刊本。
② （清）蒋灿：康熙《婺源县志》卷七《食货志·公赋》。
③ （明）程一枝：《程典》图第三卷《茔兆图》，国家图书馆藏万历二十六年刻本，第5页。

"绍兴经界""延祐经界""洪武经界""万历清丈",都是序列并连的。其中绍兴经界载有乡里保甲、字号、田土种类及面积、土名、四至,这些都是后世鱼鳞清丈保簿登载的基本事项。其中有丈量步亩、垅块四至等,这是绍兴经界逐垅打量步亩的有力证明。特别应注意的是,其中载有"榅字源二百一号","第五源二十一号",表明绍兴经界的打量图帐已有田土流水字号登载。这里的"榅"字某某号,即是按《千字文》的编号。又,通过《吴氏先茔志》所载,可以见到歙县南宋绍兴经界部分都保字号,诸如十五都九保"老字源"、十五都十保"纺字源"、十六都一保"洁字源""银字源"、十六都二保"歌字源"、十六都三保"豫字源"① 等等,那么,"老、纺、洁、银、歌、豫"这些字又出自何处呢?原来这些字都可在《千字文》中找到。有关《千字文》如下:

亲戚故旧,老少异粮。
妾御绩纺,侍巾帷房。
纨扇圆洁,银烛炜煌。
昼眠夕寐,蓝笋象床。
弦歌酒宴,接杯举觞。
矫手顿足,悦豫且康。②

不过,上述十五都九保、十五都十保、十六都一保、十六都二保、十六都三保这些保是顺序相连的,而与其对应的"老、纺、洁、银、歌、豫"诸字在《千字文》中,除洁、银二字之外,其余诸字并不顺序相连,这又应如何解释呢?这表明,其字号虽以《千字文》为序,但并不是像后世那样,每保(图)只领一个《千字文》字号,则相邻都保字号便顺序相连,而绍兴经界则是每保领有多个《千字文》字号。该志中的记载亦证明了这一点:

历朝经理
宋四世祖守观公……宋额,坐落中鹄乡十六都一保,洁字源一百二十一号,众坟地二角三十步……
宋四世祖妣守观安氏、叶氏……宋额,坐落中鹄乡十六都一保,银字源五号,下地一角五十步……③

这里所谓"宋额"主要指南宋绍兴经界。该记载清楚表明,其十六都一保所领不止一个《千字文》字号,而同时领有"洁""银"两个字号。由于一个保领有多个《千字文》字号,这样,在同一保内,其《千字文》字号相连的可能性较大,"洁""银"二字在《千字文》中就是相连的;而在相邻各保之间,由于其所领字号较多,就不一定全与邻保字号相连。尽管如此,但可看出,这些字号的总体顺序仍是按《千字文》先后之序而排列的。

在上述《程典》及《吴氏先茔志》所载字号之后都有一个"源"字,原来,这是徽州地区表示地名的一个后缀词语。在徽州地区,从小土名到地段名称,乃至自然村名,都有某某源之称,如土名上源、大充源、郑坑源、塘尾源等等,地段名第拾叁源、第拾肆源、第拾伍源等等④,村名洪源、桃源、瑯源、前源、彰源等等。上引《程典》所载又有"二十五都第五源"的记载,这与《清休宁县二十九都三图靡字号摊金》中所载"第拾叁源"等,正可互相印证,"源"字均为表示地段名称之意。

其实,在绍兴经界之前,北宋经理土地的

---

① (清)《吴氏先茔志》第一册,日本东京大学东洋文化研究所藏道光二十九年补刻本,"老字源":始祖第3页,"纺字源":始祖妣第2页,"洁字源":四世祖第3页,"银字源":四世祖妣第1页,"歌字源":三世祖第3页,"豫字源":七世祖第2页。
② (南朝)智永:《智永真书千字文》,上海书画出版社1986年版,第17—18页。
③ (清)《吴氏先茔志》第一册,四世祖第3页,四世祖妣第1页。
④ 《清休宁县二十九都三图靡字号摊金》,其中载有:"第拾叁源:土名洪坑、千秋岭、程脚坞、赶祭坞、笠笋坞、洗衣坞、打石坞、櫸树坞、汉坞","第拾肆源:土名洪坑、神坞、枧坑、双坞、张家岭、鸦鹊坞、旱充、俞家坞","第拾伍源:土名洪坑、株木林、旱充、丽充、毛枧坑"等等,中国社会科学院古代史研究所藏316000000025号。

丈量之中，已经出现了按千字文编号的做法。史载：

> 宣和元年八月二十四日，农田所奏："应浙西州县因今来积〔水〕减退，露出田土，乞每县选委水利司谙晓农田文武官，同与知佐，分诣乡村，检视标记，除出人户已业外，其余远年逃田、天荒田、草莽茭荡，及湖泺退滩、沙涂等地，并打量步亩，立四至坐落，着望乡村，每围以《千字文》为号，置簿拘籍，以田邻见纳租课比扑，量减分数，出榜限一百日，召人实封授状，添租请佃……"从之。①

所以，绍兴经界的图帐之中亦出现按《千字文》为序的田土字号并非偶然。

又，浙江金华《兰溪郑氏族谱》卷首《郑氏家庙记》载："遂断自曾八公为族之始祖。又得民间所收高宗迁都之初所遗鱼鳞图，该载县城东南隅有郑家宅基、郑家小巷出入门路、郑家五通堂等称，至今宛然在也。"②此为明嘉靖十一年（1532）郑瑾所撰家庙记中的一段文字，叙其先父于当时搜访郑氏先祖事迹，言及"又得民间所收高宗迁都之初所遗鱼鳞图"，文字虽简略，但可佐证南宋初年（建炎、绍兴初），即已造有"鱼鳞图"之类图籍，其鱼鳞图遗物至迟到明代后期还存于民间。

方志族谱有关绍兴经界的记载，不仅证实了经界在地方之有效实施，而且揭示了其所造图帐的一些具体内容。

五 结语

宋代土地私有已占据主导地位，买卖频繁，租佃兴盛，土地流转加速，致使业户土地占有形态极为分散。官府必须实行新的举措，制定新的制度，运用新的机制，才能掌握业户占有土地的实际数量，才能达到均平赋役、确保稳定的赋税来源的目的。南宋绍兴经界就是在这样历史背景下实施的。

宋代之前，官府检核业户占有的土地，多实行"自实""手实"等做法，而在宋代土地私有占主导地位的新形势下，这种从控制人户入手的做法，终不足以得其田产之实，很难奏效。人虽变迁不一，田则一定不移。唯有以地为母，从控制土地入手，才为有效之法。于是，新的机制和制度便产生了。

北宋时期为适应这一新的社会经济形势，曾推行方田法，进行了大规模土地丈量。但方田法是"以东西南北各千步"划方丈量，只能在平原地区进行。而南宋绍兴经界，则开创了新的机制。这就是以都保区划为单位，逐坵丈量田土，从而不受地理区域限制，能在各种地方推行土地清丈。

绍兴经界的主要步骤有差官，置局，打量步亩，攒造图帐等。而打量步亩，攒造图帐是绍兴经界的核心，为其最重要的一环，是绍兴经界得以成功的关键。图帐之法，始于一保。即以保为单位，逐坵打量步亩，关集保伍、耆邻、主佃，"计亩角押字"，按图核实，画图入帐。这种以保为单位的"打量图帐"，成为绍兴经界的基本帐籍。按其大界，攒造都图县图；汇其总数，以造都帐县总；据其细图，核实各户田产，以造砧基簿、类姓簿等。后世鱼鳞图册别称"保簿"，诸如"经理保簿""丈量保簿""流水保簿""佥业保簿"等，即由这种以保为单位的"打量图帐"发展而来，绍兴经界为其源头。

砧基簿与鱼鳞图关系密切，但不应混为一谈。绍兴经界是先画鱼鳞图，后造砧基簿。鱼鳞图帐是以地为母，以人从地；砧基簿则是以人为母，以地从人，二者属性有所不同，故其演变结果亦不尽相同。由于鱼鳞图帐以地为母，以人从地，因而成为核实业户土地所有，清理奸弊的有效手段，遂被后世继承与发展，形成一种制度。砧基簿属于唐宋以来的户帖系统，实为一种归户册。绍兴经界时，它是在鱼

---

① （清）徐松辑：《宋会要辑稿》食货一《农田杂录》，中华书局1957年影印本，第4818页。
② 《兰溪郑氏族谱》卷首《郑氏家庙记》，1936年修，浙江金华兰溪市图书馆藏。

鳞图帐攒造完成以后，将田产赋税落实到户而造的归户税役册。明清以后，则演变成了由鱼鳞图册派生的归户册，砧基簿之称归于消亡。

绍兴经界的实施，多有波折，屡受朝廷高官和地方势豪阻挠，有实行不彻底者，有久不结绝者，有功败垂成者，亦有根本没实行之地。但不能因为这些缺陷和弊端而否定绍兴经界所取得的历史性成就。从总体上看，绍兴经界在南宋统治的大部分地区是有效实施了的，是成功的。南宋中后期，在局部地区所实行的经界法，实以绍兴经界为本。特别是绍兴经界开创了中国历史上土地经理的新机制，影响后世，至为深远。绍兴经界有关鱼鳞图册的基本框架已经确立，各种鱼鳞册籍雏形已经显现。后世鱼鳞图册实起源于绍兴经界的鱼鳞图帐，不是从砧基簿演变而来。

（原载《中国史研究》2020 年第 2 期）

明洪武三年处州府小黄册的发现及意义

宋　坤　张　恒[*]

摘　要：洪武十四年全国推行赋役黄册之前，明朝政府曾于洪武三年在南方部分地区试行小黄册之法。小黄册相关资料共有三次发现：第一次发现的是传世史籍中目前所知唯一一例确切史料，是经后人编辑的二手数据；后两次发现的是小黄册原件，是未经编辑的原始数据。小黄册原件文献的发现，不仅完整展现了小黄册册籍的文本构成，而且印证了小黄册之法曾在江浙等地运行了十年之久。洪武三年小黄册之法，基本建构了黄册里甲制度的完整框架，反映了黄册里甲制度的确立起点，揭示了明代乡村组织"图"的来源，在元明之际户口、税赋由分开造册到统一册籍管理的演变过程中起到了承上启下的关键作用。

关键词：小黄册　赋役黄册　里甲制度

黄册又称户籍黄册或赋役黄册，是明王朝为管控人口和征派赋役而编制的户籍册。以黄册为基础建立的里甲制，是明代乡村组织的最小单位，构成了当时国家行政体系中最基层的一环，对清代乃至民国南方地区乡村组织结构产生了重要影响。

前有研究已指出，明朝政府于洪武十四年（1381）在全国推广赋役黄册之前，曾于洪武三年在南方部分地区试行小黄册之法。但传世史籍中对此记载极少，目前仅发现一例确切史料。小黄册实物原件，虽日本学者早在1973年即已发现，但一直未能引起我国学者的关注，相关研究未见引用。笔者近年来在整理公文纸本古籍纸背文献过程中，再次发现了保存于古籍纸背的小黄册实物原件。本文即以新发现的小黄册实物文献为中心，对其发现、内涵及意义做一分析探讨，不当之处，还望方家斧正。

一　明洪武三年小黄册的发现

黄册里甲制作为明代控制人口、征派赋役的一项基本制度，一直是明史学界研究的重点问题。相关成果于20世纪30年代即已出现，但直至80年代之前，研究大体限于利用传世史籍对黄册里甲制度的基本情况及黄册与户帖、鱼鳞图册的关系等问题进行探讨。[①] 80年代始，黄册里甲研究有了较大进展，学者利用各大图书馆、博物馆等新发现的赋役黄册文书开展研究，极大地推动了相关研究的深入。[②]

---

[*] 宋坤，河北师范大学历史文化学院副教授；张恒，武汉大学历史学院暨中国三至九世纪研究所博士生。

[①] 明代黄册研究，日本学者清水泰次和中国学者梁方仲、韦庆远有开创之功。清水泰次《明代の户口册（黄册）の研究》（《社会经济史学》第5卷第1号，1935年）、梁方仲《明代的黄册》（《中央日报》"史学"专刊1936年8月6日、9月3日、10月1日）、《明代黄册考》（《岭南学报》1950年第2期）等文和韦庆远《明代黄册制度》（中华书局1961年版）一书，是20世纪80年代前明代黄册里甲制度研究的代表性成果。

[②] 此时代表性成果，如鹤见尚弘《关于明代永乐年间的户籍残篇》（《中国明清社会经济研究》，姜镇庆等译，学苑出版社1989年版，第262—278页）、赵金敏《馆藏明代户帖、清册供单和黄册残稿》（《中国历史博物馆馆刊》1985年总第7期）、栾成显《明初地主制经济之一考察——兼叙明初的户帖与黄册制度》（《东洋学报》1987年第1、2号）、《明代黄册底籍的发现及其研究价值》（《文史》第38辑，中华书局1994年版）、《明代黄册人口登载事项考略》（《历史研究》1998年第2期）、《论明代甲首户》（《中国史研究》1999年第1期）、《明代黄册归户底籍二种》（《安徽大学学报》2007年第5期）、周绍泉《中国明代人口统计的经纬与现存黄册底籍》（《中国学术》2001年第4期），等等，均是利用新发现的黄册遗存文书展开探讨，对相关研究产生了较大推进。

尤其是 1998 年栾成显《明代黄册研究》的出版，① 系统梳理出 12 种赋役黄册遗存文书，成为学人研究的重要资料基础。近年来，孙继民、杜立晖等又在公文纸本古籍纸背新发现约 30 种、总计 4000 叶②左右的赋役黄册原件，正在整理出版过程之中。③

大体而言，明代黄册制度的实行经历了两个阶段：一是洪武三年在南方部分地区试行小黄册，二是洪武十四年始在全国推广赋役黄册。相对而言，赋役黄册传世史籍记载丰富、实物文献遗存较多，而小黄册却一直处于数据极度稀缺的状态。截至目前，学界对相关资料的发现只有三次。

第一次，传世史籍中相关记载的发现。

1962 年 3 月，小山正明发表《关于里甲制设置的年代》，公布了在《永乐大典》引《吴兴续志》中发现的湖州府"小黄册图之法"，内容如下：

> 国初，各都仍立里长。洪武三年以来，催办税粮军需，则为小黄册图之法；夫役则有均工之制；总设粮长以领之。祇候、禁子、弓兵、驿夫、铺兵点差，皆验苗额之数。立法创制，视昔至为详密。
> ……
> 黄册里长、甲首，洪武三年为始。编置小黄册，每百家画为一图，内推丁力田粮近上者十名为里长，余十名为甲首。每岁轮流，里长一名，管甲首十名；甲首一名，管人户九名。催办税粮，以十年一周。
> ……
> （乌程县）黄册里长，洪武三年定，每一百户设里长一名、甲首一十名，画为一图，催办粮税，以十年为周。
> ……
> （归安县）黄册里甲，洪武三年始定。每一百户为一图，每图以田多者一户为里长，管甲首一十名。不尽之数，九户以下附正图，十户以上自为一图，甲首随其户之多寡而置。编定十年一周。
> ……
> （长兴县）黄册里长，洪武三年定拟，每百家为一图，里长一名，甲首一十名。不尽畸零，九户以下附正图，十户以上者，亦为一图，设里长一名，甲首随户多寡设焉。……逐年轮当，催办税粮。④

这是传世史籍中确切记载明朝曾于洪武三年在部分地区试行小黄册之法的首次发现，也是目前唯一一次发现，学界相关研究基本围绕此一史料展开。⑤

《吴兴续志》为《永乐大典·湖州府》征引的三部文献之一，它记载了永乐年间湖州府及其属县的户口数和田地山荡数，故其成书时间应在永乐元年（1403）之后。志中所存洪武三年小黄册图之法的内容，属于后人对之前制度的追述和总结，是与小黄册相关的史籍记载，而非小黄册原件。

第二次，小黄册原件的首次发现。

1973 年，竺沙雅章首次在日本静嘉堂文库藏公文纸印本《汉书》残本纸背发现了洪

---

① 栾成显：《明代黄册研究》，中国社会科学出版社 1998 年版。
② 1 叶小黄册内容占 2 页公文纸纸背，故本文以"叶"作为小黄册文献计算页码单位。
③ 孙继民及张恒、杜立晖、宋坤曾于《光明日报》2017 年 8 月 21 日第 14 版刊发一组笔谈，题目分别为《后湖黄册悄然现身》《哈佛藏黄册的重要价值》《北方黄册填补空白》，介绍了部分新发现古籍纸背赋役黄册。
④ 《永乐大典》卷 2277《湖州府三·田赋》，中华书局 1986 年版，第 886—890 页。
⑤ 相关研究主要有：小山正明《关于里甲制设置的年代》（实政录研究会发言，东京东洋文库，1962 年 3 月），藤井宏《明初における均工夫と税粮との关系》（《东洋学报》1962 年第 4 号），鹤见尚弘《明代の畸零户について》（《东洋学报》1964 年第 3 号），山根幸夫《明代徭役制度の展开》（东京：东京女子大学学会，1966 年），唐文基《明代赋役制度史》（中国社会科学出版社 1991 年版，第 26—31 页），栾成显《明代黄册制度起源考》（《中国社会经济史研究》1997 年第 4 期）、《明代黄册研究》（第 17—23 页），夏维中、罗仑《关于洪武三年湖州府小黄册图之法的几点考辨》（赵毅、林凤萍主编：《第七届明史国际学术讨论会论文集》，东北师范大学出版社 1999 年版，第 162—168 页），夏维中《洪武初期江南农村基层组织的演进》（《江苏社会科学》2005 年第 6 期），等等。据已有研究，目前可确定曾实行小黄册的地区包括湖州府、嘉兴府、徽州府、苏州府、处州府等地。

武三年浙江处州府青田县攒造小黄册原件。①据竺沙氏介绍，静嘉堂藏《汉书》纸背公文可分两类：一是明代温州卫千户所卷宗刷尾；二是洪武三年青田县攒造小黄册。其关于小黄册原件的判定依据如下：

《汉书》传 69 上第 30 叶纸背载：
　　一户叶彦芳，系本都民户，洪武四年里长。
　　人丁玖口：
　　　　男子柒口：
　　　　　　成丁伍口，
　　　　　　不成丁贰口；
　　　　妇女贰口。
　　田产：田陆顷伍拾亩伍分玖厘壹毫陆丝柒忽。
　　　　地壹亩。
　　　　　　　　　　夏税（略）

叶彦芳充"洪武四年里长"在洪武十四年前，可确定应属洪武三年试行的小黄册图之法。另，《汉书》传 69 上第 41 叶背载："青田县坊郭里长董均明等承奉/本县指挥该：奉/温②州府指挥，为税粮黄册事。③ 仰得，坊郭有田人户，每一百户分为一里，内推田粮丁力近上之家，定为里长，每一年挨次一名，承当十年，周而复始……置立小黄册，开写各（丁）口田粮数目，令当该里长收受。"④ 文中所载黄册编订之法不但与《吴兴续志》所载吻合，且出现了"置立小黄册"一语，可确定其应为青田县小黄册原件无疑。

竺沙氏发现的《汉书》纸背小黄册，首次证实了洪武三年小黄册原件的传世，本应产生较大影响。但可惜的是，由于学科之间的壁垒，该发现未能引起明史学界的关注，也未见之后相关研究提及和引用此珍贵史料，小黄册原件的首次发现就此沉寂。

第三次，小黄册原件的再次发现。

2015 年，笔者在两种公文纸本古籍纸背发现了与上述《汉书》纸背登载形式相同、内容相关的明代册籍，应同属洪武三年小黄册原件文献。

上海图书馆藏宋绍兴江南东路转运司公文纸印本《后汉书》，存 90 卷，纸背带有文字者共 37 卷，计 365 叶。该书卷 4 第 13 叶背载："处州府青田县四都承奉/本县旨挥该：奉/处州府旨挥为税粮黄册事。仰将本都有田人户，每壹佰家分为十甲，内选田粮丁力近上之家壹拾名，定为里长，每一年挨次一名承当，十年周而复始"，与《汉书》传 69 上第 41 叶背所载基本相同，且与《吴兴续志》载小黄册的里甲设置原则基本相符。另，该书纸背所见人户丁口田赋信息登载方式也与上引《汉书》传 69 上第 30 叶背形式相同，如《后汉书》卷 2 第 15 背载：

　　一户何僧寿，系本都民户，洪武四年甲首。
　　人丁伍口：
　　　　男子肆口：
　　　　　　成丁贰口，
　　　　　　不成丁贰口；
　　　　妇女壹口。
　　田产：民田壹亩陆分捌厘三毫三丝三忽。
　　　　　　　　　　夏税（略）
　　　　　　　　　　秋粮（略）

据此可确定，上图藏《后汉书》纸背文献应同为洪武三年小黄册原件实物无疑。

宋刻宋元递修公文纸印本《魏书》共 3 个残本，分藏上海图书馆和四川省图书馆。上海图书馆藏 2 个残本：其一，馆藏目录标注为宋刻宋元递修公文纸印本，共 4 册，存卷 45、

---

① 竺沙雅章：《汉籍纸背文书の研究》，《京都大学文学部研究纪要》第 14 册，1973 年，第 37—52 页。
② "温"应为"处"之讹，青田县在明代属处州府。
③ 据此公文所载，小黄册创立之初的官方称谓应是"税粮黄册"，但学界一般按《吴兴续志》所载称之为小黄册，本文采用学界通行的小黄册一名。
④ 竺沙雅章：《汉籍纸背文书の研究》，《京都大学文学部研究纪要》第 14 册，第 44 页。

46、61—65、82、83 上、83 下等 10 卷，计 218 叶。纸背带文字者 210 叶，内容分两类：一是洪武六年前后台州卫下某中千户所为文卷事呈文，共 4 叶；二是洪武赋税文册，共 206 叶。其二，馆藏目录标注为元修明初公文纸印本，仅 1 册，存卷 86—88，共 37 叶，纸背均为洪武赋税文册。四川省图书馆藏 1 个残本，同为宋刻宋元递修本，共 1 册，存卷 47、81，计 27 叶，纸背均为洪武赋税文册。

以上 3 个残本《魏书》，均长 27.3 厘米、宽 19.9 厘米，且刊刻版式、纸张、版心背面裱补纸条均同，最重要的是纸背文书多有相关之处，可肯定应为同一刻本。该书纸背洪武赋税文册中人户丁口田赋信息的登载形式，也与静嘉堂藏《汉书》纸背小黄册相同，如卷 61 第 1 叶背载：

　　　一户季铨五，系本管民户，洪武伍年甲首。
　　人口伍口：
　　　男子贰口：
　　　　成丁贰口；
　　　妇女三口。
　　田肆亩柒分肆丝壹忽。
　　　　　　　　夏税（略）
　　　　　　　　秋粮（略）

据此，《魏书》纸背也为洪武三年小黄册原件。

据统计，《后汉书》《魏书》两书纸背现存小黄册原件共计 635 叶，经过缀合整理，已初步复原出含处州府青田县、遂昌县、缙云县、龙泉县、丽水县在内的 5 个以上县、15 个都、870 余户人户信息的小黄册原件。[①]

综上，学界关于小黄册相关资料的三次发现，第一次是相关史籍记载，属于经过编辑的二手数据；后两次是小黄册原件文献，属于原始史料。从资料的准确性和详尽性角度而言，后两次发现的价值意义显然要高于第一次发现。[②]

二　小黄册的内涵

《吴兴续志》中关于湖州府小黄册之法，仅粗略记述了小黄册编订中里甲人户的大体划分和轮役原则，其最大的价值在于证实了明廷曾于洪武三年在部分地区试行了小黄册之法，建立了里甲组织。但由此引发的一系列问题，如小黄册如何攒造、册籍文本由何构成、与赋役黄册有何区别、里甲组织内部是何结构等，则因为数据的缺失，学人一直未能有清晰认知。小黄册原件的发现，为解决上述问题提供了契机。

新发现的小黄册原件，相对已知赋役黄册遗存文书，在数量上并不占优，但在保存完整程度上，远超已发现的任何一种赋役黄册原本。这使我们分析其册籍文本构成和里甲组织内部结构成为可能。

---

① 关于《后汉书》《魏书》纸背小黄册的缀合复原和归属地考证，耿洪利已专门撰文论述（待刊），在此不再展开说明。
② 因《吴兴续志》中相关记载属后人追述和总结，难免有抵牾之处。如其中载湖州府全府里甲编制原则为"每百家画为一图"，下文长兴县、安吉县、归安县等均载"每百家为一图"。但涉及里长、甲首设置时，湖州全府总言言"内推丁力田粮近上者十名为里长，余十名为甲首。每岁轮流，里长一名，管甲首十名；甲首一名，管人户九名"，其下各县载"每百家为一图，里长一名，甲首一十名"，据此推算则与"百户为一图"相抵触。唐文基曾针对此段资料指出："如按每甲 10 户计算，1 里 10 甲计 100 户，加上 1 户里长，每里实际上是 101 户。又前引同书同卷写到湖州府全府里甲编制时，说：'每百家画为一图，内推丁力田粮近上者十名为里长……里长一名，管甲首十名，甲首一名，管人户九名'，合计当是一百一十户。"（唐文基：《明代赋役制度史》，第 28 页）夏维中等则认为此段资料中："百户为一图，设里长一名，甲首十名，这应该是没问题的"，"里长户也应归入百户十甲中"，这段材料的错误之处，是"内推丁力田粮近上者十名为里长"中的"十名"应为"一名"，正确文意应是"内推丁力田粮近上者一名为里长，余十名为甲首，每岁轮流。里长一名，管甲首十名；甲首一名，管人户九名"。（夏维中、罗仑：《关于洪武三年湖州府小黄册之法的几点考辨》，赵毅、林凤萍主编：《第七届明史国际学术讨论会论文集》，第 16 页）但据小黄册原件可见，小黄册里甲组织下，百户为一图，含 10 名里长户，90 名甲首户。每年 1 名应役里长管 9 名应役甲首和 9 户不应役里长户；1 名应役甲首，管 9 户不应役甲首户。

1. 小黄册册籍文本构成分析

通过对小黄册原件的整理复原可见，完整一册小黄册应包含册首总述、里甲人户和册尾押署三大部分。

册首总述为全册的提纲挈领内容，主要包含攒造单位、转引公文、起科则例和册中人户丁口、田粮总数。

攒造单位，如《后汉书》卷4第13叶背为小黄册册首，起首云："处州府青田县四都承奉本县旨挥该：奉处州府旨挥为税粮黄册事。"据此可知，该小黄册为青田县四都攒造。

转引公文主要是关于小黄册里甲的编制原则。《后汉书》卷4第13叶背载青田县转引处州府旨挥公文云："仰将本都有田人户，每壹伯家分为十甲，内选田粮丁力近上之家壹拾名，定为里长，每一年挨次一名承当，十年周而复始。其余人户，初年亦以头名承充甲首，下年一体挨次轮当。保内但有编排不尽畸零户数贰拾、叁拾、肆拾户，务要不出本保，一体设立甲首，邻近里长，通行带管；如及伍十户者，另立里长一名，排编成甲。"由此可见，小黄册里甲的编制单位应为"都"；编制对象是一都中的"有田人户"；编制原则是将都中每100家分为10甲，选"田粮丁力近上之家"10名充里长，每年由1名里长和9名甲首应役，十年一周。对于编排不尽的人户，则以"保"为单位，每保编排不尽户为20以上、50以下时，仅设甲首，不设里长；不尽畸零户足50户时，则另立里长一名。

起科则例主要是各种不同类型田地的征税标准。如《后汉书》卷4第13叶背载"没官田每亩照依民田则例起科"，静嘉堂《汉书》传69上第41叶背载"官田每亩照依民田则例起科……职田每亩照依民田则例起科……学院田照依民田则例起科"等。

册中人户丁口、田粮总数均先总列全部人户数和丁口数，之下再分列里甲人户及丁口数、带管外役人户及丁口数、编排不尽人户及丁口数、寄庄户人户数。其中，寄庄户仅登载户数，不载具体丁口数。田粮总数的登载，也是先总列一都之下官民田地总数和夏税、秋粮总数，之下再按照田地类型，分列官田、学院田、民田等各自田亩数和夏税、秋粮数。

里甲人户部分是小黄册的核心内容。因小黄册是以"都"为单位攒造，故一册中包含多个里甲组织。具体到一个里甲组织，其文本构成主要包含里首总图、一里人户丁口田粮总数和具体人户丁口田粮数等三部分内容。①

里首总图，据整理缀合后小黄册可见，一般包含"里长甲首轮流图""带管外役人户图"和"编排不尽人户图"三图。各图复原格式如图1至图3所示。

由复原后的"里长甲首轮流图"可见，为10×10的方格，上列应役时间洪武四年至十三年；表中第1行为里长，其余9行为甲首。一里当中的里长、甲首即按此图标示顺序轮流应役。上引《吴兴续志》中云"编置小黄册，每百家画为一图"，应即指此"里长甲首轮流图"。又，《吴兴续志》载归安县和长兴县小黄册之法云："不尽之数（不尽畸零），九户以下附正图，十户以上自为一图。"由小黄册原件看，其中所云"正图"应即每里的"里长甲首轮流图"，而"自为一图"应是"编排不尽人户图"。目前所见小黄册原件中，"编排不尽人户图"最少的是10户。由此可知，小黄册之法中，编排不尽足10户时，即需编为一甲，设立甲首。一里人户丁口田粮总数，登载形式及内容均与册首总述部分的相关内容格式相同，不再赘述。

---

① 洪武十四年推行的赋役黄册中，将一个里甲组织称为"一里"，但现存小黄册中未见"里"的称谓，却见有两个不同等级"甲"的称谓：一种是代表一个里甲组织的"甲"，另一种是由10户人户组成的"甲"，后者称为"甲下第几甲"。如《魏书》卷46第3叶背载"甲下第贰甲甲首徐隆贰等壹拾名"、卷65第21叶背载"甲下第七甲沈镇四等一十户"。由此可见，小黄册中代表一个里甲组织的"甲"，实际上是总甲，相当于赋役黄册中的"里"。为避免引起歧义，本文借用学界通行称谓，将小黄册中代表一个里甲组织的"甲"，暂称为"里"。

洪武十三年	洪武十二年	洪武十一年	洪武十年	洪武九年	洪武八年	洪武七年	洪武六年	洪武五年	洪武四年	
里10	里9	里8	里7	里6	里5	里4	里3	里2	里1	里长
甲10	甲9	甲8	甲7	甲6	甲5	甲4	甲3	甲2	甲1	甲首
⋮	⋮	⋮	⋮	⋮	⋮	⋮	⋮	⋮	⋮	甲首
⋮	⋮	⋮	⋮	⋮	⋮	⋮	⋮	⋮	⋮	甲首
⋮	⋮	⋮	⋮	⋮	⋮	⋮	⋮	⋮	⋮	甲首
⋮	⋮	⋮	⋮	⋮	⋮	⋮	⋮	⋮	⋮	甲首
⋮	⋮	⋮	⋮	⋮	⋮	⋮	⋮	⋮	⋮	甲首
⋮	⋮	⋮	⋮	⋮	⋮	⋮	⋮	⋮	⋮	甲首
甲80	甲79	甲78	甲77	甲76	甲75	甲74	甲73	甲72	甲71	甲首
甲90	甲89	甲88	甲87	甲86	甲85	甲84	甲83	甲82	甲81	甲首

图 1　里长甲首轮流图

⋮	厶 禁子	厶 驿夫
⋮	厶 水站夫	厶 弓兵
⋮	⋮	⋮

图 2　带管外役人户图

洪武十三年	洪武十二年	⋮	洪武五年	洪武四年	
厶	厶	⋮	厶	厶	甲首
⋮	⋮	⋮	⋮	⋮	

图 3　编排不尽人户图

具体人户丁口田粮数。人户登载顺序主要是依"里长甲首轮流图""带管外役人户图""编排不尽人户图"所载人员排序编排。其中，里长、甲首户登载格式最为典型，登载信息包含户主姓名、籍贯、应役时间与类型及户下丁口、田地、税粮数。如《魏书》卷46第3、4叶背所载"徐隆贰"户：

一户徐隆贰，系本都民户，洪武肆年甲首。

人丁陆口：

男子肆口：①

成丁贰口，

不成丁贰口。

妇女贰口。

---

① 第3、4行原文被裁切，此为据上下文意和小黄册中其他人户登录格式推补。

田壹拾亩肆分陆厘贰毫伍丝。
夏税正耗麦肆升三勺壹撮伍圭：
正麦三升柒合陆勺陆抄伍撮，
耗麦贰合陆勺三抄陆撮伍圭。
秋粮正耗米三斗三升四合八勺肆抄陆撮三圭：
米三斗壹升三合捌勺柒抄伍撮，
耗米贰升壹合玖勺柒抄壹撮三圭。

带管外役户与里长甲首户登载信息项基本相同，仅是在首行人户户主姓名、籍贯后，载应役杂役役目，如弓兵、铺兵、站户等，不载应役时间，与里甲户有所不同。编排不尽人户的信息登载，如其被单独编为一图，设立甲首，则登载形式与正图甲首户完全相同；若属于附入正图者，则首行仅载户主姓名、籍贯，无其他内容。除了上述三种人户之外，小黄册中还见有寄庄户的登载，其首行内容与里长、甲首户相同，但下列人丁、田粮信息中，则仅登录田产信息，无人丁信息。小黄册中所见寄庄户，需要在寄庄地承担里甲差役或杂役。①

册尾押署主要含造册时间及造册负责里长的姓名。如《汉书》传69上第38叶背载："洪武三年十二月　　日十六都里长□□□"，从残存内容看，其应为小黄册末尾的造册人员押署内容。

通过上述对小黄册册籍文本构成、登载要素的分析，我们可复原出一个完整的小黄册攒造书式，对进一步了解明代赋役黄册的册籍结构有重要参考价值。栾成显在谈及明代黄册起源时，曾指出：洪武三年小黄册图之法"与洪武十四年在全国推行的黄册制度相比，在每图所编人户数，所置里长、甲首数，以及里甲的职责等方面，均有差异或不同。但从将应役人户编排在里甲组织之中，十年一周，轮流应役等方面来看，小黄册之法无疑已具备了黄册制度的基本框架"②。从现存资料来看，洪武三年在部分地区试行的小黄册之法，其里甲编制原则和黄册攒造格式基本为洪武十四年后在全国推行的赋役黄册所继承。赋役黄册虽然在每里里甲人户上将小黄册的"百户为一图"改为110户为一里，并在具体人户信息登载中增加了人户下人员姓名及年岁等内容，但内核要素并未改变。因此，对小黄册本身册籍文本构成的分析，还可在一定程度上体现明代赋役黄册原本的完整面貌。

2. 小黄册里甲组织内部结构分析

关于明代黄册里甲组织结构的问题，学界讨论较多的主要是赋役黄册里甲中里长、甲首的户数问题。③而对于明初小黄册里甲相关问题，限于材料，未见有专题讨论。经过整理复原目前发现的小黄册原件可知，一里小黄册保存人户最多者计有90余户。通过其中里甲人户的排序，我们可对明初小黄册里甲组织的内部结构进行分析探讨。

首先，明初小黄册里甲组织人户类型结构。通过上文对小黄册的文本构成分析可见，具体一个里甲组织的小黄册，册首先列"里长甲首轮流图""带管外役人户图"和"编排不尽人户图"三图，其中"里长甲首轮流图"共有100户人户；"带管外役人户图"中人户数量不等，依实际情况绘图罗列；"编排不尽人户图"，最少为10户，最多有40余户。由此可知，明初小黄册之法中，一个完整里甲组织，应包含里甲正户、带管外役户和编排不尽畸零户等三类人户，其总户数应超过100户。

---

① 关于小黄册中所见寄庄户承担差役的具体分析，可参见耿洪利《明初小黄册中寄庄户初探》，《中国经济史研究》2020年第3期。

② 栾成显：《明代黄册制度起源考》，《中国社会经济史研究》1997年第4期，第36页。

③ 关于明代里甲制度中里长、甲首户户数问题，在赋役黄册遗存文书发现之前，学界一直存在较大争议，如梁方仲认为赋役黄册的里甲组织应是由10户里长户、10户甲首户、90户普通人户构成（《释一条鞭法》，《梁方仲文集·明代赋役制度》，中华书局2008年版，第88页）；衔微认为应是由10户里长户和100户甲首户组成（《明代的里甲制度》，《历史教学》1963年第4期，第40页）；李晓路则提出了10户甲首户（轮充里长）和100户普通人户组成一里的观点（《明代里甲研究》，《华东师范大学学报》1983年第1期，第52页）。之后，栾成显利用传世史籍结合赋役黄册遗存文书，确定赋役黄册里甲组织应是由10户里长户和100户甲首户构成，得到学界普遍认可（《论明代甲首户》，《中国史研究》1999年第1期，第130页）。

其次，明初小黄册里甲组织内部"甲"的构成。目前学界在谈到赋役黄册里甲组织结构时，对于里下所含各甲，基本认为是由10户甲首户组成一甲，每年一户应役，为"见役甲首"，其余9户为"排年甲首"。但通过对小黄册原件的复原可见，小黄册里甲组织内部具体一甲存在两种排甲形式：一种是依"里长甲首轮流图"纵向排序，另一种则是依"里长甲首轮流图"横向排序。现以《后汉书》纸背小黄册为例说明如下。

《后汉书》纸背小黄册，虽然各叶存在一定程度的残损，但顺序基本未乱，故而可较为清晰展示里甲排序方式。该书卷2第6—30叶、卷3第1—29叶、卷4第1—12叶纸背，为处州府遂昌县建德乡十五都下一里小黄册，共有人户93户，含里甲正户80户、带管外役户2户、编排不尽人户11户。其中，卷2第6叶背为"里长甲首轮流图"，右侧完整，左侧残缺，现存"洪武四年至洪武十一年"8年轮役里甲姓名，缺"洪武十二年至十三年"两年轮役里甲姓名。同卷第7—9叶纸背为该里人户丁口、田粮总数。第10—16叶背分载第一甲里长"叶则正"及甲首"翁必仕""王安周""叶成""叶伯志""何僧寿""翁师普"等户信息，其中虽有残损，但排序与第6叶背"轮流图"中第一列洪武四年应役人员纵向顺序完全相同。同卷第17—20叶，分载"吴可贵""王伯玉""翁方四"等户信息，与第6叶背"轮流图"右数第二列洪武五年应役人员顺序相同。第23叶背载"叶习之""翁嵌光"两户人员信息，与"轮流图"右数第三列洪武六年应役人员"叶习之""翁嵌光"两者纵向排序相同，同样现象还见于卷2第27叶背载"叶德里""吕济川"两户、第29叶背"普照堂""徐僧行"两户，均与图中洪武七年应役人员纵向排序相同。

通过对全里人户的复原可见，此种依"里长甲首轮流图"纵向排甲的方式，是将全里百户里甲正户分为10甲，1甲10户中含1个里长户、9个甲首户，甲首户系于里长户之后。

《后汉书》卷30下第23—34叶（其中第25、29叶为混入文献）及卷31第1—27叶、卷32第1—17叶背为另一里小黄册，攒造单位缺，现存人户75户，均为里甲正户。其中，卷30下第23叶背为"各年里甲轮流图"，右侧完整，存"洪武四年至洪武十年"里甲姓名；左侧残损，缺"洪武十一年至洪武十三年"3年轮役里甲姓名。同卷第24叶背为该里总述内容，但仅存田粮数目。第26叶背载："里长张希贤壹拾户／一户张希贤，系本都民户，洪武四年里长"，第27叶背载洪武七年里长"徐贵二"户，第28叶背载充洪武八年里长"何和二"户，第30叶背载洪武十年里长"陈续四"户，第31叶背为洪武十三年里长"张星一"户。虽此几叶文献因印制《后汉书》导致残缺和错简现象，但还是可以看出，其排序与第23叶背"里甲轮流图"横向第1行排序完全相同。之后，第32叶背载"甲下第壹甲甲首张成三等壹拾户"，其中"张成三"为洪武四年甲首，第33叶背为洪武六年甲首"徐福二"户，第34叶背为洪武七年甲首"徐崇三"户，卷31第1叶背为洪武十年甲首"祝铭五"户，第2叶背为洪武十一年甲首"杨理"户，第3叶背为洪武十三年甲首"张原一"户，与卷30下第23叶背"里甲轮流图"第2行横向排序相同。卷31第4叶背为"甲下第二甲甲首何仕通等壹拾户"，"何仕通"充洪武四年甲首，同卷第5—8叶依次载洪武六年甲首"瞿亮一"、洪武七年甲首"张全七"、洪武十年甲首"徐立二"、洪武十三年甲首"徐远斌三"，与卷30下第23叶背"里甲轮流图"第3行横向排序相同。第9叶则开始登载第三甲"张登二"等10户信息。

由上述内容可见，该里小黄册里甲人户登载是依"里长甲首轮流图"横向编甲，将10户里长户编为1个里长甲，之后横向10户甲首户为1甲首甲，从上至下排列，但里长甲不计入甲首甲的排序，故甲首甲的排序为1—9。

综上，明初小黄册里甲组织内部"甲"的构成存在两种排甲形式：一种是1户里长户和9户甲首户组成1甲，全里10甲；另一种是10户里长户组成1个里长甲，其余90户甲首户，每10户组成1个甲首甲，全里共含1个里长甲和9个甲首甲。此两种"甲"的构成形式，决定了小黄册之法中里甲轮役也存在两种方式：

一种是对应前者的每年由一"整甲"应役,另一种则是对应后者的每年由各甲各出一户应役。

通过上述小黄册册籍文本构成和里甲组织内部结构的分析,我们可对小黄册册籍性质作一大体判定。由小黄册文本来看,其核心内容是登载都下人户的丁口、田粮信息,其中丁口信息较为简略,田粮信息则极为详尽,且册首转引公文中又曾将其称为"税粮黄册",由此可判定,编纂小黄册的主要目的应是为征收赋税。而其编纂形式,则是将人户编制里甲,以里甲应役时间为纲登载人户信息。所以,我们可以说小黄册的基本性质应是明政府为便于佥派里甲差役以征收赋税而创立编制的一种赋役册籍。

三 小黄册的价值意义

洪武三年,明朝政府在南方部分地区试行小黄册之法,从洪武四年始至洪武十三年止,运行十年。洪武十四年,开始在全国范围内推行赋役黄册,直至明末。按照十年一大造的规定,明代共计攒造小黄册1次、赋役黄册27次。据记载,历经明末战乱,至清初顺治年间,南京后湖黄册库所藏赋役黄册还曾多达179万余册,但这一海量文献在清代被集中毁弃,几乎消失殆尽。①

明代赋役黄册遗存文书,从20世纪80年代始陆续有所发现,近年来孙继民等学者又在古籍纸背新发现一批原件。前已述及,虽然早在1973年竺沙雅章即已发现小黄册原件,但长期不为明史学者所知,所以小黄册的再次发现,仍具有重大意义。

小黄册的研究价值无疑是多方面的。限于篇幅,笔者主要拟对其反映明代里甲制度的确立起点、揭示乡村组织"图"的来源及弥补元明之际户口赋税册籍制度演变的缺环这三个最主要、最直接的学术意义,进行大略阐述。

1. 小黄册反映了明代里甲制度的确立起点

里甲制度作为明代乡村基层管理、赋役征派的一项基本制度,素为学界所重。而关于明代里甲制度的确立时间问题,在洪武三年小黄册之法被发现前,学者大都认为其应是建立于洪武十四年后在全国推广赋役黄册之时。而小黄册之法被发现后,虽有部分学者据此及其他间接材料提出洪武十四年之前应已出现里长甲首,但未展开详细论述,学界通行观点仍是认为里甲制度至洪武十四年后才基本定型。而通过小黄册原件文献可见,洪武三年在南方部分地区试行小黄册之法时创建的里甲组织,已基本具备了洪武十四年后赋役黄册里甲制度的完整框架。

首先,里甲编制原则方面。小黄册中里甲编制是将"百户画为一图",即100户编为一里,其中含10户里长户、90户甲首户,编排不尽人户附各里下带管;赋役黄册是110户为一里,一里含10户里长户、100户甲首户,编排不尽人户也是"附各里长名下带管当差"。虽然赋役黄册里甲编制原则中,比小黄册里甲每里多出10户甲首户,且增加了"其畸零人户,许将年老、残疾并幼小十岁以下,及寡妇、外郡寄庄人户编排"的特殊规定,②但两者的基本内核并未发生根本变化,只是对具体施行方式进行了适当调整,因此赋役黄册里甲的编制原则应继承自小黄册。

其次,里甲内部结构和轮役方式方面。上文曾言,小黄册反映出其里甲组织内部"甲"的构成存在两种形式;而据史籍记载,赋役黄册中"甲"的编排也存在两种形式。如正德时曾任南京户科给事中的孙懋奏疏云:

> 臣尝署掌户科,管理后湖黄册。查得北方省分开造里甲,每甲自相联属。如一甲里长赵甲,其本甲甲首相连十名,俱系于赵甲之后,他甲皆然。遇有查理,止于一十户内检寻,其弊难隐。南方省分开造里甲,各甲互相依附,如一甲里长钱乙,其本甲至十甲甲首,各揭一名,杂系于钱

---

① 赵践:《记明代赋役档案——黄册的最后遭遇》,《山西档案》1987年第5期,第41页。
② 万历《大明会典》卷20《户口二·黄册》,《续修四库全书》第789册,第337页;赵官等编纂:《后湖志》卷4《事例一》,第54页。

乙之后，谓之穿甲。遇有查理，须于百户之内遍阅，其奸易匿。……其穿甲之法，查非旧制及见行事，宜通照北方黄册开造，庶国无异政，家无殊俗。①

相似记载还见于嘉靖七年（1528）后湖官员赵永淳上言：

> 各处解到赋役黄册，中间多不依式顺甲编造，俱系乱穿甲攒造。假如里长赵甲下甲首钱乙等十名，即该顺次编附于里长赵甲之下，方可易于检阅查对。今各处攒造黄册，任凭里书人等玩法作弊，故将十里［甲］里［甲］首紊造于十里长之下，难以查对，深为未便。②

将上述奏疏与小黄册对照来看，孙懋及赵永淳所言的赋役黄册"顺甲法"攒造实际即小黄册中依"里长甲首轮流图"纵向按列排甲，所对应"甲"的构成应即 1 里长 10 甲首为一甲；"穿甲法"攒造则是依"里长甲首轮流图"横向按行排甲，所对应"甲"的构成则是 10 户里长户为一里长甲，100 户甲首户为 10 个甲首甲。由此可确定，赋役黄册里甲制度的内部组织结构也与小黄册一脉相承，进而两者的轮役方式也对应一致。小黄册里甲组织下，轮役方式分为按甲应役和各甲出一户应役两种形式，赋役黄册里甲轮役也与此相同。李新峰认为，明初的制度条文与相关史料说明，里甲制度最初奉行各甲出一户轮役的方式或设计理念。到洪武后期第二次修造黄册时，各甲出一户轮役的方式，开始迅速让位于按甲轮差的方式。③由小黄册可见，明代里甲轮役方式的演变，并非像李新峰所言，单纯是由明前期的"各甲出一户轮役"转变为中后期的"按甲轮差"，而是明前期一直存在与"穿甲法"对应的"各甲出一户轮役"和与"顺甲法"相应的"按甲轮差"两种轮役方式。嘉靖十一年明廷严禁"穿甲法"攒造黄册，之后才仅剩与"顺甲法"相应的"按甲轮差"一种方式。

最后，里长职责方面。赋役黄册里甲制度下，里长最重要的两个职责即"征收赋税"和"佥派差役"，而小黄册里甲组织中里长也已基本具备了这两个主要职责。如《后汉书》卷4第 13 叶背载"置立小黄册一本，开写各户田粮数目，令当该里长收受，相沿交割，催办钱粮"，由"当该里长收受""催办钱粮"等语可确定，里长需承担赋税征收的职责。"佥派徭役"方面，《吴兴续志》言："洪武三年以来，催办税粮军需，则为小黄册图之法；夫役则有均工之制；总设粮长以领之。祗候、禁子、弓兵、驿夫、铺兵点差，皆验苗额之数。立法创制，视昔至为详密。"④张志斌据此认为："小黄册伴随着里甲制度出现。里甲本身是役法的一种，但里甲只是'催办税粮军需'，或者说'追征钱粮'即完成'赋'，并没有'勾摄公事'的职责。这一点和后来黄册出现后，里甲的职责是'追征钱粮'（赋），'勾摄公事'（役）的两重性不同。"⑤唐文基也认为："洪武十四年，明朝在全国范围内编制了黄册，建立里甲组织。从此，杂役的佥派，通过里甲执行，里长掌握了点差的权力。"⑥但由小黄册可见，其所确立的里甲组织下，每里包括里甲正户、带管外役和编排不尽三类人户。其中，带管外役户即承担禁子、弓兵、驿站夫、水站夫、铺兵、递运夫等杂役的人户，而"带管"一词表明其应是由该当里长管理。由此可确定，小黄册中里长并不仅仅只有"追征钱粮"的职责，而是已经具备了征收赋税和佥派杂役的双

---

① 孙懋：《孙毅菴奏议》卷下《厘夙弊以正版籍疏》，景印文渊阁《四库全书》，商务印书馆 1986 年版，第 429 册，第 333 页。
② 赵官等编纂：《后湖志》卷 10《事例》，第 114 页。
③ 李新峰：《论明初里甲的轮役方式》，《明代研究》第 14 期，"中国"明代研究学会，2010 年，第 17—43 页。
④ 《永乐大典》卷 2277《湖州府三·田赋》，第 886 页。
⑤ 张志斌：《明初赋役制度新探——关于户帖、均工夫和黄册》，《松辽学刊》1990 年第 4 期，第 38 页。原文将题目中"于"误印为"士"，本处已改为"于"。
⑥ 唐文基：《明初的杂役和均工夫》，《中国社会经济史研究》1985 年第 3 期，第 57 页。

重属性。赋役黄册里甲制度下里长的基本职责也是延续自小黄册里甲组织。

由上可知，洪武十四年后通过赋役黄册建立的里甲制度实际上只是对洪武三年小黄册里甲组织的继承和完善，并非创建。小黄册的试行，已经构建完成了黄册里甲制度的基本框架和编制原则，实质上具备了明代里甲制度的核心内涵。据此，我们可明确指出，明代里甲制度的确立起点应即洪武三年试行的小黄册之法。

2. 小黄册揭示了明代乡村基层组织"图"的来源

"都图"作为明代通行于南方地区不同于前代的乡村组织单位，对明清乃至民国时期的江南乡村基层组织均产生了重要影响。其中"都"发端于北宋熙宁三年（1070）保甲法的实行，之后在南宋实行推排法时被广泛设立，这一观点得到了学界的认可。但关于"图"的设置时间，学界则有南宋说、元代说两种观点，但此两说均存在一定问题。小黄册原件在一定程度上为我们揭示了作为乡村组织"图"的来源。

赵翼《陔余丛考》据《宋史·袁燮传》中的相关记载，认为"乡都图之制起于南宋也"[①]。日本学者和田清也据此认为南宋时期为了统一赋税与劳役，政府从事土地丈量而画图造账，这种图册慢慢代替保的名称成为乡村组织单位，所以南宋末年南方的乡村组织已经被都、图所取代。[②]张哲郎、赵秀玲等学者均支持这一论断。[③]但陈宏进指出，《宋史·袁燮传》载："燮命每保画一图，田畴、山水、道路悉载之，而以居民分布其间，凡名数、治业悉书之。合保为都，合都为乡，合乡为县，征发、争讼、追胥，披图可立决。"[④]其所画之图，"仅为袁燮在浙西救饥过程中便于了解和管理各保而绘制的较为详细的地图，亦即纸上之图，并非制度化的乡村组织单位"[⑤]。其实，除了袁燮所画地图为包含地形、人户、治业等内容的详图之外，从文中"合保为都，合都为乡，合乡为县"一语也可看出，当时的乡村最基层建置仍为"保"，并未形成"图"。

学者论证"图"的设置始于元代，依据史料主要有二：一是嘉靖《萧山县志》载："改乡为都，改里为图，自元始。明兴，因元之制，今之都里亦稍异于昔"；"元世祖至元十六年，改绍兴府为绍兴路，（萧山）县隶之，领都凡二十四、图凡一百五十七"[⑥]。二是杨维桢《送经理官成教授还京序》载：洪武元年济宁路教授成彦明被派往松江府经理田亩，"分履淞之三十八都，二百一十五图"[⑦]。《萧山县志》初修于嘉靖二十二年，续修于嘉靖三十六年，是目前所见元"改里为图"的最早记录，但嘉靖四十年修《浙江通志》载元世祖至元十三年（1276）改绍兴府为路，并未提及元代"改里为图"之事。此后的一些方志，诸如万历《绍兴府志》《会稽县志》、民国《新昌县志》等载"元改里为图"，均是沿袭《萧山县志》的说法，未见一处元代史料有此记载。《送经理官成教授还京序》中"二百一十五图"的记载仅见于《四部丛刊》本《东维子文集》，《四库全书》本《东维子集》则记为"分履淞之三十八都，二百一十五围"[⑧]。侯鹏认为："宋元以来苏松地区的围田都是被登记于保之下，并未见'图'的设置……华亭县的经理土亩是以宋元以来形成的堡（保）、社等组织进行的。因此，四库本的记载应更符合事实。"[⑨]可以说，学界关于"图"始设于元代的论述，均缺乏充分的

---

① 赵翼：《陔余丛考》卷 27《乡都图》，栾保群、吕宗力校点，河北人民出版社 1990 年版，第 470 页。
② 参见和田清《中国地方自治发达史》，东京：汲古书院，1975 年，第 65—66 页。
③ 张哲郎：《乡遂遗规——村社的结构》，杜正胜主编：《吾土与吾民》，联经出版事业股份有限公司 1993 年版，第 207 页；赵秀玲：《中国乡里制度》，社会科学文献出版社 1998 年版，第 37 页。
④ 《宋史》卷 400《袁燮传》，中华书局 1977 年版，第 12146 页。
⑤ 陈宏进：《宋元时期"都""图"探析》，《唐山师范学院学报》2016 年第 1 期，第 91 页。
⑥ 嘉靖《萧山县志》，《天一阁藏明代方志选刊续编》第 29 册，上海书店出版社 1990 年版，第 25、30 页。
⑦ 杨维桢：《东维子文集》卷 1《送经理官成教授还京序》，《四部丛刊》初编本，商务印书馆 1919 年版，第 4 页 b。
⑧ 杨维桢：《东维子集》卷 1《送经理官成教授还京序》，景印文渊阁《四库全书》，第 1221 册，第 384 页。
⑨ 侯鹏：《明清浙江赋役里甲制度研究》，博士学位论文，华东师范大学，2011 年，第 59 页。

数据支撑。

"图"在明代作为一级乡村组织，与黄册里甲制度密切相关。栾成显曾指出，明代江南许多地方都图与都保并存，其中都图以人户划分为主，属黄册里甲系统；都保则是以地域划分为主，属鱼鳞图册系统。① 明代黄册里甲制度起源于洪武三年小黄册之法的试行。小黄册之法中，不仅初步建立了里甲制度的基本框架，还同时出现了"图"。《吴兴续志》中载："（洪武三年）编置小黄册，每百家画为一图。"② 之前学界并不清楚此处所云"画为一图"的具体含义，大都将其理解等同为编为一里。而小黄册中，明确可见每里人户前均有100户人员构成的"里长甲首轮流图"，此"图"应即《吴兴续志》中"每百家画为一图"的"图"。此图为赋役黄册所继承，如《明太祖实录》载"洪武十四年黄册"之法云："每里编为一册，册之首总为一图"③，嘉靖《香山县志》载："里甲之制，洪武十四年始诏天下编赋役黄册，以一百一十户为一里，同一格眼，谓之一图"④ 其中所云之"图"均应指"里长甲首轮流图"。清代黄册中仍有此图，王梅庄《清代黄册中之户籍制度》一文曾引用顺治十四年（1657）至十八年"山西大同府蔚州编审黄册"："每里之前并附印就图表，注入里长及甲首姓名，嗣后各朝概无此式。"⑤ 王氏文中所云的"印就图表"，竺沙雅章也曾引录，⑥ 形制与小黄册中"里长甲首轮流图"基本相同。

洪武三年小黄册是以都为单位攒造，1都中"每百户画为一图"，故1都小黄册中会包含多个"里长甲首轮流图"。洪武十四年后赋役黄册是以"里"为单位攒造，1里1册，故有"册之首总为一图"的记载，即1册1个"里长甲首轮流图"。万历《嘉定县志》载："图即里也，不曰里而曰图者，以每里册籍首列一图，故名曰图。"⑦ 其中，所载"每里册籍"即赋役黄册，"首列一图"应即"里长甲首轮流图"，明确指出明代将乡村人户组织里称为图是源自赋役黄册中的"里长甲首轮流图"。又，康熙《永康县志》言："每里各为一图，图即周礼版图之谓，今之格眼纸，仿佛其意为之。限其地则曰里，按其籍则曰图，以故图之数，如其里之数。"⑧ 其中所谓"格眼纸"，也是指"里长甲首轮流图"。"限其地则曰里，按其籍则曰图"指出了里、图两者作为地方组织单位在使用上的区别。但目前传世赋役黄册中里、图的使用并没有严格区分，往往存在混用现象。另，洪武二十四年第二次编制黄册时，专门规定"凡编排里长，务不出本都"⑨，则赋役黄册里甲的编制，也是以都为单位，1都下含多个里，1里黄册又"册首总为一图"，故都下含有多个图，都、图共同组成了乡村基层组织单位。

从上述分析可见，明代黄册中的图最初应是表示绘制"里长甲首轮流图"而言，是"绘图"之意。而以绘制"轮流图"来标明里长甲首应役次序的方式，使得里甲差役的佥充更为直观化和严密化，同时也更便于管理人户，图慢慢成为一种人户组织单位，此应即明代地方基层组织图的来源及演变。

---

① 栾成显：《明代里甲编制原则与图保划分》，《史学集刊》1997年第4期，第22页。
② 《永乐大典》卷2277《湖州府三·田赋》，第886页。
③ 《明太祖实录》卷135，洪武十四年正月，"中研院"历史语言研究所校印本，1962年，第2143—2144页。
④ 嘉靖《香山县志》卷2《徭役》，《日本藏中国罕见地方志丛刊》第13册，书目文献出版社1991年版，第314页。栾成显在《论明代甲首户》一文中认为："在每次大造时都要按里甲编制的要求预先编定排好，明载黄册之上。这是明代黄册上各户之前首先登载的一个项目。称为'编次格眼'。"（《中国史研究》1999年第1期，第123页）但由小黄册结合史籍记载来看，赋役黄册中所云"编次格眼"，并不仅仅是指登载应役次序，还需将，其绘为一个图表，即"里长甲首轮役图"，因其是10×10的方格，故称"编次格眼"。
⑤ 王梅庄：《清代黄册中之户籍制度》，《文献论丛》，故宫博物院1936年版，第119页。
⑥ 竺沙雅章：《汉籍纸背文书の研究》，第49页。
⑦ 万历《嘉定县志》卷1《疆域考上·乡都》，《中国史学丛书三编》第4辑，学生书局1987年版，第122—123页。
⑧ 康熙《永康县志》卷1《乡区》，《中国方志丛书》华中地方第528号，成文出版社1983年版，第85—86页。
⑨ 万历《大明会典》卷20《户口二·黄册》，《续修四库全书》，第789册，第337页。

此外，编订小黄册之时，图还仅是作为标明一里中里长、甲首轮役次序的图表存在，尚未成为一级地方乡村组织单位。如《后汉书》卷4第13叶背载小黄册编制原则称："仰将本都有田人户，每壹伯家分为十甲……保内但有编排不尽畸零户数贰拾、三拾、肆拾户，务要不出本保，一体设立甲首，邻近里长，通行带管。"其中，里甲正户的编排是以都为单位，而不尽畸零户则是以保为单位划分，证明此时地方乡村组织仍是延续自宋元的都保制。① 小黄册中民户所属籍贯标注方式也均为"本都人户"或"厶县寄庄人户"，未见如后来赋役黄册中常见的"厶都厶图人户"，也表明此时图尚未成为都下的组织单位。图成为乡村组织单位，应是在洪武十四年全国推行赋役黄册里甲制度之后，但其与小黄册中的"里长甲首轮流图"存在渊源关系则无疑义。可以说，洪武三年小黄册之法，确定了以都为单位，"百家画为一图"的里甲编制方式，所创建的"里长甲首轮流图"为后来的赋役黄册所继承，逐渐发展成为都下人户组织单位。明代江南地区"以县统乡，以乡统都，以都统图，如身使臂、臂使指，势连属而民用一矣"②的乡村治理模式形成的最初源头，即洪武三年小黄册之法的推行。

3. 小黄册弥补了元明之际户口赋税册籍制度演变的缺环

小黄册作为明初实行的一种赋役征派册籍，不仅有助于我们了解明代赋役制度的演变，而且对理解元明之际户口赋税册籍制度的发展变化有着极为重要的意义。众所周知，明代赋役黄册具有户口册籍和赋税册籍的双重属性。据现存数据看，赋役黄册与元代的户籍册和赋税册之间存在着明显的承袭关系，但二者之间的发展演变却存在一定缺环。小黄册的发现，恰可弥补这一缺环。

关于元明时期的户口册籍文书，之前学界发现的计有元代户籍册、明初户帖和洪武十四年赋役黄册。现将三者主要内容构成概述如下。

元代的户籍册，目前已知存世两种：一是黑水城出土元亦集乃路户籍残件，二是上海图书馆藏公文纸本《增修互注礼部韵略》纸背存元湖州路户籍册。其中，后者数量更多、内容更完整，南开大学王晓欣进行了细致整理。③据王晓欣的整理成果可见，元代户籍册中具体人户登载信息主要包括：（1）首行项，列户主姓名、籍贯、营生；（2）户下人丁项，先总列计家人口数，再分列男女数及各人姓名、年岁，男子项下又分为成丁和不成丁两小项；（3）户下事产项，分列田地、房舍、牲畜等数；（4）营生项。

明初户帖，洪武三年十一月颁行全国，其实行时间与小黄册大体相同。洪武十四年在全国推行赋役黄册制度后，户帖被取消，其户口管理功能被赋役黄册所替代。陈学文经过考证指出，目前存世"有12件明洪武户帖"。④ 事实上，除陈学文提到的12件户帖外，中国历史研究院古代史研究所还藏有一件"洪武四年徽州府祁门县十四都住民汪寄佛户帖"。方骏在此13件之外，又找到6件户帖。⑤ 据现存户帖来看，其中人户信息登载内容主要包括：（1）首行项，列户主姓名、籍贯、当差；（2）户下人丁项，先总列计家人口数，再分列男女数及各人姓名、年岁，男子项下又分成丁和不成丁两小项；（3）户下事产项，分列田地、房舍、牲畜等数。对比可见，明初户帖登载要素及登载格式与元代户籍册基本相同，王晓欣即指出："除'营生'类，其他格式、内容，（元湖州路户籍册）都与明初颁行的'户帖'十分

---

① 关于小黄册中的不尽畸零户和都保问题，笔者拟另撰文阐述，不在此展开。
② 嘉靖《浦江志略》卷1《疆域志·乡井》，《天一阁藏明代方志选刊》第19册，上海古籍书店1963年版，第4页a。
③ 王晓欣、郑旭东：《元湖州路户籍册初探——宋刊元印本〈增修互注礼部韵略〉第一册纸背公文纸资料整理与研究》，《文史》2015年第1期，第108页。
④ 陈学文：《明初户帖制度的建立和户帖格式》，《中国经济史研究》2005年第4期，第108页。
⑤ 方骏：《明代户帖研究》，硕士学位论文，复旦大学，2011年，第14页。

相似。明代户籍登录格式明显是承袭元代而来的。"①

据遗存文书看，明代赋役黄册是以旧管、新收、开除、实在四柱记载各户人丁、事产信息的动态变化和现存状况。其主要内容包含：（1）首行项，列户主姓名、籍贯、应役时间及类型（里长、甲首）。（2）旧管项，列上次造册时人户下丁口、事产数量。其中丁口项只列户下丁口总数及男女数，不载具体人员姓名、年岁；事产项则载田地数和夏税、秋粮数及房屋、牲畜数。（3）新收项，列上次造册记录之后，人户下新增的人丁数目、姓名、增加缘由及买入或典入田产、税粮数。（4）开除项，列上次造册记录之后，人户下减少的人丁数目、姓名、减少缘由及卖出或典出田产、税粮数。（5）实在项，列人户下现存丁口及事产情况。丁口先载计家人口总数，再分列男女数目及各人姓名和年岁，男子项下又分成丁和不成丁两小项，女子项分大口和小口两小项；事产载现存田地、房屋、牲畜数目。其中田地项先列田地总数，下列夏税、秋粮各自正耗总数；之后再依据田地类型，分列各类田地数及税粮数，每类税粮下还登载正科粮数和加耗粮数。

虽然赋役黄册格式内容上比明初户帖多出了旧管、新收、开除三柱，但实在项下人丁信息的登载要素和基本格式却与户帖别无二致；事产项下，赋役黄册中田地、房屋、牲畜数目的登载也与户帖基本一致；在田地项下比户帖多出了夏税、秋粮的登载内容。由此可见，明代赋役黄册应是吸收了户帖内容，并在其基础上增加了人户税粮内容的登载。

从户口管理册籍的角度而言，通过上述元代户籍、明初户帖、赋役黄册三者内容结构的比较分析，元明之际户口册籍的演变脉络十分清晰，即赋役黄册承袭户帖、户帖承袭元代户籍，三者一脉相承。

相对户帖和元代户籍等户口管理册籍文书而言，赋役黄册在登载内容上的最大变化是增加了田土下税粮信息，而这正是赋役黄册除户口册籍功能外，还兼具赋税册籍功能的核心体现。而赋役黄册作为赋税册籍而言，田地数目下登载税粮的方式，也应与元代赋税册籍有关。

元代赋税册籍的原件，目前学界尚未有发现，但笔者在国家图书馆藏公文纸本《魏书》纸背发现一元代税粮册书式。该《魏书》②纸背为元浙江行省下属各路呈江南浙西道肃政廉访公文，其中卷69第24—27叶背载一元代税粮册残书式，现节录第24叶纸背内容如下：

一户其人，系本县某乡都保住坐，是何户计，里若干：
　　田若干，地若干，山若干，荡若干。
　　夏税：
　　　　绵若干，丝若干，钞若干。
　　秋粮若干。
官田土若干：
　　田若干，地若干，山若干，荡若干。
　　夏税：
　　　　丝若干，绵若干，钞若干。
　　秋粮

---

① 王晓欣、郑旭东：《元湖州路户籍册初探——宋刊元印本〈增修互注礼部韵略〉第一册纸背公文纸资料整理与研究》，《文史》2015年第1期，第192页。
② 该《魏书》与上图、川图藏纸背为"小黄册"的《魏书》非同一公文纸印本。国图藏《魏书》存114卷，纸背内容均为元代浙江行省各路呈江南浙西道肃政廉访司公文，时间上以"至正及至正以后的文书为多"。参见杜立晖《〈魏书〉纸背元代文献具有双重史料价值》，《中国社会科学报》2015年6月10日，第A05版。

此元代税粮册书式中，在一户下先总列该户田地及夏税、秋粮总数，之后再按田地类型及性质，分列各类田地数及夏税、秋粮数的登载形式，与赋役黄册中人户田粮信息的登载形式基本相同，二者存在明显承袭关系。但元代税粮册中仅有田土信息，未见人户丁口信息，其与赋役黄册之间的演变过程存在缺环，而这一缺环正是明洪武三年小黄册。

由上文所举上海图书馆藏《魏书》卷46第3、4叶纸背洪武四年甲首"徐隆贰"户黄册内容可见，小黄册具体人户信息登载要素包括：（1）首行项，列户主姓名、籍贯、应役时间及类型（里长、甲首），此被赋役黄册完全继承；（2）户下人丁项，先列计家丁口总数，再分列男子数及女子数，男子项下又分成丁和不成丁两小项，此同被赋役黄册继承，但赋役黄册增加了各人姓名及年岁；（3）户下田土项，先列田地及税粮总数，再分列各类型田地数及税粮数，此也被赋役黄册所继承。

将小黄册登载格式与元代户籍和明初户帖对比，可见三者也存在相似之处。如三者首行均列户主姓名、籍贯、差役，人户丁口信息登载也均是先列计家丁口总数，再分列男女数。上文曾言，户帖推行时间是洪武三年十一月，格式承袭自元代户籍；而小黄册编成时间，据现存册尾押署部分来看是洪武三年十二月，其开始攒造时间应更早，故小黄册中人口登载内容借鉴户帖的可能性较小，也应是直接借鉴自元代户籍，但在其基础上删掉了人户具体人员姓名、年岁等内容。将小黄册登载格式与元代税粮册书式对比，可见小黄册中田地税粮登载的格式、内涵与元税粮册完全相同，应是直接承袭自元代税粮册，之后又被赋役黄册所承袭。故而，就赋税征收册籍性质而言，元代税粮册—小黄册—赋役黄册，三者构成一个完整的演变脉络。

另外，《后汉书》卷4第13叶背载："处州府青田县四都……奉处州府旨挥为税粮黄册事。仰将本都有田人户，每壹伯家分为十甲……奉此，今将攒造到人丁田粮黄册，编排里长、甲首资次，备细数目，开具于后。"此公文中，将小黄册又称为"税粮黄册"和"人丁田粮黄册"。称"税粮黄册"者，应是就小黄册征收赋税的主要作用而言；称"人丁田粮黄册"者，则是就小黄册所含两大内容而言。虽然小黄册中人丁信息登载较为简略，仅载丁口数量，不载具体人员姓名、年岁，但无疑也具有使官府据此掌握治下丁口数量的作用，因此在一定程度上也具备了户口册籍的性质。

综上，元明之际户口赋税管理制度发展演变的大体脉络是，由元代人口管理、赋税征收分别编制册籍，逐步演变成明代赋役黄册的统一册籍，而在这一过程中，洪武三年小黄册发挥了承上启下的关键作用。

洪武三年试行的小黄册之法，作为黄册里甲制度的确立起点，对明朝的乡村基层管理、赋役征派产生了重要影响。其册籍文献的发现，可弥补传世史籍记载缺失的空白，使我们得以从源头重新审视明代黄册里甲制度的形成、发展变化，进而对明代乡村基层组织结构和管理模式及元明制度演变产生一系列新的认知。当然，上述对小黄册原件文献价值意义的归纳难免挂一漏万，但本文对相关资料的分析至少可以丰富有关明代都图、黄册、里甲制度的探讨，进而唤起人们对明代赋役制度和乡村治理的不懈追问和思考。

（原载《历史研究》2020年第3期）

从分藩到分省：清初省制的形成和规范

傅林祥[*]

摘　要：清初江南、湖广、陕西三省的分省，是元代实施行省制度以后较为特殊的一次分省过程。就行政区划、职官制度层面来说，三省的布按两司与巡抚员缺的增裁、辖区的调整在顺治十八年至康熙六年间逐步完成。三省保留下来的区域性巡抚职能得以调整，其与布按两司之间新的行政关系得到确立，巡抚由此全部下辖布按两司，三省事实上析分为六省。在这个过程中，既有应对区域问题的局部改革，也有全国性的政策变化，动因各不相同。此后，进入《清会典》的规范过程。"分藩"是对三省布政使司衙门及其辖区变化的记载，"分省"是对新的省行政机构（政府）和新省区的认同。乾隆十三年九月关于督抚居外官之首的讨论以及御准，表明朝廷对新省制的一种确认。康熙、雍正两朝《清会典》的规范随着认识的变化而有所不同，乾隆二十三年编纂的《清会典》载全国有十八省、督抚为"外官"，确立了十八省与清代省制的法定地位。

关键词：分省　省制　督抚　法典规范

清代

正德《明会典》载全国行政区划为南北二直隶、十三布政使司，[①] 习称两直隶（两京）十三省，又设总督、巡抚分驻各地。清顺治二年（1645）改南京（南直隶）为江南省，是为十四省。雍正二年（1724），直隶地区设布政使司（以下简称藩司、藩）和按察使司（以下简称臬司、臬），职官制度由此与各省相同，后习称直隶省。乾隆《清会典》载全国实行府州县地方行政制度的区域为顺天、奉天两京府及十八省，各省行政长官为总督和巡抚。江南、湖广、陕西三省何时析分为江苏、安徽、湖北、湖南、陕西、甘肃六省？[②] 各省的行政长官如何从明初的布政使转变为清代的总督、巡抚，即督抚是怎样从"差遣官"完成向地方大吏的转换？学界作过很多研究，但仍有可探讨的余地。[③] 而清人是如何认识本朝省制和省区的变化过程，《清会典》作为国家法典是如何基于当时的认识进

---

[*] 傅林祥，复旦大学历史地理研究中心教授。
① 正德《明会典》卷17，文渊阁《四库全书》，第617册，商务印书馆1986年版，第178页。
② 明清两代与行政区划相关的"省"有多种含义，本文除特别说明外，均指地方高层政区。
③ 关于清初分省，20世纪八九十年代的讨论大多认为分省是在某一年完成的，争论焦点表面上是时间问题，实际上是分省的标志问题，即以某个官缺的设立或驻地的迁移、或是否符合某些条件作为分省标准。主要研究有季士家：《江苏康熙六年建省说献疑》，《江苏地方志》1988年第1期；王亮功：《江苏建省论考》，《江苏地方志》1988年第4期；王社教：《安徽称省时间与建省标志》，《中国历史地理论丛》1991年第1期；刘范弟：《湖南建省考疑》，《湖南社会科学》1992年第2期。此后，关注点或是转向分省与省制演变的过程、清代文献中省名的不同含义，主要研究有公一兵：《江南分省考议》，《中国历史地理论丛》2002年第1期；傅林祥：《江南、湖广、陕西分省过程与清初省制的变化》，《中国历史地理论丛》2008年第2期；傅林祥：《政区·官署·省会——清代省名含义辨析》，《中国历史地理论丛》2011年第1期；段伟：《俗称与重构：论安徽、江苏两省的逐渐形成》，《白沙历史地理学报》第11期，台湾彰化师范大学历史学研究所，2011年。或是讨论分省后对新省的认同，主要有陆发春《安徽建省与省域认同》，博士学位论文，复旦大学，2013年。有关督抚从"差遣"向地方官转化的研究，主要有：王跃生：《关于明清督抚制度的几个问题》，《历史教学》1987年第9期；方志远：《明代的巡抚制度》，《中国史研究》1988年第3期。近年来，关晓红《清季外官改制的"地方"困扰》（《近代史研究》2010年第5期）一文对清末外官改制过程中的督抚是否为"地方官"进行了探索，认为清季改制前并没有真正近代意义的地方官与地方官制。有关明清省制变化的，主要有真水康树《明清地方行政制度研究——明两京十三布政使司与清十八省行政系统的整顿》（北京燕山出版社1997年版），一些研究分省的论文也有所涉及。

行规范，则较少被研究或关注。

地方行政制度史的研究对象，以行政区域的划分、行政权力的分配与各级地方政府的组织为主。① 清初江南等省的分省是空间上的行政区域重新划分、组织上的省行政机构（省级官员衙门体系）的重建和权力的重新分配，督抚转换为地方大吏的实质就是成为省行政机构的行政长官，这些都是清初省制变化中的关键点。本文以清初巡抚和布按两使官缺的调整及其辖区变迁、巡抚职能变化作为切入点，复原清初江南、湖广、陕西三省省级官员衙门的分官设治及其行政体系调整的过程，分析清初分省的动因、清人对新省区的认识以及《清会典》的规范过程。

一 协理不如分任：分藩与增设臬司

顺治十八年，江南省右藩迁驻苏州府城并分管江宁、苏州、松江、常州、镇江五府，这是清初江南等三省最早的省级官员驻地、辖区、职能调整。江南省的幅员小于陕西、四川、湖广等省，所辖府州县数量在直隶、湖广之后。江南省为顺治二年改明代南直隶而设，朝廷非常重视，设置有江南江西总督（驻江宁）和江宁（驻苏州）、安徽（驻安庆。顺治六年被裁后由操江巡抚兼，康熙元年操江巡抚不再管军务后称安徽巡抚）、凤阳（驻泰州。一度由漕运总督兼，驻淮安）三员巡抚。总督与布按两司管辖全省，三员巡抚分管各府州。那么，江南省为何在三省中最先分藩？

江南省左右藩分驻两地，应与朝廷钱粮紧张有关。顺治初年，国库空虚，"是以内则司农，外则藩省，动见掣肘"。② 明代江南地区赋税特重，有"三吴赋税甲天下、苏松赋税半天下"之称。清廷依据明朝名义上的数目（实际征收额要低一些）征缴钱粮，江南省每年都不能完成。户部不断催促，三员巡抚随之问责府县。在这种情形下，总督郎廷佐在顺治十四年三月的奏请中，认为江南省自顺治八年至十三年积欠钱粮的原因是多方面的，"未必尽欠在民。或官吏侵蚀，或解役烹分，新旧牵混，上下朦胧"，③ 题请由左右布政使分管新旧钱粮：左布政使专管征收新粮，右布政使督催守巡道员分路催征历年积欠钱粮。

这一请求得到朝廷的同意。清代一些志书赞许为"宿弊顿为之革"。④ 江南省右藩的职能由此产生了改变，《顺治十八年缙绅册》记载为"江南等处承宣布政使司右布政使专理钱法"⑤。

但是，这一措施并没有完全革除"宿弊"。江南省积欠钱粮仍是普遍现象，数量最多的是江宁巡抚辖区内的苏松常镇四府："一邑之征输，近可比于上江数府之额赋，远可比于他处通省之岁供。兼之节年压欠，新旧带征，催呼日迫，民力日疲。"⑥ 顺治十七年正月出任江宁巡抚的朱国治，在第一次奏请被户部否定的情况下，于次年再次奏请将右藩移驻苏州。⑦ 朱氏首先指出江南省行政体系存在着一个重要缺陷，与钱粮相关的事务都要经过藩司，藩司成为全省办理钱粮事务的一个瓶颈：

> 江宁等十四府、徐州等四州，凡催征报解，总归诸藩司矣。漕（运）、操（江）二抚臣与凤阳抚臣及臣抚衙门，凡批驳、查核，并责诸藩司矣。上江按臣、下江按臣，凡考察完欠，亦问诸藩司矣。而以藩长一官备求肆应，极一人之精力，任通省之催科，拮据不遑，实难周到。所以参罚屡至，而国赋终亏也。

---

① 严耕望：《中国地方行政制度》，《严耕望史学论文集》，上海古籍出版社2009年版，第855页。
② 卢纮：《新泰丈田议》，贺长龄：《清经世文编》卷31，来新夏主编：《清代经世文全编》，第6册，学苑出版社2011年版，第104页。
③ 《世祖实录》卷108，顺治十四年三月甲寅，《清实录》，第3册，中华书局1985年版，第849页。
④ 乾隆《盛京通志》卷77《国朝人物十三》，文渊阁《四库全书》，第502册，第616页。
⑤ 《顺治十八年缙绅册》，清顺治洪氏剞劂斋刻本，国家图书馆藏。
⑥ 郑端辑：《政学录》卷2《直省》，《丛书集成初编》，第1册，中华书局1985年版，第42页。
⑦ 乾隆《江南通志》卷22《公署一》，文渊阁《四库全书》，第507册，第649页。

其次，藩司衙门以左藩为主，有时还要左右藩协商，行政效率低下。此时的江南藩司所管事务最为"烦剧"，为了打消朝廷担心增加支出的顾虑，朱国治对右藩的驻地、辖区、衙署等问题进行了说明：

> 拟将安庆、庐、凤、淮、扬、徽、宁、池、太等九府、徐州等四州，所属虽多，而赋役少减，专责之左藩，仍令驻扎省会，可以居中征解。臣属江宁、苏、松、常、镇等五府，所属虽少，而赋役较重，专责之右藩，令其移驻苏州，可以就近督催。若右藩一官，臣前言驻常，而今言驻苏者，非敢自为异同也，诚以驻苏与臣同城，如上用与军需事在紧急，必烦查解者，臣催藩司，可以一呼而至，所谓臂指之灵也。况钱粮重大，防护宜严，若苏城有臣标官兵，而藩司仓库亦可恃为□御，此又臣之欲图万全耳。至于书门与皂快，右藩原自有人，固不烦另编经费。兼以新移之衙舍，苏郡查有闲署，亦不烦创造兴工。所议添者，止司印一颗。我皇上必不靳此而贻东南半壁财赋难完之忧也。①

朱国治的建议理顺了行政关系，形成江宁巡抚—右藩—苏松等五府的管理格局，有望提高行政效率，获得了朝廷的同意。顺治十八年十一月，朝廷任命孙代为江南布政使司右布政使，②移驻苏州府。③江南省由此分藩，右藩的驻地、辖区和职能均发生了变化。此举开启了一省之内两员布政使分驻并分区而治的"新例"。此后，右藩也被称之为江南江宁苏松常镇五府布政司右布政使、江宁苏松等处布政司。④

但是，朱国治在奏疏中没有说清楚分藩后，原属右藩催征的积欠钱粮由哪个布政使负责，职掌稽核财赋的户科给事中赵之符为此上奏："凡正项钱粮及兵饷，将其原来即拖欠在上江者，可交给左布政司催缴。而其原来即拖欠在下江者，可交给右布政司催缴。理应如此。如此则职责变得专业，督催尚可用力，无相互推诿之弊端，且不会有上下愚昧混淆之事。视钱粮之办完及拖欠，定左右布政司之优劣，则俱可无言以对也。"⑤

分藩后，随之产生江南省钱粮总数如何向朝廷上报的问题。顺治十四年前，三员巡抚各自奏报辖区内的数据，全省数据由藩司汇总奏销并由总督负责。顺治十四年，朝廷规定总督不再经管钱粮，全省数据改由江宁巡抚汇总并上报。新任江宁巡抚韩世绮认为已经分藩，继续汇总上报只是增加工作量，并无实际意义，因此在康熙元年九月上疏："一省钱粮已分南北，将来司总完欠，两藩各另为册，似难复以通省汇核。第司总既分，则抚总须照左右二司所辖分造。除臣之抚总及右司总册，臣应循例造报，其安、凤二属抚总暨左司总册，或归安抚，或归凤抚。"部议核准。这样，安徽、凤阳两巡抚所属各府钱粮数据，左藩汇总后，由安徽巡抚上报；江宁巡抚所属各府钱粮数据，右藩汇总后，由江宁巡抚上报。⑥同月，右藩

---

① 朱国柱：《分驻藩司疏》，康熙《江南通志》卷65《艺文六》，清康熙二十三年江南通志局刊本，第31册，第7页b—9页a。按：乾隆《江南通志》卷22《公署一》（文渊阁《四库全书》第507册，第649页）、卷105《职官志》（文渊阁《四库全书》510册，第132页），均载该年江宁巡抚为"朱国治"。韩世琦《抚吴疏草》（康熙五年刻本，《四库未收书辑刊》，北京出版社2000年版，第8辑，第5册，第687页；第6册，第150页）亦作"朱国治"。
② 《圣祖实录》卷5，顺治十八年十一月壬辰，《清实录》第4册，第96页。
③ 孙代：《五府分藩公署记》，同治《苏州府志》卷22《公署二》，《中国方志丛书》华中地方第5号，第1册，成文出版社1970年版，第530页。
④ 韩世琦：《抚吴疏草》卷2《题明张九征病痊赴补疏》、卷22《请给右藩库大使印疏》，《四库未收书辑刊》，第8辑，第5册，第347页；第5册，第561页。
⑤ 康熙元年（1662）五月二十日户科给事中赵之符奏，"中研院"历史语言研究所藏内阁大库档案，登录号167264—012。原文为满文，由齐光博士为译文，特此致谢。
⑥ 韩世琦：《抚吴疏草》卷11《请分抚司总奏销考成疏》、卷22《请安抚属裁扣归安抚奏销疏》，《四库未收书辑刊》，第8辑，第6册，第47、568页。

专辖新设的永盈库及库大使一员，左藩仍辖原有的长盈库，各自拥有附属机构。经过上述变革，江南省左右藩的驻地、辖区、附属机构，与主管上级（巡抚）以及与户部的行政关系，均已一分为二，成为两个独立的行政管理系统。

如前所述，江南省的变革引起了京城言官的注意，言官成为陕西、湖广两省分藩以及三省增设臬司的推动者。康熙二年四月，户科都给事中史彪古上疏，提议当时幅员最为广阔的两省——陕西、湖广的左右藩也应分驻并分区而治，理由有三点：一是这两个省幅员辽阔，省会都不在适中的地方，"武昌则僻乎东偏，西安乃迩乎南界"；二是制度规定州县征收到的钱粮必须上解到藩司所在的省会，而兵饷又必须从省会下发支放，来回折腾，增加了开支；三是社会不安定，"况四塞之隩，素多绿林暴客；洞庭之淼，亦饶江洋巨盗"，钱粮上解与下发途中容易出现意外。① 吏部随即征求两省督抚意见。湖广总督张长庚会同湖广、郧阳、偏沅三巡抚题奏赞成，并提出了具体方案。② 陕西督抚应该也无异议。由此，陕西省左藩驻西安府，分辖西、汉、凤、延四府及兴安一州；右藩驻巩昌府，分辖平、庆、临、巩四府及宁夏、河西各卫所。湖广省左藩驻武昌府，分辖武、汉、黄、安、德、荆、郧、襄八府；右藩驻长沙府，分辖长、衡、永、宝、辰、常、岳七府及郴、靖二州。康熙三年四月，湖广右藩移驻长沙，③ 陕西右藩在此前后移驻巩昌府，④ 湖广、陕西由此分藩。

在史彪古上疏后不久，山西道御史李赞元于康熙二年七月提议在江南省增设按察使一员。⑤ 此时，湖广、陕西两省分藩之事已经在走程序，吏部认为三省应各增设按察使一员，同样征求相关各省督抚意见。《分理刑名奏议》是一份"部覆"，应是吏部公文的节录，记载了增设按察使的过程：

> 该臣等查得先经会议，各省按察使所管刑名繁简不一，江南省事件繁多、地方宽阔，陕西、湖广两省地方宽阔，而且与别省多设巡抚，止一按察使管理刑名，必至迟误。相应于江南、湖广、陕西三省各增设按察使一员，分府料理。其驻扎地方及分隶府分，应敕江南、陕西、湖广各该督抚确议具覆。移咨去后，今据湖广总督张长庚疏称，据各司会详，应驻长沙为适中，专理湖南长、宝、衡、永、辰、常、岳七府、郴、靖二州一切刑名政事，照依右司，一例并驻长沙，以为经久之规模，等因，前来。查增设臬司驻扎地方、分辖府分，既据该督抚查明，以长（沙府）为适中，驻扎妥便。应如督抚所请，候命下之日铨补可也。⑥

康熙三年二月，添设甘肃按察使，驻巩昌府，辖平凉等四府。三月，增设湖广按察使，驻扎长沙府。五月，江南省增设江北按察使，驻凤阳府泗州，分辖安庆、庐州、凤阳、淮安、扬州五府以及徐、滁、和三州，江宁、苏州、松江、常州、镇江、徽州、宁国、池州、太平九府和广德州仍隶属于江南按察使。⑦ 至此，三省的司法行政系统也一分为二。湖广、陕西两省增设的臬司与右藩的驻地和辖区相同，原设的臬司与左藩驻地、辖区相同，布按两使的辖区已经重合。江南省比较特殊，一是

---

① 周纶《石楼臆编》，卷1《藩臬》，《四库全书存目丛书》，齐鲁书社1997年版，子部，第232册，第646页。
② 《分藩奏议》（部覆），康熙《长沙府志》卷14《典章志》，《湖南省图书馆藏稀见方志丛刊》，第7册，国家图书馆出版社2014年版，第335页。
③ 《圣祖实录》卷11，康熙三年四月癸巳，《清实录》第4册，第177页。
④ 《圣祖实录》漏载陕西右藩移驻之事。乾隆《甘肃通志》卷28言起蛟于康熙二年任藩，后分辖平、庆、临、巩四府。（文渊阁《四库全书》，第558册，第57页）
⑤ 周纶：《石楼臆编》卷1《藩臬》，《四库全书存目丛书》，子部，第232册，第646页。
⑥ 康熙《长沙府志》卷14《典章志》，《湖南省图书馆藏稀见方志丛刊》，第7册，第337页。
⑦ 《圣祖实录》卷11，康熙三年二月癸丑、三月甲戌，《清实录》，第4册，第173、175页；卷12，康熙三年五月丁卯，《清实录》，第4册，第181页。

两藩与两臬的辖区不同，二是两藩、两臬分驻三地。康熙五年，按照新划定的江宁、安徽两员巡抚的辖区，布、按两司的辖区重新进行了调整，左藩所属扬、淮二府和徐州往属右藩；① 江北按察使自泗州移驻安庆，辖安庆等七府三州；布按两使的辖区重合。如前所引，这些分驻的布政使衙门亦可称之为布政使司，全国由此共设17组布政使司和按察使司。

三省分藩后，左右藩名义上仍属一个布政使司。其他各省沿袭明制，设有左右两员布政使（除贵州外）。康熙六年七月，经过议政王贝勒大臣、九卿科道的讨论，朝廷决定河南等11省保留一员布政使，"至江南、陕西、湖广三省，俱有布政使各二员，驻扎各处分理，亦应停其左、右布政使之名，照驻扎地名称布政使"。② 三省的六员布政使"照驻扎地名称布政使"，说明朝廷已经认为这是各有名称的新布政使司。每个布政使司只设一员布政使成为一项全国性的新制度。

二　两抚分属：督抚员缺的调整

清初沿袭明末制度，各省设有总督和巡抚，统辖布按两司或道府州县。康熙《清会典》谓清初督抚员缺"因事设裁，随地分并，历年员额多寡不一"。③ 那么，清初的督抚员缺设置是否毫无规律可循，其职能在顺康之际又发生了哪些变化？

督抚均有坐名敕。顺治年间敕书中规定的总督辖区与职能，与明末已经有所不同。一是管辖两省的总督增多，明末管辖两省的总督有两广总督，顺治年间新设的有浙闽、川湖、云贵、江南江西总督等。二是本时期总督的职能以军事为主。如顺治二年四月颁给陕西三边总督孟乔芳的敕书言："兹命尔总督陕西三边、四川等处军务兼理粮饷。巴蜀壤地相连，控制非遥，征调犹便，今特酌于川陕［适］中地方，以便往来调度。凡两省镇巡等官，咸听节制，蜀中兵马钱粮悉从调发。"④ 又如顺治十六年颁给云贵总督赵廷臣的敕书谓："惟兹云贵幅员辽阔，兵燹初宁，需人控制。尔其居中调度，严饬文武官吏，修浚城池，操练兵马，积聚粮饷，稽察奸宄。一应战守机宜，悉听便宜区处。"⑤ 为了"居中调度"，总督驻地不一定在省城。云贵总督半年驻贵州安顺，半年驻云南曲靖；⑥ 浙闽总督的驻地分别在福建福州、浙江衢州。顺治十三年，左副都御史魏裔介认为总督专责剿寇靖众，其驻地不应与巡抚同在省城，应移驻军事要地。⑦ 顺治十四年九月谕旨："总督、巡抚责任不同。巡抚专制一省，凡刑名钱谷、民生吏治，皆其职掌。至于总督，乃酌量地方特设，总理军务，节制抚镇文武诸臣，一切战守机宜、调遣兵马重大事务，当悉心筹画。若更令兼理刑名钱谷等细事，不特精力难周，且致彼此推诿，耽延时日，何以专任责成。"命九卿詹事科道会议。⑧ 从前述两江总督职能变化来看，应该是规定总督不再"兼理刑名钱谷等细事"。当时天下未定，总督职能以军事为主，着重于控制大区域（两省）的军事局势，是否管辖省内刑名钱谷事务，各总督并不相同，至此才有统一规定。

顺治年间巡抚员缺的设置，沿袭明代旧制，分省会巡抚（亦作"省下巡抚"，简称

---

① 乾隆《江南通志》卷106《文职八》，文渊阁《四库全书》，第510册，第145页。
② 《圣祖实录》卷23，康熙六年七月甲寅，《清实录》，第4册，第315页。
③ 康熙《清会典》卷146《都察院》，《大清五朝会典》，第2册下，线装书局2006年版，第1879页。
④ 《皇帝敕命孟乔芳为陕川三边总督》（顺治二年四月二十二日），张伟仁主编：《明清档案》，"中研院"历史语言研究所，1986年，第2册，第B837页。
⑤ 《皇帝敕命赵廷臣为云贵总督》（顺治十六年一月二十一日），张伟仁主编：《明清档案》，第33册，第B18821页。
⑥ 《世祖实录》卷133，顺治十七年三月己巳，《清实录》，第3册，第1029页。
⑦ 《吏部尚书科尔坤题覆江南督臣应令照旧驻扎江宁》（顺治十三年十一月十日），张伟仁主编：《明清档案》，第29册，第B16487页。
⑧ 《世祖实录》卷111，顺治十四年九月己巳，《清实录》，第3册，第875页。

"省抚")①和区域巡抚两类。省会巡抚节制布按两司，管理钱谷刑名等民事，辖有绿营（即抚标），也可节制绿营副总兵以下武职。以浙江巡抚为例，其职能包括"修理城池、水寨，训练水陆军马，整办战船器械，甄别将领，申明纪律。遇有盗贼生发，相机调度，严行剿杀，无使滋蔓。合用军饷，从宜措置。……春秋两汛，巡行海上，考察将领，稽阅军实。文官司道以下，武官副总兵以下，俱听节制"②。值得注意的是，省会巡抚辖境为全省，或者与藩司辖区相同。区域巡抚管辖数个道员、府州县或卫所，按辖区情形不同又可以分为两种。③一种是管辖数省交界地区的巡抚，其辖区与省会巡抚辖区或其他区域巡抚辖区有重叠，其职能以军事震慑为主，不管理钱谷刑名，如天津、南赣、偏沅巡抚等；一种是分辖省内某一区域的巡抚，主要在直隶、江南、陕西等省。随着政治、军事形势的变化，原先的一些军事要地失去其重要性，再加上经济困难减少开支，登莱、宣府等区域巡抚率先被裁撤。④

顺治死后，辅政大臣们于顺治十八年八月，以"文武并重"为由，要求吏、礼、兵等部将地方文武官员职掌重新划定。清初由于财政紧张，在官缺设置上一直采取紧缩政策，不断裁减冗官。这次为何一反常态增设一批总督，除了"文武并重"这个因素外，因史料缺乏，相关情形尚不清楚。己未，朝廷决定直隶和各省每省均设一员总督，驻扎省城。⑤由此，形成一省一总督的制度，总督全部移驻省城并节制同省提督、巡抚。但这一制度仅实施数年就被调整，康熙四年三月，吏部上疏："各省督抚多设，如要省督抚全留，如非要省应酌量裁并。"⑥朝廷对这个问题非常重视，以议政王贝勒大臣、九卿科道会议的形式对此进行了讨论，决定裁撤山东、河南、江西、山西、广西、贵州等六省总督，改设直隶山东河南、江南江西、山陕、两广、云贵等五员总督，保留福建、浙江、湖广、四川四省总督，同时裁撤凤阳、宁夏、南赣三员区域巡抚。尚不清楚吏部为何有这个提议。这次调整没有影响总督的职能及其与提督、巡抚行政关系，只是裁撤了非"要省"的总督员缺，让保留下来的"要省"总督管理两至三省，这与此后一些省份不设总督的制度有明显区别。

顺治十八年一省一督制的实施，是清初督抚制度的一大变化。除了官缺数量有变动外，最重要的是督抚职能发生明显变动，实行文武分治，总督为一省的最高军事、行政长官。巡抚只管民政、不理军务，敕书、印文内的"提督军务""赞理军务"字样被删除；抚标被裁，各员巡抚仅辖护卫兵50名；兵部兼衔在康熙元年被改成工部兼衔。由此，管理数省交界区域的区域巡抚，从原先的地方大员变为冗官，失去了继续存在的基础。顺治十八年，就有言官提议裁撤"无事可掌"的南赣巡抚。⑦康熙四年五月，南赣、宁夏、凤阳等区域巡抚被裁撤，⑧安徽、偏沅、甘肃三员区域巡抚得到保留，职能发生改变。由此，全国共设18员巡抚，形成了江南、湖广、陕西一省两抚，其他各省一省一抚的局面。

随着江南等三省一省两抚局面的形成，巡抚与两司的行政关系也在这个过程中得到了调整。湖广省在顺治年间设有省会巡抚——湖广巡抚，统管全省民政。同时设有偏沅、郧阳两员区域巡抚，均不管民政，辖区与其他巡抚辖

---

① 彭之凤：《扼要驻扎疏》，康熙《长沙府志》卷14《典章志》，《湖南省图书馆藏稀见方志丛刊》，第7册，第333页；姚文然：《责成职掌疏》，康熙《长沙府志》卷14《典章志》，《湖南省图书馆藏稀见方志丛刊》，第7册，第330页；郑端辑：《政学录》卷2《直省》，《丛书集成初编》，第1册，第46页。
② 《皇帝敕命秦世祯为浙江巡抚》（顺治十一年四月二十八日），张伟仁主编：《明清档案》，第19册，第B10683页。
③ 参见傅林祥《晚明清初督抚辖区的"两属"与"兼辖"》，《安徽大学学报》2010年第5期。
④ 《世祖实录》卷64，顺治九年四月丁未，《清实录》，第3册，第499页。
⑤ 《圣祖实录》卷4，顺治十八年八月己酉、己未，《清实录》，第4册，第83、85页。
⑥ 周纶：《石楼臆编》卷1《督抚》，《四库全书存目丛书》，子部，第232册，第642页。
⑦ 真水康树：《明清地方行政制度研究——明两京十三布政使司与清十八省行政系统的整顿》，第46页。
⑧ 《圣祖实录》卷15，康熙四年五月丁未，《清实录》，第4册，第229页。

区重叠。偏沅巡抚管理荆州、常德、长沙、衡阳四府，①郧阳抚治弹压湖广、河南、四川、陕西四省交界区域。大约在康熙二年，刑科给事中姚文然提议仿照江南省例，湖北地区由省会巡抚专辖，湖南地区由偏沅巡抚专辖：

> 臣思楚省提封最广，府州所属共有三十余处之多，湖南北相距五千余里，诚为辽阔，其钱粮、钦件及刑名、官评不知凡几。今虽设有三抚，而执掌不分，向来未经详议，实有未尽当者。……如郧阳抚治，原为秦、豫、川蜀三省疆隅相接，故特设治臣弹压，与楚省抚务似不相关。省下巡抚总理全省之事，偏沅巡抚虽云管理衡、永、长沙等属，然虚名无实，十羊九牧。……臣愚以为莫如援江南、陕西之例，将两抚分属，以湖北责之省下巡抚，湖南责之偏沅巡抚，一切钱粮、钦件、官评、刑名，皆派定地方。……其左右布政使已经奉旨照江南例，分湖南北驻扎掌管，则糗粮刍荛价值多寡，皆可周知，随时随地预先就近备办。②

显然，姚文然的提议受湖广分藩、江南与陕西巡抚分区而治的启发，将原先各自进行的巡抚与藩臬两个层面的变革交集在一起，使湖广省的官制改革由分藩转向分省。随后，刑科左给事中彭之凤提议将偏沅巡抚移驻长沙府："长沙一府实居湖南里道之中，所辖湖南府治既道路相近，即关会湖北各郡亦相去不远，呼吸可通，实为居中要地。合无请敕下该部从长酌议，将偏沅巡抚移驻长沙，以便居中而理，则里道维均。凡一切转解粮饷，文移往来，俱可朝发夕至，首动尾应，庶抚臣无偏安一隅之嫌，而地方获长治久安之术矣。"③ 朝廷随即令湖广总督张长庚"详确定议"。张长庚建议将洞庭湖以北的武昌等八府仍属湖广巡抚管辖，将洞庭湖以南的长沙等七府二州改由偏沅巡抚管辖，"刑名钱谷，各归管理"。④ 偏沅巡抚周召南也同意此方案。⑤ 康熙三年三月，朝廷决定长沙等七府二州归偏沅巡抚管辖；四月裁郧阳抚治；闰六月，朝廷令准偏沅巡抚移驻长沙府；⑥ 八月，巡抚周召南到长沙城上任。⑦ 由此，偏沅巡抚与湖广省右藩的辖区重合并形成上下级行政关系，职能也与省会巡抚相同。湖广省在一个总督之下、一省之内，分设两员巡抚、布政使、按察使并分驻武昌、长沙两地，实际上形成了两套省级行政机构并分区而治。

陕西省在顺治年间设有省会巡抚——陕西巡抚，管辖藩司辖区内的行政事务；同时设有甘肃、宁夏、延绥三员区域性巡抚，分别管理甘肃、宁夏、榆林镇等实土卫所地区的行政事务。康熙元年裁延绥巡抚，辖区并入陕西巡抚；四年三月朝廷决定裁撤宁夏巡抚，陕西总督白如梅上疏反对：

> 查陕西一省东西四千里，南北三千余里，计四围则万余里，省会之大未有过于秦者。且三面逼邻番彝，止间一墙，省分之要又未有过于秦者。原设西安、延绥、

---

① 《偏沅巡抚金廷献奏报督臣与绩顺公挟嫌牵制不决请敕部察酌》（顺治九年四月二十六日），张伟仁主编：《明清档案》，第14册，第B7785页。
② 姚文然：《责成职掌疏》，康熙《长沙府志》卷14《典章志》，《湖南省图书馆藏稀见方志丛刊》，第7册，第329页。
③ 彭之凤：《扼要驻扎疏》，康熙《长沙府志》卷14《典章志》，《湖南省图书馆藏稀见方志丛刊》，第7册，第334页。参见故宫博物院文献馆编《刑科奏章文册》，上海书店出版社编：《清代档案史料选编》，上海书店出版社2010年版，第1册，第165页。
④ 《八旗通志》卷190，文渊阁《四库全书》，第667册，第458页。
⑤ 康熙《长沙府志》卷2《职官上》："至康熙三年，部议移驻长沙。而大中丞周公召南请专职掌，分辖七府二州，并设藩臬二司以重其任。"（《湖南省图书馆藏稀见方志丛刊》，第4册，第3页）
⑥ 《圣祖实录》卷11，康熙三年三月甲戌、四月戊申，《清实录》，第4册，第175、178页；卷12，康熙三年闰六月辛未，《清实录》，第4册，第189页。康熙《宝庆府志》卷1《郡建置纪》谓康熙二年四月"特允偏沅巡抚都御史移镇长沙"。（康熙二十三年刊本，《北京图书馆古籍珍本丛刊》，书目文献出版社1998年版，第37册，第81页）。
⑦ 康熙《长沙府志》卷1《建置志》，《湖南省图书馆藏稀见方志丛刊》，第3册，第633页。

宁夏、甘肃巡抚四员。康熙二年，延绥巡抚林天擎疏请裁并延抚一员，归并省抚。盖以榆林外部落效顺，且距西安止一千三百余里。至于宁抚驻扎宁夏，距省一千四百五十里，逼近套彝；甘抚驻扎凉州，距省二千五百里，逼近海彝。甘、宁二抚各相距又千里，山隔河阻，势不相通。就今日无事时视之，巡抚既卸兵马，似为闲员；倘值有事，实有必不可少者。①

同年十月，镇守陕西总兵桑格也上疏反对："今裁宁抚，他抚兼领，紧急边情，必失机宜。"② 朝廷未采纳他们的意见。白如梅又提议将甘肃巡抚迁驻兰州，认为兰州"离宁夏一千四百余里，离肃州一千五百余里，实为宁甘适中之地。"③ 原宁夏巡抚辖区由甘肃巡抚接管。朝廷同意此方案。康熙五年，甘肃巡抚、陕西右藩和增设的臬司驻地同时调整，分别从凉州、巩昌府迁至兰州。同驻兰州的甘肃巡抚与藩臬组合成一个完整的行政机构，管辖陕西省西部地区；同驻西安的陕西巡抚与藩臬管辖陕西省东部地区；陕西总督管理全省。

江南省在顺治初设有三员巡抚。江宁巡抚与右藩的行政关系已见前述。凤阳巡抚被裁后，江南总督郎廷佐的上疏于康熙四年十一月被御准，将原属于凤阳巡抚管辖的庐州、凤阳二府及滁、和二州划归安徽巡抚管理，淮安、扬州二府和徐州划归江宁巡抚管理。④ 江北按察使迁驻安庆的具体经过，目前未见到详细史料。康熙五年，江宁、安徽两员巡抚与布按二司的辖区调整完成，⑤ 奠定了清代江苏、安徽两省的区域。

随着巡抚辖区调整完毕，江南等三省均设一员总督管理全省，设两员巡抚和两员布政使、按察使，分疆而治。⑥ 其他各省至康熙六年七月，直隶设一员巡抚，未设布按两使；山东等11省均设一员巡抚、布政使、按察使。由此，全国名义上仍是14省，实际上形成17个由巡抚与布按两使共同组成的行政机构及其行政区域，另有一个由巡抚单独管理的直隶地区（康熙八年增设直隶守道、直隶巡道，行使藩臬两司职能）。

三 从"几同二省"到"截然二省"：对新省区的认识过程

如上所述，顺治末、康熙初年江南三省的巡抚、布按两使的官缺设置及行政关系进行了调整，各员巡抚与所属布按两使形成了新的、共同的辖区，区域巡抚由此具备省会巡抚的职能。这些调整是分散进行的，没有一个"分省"的谕旨或事件，变动后的江南、湖广、陕西仍然被视为一省，即"一省而有两巡抚、两布按"。江宁、安徽、偏沅、甘肃四员区域巡抚与所辖布按两使的辖区，在何时被认为是省区？有一个较长的认识过程。⑦

（一）名虽一省，几同二省

康熙六年后，三省仍在原先的总督管辖之下，即在总督辖区层面仍是一省；顺治十八年开始的一省一督制度虽然实施时间不长，也会强化明代以来的省域观念，因而在目前所见康熙年间的绝大多数史料中，江南、湖广、陕西（陕甘）仍被记载为一省。这些史料中有些史料记载了三省具体的官制变化，如两员巡抚的

---

① 周纶：《石楼臆编》卷1《督抚》，《四库全书存目丛书》，子部，第232册，第642页。
② 周纶：《石楼臆编》卷1《督抚》，《四库全书存目丛书》，子部，第232册，第642页。乾隆《甘肃通志》卷29有宁夏总兵"桑格，满洲人，康熙四年任"。（文渊阁《四库全书》，第558册，第82页）
③ 郑端辑：《政学录》卷2《直省》，《丛书集成初编》，第1册，第46页。
④ 《圣祖实录》卷17，康熙四年十一月戊申，《清实录》第4册，第253页。
⑤ 乾隆《江南通志》卷106《文职八》，文渊阁《四库全书》，第510册，第145、147页。
⑥ 三省形成事实上的分省局面后，一些具体问题逐步得到解决，如安徽藩司、江苏臬司的移驻等，直到雍正、乾隆年间才告完成。参见傅林祥《清代江苏建省问题新探》，《清史研究》2009年第2期。
⑦ 陆发春《安徽建省与省域认同》从安徽官员在纂修《江南通志》和《安徽通志》中对安徽省域空间的认知、《清代缙绅录集成》中安徽官员籍贯信息的数量分析、旅京安徽会馆的兴办与重建这三个方面，较为系统地探讨了安徽省域认同问题。一些探讨分省问题的文章，从省名等角度对分省认识问题也有所涉及。

分治，康熙十三年六月谕称"曩当太平之时，湖北、湖南，巡抚二人分治。今军兴之际，不得仍以地方分属为诿"。① 或是布政使的分治，康熙《岳州府志》载："皇清因之，属湖广承宣布政使司。康熙三年分藩，属湖南承宣布政使司。"② 或者是关注到巡抚和布按两司、道员整体的分地而治，制度已经与其他各省有所差异。康熙年间修《清一统志》时，总纂官陈廷敬认为："一省而有两巡抚、两布按，虽分地而治，亦当与统辖全省者同例。"③ 康熙二十三年，湖南按察使范时秀认为："自昔以鄂城为会，未闻画南北而区分之，国初亦因其旧。我皇上御极之始……命于洞庭以南再树藩屏，建闉星沙，亦如吴会之有东西，关陕之分左右。……然亦广为节制，以示长驾远驭之方，未尝界全楚而二之也。至有大期会、大征调，则湖以南所属之郡邑咸相率征缮而听命于统督之大吏，无或敢后。"④ 这些记载了湖南、湖北平时分区而治，在特殊情况下统一听令于湖广总督的状况。

康熙年间的文献中偶尔也有"两省""分省"的记载。大约在康熙三十年前后，从未做过官的松江府文人叶梦珠，⑤ 对江南省在清初的省制变化作了如下记载：

> 江南故为南京直隶卫、府、州、县。自顺治二年改为行省，于是始设布按三[二]司，然亦仍前朝行省之制。布政使二员，左右并建，按察使则惟一员，俱驻省城。顺治季年，因苏、松赋重，特分江宁及苏、松、常、镇五府属右藩，而驻扎于苏州；左藩则辖安徽等九府，徐、和、滁、广四州，驻扎省城。至康熙六年丁未，尽裁天下右藩，独于江南添设江苏布政使，照旧驻苏。而按察司亦添一员分辖安徽等府，驻扎安庆，于是上江下江，名虽一省，几同二省矣。⑥

叶氏观察到布政使的分驻、按察使的增设等变化，只是没有记载巡抚的调整，这可能与松江府一直属于江宁巡抚管辖有关。又言康熙六年"尽裁天下右藩"，更具有全国性视野。他的"名虽一省，几同二省"的观点，在现存康熙朝前中期文献中较为稀见。又如康熙五十四年抄本《蓝山县志》："康熙三年移偏沅抚院及分湖北藩臬、驿盐粮道各衙门俱驻长沙府，自是南北分省，专属湖南布政使司。"⑦ 修纂者关注到分省过程是由巡抚、布按两使和驿盐粮道移驻长沙府等一系列事件组成，认为湖南、湖北已经"南北分省"。

裁撤湖广总督之事，从一个侧面反映了皇帝和朝中大臣对新省区的认识。

由于江南等三省的巡抚与布按两司实际上已经分治，作为"一省"最高长官的总督，有时就显得不再那么重要。康熙二十七年三月十九日，吏部上奏，湖广总督徐国相革职后，该总督的空缺是开列满洲还是汉军、汉人，请皇帝定夺。康熙帝对徐国相非常不满，进而认为："此总督之缺无用，应裁去。"大学士王熙附和道："此省既有两巡抚，则总督之缺宜裁，圣见甚当。"⑧ 在裁撤过程中，督标兵丁发生变乱。为此，御史阮尔询上奏："他省止设巡抚一员，惟湖广与江南、陕西设两巡抚以分治之，由其地广而势悬也。夫地广势悬，名

---

① 《圣祖实录》卷48，康熙十三年六月甲辰，《清实录》，第4册，第626页。
② 康熙《岳州府志》卷1《建置沿革》，中国科学院图书馆选编：《稀见中国地方志汇刊》，中国书店1992年版，第38册，第18页。
③ 陈廷敬：《午亭文编》卷39《与徐少宗伯论〈一统志〉书》，文渊阁《四库全书》，第1316册，第576页。
④ 康熙《湖广通志》卷首湖南按察使范时秀序，康熙二十三年刊本，第1册，第1页a—2页b。
⑤ 叶梦珠的生卒年限，可参见江功举《关于〈阅世编〉作者叶梦珠的生卒年问题——兼与来新夏同志商榷》，《成都大学学报》1983年第2期；顾承甫：《关于〈阅世编〉作者叶梦珠生平》，《史林》1987年第2期。江氏认为《阅世编》非系作者于晚年一举完成，而是壮岁以后即开始动笔的追录和随录，这种断断续续的写作一直进行到康熙三十年前后。
⑥ 叶梦珠：《阅世编》卷3《建设》，来新夏点校，中华书局2007年版，第76页。
⑦ 康熙《蓝山县志》卷1，《故宫珍本丛刊》，第156册，海南出版社2001年版，第26页。
⑧ 《康熙起居注》，康熙二十七年三月十九日，中国第一历史档案馆整理，中华书局1984年版，第3册，第1751页。

虽一省，其实视他省较倍，原不可同日而语。今两巡抚各率其属，分疆划界，漠不相关。即荆州设有将军，常德设有提督，文武职掌亦属殊途。查总督一官为联络文武、调剂兵民而设，无总督则事权不一，事权不一则弹压无人。"① 这点出了湖广保留总督的重要性。九月二十四日，吏部尚书阿兰泰、兵部尚书纪尔塔布、工部尚书苏赫等大臣以湖广地方辽阔为由奏请复设湖广总督，"上颔之"。② 由此升湖广巡抚丁思孔为湖广总督。③

从这一事件可以看出，无论是大学士王熙，还是言臣阮尔询等，都清楚地知道江南、湖广、陕西由两员巡抚分管，"分疆划界"实际上是两个并立的地方政府在管辖各自的行政区域，作为行政区划的"湖广省"已经名存实亡，可有可无。作为湖广总督衙门或湖广总督辖区代称的"湖广省"④，在康熙二十七年消失了六个月。

（二）湖南与湖北，今已截然两省

雍正元年正月，登基不久的皇帝给总督的上谕谓："总督地控两省，权兼文武，必使将吏协和，军民绥辑，乃为称职。" 这是给全体总督的，湖广总督所统辖的也应是两省。给巡抚的上谕则称："一省之事，凡察吏安民，转漕裕饷，皆统摄于巡抚。"⑤ 明确巡抚是一省的行政长官。"总督地控两省"、巡抚统摄"一省之事"，⑥ 这与康熙年间"一省而有两巡抚、两布按"的观念完全不同。

同年七月，雍正帝又谕湖南、湖北分闱。分闱后，王文清提出："湖南与湖北，今已截然两省，既分抚军，分藩臬，又分乡闱，自应各就其乡邦各训其子弟。"⑦ 为此湖南巡抚向朝廷提议："湖北、湖南乡闱既分，教职亦请分选"。⑧ 此前的湖广分设巡抚和藩臬，是已经分省但又藕断丝连，分闱使两地"截然两省"。

雍正三年十月，皇帝谕内阁："外省官员督参抚审，抚参督审，此系向来定例。但朕思督抚果系同城驻扎，或相距不远，则旧例甚属合理。若隔处辽阔，该犯与干连人等不无往返拖累，且案件亦易至耽延。" "寻议……其湖南虽统属湖广，相隔洞庭一湖；甘肃虽统属陕西，相去千有余里；以及浙江、江西、四川、广西、贵州等省，均属隔省，巡抚所参之员应即令该抚就近审结。"⑨ 这里所言"湖南虽统属湖广"、"甘肃虽统属陕西"，强调的是在总督层面仍然同属一督或一省。但实际上湖南与甘肃已经分别是独立的一省，因而内阁讨论的结果是按照实际情况归入"隔省"一类。

雍正六年四月，"川陕总督岳钟琪疏言陕甘两省丁银，照各省以粮载丁之例题请，奉旨允行在案"。⑩ 两江、湖广、陕西（或川陕）三员总督长期管辖"通省"事务，因而常将巡抚辖区作为本省的一部分，如康熙三十九年七月，湖广总督郭琇奏："臣思楚省之米出自湖南"。⑪ "楚省"指湖广省。康雍乾三朝，公文中常以"通省"（如"湖广通省"）、"一省"（如"江南一省"）指称三省分省前的省

---

① 阮尔询：《全楚幅员甚广》，平汉英：《国朝名世宏文》卷3《吏集》，《四库未收书辑刊》，第1辑，第22册，第573页。
② 《康熙起居注》，第3册，第1797页。
③ 《圣祖实录》卷137，康熙二十七年九月戊戌，《清实录》，第5册，第491页。
④ 有关清代省名的含义，参见傅林祥《政区·官署·省会——清代省名含义辨析》，《中国历史地理论丛》2011年第1辑。
⑤ 《世宗实录》卷3，雍正元年正月辛巳，《清实录》，第7册，第67、68页。
⑥ 一省之事"皆统摄于巡抚"的说法，在顺治十四年九月的谕旨中已有："又谕吏部：总督、巡抚责任不同。巡抚专制一省，凡刑名钱谷、民生吏治皆其职掌。"（《世祖实录》卷111，顺治十四年九月己巳，《清实录》，第3册，第875页）顺治此谕所指当是省会巡抚。
⑦ 乾隆《长沙府志》卷23《政迹》，《中国方志丛书》华中地方第299号，成文出版社1976年版，第2册，第594页。
⑧ 《世宗实录》卷21，雍正二年六月辛巳，《清实录》，第7册，第340页。
⑨ 《世宗实录》卷37，雍正三年十月戊辰，《清实录》，第7册，第546、547页。
⑩ 《世宗实录》卷68，雍正六年四月乙酉，《清实录》，第7册，第1033页。
⑪ 《圣祖实录》卷200，康熙三十九年七月庚申，《清实录》，第6册，第38页。

区。岳钟琪为四川陕西总督，在此前的雍正四年十二月将陕西、甘肃两巡抚辖区称之为"陕甘两属"①，此时将两巡抚辖区称之为"陕甘两省"，反映了观念的某些变化。

雍正七年五月，雍正帝认为：江南的上江、下江，湖广的湖北、湖南，陕西的西安、甘肃，"虽同在一省中，而幅员辽阔，相距甚远，定制各设巡抚、司道以统辖之，其情形原与隔省无异"②。这条谕旨，以往的研究或将其作为当时尚未分省的依据。细读全文则不然，"虽同在一省中"，显然指湖北、湖南这些区域只是在"名义"上仍是一省；"定制各设巡抚、司道以统辖之，其情形原与隔省无异"，则道出了湖北、湖南的现状，各有自己的省政府，名实不符的状况显露无遗。而且"各设巡抚、司道以统辖之"是"定制"，不是临时性措施。

（三）督抚驻扎之地为省会：新省制认识的一个侧面

作为行省所在地的"省会"一词，在元代文献中已经出现，如刘鹗谓："江西以鄱阳为襟喉，以江州为辅臂，袁、临、吉、赣当楚粤之要冲，抚、建、广、饶控闽越之关隘。至于龙兴，名为省会，居中应外。"③ 龙兴府即今江西南昌市，江西行省驻此。明洪武间，改行省为藩司，其衙门或辖区习惯称呼为省、藩省。如弘治年间，黄河在河南原武县决口，于是有"迁河南藩省于他所，以避其害"之议。④ 又如："天下藩省以两浙为称首，而两浙之郡以杭为称首。"⑤ 布政使司的驻地沿袭元代习惯称省会、会城。明代巡抚或驻省会，或驻一般府县，因而特称驻地在省会的巡抚为"省会巡抚"。清代沿袭明代称呼，有时仍称藩司治所为省会、省城。如嘉庆《清会典》卷45《工部》："凡建置，曰省（布政使所治为省城），曰府（除省城知府外，其余知府所治为府城）。"⑥ 俞正燮谓"自乾隆二十六年，安庆为省会"⑦，显然是指安徽藩司"回驻"安庆，安庆由此成为安徽省会。

清代督抚成为一省实际行政长官后，督抚驻地何时称为省会，也就是省会含义在清代的变化，从一个侧面折射出人们对新省制的认识过程。康熙年间，湖南藩司张仲举认为："移抚治于此（长沙），分藩设官，一如省会。"⑧ 湖南驿粮道赵廷标："分藩臬二司，特移重臣节钺，以资弹压，是长沙一郡俨如省会之区。"⑨ 两位官员都注意到了巡抚与藩臬两司共驻长沙府，使其具有省会的地位。一些方志虽未明言巡抚驻地为省会，但已经包含着这层含义，这在直隶最为明显。康熙十二年刊刻的《静海县志》谓："北拱盛京，南通省会，东濒沧海，西据卫河，密迩三津。"⑩ 此时直隶地区无藩臬二司，名义上仍是"直隶"。直隶巡抚于康熙八年由真定府移驻保定府，又置直隶守道、巡道分管钱粮、刑名事务。《静海县志》中所说的"南通省会"，显然指的是直隶巡抚驻地。值得注意的是，此时距江南三省分省不到十年，"省会"概念的变化不一定是受分省的影响。与之时间相近，直隶巡抚于成龙认为："窃维保定府城，自前抚臣金世德移驻之后，设立守巡二道，总汇八府钱谷刑名，已

---

① 《世宗实录》卷51，雍正四年十二月癸亥，《清实录》，第7册，第762页。
② 《世宗实录》卷81，雍正七年五月丁巳，《清实录》，第8册，第68页。
③ 刘鹗：《惟实集》卷1《直陈江西广东事宜疏》，文渊阁《四库全书》，第1206册，第297页。
④ 黄光昇：《昭代典则》卷22，弘治三年三月，《四库全书存目丛书》，史部，第12册，第795页。
⑤ 刘春：《东川刘文简公集》卷3《送杨温甫守杭州序》，《续修四库全书》，上海古籍出版社2002年版，第1332册，第53页。
⑥ 嘉庆《清会典》卷45，《大清五朝会典》，第13册，第547页。
⑦ 俞正燮：《癸巳类稿》卷8《黟县山水记》，《续修四库全书》，第1159册，第421页。
⑧ 湖南布政使张仲举序，康熙《长沙府志》卷首，《湖南省图书馆藏稀见方志丛刊》，第3册，第397页。
⑨ 湖南驿盐粮储道赵廷标序，康熙《长沙府志》卷首，《湖南省图书馆藏稀见方志丛刊》，第3册，第429页。
⑩ 康熙《静海县志》卷1《形胜》，《中国地方志集成·天津府县志辑》，上海书店出版社2004年版，第5册，第14页。

成省会之区。"① 因巡抚的移驻和守巡二道的设立,将保定府视为省城。

康熙以后,以督抚驻地作为省会的认识更加明确。梁份《新修广润门记(代王中丞)》认为:"国家经理天下,分布都御史以抚治者十有七,行台所在为省会,府曰大府,江西之南昌其一也。"② 此处的"行台"指巡抚。雍正四年四月,"湖南平溪、清浪二卫与贵州思州府接壤,去湖南省会辽远,请改归贵州管辖"。③ "湖南省会"比康熙年间"俨如省会"的认识更为明晰。雍正五年,皇帝认为"省会乃督抚驻节之区";十一年,皇帝明确指出:"督抚驻扎之所为省会之地。"④ 乾隆元年修成的《甘肃通志》称兰州因"康熙五年甘肃巡抚移驻,遂为省会"。⑤ 乾隆四年,安徽巡抚孙国玺在奏折中称"安庆府城乃省会重地,江广通衢",⑥ 此时安徽布政使仍驻江宁府城。乾隆《江南通志》记载"江苏、安庆俱属省会,而江宁尤重焉"。⑦ 王鸣盛特别注意到省会的差异:"江宁为两江总督省会,苏州为江苏巡抚省会,杭州为浙江巡抚省会。"⑧ 从明代的"省会巡抚"到清雍正十一年的"督抚驻扎之所为省会之地",巡抚完成了从"客"到"主"的变化过程。

随着以总督、巡抚驻地为省会观念的出现,以巡抚改名作为分省时间的判定也因之产生。到清代中后期,咸丰年间,湖南总督骆秉章谓:"自国朝康熙年间改偏沅巡抚设湖南巡抚,以长沙为省会,别为一省";⑨ 同治年间方志称雍正二年"改偏沅巡抚为湖南巡抚,遂分省",⑩ 都是以后世的观念去衡量此前之事。

(四)分湖广为南北二行省,法当立省城隍庙:新省区在文化层面的认同

乾隆初年各省通志的编纂与省城隍庙的设立,标志着地方官员在文化层面对新省区的认同。

康熙年间三省所修的通志,以总督辖区为一省。以《江南通志》为例,两江总督于成龙就认为修通志是总督应尽的责任:"惟江西去江宁千有余里,控辖辽阔,不得身至其地,于是发凡起例,定为程式,移檄江西布政司兼摄抚臣事臣张所志,诹日设局。"⑪ 由总督主修,通志所记载的只能是"江南省"。江西巡抚驻地距江宁城千有余里,于是江西就单独设局修成《江西通志》。

雍正年间各省再修通志,朝廷仍然要求由督抚负责。⑫ 江南总督主修《江南通志》,《湖广通志》仍由湖广总督主修,"以湖南、湖北合为一书,与《江南通志》合上江、

---

① 于成龙:《题为剧郡亟需能员保举恐违常例仰请睿裁拣选补用以资治理事》,《抚直奏稿》,清康熙二十六年刊本,第5册,第1页a。
② 梁份《怀葛堂文集》卷之《记》,清雍正间刻本,《四库全书存目丛书》,集部,第236册,第137页。据雍正《江西通志》卷5《城池》:康熙"六十一年,广润门毁,巡抚王企靖重建"(文渊阁《四库全书》,第513册,第192页),梁份此文当作于雍正初年。
③ 《世宗实录》卷43,雍正四年四月戊寅,《清实录》,第7册,第633页。
④ 《世宗实录》卷61,雍正五年九月乙卯,《清实录》,第7册,第928页;《世宗宪皇帝圣训》卷10,雍正十一年正月壬辰,文渊阁《四库全书》,第412册,第153页。
⑤ 乾隆《甘肃通志》卷3上《建置沿革》,文渊阁《四库全书》,第557册,第75页。
⑥ 乾隆四年八月二十五日安徽巡抚孙国玺奏,"中研院"史语所藏内阁大库档案,登录号014100—001。
⑦ 乾隆《江南通志》卷10《疆域》,文渊阁《四库全书》,第507册,第356页。
⑧ 王鸣盛:《蛾术编》卷12《八府一州志书》,顾美华标校,上海书店出版社2012年版,上册,第180页。
⑨ 骆秉章:《骆文忠公奏议》卷10《请建表忠祠求中书院折》(咸丰九年十二月初六日),《近代中国史料丛刊正编》影印本,文海出版社1967年版,第3册,第1955页。
⑩ 同治《茶陵州志》卷3《沿革》,同治十年刻本,第9页b;同治《酃县志》卷2记载同,(同治十二年刻本,第9页a)。
⑪ 江南江西总督于成龙序,康熙《江西通志》卷首,第1册,第1页b。参见江南江西总督于成龙序,康熙《江南通志》卷首,第1册,第1页a。
⑫ 《世宗实录》卷75,雍正六年十一月甲戌,《清实录》,第7册,第1122页。

下江为一者体例相同"。陕西、甘肃两省则与江南、湖广情况不同，主修者已经认识到分为两省："雍正七年，各直省奉敕纂修通志，抚臣许容以甘肃与陕西昔合今分，宜创立新稿。"① 分省时的陕西总督官缺经过多次变革，此时已经是统管四川、陕西、甘肃三省的"川陕总督"，驻扎在四川省成都府，与甘肃省会兰州之间路途遥远，甘肃巡抚就拥有了与江西巡抚相同的修志自主权。陕西、甘肃两位巡抚分辖两地，也没有必要编纂包含两省内容的通志，于是甘肃首先有了自己的《甘肃通志》。两省各自修志，"同在一省中"的又一象征脱落。从上引督抚在通志序中所言可以看出，强势的两江、湖广两员总督主修通志，才是出现《江南通志》、《湖广通志》的原因。

乾隆五年十一月，《清一统志》御制序时谓："自京畿达于四裔，为省十有八，统府州县千六百有奇。"② 乾隆皇帝认为全国设有十八省。该书在编纂体例上，陕西、甘肃、湖北、湖南也已一分为二，只有江苏与安徽仍然为"江南省"。

保佑一方的城隍庙，在唐宋时已经兴盛。较早设立的省城隍庙，可能是明洪武二年（1369）已有的山东行中书省城隍庙。③ 明末清初，有的城隍庙内同时祀都城隍、府城隍、县城隍。康熙年间云南省云南府城隍庙内，中祀云南省都城隍之神，左祀云南府城隍之神，右祀昆明县城隍之神，④ 应该是沿袭明代旧例。入清以后，各省城隍庙开始称"省城隍庙"⑤。有的省将首府城隍庙改为都城隍庙，如雍正年间观风整俗使焦祈年奏请将广州府城隍庙改为广东都城隍庙，"巡抚、司道皆诣展谒庙"。⑥ 湖南长沙府原先建有府城隍庙，塑有府城隍像。乾隆二十八年，巡抚陈宏谋在府城隍庙中增立省城隍像，将府城隍像移至省城隍像的东侧，同时改名为省城隍庙。光绪年间，有人认为："康熙三年分湖广为南北二行省，移偏沅巡抚于长沙，法当立省城隍庙，未遑也。"⑦ 显然是以乾隆年间的观念去思考康熙年间的问题。乾隆三十八年，又在省城隍庙内塑立湖南省八府四直隶州的城隍像，建成了省城隍与全省各府级城隍的一个体系，在宗教文化层面塑造了一个完整的"湖南省"。嘉庆元年（1796），增设乾州、凤凰、永绥三直隶厅，省城隍庙于嘉庆十四年添立这三个直隶厅的城隍像。⑧ 由此可见，对新省区的认同已经扩展到文化、宗教层面。

四　直省名实不符：《清会典》对省区与省制的规范

皇帝虽然在一些谕旨中言及新省制或新省区的变化，但是没有针对新省制或新省区单独下达一个谕旨。一些朝廷官员对分省或职官制度变化的看法也没有经过各部的讨论和御准，反映的是他们个人的观点，各省通志的记载反映了该省官员和修志者的看法。代表朝廷的看法并对新省区和新省制进行规范的，是《清会典》的相关条文。《清会典》是清朝国家层

---

① 《四库全书总目》卷68，文渊阁《四库全书》，第2册，第481页。
② 《高宗实录》卷131，乾隆五年十一月甲午，《清实录》，第10册，第914页。
③ 《续通志》卷170《金石略》："山东行中书省城隍庙碑，陈修撰，陈汝言书，正书，洪武二年，历城。"（《十通》，浙江古籍出版社2000年版，第1册，志4290页）
④ 康熙《云南府志》卷16《祀典志》，《中国地方志集成·云南府县志辑》，凤凰出版社2009年版，第1册，第367页。可参见张传勇：《都城隍庙考》，《史学集刊》2007年第12期；《省城隍庙考》，《清史研究》2004年第3期。
⑤ 顺治《祥符县志》卷1谓："省神隍庙，在旧县治西北。洪武二年封为承天鉴国显圣王。宣德辛亥修。"（中国科学院图书馆选编：《稀见中国地方志汇刊》，中国书店1992年版，第34册，第28页）
⑥ 道光《广东通志》卷145《坛庙一》，《续修四库全书》，672册，第243页。
⑦ 李元度：《天岳山馆文钞》卷4《湖南省城隍庙碑（代）》，《续修四库全书》，1549册，第61页。
⑧ 嘉庆《长沙县志》卷11《秩祀》，《中国方志丛书》华中地方第311号，第4册，第1127、1128页。光绪《善化县志》卷14《秩祀二》，岳麓书社2011年版，第244页。

面的"大经大法",① 在本文涉及的时间段内,先后编纂有康熙、雍正、乾隆三朝《清会典》。这些《清会典》的相关内容,经过了修纂者的讨论,并经皇帝御准。在当时的认识条件下,先后对新省区、新省制作了法律意义上的规范,主要体现在《吏部·外官》《都察院·督抚建置》、《户部·州县(或疆理)》卷目之中,前两者规范的是官制,后者规范的是省制与省区。

康熙《清会典》成书于康熙二十九年。卷5《吏部·外官》首先列有"各承宣布政使司",谓"旧设左右布政使各一员,康熙六年裁一员,改称为布政使。江南、湖广、陕西各二员,浙江、江西、福建、山东、山西、河南、四川、广东、广西、云南、贵州各一员";其次是"各提刑按察使司",谓"按察使,江南、湖广、陕西各二员,余省各一员"。② 此为布按两司层面。该卷无督抚官缺,与万历《明会典》相同。卷146《都察院·督抚建置》对督抚的院衔有特别说明:"都察院右都御史、右副都御史、右佥都御史等官,俱不专设,但为直省总督、巡抚兼衔。凡遇补授命下之后,其应兼职衔由吏部议拟,具题请旨。"③ 表明督抚事实上已经不是都察院官员,这与万历《明会典》的规定大不相同。④ 在框架上没有打破《明会典》的体系,同时又说明实际的变化,结果督抚既不是京官,也不是外官(地方官),督抚作为官缺应该具备的本衔仍然空缺,由督抚管辖的布按两司又位列地方官之首。这种看上去矛盾的记载,正是康熙初年从明制向清制转变后认识混乱的反映。

康熙《清会典》卷18《户部·州县》对当时的政区作如下表述:"顺治元年定鼎京师,以顺天等八府直隶六部,各省设布政使司以统府州县,州县俱隶府,县或隶州,州或直隶省。二年,改南直隶为江南布政使司。十八年,江南省分设江苏、安徽布政使司。康熙二年,陕西省分设西安、巩昌布政使司。三年,湖广省分设湖北、湖南布政使司。今备例直隶八府及奉锦二府、十四省布政使司并所属州县于后。"⑤ 与万历《明会典》不同,将地方高层政区称之为省,各省设布政使司。同时又规范了江南等三省的布政使司名称。由于这一时期对新制度缺乏整体的认识,仍认为全国是14省,将江苏、安徽、湖北、湖南、西安、平庆等六个布政使司与其他各省的布政使司按同样的规格排列,同时又保留了"江南"、"湖广"、"陕西"所辖府州县数量和四至八到。

雍正《清会典》基本沿袭康熙《清会典》的旧体系,只有个别不同之处。卷5《外官》特别注明"督抚统辖外僚,因系都察院堂官,详都察院,兹不载"。⑥ 仍没有给督抚以新的定位,督抚"系都察院堂官"的说法在某种程度上是倒退。卷223《都察院·督抚建置》的论述与康熙《清会典》有所不同:"督抚之设,统制文武,董理庶职,纠察考核,其专任也,以右都御史、右副都御史、右佥都御史为之。故都察院在京衙门唯左。直省督抚虽加部堂衔,其院衔不去。"⑦ 强调了督抚的地位与

---

① 关于明清典例的性质,学界有多说。本文采用杨一凡《明代典例法律体系的确立与令的变迁——"律例法律体系"说、"无令"说修正》(《华东政法大学学报》2017年第1期)、林乾《从〈清会典馆奏议〉论〈会典〉的性质》(中国第一历史档案馆编:《明清档案与历史研究论文集》,新华出版社2008年版)、陈灵海《〈大清会典〉与清代"典例"法律体系》(《中外法学》2017年第2期)等文的观点。清代皇帝和《清会典》的修纂者,认为会典是"国家大经大法""官司所守,朝野所遵""所载必经久常行之制",详见五朝《清会典》的御制序和凡例。
② 康熙《清会典》卷5,《大清五朝会典》,第1册上,第42、43页。
③ 康熙《清会典》卷146,《大清五朝会典》,第2册下,第1879页。
④ 据鲁佳统计,以左衔出任总督的基本集中在嘉靖中叶及以前,万历末年后,只有孙传庭以左衔出任总督;嘉靖中叶以后,以左职宪衔出任巡抚者,只有天启时的乔应甲一人。孙、乔以左衔分别出任督抚,均有其特殊原因。详见鲁佳《明代官制中的"左"与"右"》,硕士学位论文,复旦大学,2011年,第24、37页。由此可推知,明嘉靖中叶以后,朝廷在委任督抚时,已经有一种默契或制度,康熙《清会典》只是将其规范化。
⑤ 康熙《清会典》卷18,《大清五朝会典》,第1册上,第174页。
⑥ 雍正《清会典》卷5,《大清五朝会典》,第3册,第48页。
⑦ 雍正《清会典》卷223,《大清五朝会典》,第9册,第3674页。

职能，可以看作是雍正元年上谕中对督抚定位的延续。与《外官》下的"督、抚统辖外僚"一句相结合，说明纂修者特别强调总督、巡抚是统辖地方文武之官。卷24《州县一》对政区的表述与康熙《清会典》基本相近，只在末尾处略有不同："雍正二年，改直隶守道为布政使司。今备例京师及直省布政使司，并所属州县于后。"① 雍正《清会典》中未见"十四省"，也不用"十五省"，而是以较为模糊的"直省"替代。

对清代新省制和新省区进行法理上的探讨和总结，直到乾隆十三年第三次修《清会典》时才进行。乾隆十二年正月，下诏新修《清会典》。次年九月，礼部尚书王安国上奏，提出了两个重要问题。一是地方高层政区的名称：

> 本朝初沿明制，裁南直隶，增安徽、江苏两布政使司。厥后直隶亦设布按官，事申总督题奏，不直达内部矣，而"直省"之名仍旧。此见之寻常文字原无妨碍，惟典礼之书期垂不朽，似应核其名实。
>
> 臣愚以为畿辅之地，或如唐之关内，义取山川形胜；或如宋之京畿，义取京师首善，恭请钦定二字佳名，以改明"直隶"之旧。其安徽等处地方，亦如唐宋之称道、称路，恭请钦定一字佳名，以改明"布政使司"之旧。此于疆域定制，原无纷更，而纪载所垂，庶几名实不爽。

王安国注意到明朝的北直隶地区在清朝已经发生制度上的变化，不再"直隶"于六部，名不符实，因此奏请皇帝为直隶省取一个专名，为各省取一个通名。二是对督抚地位的认识，王安国认为督抚实际上已经是外官：

> 今外官之制，督抚、提镇文武相维，

与唐时节度使专制一方者迥异。况由京堂官出授外任，其京堂官即开缺别补，非暂差可比。予以实而靳其名，于义似无所取。臣请《会典》所载外官品级，以督抚居首，次及布按两司，庶几大小相承，体统不紊，足备盛朝典制。

乾隆十三年九月二十七日，御批："大学士会同该部议奏。"② 十一月，大学士等议复："督抚总制百官，布按皆为属吏。该尚书所奏，亦属大小相承之义。应如所奏。"③ 从制度上确认督抚为地方行政长官。王安国提出的第一个问题，似乎未予讨论，"直省"一词在《清会典》其他各卷中仍有使用，但在卷8《疆理》（即康熙、雍正《清会典》之《州县》）中不再出现。从王安国提出这个问题的本身，也可以看出"直省"只是清代高层政区的习称。

乾隆二十九年，新《清会典》修成。对地方高层政区官员衙门的组成、各级政区的隶属关系、地方高层政区的名称均进行了新的规范。卷4《吏部·外官》对省政府官员衙门的组成及主要职能进行了规范："直省设总督统辖文武、诘治军民，巡抚综理教养、刑政，承宣布政使司掌财赋，提刑按察使司主刑名，粮储、驿传、盐法、兵备、河库、茶马、屯田及守巡各道核官吏、课农桑、兴贤能、砺风俗、简军实、固封守。督抚挈其纲领，司道布其教令，以倡各府。"④ 由此，督抚由明代的都察院堂官，转变为乾隆《清会典》规范的外官，即地方大吏。卷81《都察院》仍谓"右都御史、右副都御史，均为督抚兼衔"。⑤ 笔者推测这样的设计，是为了不让督抚成为纯粹的外官（地方官），维系原有的中央与地方关系。

卷8《户部·疆理》对地方高层政区的名称和数量进行了规范："两京设尹，崇首善也。外列十有八省，分之为府，府领州县，直隶州亦领县，皆属于布政使司，而统治于总

---

① 雍正《清会典》卷24，《大清五朝会典》，第3册，第274页。
② 乾隆十三年九月礼部尚书王安国奏，台北"故宫"博物院藏，档案编号032244。
③ 《高宗实录》卷328，乾隆十三年十一月丙辰，《清实录》，第13册，第427页。
④ 乾隆《清会典》卷4，《大清五朝会典》，第10册，第31页。
⑤ 乾隆《清会典》卷81，《大清五朝会典》，第11册，第734页。

隶州亦领县，皆属于布政使司，而统治于总督、巡抚。巡抚专辖本省，总督所统或三省，或两省，又或以总督管巡抚事，或专设巡抚不隶总督。莫非因地因时而立之经制。"① 首先规定地方高层政区的通名为"省"，不再是明代的"布政使司"；其次明确实行府州县制度的地方高层政区的数量，除顺天、奉天两京府外，为"十有八省"，不再是旧会典的"十四省布政使司"或"直省"，从法律层面确定了顺治末、康熙初江南等三省分省的结果。

结合上引乾隆《清会典》卷4、卷8相关条文，可以看出当时省政府的行政官员（衙门）设置是：两个（总督和巡抚）或一个（总督或巡抚）行政长官，两个主管衙门（藩司、臬司），以及多个专管道员衙门（盐捕等道员）和外派道员衙门（守巡道员）。也就是说，新建或分建一个符合乾隆《清会典》规定的省行政机构，必须配备两个（或一个）行政长官和藩司、臬司衙门，缺一不可。按照这个规范，康熙六年新分各省的督抚与布、按两司的配置已经完成，仅有江南、湖广二省的专管道员还未调整结束，省制也在这个过程中完成了从明制向清制的转换。

乾隆《清会典》的规范对此后官修《清一统志》、政书中的相关内容起了示范作用。乾隆《清一统志》将江苏与安徽两省分开，②目录中已经全部为"以上某某省"。各省的"统部"卷，有的改为"某某省"，如江苏省；有的仍为"某某统部"，如"安徽统部""江西统部"，并不一致。是时间仓促还是修纂者观念没有统一，有待探讨。总督、巡抚列在各省文职官之首，称"某某总督"、"某某巡抚"，不带部院衔。《清朝文献通考》之《职官考》载直省官员，首为总督、巡抚，后为学政、布政使、按察使；《舆地考》言京师、盛京而外为十八省，各省均以"省"为称，如直隶省、江苏省等。《清朝通典》之《职官典》、《州郡典》的格式基本相同。《清朝通志》之《地理略》虽然未言"十八省"，但各省也标以"某某省"；《职官略》之"直省文职"之首为总督、巡抚。《钦定历代职官表》同样将督抚列于八旗官员之后，学政、司道之前。

结　语

通过梳理，本文可以得出以下观点。

其一，清初江南等省分省是一个过程。分省的实质是新的省行政机构的建立，以及相应的政区划分。现代政治学认为"行政区划"是"将全国领土分级划成若干区域，并建立相应的地方各级国家机关，实行分层管辖的区域结构"。③乾隆《清会典》对省行政机构的官缺设置及行政关系也有明确的规范：省级行政机构由督抚和布按两司、道员等衙门共同组成。按照这两条，探讨清初江南等三省的分省，就必须考虑整个省级行政机构（省政府）及其辖区的一分为二，而不是某个衙门或官缺的分设。④ 三省左右藩分驻与分治，在该年只是一省之内两员布政使对区域的分管，可以说是分省、建省的开始。增设按察使司并实行分驻与分治，使得这三省布按两司的设置与其他各省形成明显差异。康熙三年的湖北、湖南，四年的陕西、甘肃，五年的江苏、安徽，这六个区域内的巡抚辖区先后与布按两司辖区重合，偏沅、甘肃、江宁与安徽巡抚分别与省内分设的布政使及新设的按察使形成上下级行政关系，构成独立的行政管理体系。江南、湖广、陕西三省同时拥有两个互相独立的省行政机构（政府）和行政管理体系及其辖区，说明分省或建省事实上的完成，也标志着乾隆《清会典》记载的省制基本形成。因此，我们如果崇"实"，可以将巡抚辖区与布按二司辖区重合、巡抚与藩臬两司上下级行政体制的确

---

① 乾隆《清会典》卷8，《大清五朝会典》，第10册，第71页。
② 乾隆初年修成的康熙《清一统志》已经将湖北、湖南、甘肃与其他各省并列，江苏、安徽仍合在一起。督抚列在各省文职官之首，总督称"总督部院"，巡抚称"巡抚某某部院"或"巡抚都御史"。
③ 《中国大百科全书·政治学卷》（第1版），"行政区划"条，光盘1.1版，中国大百科全书出版社2000年版。
④ 明代地方高层政区虽然称为布政使司，但是省级国家机关（行政机构）由都布按三司共同组成。

立时间视为分省（建省）结束；如果尊崇传统文化中的"名正言顺"这一传统，当以康熙六年为宜，此后一些职官制度变化只是补充和完善。

其二，三省分省的动因有所差异。江南省分藩的直接动因是为了解决苏州等府钱粮征缴这个经济问题，深层次因素是江南省的行政体系存在着先天性的不足，推动者是巡抚。江南省分藩在制度上属于"破例"，户部等对此非常慎重，巡抚两次上奏并有较为充足的理由才获朝廷批准。湖广、陕西分藩和三省增设臬司，主要由于管辖范围面积较大，推动者为言官。偏沅巡抚管辖湖南地区，下辖湖广省右布政使并移驻长沙府，是为了理顺行政关系。

其三，分省过程中，地理形势不同是造成三省巡抚与布按两司官缺调整步骤差异的因素之一。就江南省而言，江宁府是全省政治、军事中心，在明代为"南京"，因而朝廷特别重视；苏州府虽然处于全省东南部，却是全国的财赋中心；安庆地处江北，位于江宁上游，起着屏障作用。无论是否分省，这三处在清代始终是长江下游的重要城市。一省有三个重要城市，又分驻督抚大吏，使得布按两司的驻地和辖区不易一分为二，因此多了一个布按两司辖区调整的步骤，并留下了安徽布政使长期驻扎在江宁府的后遗症。湖广分省以洞庭湖为界，长沙府城又是洞庭湖以南最大的城市，地理位置适中，因而过程最为简单。陕西分藩，一开始并不考虑布按两司与巡抚之间的行政关系，因而以藩司辖区内地理位置相对适中的临洮府城作为右藩治所。随着宁夏巡抚的裁撤，西部的甘肃、北部的宁夏等实土卫所地区的并入，临洮府城作为省城就不太适合，因此最终选择位于临洮府城以北、处于黄河边、交通要道的兰州为省会。所以与湖广相比，陕甘多了布按两司的迁移过程。

其四，巡抚员缺的调整与军事形势、国家宏观政策变化相关。顺治初年的巡抚设置基本沿袭明末制度，随着地方的初步安定，一些设置在原先是军事要地的区域巡抚被裁撤。凤阳、郧阳、宁夏三巡抚的裁撤，则是顺治十八年"文武并重"政策实施的结果。由于江南等三省已经设有两个布按衙门，而且江南省的江宁巡抚与安庆巡抚已经分管右、左布政使并具备了省会巡抚的某些职能，因而湖广、陕西分别保留一员区域巡抚，由其管理分驻或新设的藩臬两司。由此，巡抚的调整与藩臬两司的变化交集在一起，偏沅巡抚、甘肃巡抚得以保留并下辖藩臬两司。三省共形成以江宁、安庆、甘肃、偏沅四巡抚为行政长官、包括布按两司的四个新省级行政机构，各有独立的辖区。同时，湖广、陕西两员省会巡抚的辖区相应缩小。

其五，明末清初的巡抚分为省会巡抚与区域巡抚，两类巡抚的职能存在着明显的差异。省会巡抚因其稳定性，辖有全省并节制布按两司，在明嘉靖后事实上是一省的行政长官。在三省分省过程中，保留下来的江宁、安徽、偏沅、甘肃等四员巡抚完成了从区域巡抚向省会巡抚的职能转变。随着其他区域性巡抚的裁撤，全国所有巡抚皆管辖布按两司并拥有相近的权责，巡抚的设置基本完成了从明制到清制的转变。省会巡抚从京官转变为外官（地方大吏）也有一个逐步认识、规范的过程。

其六，清人对新省制、新省区的认知、认同过程是漫长的，《清会典》的规范明显滞后。一方面囿于成见，一方面又观察到一省之内巡抚、布按两司的分区而治，导致不同群体在不同的情景下会有不同的表述，因而在史料中留下互相矛盾的记载。持"分藩"观点者大多关注的是某一个职官或衙门的变化，持"分省"之说者往往关注多个职官或衙门的改变。对六省的认识亦不同步。湖北、湖南因为在康熙年间有湖广总督短暂被裁、雍正初年的分闱，陕西、甘肃因为有总督官缺及其辖区的多次调整，在雍正至乾隆初年即有较为明确的新省区认同。江苏、安徽既不分闱，总督的辖区与驻地也未调整，而且安徽藩司、江苏臬司又长期驻扎在江宁，因而认同过程较长。有人观察较为敏锐，在康熙年间已经提出"分省"之说，但他们的观点被淹没在传统的认识中，未对社会产生较大影响。

其七，《清会典》中的制度，从理论上说应该是编纂时正在施行的制度。就某项具体制度来说，它确实是如此。但是就一些综合性制度来说，没有一个奏请、核议（或合议）、御准的立法过程，是在多项具体制度之上累积、提炼、规范后产生，受到认识的限制，往往是滞后的。因此，一些综合性制度的形成时间不能以载有该制度的《清会典》修纂时间为准，应追溯到该制度的实际形成时间。就十八省与新省制来说，不能因为始见于乾隆《清会典》，就认为它是乾隆年间才"开始"的制度，应追溯到康熙初年的形成时期。只有在了解具体职官制度变化过程的基础上，将清人对新省制的认识和规范过程一一梳理清楚，才能较为全面地理解、复原清代制度的活的、动态的变化过程。

其八，江南等三省各衙门辖区的变动为我们了解传统社会高层政区的划分提供了一个重要案例。一般认为，政区的划分主要有山川形便与犬牙交错两种。江南左右藩辖区的第一次划分，主要依据两藩处理事务的繁杂程度，没有地理因素上的考虑。湖广、陕西的分藩，是一种近似于均分左右藩所辖府级政区数量的模式，同时兼顾山川形便，如湖北、湖南基本上以洞庭湖为界。以府级政区为单位分省，使得陕甘两省界线犬牙交错的形状最为明显。江南省增设按察使，起初以长江为界，是以山川形便为主。康熙四年江南省先后调整巡抚与藩臬两司辖区，因史料缺乏，具体情形不明。从结果来看，江宁巡抚与右藩辖七府一州，安徽巡抚与左藩辖七府三州，所辖府级政区数量相近。当时江南省长江以南有十府州，长江以北为八府州，如果仿照臬司辖区的划分方案，以长江为界，府级政区数量也相差不多。江南总督没有采用先前臬司辖区以长江为界的山川形便划分方法，可能是考虑到其他更为重要的因素，笔者推测与巡抚驻地和漕运有关。安庆是当时江南省的重要军事城市，必须驻扎巡抚，因而裁掉了相对不重要的凤阳巡抚。安庆地处长江北岸，距离淮安、徐州等府州的路程遥远，巡抚管理这些地区极为不便，因而只能南北向划出一条线。如此，运河全部在江苏境内，便于漕运管理。

总之，清初江南、湖广、陕西三省分省不是体国经野、画野分州式的重划政区，而是清朝因地因时制宜政策的一次实践。没有整体的制度讨论或规划，不存在某个具体称为"分省"或省制改革的事件，只有数个官缺的调整；而具体官缺的调整则是获得朝廷批准，有明确的时间点。总体的省制与行政区划变化是由一系列单个官缺的变革事件累积渐变而成，有一个从开始到完成的过程。因此，就"分省"而言，很难在顺治末、康熙初找到一个确定的"分省"时间点，但可以勾勒出一个较为清晰的变化过程。此后，对新省制和新省区会有不同的表述。《清会典》的规范则受认知的限制。乾隆年间新修《清会典》，王安国关于省名、督抚为外官的奏请及议奏，促进了对新省制、新省区认识的统一，并以乾隆《清会典》的规范而暂告一段落。三省分省，加强了对地方的控制，同时理顺了巡抚与布按两司的行政关系，提高了行政效率，是清朝一次成功的制度变革。本文的探讨，也揭示了在地方行政制度史的研究中，将行政区域划分、行政权力分配与各级地方政府组织这三者有机结合在一起的必要性。

（原载《历史研究》2019 年第 5 期）

康熙朝的珐琅器礼物与皇权

常建华*

摘 要：我国画珐琅产生于康熙时期，康熙二十五年赏赐大臣的内制珐琅日用器物，当是铜胎掐丝珐琅器。康熙朝工匠借鉴西洋方法烧造珐琅彩，康熙五十五年以降朱批奏折中有关珐琅的记载较多，广州已烧造带有珐琅的时辰表、鼻烟壶等仿西洋物件，内廷也研制出珐琅器。康熙五十六年七月后弃用"法蓝"译名，改为"法琅"或"法瑯"。康熙帝命令工匠制造珐琅器有华洋竞胜的原因存在。《万寿盛典初集》记载皇室成员进献的礼物，可见皇四子胤禛进献珐琅器物颇费心思。康熙帝赏赐宠臣画珐琅鼻烟壶、瓷碗、水盛、砚台盒、圆香盒，被大臣视为宝物，他们感谢皇恩浩荡，奉为家传宝物，表示报恩效忠。清廷制成画珐琅高档奢侈品，成为皇权神圣的象征。

关键词：画珐琅 造办处 《万寿盛典初集》 鼻烟壶 杨琳

"珐琅釉是一种低温烧成的以硼酸为助熔碱剂的矽盐玻璃料，这种不透明的白色易溶物质加入不同的金属氧化物（如金、钴、锑等）呈色剂后形成不同的颜色，加入砷的氧化物有不透明的乳浊作用，这种装饰于器物表面的釉质物质称为珐琅。"[1] 故宫博物院珍藏的康熙款画珐琅器，是我国较早的画珐琅器，关于其制作的技术来源，1960 年朱家溍先生就论述了明清时期的铜掐丝珐琅和铜胎画珐琅问题，指出铜掐丝珐琅工艺在明代已经大量制造，嘉靖、万历时期的作品甚多。清朝宫廷专门设"作"制作珐琅器物，广东是清代制作铜胎画珐琅的地区之一，特别是他注意到康熙五十九年（1720）二月初二日曹寅档案的朱批奏折提到曹家办理"珐琅瓷器"差事，提出"江宁"或附近苏州、扬州在当时是铜胎画珐琅产地之一。[2]

20 世纪 80 年代，有关清朝画珐琅问题的专门研究兴起。杨伯达先生对故宫博物院藏康熙款画珐琅器经过认真整理、对比，从工艺特点和艺术风格进行探究，他提出："我国画珐琅有很大可能是产生于康熙时代，而不是明代。清朝第一代画珐琅匠师可能是由掐丝珐琅、料器、彩绘瓷等工匠们转业来的。运用烧制掐丝珐琅、料器或粉彩瓷器的经验，用本国珐琅原料创制成功了中国画珐琅。至于追求并模仿欧洲画珐琅的艺术则是远远以后的事情了。"[3] 吕坚先生举出广东地方大员杨琳分别于康熙五十五年（1716）九月二十八日、五十八年（1719）六月二十四日上两件宫中朱批奏折，[4] 继续证明杨伯达先生的观点。他指出：广东素系我国历史上珐琅器产地之一；康熙时，西方珐琅、画珐琅的制品及原料，如珐琅表、珐琅铜画片、洋珐琅料也已传入我国沿海地区；康熙五十八年，法国画珐琅艺人陈忠

---

* 常建华，南开大学中国社会史研究中心暨历史学院教授。
[1] 周思中：《清宫瓷胎画珐琅研究 1716—1789》第 3 章《康熙瓷胎画珐琅的色地风格》，文物出版社 2008 年版，第 21—22 页。
[2] 朱家溍：《铜掐丝珐琅和铜胎画珐琅》，《文物》1960 年第 1 期，收入朱家溍《故宫退食录》上册，紫禁城出版社 2009 年版，第 152—160 页。
[3] 杨伯达：《康熙款画珐琅初探》，《故宫博物院院刊》1980 年第 4 期，第 47 页。
[4] 转引自吕坚《康熙款画珐琅琐议》，《故宫博物院院刊》1981 年第 3 期。

信（Jean Baptise Simon Gravereau，1690—1762）来到我国。这两件档案虽然未能解决早期我国自己创制画珐琅的问题，却说明了西方画珐琅对我国的传入及影响。① 朱家溍先生进一步论证康熙帝颁发给江宁织造曹頫谕旨提到的"瓷器珐琅"指出"曹家经手办理过烧造珐琅"②。张临生女士从工艺的角度对清宫画珐琅进行了系统研究。③

近十多年出现了一些更具综合性的后续研究。施静菲女士进一步从东西方文化交流的角度探讨了清宫画珐琅工艺在康熙朝的建立；清宫画珐琅中国、西洋因素的演变脉络，画珐琅在清宫发展的契机与可能的驱动力。④ 周思中先生探讨了康熙朝画珐琅的创烧、色地风格等，⑤ 许晓东从宫廷与地方画珐琅技术的互动讨论了康熙帝的推动作用。⑥ 这些研究在资料方面更加注重使用康熙朝朱批奏折。

我们知道，研究清宫造办处的活动，《活计档》是第一手的档案资料。由于《活计档》始于雍正朝，研究康熙朝则无《活计档》可利用。因此，康熙朝朱批奏折君臣互动的记载中涉及宫廷与地方有关器物造办的史料，就显得弥足珍贵。然而由于研究珐琅问题的学者多非历史学专业，对于康熙朝朱批奏折的利用有一定局限性，在对康熙朝满汉文朱批奏折的使用方面，还留下了一些研究的空间。此外，以往研究在立意方面，多是立足于从器物的物质文化及中外交流的角度出发，比较缺乏清史的立场。笔者拟进一步搜集奏折及其他文献资料，结合现存画珐琅实物，从清朝皇权政治文化的角度审视康熙朝的画珐琅问题，除了探讨画珐琅的制作外，还考察康熙朝大臣进献的珐琅器物、皇帝赏赐大臣的画珐琅器物，增进对清朝君臣关系与统治方式的认识，对以往研究加以补充与完善。

一 华洋结合：画珐琅器物的制作

事实上，"法蓝""法琅""珐琅"的文献记载明清之际已有。如晚明苏州人文震亨（1585—1645）《长物志》卷五谈到书画的画轴时，认为轴头不可用"法蓝"等制作，以免俗。⑦ 明清之际安徽桐城人方以智（1611—1671）撰《物理小识》，讲到受外国影响，金银器可以镶嵌珐琅："金银皆有镶嵌累丝、珐琅，因拂菻之法也。"⑧ 同时代的京师人孙承泽（1592—1676）说京师元（玄）武门外，每月逢四则开市，听商贾易，谓之内市。集中了奇珍异宝，其中有"景泰御前作房之珐琅"⑨。他还讲到"珐琅"来源于外国："大食国器以铜骨为身，起线填五采药料烧成，俗谓法琅是也。"⑩ 山东淄博人孙廷铨（1613—1674）《颜山杂记》说山东博山生产琉璃，能

---

① 吕坚：《康熙款画珐琅琐议》，《故宫博物院院刊》1981年第3期。
② 朱家溍：《清代画珐琅器制造考》，《故宫博物院院刊》1982年第3期；朱家溍：《〈清代画珐琅器制造考〉一文中的更正一则》，《故宫博物院院刊》1984年第3期；按，故宫博物院明清档案部编：《关于江宁织造曹家档案史料》作"磁器法琅"，中华书局1975年版，第153页；中国第一历史档案馆编：《康熙朝汉文朱批奏折汇编》作"磁器、法琅之类"，第8册，档案出版社1985年版，第592页。
③ 张临生：《试论清宫画珐琅工艺发展史》，《故宫学术季刊》第17卷3期，1983年春季号。
④ 施静菲：《十八世纪东西文化交流的见证——清宫画珐琅制作在康熙朝的建立》，《故宫学术季刊》第24卷第3期，2007年春季号；施静菲：《文化竞技：超越前代、媲美西洋的康熙朝清宫画珐琅》，《民俗曲艺》第182期，财团法人施合郑民俗文化基金会，2013年。
⑤ 周思中：《清宫瓷胎画珐琅研究1716—1789》第3章《康熙瓷胎画珐琅的色地风格》，第53—108页；周思中、易小英：《清宫瓷胎画珐琅的名称沿革与烧造时间、地点考》，《陶瓷学报》2010年第1期。
⑥ 许晓东：《康熙、雍正时期宫廷与地方画珐琅技术的互动》，故宫博物院、柏林马普学会科学史所编：《宫廷与地方：17至18世纪的技术交流》，紫禁城出版社2010年版，第277—335页。
⑦ （明）文震亨：《长物志》卷五《裱轴》，《长物志及其他二种》，《丛书集成初编》，商务印书馆1936年版，第33页。
⑧ （明）方以智：《物理小识》卷七《金石类·锻理》，文渊阁《四库全书》第867册，上海古籍出版社1987年影印本，第885页。
⑨ （清）孙承泽：《春明梦余录》卷六《后市（附）》，文渊阁《四库全书》第868册，第76页。
⑩ （清）孙承泽：《砚山斋杂记》卷四《窑器》，文渊阁《四库全书》第872册，第193页。

装饰"琺瑯",所谓:"玛瑙者,琺瑯点之。"①

康熙帝对于珐琅的兴趣,早在康熙二十五年(1686)赏赐大臣的物品中已经表现出来。康熙二十五年七月九日,召左都御史陈廷敬、侍郎徐乾学、学士张英、侍读学士高士奇、编修杜讷五人,赐食西苑秋云亭,"遣中使就赐御书及内制法瑯涂金垆瓶、匙箸、香合各一"②。文中的"内制"当指宫廷养心殿造办处作坊所制,该造办处至迟于康熙十五年已经设立。③ 说明此时宫中已能制作珐琅器。在康熙二十年(1681)已经能制作小件日用品,这些物件可能是铜胎掐丝珐琅。这一记载的重要性还不仅于此,"法瑯涂金垆瓶、匙箸、香合"实为晚明士大夫流行的"瓶炉三事"之物。我们略作说明:《遵生八笺》是生活在明代嘉靖、万历时期钱塘人高濂所著,书中的《燕闲清赏笺》有"论宣铜倭铜炉瓶器皿"④。炉瓶是焚香的重要用具。他还列举了"焚香七要":香炉、香盒、炉灰、香炭墼、隔火砂片、灵灰、匙箸。首列香炉、香盒,与瓶构成重要的焚香器具。"匙箸"条讲:"匙箸惟南都白铜制者适用,制佳。瓶用吴中近制短颈细孔者,插箸下重不仆,似得用耳。"⑤ 足见箸瓶在香事中的重要性。《遵生八笺》对晚明士大夫影响很大,文震亨所撰《长物志》是晚明讲述士大夫追求高雅生活方式的重要作品,其中"箸瓶"条称:"吴中近制短颈细孔者,插箸下重不仆,铜者不入品。"⑥ 对高濂有所回应。还谈到室中"置炉""置瓶","置炉"条谓:"于日坐几上置倭台几方大者一,上置炉一;香盒大者一,置生、熟香;小者二,置沉香、香饼之类;箸瓶一。"⑦ 箸瓶、香盒与炉恰好是"瓶炉三事"。晚明的上述香事风气为清人上流社会发扬光大,康熙帝赏赐近侍重臣士大夫"内制法瑯涂金垆瓶、匙箸、香合各一",表明已深谙晚明以来士大夫的生活好尚,投其所好,拉近了君臣距离,显示出康熙帝对于中华传统文化器物的追随与达到的境界。

康熙时期烧造成功珐琅彩,其中借鉴了西洋的方法。康熙二十六年(1687)受法国路易十四宠爱的传教士福脱尼(洪若翰,Jean de Fontaney,1643—1710)从北京发信,请求从法国运来里摩日的珐琅手工艺品。过了几年,法国商船就如约把珐琅工艺品运到广州,接着又从广州流传到清朝宫廷,引起康熙帝的强烈兴趣。⑧

关于清宫瓷胎画珐琅创烧的时间,有康熙二十年后、康熙二十七年、康熙三十五年(1696)、康熙四十五年后、康熙晚年五种看法,⑨ 有学者指出,康熙三十二年(1693)康熙帝派遣白晋(Joachim Bouvet,1656—1730)前往凡尔赛宫,使命之一就是寻求珐琅艺术家和科学家到中国,同年清宫造办处扩大编制,正式成立十四处作坊,其中应包含珐琅作坊。康熙三十五年北京设立玻璃厂,隶属造办处,有可能在玻璃厂进行了画珐琅实验。玻璃胎画珐琅烧成应该在康熙四十二年(1703)之后至四十五年之前,康熙五十年(1711)前后可能清宫真正初步烧成金属胎或瓷胎画珐琅。⑩ "另外有1711—1716年之间的罗马耶稣会档案中提到,康熙对中国工匠的画珐琅制品

---

① (清)孙廷铨,李新庆校注:《颜山杂记校注》卷四《物产》,齐鲁书社2012年版,第115页。
② (清)陈廷敬:《午亭文编》卷三八《赐游西苑记》,文渊阁《四库全书》,第1316册,第565页。
③ 郭福祥:《康熙内廷刻字匠梅玉凤事迹补说》,《紫禁城》2012年第10期;常建华:《康熙朝大内善刻能匠梅玉峰》,《紫禁城》2012年第5期。
④ (明)高濂:《燕闲清赏笺》上卷,《遵生八笺》,人民卫生出版社2007年版,第437—438页。
⑤ (明)高濂:《燕闲清赏笺》中卷,《遵生八笺》,第498页。
⑥ (明)文震亨:《长物志》卷七《器具·箸瓶》,《长物志及其他二种》,《丛书集成初编》,第48页。
⑦ (明)文震亨:《长物志》卷一〇《位置·置炉》,《长物志及其他二种》,《丛书集成初编》,第72页。
⑧ 朱培初:《明清陶瓷和世界文化交流史》,轻工业出版社1984年版,第189页。
⑨ 周思中:《清宫瓷胎画珐琅研究1716—1789》第1章《引言》,第8页。
⑩ 许晓东:《康熙、雍正时期宫廷与地方画珐琅技术的互动》,故宫博物院、柏林马普学会科学史所编:《宫廷与地方:17至18世纪的技术交流》,第282、284、285页。

并不满意，命臣下把奉旨生产的玻璃器和画珐琅器皿放到养心殿，并常常召见传教士到养心殿，询问那些中国工匠是否已经掌握了欧洲的画珐琅技术。"① 有学者认为，瓷胎画珐琅的研制和烧造时间最有可能在康熙五十五年（1716）至六十一年（1722）这七年之间。② 就现存的康熙朝朱批奏折而言，有关珐琅器的记载的确是在康熙五十五年以后出现得较多。

康熙五十五年九月初十日，广东巡抚杨琳奏报："广东巡抚奴才杨琳为呈验事。奴才访得广城能烧法蓝人一，名潘淳，原籍福建，住家广东。试验所制物件颇好。奴才令其制造法蓝金钮，欲连人进呈内廷效力。值乌林大李秉忠奉差到粤，令其试验伎艺可取，奴才随与安顿家口，并带徒弟黄瑞兴、阮嘉猷二人，随李秉忠一同赴京。所有潘淳烧成法蓝时辰表一个、鼻烟壶二个、钮子八十颗，合先呈验。"③ 说明广州得风气之先，已掌握烧时辰表、鼻烟壶等西洋物件，珐琅这种技艺应是从西洋学习的。

同年九月初八日，广西巡抚兵部左侍郎兼都察院右副都御史陈元龙家人张文自热河回粤，带回皇上恩赐御制法琅五彩红玻璃鼻烟壶、八角盒砚、水丞、圆香盒各一件。陈元龙奏报："又接臣侄臣陈邦彦家信内称，恩赐法琅宝器四种，并非内府工匠所造，乃经圣心指授，从格物致知之理，推求原本，烧炼而成……谨考法琅，古所未有。明景泰时始创为之，然其色凝滞其质笨重，殊不足贵。迩年始有洋法琅器皿，略觉生动，西洋人夸示珍奇，以为中国之人虽有智巧，不能仿佛。乃我皇上于万几之暇，格其理、悟其原，亲加指示，熔炼成器，光辉灿烂，制作精工，遂远胜洋法琅百倍。"④ 说明康熙帝在考察"洋法琅器皿"基础上研制出珐琅器，臣下赞誉新的珐琅器不仅超过前朝，而且远胜西洋。当时宫中的传教士见证了烧制珐琅的活动，康熙五十五年三月，传教士马国贤（Matteo Ripa, 1682—1745）写信回国说："康熙皇帝对我们欧洲的珐琅器以及珐琅彩绘的新技法着了迷，想尽办法要将画珐琅的技术引进到他早已为此目的在宫中设立的作坊中，由过去瓷器上用来施彩的颜料，以及他设法得到的几件欧洲珐琅器，制作画珐琅这件事变得可行，为了也要有欧洲的画匠，他指派我和郎世宁（1715 年抵达澳门）用珐琅彩料来彩绘，然而我们两个考虑到可能要和一群腐败的人从早到晚在宫中作坊中相处，就觉得无可忍受，就推脱说我们从来未曾学过此项艺术，但即使如此，在命令的强迫下，我们只好遵从，一直画到本月的 31 日，在我们从未学习此项艺术的前提下，我们毅然下定决心，永远也不想习得此项艺术，我们故意画得很差，当皇帝看到我们的作品时，说'够了'，我们因此从被奴役的状态下得到解脱。"⑤ 可见康熙朝内廷烧制珐琅器参照了宫中的西洋珐琅器。康熙五十八年（1719），康熙帝在两广总督杨琳、广东巡抚杨宗仁送往京师法兰西会烧画珐琅技艺的陈忠信奏折上朱批："会法琅者不及大内，所造还可以学得。"⑥ 进一步证明康熙帝"学得"西洋所造珐琅器，而宫中传教士所造珐琅器尚不及康熙帝造的，但不管怎么说，康熙朝珐琅器是中外文化交流的产物。西洋的"画珐琅"，中文又称"洋瓷""广珐琅"，"广珐琅"一词充分说明珐琅与广州的关系，广州是著名的珐琅生产地。

关于曹家经手办理过烧造珐琅问题，康熙

---

① 施静菲：《十八世纪东西文化交流的见证——清宫画珐琅制作在康熙朝的建立》，第 55 页。
② 周思中：《清宫瓷胎画珐琅研究 1716—1789》第 3 章《康熙瓷胎画珐琅的色地风格》，第 65 页。
③ 第 2224 号《广东巡抚杨琳奏报访送烧珐琅人及送西洋人进京等情折》，康熙五十五年九月初十日，中国第一历史档案馆编：《康熙朝汉文朱批奏折汇编》，第 7 册，档案出版社 1985 年版，第 422 页。
④ 第 2225 号《广西巡抚陈元龙奏谢钦赐珐琅宝器折》，康熙五十五年九月十一日，中国第一历史档案馆编：《康熙朝汉文朱批奏折汇编》，第 7 册，第 423—424 页。
⑤ 施静菲：《十八世纪东西文化交流的见证——清宫画珐琅制作在康熙朝的建立》，第 55—56 页。
⑥ 第 2787 号《两广总督杨琳等奏送法国医生安泰等进京折》，康熙五十八年六月初二日，中国第一历史档案馆编：《康熙朝汉文朱批奏折汇编》，第 8 册，第 524 页。

五十九年二月初二日，江宁织造曹頫奏报江南米价并进晴雨录，康熙帝在折上批示如下：

> 近来你家差事甚多，如磁器、法脭之类。先还有旨意件数，到京之后，送至御前览完，才烧法琅。今不知骗了多少磁器，朕总不知。已后非上传旨意，尔即当密折内声名奏闻，倘瞒着不奏，后来事发，恐尔当不起，一体得罪，悔之莫及矣。即有别样差使，亦是如此。①

对于这一记载，朱家溍先生推断，"曹寅曾经手造办过铜胎画珐琅是很可能的事"，同时"很可能曹家从曹寅到曹頫都曾经手造办过瓷胎画珐琅器"②。周思中先生也认为："江南织造的曹家很有可能在康熙五十九年左右直接受命参与办理景德镇或宜兴瓷胎或陶胎画珐琅的研制任务。"③

道光十五年（1835）七月十一日所立《乾清宫珐琅、玻璃、宜兴瓷胎陈设档》④ 保留了清宫珍藏的画珐琅器，朱家溍先生发现该档册开列的全部品名、件数都和现存实物完全相符。朱家溍将这一藏品目录列出，我将其中的康熙朝部分列为表1，以增加我们对康熙朝画珐琅器的了解。

表1　　　　　　　　　　乾清宫藏康熙画珐琅器一览表

序号	名称	年款等	件数
1	瓷胎画珐琅五彩西番花黄地大碗	康熙年制	2
2	瓷胎画珐琅五彩西番花红地茶碗	康熙御制	2
3	瓷胎画珐琅西番花红地盒	康熙御制	1
4	瓷胎画珐琅菱盘	康熙御制款	1
5	瓷胎画珐琅四季花篮地磬口碗	康熙御制，堆料款。有盖	1
6	瓷胎画珐琅宫碗	康熙御制。有盖	1
7	瓷胎画珐琅菊花白地小瓶	无款，有盖	1
8	瓷胎画珐琅黄菊花白地小碗	康熙御制。有盖	4
9	瓷胎画珐琅西番连黄地盅	康熙御制。有盖	1
10	瓷胎画珐琅花卉碗	康熙御制。有盖	1
11	宜兴胎画珐琅五彩四季花盖碗	康熙年制	2
12	宜兴胎画珐琅盖碗	康熙年制	1
13	宜兴胎画珐琅菊花茶碗	康熙御制	2
14	宜兴胎画珐琅万寿长春海棠式壶	康熙御制。有座、盒	1
15	宜兴胎画珐琅五彩四季花盖碗	康熙年制	1
16	宜兴胎画珐琅壶	康熙年制	1
17	宜兴胎画珐琅五彩四季花盖碗	康熙年制	2
18	宜兴胎画珐琅五彩四季花壶	康熙年制	1
19	宜兴胎画珐琅花卉茶壶	康熙御制	1

---

① 第2847号《江宁织造曹頫奏报江南米价并进晴雨录折》，康熙五十九年二月初二日，中国第一历史档案馆编：《康熙朝汉文朱批奏折汇编》，第8册，第652—653页。又，故宫博物院明清档案部编《关于江宁织造曹家档案史料》第153页引该折内容，"磁器法脭"中间未断句，"脭"字本文径改"琅"。
② 朱家溍：《故宫退食录》上册，第62页。
③ 周思中：《清宫瓷胎画珐琅研究1716—1789》第3章《康熙瓷胎画珐琅的色地风格》，第61页。
④ 朱家溍：《清代画珐琅器制造考》附录，朱家溍：《故宫退食录》上册，第62—70页。

续表

序号	名称	年款等	件数
20	宜兴胎画珐琅盖盅	康熙御制	1
21	宜兴胎画珐琅五彩四季花盖碗	康熙年制	2
22	宜兴胎画珐琅提梁壶	康熙御制	1
23	宜兴胎画珐琅五彩四季花盖碗	康熙御制	2
24	玻璃胎画珐琅牡丹蓝地胆瓶	康熙年制	1

资料来源：朱家溍《故宫退食录》上册，第63—64页

表1中的画珐琅器应当反映了康熙朝珐琅器制作的最高水平，器物有瓷胎、宜兴胎、玻璃胎，形制有碗（13件）、盒（1件）、盘（1件）、瓶（2件）、盅（2件）、壶（5件），以碗为最多，壶次之。

康熙朝烧制画珐琅器物的成功，应当说是中外科技、文化交流背景下不懈探索的产物。许晓东强调，康熙四十二年皇帝南巡，接老臣高士奇回京，高士奇参观新造玻璃器具，说道："此虽陶器，其成否有关政治。今中国所造，远胜西洋矣。"① 也适应于画珐琅，画珐琅超越了纯技术或皇帝个人爱好，与天朝大国的尊严有关，技术的掌握和占有本身具有象征意义。② 我们从大臣对康熙帝制造珐琅器的赞许声中，也能体会到这种华洋竞胜的存在，康熙五十五年陈元龙奏称："迩年始有洋法琅器皿，略觉生动，西洋人夸示珍奇，以为中国之人虽有智巧，不能仿佛。乃我皇上于万几之暇……熔炼成器，光辉灿烂，制作精工，遂远胜洋法琅百倍。"③ 此外，康熙五十七年十月，两广总督杨琳感谢皇上颁赐御制珐琅盒绿松石砚、珐琅水中丞、珐琅鼻烟壶以及鹿肉、折卢鱼、乳饼，说："奴才从前止知法瑯出自外国，今见皇上御制精巧鲜明，远胜外国百倍。"④ 可以证明此点。

二 臣贡于君：《万寿盛典初集》所见宗室、大臣进献珐琅器

康熙五十二年（1713），皇上六旬万寿，皇子皇孙、王公大臣纷纷向皇帝敬献礼物，表示祝贺。康熙五十六年（1717）编纂完成的《万寿盛典初集》卷五四至五九卷记录了这些礼物，礼物中出现珐琅器14种，说明珐琅器物是顶级礼物，在当时的上流社会有一定的流行。康熙帝只收了皇室成员的礼物，其他人进献的礼品只收诗册与少量书画。为了认识这些珐琅器礼物，列为表2如下：

表2　　　　　　　　　《万寿盛典初集》记录进献珐琅器一览

序号	进献者	进献珐琅器名称与数量	出处
1	诚亲王胤祉	三阳开泰法琅花尊	卷五四
2	诚亲王胤祉	天颜有喜法琅花瓶	卷五四

---

① 第2225号奏折《广西巡抚陈元龙奏谢钦赐珐琅宝器折》，康熙五十五年九月十一日，《康熙朝汉文朱批奏折汇编》，第7册，第4424页。
② 许晓东：《康熙、雍正时期宫廷与地方画珐琅技术的互动》，故宫博物院、柏林马普学会科学史所编：《宫廷与地方：17至18世纪的技术交流》，第284、285页。
③ 第2225号《广西巡抚陈元龙奏谢钦赐珐琅宝器折》，康熙五十五年九月十一日，中国第一历史档案馆编：《康熙朝汉文朱批奏折汇编》，第7册，第424页。
④ 第2714号《两广总督杨琳奏谢御赐物件折》，中国第一历史档案馆编：《康熙朝汉文朱批奏折汇编》，第8册，第342页。

续表

序号	进献者	进献珐琅器名称与数量	出处
3	雍亲王胤禛	万寿法琅四方平安花尊	卷五四
4	雍亲王胤禛	群仙庆寿寿山法琅盆景	卷五四
5	恒亲王胤祺	万寿法琅方瓶	卷五四
6	十二贝子胤裪	法琅松竹梅瓶（景泰）	卷五四
7	十四贝子胤禵	百子献寿法琅瓶	卷五四
8	皇十六子胤禄	法琅长春花篮	卷五四
9	多罗顺承郡王布穆巴	法琅炉一座	卷五五
10	兵部尚书殷特布等	法琅瓶一座	卷五七
11	都察院左都御史揆叙等	双螭法琅鼎	卷五八
12	原任经筵讲官户部尚书王鸿绪	西洋法琅鼻烟瓶三个	卷五九
13	王鸿绪	西洋法琅珠子三十三个	卷五九
14	王鸿绪	西洋法琅珠二挂	卷五九

资料来源：《万寿盛典初集》，文渊阁《四库全书》，第654册，第3、5、7、22、26、30、39、67、73、83、84页。

表2祝寿的珐琅器物，有尊（花尊）、瓶（花瓶、方瓶、梅瓶、鼻烟瓶）、盆景、花篮、炉、鼎、珠子。明确说明是西洋品的有三种，都是原任经筵讲官户部尚书王鸿绪所进。标明是明代制品的只有一件，为十二贝子胤裪所进法琅松竹梅瓶，此件当是掐丝珐琅制品。其余十件珐琅制品并无制作年代与地点的说明，考虑到这些制品的名称为祝寿的吉祥词语，如三阳开泰、天颜有喜、万寿、四方平安、群仙庆寿、百子献寿、长春，不似西洋制品，当为中国制造，或许有明代流传下来的，由于未标明朝代，有可能部分制品为清代所制，是为祝寿专门制作的，也就是说制造于当时。不过这些珐琅制品，还是难以判断是掐丝珐琅制品，还是画珐琅制品。今存清宫旧藏珐琅器，有一些与表中器物相近的，可以作为参考。掐丝珐琅制品，如明早期"景泰年制"款的兽耳玉壶春瓶、花蝶纹海棠式盆、八狮纹三环尊，[①] 清康熙缠枝花纹乳足炉、缠枝莲花纹胆瓶。[②] 画珐琅制品，如康熙朝的仙人骑狮图梅瓶、山水图乳足炉、牡丹纹海棠式花篮等。[③]

珐琅器礼物的进献者有8人是单独进献，有2件属于众人进献（表2中第10、11号礼物），其中有皇子6人进献，另有1位郡王、数位高官，最引人注目的是皇子。举行万寿盛典时，皇长子胤禔、皇次子胤礽皆因此前的废太子事件获罪，进献礼物的是皇三子胤祉、皇四子胤禛、皇五子胤祺、皇十二子胤裪、皇十四子胤禵、皇十六子胤禄，皇子中特别是年长而且位居亲王的三位皇子胤祉、胤禛、胤祺都进献了珐琅器礼物，尤其是皇三子胤祉、皇四子胤禛进献的都是2件礼物，送礼成双，属于重礼。更重要的是礼品本身，我们试比较胤祉、胤禛两位亲王进献的重礼：胤祉进献的三阳开泰珐琅花尊、天颜有喜珐琅花瓶，一尊一瓶，花尊与花瓶应是两件圆形画珐琅瓷瓶，礼物名称中的"三阳开泰""天颜有喜"属于一般性的吉祥语。胤禛进献的万寿珐琅四方平安花尊、群仙庆寿寿山珐琅盆景，一花尊一盆景，花尊系以"四方平安"可能是方形器，一方顶十圆，应是难得之物；盆景则是需要多种艺术加工的器物，更是别出心裁。特别是胤禛进献的礼品名称含有"万寿""群仙庆寿寿

---

① 李久芳编：《金属胎珐琅器》，上海科学技术出版社2001年版，第12、22、41页。
② 李久芳编：《金属胎珐琅器》，第41、82页。
③ 李久芳编：《金属胎珐琅器》，第180、184、194页。

山"紧扣祝寿主题,可见是颇费心思的。应当说,胤祯的礼物比胤祉更胜一等。至于其他人进献的珐琅礼品,更无法与胤祯相比。

珐琅器与其他器物比较而言,应是当时最为新颖的赏玩奢侈品。据学者研究,康熙万寿盛典进献瓷器322件,占所进贡品总数的14%,历代古瓷珍品是祝寿佳礼。13位皇子中有12位进献了瓷器,其中皇十五子胤禑、皇十六子胤禄、皇十七子胤礼所献最多。而唯一没有进贡瓷器者,是皇四子雍亲王胤禛。胤禛此次共进献寿礼28件,包括书画、玉器、珐琅、珊瑚、金银器等门类,只有一件"天仙祝寿合景宋磁花篮"属瓷质类珍品,但显然不同于历代名窑古瓷。孙悦提出:"在康熙六旬万寿盛典这样重大的场合,雍正却何以未有瓷器进献?查考康熙帝对于历代古瓷的态度,在《圣祖仁皇帝庭训格言》中曾有所表露:'尝见有人讲论旧磁器皿,以为古玩。然以理论,旧磁器皿俱系昔人所用,其陈设何处,俱不可知,看来未必洁净,非大贵人饮食所宜留用,不过置之案头或列之书橱,以为一时之清赏可矣。'可见,康熙帝认为古瓷'未必洁净',不太认同其作为古玩的价值。对此,善于'揣摸圣意'的雍亲王自然多有留心,这也是他的进献礼单中不见任何古瓷的原因。"①

此说更可见皇四子胤禛进献珐琅器物是颇费心思的。这一观点的佐证有康熙帝《庭训格言》告诫皇子富贵人家应留心不适宜使用旧瓷器。

康熙帝很看重自己新制的珐琅器,作为珍品进献已故的皇父,并以此教育皇子:

> 昔者喀尔喀尚未内附之时,惟乌朱穆秦之羊为最美,厥后,七旗之喀尔喀尽行归顺,达里岗阿等处立为牧场。其初贡之羊朕不敢食,特遣典膳官虔供陵寝,朕始食之。即如朕新制法蓝碗,因思先帝时未尝得用,亦特择其嘉者恭奉陵寝,以备供茶。朕之追远致敬,每事不忘,尔等识之。②

康熙帝用新制成珐琅碗作为顺治帝陵寝供茶用具以追远致敬,胤禛敏锐地体察到皇父心态,他是在熟悉皇父喜好的情况下选择礼物的,此亦可谓孝也。

其实还可以比较皇八子贝勒胤禩、皇九子贝子胤禟这两位胤禛的政敌,他们都进献了瓷器,分别是7件、5件,也不算少,而均没有进献珐琅器物。胤禩、胤禟的礼品不及胤禛的新奇,也比不了胤禑、胤禄、胤礼贡品数量之多,这三位皇子贡品数量分别是11件、10件、11件。可见多数皇子是以世俗流行的眼光选择贡品,而几位年长皇子,特别是胤禛是从皇父爱好出发用心准备礼品的。实际上,康熙帝的喜好影响了皇子,早在康熙三十七年(1698)至四十七年(1708)紫禁城诸皇子宫中就进行过玻璃、珐琅的实验,皇长子胤禔在咸安宫尝试制作玻璃,并将产品进献给皇帝。皇次子胤礽要求传教士在景安宫的錾刻花卉图案的金属片上装饰蓝色珐琅。③揣摩皇父的好恶当是皇子们普遍的心思。

三 君赏于臣:康熙帝赏赐新制画珐琅器物

笔者目前收集到康熙朝有关珐琅的朱批奏折19件。其中满文朱批奏折1件,汉文朱批奏折18件。我们依据朱批奏折有关资料,制成表3、表4两个表格:

---

① 孙悦:《从〈万寿盛典初集〉看康熙朝宫廷用瓷》,朱诚如、徐凯主编:《明清论丛》第13辑,故宫出版社2014年版,第439页。
② (清)康熙撰:《庭训格言》,中州古籍出版社2010年版,第87页。按,该书为雍正八年(1730)雍正皇帝追述康熙皇帝语编成,凡246则,皆实录、圣训所未载。
③ 许晓东:《康熙、雍正时期宫廷与地方画珐琅技术的互动》,故宫博物院、柏林马普学会科学史所编:《宫廷与地方:17至18世纪的技术交流》,第283页。

表3　《康熙朝汉文朱批奏折汇编》珐琅资料一览表

序号	康熙朝具折时间	具折人	事由	出处
1	五十五年九月十日	广东巡抚杨琳	访得广城能烧法蓝人潘淳，令其制造法蓝金钮，潘淳烧成法蓝时辰表一个、鼻烟壶二个、钮子八十颗	第7册，第2224号，第422页
2	五十五年九月十一日	广西巡抚陈元龙	谢恩赐御制法琅五彩红玻璃鼻烟壶、八角盒砚一、水丞一、圆香盒一，计法琅宝器四种	第7册，2225号，第422页
3	五十五年九月二十八日	广东巡抚杨琳	又查有能烧法蓝杨士章一名，技艺较潘淳次等；觅有法蓝表、金刚石戒指、法蓝铜画片、仪器、洋法蓝料，并潘淳所制法桃红颜色的金子、搀红铜料等件，交李秉忠代进；尚有已打成底子未画未烧金钮坯，亦交李秉忠收带，预备到日便于试验	第7册，2237号，第451页
4	五十六年二月十五日	总督管理直隶巡抚赵弘燮	赏御制法蓝（朱批将"蓝"字改为"琅"字）盖碗一个	第7册，第2341号，第716页
5	五十六年七月二十七日	苏州织造李煦	赐天宁寺住持僧广明法琅嵌纸盒砚一方	第7册，第2490号，第1109页
6	五十六年七月二十七日	苏州织造李煦	获得钦赐法琅金砖片嵌石盒砚一方	第7册，第2491号，第1110页
7	五十六年九月八日	扬州府天宁寺住持僧广明	谢恩赐松花法琅御砚一方	第7册，第2515号，第1168页
8	五十七年六月十三日	广西提督左世永	谢恩赏御制法琅水盛一个、镶荷包内法琅鼻烟壶一个	第8册，第2627号，第161页
9	五十七年九月二十日	两广总督杨琳	为进法琅匠役事，广州监生龙洪健、民人林朝锴、何嘉璋等所制白料洁白光亮，红料鲜明。制成积（霁）红杯盘一对、盖碗一对，画片八件呈样	第8册，第2702号，第326页
10	五十七年十月十七日	两广总督杨琳	谢赐御制法琅盒绿松石砚一方、法琅水中盛一个、法琅鼻烟壶一个	第8册，第2714号，第342页
11	五十七年十二月二十一日	两广总督杨琳	谢赏御制法琅盖碗一个	第8册，第2724号，第356页
12	五十八年五月十九日	两广总督杨琳	赏赐澳门彝目法琅器七件	第8册，第2770号，第489页
13	五十八年六月二日	两广总督杨琳	法兰西洋船到来，有会烧画法琅技艺人陈忠信，年二十八岁	第8册，第2779号，第506页
14	五十八年六月十八日	两广总督杨琳	会法琅技艺一名陈忠信自广州起程进京	第8册，第2787号，第524页
15	五十八年六月二十四日	两广总督杨琳	重申会烧画法琅技艺陈忠信赴京在案	第8册，第2798号，第548页
16	五十九年二月二日	江宁织造曹頫	朱批说"近来你家差事甚多，如磁器、法郎之类。"	第8册，第2847号，第652—653页
17	六十年七月二十日	两广总督杨琳	谢赏法琅磁碗一个	第8册，第2942号，第827页

续表

序号	康熙朝具折时间	具折人	事由	出处
18	四十四年四月至五十一年十月①	江西巡抚郎廷极	进西洋法蓝五彩玻璃花瓶一件，西洋法蓝五彩玻璃花篮一件	第8册，第3082号，第1118页

资料来源：《康熙朝汉文朱批奏折汇编》，第7、8册。

表4　　　　　　　　　　《康熙朝满文朱批奏折全译》珐琅资料表

序号	具折时间	具折人	事由	出处
1	康熙五十八年一月三十日	闽浙总督觉罗满保	赏赐满保宫内烧制珐琅	第3341号，第1368页

资料来源：《康熙朝满文朱批奏折汇编》，中国社会科学出版社1996年版。

根据以上表3、表4两个表格中资料提供的信息，可以了解到康熙朝有关珐琅的一些情况。我们首先对奏折的具折人与上奏时间说明。最早的一件是表3序号18江西巡抚郎廷极所上，康熙四十四年至五十一年（1705—1712）郎廷极在景德镇督造瓷器，从他进献西洋玻璃胎画珐琅花瓶与花篮来看，景德镇可能也在创烧画珐琅制品，他知道皇帝当时的关心所在，进献西洋玻璃胎画珐琅器物供皇帝欣赏和参考。此外的18份奏折提到的珐琅器，康熙五十五年3件，五十六年4件，五十七年4件，五十八年5件，五十九年1件，六十年1件，集中在康熙五十五年至五十八年的16件，这正是康熙帝创烧画珐琅大获成功的时期。具折人中，先后担任广东巡抚、两广总督的杨琳上奏最多，有10件之多，奏报访查推荐珐琅工匠的有6件，答谢皇上赏赐珐琅器物等的4件，杨琳在推荐广东本地与西洋工匠上工作最多，康熙帝赏赐他珐琅较多，有感谢与共赏的考虑在内。赏给广西巡抚陈元龙、广西提督左世永珐琅器物，很可能是这两位海疆官员也参与了寻找珐琅工匠与进口珐琅器物的事务。特别是陈元龙，康熙二十四年一甲二名进士，授翰林院编修，入直南书房。二十五年五月，迁任翰林院侍读，充日讲起居注官。后长期任职翰林院，为皇帝的近臣。康熙五十年二月，改任吏部右侍郎，仍管翰林院事，转左侍郎，授广西巡抚。五十七年九月，授工部尚书，改礼部尚书。陈元龙不仅是康熙帝的文学侍从，也精通科技，编纂并辑刻大型类书《格致镜原》。康熙帝赏赐陈元龙珐琅器，可能更是因陈元龙参与制作珐琅的感谢与共赏。苏州织造的奏折3件，其中李煦2件，一件谢恩，一件奏报代为转赠扬州府天宁寺住持僧广明，天宁寺是康熙帝南巡时住过的地方，赏赐僧广明带有珐琅的砚台，已有感谢与共赏的成分。僧广明也上奏谢恩。曹頫透露出江宁织造参与了珐琅制作工作。总督管理直隶巡抚赵弘燮因经常接驾收到皇帝赏赐珐琅器。闽浙总督觉罗满保，正黄旗满洲人，康熙三十三年（1694）进士，累迁国子监祭酒，擢内阁学士。康熙五十年为福建巡抚，五十四年任闽浙总督。觉罗满保也是皇帝的宠臣，特殊的是他作为唯一满洲人得到了赏赐珐琅器。可见，康熙帝赏赐大臣珐琅器的针对性较强，除了赵弘燮、觉罗满保二位宠臣外，大多是参与珐琅器制作有关的臣下。

其次，名称问题，珐琅在较早的奏折中写作"法蓝"，如表3中第1、3两例康熙五十五年广东巡抚杨琳的奏折即是如此，第18例的江西巡抚郎廷极进"西洋法蓝"器事情更早。不过，第2例五十五年广西巡抚陈元龙则

---

① 原奏折无具折年代，检《清史稿》，知郎廷极于康熙四十四年四月任江西巡抚，五十一年十月离任（卷二百一《疆臣年表五·各省巡抚》，第7579—7591页）。故郎廷极进"西洋法蓝"事，当发生在任江西巡抚的康熙四十四年四月至五十一年十月这七年半的期间内。

使用"法琅"一词,译音更加准确,翌年康熙帝将总督管理直隶巡抚赵弘燮奏折中"法蓝"的"蓝"字改为"琅"字,或许是受到了陈元龙奏折中用词的启发。康熙五十六年七月后直到六十年七月,弃用"法蓝"译名,改为"法琅",然而五十九年的第 16 例则使用了"法郎"一词。至于表 4 中的"珐琅"一词则是今人翻译使用的现代译名。从"珐琅"一词用字和发音在康熙五十六年七月的变化来看,说明当时对于珐琅的认识还比较新奇,当属于制成珐琅不久的情形。

再次,珐琅器物。最早的资料记载江西巡抚郎廷极向康熙帝进了西洋法蓝"五彩玻璃花瓶""五彩玻璃花篮"两件五彩玻璃珐琅制品,属于西洋的进口货。康熙五十五年九月广西巡抚陈元龙谢恩被赏赐御制珐琅五彩红玻璃鼻烟壶,则是御制的清宫产品,也是五彩的玻璃制品,物件则是鼻烟壶。可能清宫较早烧成了玻璃胎画珐琅。五十七年(1718)赏赐广西提督左世永镶荷包内珐琅鼻烟壶、两广总督杨琳珐琅鼻烟壶,并没有留下这些鼻烟壶材质的记载,今存清宫旧藏铜胎画珐琅鼻烟壶,台北"故宫博物院"与北京故宫博物院各有梅花图鼻烟壶。① 此外,北京故宫博物院还收藏有嵌匏东方朔偷桃图鼻烟壶,② 因此,康熙帝赏赐左世永、杨琳的珐琅鼻烟壶,有可能都是铜胎画珐琅。康熙朝制成的画珐琅鼻烟壶,分玻璃胎、铜胎两种材质。

最早记述鼻烟壶的,当属康熙朝的刑部尚书王士禛。他在康熙四十二至四十三年(1703—1704)撰写的《香祖笔记》记载:"近京师又有制为鼻烟者,云可明目,尤有避疫之功,以玻璃为瓶贮之。瓶之形象,种种不一,颜色亦具红、紫、黄、白、黑、绿诸色,白如水晶,红如火齐,极可爱玩。以象齿为匙,就鼻嗅之,还纳于瓶。皆内府制造,民间亦或仿而为之,终不及。"③

清廷还制成了多种质地的画珐琅碗。康熙五十六年赏赐总督管理直隶巡抚赵弘燮的是"御制法蓝盖碗",胎质不知。五十七年九月两广总督杨琳所进广州珐琅匠役监生龙洪健等制成盖碗一对,同年十二月杨琳谢赏御制珐琅盖碗一个,这些盖碗的胎质也不知。不过,六十年(1721)杨琳谢赏珐琅瓷碗一个,可知这个碗属于瓷碗。今存清宫旧藏珐琅盖碗,有早期画珐琅工艺所制铜胎画珐琅折枝花卉纹盖碗,晚期画珐琅工艺成熟的铜胎画珐琅荷花式盖碗。④ 铜胎画珐琅碗,还有缠枝牡丹纹碗、莲花式碗。⑤ 此外,瓷胎画珐琅碗,则有红地牡丹浅碗、红地花卉碗、黄地牡丹碗及宜兴胎四季花卉盖碗等。⑥ 康熙朝制成的画珐琅碗,有铜胎、瓷胎、宜兴胎,前引《庭训格言》说过,康熙帝"新制法蓝碗",作为顺治皇帝陵寝供茶用具,可见他对于珐琅碗的重视。

康熙帝还用珐琅装饰砚台的盒子。康熙五十七年七月赏赐天宁寺住持僧广明珐琅片嵌纸盒砚、赏赐苏州织造李煦珐琅金砖片嵌石盒砚,五十七年十月两广总督杨琳谢赐御制珐琅盒绿松石砚,根据五十七年九月僧广明谢赏"松花法郎御砚"的记载,可知他获得的"法郎片嵌纸盒砚"即松化石砚,与杨琳获赐的绿松石砚属于同类材质的砚台,康熙帝制成十分喜爱的松花石砚,⑦ 又将新烧成的画珐琅用来装饰松化石砚,遂使松化石与画珐琅珠联璧合,使松化石砚台锦上添花。

康熙五十五年九月,广西巡抚陈元龙谢恩被赏赐御制珐琅水丞一个。五十七年六月康熙帝赏赐广西提督左世永谢恩赏御制珐琅水盛一个,十月两广总督杨琳谢恩被赏赐御制珐琅水

---

① 康熙款铜胎画珐琅梅花图鼻烟壶,蔡玫芬主编:《精彩一百——国宝总动员》,台北"故宫"博物院,2011 年,第 143 页;清康熙画珐琅梅花图鼻烟壶,参看张荣《鼻烟壶》,紫禁城出版社 2008 年版,第 80 页。
② 嵌匏东方朔偷桃图鼻烟壶,参看张荣《鼻烟壶》,第 81 页。
③ (清)王士禛:《香祖笔记》,上海古籍出版社 1982 年版,第 131 页。
④ 李久芳编:《金属胎珐琅器》,第 189、188 页。
⑤ 李久芳编:《金属胎珐琅器》,第 186、187 页。
⑥ 冯明珠主编:《康熙大帝与太阳王路易十四特展》,台北"故宫"博物院,2012 年,第 205、206、207、209 页。
⑦ 参看常建华《康熙制作、赏赐松化石砚考》,《故宫博物院院刊》2012 年第 2 期。

盛（水中盛）一个。水盛（水丞）是砚墨滴水时盛水用器，台北"故宫博物院"收藏康熙时珐琅水盛有铜胎画珐琅梅花水盛、铜胎画珐琅荷花水盛，则左世永、杨琳得到的法瑯水盛可能属于铜胎画珐琅技术的制品。

康熙五十五年九月，广西巡抚陈元龙谢恩赐御制珐琅圆香盒一，今存清宫旧藏康熙朝铜胎珐琅圆形小盒，如花卉小盒、三多小盒。①

"赏赐少数有功之臣新制的画珐琅，既显示了皇帝的特别恩宠，也表明了宫廷对于画珐琅技术的拥有。"② 大臣得到皇帝赏赐的珐琅器物，自然感激涕零。康熙五十五年九月，广西巡抚陈元龙得到皇帝恩赐御制珐琅五彩红玻璃鼻烟壶、八角盒砚、水丞、圆香盒，他兴奋地说这些礼物："从未颁赐臣寮。何意特蒙赐赍，真非常之重宝，格外之殊恩。臣跪陈香案，敬捧细观，如日月之光华，目为之眩，如云霞之变化，口不能名。"③ 陈元龙深感首得"重宝"，享此"殊恩"，他盛赞道："仰见圣学渊深，理无微而不察，睿心默契，道无往而不通。陶冶运自洪钧，神明侔于造化。合海外之心思智虑，总不出宸衷之范围。溯古来之制度章施，未有如上圣之大成也。"④ 康熙帝得到臣下"圣学渊深"、陶合中外、"圣之大成"的赞誉。陈元龙还表达感激之情："臣元龙才识短浅，膺重任而多愆；年齿衰残，受深恩而难报。苟免罪戾之及，已沐洪慈；忽蒙锡赍之隆，更惭非分。瞻宝器而心惕，感圣德而泪零。惟有勉竭驽骀，冀遐方之永靖，遥瞻海岳，祝圣寿之无疆，莫可名言，附呈诗册，伏冀睿慈教诲。"⑤ 如此心情，值得他肝脑涂地报效了。同月总督管理直隶巡抚事务赵弘燮也得到御制珐琅盖碗一个，他称赞说："真为世宝，而臣得见所未见。"⑥ 同时还得到其他礼物，赵弘燮对于重赏表示："臣何人，斯蒙此隆恩逾于天地父母，感激难名，莫知所报。臣惟有持盈戒满，夙夜战兢，慎终如初，毕生惕励，矢犬马血诚于生生世世，以仰报天恩于万一耳。"⑦ 他表达的是君恩难以为报的心情。康熙五十七年六月广西提督左世永得到御制珐琅水盛、嵌花石紫石盒砚、双联荷包、镶荷包内珐琅鼻烟壶、黄荷包内火镰包，他奏谢说："逐件捧瞻，精工无匹，华美非常，真天上人间之所未有，奴才有生以来，不但目未经见，即耳亦未经闻，不识何修而得邀宠锡至此。伏念奴才祖父深受国家大恩，今奴才又蒙主子屡次超拔，委以提督重任恩宠，如奴才一家至矣极矣，无可加矣。不意今复格外颁赐御制宝玩种种，荣更逾于华衮，珍百倍乎珪璋。奴才得此，不胜欣跃，感激涕零，窃思主子至洪恩如天罔极。奴才虽粉身碎骨，亦未足以酬报，惟有举家夤晚焚香顶礼，祝万寿于无疆，并冀子子孙孙生生世世效犬马之力于万一而已。谨将所赐御珍藏至什袭，奉为传家至宝外，为此熏沐缮折，望阙叩谢。伏乞主子睿鉴，奴才不胜荣幸感激之至。"⑧ 左世永获赐御制宝玩，奉为传家至宝，表示粉身碎骨不足以报。康熙五十七年十月，两广总督杨琳感谢皇上颁赐御制

---

① 冯明珠主编：《康熙大帝与太阳王路易十四特展》，第190、199页。
② 许晓东：《康熙、雍正时期宫廷与地方画珐琅技术的互动》，故宫博物院、柏林马普学会科学史所编：《宫廷与地方：十七至十八世纪的技术交流》，第297页。
③ 第2225号《广西巡抚陈元龙奏谢钦赐珐琅宝器折》，康熙五十五年九月十一日，中国第一历史档案馆编：《康熙朝汉文朱批奏折汇编》，第7册，第424页。
④ 第2225号《广西巡抚陈元龙奏谢钦赐珐琅宝器折》，康熙五十五年九月十一日，中国第一历史档案馆编：《康熙朝汉文朱批奏折汇编》，第7册，第424—425页。
⑤ 第2225号《广西巡抚陈元龙奏谢钦赐珐琅宝器折》，中国第一历史档案馆编：《康熙朝汉文朱批奏折汇编》，第7册，第425—426页。
⑥ 第2341号《直隶总督赵弘燮奏谢准允乘船赴召屡赐书籍物品并报回署日期折》，康熙五十六年二月十五日，中国第一历史档案馆编：《康熙朝汉文朱批奏折汇编》，第7册，第721页。
⑦ 第2341号《直隶总督赵弘燮奏谢准允乘船赴召屡赐书籍物品并报回署日期折》，康熙五十六年二月十五日，中国第一历史档案馆编：《康熙朝汉文朱批奏折汇编》第7册，第722—723页。
⑧ 第2627号《广西提督左世永奏谢御赐石砚水盛等物品折》，康熙五十七年六月十三日，中国第一历史档案馆编：《康熙朝汉文朱批奏折汇编》第8册，第161—164页。

珐琅盒绿松石砚、珐琅水中盛、珐琅鼻烟壶这些珍玩说："奴才用当传为世宝，永戴圣恩于无极耳。"①

四 结语

珐琅器是清康熙时期重要的高档赏玩器物，作为礼物沟通着多种关系，这种关系体现出皇权的神圣。画珐琅工艺引起康熙帝重视，可能最初来自于欧洲传教士带来的珐琅器礼物，因其科技含量较高的工艺水平，欧洲珐琅器的精美程度显然高出清宫中旧有的明代珐琅器"景泰蓝"，特别是欧洲画珐琅工艺出现在多种材质上，如玻璃胎的鼻烟壶等，种类多于清宫所藏。欧洲传教士带来的西方文化，与中国文化产生多方面的竞争，特别是信仰的不同。科技的竞争事实上也存在，康熙帝对于西方科技有浓厚兴趣，又不甘拜下风，尝试制作铜胎珐琅器物、玻璃胎画珐琅器物，特别是瓷胎画珐琅的成功烧制，成为新的"瓷器贵族"。在康熙帝的大臣看来，明代景泰蓝"色凝滞其质笨重"，"洋法琅器皿略觉生动"，认为本朝人以智巧所制珐琅器，足以胜过西洋人的珍奇②。珐琅器这种融东西方科技与文化的奢侈赏玩器物，体现出皇权的高贵与神圣，③康熙君臣自以为清朝自制珐琅器的制作水平赶超了外国，沟通了中外关系，弘扬了国威君圣。

虽说"知子莫如父"，反过来"知父莫如子"也说得过去。讲究孝道的康熙帝，将新制成的珐琅碗作为顺治皇帝陵寝供茶用具。康熙帝的皇子特别是那些年龄较大的皇子，深知皇父的爱好，为了博得皇父的好感与信任，获取继承皇权的资本，于是投皇父所好。皇长子胤褆、皇次子胤礽分别尝试烧制玻璃和装饰蓝色珐琅，皇三子胤祉、皇四子胤禛为皇父六十大寿进献的都是珐琅器礼物，特别是胤禛的礼物最为讲究。事实上，皇四子胤禛成为康熙帝皇位的继承者，获得皇父心或是胤禛成功的重要原因。

皇权通过分享珍奇之物，体现皇恩的浩荡。皇权最重要的分享是赠送宠臣心爱之物，康熙朝制作的画珐琅器物有瓷胎、宜兴胎、玻璃胎，形制有碗、盒、盘、瓶、盅、壶等，以碗及壶较多。康熙朝制成玻璃胎、铜胎的画珐琅鼻烟壶，赏赐了大臣珐琅鼻烟壶。康熙朝制成有铜胎、瓷胎、宜兴胎的画珐琅碗，也赏赐大臣珐琅瓷碗。此外，还赏给大臣珐琅水盛、珐琅装饰砚台的盒子及珐琅圆香盒。大臣获得皇帝御赏的珐琅器，视为珍宝，感谢皇帝与臣下共赏超越外国的器物，奉为世代相传的宝物，表示效忠以报皇恩。康熙帝深谙晚明以来士大夫的生活好尚，赏赐近臣士大夫内制珐琅器，拉近了君臣距离，显示出康熙帝对于中华文化的追随与达到的境界。

（原载《中国史研究》2020 年第 3 期）

---

① 第 2714 号《两广总督杨琳奏谢御赐物件折》，康熙五十七年十月十七日，中国第一历史档案馆编：《康熙朝汉文朱批奏折汇编》第 8 册，第 342 页。

② 第 2225 号《广西巡抚陈元龙奏谢钦赐珐琅宝器折》，康熙五十五年九月十一日，中国第一历史档案馆编：《康熙朝汉文朱批奏折汇编》第 7 册，第 423—424 页。

③ 施静菲指出："黄地花卉可说是康熙朝清宫画珐琅的重要特点，因为黄色是代表皇家统治之重要象征"。参看施静菲《文化竞技：超越前代、媲美西洋的康熙朝清宫画珐琅》，第 174 页。

全文转载·中国近现代史

（栏目主持：郑金刚）

梁启超与第一次世界大战史研究在中国的发轫：以《欧洲战役史论》为中心的探讨

尉彦超　黄兴涛[*]

摘　要：1914 年底问世的《欧洲战役史论》，是梁启超撰写的中国最早的一战史研究专著，该书致力于探讨一战爆发的原因等问题，不仅文辞畅达，引人入胜，而且蕴含了其经世意识与史学观念的变革，集中反映了梁启超自觉开拓中国"世界史"研究的新风范。从梁氏自己撰述、主持《大中华杂志》、主编丛书的设想和各种评论等综合角度来看，他在兴起阶段的中国一战史研究中实具有一种全方位的先导性，充当了引导者和指导者的重要角色。对他之后中国一战史研究加以细致清理，便能证实这一点。梁启超关于第一次世界大战的研究、考察和思索，不仅有助于理解他由热衷政治到专事学术的人生转变，而且可以见证其史学及文化思想从崇尚"进化论"、追求"现代性"到对其予以深度反思的心路历程，具有某种转折意义。

关键词：《欧洲战役史论》　梁启超　一战史研究　史学思想

1914 年爆发的第一次世界大战是震惊全球的大事，战争甫起，中国朝野各界人士就热切关注，报纸杂志纷纷报道，"庙堂之士、阛阓之夫，每相见必以欧战为一谈资"[①]。几乎与此同时，专门的学术著作也开始在中国出现，梁启超的《欧洲战役史论》就可称为中国一战史研究的嚆矢。

然而长期以来，学界对梁启超此书的关注度却不高，无论是对其在梁氏史学著述中的地位，还是对其在中国一战史研究中的价值，都研讨不足。陈其泰先生的《梁启超评传》书中将其与《意大利建国三杰传》并列，视为"梁氏在推进世界史研究方面"的两大代表作之一，"堪称奇作"，并对其内容和书写特点有所分析，富有启发意义。[②] 赵文亮、崔美的《第一次世界大战史研究百年回顾》一文，视此书为早期中国知识界介绍和研究一次大战的代表作，但未做具体论证[③]。田若虹《梁启超〈欧洲战役史论〉成书考述》一文可谓目前讨论过此书的唯一专论，作者利用《古今说部丛书》第八集中商务印书馆的有关广告，对该书的成书因缘进行了简略介绍，但仍留下可以进一步辨析的问题。尤其是该书牵扯到梁启超与整个中国一战史研究兴起的关系，更存在可以深化探讨的空间。[④]

此次，笔者起意探讨梁启超撰写此书及其所开拓的中国一战史研究，除相关问题研究不

---

[*] 尉彦超，中国人民大学历史学院博士研究生；黄兴涛，中国人民大学历史学院教授。
[①] 《大中华杂志》1915 年第 1 卷第 1 期，《近代中国史料丛刊续编第五十五辑》（541），文海出版社 1976 年版，第 19 页。
[②] 陈其泰：《梁启超评传——笔底波澜、石破天惊》，"中华历史文化名人评传·史学家系列"，广西教育出版社 1996 年版，第 96—104 页。
[③] 齐世荣主编：《一战百年》，世界知识出版社 2016 年版，第 36—63 页。
[④] 田若虹：《梁启超〈欧洲战役史论〉成书考述》，见其书《艺文论稿》，中国戏剧出版社 2007 年版，第 217—222 页。

足外，还得益于《欧洲战役史论》手稿的重新发现和中山大学出版社2018年6月的影印出版［已改题为《梁启超〈欧洲战役史论〉（手稿）》］的机缘。梁启超以漂亮的行书写就该书，其手稿定本删删补补，颇多修改，插图原多从日文书报转载，正式出版时才有所调换。这部手稿于2013年现身北京匡时拍卖专场，江门市荣誉市民以天价拍得后捐给江门市博物馆收藏。在中山大学出版社影印出版的该手稿正式上市之前，笔者曾应刘志伟教授邀请前往研讨、勘定此书价值，故得以有幸先睹为快，这也激发了笔者进一步的深究之念。

一 《欧洲战役史论》写作的缘起、内容与特点

严格说来，梁启超的《欧洲战役史论》一书应该叫《欧洲战役史论·前编》。因为后编一直未见出版，实际没能形成完璧。"前编"于1914年12月12日由上海商务印书馆印刷，12月26日出版发行，1915年10月18日第三版发行。其第二版笔者至今未曾得见。由于已有单本行世，1916年商务印书馆刊行的《饮冰室丛著》和中华书局出版的《饮冰室全集》均未收录此著，至1926年重编饮冰室文集时，方才将其纳入。田若虹探究此书的论文所用版本，就是《乙丑重编饮冰室文集》第三集卷五十三，田文注意到文集将书名改成了《欧洲大战史论》，其实变动的不仅是标题，这一版还删去了原书之前的梁氏赋诗《赋示校员及诸生》、两篇序文及目录。1936年版的《饮冰室合集》将原书标题改回，但删掉"前编"二字，成《欧洲战役史论》。编者如此处理的原因已无从考证，或许是意识到任公已逝，后编再无可能补全，故以残篇权且作结吧。其余则全部保留初版面貌，作为专集之三十。其后收录此书的梁启超文集各版本、包括2018年3月汤志钧、汤仁泽编成的《梁启超全集》[①]，都采用了1936年版《饮冰室合集》本，再无甚改动。笔者也姑且沿用《欧洲战役史论》这一书名。

梁启超何以要作此书？首先是由于一战乃值得入史的世界大事，正如他自己所指出的："欧洲今兹之役，为有史以来所未尝睹闻……盖天地间瑰伟绝特之观，未或过是矣。不有纪载，何以示后？不揣庸陋，辄著斯编，冀以吾国之文言，传他方之故实。毋俾暗忽，为简册羞。"[②] 作为近代中国新史学的开山，梁启超具有强烈的史家自觉和过人的史学敏感，当这次大战刚一爆发之时，他就敏锐地意识到这场战争的规模前所未有，若不有所记载，当是史家失职。一战爆发那年，他不止一次提及"天道十年一小变，百年一大变"之说，相信"每经一次绝大战役后，必能为世界史创一新局，或且开百数十年之治"[③]。在他看来，这场大战不仅是发生在异域的亘古未有的大事，还将会对未来世界局势产生莫大的影响。而那时，国人对世界尚知之甚少，欲警世醒民，他很快就酝酿起写作有关这次战争之史的计划来。

该书的写作，还与商务印书馆关系密切。前文提及的田若虹关于此书的专题论文，就曾利用《古今说部丛书》中1915年商务印书馆的一则广告，论证过这一问题。作者将广告全篇摘引，较早为学界提供了商务印书馆与此书写作关系的一些线索。她基于此特别强调："该书成书之原因非如有论者道，因'战役，因果纠纷、形势诡异'之时事而萌发，'欧战爆发仅十日，梁启超就已着手撰写《欧洲战役史论》'。殊不知其重要原因是作者应商务印书馆之请求而为之。"[④] 笔者以为，作者强调被忽视的商务印书馆的"请求"因素固然重要，但各种因素之间究竟是何关系，结论恐怕还不能下得过于匆忙。

其实，还在1915年之前，该书就已经有

---

① 梁启超著，汤志钧、汤仁泽编：《梁启超全集》第9集《论著九》，中国人民大学出版社2018年版，第39—119页。
② 梁启超：《欧洲战役史论·自序》，商务印书馆1914年版，第1页。
③ 梁启超：《送一九一四年》，《饮冰室文集之三十二》，中华书局1989年版，第37页。
④ 田若虹：《梁启超〈欧洲战役史论〉成书考述》，《艺文论稿》，第217页。

过"预告"了。1914年11月1日出版的《东方杂志》(第11卷第5期)里,就刊登过《欧洲战役史论·前编》的出版预告,其中写道:"欧祸发生已逾数月,报纸之记事、批评,断片零乱,莫能得其真相,读者憾焉。本馆特请梁任公先生竭一月之力,搜正确之资料,立系统之组织,撰成斯编。"① 此书前编正式出版后,商务印书馆再度刊登广告,也就是田若虹之文所用的那个广告,另称:"本馆当战事初起,即请先生编纂此书,幸承许可,而先生极郑重其事,搜集材料、结构章法,几经斟酌,致避嚣郊外,竭全力以成之。"② 读第一则广告给人的印象是,商务印书馆在大战爆发数月后,因对报纸上有关一战的报道不满,才请梁启超出面撰著斯书;而第二则广告则表明,商务印书馆在"战事初起",即请任公作书并得到了许可。这两条材料无疑都反映了商务印书馆在《欧洲战役史论》写作缘起中的作用,似乎竟是此书创作的原动力。但梁启超本人在该书《第二自序》中却还有过如下自白:"吾初发意著此书,当战事初起之旬日后耳。"③ 说明在战事初起仅约十日后,他就起意要撰述此书,且并未丝毫提及应商务印书馆邀约才起意创作之事。若其所言非虚,那么他在商务编辑来请自己写书之前似已早有此念,而商务印书馆也正有此意,故应声而往,可见双方当属不谋而合、一拍即合。但无论如何,商务印书馆在这一过程中所发挥的促进作用,至少应是不容忽视的。

由于战时交通阻塞,梁启超了解战前各国交涉所依据的外国公报殊不易得,因而他用了两月时间专门收集资料。这个工作多由他女儿梁思顺(令娴)帮助完成,梁氏门生杨鸿烈曾回忆此事,称"梁氏的大女儿梁思顺曾因梁氏著述所需资料,多由她代为搜集,特别如

《欧洲战役史论》,在十天之内即脱稿成书,其原因即在于此"④。1914年秋冬间,梁启超避嚣于京西清华学校,居于工字厅西客厅。这所精雅的小客厅自领一小院,十分幽美,他为之取名"还读轩",著名文学家兼诗人吴宓后亦曾居此,称其为"藤影荷声之馆"⑤。由于梁启超对交战各国早期关系"略能审记",再加上女儿帮其搜集资料,故得以一鼓作气,熔铸数十种参考书,一气呵成,用他自己的话来说:"盖十日间笔未尝停辍矣。"⑥ 可见此书确属高才速成之作。

《欧洲战役史论》只出版了"前编",其主要研究内容乃在于一战爆发的原因问题。该书末尾,曾刊登过商务印书馆关于《欧洲战役史论·第二编》的内容预告,称该编正在搜集资料,"首注重军事地理,详叙形势,推论两军之作战计划而考其胜负得失之所由,其于两造兵力、财力及战争中理财方法皆穷原竟委",大约需要三个月之后方能脱稿。⑦ 不过后来,二编终未按计划出版,原因不得而知。由于"前编"写作较早,故对中日外交、中国参战、亚洲战场、华工问题等均未有涉及,这就使得该书对一战的研究存在天然的局限性,不可能有完整的把握,这点读者须预先留意。

《欧洲战役史论》的"前编"即第一编思路清晰,内容连贯。全书共有20章,导言和结论共为3章。导言部分从总体上勾勒了欧洲二百年来政治、外交局面的演化,揭示了1871年后四十余年欧洲表面和平的真相,指出民族国家的扩张、竞争孕育着战争的种子,使读者对大战的背景、机理形成一大致认识。其结论部分,预测了战局前途及大战对中国的影响。其余17章则以战争原因为中心,可分

---

① 《普通广告》,《东方杂志》1914年11卷第5期。
② 《东方杂志》1915年12卷第2期。
③ 梁启超:《欧洲战役史论·第二自序》,第3页。
④ 杨鸿烈:《回忆梁启超先生》,夏晓虹编:《追忆梁启超》(增订本),生活·读书·新知三联书店2009年版,第236页。
⑤ 黄延复:《清华园风物志》,清华大学出版社1988年版,第8—9页。
⑥ 梁启超:《欧洲战役史论·第二自序》,第3页。
⑦ 梁启超:《欧洲战役史论》书末广告,无页码。

为四部分：第一部分（第二章）揭示一战的直接近因——"萨拉热窝事件"，并追索奥匈帝国与塞尔维亚互不退让的深层缘由，引起下文。第二部分（第三到十二章）从讨论大斯拉夫主义和大日耳曼主义出发，主要讨论战争的远因，认为随着民族国家兴起，以俄、德为首的大国为自身的发展，利用民族意识联络小国，引发各方激烈争夺巴尔干半岛，从而造成一系列的国际矛盾。这部分是全书的主体，梁启超夹叙夹议，条分缕析，将百年来欧洲格局变迁，特别是普法战争、柏林会议以来的国际关系阐释得清晰明了。第三部分（第十三到十六章）剖析战争的三个间接近因，并解释前述矛盾终于激化的缘由。第四部分（十七、十八章）记述"萨拉热窝事件"后外交调停的失败，以及战事的爆发和扩大。

从内容上讲，《欧洲战役史论》着重于分析战争之所由来，这使它不同于侧重记事的新闻报道，而成为具有一定深度的学术专著。清末时，梁启超曾在《新史学》中批评传统史学存在"知有事实而不知有理想"之弊，痛陈"今中国之史，但呆然曰：某日有甲事，某日有乙事，至此事之何以生，其远因何在，近因何在，莫能言也。其事之影响于他事或他日者若何，当得善果，当得恶果，莫能言也"[①]。可见他将深究史事的因缘，提升到史学革命的高度来看待。在《欧洲战役史论》中，梁启超进而强调："是故明者见果则溯因，见因则推果。能审乎因果相发之理，则恒能思患而豫防焉……夫史家之职，不徒在叙述事实之真相而已。其最要者，则在深察事实联络之关系，推究其因果之起卒。"[②] 具体到此书的分析运用而言，他则从国民生计发展和民族国家兴起的角度，来深入解读国际关系，又用国际格局构建和变迁的思路来阐释战争的由来，显示出较强的说服力。

梁启超还将战争原因分为直接近因、远因、间接近因三个层次，尤其注意区别"因"和"缘"的不同。在他看来，"有可能性谓之'因'，使此可能性触发者谓之'缘'"，"军国主义之猖獗，商场竞争之酷剧，外交上同盟协商之对抗……等等，皆使大战有可能性，所谓'因'也。奥储被刺，破坏比利时中立，潜艇无制限战略……等等，能使此可能性爆发或扩大，所谓'缘'也"[③]。这种多层次剖析使读者在千端万绪的战争因缘中，能够明晰其各自所起的作用及相互关系，从而加深对战争起源的认识。

与此相一致，梁启超此书以论体作史，议论风生，文辞通俗畅达，也是当时国人所欢迎的。《东方杂志》有关此书的宣传广告就声言："盖任公先生最擅长之文体，夹叙夹议，随处指明因果联属之关系，引人入胜。"[④]《申报》广告也称其文"考证详密，而又以雄奇通俗之笔，写地球上空前热闹之战事。精心结撰，趣味洋溢"[⑤]。凡此，都是阅读过此书的读者所共有的感受。

《欧洲战役史论》还有一个特点，就是灌注极强的经世意识于其中，这和作者的研究旨趣有关。梁启超撰著此书，目的在于借此唤起国人对世界大事的关注，向一般民众普及世界知识，以培养国民精神。他感慨"吾国人研究世界之兴味，浅薄极矣"[⑥]。既担心"欧战"蔓延，必将波及中国，又相信"战争中及战争后，诚与我有莫大之影响，而决不至致我于亡"[⑦]，其系念国家命运之深切纠结，可见一斑。故他在序言中表示："若吾书能为国人所不弃，而藉此战役以洞明世运变迁之所由，更进而审吾国之所以自处，则区区之荣幸，何以

---

① 梁启超：《新史学》，《梁启超史学论著四种》，岳麓书社1985年版，第244页。
② 梁启超：《欧洲战役史论》，第1—2页。
③ 梁启超：《中国历史研究法》，《梁启超史学论著四种》，第233页。
④ 《普通广告》，《东方杂志》1914年11卷第5期。
⑤ 《申报》1915年1月20日，第1版。
⑥ 梁启超：《欧洲战役史论·第二自序》，第3页。
⑦ 梁启超：《欧洲战役史论》，第107页。

加兹？"①

撰著此书期间，梁启超曾以全书梗概为清华诸生做过讲演，以观其效，结果听者娓娓不倦。田若虹称"据清华史料记载梁启超的演讲分为两次，共历时5小时，讲时'钩稽渊博，讨论畅快，听者忘倦'"②。她的说法与黄延复在《二三十年代清华校园文化》中的叙述几乎完全相同③，不过黄著也未注明其所据之"清华史料"具体为何。在书前自题的诗作《赋示校员及诸生》中，梁启超表达了自己写作此书时的诸多感慨和对莘莘学子的期勉，其中有言："莘莘年少子，济川汝其楫。相期共艰危，活国厝妥帖。当为雕鸢墨，莫作好龙叶。爨空复怜蚨，目苦不见睫。来者倘暴弃，耗矣始愁慄。急景催跳丸，我来亦旬浃。行袖东海石，还指西门堞。惭非徙薪客，徒效恤纬妾。晏岁付劳歌，口哕不能噎。"④ 书成不久，他还将之送呈袁世凯，希望能对政府有所帮助。1914年10月在写给袁世凯的亲信张一麐的信——《致仲仁先生书》中，他称"再者顷方以所著《欧洲战役史论》第一编缮呈，计明日当能达府。兹编所论全属战前外交各国情势，崖略粗见，若得备一览，或更宠以题词，则荣幸何极，不敢请耳。并以私诸执事。"⑤ "仲仁"是张一麐的字，他当时任直接服务于袁世凯的政事堂机要局局长。袁世凯收到后表示："所著《欧洲战役史论》阐述精详，足资考镜，应留览。"⑥ 不过，请袁为该书题词之事，不免落空。当时，为袁世凯从事类似工作的还有严复。严氏晚几个月完成的《居仁日览》，也是译述有关一战的英文评论，供袁阅读。

梁启超向以家教有方著称。《欧洲战役史论》出版后，他特意把此书手稿作为礼物留给长子梁思成，在1915年4月15日（农历三月初二）梁思成生日那天，他在手稿的前面郑重题写了如下寄语："一九一四年之战，世界有史以来第一大战也。生其时而恭睹之，宁非人生一奇遇？思成生于20世纪之第一年，其十五岁生日，则战事正酣之际也。以所著史论原稿畀之思成，读此其亦知国之立于天地至不易易，而长思尽瘁以报也。"⑦ 由此可见，该书不仅寄托了梁启超强烈的现实关怀，希望此书可以"资今鉴而垂来训"，也反映了他本人对此书较为满意和看重，并显示出其特色家教的一个侧面。不过，有人因这成书一年后的题词，而将梁启超作此手稿的时间推迟至1915年（乙卯），甚至把"生日礼物"作为其最初的写作动机，那就不免被手稿上的这一表象所误导了。

二 梁启超与一战史研究在中国的兴起

梁启超对中国一战史研究的贡献和影响，当然首先体现在编撰《欧洲战役史论》一书的出色尝试上。该书集中体现了梁启超作为近代"新史学"开拓者的风范。近代著名史家张荫麟在为《梁任公别录》所作的跋文中，曾将梁氏此书放在世界史学的范围内来加以定位，给予极高评价："若《欧洲战役史论》，元气磅礴，锐思驰骤，奔砖走石，飞眉舞色，使人一展卷不复能自休者，置之世界历史著作之林，以质而不以量言，若吉朋、麦可莱、格林、威尔斯辈，皆瞠乎后矣。曾试自操史笔之人，读此等书而不心折者，真无目耳。"⑧

这一评价田若虹等人已有言及。需要补充

---

① 梁启超：《欧洲战役史论·自序》，第2页。
② 田若虹：《梁启超〈欧洲战役史论〉成书考述》，《艺文论稿》，第218页。
③ 黄延复：《二三十年代清华校园文化》，广西师范大学出版社2000年版，第100页。
④ 商务印书馆广告称："诗格之雄深、书法之遒美，与本书可称三杰。"（《东方杂志》1915年12卷第2期）此条史料，田若虹标明出自《欧洲战役史论》第一章第1页，乙丑重编《饮冰室文集》首页却并无记载。笔者推测，其恐引自《古今说部丛书》中的广告。
⑤ 丁文江、赵丰田编：《梁任公先生年谱长编》，中华书局2010年版，第366页。
⑥ 骆宝善、刘路生主编：《袁世凯全集 第29卷》，河南大学出版社2013年版，第631页。
⑦ 《梁启超〈欧洲战役史论〉手稿》，广州：中山大学出版社2018年版，第一自序之前梁启超亲笔补书。
⑧ 陈润成、李欣荣编：《张荫麟全集》下卷，清华大学出版社2013年版，第1848页。

的是，张荫麟指出，任公"才大工疏，事繁鹜博"，其史学贡献全不在考据，他赞许的主要是《欧洲战役史论》等记事巨篇表现出的梁启超之史才，具体说来，也就是《欧洲战役史论》等所体现出来的高超历史叙事与分析水平。著名史家钱穆在评判近代学人、学术时，也称梁启超当为一"史学巨擘"，并赞其《欧洲战役史论》"提纲挈领，要言不烦"①。今日史学史研究名家陈其泰在《梁启超评传》中，同样高度称赞此书，称其"不但在研究领域上开辟了一个全新的、与当前社会至关密切的领域，而且对这场空前的历史性大事变从全局上及其演变的诸多环节上有深刻、中肯的把握，全篇结构精心安排，细针密缝，议论风发，将严肃的理论分析与生动地描述恰当结合起来，使人读之有纵横捭阖、腾挪跌宕之感"。他认为此书乃融冶文史于一炉的史学"奇作"，也是梁启超一生在世界史方面进行探索的高水平代表作。②

作为中国最早的一战史研究专著，《欧洲战役史论》向国人普及有关一战的早期知识、激发和强化后学对一战的研究兴趣作用显著。该书不到一年就发行了三版，从"五年一月出版至八年终止、共销八八九三部"③。其"自序"被一些教科书收录，如供初级中学使用的《新中华国语与国文》（第三册）④、《初中标准国文》（第五册）⑤ 等，对于推动普通国人了解一战曾发挥过积极作用。胡适回忆自己在 1918 年冬看到国人庆祝协约国胜利时，惭愧中国缺少研究欧战的资料、参考书，曾感慨言之："自从欧战开始以来，除了梁任公的一本小册子之外，竟寻不出一部关于欧战史料的汉文书！"⑥ 我国现代著名史家王桐龄为王金绂编的《欧战与新潮》所作序言中也提到："世界各国之政治家、军事家、教育家、实业家皆集全副精神以研究此大战之因果。凡内政、外交、经济、军事各方面莫不各有专著，汗牛充栋，不可胜数。独吾国出版界则寥若晨星焉。除去一二先知先觉如梁启超、黄郛等尝着意研究外，其余大多数之人则充耳如不闻。"⑦ 这些说法虽未必确切，但可以说都从一个侧面反映出梁启超的《欧洲战役史论》一书留给人的印象之深，影响之大。

对于中国乃至世界的一战史研究而言，《欧洲战役史论》一书无疑具有相当的学术价值和"开先河"之功。其对战因的分析，就有不少敏锐而准确之处。如梁在书中强调："此次酝酿战祸之事故，虽千端万绪，絜其纲领，则法对德之复仇其一也，英德之争海权其二也，日耳曼族与斯拉夫族角逐于巴尔干其三也。"⑧ 美国著名军事评论家汉森·鲍德温在其《第一次世界大战史纲》中分析战争原因时，也是将普法战争后法国复仇、英德争夺世界贸易和海洋霸权、民族主义和民族自决思想兴起作为战争的重要原因，而且认为"在某种意义上，民族主义——俾斯麦激发起来、并迎合了各地德语民族自豪感的日耳曼民族主义以及同沙皇制度一样古老的斯拉夫民族主义，是各种原因中的主要原因"⑨，这与梁启超的看法实不谋而合。对于 20 世纪初激化欧洲各国矛盾的因素，鲍德温还注意到了 1905 年的摩洛哥危机、1908 年的波斯尼亚和黑塞哥维那危机以及 1911 年的摩洛哥"阿加迪尔事件"，而《欧洲战役史论》在战争的三个间接近因（第十三到十六章）中，对这几个因素也都进行了精当的论述。鲍德温给出的分析发生在 1962 年，竟与约半个世纪前梁启超的观

---

① 钱穆：《现代中国学术论衡·序》，生活·读书·新知三联书店 2001 年版，第 2 页。
② 见陈其泰《梁启超评传》，第 103—104、90—96 页。
③ 《张元济日记》下册，商务印书馆 1981 年版，第 719 页。
④ 朱文叔编：《新中华国语与国文》第三册，新国民书社 1932 年版，第 177—180 页。
⑤ 江苏省教育厅修订中学国文科教学进度表委员会：《初中标准国文》第五册，中学生书局 1934 年版，第 91—94 页。
⑥ 梁敬錞、林凯：《欧战全史·胡序》上卷，亚洲文明协会，1919 年。
⑦ 王桐龄：《欧战与新潮序》，王金绂编：《欧战与新潮》，北京师范大学图书馆 1923 年版，第 1 页。
⑧ 梁启超：《欧洲战役史论》，第 71 页。
⑨ 鲍德温（Baldwin Hanson W.）：《第一次世界大战史纲》，陈月娥译，军事科学出版社 1991 年版，第 7 页。

点十分相似,我们不能不因此要赞叹任公作为史家的慧眼与灼见。该书的学术价值,也由此可见一斑。

事实上,观察和认知梁启超对中国一战史研究的贡献和影响,不能仅局限于《欧洲战役史论》一书,还应当关注梁主编《大中华杂志》的作为及其他相关努力。

一战爆发初期,梁启超热心于欧战史及其相关世界问题的著述,他在《大中华杂志》上刊登《欧战蠡测》① 一文,分析战因部分与《欧洲战役史论》略同,最末一节叙述交战各国何以举国一致的原因,强调了国家组织、政治改良和教育普及的重要性。其所刊登的另一文《中国与土耳其之异》②,历数两国在文化凝聚力、民族同化程度、宗教开放性方面的差异,论证两国命运不会相同。二文当时都有一定影响。梁启超还计划在《欧洲战役史论》出版半年内完成三部研究欧洲的史著,以进一步拓宽认知范围:《欧洲近世史论》欲从哥伦布发现新大陆写到法国大革命,《欧洲最近世史论》打算起自拿破仑称霸迄于普法战争,《欧洲现代史论》拟始于1878年柏林会议而终于一战。这些计划后来虽然多未能实现,但却在学界提示了有关研究和撰述的重要性,对后学和同道具有某种导向作用。

梁启超主持撰述的《大中华杂志》,其中大量介绍了与一战相关的世界知识、国际情势。除了他自己的著作外,献公的《欧洲大战开幕记》也图文并茂地记述了战争之发端和扩大的过程。杨锦森翻译美国格利格雷的《欧洲战争中之新事物》,则让读者认识了飞艇、飞机(时称"飞行机")、潜水艇、各式大炮等先进武器,同样是图文兼备。值得一提的是,国人对一战中的飞行器兴趣颇浓。《大中华杂志》里这个主题的文章就有《英国之国立飞行机厂》(英国陆军旅长史东原著,杨锦森译)、《英国之飞行军》(陆守经译自英国披挨孙丛报)。尤其是廖惕园的《最近世界之空中战》一文,对飞行器,包括飞艇、飞机、热气球、滑翔机的原理构造、空战价值、空战武器及战法、军用飞行学等,进行了全面的介绍,这在当时可以说大开国人眼界,极大吸引了国人对一战的关注。《大中华杂志》的内容一定程度上反映了其主持者梁启超的观念,从其所介绍的这些新式武器中,我们可以印证梁启超在其他地方也表现出的对于此种物质重要性的关注。他曾称:"对于一战争,研究其地形、厄塞、机谋、进止,以察其胜负之由,兵家所有事也;综合古今战役而观兵器、战术之改良进步,对于关系重大之诸役,寻其起因,而推论其及于社会之影响,史家所有事也。"③ 显然,在梁氏看来,史家研究战争,除了重大战役起因、影响外,兵器进步这类物质因素也应予以格外的重视并加以深入探讨。这一点,乃是我们仅仅关注《欧洲战役史论》一书所无法全面得知的。

在一战报道方面,值得注意而至今少有人提及的是,1918年1月,在北洋政府的支持下,上海"大战事报社"还编辑出版了几期《大战事报》,专门报道第一次世界大战最后阶段的有关情形,特别是中国与大战关系的有关内容,这对今人认知中国参战的相关问题,不无帮助。④

一战时期,梁启超还拟为中华书局主编《时局小丛书》,计划四个月内出全,该局的有关启事述其缘起道:"现在时局变化不测,其影响于吾国者甚大……梁任公先生有见于此,特与同志分纂此书,冀令我国上下瞭然于世界事情各国状况,诚今日最要之书也。"丛

---

① 梁启超:《欧战蠡测》,《大中华杂志》1915年第1卷第1—3期。关于《欧战蠡测》的撰述缘由,梁启超称:"吾既为欧洲战役史论,成第一编以公诸世。虽然著书之体,自有别裁,详于甲部分者,则不能不略于乙部分,其不能悉应吾思想界之要求又明也。乃与吾友汤君明水,谋各取其研究所得者,草为专篇,错综以登本报,名曰《欧战蠡测》。"[《近代中国史料丛刊续编第五十五辑》(541),第20页]
② 梁启超:《中国与土耳其之异》,《大中华杂志》1915年第1卷第3期,第1—5页。
③ 梁启超:《中国历史研究法》,《梁启超史学论著四种》,第139页。
④ 其中有冯国璋总统及"参战督办"段祺瑞等的祝词。见北京大学图书馆藏1918年1—2月《大战事报》第1卷第1—3期。

书第一集计有下列十种：第一编《世界大战役之中坚人物》；第二编《大战前后欧洲之国际关系》；第三编《日本舆论对于中国之态度》；第四编《塞尔维亚与比利时》；第五编《德国皇帝》；第六编《奥匈国与其皇室》；第七编《交战各国国民性》；第八编《巴尔干形势之迁移》；第九编《英德争霸之去来今》；第十编《战争哲理》。①

但这些书终究都未见出版。不过从中我们可以发现，梁启超对第一次世界大战用心至深，思索至广。尤其是一战期间日本关于中国的舆论，以及交战各国的国民性问题，的确是大战中值得中国人深切关注和研究的重要问题，也很能反映梁氏作为思想家的眼光。

从自己撰述、主持杂志、主编丛书等综合角度来看，梁启超在中国一战史研究初期实具有某种全方位的先导性，充当了某种引导者和指导者的角色。在他之后，中国的一战史研究得到了一定的发展，值得加以一番认真的清理。

目前，学界对中国早期一战史研究状况关注不足，既有的学术综述主要停留在对新中国成立后尤其是改革开放以后研究成果的梳理上。在这方面，吴潮、赵晓兰的《我国对第一次世界大战史的研究》一文②可作代表。笔者所见唯一一篇涉及国内一战早期研究成果的综述文章，是赵文亮、崔美合写的《第一次世界大战史研究百年回顾》，但该文的有关认识和把握虽有突出贡献，但尚较为粗略，需要继续开掘和补充。

第一次世界大战期间，国人的一战史著述无疑以梁启超的《欧洲战役史论》为最早且最有影响。当时或稍后，依据新闻报道和外人见解，以分析战因、介绍战事为主题的有关著述，还有若干。如胡祖舜编的《二十世纪世界大战记》，该书由陆军学会本部在1914年12月出版，着重于从军事层面介绍各国陆海军状况及战斗力。雷殷编的《世界战祸由来》③也属此类，它参取日本法学士吉野作造氏观点颇多。阮焦斗和范尚之合著的《欧洲战史》④运用同盟国、协约国及中立国三方书报，记述了战争的起因和早期发展。作者对德国的政治、经济状况介绍得较为细致。该书第二卷详叙战况，展现了大战初期两方在陆地和海上的交锋情形。陈泠汰、陈诒先翻译的《世界第一大战》，原是美国爱仑氏（George H. Allen）的英文著作，时任美国总统的威廉·霍华德·塔夫脱（William Howard Taft）称该书诚为"欧战史中之首出者矣"⑤。顺德黄慎图博士，通六国语言文字，他以私人身份，赴欧洲实地参观战事，其所著《参观欧洲大战记》⑥一书，主要记录了自己在俄、奥、德、法等国有关战争的见闻，具有特别价值。

从1918年大战结束到20年代中期，国内有关一战史的研究逐渐兴盛，可以说基本奠定了此后中国研究一战史的学术基础。其成果主要表现在以下几个方面，从中也可见梁启超的重要贡献与积极影响。

首先，是此期出现了一些考察分析欧战结局、总结欧战教训，思考中国前途的研究论著。如黄郛的《欧战之教训与中国之将来》《战后之世界》等书以及据说是他为徐世昌捉刀的《欧战后之中国》一书等，可为代表。这些论著对欧战的起因、准备、经过、价值进行解剖，分析战时诸国的创伤，推测战后各国所必行的政策，并对中国的未来走向提出反思性见解⑦。在这方面，最有影响的著作，无疑当属梁启超的《欧游心影录》。可惜目前，除《欧游心影录》外，学界对这类研究还少有关注。而关于《欧游心影录》，人们也是更多地

---

① 丁文江、赵丰田编：《梁任公先生年谱长编》，第370页。
② 吴潮、赵晓兰：《我国对第一次世界大战史的研究》，《世界史研究动态》1993年第6期。
③ 雷殷编：《世界战祸由来》，出版地不详，中国各书坊1915年版。
④ 阮焦斗、范尚之著译：《欧洲战史》（1—2册），集益修书局1916年版。
⑤ 爱仑氏编：《世界第一大战·原序二》，陈泠汰、陈诒先译，中华书局1917年版，第13页。
⑥ 黄慎图：《参观欧洲大战记》，商务印书馆1917年版。
⑦ 黄郛：《欧战之教训与中国之将来》，中华书局1918年版；《战后之世界》，中华书局1920年版。

从一般东西文化之争的角度来加以把握，少有从一战研究和反思的角度加以认知者，尽管两者间难以分离。

1918年底至1920年初，梁启超偕蒋百里、刘崇杰、丁文江、张君劢等到一战刚刚结束的欧洲考察，对于欧战的结局和大战对欧洲的直接影响进行实地感知和了解，回国后写成《欧游心影录》发表。其中不仅生动地记述和反思了这场战争带给欧洲人的物质破坏、生计影响和精神创伤，以及中国人应该从中得到的教益，还包括了对一战诸多"战场"的考察记录。甚至这次出游本身，也深深地带上了梁氏继续实地研究一次大战的意图。

为了考察战场取得实效，梁启超及其团队还首先"用功"，仔细研究了第一次世界大战的战场形势和战局关键环节，这就构成了《西欧战场形势及战局概观》部分，也收入《欧游心影录》之中。从1914年至1918年，梁启超以极简笔法逐年对一战西线战场大势进行了叙述。他在介绍1914年马恩河战役时，称对交战情形毋庸细述，推荐读者寻一部战史来看，而认为"梁敬錞、林凯合著的《欧战全史》很好"①。任公对《欧战全史》的推许表明其还一直在关注着我国一战史研究的学术动态。

在后来所写的《中国历史研究法》中，多处可见梁氏对欧战的研究心得，例如在讲如何辨别史料价值时，梁任公就曾以欧战史料为例，指出："若专以时代接近程度定史料价值之高下，则今日已在战后两三年，其所编集自不如战时出版物之尤为接近，宜若彼优于此；然而实际上殊不尔。当时所记，不过断片的史迹，全不能觑出其联络关系。凡事物之时间的联络关系，往往非俟时间完全经过之后不能比勘而得。故完美可观之战史，不出在战时而出在战后也。"② 由此不难推断，在梁启超自己心中，《欧洲战役史论》也不可能是"完美可观之战史"，其首要价值，还是体现在其开先河意义上。

其次，是此期全方位整体研究一战史的著作开始在中国涌现。如前面提及的梁敬錞、林凯合著之《欧战全史》（上、下）③。该书由林长民发起创办的"亚洲文明协会"出版，采用纪事本末体叙述，堪为中国全面介绍一战的最早著作。1918年12月，亚洲文明协会与为巴黎和会提供咨询的总统府外交委员会几乎同时成立，林长民、梁敬錞都同时为这两个机构的成员。④ 亚洲文明协会还于1919年2月1日出版了《时事旬刊》，每月三期，除介绍国内大事外，该刊几乎每期登载《巴黎和议记》，介绍和会情况，其主要作者就是署名"和"或"和钧"的梁敬錞。1919年2月11日，为响应威尔逊成立国联的倡议，汪大燮、林长民、蔡元培等人发起成立了国际联盟同志会，梁启超被推为理事长（汪大燮代理），林长民被举为总务干事⑤。2月16日成立的国民外交协会以林长民为理事之一，4月份梁启超被公举为该会驻欧代表。在巴黎和会期间，梁启超始终与外交委员会、国民外交协会的要人保持密切联系⑥，他给汪大燮、林长民的电文《梁启超全集》（汤志钧、汤仁泽所编）就收录了九通。从上文我们可以看出梁启超与林长民、梁敬錞的关联。现在回到《欧战全史》，该书标题对大战虽仍以"欧战"名之，但作者已深知兹役实为世界大战。只是碍于人们几乎约定俗成的用法才遵照沿袭，也想通过不"标新立异"而吸引读者先观全文，之后自然可知此战关涉宏远，国人不可有隔岸观火之心。胡适在序中说"在汉文里，'世界大战'

---

① 梁启超：《欧游心影录节录》，《饮冰室专集之二十三》，中华书局1989年版，第89页。
② 梁启超：《中国历史研究法》，《梁启超史学论著四种》，第185—186页。
③ 梁敬錞、林凯：《欧战全史》上卷，亚洲文明协会，1919年；下卷，1920年。
④ 《本会记载》，《时事旬刊》1919年第1卷第1期，第49页。易丙兰：《巴黎和会时期研究系的国民外交活动研究》，《大连大学学报》2008年第2期。
⑤ 秋水：《国际联盟同志会之发起》，《申报》1919年2月13日，第6版。
⑥ 许冠亭：《关于"国民外交协会"的三件档案形成时间考》，《民国档案》2006年第1期及《"五四"前后国民外交协会活动述论》，《江海学刊》2007年第4期。

四个字（The World War）还不成名词，我们中国人的心里仍旧觉得这是一次'欧战'"①。这说明当时国人的世界知识依然匮乏，也凸显了中国早期一战史研究的重要意义。

近代史家李泰棻早年以治世界史闻名，其在北京高等师范史地科读书期间所作《西洋大历史》曾轰动一时。1920 年他在北大教授西洋史，由于讲授所需，遂将 1919 年 1 月所著之《大战因果论》进行补充，采录中外报纸略加增减，成《欧战史要》。其书运用多种英、日等外文资料，记载了大战原委及经过的概况②。李泰棻的《大战因果论》《欧战史要》等著作在介绍战因问题时，参引梁敬錞、林凯合著的《欧战全史》及梁启超的《欧洲战役史论》《欧战蠡测》近十处。理学博士张乃燕，是国民党"四大元老"之一的张静江的侄子，他 1913—1919 年留学欧洲，先后在英、法、瑞士研习化学，闲暇时收集大战资料，战后又曾赴西线战场考察遗迹。其《世界大战全史》③ 不仅详述了战争始末，还专章突出了科学技术在战争中的作用。书后的"参考书报汇志"反映出该著中外文资料相当丰富，作者还运用了很多地图、照片、漫画，使得全书叙述直观而明晰。

再次，关于一战的专题研究此期也已有成果问世。如刘彦的《欧战期间中日交涉史》④一书就关注了一战期间的中日关系。张乃燕的《欧战中之军用化学》⑤ 一书，则专门研究和介绍了战争中炸药、毒气等物的知识和使用。陈灿的《欧战财政纪要》⑥ 一书则研究和叙述了各国战时的花费、税收、国债、金融及财政政策。为纪念《东方杂志》出版 20 周年，商务印书馆特发行"东方文库"丛书，其中就有《欧战发生史》⑦ 一书。该书叙述揭示了战争从酝酿、爆发到扩展的过程。此外，张庭英所译的《凡尔登战记》⑧、叶劲风翻译的《欧战地理志》⑨ 也是这一时期出版的专题著作。

最后，此期还出现了研究一战的毕业论文。如孟宪章的《世界最近之局势》，便是他在北师大史地研究所时的毕业论文，《世界大战》则为其全书的第一卷。该卷以年为经，以地为纬，对大战的原因、战况、损失及影响进行了全面论述。作者指出，在人类私欲未尽除、经济制度未至善的条件下，永久和平无异于痴人说梦，故欧洲常借均势以维持短暂和平。而战后英法矛盾、德法冲突、美日矛盾将会引发新的紧张形势，"是故上次之世界大战者，非世界最终之大战争，乃世界最大战争之序幕也。"⑩ 孟氏的远见反映出其对一战和国际关系的认识已比较深入。

这一时期，还有些著作主要书写参战各国的情况及战争中的奇闻轶事，虽学术性不强，但对国人认识世界、了解新事物仍具有积极意义。内务部编译的《欧战期间杂纪》⑪ 分经济类、政象类、社会类、政制类、政治思潮类等门类，通过翻译国外报刊，介绍一战期间各国的经济、政治和社会思潮等方面的情况，所含信息十分丰富。陆军上校何遂 1916 年 12 月—1918 年 7 月奉命赴欧观战，沿途考察日、美、

---

① 梁敬錞、林凯：《欧战全史·胡序》上卷，亚洲文明协会，1919 年。叶景莘也称："此大战役，乃世界之大战，岂仅欧战而已。惟以无他种通用之名词。而役战之中心实在欧洲，姑仍以欧战称之尔。"（叶景莘编：《欧战之目的及和局之基础》，国际研究社，1918 年，第 2 页。）
② 李泰棻：《大战因果论》，宣元阁，1919 年；《欧战史要》，武学书局 1920 年版。
③ 张乃燕编：《世界大战全史》，商务印书馆 1926 年版。
④ 刘彦：《欧战期间中日交涉史》，太平洋印刷公司 1921 年版。
⑤ 张乃燕：《欧战中之军用化学》，北京大学新知书社 1921 年版。
⑥ 陈灿：《欧战财政纪要》，商务印书馆 1922 年版。
⑦ 东方杂志社编：《欧战发生史》，商务印书馆 1923 年版。"东方文库"中还有东方杂志社编的《大战杂话》，介绍了"一战"中的新奇之物、杂文轶事。
⑧ 泰晤士报社编：《凡尔登战记》，张庭英译，商务印书馆 1921 年版。张庭英称此书专为军人研究所用，比较详细。
⑨ 麦姆黎：《欧战地理志》，叶劲风译，公民书店 1921 年版。
⑩ 孟宪章：《世界最近之局势 第一卷 世界大战·全书自序》，北京师范大学史地学社 1925 年版，第 3 页。
⑪ 内务部编译处：《欧战期间杂纪》，内务部编译处，1919 年。

德、法、英、比、意等国，所著《欧洲观战记》[1] 将各类先进武器、各国的防御阵地，参战军队不同军种的兵力编制、攻守战术、通信联络等相关讯息引介到国内。汪启堃曾做过上海外国电报公司的检查员，其《欧战觚乘》介绍了一战中新的战术军械、奇闻杂录等，该书扉页印有"梁任公鉴定"字样，梁启超读后曾在序中感叹："物质之用，乃至是乎？"[2] 从关于一战的整体史、专题史的书写、毕业论文等的出现可以看出，至 20 世纪 20 年代中期，我国的一战史研究已粗具规模，初步奠基。

总体而言，中国早期的一战史研究还比较基础和简略。像同一时期美国记者西蒙兹·弗兰特·赫伯特（Simonds Frank Herbert）所著 5 卷本的《世界战争史》[3] 以及曾任加拿大总督约翰·巴肯（John Buchan）所著 4 卷本的《大战历史》[4] 那样的大部头一战通史著作，国内就未能出现。同时，中国早期一战史研究还不够精细，像美国国家文学局职员伯特伦·本尼迪克特（Bertram Benedict）所著的大战史虽着眼于本国与一战的关系主题，其叙述却能涵盖战争全过程的精细著作，也不多。该书对战火燃起、蔓延的经过可以做到逐日叙述，仅此一点即可见其精细程度[5]。从内容上讲，国内兴起阶段的研究主要侧重对战前政治外交分合的探索，而对战争进程、军事得失的检计则较为粗疏，像日本帝国大学教授箕作元八所编的《一九一四年——一九一八年世界大战史》[6] 那样，分时段、分战线，借助地图，详细叙述一战陆、海战场上的方方面面情形的著作，在中国也甚为鲜见。这是我们在探讨梁启超及其国人同期关于第一次世界大战史研究的成果时，所应该了解的差异。

三 对一战的研究、思考与梁启超自身的三个转变

梁启超关于第一次世界大战的研究和思考，对于今人理解和认识其在民国后的人生选择及其思想转变具有独特意义。首先，《欧洲战役史论》一书创作于梁氏由热衷政治到专事学术的转换阶段，或者说，研究一战为他重新选择人生道路——不做高官而做学者提供了一个新的契机。

1914 年 1 月 10 日，袁世凯应政治会议所呈，停止两院议员的职务。2 月 12 日熊希龄辞总理职，进步党内阁面临倒台。2 月 18 日，对政治极度失望的梁启超也递辞呈，坚辞司法总长。次日，袁世凯先任命其为币制局总裁，次日再准其辞去司法总长职务。就职币制局之后，由于种种原因，梁还是"有理想而无建树"，诸多计划均成泡影。他从 7 月起又不断请辞，10 月以后辞意更坚。在写给张一麐的信中，他恳切表示："月来避嚣西郊，专事著述，久阙趋候，怀想岂任。今日复有呈吁请免职，公当已见。以主峰礼意之殷，本不敢更为晓渎，惟自审菲材，舍文章外，实末由报国。"[7] 可以说摆脱政务、返归学术，以"文章"报国、著书立说，遂成为梁氏此时新的人生方向。正如他在书首《赋示校员及诸生》中所表白的："推理悟今吾，乘愿理夙业"，"藏山望岂敢，学海愿亦辄"。

1915 年，梁启超与《大中华杂志》订立"主持撰述"的三年契约。该杂志第 1 卷第 1 期称"今先生拟中止政治生涯，专从事于著

---

[1] 何遂：《欧洲观战记》，武学书局 1919 年版。此书后经增订，改为《参观欧洲大战记》，由重庆军事日刊社 1921 年 12 月出版。

[2] 汪启堃编译：《欧战觚乘·序一》，华洋公论报出版部 1920 年版，第 1 页。

[3] 西蒙兹·弗兰特·赫伯特：《世界战争史》（History of The World War），花园城，纽约：双日、佩奇有限公司 1917—1920 年版。

[4] 约翰·巴肯：《大战历史》（A History of The Great War），波士顿：霍顿、米夫林出版公司 1922 年版。

[5] 伯特伦·本尼迪克特：《大战历史》（A History of The Great War），纽约：国家文学局 1919 年版。

[6] 箕作元八编：《一九一四年——一九一八年世界大战史》，东京：富山房，1919 年。

[7] 丁文江、赵丰田编：《梁任公先生年谱长编》，第 365 页。

述，精神全贯注于本杂志"①，在发刊词中，梁明确表达了自己对政治失望以及欲从事社会事业的志向："我国民积年所希望所梦想，今殆已一空而无复余"，"我国民前此之失望，政治上之失望也。政治不过国民事业之一部分，谓政治一时失望，而国民遂无复他种事业，此大惑也。且政治者，社会之产物也。社会凡百现象皆凝滞瘘败，而独欲求政治之充实而有光辉，此又大惑也"②。在梁启超看来，中国当时的"膏肓之疾"，正在于全国的聪明才智之士都集中于政治事业而轻忽社会事业。他屡屡著文表白自己"身既渐远于政局，而口复渐稀于政谭，则吾之政治生涯，真中止矣"③，立志今后当以言论和著述，努力于社会事业以报国。为此，他还专门发表《政治之基础与言论家之指针》一文，详细论证了何以政治基础在于社会，唯有在社会教育一途用力，方能真正实现政治改良的道理。④ 实际上，此后五四新文化运动的爆发与现代社会观念强化之关联，于此已可窥见某种端倪。

此时的梁启超，除打算致力于社会启蒙外还订有其他学术计划，如撰写系列欧洲史等。但由于袁世凯称帝、宪法问题、内阁问题、张勋复辟、中国参战等政事相继发生，不断打断其人生转变规划，此后几年他仍在这一转变中不断"挣扎"，还曾一度"又不期然而然的加入在旋涡里面了"⑤。1917年7月至11月，梁再度从政，做了四个月的财政总长。1917年底至1918年，他在学术上着意于题跋碑刻，并于1918年夏秋间写作《中国通史》，仅完成十余万言，因著述过勤致患呕血病而中辍。访欧归来后，梁启超才最终得以全身心投入到撰述事业中。这期间，曾反反复复，波折迂绕，而《欧洲战役史论》一书实为梁启超自觉开启这一人生转变阶段的产物。

其次，《欧洲战役史论》的撰写和一系列有关一战史的思考与研究，也体现了梁启超史学思想和实践的一大变迁。20世纪初，梁氏发表的《中国史叙论》《新史学》开启了中国近代的"史学革命"，但他所倡导和实践的"新史学"却非一成不变。透过其一战研究与思考，我们可以发现梁启超自觉实现了其融中国史于其中的当代世界史书写，既从全球史的角度来认知和理解中国史，也以中国视角来观察、审视和阐释外国历史，表现出新时代具有世界眼光的史学大家之风范。

在1901年的《中国史叙论》中，梁启超运用"文明史"的视角，曾区分"中国史""世界史"和"泰东史"三个概念。他认为"世界史"是能发扬文明、左右世界局势的泰西民族的历史，称"凡著世界史者，日本、俄罗斯皆摈不录"⑥，而中国史则更毋庸置疑，不在"世界史"的范围之内。但中国是东亚文明的动力，故在他看来，"泰东史"，即日本所称的东洋史，实则为中国史之别称。梁当时区分这几个概念意在表明当时中国文明不发达，很难对世界文明产生影响。

而在《欧洲战役史论》中，梁启超则将中国和巴尔干视为引发列强争夺的两个"全世界之祸源地"，在书末他还专章论述了大战对中国的影响，可见这次大战无疑加深了他对世界各国联系的紧密性之认识，无论中国文明程度高低与否，自身愿意与否，它都与世界息息相关、无法割离。因此，与其被动无奈地消极应对，还不如顺应世界大势主动出击。此期梁启超前后奔走，促成中国对德宣战，也是基于这一中国与世界无法分离的思考。在1917

---

① 天民：《梁任公之著述生涯》，《大中华杂志》1915年第1卷第1期，《近代中国史料丛刊续编第五十五辑》(541)，第2页。
② 梁启超：《发刊词》，《大中华杂志》1915年第1卷第1期，《近代中国史料丛刊续编第五十五辑》(541)，第3，16—17页。
③ 梁启超：《吾今后所以报国者》，《大中华杂志》1915年第1卷第1期，《近代中国史料丛刊续编第五十五辑》(541)，第32页。
④ 梁启超：《政治之基础与言论家之指针》，《大中华杂志》1915年第1卷第2期，第1—12页。
⑤ 丁文江、赵丰田编：《梁任公先生年谱长编》，第418页。
⑥ 梁启超：《中国史叙论》，梁启超著，夏晓虹、陆胤校：《新史学》，商务印书馆2014年版，第67页。

年《外交方针刍言》①中,梁启超说明了自己主张参战的理由,指出若为积极进取以求战后加入国际团体,则必须乘此时表露立场;若只想维持现状,那么也得与周边关系密切的国家保持利害一致。他详细阐发了这两种策略的内涵,并列举了八种反对派的观点,一一进行商榷辨析,论证了参战的必要性。梁启超批评中国自闭孤立、怯于国际交往的旧习,希望国人能有所觉悟,勇敢地改弦更张,加入世界团体。这种新的认识建立在他对当时国际关系深刻把握的基础上,而他对世界形势的把握,正是通过其深切关怀的一战研究,而得到进一步加强。

梁启超将世界各国视为相互关联的整体,而将中国视为世界团体之一分子,这种认识在其史学思想中有深刻地体现。20 世纪初,梁启超对"新史学"的论述是以中国为核心的。《新史学》批判的对象是中国旧史的各类缺憾,无论是充满"四弊二病"的内容体例,还是洋溢着所谓"正统"谬论和"书法"愚见的观念笔法,都以中国史为言说主题。即便《历史与人种关系》一章介绍了许多域外民族,那也只是为了勾勒出文化武力影响扩展到全世界的"世界史的人种"之谱系,以便中国民族能奋起而获世界史之主位,故外国史事并非梁启超的研究重心。《中国史叙论》更是从标题就能明显看出作者的关注点。而自《欧洲战役史论》起,别国史事也开始成为梁氏史学研究的主题。之后,他对世界史有了更明确的认识,在《中国历史研究法中》,梁启超写道:"吾中国人前此认禹域为'天下',固属偏陋;欧洲人认环地中海而居之诸国为世界,其偏陋亦正与我同。实则世界历史者,合各部分文化国之人类所积共业而成也。"在他看来,各个国家人民所创造的文明都应属于世界史的研究范围,这与前述他在《中国史叙论》中将中国等不发达国家的历史从世界史中剔除的行为形成了鲜明的对比。梁任公此时深刻认识到了人类活动息息相通,牵一发而动全身。一方面,他理想中的"现代"中国史研究的重要项目包括了"世界他部分之文化民族——例如印度,欧洲等,其与我接触交通之迹何如?其影响于我文化者何如?我文化之影响于彼者又何如?""与外国交通后所生经济之变动何如?""各时代所受外国文化之影响何如?我文化之曾贡献或将贡献于世界者何如?"等问题。梁启超还为中国史设定了四个主要研究目标,其中两个都有明显的国际视野:第三条为:"说明中国民族所产文化,以何为基本,其与世界他部分文化相互之影响何如?"第四条为:"说明中国民族在人类全体上之位置及其特性,与其将来对于人类所应负之责任。"② 这些都反映出梁启超以世界眼光来审视中国史的追求与高度。

另一方面,梁启超也从中国的视角来观察世界史。他拟定的一些史学问题如"刘项之争,与中亚细亚及印度诸国之兴亡有关系,而影响及于希腊人之东陆领土""汉攘匈奴,与西罗马之灭亡,及欧洲现代诸国家之建设有关"③ 等,都是以世界史为落脚点的。这种从全球史的角度重新理解中国史,以中国视角审视和阐释外国历史的趋向,在中国史学史和史学思想史上具有独特地位,对今天的史学研究,仍具有重要的启迪意义。

有了世界团体一员的自觉后,梁启超更加注重以他国作为自己立论与言说的参照,在史学上更具有了世界眼光和比较意识。1904 年他在《新民丛报》上刊登的《中国学术思想变迁之大势》第八章末称清代二百余年可总命为"古学复兴时代"④。而在 1920 年写成的《清代学术概论》自序中引自己旧作时,梁启超却改称之为"文艺复兴时代"⑤,增强了与

---

① 梁启超:《外交方针刍言(参战问题)》,《饮冰室文集之三十五》,第 4—13 页。
② 梁启超:《中国历史研究法》,《梁启超史学论著四种》,第 111—112、214—215 页。
③ 梁启超:《中国历史研究法》,《梁启超史学论著四种》,第 211—214 页。
④ 梁启超撰,夏晓虹导读:《论中国学术思想变迁之大势》,上海古籍出版社 2001 年版,第 134 页。
⑤ 梁启超撰,朱维铮导读:《清代学术概论·自序》,上海古籍出版社 1998 年版,第 1 页。这个修改朱维铮先生在校订时已注意到。

西方的比照感。在此书中,梁启超常以欧洲为镜,映照清代学人学术。例如,他把晚明理学比作中世纪的天主教,将龚自珍的洒脱不羁,不拘小节,比拟为法国的卢梭。称戴震《孟子字义疏证》欲以"情感哲学"代"理性哲学",与"欧洲文艺复兴时代之思潮之本质绝相类",又将清代学术代表人物戴、段、二王所取得巨大成就的原因归结为"用科学的研究法而已",还将这种方法归纳为由注意—虚己—立说—搜证—断案—推论组成的程式①。虽然他在1904年就称许过清代学者的科学精神,但并未将之拔升到如此高度。在成书于1923年冬至1925年春的《中国近三百年学术史》中,梁表示:"使习斋、恕谷生于今日,一定是两位大科学家,而且是主张科学万能论者,我敢断言",继续以西方科学审视清学。在评点清代史学成绩时,梁述及自己对于元史的认识,称:"蒙古人未入中国,先定欧西。太祖、太宗、定宗、宪宗四朝,西征中亚细亚全部以迄印度,北征西伯利亚以迄中欧,及世祖奠鼎燕京,其势已邻驽末。前四朝事迹,实含有世界性,为《元史》最主要之部分。"②梁启超的上述具体比论未必妥当,要在其自觉将"世界性"作为史学价值的一个评判标准,从中可见其日渐强化深化的国际视野。

最后,梁启超对进化论的态度的转变。20世纪初,梁启超将史学看作构建民族国家的重要工具,认为若有史学"则国民安有不团结,群治安有不进化者",而新史学应"叙述人群进化之现象而求得其公理公例者也",到这一步并未结束,随后还要将所求得之公理公例付诸实践、贻赠后人,使人们可以遵照此以增进幸福,发展文明。他说"历史者,以过去之进化,导未来之进化者也"③,故引导国家民族未来的进化之路似才是梁启超新史学的最终目标。其《欧洲战役史论》仍随处可见这样的旨趣,如书中指出,"夫明乎民族国家主义发展之情状,与国民生计剧竞之大势,则于今兹战役之总原因,思过半矣"。他依然注重国家主义、进化原则,看到"德人政治组织之美,其国民品格能力训练发育之得宜,其学术进步之速,其制作改良之勤,其军队之整肃而忠勇,其交通机关之敏捷,其全国人之共为国家一器械而各不失其本能"④,甚至因此认为德国是当世国家之模范,从而预测其不会失败。而几年后,德国最终战败,这不能不对梁氏既有的观念产生冲击。

通过《欧洲战役史论》,我们能隐隐看到梁启超转变的征兆。梁氏视人种竞争、历史进化为颠扑不破的公理公例,因而常常站在矛盾各方的立场去分析其之所以如此的不得已的缘由。例如,中国"一战史"书写常将塞尔维亚视为被侵略国,认为它的参战是为了维护国家主权、领土完整,是具有民族解放因素的正义战争,⑤而奥匈帝国则是非正义的侵略者。梁启超在书中则揭示,奥国虽幅员广阔,但其国民由各种不同语言、宗教、习俗的民族拼合而成,国家基础薄弱,"故以大斯拉夫主义侵略奥匈,可以夺其民三分之二,即以大塞尔维亚主义侵略奥匈,亦可以夺其民十分之一。信如是也,何以为国?故民族主义之为物,与奥之国情最不相容"。同时,奥匈帝国必须占有波斯尼亚和黑塞哥维那,方可与意大利共有亚得里亚海出海口,欲更求发展于海上,则仍须扩张进取。因此战争原因"无论专归狱于何方,皆非笃论也"⑥。如果两造皆有所不得已,各方行动都有其合情理之处,那么这种惨烈的世界战争,又该归咎于谁?此种思路势必给他带来困惑,成为其思想转变的契机。

梁启超预测,这场大战对世界大势的改变"一曰政治思想必大变动,而国家主义或遂衰熄;二曰生计组织必大变动,而社会主义行将

---

① 梁启超撰,朱维铮导读:《清代学术概论》,第41、45页。
② 梁启超著,朱维铮校注:《中国近三百年学术史》,复旦大学出版社2016年版,第137、312页。
③ 梁启超:《新史学》,《梁启超史学论著四种》,第241、250—251页。
④ 梁启超:《欧洲战役史论》,第7—8、100页。
⑤ 萨那等编写:《第一次世界大战史》,人民出版社1979年版,第80页。
⑥ 梁启超:《欧洲战役史论》,第26、96页。

大昌也"①。1914年11月6日，正是《欧洲战役史论》的创作期间，他在北京基督教青年会的演讲中也称：

> 自文艺复兴以后，极端言国家主义，绞百姓血汗之金钱，以供杀人之用，竭才士之聪明智力，日日研究杀人之术，各各发达其本能，膨胀其势力，而冲突生焉。故往往不数十年，又有流血之祸。吾以为，今度欧洲战事结束之后，各国见所收之结束不过尔尔，甚或得不偿失，当必有幡然自悔其初心，极端国家主义之势焰纵不能全被摧残，亦必稍为敛抑。②

这是否可表明梁启超在研究一战起源时，对往昔奉为圭臬的民族国家主义、进化观念产生了某种反思？1919年梁氏游历欧洲，归来后发表《欧游心影录》，谈到一战原因时指出："就私人方面论，崇拜势力，崇拜黄金，成了天经地义；就国家方面论，军国主义、帝国主义变了最时髦的政治方针。这回全世界国际大战争，其起原实由于此。将来各国内阶级大战争，其起原也实由于此。"③ 梁氏从此开始批判社会达尔文主义。他对史学认识的转变更加鲜明，认定"史者何？记述人类社会赓续活动之体相，校其总成绩，求得其因果关系，以为现代一般人活动之资鉴者也"④，其中已不再强调进化和公理公例。其中的关联度，值得细思。

1922年12月，梁启超在为南京金陵大学第一中学做的演讲中，对历史现象中的进化论进行了专门讨论。他虽然仍认为历史是进化的，但却将其内容重新加以界定。第一，以前梁任公向来反对孟子的天下"一治一乱"之言，因为这与进化主义不相容。但现在，他不敢十分坚持了，而是声称："我们平心一看，几千年中国历史，是不是一治一乱的在那里循环？何止中国，全世界只怕也是如此。"⑤ 第二，对于多数人赞同的物质文明的进化，他表示须得仔细审查。一方面，要看这些物质对人类有何好处。在他看来，"现在点电灯、坐火船的人类所过的日子，比起从前点油灯、坐帆船的人类，实在看不出有什么特别舒服处来"。另一方面，要看这些物质文明是否得到了之后再不会失掉。他以未央宫、古罗马、维也纳、圣彼得堡等皇宫和城市的盛衰为例，意在说明物质文明根底脆薄，"霎时间电光石火一般发达，在历史上原值不了几文钱，所以拿这些作进化的证据，我用佛典上一句话批评他：'说为可怜愍者'"。他最终认定历史现象可以确认为进化的有两条：其一是"人类平等及人类一体的观念，的确一天比一天认得真切，而且事实上确也着着向上进行"；其二是"世界各部分人类心能所开拓出来的'文化共业'，永远不会失掉，所以我们积储的遗产，的确一天比一天扩大"⑥。在他看来，只有在这两点上观察，才可说历史是进化的。这里我们能明显看出他对进化史观的态度转变。政治治乱、物质文明层面的进化都被他基本否定了，而历史真正的进化在梁启超看来主要体现在文化活动中，这种看法基于他在一战后对东西方文明的反思，其关于一战的系列研究与思考，正是他认识并反省依托于民族国家主义的进化史观之开端。

可以说，梁启超对一战的研究和感悟，整体上也引发了他对"现代性"变革或现代化态度的转变。1920年初，梁启超结束赴欧考察回到国内，在其随即发表的《欧游心影录》中，他开始了对东西文明和现代化的反省，此

---

① 梁启超：《欧洲战役史论》，第106页。
② 梁启超：《欧战后思想变迁之演说》，《申报》1914年11月11日，第6版。
③ 梁启超：《欧游心影录节录》，《饮冰室专集之二十三》，第9页。
④ 梁启超：《中国历史研究法》，《梁启超史学论著四种》，第107页。
⑤ 《研究文化史的几个重要问题》（1922年12月），《梁任公学术讲演集》（第3辑），商务印书馆1923年版，第140页。本文的副标题是"对于旧著《中国历史研究法》之修补及修正"，故可视为反映梁启超史学思想的重要材料。它也是应《新闻报》总经理汪汉溪（1874—1924）所请，为纪念该报30周年所作的文章。
⑥ 《研究文化史的几个重要问题》（1922年12月），《梁任公学术讲演集》（第3辑），第142—143页。

文体现的文化观实际上奠定了五四后期"东方文化派"同人思想的基调。归来后梁氏思想的转变表现及意义，学界已有较多讨论。对其转变因缘，郑师渠先生的观点较具代表性，他指出梁启超的思想革命及文化自觉，归根结底，乃是他"体察了欧洲社会文化思潮的变动，并最终服膺反省现代性的思潮"之结果①，他认同艾恺（Guy Salvatore Alitto）将《欧游心影录》视作梁不断引介西方新思想的一个延长的看法，强调梁氏对西方反现代思潮的吸纳借鉴②。笔者也接受世界范围内反省西方文明的思潮对梁的影响的见解，但同时认为，梁启超对一战的长期研究和观察本身更为直接，尤其是他对大战后果的反省也不容忽视。这两者之间，实际上紧密联系在一起。

一战致使各国经济和财政破产，梁启超认为这算是一场"倾家荡产的大官司"，不仅战败国脂膏耗尽，就连战胜国也元气大亏。相较战前的人口繁滋、经济富足，战后的欧洲到处残垣断壁，一片衰景。物资紧缺催化了本已渐趋尖锐的阶级矛盾，以致社会革命暗潮汹涌，梁启超站在劳动阶级的立场上发问："你们说奖励国产、增进国富是目前第一要义，我还要问一句，国富增进了究竟于我有何好处？"他推测社会革命恐怕是"二十世纪史唯一的特色"，若不同阶级"短兵相接"，拼个你死我活，那么创造充裕产品的意义何在？其与人类自身幸福又有何益处？在伦敦看到人们节衣缩食，梁启超一面感叹他们为国家存亡起见，忍受饥寒，牺牲幸福，精神可敬；另一方面又认为经过此番之后，他们总该觉得平常舒服、方便惯了并不算好事："在物质的组织之下，全社会像个大机器，一个轮子出了毛病，全副机器停摆，那苦痛真说不尽。只怕从今以后，崇拜物质文明的观念，总有些变动罢"。在凡尔登战场，面对满地焦枯，弹坑遍布，硝精铁屑污染土壤，梁启超感叹道："唉！真不料最可宝贵的科学发明给这班野兽一般的人拿起来戕杀生灵、荒秽土地"，他甚至还想起了老子"圣人不死，大盗不止"之言，以为有至理存乎其中。在丛冢和铁丝网之间，梁氏充满忧虑地写道："现在所谓光华烂缦的文明，究竟将来作何结果，越想越令人不寒而栗哩。"③ 在他看来，物质文明价值应得到肯定，但物质生产进步并不意味着一定能带来人类的幸福。由此可见，他对战争破坏力的观察成为其随后反省单面发展物质文明后果的重要因素。

带来物质极大繁荣的近代科学之功能限度问题，也成为梁启超对一战的反省要素。随着近世自然科学昌明，宗教、哲学等人类精神领域逐渐被科学"攻占"，产生了一种纯物质、纯机械的人生观。自此，一切内部、外部生活，经常要被归结到物质运动的"必然法则"之下。于是人类的自由意志便被漠视，这即成为后来所谓"唯科学主义"④的内涵。在梁启超看来，此次大战，就是这种"科学万能之梦"带来的报应。他指出，科学的"必然法则"使道德的存在成为问题，全社会人心充满疑惧，不知所适，由此而往，必然造成以下局面：

> 那些什么乐利主义、强权主义越发得势。死后既没有天堂，只好尽这几十年尽地快活；善恶既没有责任，何妨尽我的手段来充满我个人欲望。然而享用的物质增加速率，总不能和欲望的腾升同一比例，而且没有法子令他均衡。怎么好呢？只有凭自己的力量自由竞争起来，质而言之，就是弱肉强食。近年来什么军阀、什么财阀，都是从这条路产生出来。⑤

梁氏将"自然科学"单面扩张导致的人类精神畸变、道德沦丧看作引发一战的深层原因，告诫人们不要迷信科学，须注重精神文

---

① 郑师渠：《欧战后梁启超的文化自觉》，《北京师范大学学报》（人文社会科学版）2006年第3期，第51页。
② 郑师渠：《梁启超与新文化运动》，《近代史研究》2005年第2期，第10页。
③ 梁启超：《欧游心影录节录》，《饮冰室专集之二十三》，第8、48、110页。
④ ［美］郭颖颐：《中国现代思想中的唯科学主义（1900—1950）》，雷颐译，江苏人民出版社1990年版，第3、15页。
⑤ 梁启超：《欧游心影录节录》，《饮冰室专集之二十三》，第12页。

明。因此，他后来对"科学万能论"的反复批判，实有反省一战所得的惨痛教训作为驱动力。

梁启超以人类幸福作为终极标准来审视物质文明和近代科学，充满了对人的主体性的重视。他对工业革命后世界战争惨痛后果的亲身体悟和第一次世界大战的深刻反省，成为其重新评判东西方文明的重要依据，也是其检讨以往孜孜追求的现代性的一个动因。如果说，20世纪初，梁任公倡导的史学革命、小说革命、新民思潮等本质上反映的都是他对以进化论为内核的现代性的崇仰，那么他对一战的观察、研究和感悟则动摇了其对民族国家在竞争中走向共荣、物质文明在科学滋养下造福人类的信心，构成其从追求"现代性"到反思"现代性"，重新评定文明价值、重构文明走向的一个转折点，见证了他对"现代性"认知转变的心路历程。

（原载《史学月刊》2020年第7期）

中国近代史研究范式与方法再检讨

崔志海[*]

摘　要：范式化是中国近代史研究中的一个鲜明特征。革命史范式、现代化范式、"冲击—回应"范式与"中国中心观"取向、"社会—国家"范式与市民社会理论等，一方面为研究近代中国历史提供了分析工具，从不同方面丰富和深化了中国近代史研究，并带来历史叙事的变革。另一方面，这些范式的产生都有其特定的时代背景和学术渊源，也各有其局限。对于这些范式，我们应以辩证唯物主义和历史唯物主义为指导，在批判吸收各研究范式所长的基础上，构建一个更具科学性、主体性、创新性和完整性的中国近代史学科体系、学术体系和话语体系，这是时代赋予当代中国学者的学术使命。

关键词：中国近代史　唯物史观　革命史范式　现代化范式　中国中心观

范式化是中国近代史研究中的一个鲜明特征。由于中国近代史研究中的范式不像自然科学那样缜密，以一种范式取代另一范式，而是呈现多种范式并存的局面。因此，对于是否可以将自然科学研究中的范式概念和范式转换理论引入社会科学和中国近代史研究领域，目前国内学界尚存不同意见。美国学者库恩（Thomas S. Kuhn）对范式所下定义是："它们的成就空前地吸引一批坚定的拥护者，使他们脱离科学活动的其他竞争模式。同时，这些成就又足以无限制地为重新组成的一批实践者留下有待解决的种种问题。凡是共有这两个特征的成就，我此后便称之为'范式'，这是一个与'常规科学'密切相关的术语。"[①] 根据这一定义，中国近代史研究无疑亦存在类似范式现象。中外学界所说的革命史范式、现代化范式、"冲击—回应"范式、"中国中心观"取向、"社会—国家"范式等，很大程度上符合库恩的范式定义。这些范式从不同视角考察近代中国历史，促进了中国近代史研究的不断更新和深化，并带来历史叙事的变革。但另一方面，这些范式又都有其局限性。围绕中国近代史研究范式问题，中外学界已做了大量讨论。既往讨论多数是站在一种范式的立场上批评另一种范式的缺陷。[②] 本文在以往学界讨论的基础上，结合笔者多年思考，就各种研究范式及其内在关系作一综合回顾和反思。

一　革命史范式

革命史范式是中国近代史研究中影响最大的一种研究范式，形成于20世纪三四十年代，以马克思主义学者李鼎声的《中国近代史》（1933年初版）、范文澜的《中国近代史》（1947年初版）和胡绳的《帝国主义与中国政治》（1948年初版）为代表，初步构建起中国近代革命史叙事体系。新中国成立之后，随着新民主主义革命的胜利，革命史范式进一步完善，形成"一条主线""两个过程""三次高潮""八大事件"的历史叙事体系。

---

[*] 崔志海，中国历史研究院近代史研究所研究员。
[①] 托马斯·库恩：《科学革命的结构》，金吾伦、胡新和译，北京大学出版社2003年版，第9页。
[②] 国内学界有关这个问题的讨论，详见左玉河《中国近代史研究的范式之争与超越之路》（《史学月刊》2014年第6期）一文，兹不赘述。

所谓"一条主线",即以阶级斗争为主线,强调阶级斗争是人类社会发展的动力。所谓"两个过程",也即毛泽东在《中国革命和中国共产党》中所说:"帝国主义和中国封建主义相结合,把中国变为半殖民地和殖民地的过程,也就是中国人民反抗帝国主义及其走狗的过程。"① 所谓"三次高潮",第一次为太平天国农民起义,第二次为戊戌变法和义和团反帝爱国运动,第三次为辛亥革命。所谓"八大事件",指的是两次鸦片战争、太平天国运动、洋务运动、中法战争、中日甲午战争、戊戌变法、义和团运动、辛亥革命。② 在新中国成立后的30年里,国内的中国近代史研究基本是在这一革命史范式下展开的。

革命史范式所构建的这一叙事体系,固然揭示了近代中国的社会性质和主要矛盾,为近代中国革命研究指明了方向,但就中国近代史学科体系来说,它本质上是一个政治史体系,不足以反映近代中国历史全貌。尽管在构建这一叙事体系过程中,无论是林增平的《中国近代史》(湖南人民出版社1958年第1版、1979年第2版),还是翦伯赞的《中国史纲要》第4册(人民出版社1964年第1版、1979年第2版)和郭沫若主编的《中国史稿》第4册(人民出版社1962年版),抑或十年"文革"之后出版的一些中国近代史教材,如中华书局1977年出版的《中国近代史》编写小组编《中国近代史》、③ 苑书义等编《中国近代史新编》、④ 吴雁南主编《中国近代史纲》⑤ 等,为避免中国近代史成为一部单纯的政治事件史,都在著作中添加一些有关经济史、社会史、文化史和思想史方面的内容,但受制于革命史范式,这些内容很大程度从属于反帝反封建的历史叙事,或为点缀,占很少篇幅,并不足以改变其重政治而轻其他的倾向。并且,站在革命立场上,这一叙事体系将中国近代的阶级斗争简单化,无论在史料的整理和出版方面,还是在具体的学术研究和教学领域,都偏重和突出中国人民的反帝反封建斗争,忽视对革命对象即国内统治阶级和帝国主义列强的研究,忽视制度史的研究,忽视阶级和民族矛盾之外的其他矛盾,忽视了历史的多面性。就政治史研究来说,也是不够全面的。此外,在中国近代历史分期问题上,这一叙事体系不是以社会形态作为划分依据,以1840—1949年历史作为中国近代史的研究对象,而是选择1919年作为中国近代史的下限,这也是不够科学的,不利于全面了解和把握中国近代历史发展的连续性和发展规律。

事实上,对于革命史叙事体系存在的不足和局限,主张革命史范式的李侃等一批学者进行了深入反思,在论及所著《中国近代史》时,他们直言不讳地写道:"以往包括本书在内的一些有关中国近代史的教材,在正确地强调反帝反封建斗争的同时,却对中国近代社会其他方面的情况反映不够,因此,也就不能很好地反映历史的多样性和社会生活的复杂性。比如,在强调政治斗争和军事斗争的时候,往往忽略了社会经济生活和思想文化的斗争;在强调帝国主义侵略和封建压迫的时候,往往忽略了诸如人口流动、自然灾荒、城镇乡村、风俗习惯等社会问题;在强调变革与革命以及人民群众巨大作用的时候,往往忽略了统治阶级和统治集团内部的矛盾和斗争,以及由此而引发的政局变化等。而这些社会问题,特别是经济和思想文化问题,都与近代中国的政治、军事斗争,与近代中国社会的变迁发展、新陈代

---

① 《毛泽东选集》第2卷,人民出版社1991年版,第632页。
② 这一叙事体系以胡绳的《从鸦片战争到五四运动》最具代表性,影响也最大。该著自1973年作者着手撰写,至1981年付梓出版,发行量多达数百万册;之后,该书多次再版。
③ 该教材最初为山东大学历史系、山东师范学院历史系、中央民族学院历史系、北京师范大学历史系编写的试用教材,出版后受到高等院校历史系的肯定,经过1979年、1982年、1993年三次修订,至2004年出版第4版时,已累计印行100余万册,是国内大学历史系较有影响的中国近代史教材之一。
④ 该著分上中下三册,由人民出版社于1981年、1986年、1988年依次出版;2007年修订再版。
⑤ 该著分上下两册,由福建人民出版社于1982年、1983年相继出版。

谢,息息相关。"①

20世纪80年代之后,在改革开放政策和实事求是思想路线的指引下,革命史范式有了重大修正和改进。革命史范式的第一个改进是,将中国近代史的下限由1919年的五四运动改为1949年中华人民共和国成立。尽管早在50年代就有学者主张将中国近代史的下限放在1949年,但这一历史分期最终在80年代之后才得以调整。这一修正不只是一个简单的历史分期的变动,它对推动中国近代史学科的发展具有两方面积极意义。一方面纠正了过去以阶级斗争为中心,以旧民主主义革命和新民主主义革命划分中国近、现代史的做法,代之以社会形态作为划分中国近代历史分期的依据,更为科学;另一方面消除了旧民主主义革命与新民主主义革命两者之间的人为割裂,保持了中国近代史学科的完整性,并由此推动了国内民国史、抗战史、新民主主义革命史与中国近代史的融合。②

革命史范式的第二个修正是对阶级和阶级分析的方法、观点作了反思,反对将马克思主义阶级分析方法简单化、公式化,明确表示"不应当把任何社会现象都用,或者只是用阶级根源来解释,不应当把任何社会矛盾都说成是敌对阶级之间,或这个阶级和那个阶级之间的矛盾"。"对于改良与革命,不能脱离具体的历史条件而作抽象的价值评估","在和旧势力的斗争中,改良主义是有积极的进步意义,而且在客观上有为革命作前驱的作用","把马克思主义阶级分析的观点简单化、公式化是我们所不取的"③。

革命史范式的第三个改进是在坚持反帝反封建历史主题的前提下,承认现代化、民族解放运动也是近代中国的历史主题,两者是并行不悖的,明确表示"中国近代的历史运动,归结起来是一个民族运动。整个民族运动的过程,也就是中国要求改变社会落后,实现近代化的过程"④;"从1840年鸦片战争以后,几代中国人为实现现代化做过些什么努力,经历过怎样的过程,遇到过什么艰难,有过什么分歧、什么争论,这些是中国近代史中的主要题目。以此为主题来叙述中国近代历史显然是很有意义的。"⑤

革命史范式所做的上述三点修正,适应时代和学术的发展,为这一范式注入了新的活力。2012年高等教育出版社出版的《中国近代史》一书,作为马克思主义理论研究和建设工程重点教材,⑥就对革命史范式的上述三个改进有所吸收。该书不但根据社会性质以1949年作为中国近代史的下限,并且部分吸收了现代化范式的观点或意见,将洋务运动作为"中国早期现代化的开端"列入第三章,做了充分论述。其在"导论"中明确表示:近代中国面临两大历史任务:一是求得民族独立和人民解放;二是实现国家繁荣富强和人民共同富裕。这两大任务不是相互独立、非此即彼的关系,而是紧密联系、不可分割的。如何解决这两大历史任务,成为考验中国近代各种社会力量、政治派别的试金石。再者,该书在坚持阶级分析方法的同时,摒弃了简单化、教条化倾向,对于中国近代史上的某些人与事,不再根据阶级划分或党派立场,作简单的肯定或否定,而是坚持实事求是原则,做到有褒有贬。最典型的是,即使在涉及国共两党的历史问题上,也不完全站在党派的立场上扬己抑彼,而能做到客观、公正。对于国民党军队在抗战中的作用,能够恰如其分地予以评价,指出:"抗战期间,中国国民党领导的军队在正

---

① 李侃等:《中国近代史》,中华书局2004年版,第4—5页。
② 有关20世纪80年代以来国内民国史、新民主主义革命史的研究,详见张静、李志毓、罗敏《当代中国民国政治史研究》(中国社会科学出版社2017年版)和王士花、周斌、黄道炫《当代中国革命史研究》(中国社会科学出版社2017年版)的介绍。
③ 胡绳:《〈从鸦片战争到五四运动〉再版序言》,《近代史研究》1996年第2期。
④ 刘大年:《中国近代历史运动的主题》,《近代史研究》1996年第6期。
⑤ 胡绳:《〈从鸦片战争到五四运动〉再版序言》,《近代史研究》1996年第2期。
⑥ 该教材由首席专家张海鹏、杨胜群、郑师渠主持编写,参加撰写和统稿工作的有来自国内各著名院校和科研机构的24位中国近代史领域的专家和学者,该教材作为国内大学的中国近代史教材,具有很强的权威性和代表性。

面战场发挥了主要作用,中国共产党领导的武装力量在敌后战场发挥了主要作用。"①

在中国近代史众多叙事体系中,革命史范式基于马克思主义对中国近代社会性质和社会基本矛盾的分析所构建的反帝反封建叙事体系,很大程度反映了近代中国历史与既往历史的区别,揭示了近代中国历史本质,迄今仍然是最具权威性和影响力的历史叙事体系。对此,即使是一些反对革命史范式的学者也不得不承认其合理性。如中国现代化史专家罗荣渠就表示:"中国近代史的研究被革命史化,这是可以理解的,因为历史研究的趋向性也是历史的现实运动的反映。近代中国被外国的侵略伤害得太厉害了,因此在一个特定的历史时期,'两个过程'或许是中国近代史研究的最佳视角。"② 但另一方面,由革命史范式主导构建的中国近代史,基本属于政治事件史的叙事体系,不足以反映中国近代历史的全貌。并且,这个叙事体系由于过于革命史化,难免将复杂的历史简单化或绝对化,在诸如有关中国近代革命与改良、激进与保守、主战与主和以及各阶级的革命性和局限性等问题上,导致一定的认识偏颇。因此,革命史范式一直以来也受到其他范式的质疑和挑战。

二 现代化范式

现代化范式的影响与革命史范式不相伯仲,也形成于20世纪三四十年代,以资产阶级学者陈恭禄的《中国近代史》(1935年初版)和蒋廷黻的《中国近代史》(1938年初版)为代表。其产生背景是要为当时的蒋介石南京国民政府寻找中国的发展道路。他们认为,1840年鸦片战争爆发之后中国历史的主题是近代化,即中国如何借鉴西方现代思想、技术和制度,走出"中世纪",实现由传统农业社会向现代社会和国家的转变。并且,他们接受西方资产阶级学者的"冲击—回应"模式,认为中国近代化的最大障碍是中国的各种"民族惰性"和落后的传统。因此,在看待晚清中国与列强关系上,他们强调帝国主义列强对中国冲击所产生的积极作用,将帝国主义列强与中国的关系看作进步与落后的关系,看作两种不同文化、不同制度、不同文明的冲突,因而对中国人民的反侵略斗争持消极或否定评价。对于近代中国内政,他们认为改良道路比较符合推进中国近代化和建立民族国家的目标,因此推崇改良、否定革命。③

新中国成立后,这一现代化叙事体系作为资产阶级唯心史学遭批判、被摒弃,在国内中国近代史研究中销声匿迹。表现在对中国近代史开端——鸦片战争史的研究上,国内学界对鸦片战争是中国近代化的起点这一历史定位刻意回避,讳莫如深。如鸦片战争史专家姚薇元在1942年出版的《鸦片战争史事考》中比较突出鸦片战争是中国近代化的开端,在"自序"的开头写道:"中英鸦片战争(1840—1842)是中国历史上一件划时代的大事。近人讲述中国近代史者大部从鸦片战争讲起;因为这次战争是中国开始'近代化'的第一声。自鸦片战争失败后,这个古老帝国如梦初醒地感觉到'天朝'的威望一落千丈,夷人的'不可理喻'和'船坚炮利'的可畏"。④ 但到1955年再版时,他就发生了转变,不再认为鸦片战争是中国近代化的开端,只强调鸦片战争是中国近代反帝、反封建的开端。他在"前言"的开头写道:"第一次鸦片战争是中国近代历史的开端。这次战争是以英国为首的西方资本主义国家向中国推行殖民扩张政策的必然结果。从此以后,中国被套上了一连串的不平等条约的锁链,开始由封建社会一步一步地变成了一个半殖民地、半封建的社会;中国

---

① 《中国近代史》,高等教育出版社2012年版,第6页。
② 罗荣渠:《现代化新论:世界与中国的现代化进程》,北京大学出版社1995年版,第238页。
③ 有关国内现代化范式的产生,可参见欧阳军喜《20世纪30年代两种中国近代史话语之比较》(《近代史研究》2002年第2期)及李怀印《重构近代中国——中国历史写作中的想象与真实》(岁有生、王传奇译,中华书局2013年版)一书中的相关论述。
④ 姚薇元:《鸦片战争史事考·自序》,文通书局1942年版。

人民也从此担负起反对资本主义侵略和封建主义压迫的双重任务,中国革命第一步的准备阶段也就从此开始。"① 从这一史观出发,国内学界对民国时期的一些鸦片战争史研究进行了严肃的学术批评,认为其突出的问题是无视中国人民的反抗斗争,"不是根本不提或轻轻地一笔带过,就是把人民的这种斗争看作是盲目'排外'的有害举动",只是"在写王朝的历史,不是写人民的历史","完全抹煞中国人民普遍自发的反侵略、反投降英勇斗争的伟大意义"。表现在晚清改革史研究上,有中国早期现代化开端之称的洋务运动被视作一场反动的运动;清末新政被视为"假维新,伪变法",遭到全盘否定。②

20 世纪 80 年代之后,同样受改革开放政策和实事求是思想路线的影响,现代化范式重回中国近代史研究,并形成两类既有联系又有区别的现代化范式。一派以国外研究中国近代史的学者及少数西化派的中国学者为代表,他们沿袭蒋廷黻的现代化叙事体系,并进一步系统化、具体化。这一派学者一方面根据西方现代化历史与理论,将中国传统与近代西方文明看作完全对立的两极,既忽视中国古代社会的多样性、复杂性和内在的活力,也忽视近代西方国家与社会的变异性和差异性,采取一种典型的"传统—近代"两分法的思维模式;凡是近代的和西方的都是进步的,凡是传统和非西方的都是落后的。③ 同时,他们还从现代化史观出发,将革命说成是近代中国历史的悲剧,以改良主义否定近代中国革命的必要性和合理性,认为"近代中国悲剧的原因之一是因为人们放弃了梁启超那种调适性的现代化取向,而采取了革命论的转化思想","中国革命几近一世纪,革命固有所得,但代价太高,尤其以革命换取贫穷最为不值","二十世纪的历史已证明,理想型政治大革命常使生灵涂炭,缓慢渐进但稳重的改革理论才符合时代需要"④;他们甚至以现代化否定中国近代反对西方国家侵略的必要性、合理性与正当性,以近代上海、香港等沿海通商口岸的历史为例,将殖民地化等同于现代化,认为"殖民化在世界范围内推动了现代化进程;如果没有近代西方殖民征服,人类尤其是东方各民族所有优秀的自然才能将永远得不到发展"⑤。这一派学者的研究将现代化范式与革命史范式完全对立起来,全盘接受西方学者的观点和理论,姑且可称之为"西化派"。

另一派学者对"西化派"现代化范式有所纠正,认为传统与现代并非对立的两极,"传统因素既是中国现代化的前提和基础,也是中国现代化的国情所在,对此既不可简单地视为对立物而予以全部抛弃,也不可笼统地称之为优越性而给予全面弘扬,而是应持批判继承的态度";他们也不排斥革命,表示"反帝反封建的改革和革命应该包含在现代化进程之中","反帝、反封建的改革和革命既是现代化的一个组成部分和一种重要动力,也为现代化建设解决制度、道路问题,并扫除障碍"。这派学者还强调现代化范式符合马克思有关资本主义社会的论述,"在研究中国现代化的历程时,既要采用现代化理论的基本原理,也要以马克思的现代化思想,特别是关于资本主义扩散、殖民主义与落后国家的资本主义现代化的关系、社会形态发展过程与现代化进程相结合的思想为指导"⑥。这一派主要是国内一些研究中国现代化史的学者,姑且称之为现代化范式的"修正派"或"本土派"。

---

① 姚薇元:《鸦片战争史实考·前言》,新知识出版社 1955 年版。
② 详见葛夫平《新中国成立以来的鸦片战争史研究》,《史林》2016 年第 5 期。有关这一时期国内学界对晚清改革史的研究,详见崔志海等《当代中国晚清政治史研究(1949—2019)》(中国社会科学出版社 2019 年版)的相关介绍。
③ 有关国外学者的这一学术派别,详见柯文《在中国发现历史——中国中心观在美国的兴起》(林同奇译,中华书局 2002 年版)一书中的相关介绍和讨论。
④ 黄克武:《一个被放弃的选择:梁启超调适思想之研究》,"中研院"《近代史研究所专刊》第 70 期,1994 年,第 11—13、196 页。
⑤ 冯林主编:《重新认识百年中国——近代史热点问题研究与争鸣》上册,改革出版社 1998 年版,第 4 页。
⑥ 虞和平主编:《中国现代化历程》第 1 卷,江苏人民出版社 2001 年版,第 16—18、22 页。

相对于传统的革命史范式,现代化范式重视生产力和经济发展、民主政治进程、社会进步、国际性整合等主题,确乎为我们认识近代中国历史提供了一个新的视角,在某些方面可补革命史范式之不足。但现代化范式存在的局限也是显而易见的。姑且不论"西化派"的现代化范式因其严重的意识形态色彩已被国内学者所摒弃,即使"修正派"或"本土派"所构建的现代化叙事体系也同样存在严重问题,不足以反映和揭示中国近代真实历史进程。一则"修正派"或"本土派"构建的现代化叙事体系并没有摆脱这一范式固有的"西方中心论"思想,尽管他们口头上表示传统与现代并非对立两极,中国自有其国情,但在实际叙事过程中依然完全以西方现代化模式和标准作为坐标系,与"西化派"并无两样,即认为"中国历史中只有那些符合西方现代化定义的发展轨迹才值得研究"[①]。就此来说,现代化范式与革命史范式都有后现代主义史学所批评的"线性"历史观的毛病,都带有目的论倾向。

二则"修正派"或"本土派"主张"把以阶级斗争作为社会变革的根本动力转变为以生产力的发展作为社会变革的根本动力"[②],这一观点并不完全符合唯物史观。生产力确乎是人类社会发展的根本动力,决定着一定社会的经济基础和上层建筑,这是马克思对人类社会进行长时段考察之后得出的科学结论,用以揭示人类社会形态的转变。但同时马克思和恩格斯在《共产党宣言》中明确表示"至今一切社会的历史都是阶级斗争的历史"[③],并在后来的著作中多次指出"我们一贯强调阶级斗争,认为它是历史的直接动力"[④];"自从原始公社解体以来,组成为每个社会的各阶级之间的斗争,总是历史发展的伟大动力。这种斗争只有在阶级本身消失之后,即社会主义取得胜利之后才会消失。"[⑤] 并且如所周知,在人类社会发展过程中,生产力和经济的发展往往是一个缓慢过程,有一个从量变到质变的过程,如果我们的历史研究和叙事不问具体历史发展阶段,都以生产力和经济发展为中心,只能是刻舟求剑,无法求得历史真相。诚如笔者在以前发表的一篇文章中所说:工业化自然是中国现代化的一条重要主线,但由于历史的原因,中国近代民族资本始终低度发展,工业化始终有待非经济因素问题的解决来为自身的发展开辟道路,什么时候民族问题、政治和思想文化等非经济因素得到解决,什么时候工业化就得到相应的发展。[⑥] 因此,在研究近代中国历史过程中,我们不能只讲生产力这一根本动力的作用,而不讲阶级斗争这一直接动力的作用,两者是不相排斥的。不顾中国近代历史实际情况,只讲生产力是社会变革的根本动力,依样画葫芦的以工业化为核心的现代化叙事是无法揭示和反映中国近代丰富历史内容的。

再者,虽然"修正派"或"本土派"口头表示现代化叙事并不排斥革命,也不排斥阶级分析方法,但在实际叙事过程中,中国近代反帝反封建革命还是被遗忘、被淡化了,诚如张海鹏所批评的:"近代中国的地主阶级和农民阶级不见了,资产阶级和无产阶级不见了,皇帝和官僚不见了,打倒列强不见了,革命也告别了,让慈禧太后去搞她的现代化,让慈禧太后、李鸿章去走向共和,什么旧民主主义革命、新民主主义革命,都可以变得子虚乌有了。"[⑦] 对于"修正派"和"本土派"在现代化历史叙事中存在的这种"言而不实"的现象,倾向现代化范式的美籍华人学者李怀印也直认不讳,并将之作为优点加以肯定。他在学

---

① 柯文:《在中国发现历史——中国中心观在美国的兴起》,第 233 页。
② 罗荣渠:《现代化新论续编:东亚与中国的现代化进程》,第 102 页。
③ 《马克思恩格斯选集》第 1 卷,人民出版社 2012 年版,第 400 页。
④ 《马克思恩格斯选集》第 3 卷,人民出版社 2012 年版,第 739 页。
⑤ 《马克思恩格斯文集》第 4 卷,人民出版社 2009 年版,第 505 页。
⑥ 崔志海:《关于中国近代史主题和线索问题的再思考》,《学术研究》1992 年第 5 期。
⑦ 张海鹏:《近年来中国近代史若干问题的讨论》,《思想理论教育导刊》2008 年第 6 期。

术史回顾中以 20 世纪 90 年代国内三部现代化史代表作——章开沅和罗福惠主编的《比较中的审视：中国早期现代化研究》（浙江人民出版社 1993 年版）、许纪霖和陈达凯主编的《中国现代化史》第 1 卷（上海三联书店 1995 年版）及胡福明主编的《中国现代化的历史进程》（安徽人民出版社 1994 年版）为例，指出这些著作"都没有重复主导革命叙事的马克思主义表达。这些书的作者，要么忽视或淡化共产党革命在中国现代化中的作用，要么将其重新诠释为一种民族主义"①。事实上，不只上述 3 部著作，后来出版的现代化史著作不同程度都存在此类问题，这是由现代化研究范式的内在局限所决定的。

有鉴于现代化范式实际存在的这些问题，我们在中国近代史研究中显然不能以现代化范式取代革命史范式。围绕革命史范式与现代化范式何者更为科学的问题，目前国内学界愈来愈主张超越两个范式之争，突出革命和现代化都是近代中国历史主题，两者是不相排斥的。革命是中国走向现代化的一个路径、一个前提。只有通过革命，推翻帝国主义和封建主义的统治和压迫，中国的现代化才有实现之可能。而只有推进现代化，才能为中国革命提供牢固的物质基础和阶级基础。但在如何实现超越上，并没有在实践中很好加以解决和落实。并且，由于这两个范式各有其固有或共通的缺陷，在中国近代史研究中并不能解决所有问题，它们预设的目的论倾向不但将许多历史排除在研究之外，并且在历史认识和历史评价方面表现出以各自的后见之明看待过去的历史，存在偏离马克思主义的历史主义之虞。因此，仍然需要运用其他理论和研究方法加以补充和完善。

三 "冲击—回应"范式与"中国中心观"取向

"冲击—回应"范式与"中国中心观"取向是中国近代史研究中的两种对立范式。其中，"冲击—回应"范式盛行于 20 世纪五六十年代的美国学界，以费正清为代表。其背景是要为冷战初期的美国和西方资本主义国家处理中西关系提供历史和理论依据。这一派学者强调外部因素对近代中国产生的正面影响，认为中国的进步都"是一个更加强大的外来社会的入侵所推动的"，直至 19 世纪中叶遭受西方列强冲击之前，中国社会基本处于停滞状态，并缺乏内在自我革新和发展的动力和活力，只有在遭遇西方的冲击之后，中国方面才产生回应，出现一些重大变革和进步，开始由传统社会向现代社会迈进，因此，近代中国历史"只有放在与西方接触的背景中才能加以理解"②。并且，这一派学者还认为，中国的回应迟缓，没有成功走上西方近代化道路，主要原因在于"传统格局的惰性和顽固，以及物质和精神上的封闭自足，这一切都使得中国面对西方挑战时反应迟钝、举步维艰"③。可以说，"冲击—回应"范式构建的近代中国历史叙事体系与"西化派"现代化范式在许多方面有着共通之处，是现代化范式的另一种表述——将中国的现代化过程看作对西方冲击进行回应的过程。

"冲击—回应"范式构建的历史叙事，强调外部冲击对近代中国的影响，应该说有一定的历史根据。近代中国历史与既往中国历史的不同之处，就在于被强行卷入国际资本主义体系之中，与世界发生密切关系。就此来说，它

---

① 李怀印：《重构近代中国——中国历史写作中的想象与真实》，第 232 页。
② Ssu-yu Teng and John K. Fairbank, *China's Response to the West: A Documentary Survey, 1839–1923*, New York: Atheneum, 1970, pp. 1–3. 有关美国这一研究范式的相关论著和代表作，详见汪熙《研究中国近代史的取向问题——外因、内因或内外结合》（《历史研究》1993 年第 5 期）、仇华飞《从"冲击—回应"到"中国中心观"看美国汉学研究模式的嬗变》（《上海师范大学学报》2000 年第 1 期）以及柯文《在中国发现历史——中国中心观在美国的兴起》等论著的相关介绍和论述，兹不赘述。
③ 费正清、赖肖尔：《中国：传统与变迁》，张沛等译，世界知识出版社 2002 年版，第 294 页。

与革命史范式中有关帝国主义和中华民族的矛盾是近代中国社会一个基本矛盾的论述有一致之处，但"冲击—回应"范式否认帝国主义侵略给近代中国带来的破坏和灾难，将列强的冲击看作近代中国进步的动力，为帝国主义侵略辩护，这是完全错误的，也是不符合历史事实的，一些学者批评这是一种殖民主义研究范式，是有一定道理的。同样，"冲击—回应"范式强调中国传统和内部惰性力量在中国现代化中的阻碍作用，也不能说毫无根据，它与革命史范式中有关人民大众与封建主义矛盾的论述也有一致之处。但"冲击—回应"范式由此完全无视中国传统和内部的活力，将中国的落后完全归咎于内部的各种惰性和破坏力量，为帝国主义的侵略和破坏开脱责任，表示"中国的变革力量十分薄弱，这与其说是西方帝国主义造成的原因，还不如说是中国强大的社会秩序、政权和文化本身所造成的。正是中国文明的凝聚力和结构的稳定性从根本上阻碍了中国对西方的威胁尽快做出回应"[1]。同时否定中国革命的合理性、必要性和进步性，将英美等列强在中国获得的治外法权看作"是我们今天称之为人权的具体表现"[2]。这显然不是一种科学的历史主义态度，表现出来的是意识形态的立场问题。

可以说，在美国和西方学界，"冲击—回应"范式存在的问题在许多方面与"西化派"现代化范式如出一辙，都是一种典型的"西方中心论"思想。它们虽然是一种学术研究，但背后都具有意识形态成分，即在冷战期间为美国为首的西方资本主义国家对亚洲国家进行政治、军事、经济干涉提供历史依据，将近代西方社会当作各国楷模，希望像中国这样的非西方国家完全按照西方国家的经验和标准实现"现代化"，完成由"传统"到"现代"的转变，迫使所有非西方不发达国家都接受西方的社会制度，"被用以对付马克思列宁主义对'落后'和'未发达'现象的解释"[3]。这是我们在使用这一研究范式时需要特别加以警惕的。

除了意识形态色彩之外，"冲击—回应"范式在中国近代史研究中还存在美国学者柯文所说的其他一些局限：诸如由于其只强调外部冲击对近代中国的影响，因此研究重心聚焦于通商口岸等最受西方影响的沿海地带，而忽视了未受西方冲击影响的中国广大腹心地带；在讨论西方的冲击时，他们误将西方当作一个静态的整体；在讨论中国的回应时，又误将许多针对中国内部的回应当作对西方的回应，并忽视中国在回应过程中所做的自主性选择；等等。总之，"冲击—回应"范式对中国近代史的理解是不全面的，他们在暴露中国近代历史真实一面的同时遮蔽了历史的另一面。

"中国中心观"研究取向是柯文对20世纪70年代之后美国学界中国近代史研究出现的一种新的趋势所做的概括。[4] 其产生背景是，受美国发动越战失败的影响，一些美国和西方学者开始重新反思中西关系和历史。这一派学者批评"冲击—回应"范式、现代化范式和"帝国主义论"存在严重的"西方中心论"思想，不足以揭示近代中国真实历史，夸大了西方在中国近代历史进程中的作用，"堵塞了从中国内部来探讨中国近代社会变化的途径，把中国近代史研究引入狭窄的死胡同"。他们强调中国社会内部存在强大变革力量，提倡从中国内部发现历史，超越传统与现代，加强区域史、地方史和下层社会史的研究，不仅把近代中国历史"视为外部势力的产物，而且也应视之为帝制时代最后数百年出现的内部演变的产物"。为克服西方学者以"他者"或"局外人"的眼光看待近代中国历史，这一派学者还建议采取"移情方法"，"从置于中国史境（Chinese context）中的中国问题着手研究"，以"局中人"身份了解"中国人自己是怎样理解、感受他们最近的一段历

---

[1] 费正清、赖肖尔：《中国：传统与变迁》，第446页。
[2] 费正清：《观察中国》，傅光明译，世界知识出版社2002年版，第2—3页。
[3] 柯文：《在中国发现历史——中国中心观在美国的兴起》，第55页。
[4] 有关这一研究范式的相关学者和研究成果，参见柯文《在中国发现历史——中国中心观在美国的兴起》和陈君静《太平洋彼岸的回声：美国中国史研究历史考察》（中国社会科学出版社2003年版）第五章的相关介绍，兹不赘述。

史的"，"希望摆脱欧洲或西方中心先入为主的假设来审视中国的过去"①。

"中国中心观"研究取向作为"冲击—回应"范式之否定，提倡从中国内部因素和"局中人"的角色考察近代中国历史，应该说具有一定的纠偏意义，为观察和研究近代中国历史提供了一个新的视角，开拓了一些新的研究领域。但"中国中心观"取向显然矫枉过正，忽视西方冲击对近代中国的影响，夸大了中国内部因素的活力和影响力，夸大了中国历史的独特性，从一个极端走向另一极端，同样不足以解释中国近代历史。事实上，柯文本人在大力提倡"中国中心观"的同时也意识到这一研究取向的偏颇和局限。他在其出版的《在中国发现历史——中国中心观在美国的兴起》的"序言"中就声明："我的主张并不是认为西方的实际历史作用不重要，而是认为和其他因素相比，这种作用被夸大了，而且往往被错误地加以陈述。"其后，柯文在 1996 年发表的《〈在中国发现历史〉新序》和 2003 年发表的《变动中的中国历史研究视角》两文中对其主张的"中国中心观"也多有修正，承认"中国中心观"研究取向存在一些学者所批评的"导致新的扭曲"及"丧失全国性视野的危险"；承认有关近代中外比较研究、近代华人海外移民研究等，都是"中国中心观"取向不能适用的；承认近代中国历史是内部和外部因素相互交织、相互作用的产物；承认"局外人"对近代中国历史的解释虽然存在曲解历史的负面效果，但同时"还起了阐明和启发的作用"②。因此，在研究近代中国历史中，我们不能盲目套用"中国中心观"研究取向，将之绝对化，只重视中国内部因素，而忽视外部因素。就中国近代史研究来说，"冲击—回应"范式和"中国中心观"取向各有其可取和偏颇之处，不是非此即彼，而是一种相互补充的关系。③

再者，需要特别指出的是，"中国中心观"的取向也没有从根本上破除西方学者根深蒂固的"西方中心论"偏向。柯文提出的"移情方法"，固然一定程度可以让一些西方学者从"局外人"转变为"局中人"研究中国历史。但如所周知，无论局中人还是局外人，中外学者都需要以某种理论或方法指导自己的历史研究，并且将各种社会科学理论运用到中国近代史研究之中，这也是柯文所说"中国中心观"的一个特点。虽然柯文严厉批评西方学者运用近代化理论阐述近代中国历史犯了严重的"西方中心论"的毛病，但他忽视了将西方人类学、政治学等社会科学理论和方法运用到中国近代史研究，如不谨慎也会犯同样的错误。在下文西方学者关于中国近代"市民社会"和"公共领域"的讨论中，我们可清楚地看到柯文"希望摆脱欧洲或西方中心先入为主的假设来审视中国的过去"的愿望是如何落空的。

要之，"冲击—回应"与"中国中心观"作为两种对立的范式，实则是统一的关系。前者突出外部因素的影响及近代中国历史的断裂和非连续性，后者强调中国内部因素的作用以及中国历史的独特性和连续性，它们都揭示了中国近代历史真实的一面。因此，任何将这两种研究范式对立起来的做法，或者以一种范式取代另一种范式，都是不可取的。"中国中心观"的主张固然在某些方面可纠正"冲击—回应"范式的"西方中心论"偏向，但要真正破除"西方中心论"偏向，关键还是要遵

---

① 柯文：《在中国发现历史——中国中心观在美国的兴起》，第 41—59、170—211、247 页。柯文认为"中国中心观"具有以下四个特征：第一，"从中国而不是从西方着手研究中国历史，并尽量采取内部的（即中国的）而不是外部的（即西方的）准绳来决定中国历史中哪些现象具有历史重要性"；第二，"把中国按'横向'分解为区域、省、州、县与城市，以展开区域性与地方历史的研究"；第三，"把中国社会再按'纵向'分解为若干不同阶层，推动较下层社会历史（包括民间与非民间历史）的撰写"；第四，"热情欢迎历史学以外诸学科（主要是社会科学，但也不限于此）中已形成的各种理论、方法与技巧，并力求把它们和历史分析结合起来"（见该译著第 201 页）。

② 柯文：《在中国发现历史——中国中心观在美国的兴起》，第 227—276 页。

③ 按：本人在《评海外三部梁启超思想研究专著》（《近代史研究》1999 年第 3 期）一文中，曾对美籍华人学者张灏采用"中国中心观"研究取向多加肯定，这是相对于列文森的梁启超思想研究个案而言，因此，与本文的观点并不矛盾。

循唯物史观的基本原理，而非"中国中心观"取向所能解决。

四 "社会—国家"范式与市民社会理论

"社会—国家"范式作为"中国中心观"取向的一个具体化，运用西方"市民社会""公共领域"理论，从社会与国家互动角度，探视中国近代社会的发展与演变，无疑为中国近代史研究提供了一个新的分析框架，"使得各种选题分散的基层社会研究具有了相对统一的理论指向和更为深刻的问题意识及更加广阔、宏观的研究视野"，不失为"中国的社会史研究走向整体史所迈出的重要一步"[①]。运用这一范式，中外学者在中国近代史研究中开辟了许多新的领域，诸如近代士绅与地方精英，城市乡村与区域，商会与近代自治社团，民国自由职业群体，城市公园、茶馆、报馆，医疗、卫生与环境，慈善组织与赈灾，婚姻、家庭与宗族，民间宗教与信仰，等等。[②] 近年来学术界在社会史研究领域所取得的重大进展，应该说与这一范式的引导不无关系。[③] 但如同任何一种范式运用到历史研究都有其局限性一样，"社会—国家"范式也不例外。

作为对"冲击—回应"和现代化范式的一种反动，"社会—国家"范式有意避免"西方中心论"的偏颇，但其采取的"中国中心观"取向又使其研究过于偏向内部视角而忽视外部因素与影响。"社会—国家"范式对中国近代不同社会力量之间的关系及与国家之间的互动所做的考察和研究，揭示了中国社会内部的活力、多样性和独特性，以及中国内部历史的连续性，体现了"中国中心观"取向的优点。但中国近代社会各领域的演变及与国家之间的互动，无不深受外部的冲击和影响，仅从中国内部探讨中国近代社会与国家的演变历程及独特性是有其局限的。正是基于这种考虑，有学者建议须将"内部视角"与"外部视角"加以结合。[④]

其次，"社会—国家"范式一方面克服了"冲击—回应"和现代化范式中"西方"与"东方""传统"与"现代"的二元对立，但另一方面又不同程度地表现出将"社会"与"国家"二元对立的倾向。虽然国内学者在研究中对此多有纠正，指出近代中国的经验与西方国家不同，社会与国家之间并非像西方国家那样对立和冲突，多数时候是一种温和互动的关系，但还是没有摆脱这一范式所固有的"社会"与"国家"二元对立倾向，并以另一种方式表现出来。例如，在国家与社会关系的研究中，一般都比较突出社会力量的正面作用和意义，对社会力量谋取独立性、自主权的活动一般都予以积极评价，而对国家加强社会控制的行为一般多持负面态度，在"社会"与"国家"之间存在明显价值取向。与此相关，"社会—国家"范式亦更加偏向于社会史研究，而比较忽视政治史研究，没有将社会史研究与政治史研究很好地加以结合。[⑤] 一些社会

---

① 赵世瑜、邓庆平：《二十世纪中国社会史研究的回顾与思考》，《历史研究》2001年第6期。
② 有关这一研究范式的相关学者和研究成果，可参见陈君静《太平洋彼岸的回声：美国中国史研究历史考察》第六章和黄宗智编《中国研究的范式问题讨论》（社会科学文献出版社2003年版）及闵杰《近代中国市民社会研究10年回顾》（《史林》2005年第1期）、朱英《近代中国的"社会与国家"：研究回顾与思考》（《江苏社会科学》2006年第4期）等论著的介绍。
③ 据相关学者的统计，国内的中国近代社会史研究自20世纪80年代以来呈快速发展之势，年均发表的论著不断递增，至2013年年均发表论文数量超500篇，著作近百部，总计过去30年里发表的论文数量达5000余篇，著作近千部。详见李长莉等《当代中国近代社会史研究》，中国社会科学出版社2017年版，第82—113页。
④ 邓京力：《"国家与社会"分析框架在中国史领域的应用》，《史学月刊》2004年第12期。
⑤ 对于社会史研究中忽视政治史的偏向，社会史研究专家赵世瑜就有强烈的自省，将之看作社会史研究中的问题之一，指出："与传统史学同社会史的关系直接相关的是，政治史与社会史的关系也必须加以重视。当社会史作为范式意义上的政治史的对立物出现的时候，'政治'便似乎从社会史研究中排除出去了，尽管少数社会史研究者在他们的研究中非常重视国家制度、权力关系，甚至是政策和政治性事件，但人们往往对此并不加注意，似乎认为社会史研究是不'讲政治'的，其认识基础在于他们把社会史研究视为历史学分支学科，强调与其他分支学科的分工，怀疑方法论意义上的社会史研究进行整体研究的可能性。"（详见《社会史研究向何处去》，《河北学刊》2005年第1期）

史学者对这一偏向甚至明确表示肯定和欢迎，认为"30年间中国近代社会史不仅论著数量增多，由研究论文的选题所反映的关注重心也发生了转移，总体趋势是由政治话语延伸论题转向社会论题，标志着研究重心由政治附属向社会本位的回归"①。社会史学界表现出来的这种"社会"与"国家"、政治史与社会史二元对立的学术思想，其实不利于说清中国近代社会与国家权力的演变及其特点。如所周知，国家与社会是对立统一的关系，社会是国家产生的温床，反之国家又是控制社会的机器。因此，政治史与社会史研究也是有机统一的关系，不是互相排斥的。我们研究中国近代国家权力的演变，研究晚清以来的国家制度、政策，研究统治阶级的意识形态和一些重要的政治派别，研究一些重大的政治事件，这些固然属于政治史研究范畴，但同时也离不开社会史视野，所谓的制度、政策、政治派别、政治事件等，说到底是一定经济社会发展的产物，有其社会因素和背景。同样，我们研究诸如仪式、习俗、婚姻家庭、人口等社会史问题，其实也需要政治史视野。许多社会问题，都或多或少受国家的法律制度、政策和意识形态及一些重大历史事件的影响或制约；而历史上的许多仪式若加深究，它们只不过是政治的符号化。②

再者，"社会—国家"范式引入西方政治学"市民社会""公共领域"理论，更是限制了这一研究范式所具有的学术价值，走入偏锋。"市民社会"和"公共领域"是基于近代西方历史经验而抽象出来的概念。"市民社会"是16世纪以来随着市场扩张和个性解放欧洲国家所出现的与国家相对或者说独立于国家之外的社会综合体。所谓"公共领域"，它与"市民社会"息息相关，指的是市民社会为对抗武断的、压迫性的国家权力，维护公共利益，进行交流、讨论、不受官方干预的公共沟通场所，诸如俱乐部、沙龙、通讯、出版、新闻、杂志等非官方机构，"使得公众能够对国家活动实施民主控制"③。将这些基于西方历史经验的"市民社会"和"公共领域"运用到对近代中国历史的分析上，不但将近代中国的广大农村社会排除在研究视野之外，还势必以西方历史模式作为认知和评价中国历史的依据，重蹈西方中心主义的覆辙，不是削足适履，便是郢书燕说。譬如，当一些学者将晚清城市中出现的一些同业组织、茶馆、清议之风等比作哈贝马斯所说的"市民社会"和"公共领域"的时候，他们显然忽视了两者之间的本质区别，忽视了近代中国所出现的公共领域同强调维护和尊重私域的西方"市民社会"和"公共领域"之间存在的根本差异。对此，美国历史学家魏斐德就曾批评说："我发现了将哈贝马斯的概念应用于中国之尝试的不恰当性，因为尽管自1900年以来公共空间一直在不断扩大，但这仍不足以使人们毫不踌躇地肯定对抗国家的公民权利。相反，国家的强制权力也在持续地扩大，而绝大多数中国公民看来主要是按照义务和依附而非权利和责任来理解社会存在的。"④

许多中美学者都认识到该理论运用于近代中国历史的不适，有意纠正，如有学者提出以更为中性的"第三领域"取而代之；⑤另有学者建议慎用"市民社会"和"公共领域"概

---

① 李长莉等：《当代中国近代社会史研究》，第117页。
② 有关国家与社会、政治史与社会史的有机统一关系，可参见拙文《市民社会理论与晚清史研究》（《中国社会科学院院报》2004年12月2日，第3版）、《晚清国家与社会研究再思考》（《中国社会科学院院报》2006年12月14日，"学术专刊"）的相关论述。
③ 详见汪晖、陈燕谷主编《文化与公共性》，生活·读书·新知三联书店1998年版，第126页。
④ 魏斐德：《市民社会和公共领域问题的论争——西方人对当代中国政治文化的思考》，黄宗智编：《中国研究的范式问题讨论》，第165页。另，国内学界对"市民社会"理论可否用于中国近代社会研究，从一开始就存在肯定与否定两种不同意见。详见闵杰《近代中国市民社会研究10年回顾》，《史林》2005年第1期。
⑤ 黄宗智：《中国的"公共领域"与"市民社会"？——国家与社会间的第三领域》，黄宗智编：《中国研究的范式问题讨论》，第260—282页。

念，只讲"社会与国家"①。尽管学界有这种自觉，但还是难以完全消除其影响的痕迹。中外学者在研究中所表现出来的"社会"与"国家"的二元对立，追根究底，与"市民社会"和"公共领域"理论有着直接关系。根据西方政治学理论，资产阶级的"市民社会"和"公共领域"作为君主专制和国家体制的对立物产生和存在，一直被赋予正面意义，被视为维护民主和宪政的进步力量。正如有学者所说，市民社会"被认为不仅仅是一种可以用来对抗或抵御暴政、集权式统治的必要的手段，还是一种应被视为当然的目的"②。需加注意的是，在推进国家和社会治理现代化过程中，当代中国和世界范围内不同程度出现政府与社会之间的紧张关系，若加细究，实与"社会""国家"二元对立的历史观不无关系。其实，在看待国家与社会两者之间的关系上，我们既要破除国家和政府的神话，同时也需要破除"市民社会"的神话，期待秉持一种理性的辩证统一的观点和态度。

最后需要指出的是，"社会—国家"作为一种理论分析框架，对中国近代史研究依然具有一定指导意义，尤其是在社会史研究领域，但随着该领域许多优秀研究成果的相继推出，其对中国近代史研究的推动作用则有递减之势。一些研究中国近代社会与国家关系的论著只是通过自己的研究，重复着前人的相关观点，缺少了"社会—国家"范式最初的学术创新性；还有一些社会史研究流于一般的描述，缺少理论分析和宏观观照，趋于碎片化。就像中国近代史研究中任何一种范式都有其适用范围一样，在经过30余年的研究之后，"社会—国家"范式的研究渐臻成熟，中国近代社会史和中国近代史的研究期待新的范式为其注入新的活力。为进一步推进中国近代社会史的研究，国内有些学者提出"新社会史"研究，主张引入美国社会学家默顿（Robert K. Merton）的"中层理论"（middle-range theory）；③也有学者呼吁加强区域社会的"整体史"研究，加强"小历史"研究，以"小历史"研究托起"大历史"研究，并为此身体力行。④这些研究方法和理论固然可在某些领域深化社会史的研究，但都尚不足以形成一种新的范式指导国内学界的中国近代史研究，难以构建起一个完整的中国近代史学术体系。

要而言之，"社会—国家"范式作为"中国中心观"取向的具体化，一定程度克服或避免了既往研究范式中"传统"与"现代""中"与"西"、革命与改良等二元对立的困扰，加强了对下层社会和区域史的研究，开拓了一些新的研究领域，特别是对推进社会史研究起到积极的作用。但同时，这一范式不同程度存在"社会"与"国家"的二元对立，重社会、轻国家，或在注重微观研究的同时忽视对一些宏观问题的关怀，忽视外部因素与中国近代社会和国家变动之间的关系，其引入的西方"市民社会"理论不但不适合中国近代历史研究，且有重陷"西方中心论"窠臼的倾向。因此，"社会—国家"作为一种研究范式，同样存在局限或不足。

结　语

综上所述，每一种范式或理论的推出都有其特定的时代背景和学术渊源，都为研究近代中国历史提供了一种新的分析工具和新的视角，都从不同方面丰富和深化了中国近代史研究，并带来历史叙事的变革。但不容忽视的是，作为一种分析工具，这些范式和理论都有一定的适用范围和生命周期，都有其局限，都在揭示中国近代历史真实一面的同时，不同程度遮蔽了历史的另一面，以一种形而上学代替

---

① 朱英：《近代中国的"社会与国家"：研究回顾与思考》，《江苏社会科学》2006年第4期。
② 邓正来、J. C. 亚历山大编：《国家与市民社会》，中央编译出版社1999年版，第4页。
③ 详见杨念群《中层理论与新社会史观的兴起》（《开放时代》2002年第2期）、《"中层理论"应用之再检视：一个基于跨学科演变的分析》（《社会学研究》2012年第6期）及《中层理论：东西方思想会通下的中国史研究》（江西教育出版社2001年版）等论著。
④ 详见赵世瑜《小历史与大历史——区域社会史的理念、方法与实践》，生活·读书·新知三联书店2006年版。

另一种形而上学。因此，对于中国近代史研究中的各种范式和理论，我们既要肯定和尊重其学术价值和贡献，同时又不能不顾中国近代历史的实际情况，盲目套用，人云亦云，丧失研究主体性，而应以唯物史观为指导，批判地加以吸收，构建一个更具客观性、完整性和主体性的中国近代史学科体系、学术体系和话语体系。

这个新体系，将不被既往任何一种范式所囿，而是在吸收既往各研究范式之长和借鉴其他社会科学甚至自然科学各种理论和方法的基础上，以唯物史观为指针，客观、完整地揭示中国近代历史的演变和发展规律，既研究中国近代生产力和生产关系的演变，也研究中国近代上层建筑、意识形态、思想文化观念和社会生活的变化，及其两者之间的相互关系；既研究中国近代国家的演变，也研究中国近代社会的演变，以及两者之间的互动；既研究中国近代的阶级矛盾和反帝反封建革命，也研究中国近代各阶级为寻求国家富强、社会进步所做的各种努力及成败；既研究中国近代阶级矛盾，也研究诸如家庭、城乡、地域等非阶级矛盾；既研究中国近代反侵略的历史，也研究近代中国与世界交往、融合的历史。不问范式，但求历史真相。换言之，这个新体系既不完全是革命史范式，也不完全是现代化范式或"社会—国家"范式；既不是"冲击—回应"范式，也不是"中国中心观"取向，而是在超越既往研究范式上的一个新的综合。

同时，这个新体系在研究过程中，还将始终坚持人民群众是历史创造者这一立场，以马克思主义唯物史观为指导，探讨中国近代发生的人和事、思想与制度，既反对历史虚无主义，也避免将历史简单化、公式化，破除革命史范式与现代化范式、"冲击—回应"范式与"中国中心观"、传统与现代、社会与国家之间的二元对立，尽可能还原历史，具体问题具体分析，宏观研究与微观研究相结合，既讲外部因素对近代中国历史的影响，也讲中国内部因素的作用；既讲中国传统的惰性，也讲中国传统的现代性；既讲国家视角，也讲社会视角；既讲人民群众的作用，也讲杰出人物的历史作用；既讲历史必然性，探寻历史规律，也讲历史的偶然性和多种选择；既讲历史的共性和普遍性，也讲中国历史的个性和特殊性。通过全方位的研究，丰富对近代中国历史和人类历史的认识，揭示中国近代历史发展规律，同时实现对马克思主义理论的丰富和发展。

总之，这个新体系以马克思主义唯物史观为指针，在研究内容、研究方法和历史认识上超越既往任何一种研究范式，最大程度回归历史，揭示历史真相。当然，构建这样一个新体系，绝非一日之功、一蹴而就，但它无疑是时代赋予当代中国学者的学术使命，也是我们未来的努力方向。

（原载《历史研究》2020 年第 3 期）

关于革命史的形成、建构与转向的历史思考：
兼论"新革命史"问题

王先明[*]

摘 要：从历史长程中梳理近代以来革命史的形成和建构，有助于深化对当代史学变动取向的学理认知。20世纪中国革命史的兴起与发展自成体系，开辟了一个完全不同于既往的历史学学统。中国革命史的兴起和发展，有着自身独特的历史逻辑，除对中国革命运动的记述和研究之外，还有一个以革命史视角重构中国历史的取向，它是另一层面上的"革命史"的建构过程。"新革命史"或是"革命史"研究的又一次重大的历史转向，只有在对整个"中国革命史"研究反思的基础上推陈出新，一个真正的"新革命史"的时代才会出现。

关键词：近代中国 革命史 社会史 新革命史

"近数年来中国之言论，复杂不可殚数，若革命论者，可谓其最有力之一种也已矣。"[①]戊戌庚子之间，中国社会历史正进入一个转折点。在20世纪的第一年（1901），《国民报》第1期发表的《二十世纪之中国》就揭橥了"革命"言说，号召"种吾民革命之种子，养吾民独立之精神"，预言20世纪乃革命之世纪。[②]"革命"是中国百余年来使用频率最高的词汇之一。"革命是二十世纪的一个专有名词，其时代特征昭彰特出。"[③]近代革命话语的生成和演进过程，实质上也是现代中国历史不断展开的进程，同时也是革命史不断建构的过程。"革命史写作便成了一个高度意识形态化的战场。"[④]

革命史与社会史、文化史或经济史之类型显然不同，后者是蕴含在人类历史之内、为着史学研究需求而划分的研究领域（或学科），而革命史本身即为历史，是一个特定历史时代本身，"二十世纪之世界，一革命活动之世界也"[⑤]。作为时代主体内容的革命运动进程，奠造了革命史兴起的根基。因此就中国的历史时代而言，20世纪就是一个革命的世纪；与中国古代史完全不同，恰恰是革命史构成了近代史之所以成为近代史的决定性要素。从某种意义上说，近代史或者说20世中国史与革命史天然地一致。房德邻就评述过："通行的中国近代史其实是专门的革命史。"[⑥]

那么，面对当代史学变动的情势及其趋向，尤其面对"新革命史"的取向时，从历史长程中梳理近代以来革命史的形成和建构，并就其纵向展开和横向拓延的学术进路进行分析，或许可以获得更为深远和透彻的学理认知。

---

[*] 王先明，南开大学历史学院教授。
[①] 梁启超：《中国历史上革命之研究》，李华兴、吴嘉勋编：《梁启超选集》，上海人民出版社1984年版，第420页。
[②] 《二十世纪之中国》，张枬、王忍之编：《辛亥革命前十年时论选集》第1卷上册，生活·读书·新知三联书店1978年版，第69、71页。
[③] 胡行之：《太平天国与国民革命》，上海生路社1929年版，第1页。
[④] 李剑鸣：《"复数化"的革命》，《学术的重和轻》，商务印书馆2017年版，第130页。
[⑤] 刘横起：《中国五千年革命史》，"例言"，中原书局1927年版，第1页。
[⑥] 房德邻：《中国近代史的含义究竟是什么？》，《近代史研究》2010年第2期，第26页。

一

就史学研究的主体内容而言，近代之前无所谓革命史，诚如梁启超之评断，传统史学不过是帝王家谱录或"录鬼簿"而已，因之他才发起"新史学"革命。基于历史语义考释，梁启超于1902年作《释革》一文，对于"革命"话语做过相当系统的阐释：一是革命之名词始见于中国者，其在易曰：汤武革命，顺乎天而应乎人；并以此与西文之 Reform 和 Revolution 作比较性辨别。二是革命有三个特征，即顿（突）变（非渐变）、整体变革（非部分变革）、激进性（非累积性）。三是革命不限于政治领域，而存在于社会、文化、经济诸多领域，"凡群治中一切万事万物莫不有焉"。因此，"有所谓经学革命，史学革命，文界革命，诗界革命，典界革命，小说界革命，音乐界革命，文字革命等种种名词矣"①。然而，梁启超对革命语义的历史性解释尽管浸染了历史学的色彩，但与革命史本身还是相去甚远，虽然作为新时代史学热潮的革命史总体上也可归纳于他所发起的新史学的趋向之中。

中国革命史的兴起或形成，不是"新史学"时代诉求的直接产物，而是新时代革命运动主体历史的产物。"武汉倡义，天下景从；泉达火燃，莫之能御……溯自起事，以至成功，仅百二十六日耳，事机之速，求之革命史中，亦所仅见。"② 因此，几乎是踏着辛亥革命本身前行的脚步，辛亥年11月间《中国革命记》即已出版。③ 随后，1912年5月郭孝成的《中国革命纪事本末》问世，它所记述的内容凡三编：第一编为中国革命缘起及湖北革命始末；第二编为各省革命志略；第三编为民清议和及共和立国。④

最早所见《中国革命史》⑤ 为1923年1月孙中山自撰，其后即有贝华撰写的《中国革命史》出版，明确提出革命史的记述当"自孙中山先生创导革命起，至民十四年中山先生逝世止，按中山先生一生事业编列，凡四十年"。贝华所著《中国革命史》分为：第一编革命运动时代；第二编革命之成功时代；第三编二次革命，第四编云南起义，第五编护法之役至孙中山逝世。⑥ 显然，近代"中国革命史"的内容即指从辛亥革命到国民革命的历史进程，并以孙中山的活动为中心线索。"盖中国自革命，自播种，而萌芽而抽条，而发芽，均为中山先生一手所造成，故本书即按照中山先生一生事业编列。"⑦ 值得关注的是，署名张兆祯的《中国革命史》中有如下记述："余自乙酉中法战后，始有志于革命，乙未遂举事于广州，辛（亥）而民国告成。然至于今日，革命之役，犹未竣也。余之从事革命，盖已三十有七年于兹。赅括本末，胪列事实，自有待于革命史。今挈纲要，述之如左。"⑧ 就其内容而言，实为孙中山遗著《中国之革命》的编排重印本。

应该说，这一立场奠定了最初的中国革命史的范围，即自1894年兴中会成立至1925年孙中山逝世。1929年出版的张韶舞、印维廉和文圣举的三部同名《中国革命史》，论述的则是1851年太平天国革命至1926年北伐间的革命运动。此后继出的陈功甫《中国革命史》虽言"中国革命，肇源甚早"，认为明末清初反清会党即为其初萌，至太平天国"措置乖方，事终无济"，"而反清复汉之观念，已渐滋于一般社会间"，但仍认为革命之主体内容

---

① 张柟、王忍之编：《辛亥革命前十年间时论选集》第1卷上册，第244页。
② 高劳（杜亚泉）：《革命成功记》，《东方杂志》第8卷第10号，1911年，第6页。
③ 《中国革命记》，"大事记"，时事新报馆1911年版，第1页。
④ 郭孝成：《中国革命纪事本末》，"序"，商务印书馆1912年版，第1页。
⑤ 孙中山：《中山全书》第4册（中国革命史），新文化书社1927年版。
⑥ 贝华：《中国革命史》，光明书局1926年版。
⑦ 贝华：《中国革命史》，"例言"。
⑧ 张兆祯：《中国革命史》，1926年印行，第1页。

实始自甲午之后,"种族革命团体,遂应运兴焉"①;它所论及的中国革命史内容,即从孙中山倡导革命始,经辛亥革命至国民革命北伐成功而止。②《中国国民党第一次全国代表大会宣言》也特别指明:"中国之革命,发轫于甲午以后,盛于庚子,而成于辛亥,卒颠覆君政。""夫革命非能突然发生也",其导因为半殖民地地位,封建专制统治。③

无疑,最初的中国革命史的撰述只是"私修历史",并非革命成功后或国民党主政后推出的官修史书行为。"民国革命,已十有六年。在此期间,政局、外交、社会、经济等等表现之变态,如风荡春云,幻状乃无穷极。而细按其实,则每一变故,皆有线索之可寻。"文公直的《中华民国革命史》称:"著者久拟为之统计,以供革命同志及关心社会、经济、政治、历史者之需。"④ 他在"序文"中说明此乃"私人修史之作",并无官家背景;强调"惟以民众的地位,记其事实之起迄,初无所臧否。其主旨惟求供献一民国革命事实大纲之记录,于今之人士及后之来者"⑤。文公直对朋友沈其权剖白心迹说:"我心里爱说的真话、要说的秘密都能说,任谁也不怕。精神上得着安慰,比甚么都痛快!"实在"不能出版就送给朋友看"⑥。

显然,中国革命史的兴起,首先是以辛亥革命的历史事件的研究(或记述)为主体的历史书写,其时限范围始于甲午之后而止于共和成立,或下延至国民革命(北伐成功)。其次,革命史叙事主体以孙中山事迹为主线(或中心),以此勾连相关的人与事,形成基本的"中国革命史"构架。基于这一立场或视角的中国革命史叙事模式一直在延续,至少有以下几种著述可互为印证。

其一,张昭麟编《中国革命史教程》⑦,其内容结构为:第一章革命之运动时代,第二章辛亥之役,第三章讨袁之役,第四章护法之役,第五章本党改组以后之奋斗,第六章北伐之经过。

其二,1929年出版的《中国国民革命史问答一百条》,它也明确指陈:"中国近代国民革命分为五个时期:革命酝酿时期(民国纪元前二七年至十八年),革命萌芽时期(民国纪元前十七年至八年),革命进行时期(民国纪元前七年至民国三年),革命顿挫时期(民国四年至十三年),革命激进时期(民国十四年)。"⑧

其三,1932年出版的《近世革命史》,它也以兴中会成立为中国革命之发端。此著认为"中日战争失败后,高丽被割,国势陵替,江河日下,一般有志的人,目睹实情,都以为非有重大的革命,不足以挽狂澜于既倒。""那时革命运动,分作两派,一为康有为、梁启超派,一为孙中山先生派……康、梁终归于失败","惟有孙先生所领导的三民主义的国民革命,卒底于成"。因此,它将中国革命史划分为兴中会时代、同盟会时代、国民党时代、中华革命党时代、中国国民党时代。⑨

"历史学是研究人类生活及其产物的文化的学问,自然与我们人生有密切的关系;而在革命潮流澎湃汹涌的时期,是历史的这一页,受了重大的变动……更是值得我们抖擞精神,研究向前开辟的去向。"这就规定了"革命史这个东西,是记述革命的变迁和沿革"⑩。

---

① 陈功甫:《中国革命史》,商务印书馆1930年版,第1页。
② 陈功甫:《中国革命史》,第9页。
③ 《中国革命运动史》(中央军事政治学校第一分校政训讲义),1936年印行,第253页。
④ 文公直编:《中华民国革命史》上卷,"序二",民国国史研究会1927年版,第1页。
⑤ 文公直编:《中华民国革命史》上卷,"序二",第2页。
⑥ 沈其权:《叙一》,文公直编:《中华民国革命史》上卷,第3页。
⑦ 张昭麟编:《中国革命史教程》,无出版信息。根据其内容和相关情况判断,出版时间大概在20世纪30年代前后,为中央陆军军官学校读本。
⑧ 《中国国民革命史考试问答一百条》,作者不详,三民公司1929年版,第4页。
⑨ 杨幼炯讲演,王逢辛笔述:《近世革命史》,中华书局1932年版,第360—361页。
⑩ 张韶舞编:《中国革命史》,中央陆军军官学校政治训练处1931年印行,第17页。

二

中国革命史的兴起，不仅提出了一个相对独立的史学研究领域（或学科），也提出并奠定了这一史学研究学理发展的基石和方向；甚至，它引导并开启了中国近代历史研究的新趋向。

首先，关于中国革命史的基本内容与分类问题。"吾国尚无古代革命史之著作"[①]，"中国过去数千年的历史，不过是一部浩繁的帝王家谱而已，除了歌颂帝王的功德，赞扬个人的英雄，别的关于国家、社会、民族、人群的生活叙述一点也翻不到。但是历史学是社会的产生物，正因为社会的进化，革命运动的激荡，到近代也改变了她的内容了。"[②] 那么，何谓革命，何者为革命史？张韶舞编《中国革命史》在第一篇绪论中，通过罗列和比较中国古史之革命语义和西方话语中各类革命之释义（如巴枯宁、罗素、马克思等观点）后，提出三要素之革命定义："就是依据适合环境的主义，打破旧环境，创造新组织，而促进现社会的进化以增高人民的利益。"[③] 另一种观点认为，"革命，即推翻旧的制度，而创造一种新的制度，那末就有革命发生"[④]。如此，"中国现代的革命运动实发轫于鸦片战争之后"，既然"我们的中国革命运动史"是从鸦片战争时代开始，中国近代史的主体内容就是中国革命史。[⑤] "汉人外受列强压迫之侮辱，内遭民族歧视之刺痛；于是一般有志之士，知非颠覆满清，无由改造中国，振兴华胄"；洪氏败后，"而有识之士，益觉中国有种族革命之必要，孙中山即其著者"；"如谓中国之种族革命，洪杨革命种其因，辛亥革命收其果，实为至当"[⑥]。而且，在英人著述中，也将太平天国视为近代革命。[⑦]

时代的内容决定了历史书写的内容，正是革命运动史实的本体内容，构成了革命史形成的客观前提。中国革命的内容，由历史时代的特质所规定，"是要包括民族、民权、民生，换句话说就是民族、政治、经济三个革命巨流的汇合"[⑧]。鸦片战争以来，中国革命的发生"完全是帝国主义的侵略与满洲政府的宰割之自然的结果，而其勃兴，又是以对内的种族革命为起点的。由对内的民族意识之觉醒，始进而为对外的反帝国主义的运动。因之，中国革命运动之最初的形成，是极狭义的排满的种族革命"[⑨]。中国革命的内容虽然丰富，其大要可分为三类，即"政治革命——包括君主立宪运动，民主共和运动、无政府主义运动；民族革命——包括反帝运动、民族平等运动；社会革命——包括经济革命（农民运动、工人运动）；男女平等运动、教育平等运动"等。[⑩] 但三类革命之首要为民族主义革命，"盖三民主义以民族主义居首，实与昔之驱除匡复，主旨略同"[⑪]。这一内容构成中国革命的起点，"三民主义中的民族主义，最初的表现，是在兴中会的宣言中，当时宣言最重要的话，就是'堂堂华国，不齿于列强，济济衣冠，被轻于异族，有志之士，能不痛心！'"这一处于胚胎中的民族主义，"到同盟会成立时，民族主

---

① 刘横起：《中国五千年革命史》，"例言"，中原书局1927年版，第2页。
② 《中国革命史大纲》，作者及出版信息不详，第10—11页。
③ 张韶舞编：《中国革命史》，第5页。
④ 《中国国民革命史考试问答一百条》，第2页。
⑤ 《中国革命史大纲》，第19页。
⑥ 杜冰坡：《中华民族革命史》，北新书局1930年版，第1—2页。
⑦ Augustus F. Lindley, Ti-Ping Tien Kwoh: The History of the Ti-ping Revolution, Including a Narrative of the Author's Personal Aventures (London: Day & Sons, 1866). 吟唎：《太平天国亲历记》，王维周译，中华书局1962年版。
⑧ 《中国革命史大纲》，第6页。
⑨ 杜冰坡：《中华民族革命史》，"凡例"，第3页。
⑩ 张韶舞编：《中国革命史》，第6页。
⑪ 彭泽益：《太平天国革命思潮》，"白崇禧序"，商务印书馆1946年版，第1页。

义革命宗旨已经昭然明示"①。

其次，关于中国革命史的分期问题。"革命史之意义与旨趣"是中国革命史书写所面对的首要问题，"历史何物也？人皆知是人类已经历过之经验，是一切事物进化之过程……历史所记载，关于政体变迁之大势，民族消长之沿革，与夫历朝政治教化之进程，社会上一切活动演化之迹象也"②。因此，历史分期问题，实质上蕴含着对革命史内涵和分类的认识。基于不同的侧重点和视角，即以民族革命史、国民革命史或阶级革命史之别，大致有如下历史分期类型：

一是以民族革命（或种族革命）为主线的分期。"洪门会数百年来之历史，一部民族革命史也。"③ 坚持这一立场的中国革命史通常以太平天国为革命的开端，将其视为"一个空前伟大的革命运动"④。"太平天国振臂一呼，实开民族革命之先声。"有的著作甚至在历史纪年上采用特殊形式，即全书分三编，第一编用太平天国"天历"，第二编用干支，第三编民国成立后始用"国历"⑤。无论大学教师的课本还是中央陆军军官政训处的讲义，无论国民党政治宣传还是共产党早期的革命史著作⑥，诸多著作都将太平天国运动作为民族革命史的起点。

"中国革命是反帝国主义的民族解放运动"⑦的立场，构成此一时期中国革命史的主要叙事模式："革命之结果是解决中国社会所必须解决的民主革命任务"；"一九一一年辛亥革命，可以说是中国社会发展史之新纪元的开端，然而结果也只能说是开端而已，满清政府虽被推翻，但是民主共和国没有建立起来"⑧。据此而言，革命史就是一部近代史，"迨夫清帝进关，三藩并起于前，洪杨奋斗于后，皆属于种族革命继起者。……辛亥建国，则为民众革命之急进。虽曰获胜，然不得称为成功……正如孙中山先生所云：'革命尚未成功，同志仍须努力'也"⑨。基于此，郑鹤声编的《中华民国建国史》将中国革命史分为三个阶段：辛亥革命，推倒清政府，为第一阶段；北伐完成，打倒军阀，为第二阶段；抗战建国，为第三阶段。⑩

显然，"纯以民族革命为主眼"⑪的革命史叙事及其分期，既是中国革命史兴起时期的主要立场，也是具有持久影响的史学认知。譬如 1947 年出版的《中国近百年革命运动史》，也是在民族革命意义上将革命史划分为六个时期：太平天国革命为第一期（中国革命运动的先驱期）；辛亥革命运动为第二期（民族革命之初步完成期）；自二次革命失败到国民党改组为第三期（革命运动势力的挫折期）；自国民党改组至国民革命北伐完成为第四期（革命运动的再兴期）；自北伐完成至民国 25 年两广统一及西安事变之解决为第五期（革命势力之统一期）；自民国 25 年至抗战胜利为第六期（反帝革命期）。⑫

二是以国民革命为主线的分期。如萍水文编的《中华民国革命史》提出，"惟以民众的地位，记其事实之起讫"，将中国革命划分为五个阶段（即秘密时代之革命运动、推翻清廷之革命运动、讨袁运动、护法运动、北伐运

---

① 《中国国民革命史问答一百条》，第 344 页。
② 刘横起：《中国五千年革命史》，第 1 页。
③ 《洪门发扬民族精神歌》，刘联珂：《中国帮会三百年革命史》，岳麓书社 2011 年版，第 4 页。
④ 刘联珂：《中国帮会三百年革命史》，第 13 页。
⑤ 杜冰坡：《中华民族革命史》，第 1 页。
⑥ 恽代英：《中国民族革命运动史》，建国书店 1927 年版；中国现代史研究委员会编：《中国现代革命运动史》，1937 年印行。
⑦ 《中国革命运动史》（中央军事政治学校第一分校政训讲义），第 256 页。
⑧ 《中国革命运动史》（中央军事政治学校第一分校政训讲义），第 251—252 页。
⑨ 刘横起：《中国五千年革命史》，"杨序"，第 3 页。
⑩ 郑鹤声编：《中华民国建国史》，"编纂凡例"，正中书局 1943 年版，第 1 页。
⑪ 杜冰坡：《中华民族革命史》，"凡例"，第 1 页。
⑫ 蒲西厂：《中国近百年革命运动史》，"前言"，南华出版社 1947 年版，第 1—3 页。

动）。其他如贝华之《中国革命史》和张梓生之《中国国民革命史略》等均突出其国民革命特性。张著强调："国民革命之目的，在求中国之自由平等，此孙中山先生遗嘱中所明切言之者也。"①

当然，即使基于国民革命立场，其具体的历史分期也不尽相同。譬如印维廉将太平天国视为近代革命之发端，由此开始"至国民革命军北伐止，已有七十八年。在此七十八年的革命运动中，我国先烈，烈烈轰轰，努力于国民革命"，可将革命史划分为九个时期：中国国民革命的第一时期是太平天国，此"乃中国国民革命的出发点"，其后中国革命分期依次为：义和团为中国国民革命的扩大点，辛亥革命乃中国国民革命对内革命的第一步，"二次革命"乃中国国民革命对内革命的第二步，"三次革命"乃中国国民革命对内革命的第三步，"四次革命"乃中国国民革命对内革命的第四步，"五四运动"乃中国国民革命对外革命的第一步，"五卅惨案"乃中国国民革命对外革命的第二步，"国民革命军北伐"乃中国国民革命对外革命的第三步。② 略有不同的是，此著在强调国民革命的基础上又融合了民族革命的视角。

三是以阶级革命为主线的分期。一般来说，阶级革命与国民革命的取向划分了共产党与国民党的政治立场。中国国民党"实现其主义之方式为国民革命。三大政策不过是本党实施国民革命的策略，绝不是一成不变的主义"。而"共产党所需要的革命是共产革命，革命的方式，是阶级斗争"③。拉狄克的《中国革命运动史》就采用阶级革命史观，认为伴随着帝国主义侵略而在中国实际生活中产生了强大的民族革命运动。而且，"从整个中国过去的历史，我们以历史家眼光，可以看出中国国家发展有两种：属于地主阶级的地主国家，及属于农民阶级的农民国家。中国国家的发展完全是在这两种范围内的"④。这部著作在当时被称为"世界历史学家开始用唯物史观的眼光来分析中国历史的第一本书"⑤。

因此，在阶级革命视野下的中国革命史分期自成体例。如《中国民族革命运动史讲授大纲》中即以被压迫阶级反抗的历史事件形成革命史线索：一、平英团事件，二、太平天国运动，三、戊戌政变，四、义和团事件，五、辛亥革命，六、五四运动，七、五卅运动。⑥ 在华岗的革命史论著中有着更加明确地表达："大革命爆发之前二三十年间中国革命历史上有几个重要的环子。这个短短的革命过程，包含着原始的反帝国主义的农民暴动，有名无实的资产阶级反抗君主贵族的辛亥革命，学生平民反抗帝国主义与卖国贼的五四运动，血淋淋的工人争取自由的英勇斗争，工农平民群众反抗买办阶级的镇压商团事件和促成国民会议运动"，"它们都是中国一九二五至二七年大革命的预演"。因此，中国革命的历史分期，与参与革命的阶级力量密切相关：事实上中国革命之中，在它最初的一个阶段，不但有民族资产阶级参加，并且也有豪绅地主阶级的"参加"。甚至在反抗帝国主义的革命进程中，豪绅地主性的军阀，居然也会在孙中山领导之下来"参加"革命。阶级革命的话语，构成其革命史论著的主导模式："一九二五年至一九二七年的中国大革命的本质是资产阶级性的民权革命，但是革命中的主力军却是无产阶级。"五四运动之所以开启了中国革命的新方向，就在于"社会中最有革命要求的无产阶级参加革命，开始表现它的社会势力"⑦。

此外，以农民运动史形成新的革命史分期，则体现在宋扬编的《中国农村革命运动

---

① 张梓生：《中国国民革命史略》，商务印书馆1937年版，第1页。此书当时作为中学国文之补充读本。
② 印维廉：《中国革命史》，"例言"，第2—4页。
③ 《共产党与中国国民革命》，广东特别委员会宣传委员会1927年印行，第5页。
④ 拉狄克：《中国革命运动史》，克仁译，上海新宇宙书店1929年版，第1、48页。
⑤ 拉狄克：《中国革命运动史》，克仁译，"序言"，第1页。
⑥ 萧楚女：《中国民族革命运动史讲授大纲》（中国国民党中央农民运动讲习所丛书），1927年印行。
⑦ 华岗：《中国大革命史（1925—1927）》，文史资料出版社1982年版，第97—98、268—269、292、71页。

史话》中。这部著作立足于阶级革命立场，提出了"谁是历史的主人"的问题，进而断言"找到了历史的主人，也就找到了现社会的主人"。以此，中国革命的历史阶段当以登上历史舞台的阶级力量而形成，最终归结到"近代无产阶级领导的农民革命——新世纪的人民民主革命"。五四运动后，历史翻开新的一页，无产阶级登上舞台，"中国革命由无产阶级单独领导，使中国的历史由此走向新程"。从此"农民运动由此推翻了已往的规律，以全新的面貌出现在中国的土地上"①。

再次，关于革命史与民国史以及与国民党史的关系问题。中国革命史形成之初，其主线即围绕着孙中山创立革命组织而展开。"中国革命史，就是中国国民党史，前乎中国国民党，固然有革命运动，但没有任何一党作领导机关，终归失败，而成一种单纯暴动的陈迹去了，所以我们说，中国国民党史，才是中国革命史。"②冯自由之《中国革命运动二十六年组织史》在编写说明中提出："国父肄业广州博济医院，以迄辛亥民国政府成立，历年二十有六。诸凡党人于国内外所组织机关……以洎关系人年时地所之类"为主体，以编年统其人与事，顺次记述。③

这一体例也成为诸多中国革命史的基本体例，如1943年出版的《中华民国建国史》以五大章分别叙述国民革命、国民党史、民国政局、党务与军务、政务等内容，并特别表明"本书编制，以总理所领导之国民革命为主体。总理倡导革命，以至今日，凡数十年，其革命历史，可以分三阶段：辛亥革命，推倒清政府，为第一阶段；北伐完成，打倒军阀，为第二阶段；抗战建国，为第三阶段"④。书中强调民国建国史即革命史，革命史即国民党党史，将国民党史与革命史、民国史统合为一体。在国民党党史史料编纂说明中，这一理念得到肯定："本会征求史料范围，不限于本党党史，而且包括国史的全面，俾为本党、为国家保全信史。"⑤这一编纂体例在后来的《中国国民党党史概要》⑥一类的著述中传承下来，并且影响至今。黄季陆认为："就中国历史断代分期的传统而言，辛亥革命建立中华民国的显示之重大历史变革的意义，以中华民国史的研究为研究中国现代史的主题，乃是自然而合理的一项事实……基于此一观点，我们所称中国现代史的研究，乃是以中华民国史的研究为主干，而以国民革命运动的全部历程为其范围。"⑦

20世纪中国革命史的兴起与发展自成体系，开辟了一个完全不同既往的历史学学统。"中国五千年来，革命运动，无代蔑有，唯古无相当记述，是以博采旁征，研究益觉匪易耳。"⑧

三

中国革命史的兴起和发展，有着自身独特的历史逻辑。除上述极为简约的陈述之外，还有一个以革命史视角重构中国历史的演进取向，它是另一层面上的"革命史"的建构过程——它更突出地体现了"革命史"的理论与方法意义。

首先，是将中国近代史建构为中国革命史的取向。"近代世界历史大部分记载着革命的历史；近世革命运动之爆发，大都由于民族民权及民生三大问题，不能得到适当解决而起，我们虽不能说各国革命运动的爆发，全是由此

---

① 宋扬：《中国农民革命运动史话》，读者书店1949年版，第55—56页。
② 唐健飞编述：《中国国民党与中国国民革命》，1928年印行，第1页。
③ 冯自由：《中国革命运动二十六年组织史》，"序"，商务印书馆1947年版，第1页。
④ 郑鹤声编：《中华民国建国史》，"编纂凡例"，第1页。
⑤ 中国国民党中央执行委员会党史史料编纂委员会：《征求史料启事》，罗家伦主编：《革命文献》第1辑，"中央"文物供应社1978年版，第1页。
⑥ 中国国民党中央执行委员会党史史料编纂委员会编：《中国国民党党史概要》，南京中央印务局1942年印行。
⑦ 黄季陆：《中国现代史研究专题报告》（一），"前言"，中华民国史料研究中心1982年印行，第3页。
⑧ 刘横起：《中国五千年革命史》，第2页。

而起，但总不出这三大范围之外。"① 《近世革命史》即是以"三民主义"为主线的革命史体系，是最早形成的中国革命史书写模式之一。"本来近代政治的开篇，即是民族主义史的开篇，百年以来的世界政治经济的变动，有意无意间，都以'民族问题'为中心。"② 基于这一历史观，中国革命发生"完全是帝国主义的侵略与满洲政府的宰割之自然的结果，而其勃兴，又是以对内的种族革命为起点的。由对内的民族意识之觉醒，始进而为对外的反帝国主义的运动"③。因而，导致中国沦为半殖民地的鸦片战争，既是中国近代史也是中国革命史的起点。该书其后的篇章就基于近代社会演进与民族革命展开的线索展开，贯穿了中国近代史即中国革命史的理念。

以中国革命史来诠释整个中国近代史，革命史即近代史、近代史即革命史，是当时史学研究的主要趋向之一。从当时的一些大学毕业论文中可观察到这一历史观的影响。譬如一篇题为《中国近代史理论分析——从鸦片战争到辛亥革命》的论文，就将近代民族危机的演进线索与革命运动的发展主线融为一体，建构了革命史即近代史的学理框架。其《绪论》中提出："半封建半殖民地这一段中国历史，应该从鸦片战争到全民抗战"，这一段历史分期，从半封建半殖民地的深化上看可以分为：（一）鸦片战争到甲午战争，半封建半殖民地的形成期；（二）甲午战争到九一八，半封建半殖民地的深化期；（三）九一八到全民抗战，亡国的危机期。与此相应的则是革命历史进程，"从革命运动的发展上看，可以分为：（一）太平天国革命运动，中国民主革命的序幕；（二）辛亥革命，中国民主革命的第一阶段；（三）国民革命，中国民主革命的第二阶段；（四）全民抗战，中国民主革命的第三阶段。"④ 故此，半封建半殖民地的中国近代史，就是中国革命史。

萧一山的《中国近代史概要》虽然以明清之际为第一章，以国际交通与西力东渐为近代史的开篇，但其对革命史的叙事却以"民族革命之倡导者"郑成功为发端。⑤ 萧一山并不认同将"近百年史作为近代史"的观点，认为"这是不很合理的"，因为从世界潮流和中国历史来看，"三百年以前，才是这个'变局'的开端"。萧一山提出："三百年以来，我们天天在民族解放运动中过日子"，因此"中国近代史，必须以它为骨干，为史心。因它——民族革命——整个支配了中国近代社会，一切都是以它为枢纽，而变动的。"⑥ 这个"史心"就是统而贯之的民族革命的主线。就革命运动而言，其三个阶段不过是革命对象、领导者和口号的依次递进和发展，如下表：

民族革命的三个阶段	对象	领导者	口号
反清运动	清廷	天地会 太平军	反清复明 太平天国
革新运动	帝国主义	维新人物 革命党	振兴中华 建立民国

---

① 杨幼炯讲演，王逢辛笔述：《近世革命史纲》，"导言"，第1页。
② 杨幼炯讲演，王逢辛笔述：《近世革命史纲》，第343—344页。
③ 杨幼炯讲演，王逢辛笔述：《近世革命史纲》，"导言"，第3页。
④ 赵宰平：《中国近代史理论分析——从鸦片战争到辛亥革命》，国立武汉大学第十三届（1944年）毕业论文，"绪论"，第4—5页。该论文的指导教授为汪诒荪。
⑤ 萧一山：《中国近代史概要》，三民书局1963年版，内容结构为：第一章"明清之际"；第二章"民族革命之酝酿"；第三章"大清帝国之盛衰"；第四章"近代之社会与经济"；第五章"民族革命之新对象"；第六章"民族革命之壮澜"；第七章"曾国藩与李鸿章"；第八章"西方帝国主义之压迫"；第九章"东方帝国主义之压迫"；第十章"民族自觉与国民革命"。
⑥ 萧一山：《中国近代史概要》，"引论"，第1页。

续表

民族革命的三个阶段		对象	领导者	口号
国民革命		帝国主义	国民党	三民主义
	1. 民初至北伐	列强	国父	自由平等
	2. 统一至抗战	日本	蒋总裁	抗战建国
	3. 抗战胜利后	苏俄	蒋介石	反共抗俄

资料来源：萧一山：《中国近代史概要》，"引论"，第2页。

可知，萧一山持守狭隘的民族主义立场，形成"就近代史实的演变而论，民族革命是有其一贯性和连环性"的学理认知，以此建构了这部著作的体系。这正是他自诩的"一部中国近代史，就是一部民族革命史"。[1]

其次，是以革命史的基本理念重构整个中国历史的取向。随着革命史研究取向的递进和革命话语的泛化，在史学领域中也呈现出"层累建构"革命史的态势，将中国革命史的开端"层累"地向前推演。20世纪三四十年代之际，"研究中国革命史，有把台湾朱一贵的中兴会（康熙六十年，1721年），林爽文的天地会（乾隆五十一年，1786年），湖北、安徽、河南、湖南等省刘松、聂杰人、齐王氏们的白莲教（嘉庆元年，1795年），河北、山东、山西、河南各省的林清、李文成的天理教（嘉庆十八年，1813年），都归入革命史之内；有从洪秀全的太平天国（道光三十年，1850年）起，这是没有一定的"。这样的革命史建构，早已突破了"从兴中会起，而旁通的又多由兴中会，而同盟会、国民党、中华革命党、中国国民党等相联接"的叙事模式。[2]

更值得关注的一个现象，如《中国五千年革命史》"以搜集古今革命事实，及政治上之变迁，凡关于'社会风教制度'等革新事迹，均举其简要述之"，以致建构了一个"自黄帝始，至孙中山逝世，革命军下武汉止"的"中国古今来革命事实之真相"的史学体系。[3] 由此，中国革命史的开端始于"汤武伐罪，始属民众与帝王奋斗，而其最后结果，仍易帝王而为君主……此纯系政治革命，而未尝增加民众共治之活动"；然周秦以降，列强纷起，"楚汉之争，沛公起于一亭长，此即平民奋斗之实现，亦革命进化之步伐"。"唐宋而后，元金入寇，朱元璋起于草野，卒靷大业，由是以政治革命，而趋于种族革命。斯又革命事业之变相也。"[4] 以革命史理念整合五千年中国历史，形成一个逻辑自成的学理体系，以商汤之革命、周武之革命、统一后秦之政治革命、封建制度之革命、统一法度之革命，以及文字之革命、平民之革命，终至于国民革命等话语和范畴，以"凡一切之剧变皆为革命"的认知立场，重构一部中国历史。[5] 稍后出版的《中国国民革命史问答一百条》也复如此认识，认为"中国的民族革命历史悠久，如殷之獫鬻，周之猃狁，汉之匈奴……亡于满清二百六十多年……所以中国从前，已有民族革命的事实"[6]。

以上两种革命史建构的取向，在中共阶级革命的话语系统中同样存在。前者如中国现代

---

[1] 萧一山：《中国近代史概要》，"引论"，第11页。据萧著《后记》可知，此书出版较晚，但其内容和学识见解均出乎其20世纪30年代前后所著《清代通史》，如其所言："勉就在大学二十余年教授清史之旧稿，缀拾董理，以成此书。"（萧一山：《中国近代史概要》，第318页）因此，这部著作大体也可代表其在20世纪30年代的观点。

[2] 《研究中国革命史的我见》，陆丹林：《革命史谭》，沈云龙主编：《近代中国史料丛刊》（86），文海出版社1981年版，第161—162页。

[3] 刘横起：《中国五千年革命史》，"例言"，第1页。

[4] 刘横起：《中国五千年革命史》，"杨序"，第2页。

[5] 刘横起：《中国五千年革命史》，第3页。

[6] 《中国国民革命史问答一百条》，第4页。

史研究委员会编的《中国现代革命运动史》[1]以及中国人民解放军第二野战军军政大学政治部编写的《中国近百年革命运动史》[2]等；后者如《中国革命与中国共产党》所论："中华民族不但是以刻苦耐劳著称于世，同时又是酷爱自由富于革命传统的民族……他们每次都用革命的手段达到推翻与改造这种统治的目的。在汉族的数千年的历史上，有过几百次的农民暴动，反抗地主贵族的黑暗统治……所以中华民族又是一个有光荣革命传统和优秀历史遗产的民族。"[3]这一理论体系下的历史著作甚多，其典范就是胡绳的《从鸦片战争到五四运动》，"已经出版的上千种'中国近代史'和'中国现代史'教材，也都是与胡绳先生一样的思路"[4]，恕不一一列举。[5]

四

"革命本有广义狭义的两种"[6]，而革命史则在此两义之外形成更加繁复的面相，尤其在其史学诠释体系或叙事模式的形成、建构和取向的百年演变中，形态各异，视野有别，学理多元。上述所论只是一个相对概要的梳理，远未能观照"革命史"的全部景况，但却也不妨以一斑之见辨识其因时而成的特质，并为解析当代"新革命史"研究走向提供一个学术基点。

以"述往事而知来者"的史学眼光看，当代"新革命史"或又体现着百年来"革命史"研究的又一次重大的历史转向。正如一些学者所论，新革命史是"把革命史研究从旧革命史研究范式中'解放'出来，进行'探索''寻找'的一种努力尝试"[7]。或者是"力图改进传统革命史观的简单思维模式，重视常识、常情、常理并尝试使用新的理念和方法，对中共革命史进行重新审视和研究"[8]。不过，也有学者对"新革命史"提出了尖锐的质疑。[9]

值得我们进一步反思的是，"新革命史"虽然是在当代社会史和文化史挑战中的自觉回应，但它同样是对应于"旧革命史"（也称之为"传统革命史"）的学术追求。问题在于，无论是立足于"中国革命运动"的历史实践，还是立足于"革命话语"意义上"层累建构"的中国革命史，早在中共革命之前它已经形成和建构了自己的统系。从这两个维度上看，中共革命史都是中国革命史的继续和延展。章开沅、林增平主编的《辛亥革命史》认为："辛亥革命——五四运动——中国共产党的成立……这是一整串不可分割的历史链条。"[10]而且，在中共"革命史"话语体系里，也仍然承继着中国革命史的一般学理统系，即对中国革命史的开端、分期和反帝反封建的时代属性的认同，都是相对一致的。这在萧楚女的《中国民族革命运动史讲授大纲》和中国人民解放军第二野战军军政大学政治部编印的《中国近百年革命运动史》，以及后来荣孟源

---

[1] 中国现代史研究委员会：《中国现代革命运动史》，1937年印行。
[2] 《中国近百年革命运动史》，中国人民解放军第二野战军军政大学政治部1949年编印。
[3] 时事研究会编：《中国革命与中国共产党》，大众书店1945年版，第2—3页。此书当时未注明著者，在此后豫皖苏新华书店1948年版和新华书店1949年的版本中，才注明毛泽东著。
[4] 房德邻：《中国近代史的含义究竟是什么？》，《近代史研究》2010年第2期，第26页。
[5] 1990年出版的刘瑞芳著《中国农民革命思想史》（国防大学出版社1990年版），即以九章篇幅历数从陈胜起义（中国封建社会第一次大规模的农民革命战争）到太平天国的革命（思想），将中国历史上农民起义、反抗归结为革命；将农民的"平等思想"也当然地作为革命思想，以与皇权思想相对立，实际上是以农民革命为主线建构的一部中国历史。
[6] 张韶舞编：《中国革命史》，第5页。
[7] 黄文治：《观念变动与新革命史研究价值取向——评王奇生〈革命与反革命〉》，《开放时代》2010年第8期。
[8] 李金铮：《向"新革命史"转型：中共革命史研究方法的反思与突破》，《中共党史研究》2010年第1期。
[9] 陈红民：《"新革命史"学术概念的省思：何为新，为何新，如何新？》，《苏区研究》2018年第5期。
[10] 章开沅、林增平主编：《辛亥革命史》下册，人民出版社1980年版，第555页。

主编的《中国近百年革命史略》[1]中，都有着一脉相传的基本认识。目前的"新革命史"只聚焦于中共革命史，缺乏对于整个中国革命史系统的学术回应。

即便立足于中共革命史，也不应将视野拘泥于1949年的分界。对此，王奇生有自觉而清醒地研判：1949年以后，革命仍是新中国政权成立后的主旋律，就中国共产党自身历史而言，1949年并不是一条鸿沟，因此就革命而言，"中国的20世纪是一个革命的世纪"[2]。基于中共革命的历史逻辑，1949年前的新民主主义革命与其后的社会主义革命（至少到三大改造完成为止）应该是一个完整的不可分割的"革命史"（1956年中共八大提出"以经济建设为中心"，才开始由革命史向建设史的转折——作者注）。因此，"新革命史"即使将视野限定于中共革命史研究，也必须是对中共革命完整历史（包括1949年后的历史）的整体性探究。

中共革命史只是近代中国革命史的一部分，它既是近代中国革命演进和发展历史进程中的一个阶段，也是这一历史进程发展的必然结果。只有将中共革命置于近代中国革命史的整体脉络中，才能真正达到学术研究的深度和学理认识的高度，也才能超越既往的"旧革命史"而真正达至"新革命史"的境界。如果疏离了对于中国革命史主体内容、历史脉络和学理系统的根本性讨论，事实上恐难以在超越"旧革命史"的意义上形成"新革命史"的学理性建构。

"新革命史"在研究理念和研究力量上，已经气象万千、颇有声势，只有在突破现状、对整个"中国革命史"研究反思的基础上推陈出新，一个真正的"新革命史"的时代才会确立。对此，我们寄予厚望。

此外，在对中国革命史的长程性探究中，我们也发现，作为"新革命史"中心概念的"新革命"词语其实早已存在，但却另有其意涵。1948年复刊的《新革命》第1卷第2期就集中论证"新革命"话语[3]，提出区别于此前的"三民主义革命"，新革命指的是"和平民主的新革命"。这种"新革命思想，是酝酿了许久的时日的。在今日人民已不能再忍受种种无理的痛苦和压迫，正是新革命的成熟时期"；"新革命运动是循着必然的道路，非常顺利地向前奔驰着。"[4] 至少在当时，新革命运动话语曾一度流行，"自从新革命运动开展以来，快到二年了……（它成为）全国性的新生运动"。这个以"解除平民的痛苦"为宗旨的运动，在陈健夫的推动下艰难前行，历经数年，终于在1946年"正式宣布新革命运动"，并在《救国日报》连续发表文论，"大声疾呼，号召新革命同志参加新革命运动"，其成员号称达十万之多，"不到数月，新革命运动，更普遍的深入民间"[5]。我们在此不必评价"新革命"运动本身，需要思考的只是如何在学术概念和语义上规避历史熟语而已。

近年来，史学研究取得了令人瞩目的成就，无论在社会史、文化史、革命史抑或"新革命史"研究领域，其研究成果都堪称一时之盛。但是，在回望20世纪历史的辙印时，如果以百年长程演进的眼光审视，当会触发更深一层的思考。

一是就历史实践而言，革命向来就是社会历史进程的内容，根本就不存在一个与社会历史进程相分离的革命。"社会何以有革命？必人民感觉社会与政治之不良，欲加以改进工

---

[1] 此书《说明》中强调：中国革命从太平天国革命起，经维新运动、义和团运动、辛亥革命，一直延续到中国人民革命的胜利（第三次国内革命战争胜利），整个近代历史就是中国革命历史。"近百年中国的历史，是帝国主义和中国封建主义（后期又加上官僚资本主义）相结合，把中国变为半殖民地和殖民地的历史，也是中国人民不断地反抗国内外的敌人而终于获得了胜利的历史。"荣孟源：《中国近百年革命史略》，生活·读书·新知三联书店1954年版，第1页。
[2] 王奇生：《中国革命的连续性与中国当代史的"革命史"意义》，《社会科学》2015年第11期。
[3] 如陈健夫《现阶段的新革命任务》、姬郁文《新型革命政党应有的条件与作风》、刘英杰《陈健夫先生与新革命》等。见《新革命》复刊号，第1卷第2期，1948年8月16日。
[4] 陈健夫：《现阶段的新革命任务》，《新革命》复刊号，第1卷第2期，1948年8月16日，第2页。
[5] 刘英杰：《陈健夫先生与新革命》，《新革命》复刊号，第1卷第2期，1948年8月16日，第12、13页。

夫，蓄之既久，则革命运动，于是乎生。"①革命既是社会历史的产物，同样也是社会变迁的形式之一，"革命运动的发生必须根据社会之需要，得着群众的同情及注意，才算是革命运动。不然专是空讲而不顾社会的需要，不察社会的情势，既不能得到群众的同情及注意，又无具体的计划与主义，一定是劳而无功的"②。任何革命都不可能不通过社会动员而完成，更何况社会革命是革命进程中最根本的诉求。

二是就史学发展趋向而言，革命史与社会史的交替起落之间，恰恰体现二者本质上的关联。20 世纪 30 年代，中国社会史讨论的高潮既是对"大革命"失败后面对中国社会方向选择的学术性思考，其实也是中国革命史研究的接续和转向。即使 20 世纪 80 年代中期社会史的"复兴"，也体现着"革命史"主导史学研究范式的时代转向，《历史研究》刊发的《把历史的内容还给历史》③ 就表达了这一学术旨趣；而新世纪以来"新革命史"的兴起，又体现着当代社会史学术趋向的深度影响。

因此，社会史与革命史存在内在的统一性。在新时代中国史学发展的大趋势中，我们似乎不必纠结于人为的学科区隔，而应打破社会史和革命史、"新社会史"与"新革命史"的区分，在建构当代中国新史学的目标下深耕细作，有所突破，真正推动中国史学走向新时代。

（原载《近代史研究》2019 年第 6 期）

---

① 刘横起：《中国五千年革命史》，"例言"，第 2 页。
② 邵元冲：《中国革命运动及其背景》，上海民智书局 1926 年版，第 1—2 页。
③ 本刊评论员：《把历史的内容还给历史》，《历史研究》1987 年第 1 期。

新中国经济成就的制度因素及其演进逻辑

武 力 李 扬[*]

对于第二次世界大战结束后获得民族独立和解放的广大发展中国家而言，要摆脱被殖民侵略的历史负累、规复国家运行轨道、推动经济持续发展，制度和道路的选择至关重要。新中国成立后，在人口多、底子薄、经济落后、国际环境严峻的情况下，加快经济发展、迅速改变"一穷二白"的落后面貌，是中国共产党和中国人民面临的最重要、最迫切的任务。新中国选择了社会主义工业化道路，取得了经济快速发展的伟大成就。这70余年的历史，既是中国特色社会主义制度建立和不断完善的过程，也是社会主义基本经济制度改革、调适、不断展现其优势的过程。

一　加快工业化和经济发展的制度选择

从世界近代以来经济和社会生产力发展的历程来看，经济发展的核心是工业化，即从农业社会转变为工业社会，并在此基础上进一步实现产业结构的优化升级。回顾人类历史，实现工业化和经济发展的制度主要有两种，即资本主义制度和社会主义制度。

在资本主义制度下，资本主导着整个经济发展和社会生活，也或明或暗地控制着国家政治和对外政策。资本主义社会的经济运行和制度建设主要遵循产权规则和市场机制，国家的对外职能重在通过各种政策和手段为资本扩张寻找国外资源和市场，以及转嫁国内经济危机。资本主义制度促进生产力发展的逻辑在于：各经济主体进行分散决策，通过市场这只"看不见的手"实现经济利益最大化；资本的逐利性质和市场的激烈竞争，导致资本家不得不加快技术进步和扩大经济规模；雇佣劳动者的商品属性又使其不得不加快提高自身技能以避免失业或被边缘化。资本主义制度最初在英国确立，到20世纪初，西方列强普遍完成工业化，并确立与生产资料私有制、市场主体多元化和自由竞争相适应的基本制度，对内主张由政府充当经济活动的"守夜人"，对外实行政府主导的扩张、侵略、殖民。

当今世界的主要发达国家和地区，均通过不同形态的资本主义制度实现了工业化。之所以强调"不同形态"，是因为资本主义制度在不同国家、不同历史阶段各有特点。这些国家工业化的完成，主要依赖四个条件：一是对外殖民或新殖民掠夺，它为资本主义经济发展提供原料和市场，维持社会再生产的顺利进行；二是政府作用，它在资本主义经济遭遇危机时起到平抑经济周期的作用，并通过福利制度缓解社会矛盾，通过外交甚至战争等手段转移国内矛盾，塑造有利于本国经济发展的国际环境；三是科技革命，它通过升级产业结构刺激新的需求，避免传统技术条件下供过于求引发的生产过剩危机；四是得益于资本主义的经济全球化。

战后独立的发展中国家，虽然绝大多数选择了资本主义制度，但是这些国家却难以在新的局势下实现资本主义的工业化，战后70多年来"南北差距"不是在缩小而是在扩大就说明了这一点。当今世界经济的发展已经显示出资本主义制度在经济发展方面的局限性。首先，后发国家无法依靠对外殖民掠夺来实现资

---

[*] 武力，中国社会科学院当代中国研究所研究员；李扬，中央财经大学马克思主义学院讲师。

本原始积累,只能依靠"自我剥削"来完成原始积累,不仅难以突破"贫困陷阱",还会陷入社会动荡。其次,当今科技进步不同于18—19世纪的科技革命,那时可以依靠中小企业甚至个人完成重大科学发现与技术创新,而当今科技领域的几乎任何一点突破都高度依赖大型科研设施和天量资金投入,非政府、大型企业和科研机构的协同合作不足以胜任;而这不仅与发展中国家无缘,而且也与发达国家的私有制为主、分散决策的制度不相适应。因此,发达国家保持科技领先的需要和后发国家追赶发展的需要,乃至人类生产力进步的客观需要,都要求世界提出较之资本主义更为优越的制度设计。

与资本主义制度相比,中国所实行的社会主义制度具有四个显著特征。第一,它拥有一个工人阶级先锋队性质的马克思主义政党,代表着最广大人民的根本利益,该政党通过不断加强自身建设保持先进性,提升治国理政能力。第二,人民当家做主,社会主义制度通过广泛的选举民主与协商民主,使人民意志转化成执政党的治理决策;同时,中国共产党顺应生产力发展要求和国内外形势,做出符合人民根本利益的决策,这一决策主要反映社会"公意"和历史规律,而不是简单多数的"众意"。第三,社会主义制度要求党和政府既要有能力确保正确决策的贯彻执行,又能通过有效监督防止权力滥用,并设计相应的纠错机制。第四,在经济方面,中国的社会主义制度既能调动各个方面的积极性来发展生产力,又能兼顾公平、不断调整利益格局,以消除两极分化,最终实现共同富裕。从与经济发展关系最紧密的经济制度来看,中国的经济体制具有更大的制度包容性和利益协调性。新中国成立时具有临时宪法作用的《共同纲领》就确定了"公私兼顾、劳资两利、城乡互助、内外交流"的基本经济方针,发展到今天,已经形成了多种经济成分并存发展、政府与市场各司其职、各种要素根据贡献参与分配、对外实行"合作共赢"的经济制度。

以上四个特征概括了中国社会主义的制度优势。在资本主义制度下,执政党受制于制度、资本和利益集团约束,无法有效施政,政府是"被动"的,社会进步也往往是"被动"的,主要是"看不见的手"自发运行的结果。但市场经济会产生周期性危机,对内缺乏有效调控和改革手段的资本主义国家,难以有效缓解社会矛盾。而中国在社会主义制度下,执政的中国共产党通过不断汇集民意、顺应经济规律,制定路线、方针、政策,强化贯彻执行力度,从而使政府成为具有主动意志的主体,可以集中一切力量发展生产力,并使生产力发展最终惠及广大人民。因此,只要党能保持先进性、人民意志能够有效表达、制度设计能调动最广泛积极性,那么,社会主义制度可以比资本主义制度更具优势,更符合生产社会化和科技革命的客观规律。这一点,从中国经济发展的成绩单中得到了充分证明。从1978年中共十一届三中全会拉开改革开放大幕到2019年底,中国的国内生产总值从3678.7亿元增至990865.1亿元,人均国内生产总值从385元增至70892元。[1] 依照我国现行农村贫困标准(按2010年价格水平为每人每年2300元)测算,贫困人口由1978年的7.7亿人减少到2019年底的551万人,贫困发生率由97.5%降至0.6%。[2] 按照预期目标,到2020年底,中国可以完全消除绝对贫困。

二 中国社会主义经济制度的形成与演进

新中国的历史,是中国共产党领导中国人民边发展经济、边进行制度实践与探索的历史,中国特色社会主义制度的优越性在这个过

---

[1] 国家统计局官网:《年度数据》,http://data.stats.gov.cn/easyquery.htm?cn=C01,2020年4月17日。
[2] 国家统计局:《国际地位显著提高 国际影响力持续增强——新中国成立70周年经济社会发展成就系列报告之二十三》,2019年8月29日,http://www.stats.gov.cn/tjsj/zxfb/201908/t20190829_1694202.html,2020年4月19日;国家统计局:《中华人民共和国2019年国民经济和社会发展统计公报》,2020年2月28日,http://www.stats.gov.cn/tjsj/zxfb/202002/t20200228_1728913.html,2020年4月19日。

程中越来越充分地展露出来。

新民主主义革命为社会主义制度在中国的建立扫清了障碍。旧中国束缚于半殖民地半封建的桎梏，无法废除列强在华特权，北洋政府和国民政府都没有完全解决军阀割据、政令不通的问题，政府内部派系林立、矛盾重重，许多政策或无法反映人民意志，或流于空文难以施行，生产力发展和社会进步严重受阻。中国共产党创立后，确立了彻底的反帝反封建革命纲领，反映了最广大人民的利益诉求。在长期而艰苦的斗争中，中国共产党锻造出一支信念坚定、乐于奉献、甘于牺牲的党员队伍，不仅总揽革命、生产等各项工作，而且创立了党的建设制度；缔造了一支听党指挥的人民军队；掌握了一定规模的公营经济，通过土地革命满足了广大农民"耕者有其田"的愿望，通过合理的工商业政策团结了广大手工业者和工商业者，从而结成了最广泛的统一战线，真正成为人民利益的代表，成为中国人民和中华民族的先锋队。凭借统一战线、武装斗争、党的建设这三大法宝，中国共产党领导的新民主主义革命彻底推翻了帝国主义、封建主义和官僚资本主义的压迫，为新中国的发展扫除了障碍，中国人民终于可以按照自己的意志来治理国家了。正如毛泽东所说："中国人民将会看见，中国的命运一经操在人民自己的手里，中国就将如太阳升起在东方那样，以自己的辉煌的光焰普照大地，迅速地荡涤反动政府留下来的污泥浊水，治好战争的创伤，建设起一个崭新的强盛的名副其实的人民共和国。"① 新民主主义社会的制度，是中国特色社会主义制度的起点，社会主义根本制度、基本制度在延承了民主革命时期一系列成功经验的基础上得以确立、完善。

1949—1952年，新民主主义制度被推广到全国。1949年3月，毛泽东在七届二中全会上提出全党工作重心由乡村转向城市，要求全党必须以极大的努力去学会管理和建设城市，并提出"两个务必"，要求全党继续保持优良作风。1949年9月，在当时还不具备召开全国人民代表大会的条件下，中国人民政治协商会议第一届全体会议召开，代行全国人民代表大会的职权，表达人民意志，选举成立民主联合政府。在经济社会领域，新民主主义制度采取"公私兼顾、劳资两利"的方针；所有制结构则为：在国营经济领导下，合作社经济、国家资本主义经济、私人资本主义经济和个体经济"分工合作、各得其所"，从而在确保公有制掌握国民经济命脉的同时，最大限度地调动全社会的生产积极性。通过这一系列的制度转型，中国共产党成功将战争时期的斗争制度转化为和平时期的建设制度，只用了3年时间便恢复了国民经济，充分证明了这一制度强大的适应性。

1953—1978年，是中国社会主义经济制度形成和探索阶段。工业化是新中国建设的核心任务，朝鲜战争的爆发凸显了国防安全问题的紧迫性，优先发展重工业成为当务之急。中共中央从全局和长远考虑，做出优先发展重工业的战略决策。1953年，以重工业建设为核心的"一五"计划启动，为保证庞大的资金需求和物资供给，中国首先建立了重要农产品"统购统销"制度，并加快了农业合作化步伐。随着社会主义工业化道路的确立，中共中央在1953年提出了过渡时期总路线，解决了第一部宪法的指导思想、根本任务等一系列问题。1954年，第一届全国人民代表大会召开，取代全国政协成为最高权力机关，通过了新中国第一部宪法，确立了人民代表大会这一根本政治制度。在此期间，为保证"一五"计划的重点建设项目，资金、物资和外贸中的指令性计划管理比重增加，受困于资金和原料短缺的私营工商业增强了接受社会主义改造的意愿。最终在1955年至1956年，农业、手工业和资本主义工商业掀起了社会主义改造高潮，中国确立了单一公有制和计划经济体制，社会主义经济制度正式建立起来。

人民代表大会制度的确立和生产资料所有制的社会主义改造，使新中国建成了将人民意志转化为党和政府治理决策并能快速有效贯彻

---

① 《毛泽东选集》第4卷，人民出版社1991年版，第1467页。

落实的体制机制，使国家可以按照最有利于人民的方向快步前进。相应地，在思想文化领域，马克思列宁主义毛泽东思想的指导地位日益巩固，加之中华民族的优秀传统文化和集体主义价值观深入人心，极大降低了社会治理成本。总的来看，诞生之初的社会主义制度基本符合工业化起步和应对严峻国际环境挑战的需要，使新中国既保证了高积累下的社会稳定，又迅速建立起强大的国防工业和较为完备的工业体系，并推动了文化和社会事业的显著进步。

毋庸讳言，对中国这样一个近代以来频遭侵略、发展极其不平衡的大国，进行社会主义建设的基础极为薄弱，且缺乏经验可循。这一时期的探索也出现了严重曲折，而这些曲折是由于制度建设出了问题，好的制度遭受破坏。一方面，党自身的建设出现问题，民主集中制遭到破坏，导致路线背离了人民利益。另一方面，经济体制过于强调公平和集中而损害了效率，一些行之有效的管理制度也在政治运动中受到冲击，挫伤了广大干部和人民群众的积极性。正如邓小平所言："制度好可以使坏人无法任意横行，制度不好可以使好人无法充分做好事，甚至会走向反面。"① 这些教训成为改革开放后乃至今日中国进行制度建设的重要清醒剂。

1978—2012年，是中国特色社会主义经济制度形成阶段。十一届三中全会重新确立了实事求是的思想路线，中国共产党的工作重心回归经济建设。中国共产党对于社会主义本质和国情有了更为深入地认识，即社会主义的本质是解放生产力，发展生产力，消灭剥削，消除两极分化，最终达到共同富裕；立足中国仍处于社会主义初级阶段的基本国情，中共十二大提出"把马克思主义普遍真理同中国具体实际结合起来，走自己道路，建设有中国特色的社会主义"。这一系列重大突破，为中国特色社会主义制度的形成奠定了理论基础。

中国特色社会主义经济制度是在摸着石头过河的探索中逐步形成的。中国共产党坚持解放思想，在经济领域持续推进改革，不断冲破理论教条，形成了以公有制为主体、多种所有制经济共同发展的所有制结构；以按劳分配为主体、多种分配方式并存的分配结构；确立了社会主义市场经济体制的改革方向；在对外开放基本国策指引下，中国形成了全方位、多层次、宽领域的开放格局。中国特色社会主义经济制度的形成使中国能够更加充分调动国内外的各种积极因素，使之服务于社会主义建设。

中国特色社会主义经济制度的形成和不断完善，大大促进了国民经济的快速发展，充分体现了社会主义比资本主义可以更快发展生产力的优越性。1979—2012年，我国国内生产总值年均增长9.8%，而同期世界经济年均增速只有2.8%。中国经济高速持续增长的时间和速度，均超过经济起飞时期的日本和亚洲"四小龙"。中国经济总量占世界经济总量的份额由1978年的1.8%提高到2012年的11.5%，外汇储备由1978年的1.67亿美元增加到2012年的33116亿美元，创造了人类经济发展史上的奇迹。②

三 中国特色社会主义经济制度在新时代的改革与完善

中国在改革开放初期取得的举世瞩目的发展成就，显著体现出中国特色社会主义制度的优势。但是，这一时期的制度建设尚未定型，一些制度仍存在缺陷。制度运行的矛盾往往靠消耗发展红利、经济快速增长来缓解。邓小平在南方谈话中指出："恐怕再有三十年的时间，我们才会在各方面形成一整套更加成熟、更加定型的制度。"③

2012年党的十八大以来，改革发展稳定的任务空前繁重：外部不确定因素增多，要求

---

① 《邓小平文选》第2卷，人民出版社1994年版，第333页。
② 国家统计局：《改革开放铸辉煌 经济发展谱新篇——1978年以来我国经济社会发展的巨大变化》，《人民日报》2013年11月6日，第10版。
③ 《邓小平文选》第3卷，人民出版社1993年版，第372页。

全国更紧密地团结一心；内部矛盾复杂，要求中国共产党加强集中统一和全面领导，以总揽全局、协调各方。

为此，中共中央以全面从严治党为抓手，健全了党的集中统一领导和全面领导制度，以党的建设统领各项事业，实现了全党一心、步调一致。十八大之后，中共中央成立一系列专门领导小组，并在十九大之后升级为委员会，作为专门的决策议事协调机构，如中央全面深化改革委员会、中央网络安全和信息化委员会、中央财经委员会、中央外事工作委员会、中央全面依法治国委员会、中央审计委员会等，健全了党对重大工作的领导体制。国家治理体系的各个部门，都坚持和加强了中国共产党的全面领导，完善了在党的统一领导下协调行动的体系。在加强党的领导和深化经济体制改革的同时，以习近平同志为核心的党中央充分调动各种积极因素，引领经济社会持续健康发展，进一步完善从"人民意志表达"到"党的领导"，再到"具体制度安排"的制度运行逻辑，加快了各项事业的发展，解决了许多长期想解决而没有解决的难题，办成了许多过去想办而没有办成的大事，推动党和国家事业发生了历史性变革。

在改革和完善社会主义市场经济体制方面，十八大以来，中共中央坚持和完善基本经济制度，坚持"两个毫不动摇"。围绕积极发展混合所有制经济、推动国有企业完善现代企业制度、支持非公有制经济健康发展，实施了一系列改革举措。在国有企业改革发展方面，2015年8月24日，中共中央、国务院印发《关于深化国有企业改革的指导意见》，并出台一系列配套文件。随着重大改革举措落地见效，国有企业体制机制发生了重大变革，与市场经济的融合更加紧密，规模实力和竞争力进一步增强，有效巩固了国有经济主导作用。在鼓励、支持、引导非公有制经济发展方面，中共中央明确提出：在全面建成小康社会，进而全面建设社会主义现代化国家的新征程中，民营经济只能壮大、不能弱化，而且要走向更加广阔的舞台，政府为此采取了一系列促进非公有制经济发展的政策措施。

在市场经济中如何处理政府与市场的关系，始终是经济领域最重大也是至今莫衷一是的经济学难题。新中国经过70多年的艰辛探索，充分吸取其他国家和地区的经验教训，充分认识到两者都是经济发展的手段，两者发挥作用的领域和强度不是固定不变的，而是因时、因地、因事、因人制宜，不能胶柱鼓瑟、囿于成说。为了使市场在资源配置中起决定性作用和更好发挥政府作用，中共十八届三中全会把市场在资源配置中的"基础性作用"修改为"决定性作用"。为建立统一开放、竞争有序的市场体系，政府在推进工商注册制度便利化、实行负面清单准入制度、完善市场监管体系等方面持续发力，并取得阶段性进展。在创新宏观调控方面，政府以"稳中求进"的宏观调控思路为基础，防范化解了重大风险，促进经济保持中高速增长，发展质量和效益不断提升。

与厘清政府和市场关系同样重要的，是建立完善的分配制度，这是全世界都高度关注的重大问题，也是目前资本主义国家没有办法解决的难题。收入差距扩大、财富分配不合理，一方面是资本主义经济制度的痼疾，另一方面也是市场经济"马太效应"的结果。1978年以前，我们通过消灭生产资料的私有制和实行计划经济，大大缩小了收入差距，使得财富分配高度"均等化"。1978年以后，我们长期在"公平"与"效率"间不断调适，以寻找最佳结合点。十八大以来，我们明确了兼顾"公平""效率"的方法：在健全市场评价贡献、按贡献决定报酬的机制前提下，坚持按劳分配为主体，多种分配方式并存；提高劳动报酬在初次分配中的比重，健全二次分配方式向共同富裕倾斜，重视发挥第三次分配作用，发展慈善等公益事业。十八大以来的"脱贫攻坚"、加大转移支付力度以及加强沿海地区政府、企业、社会对西部少数民族地区和贫困地区的援助，都体现了这一体制机制的效力。我国的分配制度日益完善。

2019年10月召开的中共十九届四中全会总结改革开放以来经济体制改革和发展的经验，首次将社会主义市场经济体制与"公有制为主体、多种所有制经济共同发展""按劳分配为主体、多种分配方式并存"两项制度一起,确立为中国特色社会主义三大基本经济制度。2020年3月,中共中央、国务院又出台《关于构建更加完善的要素市场化配置体制机制的意见》,从要素配置方面进一步完善了中国特色社会主义经济制度。

启 示

新中国的历史在中华民族5000多年的历史长河中只是一瞬,但却发生了影响深远的制度变革,使中国实现了从农业社会到工业、信息化社会,由半殖民地半封建社会到中国特色社会主义新时代的巨大转变,中国由一个积贫积弱、被称为"东亚病夫"的落后国家发展成为全面建成小康社会和经济总量位居世界第二位的国家。其间的制度变革所提供的经验和启示,不仅对中华民族,也对世界具有借鉴意义。

第一,新中国的历史证明,良好的愿望和目标,必须以好的制度作为保障。在新中国的前30年,正是通过土地改革实现"耕者有其田"、没收官僚资本建立国营经济、对生产资料进行社会主义改造、建立党的领导和人民代表大会制度,才构建起独立的工业体系,保证了国家安全和人民当家做主。1978年以来,正是改革了单一公有制和计划经济体制,建立起社会主义市场经济体制,才促进了国民经济的持续快速发展,创造了令世界瞩目的经济发展奇迹,中国人均收入从不到200美元增加到1万多美元,预计2020年底可以整体消除绝对贫困。

第二,新中国的历史告诉我们,社会主义的本质是快速发展生产力和不断提升人民生活水平。正如邓小平指出的那样:"社会主义阶段的最根本任务就是发展生产力,社会主义的优越性归根到底要体现在它的生产力比资本主义发展得更快一些、更高一些,并且在发展生产力的基础上不断改善人民的物质文化生活。"① 因此,中国社会主义制度改革完善的目标也必须为此服务。

第三,新中国的历史证明,马克思主义关于生产力与生产关系、经济基础与上层建筑关系的论述是颠扑不破的真理。新中国经济发展与制度变迁的经验教训有很多,其中最重要的一条,就是生产关系必须与生产力的发展相适应。我们一再提出立足国情、一切从实际出发,最根本的国情和实际,就是中国生产力的发展水平和条件。"急于求成"是我们历史上的重要教训之一,一些在探索中出现的偏差与错误即是因为违背了经济发展的基本规律。因此,我们提出改革还在路上,改革只有进行时、没有完成时,就是在总结经验、教训的基础上,充分关注到经济发展的客观规律和经济制度运行的内在需求。生产力是最为活跃、不断变动的因素,它的变化和发展需要生产关系和上层建筑与之相适应;与之相应,不断提高生产力水平,推动经济高质量发展,将为完善中国特色社会主义经济制度,推进国家治理体系和治理能力现代化铸就坚实根基。

第四,新中国的历史告诉我们,中国所处的世界,虽然绝大多数国家与我们制度不同,但是我们仍然需要吸收其他国家和民族优秀的文明成果,互通有无。邓小平说过:"对外开放具有重要意义,任何一个国家要发展,孤立起来,闭关自守是不可能的"。② 改革开放以来中国所取得的经济发展成就,与建立对外开放的体制机制是分不开的,深圳特区的经验就证明了这一点。十八大以来,以习近平同志为核心的党中央面临世界经济深度调整和"逆全球化"浪潮,一再宣示中国对外开放的大门不会关闭,只会越开越大。中国不断推进和扩大自贸区建设,保障"一带一路"倡议实施,推动构建"人类命运共同体",这些举措都是符合生产力发展规律和世界发展大势的。

(原载《历史研究》2020年第3期)

---

① 《邓小平文选》第3卷,第63页。
② 《邓小平文选》第3卷,第117页。

论点摘编·史学理论与中国史学史

中国古史分期暨社会性质论纲

黎 虎

中国自古以来经历了如下三个历史时代的发展演变：第一时代为无君时代的"群聚"社会，简称"无君群聚"社会（太古至夏以前）；第二时代为王权体制下的"众庶"社会，简称"王权众庶"社会（夏商西周至战国时期）；第三时代为皇权体制下的"吏民"社会，简称"皇权吏民"社会（秦至清）。

从宏观上划分中国古代历史的发展阶段，是探讨中国古史分期的首要一步，这并非一个可有可无、可要可不要的问题，而是必须首先正视的问题。本文将中国古代历史划分为如上三个时代，其主要根据是它们是一个共性较大而自成体系的历史阶段。三个时代的社会性质区分的主要根据是什么呢？决定一个社会及其性质的最根本、最深层的原因是这个社会的主要矛盾。任何社会的矛盾关系都是错综复杂、多种多样的，但是决定社会性质及其走向的关键是诸多矛盾关系中的主要矛盾，这个主要矛盾决定了这个社会的性质和特点。本文认为中国历史第一时代的社会主要矛盾是人与自然的矛盾，是为"无君群聚社会"，但其末年围绕权力掌控而形成发展的矛盾关系，遂将历史推进到第二时代；第二时代中，宗族性的王权与血缘性的"众庶"构成一个有机的统一体，而这两者之间的矛盾是这个统一体的主要矛盾，故曰"王权众庶社会"；第三时代是家族性的皇权与地域性的"吏民"构成一个有机的统一体，而这两者之间的矛盾是这个统一体的主要矛盾，故曰"皇权吏民社会"。

下面我们简要揭示这三个依次发展变化的历史时代。

一 无君"群聚"社会
——太古至夏以前

对于太古至夏以前的社会，先秦、秦汉学者做过一些有益的探索。先哲的这些探索，值得关注者有两点：（1）当时为"无君"时代，未有后世那样的国王、皇帝等统治者。（2）当时人类"群聚"而处，以"群"为单位而聚居。

"群"是人类出现之后的第一个社会形态，经历了由低而高、漫长而不同的三个发展阶段：第一是"兽群"阶段。在这些"群"中，人们"聚生群处"，"无上下长幼之道，无进退揖让之礼"。第二是"姓群"阶段。经过漫长的"兽群"阶段，逐渐进入到以"姓"为单位，亦即"知母不知父"的群聚阶段。第三是"氏群"阶段。"氏"是从"姓"中派生出来的，"姓"是"氏"之源，"氏"是"姓"之流。故"氏群"是从"姓群"中派生出来的。"群聚"社会的出现对于人类的发展具有重大意义，主要表现在两个方面：一是促进人类从动物界脱颖而出。二是从"群"中产生了"君"。

从"氏群"阶段进入第二历史时代，乃是中国古代社会历史所发生的根本性变化。先哲认为，上述两个时代最主要的变化在于从"天下为公"变为"天下为家"，"天下为公"阶段的"大人"是服务型、奉献型的，通过"选贤与能"的方式递相传承，是谓"禅让"之制；"天下为家"时期的君主是统治型、专制型的，是通过"大人世及"的方式代代相传，是谓"传子"之制。

但是，从"天下为公"到"天下为家"并非一蹴而就，更非突然出现，而是经历了漫长的不平等时代才逐步形成的。到了传说中的"五帝"时代这一不平等的时代，更是发展到了诸"氏群"争战称雄的阶段。这些大的"氏群"集团经过千百年的交流与融合，竞逐与争战，大约在公元前22世纪之前，黄土高原的黄帝"氏群"脱颖而出，成为活跃在今陕西、山西、河南交界地区最强大的力量，从中衍生出了中国历史上第一个王朝——夏。

二 王权"众庶"社会
——夏商西周至战国时期

"氏群"阶段后期，历史从"无君'群聚'社会"进入了"王权'众庶'社会"的崭新时代，约当夏商西周至战国时期。从夏王朝开始，中国历史正式进入君主时代。"王权'众庶'社会"先后经历了两个发展阶段：第一阶段为夏商西周时期，这是王权"众庶"社会的形成和逐渐成熟阶段，其中夏朝是雏形阶段，商和西周则为成熟阶段，具有典型性、代表性。第二阶段为春秋战国时期，其中春秋时期是变化阶段，战国时期是变化的完成阶段，为进入下一个历史时代——"皇权'吏民'社会"做好了准备。

夏、商和西周的政体是王权体制。相对于"氏群"阶段的"大人"来说，王权是集权的、专制的，但是对于第三时代的皇权来说，王权又是相对弱小的、分散的。王权是建立在分封制基础上的相对集权、相对专制，皇权则是建立在郡县制基础上的绝对集权、绝对专制，二者有明显区别。王权相对于皇权来说要弱小，这是因为王权是分散的，其权力被分散于众多诸侯和大小宗族，尽管他名义上是"天下"的共主。

"众庶"系从前一时代的"氏群"演变而来的。商周时期的"众庶"，在甲金文中或称为"众""众人""庶民""庶人"等，他们是王族的族众。殷代的"众"或"众人"是主要的生产者，不仅掌握在商王手中，也分别掌握于贵族、宗族手中。西周在商王朝的基础上继续控制着"众庶"。众庶不仅是农业的主要劳动者，同时还要承担兵役、徭赋等。因此，这个时期的社会主要矛盾是王权与众庶的矛盾，正是这个主要矛盾决定了王权统治的兴衰成败。

到了春秋战国时期，历史发生剧烈变化，尽管这个时期的变化纷繁复杂，但有两个变化最为重要，具有历史方向性意义，一是由王权向皇权的演变，二是由"众庶"向"吏民"的演变。

三 皇权"吏民"社会
——秦至清

公元前221年秦始皇统一中国，宣告历史进入了第三时代——"皇权'吏民'"社会，直至清朝被推翻为止。"皇权'吏民'"社会时代可以分为两个阶段，第一阶段从秦至元，第二阶段从明至清。秦始皇确立的皇权体制，直到明清才有较大变化，中国历史发展之缓慢于此可见。这个变化主要表现为将权力的掌控推向极致和人口的掌控有所松动两个方面：一方面，由皇帝专制体制演变为皇帝独裁体制，这一变化肇端于宋。另一方面，从秦汉以来确立的对于"吏民"的完全、彻底的严密掌控有所松动。

以下从四个方面说明"皇权'吏民'"社会的主要特征。

（一）"吏民"是皇权体制下的编户齐民。"吏民"一词始见于战国，此后直至明清时期，一直被历代频繁使用。"吏民"，亦通常谓之"农民"或"编户齐民"，两千年间叫法多样，"黔首""百姓""民""细民""小民""编户""齐民"等皆是。其中"吏民"一词的社会历史内涵最具丰富性和代表性，从户籍制度而言，它是国家的编户齐民；从社会结构而言，它是社会金字塔的底层；从国家统治而言，它是各级政府管治的基本民众。由于"吏民"统一编入国家户籍，管理"吏民"户籍遂成为中央政府的一项重要职能，如汉代所设"尚书郎"四员,其中有一人专门"主吏民户口"。

(二)"吏民"是皇权体制的基础。"吏民"是由下层小吏与普通民众为主体组成的基层社会群体,这种"吏民"一体性结构乃是中国古代皇权统治的基础。皇帝主要是通过各级地方官吏直接掌控全体吏民。掌控吏民的根本目的在于掌控人力物力,而掌控人力又为其根本,因为掌控了人力就掌控了物力,即由人力而生产的财富。与此同时,皇权体制也不断从"吏民"中选拔、游离出少数精英以为文武臣僚以及众多的下层小吏,故"吏民"亦为维持其统治而须臾不可或缺之供体和活水源头。

(三)吏民的反抗推动皇权统治周期性调整。两千年间统治者一直在对皇权统治做周期性的调整,从而使皇权体制缓慢地、螺旋式地向前发展。而吏民的反抗则是推动皇权统治不断进行周期性调整和发展的根本推动力。

(四)吏民与皇权的矛盾是社会主要矛盾。"皇权'吏民'"时代的社会结构,其主体是皇权与"吏民"构成的有机统一体,在这个统一体中还存在地主与佃农、雇工这种次生统一体,以及附着于上者的工商业者、奴婢等。上文所阐述的三个专题,实际上已经明白无误地告诉我们,吏民与皇权的矛盾乃是中国古代社会的主要矛盾。地主与农民的矛盾也是这一历史时代的重要矛盾之一,但是它不可能超越吏民与皇权这一主要矛盾,而成为这一历史时代的决定性的矛盾关系。

(摘自《文史哲》2020年第1期;黎虎:北京师范大学历史学院教授)

中国古代文献传统的历史独特性

赵 益

近现代以来吾人重新反思中国历史上的文化成就,其他方面的看法或不尽相同,但推重中国为世界范围内最为杰出的"文献之邦",则几乎众口一词。然而,正如不同文化并没有高低贵贱一样,以中国为代表的东方文明和以欧洲为代表的西方文明各自所拥有的文献传统,也不应有孰优孰劣的评判。彻底弄清中国古代文献成就的具体表现、复杂内涵特别是个性特点,远比单纯的溢美重要得多。只有这样,才能使从文献传统中探知中国文化的观照取得真正的收获。

毋庸讳言,在对中国古代文献历史成就这一问题上,以往的认识或多或少存在着一些误区,最为主要的就是草率地推出了两大结论:第一是中国现存古典文献数量庞大,放眼世界唯我独尊;第二是中国古代文献历史悠久,水平发达远超西方。这两个结论都欠妥。

首先看现存数量。现存1911年以前传统意义上的"书册"文献数量很难得到精确的统计,目前最为合理的估计是20万种左右。这个数量固然十分庞大,但欧洲古代书籍的遗存种数有过之而无不及。综合各种相关数据可以得出,现存1900年以前欧洲图书的种数,不会低于50万种。

其次看历史悠久的程度和不同历史时期的发展水平。中国文献传统渊源极早,春秋时期可供阅读的简册已经较为广泛,但仍多由国家拥有。直至战国时期,图书的生产、制作和贸易并不发达。没有证据表明先秦时代出现了专门书店,西汉时期同样如此。而希腊在公元前5世纪后期就出现了图书业,在苏格拉底和阿里斯托芬的年代,诗歌、历史以及其他作品已得到广泛传布。罗马时期的图书业较希腊更为发达,至早在西塞罗和卡图卢斯时代便已有书店的存在。

中国先秦时期的私人藏书并不常见,而希腊公元前 5 世纪末已存在私人藏书,前 4 世纪时亚里士多德已经收藏了大量的图书;吕克昂学园和阿卡德米学园都已具备图书馆形式。在中国,公元前后汉代国家藏书至少拥有 15000 卷,而西方亚历山大图书馆在公元前 47 年全部藏书可能多达 70 万卷。罗马的私人图书馆发展颇早,公共图书馆方面,公元 350 年罗马曾有 28 座公共图书馆,各行省亦有公共藏书,即使小城镇也不例外。中国古代则"惟官有书",这一情况在相当长时期里没有较大改观。唐以降私人藏书开始发展,真正勃兴仍在印刷术发明以后,且多以藏书楼为主,一直到封建时代晚期才出现面向大众的公共图书馆。

综上可知,4 世纪以前中国文献书籍发展的水平并不高于希腊、罗马。4 世纪至 15 世纪近一千年时间中,中国的书籍编纂生产方具有一定的优势(11 世纪以后优势已十分微弱)。欧洲从 15 世纪"谷登堡革命"后迎头赶上,很快取得了压倒性的胜利。整个明代出版书籍至多也只有 2 万种左右,远远落后于同时代的西方。清代所编纂的图书现存大约在 16 万种左右,其中绝大部分为清代晚期出版物,这一数字远远无法与 18—19 世纪的欧洲相提并论。

上述两大结论的动摇不可避免地促使我们重新思考:中国文献传统的历史成就究竟体现在哪些方面?或者说,中国文献的历史成就到底有哪些独特之相?综合前人时贤的成果并参以己意,个人以为中国文献传统具有以下三个特殊之处。

第一是连续性。中国文献在发展阶段上没有明显的中断和低潮期,即使历经灾荒、战争、改朝换代的政治动荡以及外族的入侵,文献传统丝毫不仅没有中断,而且在历经摧毁后一次又一次地得到恢复。在西方,罗马帝国的覆灭和宗教的笼罩使 6—14 世纪明显成为文献发展的低潮,直至 10—12 世纪才略有好转,至 16 世纪谷登堡印刷革命后才出现高潮。

中国由先秦经典奠定的成熟的书面语作为唯一的"文献语言",三千年来连续未断。人口众多的中国人拥有了一门全民族语,得以承载知识、思想、信仰传统,并能摆脱方言歧异、言语变迁的困扰而实现跨时空的传达。西方在这一方面完全不同。由于埃及和两河文明的衰落和被覆盖,"神圣书写"不可避免地让位于不同方言的书写,因此文字作为语言特别是语音的外壳,必然走向拼音文字,拼音文字又必然导致民族书写。另外,统一王朝的衰亡使"雅语"逐渐失去统治地位,从而使文献书写形成分化。至 17 世纪,拉丁语又全面式微。方言出版促成西欧民族国家的形成,这种情况在古代中国从未发生。相反的,中国印刷术的早熟又帮助了书写文字的连续性和普遍性,成为保持文化传统的重要工具。更为重要的是,中国经典及经典阐释传统同样连续不断,并没有因为宗教、政治和族群异见而形成断裂和分化。

第二是稳定性。中国古代文献明显呈现出一种螺旋式发展的模式,每一个大的螺旋以后并没有出现显著的跃升。文献整体保持着一种稳定性的存在:散佚的终归渐趋无形;存留的往往不绝如缕。总量则是缓慢增加,从中古到 17 世纪一千多年来至多也就五到六倍的增长。这与西方 5 世纪以前的情况或许有一定相似之处,但和 6 世纪以后的情况完全不同。在西欧,公元 1000 年的图书生产量是公元 500 年的约 144 倍,公元 1500 年达到约 2 万倍,而公元 1800 年则达到 40 多万倍,中国的增长率和增长结果远远不及。

中国持续的文献传统固然不乏新创,但总体上以继承为主、新创为辅。从《隋书·经籍志》确立四部系统后直至清乾隆时期,整体文献没有发生剧烈的体系变化,知识更新没有实现质的提高。相比之下,欧洲文艺复兴运动突破了中世纪以来宗教保守思想的束缚,实用知识得到重视,新的学科不断涌现,知识系统得到更新。"印刷资本主义"(print capitalism)的出现,又使书籍生产不仅完全摆脱了旧时代的政治、文化禁锢,而且更重要的是促成"知识"变为商品这一现代性因素的出现。

而在中国，这一切直到20世纪初帝制结束以后方才真正发生。

第三是精英性。出于教育普及程度差、农业人口居多及地区文化水平差别较大等原因，中国古代社会的识字率较低，直至20世纪初叶也不会超过20%。识字率的低下导致古代中国阅读人口的阶层和范围均极有限，与欧洲相比较为逊色。正因为此，中国古代文献均以精英文献为主，民俗文献一直居于极低地位，即使是商业化出版也没有使情况发生改变。彻底实现颠覆的"印刷资本主义"，要晚至19世纪末方在某些地区发展起来。一直到近代以前，中国书籍印刷的复本量都比较小，从技术到模式都是为精英文献而不是为商品化通俗文献服务的雕版印刷术始终为主流，活字印刷没有得到规模化应用。另外一个典型的例证是"印刷资本主义"的根本性要素——报纸，在中国，迟至19世纪中叶以后才较多出现传教士创办的报纸，而直至19世纪末20世纪初才真正开始在社会上发生显著作用。

中国16世纪开始兴盛的商业出版，既然未能形成"印刷资本主义"，当然也就不可能像欧洲一样，创造出一个从根本上腐蚀了历史悠久的王朝原则的、群众性的、以方言为基础的民族主义。中国古代文献主要是以精英文献为主，通俗文献则扮演沟通上下的角色，二者合力延续、加强的是古典共同体（王朝），而不是现代的"想象的共同体"（民族国家）。

总而言之，中国并不是世界上文献传统唯一悠久、发达的地区；中、西文献传统没有高下之分，只有特色不同。中国文献传统的"连续性""稳定性""精英性"，绝非是一般意义上的文献传统皆能具有的共性，而是在中西比较视野下所得出的中国载籍发展演变的历史独特性所在。文献传统的特色在根本上是由文化特性决定的，但它同时又以其非凡的能量反过来影响和建构文化特性。

（摘自《文史哲》2020年第1期；赵益：南京大学文学院教授）

历史学家为何关心生态问题

王利华

一般认为：历史学家主要考察人类社会演变，生态环境则是自然科学的研究对象。其实，历史既包括人类史也包括自然史，只因近代以来学科分立，史家倡言"历史是人的历史"，尔乃忘记人类本是自然界的一部分，环境与社会本是不可分割的统一整体。如今所谓生态问题，主要还是人的问题，自然科学家既不能独自认清更不能独自解决，人文社会学者亦应参与探研。当今世界资源匮乏、环境恶化，人类文明面临严峻考验，故有环境史学之兴起。其视域拓展至人与自然的既往关系，与"究天人之际，通古今之变"的中国传统史学精神最相契合。

一 环境史研究欲为融通科技与人文搭桥铺路

不论在国外还是在国内，环境史研究在初起之时都曾遭到过质疑：历史学家应该关心生态、给环境写史吗？如今这种质疑已经不多，但环境史怎样书写、有何作用，却依然颇多疑问。然而，简要回顾近代以来的国内外学术史便可发现，这些怀疑乃是源于近代以来"分科治学"所造成的偏见和弊病。

"历史"并不只是"人的历史"，至少不只是"社会人"的历史。历史学家应当关心自然变化与社会发展的相互影响，即便只书写人的历史，也应该注意人类作为自然界的一部分具有无法摆脱的自然属性，否则就不能全面认识人类、社会和文明。中国传统史学原本博综天人，及至近代，因受西学影响，正统史学才一边倒偏向了人类社会历史。受日益强固的"分科治学"体制影响，历史学被划到"文科"，从此同自然科学分离终至悬隔。这不仅背离中国史学传统，与马克思、恩格斯历史唯物论亦明显偏离。另一方面，当今各种环境生态问题不仅仅是自然问题，也是（甚至主要是）人的问题，因为它们影响人类生存发展、身体健康和生命安全，且多数实为人类活动所致。当今环境保护的最大短板和制约，并非科技能力低下，而是人的工作难做。环境保护和生态文明建设事业须由自然科学、社会科学和历史人文众多领域学者合作研究、协同推进。

随着工业化、城市化席卷全球，人类事务日益繁杂和聚合化，迫切需要在精细分工的同时广泛开展合作，这一客观形势驱动不同学科交叉、融合，历史学或可在科技和人文"两种文化"鸿沟之上架起一座彼此通达的桥梁。

环境史研究的主要任务，并非为攻克当前急迫而突出的环境难题提供手到病除的灵丹妙药，而是透过人与自然长期交往的经验事实，帮助世人理性认识环境问题的历史复杂性，诊断生态危机的病根和由来，正确认识并积极参与环境保护和生态文明建设。历史学家纵深观察、广泛联系和综合评判的研究习惯，使其对生态环境问题的认识更具时间纵深感和历史流动感，有助于避免在思想认识和实践行动上陷入短视、片面和简单化。

二 环境史研究欲为生态文化建设夯土筑基

深入揭示人与自然关系演变规律，系统总结过往经验教训，构建具有中国特色的环境史思想知识体系，为建设社会主义生态文明大厦夯土筑基，是新时代赋予历史学者的新使命。作为生态文化体系建设中的一项基础学术，环境史研究的特殊功能首先体现于其思想认识意义。当今环境问题和生态危机如何积渐而至？何以中国率先提出生态文明建设并且将其上升到国家最高发展战略？具有怎样的现实必要性和历史必然性？这些问题应从不同的历史时间尺度加以认识。

一是从人类生存发展的全部历史来认识。早在数百万年甚至1000多万年前，人类祖先在地球上诞生，自此以后便出现了环境问题。随着人与自然的交往不断扩大和加深，环境问题亦趋增多和严重。最近200多年来，工业革命和科技进步极大增强了人类能力，人们在精神上疏离自然，在行为上灭裂自然，彻底搅翻地球生命系统。当今世界的最大困局，是无限的人类物质生活欲望和有限的地球生态系统承载力之间的矛盾，唯一的应对办法是人类以高度精神自觉约束无限物质欲望，顺应自然，尊重自然，保护自然，实现人与自然和谐共生——这正是中国生态文明建设孜孜以求的目标，也是未来人类文明发展的唯一正确方向。

二是从中华文明发展的独特历程来认识。中国文明史是中华民族与所在自然生态环境协同演化的历史。一方面，在漫长的生存实践中，中华民族积累了丰富的生态文化遗产。另一方面，中华文明的发展也付出相应的环境代价。中华民族曾在周秦之际和清中后期两度遭遇相当严重的环境资源危机。进入19世纪以后，更是陷入内忧外患的深渊，传统生产方式陷入生态困境。因此中华文明复兴的重要基础条件之一，是全面调适人与自然关系，走出长期积渐所至的危机和困境。

三是从中国共产党百年奋斗历史来认识。坚决遏制环境恶化，积极化解生态危机，促进人与自然和谐共生，是中华文明继续前进的必由之路，中国共产党人坚毅地担当起这一时代伟大使命。中共十七大首次提出"建设生态文明"的战略任务，十八大将其纳入中国特色社会主义建设"五位一体"总体布局。

以习近平同志为核心的党中央，进一步把"生态文明建设"提升到更高战略地位，写进《中国共产党党章》和《中华人民共和国宪法》。多年来，习总书记对生态文明做了大量精辟论述，形成了完整的思想体系，反映了五千年中华文明的深厚历史底蕴,体现了对中华民族永续发展和人民生活幸福的深谋远虑,饱含着对人类共同命运的深切关怀。

三 努力构建中国特色环境史学思想知识体系

时至今日,中国特色环境史学理论方法、概念话语的系统建构工作尚未完成,分散的成果尚未综合提炼形成完整思想知识体系,优质学术文化产品供给不足,导致公众对现实环境问题缺乏历史理性认识,一些错误的观点广泛流播。大力构建中国特色环境史学思想知识体系,是我们这代历史学者不可推卸的学术职责,学界同仁必须致力于完成以下基本任务:

一是要以马克思主义人与自然关系思想和习近平生态文明思想为指导,树立新的历史价值观。马克思主义经典作家以人的生命(肉体组织)与自然的关系作为第一个前提来建构唯物史观,这应当作为中国环境史学建构的逻辑起点。习近平同志继承马克思主义人与自然关系的思想,吸收中国传统生态智慧,结合当代环境保护的实践经验,提出了中国特色社会主义生态文明建设的完整理论体系。这既是全党全国人民奋勇推进社会主义生态文明建设的行动方针,也是建构中国特色环境史学的重要理论指导。

二是以史实为依据深度解说自然环境作为先在客观条件对中华民族发展的根本意义。重建历史时期中国自然环境面貌,努力揭示众多结构性环境要素及其变化,如何历史地规约中华民族的生存发展——既提供条件亦构成障碍,从而塑造不同时代、区域和民族的物质经济体系和社会文化风貌。

三是系统讲述自然环境作为生命场域是如何伴随着中国文明的历史进程而不断发生改变。系统讲述中国古今环境的变迁,揭示其背后的经济、政治、社会和文化驱动力,反思人类活动不当所造成的负面环境后果,历史理性地认识当今环境生态危机的根源和本质。

四是总结中华民族尊重自然、顺应自然和保护自然的优秀生态文化并积极阐释其当代价值。对于先民流传下来的宝贵的生态文化遗产,应当基于生态文明建设需要进行系统整理、精粹提炼和创造性转化,使之发挥唤醒自然情感、培养生态品格、化育道德人心、倡导绿色生活的积极作用。

五是揭示自然环境与社会经济协同演变的时空过程和规律,为重大规划决策提供历史参考。紧扣人与自然关系的主题,围绕中华民族生存发展的主线,追寻五千年文明的生态足迹,有助于为建立一种广域生态系统观,优化国土空间开发布局,调整区域流域产业布局,促进地区协同发展和优势互补,最终建成人与自然和谐相处的现代化强国,提供富有参考价值的学术成果。

[摘自《武汉大学学报》(社会科学版)2019年第5期;王利华:南开大学历史学院教授]

民族复兴与历史教育

尤学工

中华民族的伟大复兴既是近代以来中国人提出的历史性任务,也是当前中国发展提出的战略性目标。而要科学、深刻、准确地认识和理解这一任务和目标,离不开对历史的认识。现实的中国来源于历史的中国,没有对历史的中国的深刻认识,就无法认清现实的中国,无法明确民族复兴的任务和道路。民族复兴需要全体中国人的共同努力，这就需要全体中国人对民族复兴的历史条件和任务道路达成共识。

一 民族复兴建基于对民族历史的认知

认清历史是实现民族复兴的前提和基础。近代中国人提出民族复兴的目标，是以他们对中国历史的判断为前提的。他们通过对中国古代历史文化辉煌成就的追述来说明民族复兴的可能性，通过对近代中国衰落史和屈辱史的审视来说明民族复兴的必要性与紧迫性。

就像文艺复兴以古希腊文化的复兴为表征一样，近代中国人提出民族复兴的目标时，也是以古代中国的辉煌历史文化为其参照的。他们认为，中国古代的历史文化悠久辉煌，是世界文明史上最早和最有成就的文明体之一，完全有可能实现民族复兴。中国历史文化曾经的辉煌说明了中华民族的强大创造力与生命力，这样一个思想发达、地位崇高的民族，即便遭受暂时的衰落，也完全可以重拾昔日的辉煌，实现民族的复兴。

到了近代，中国的衰落史和屈辱史使国人深感追求中华民族复兴的必要和紧迫。衰落的趋势让当时的中国人倍感焦虑，他们急迫地想改变这种趋向，于是中华民族复兴就成为一个迫切的时代课题。梁启超就此提出具有民族复兴意蕴的"少年中国"说，此说在20世纪初盛行一时，时人追求中华民族复兴的必要与迫切可见一斑。其后，中国学人在实现民族复兴的方向与道路上做了不同的探索，虽然思路与方式不同，但他们在追求中华民族复兴这一总体目标上无疑是一致的。

中华民族复兴不只是学界探讨的议题，也是政治家关注的焦点。无论是孙中山，还是毛泽东，直至当今的中国领导人，都把实现中华民族的伟大复兴作为一个根本的追求目标。现今，"民族复兴"话语成为中国共产党的正式话语，出现频率越来越高，逐渐构建起"民族复兴中国梦"的话语体系，并成为国家发展的战略性目标。政治家对于中华民族复兴问题的认知，由于其特殊的地位，往往会影响中国发展的路径与方向，因此特别值得重视。

我们可以看到，无论是知识界，还是政治家，抑或其他社会群体，虽然他们在民族复兴的具体内涵与方式道路上存在各种分歧，但他们对民族复兴这一总体目标是一致认同的。而这一目标的确认，是以他们对中国历史的认知为基础的。

二 民族复兴离不开历史教育

民族复兴既有物质层面的创造与更新，也有精神层面的传承与发展。而民族精神的复兴离不开历史教育。通过历史教育激发忧患意识、培养爱国主义、增强民族自信力是重振民族精神的重要方式。

忧患意识在很大程度上表现为对民族命运、国家前途的深深忧虑和关注，以及对社会责任的认识。而通过历史教育，使国人认识国家与民族面临的严峻形势，培养国人自觉的忧患意识，促人清醒，使人奋进，激发其爱国、救国的责任心，追求民族复兴，则是史家的一个重要目的。通过历史教育，无数爱国志士投身于挽救民族危亡的行动之中，使中华民族"起死回生"。他们的思想和行为，不就是一种生生不息的民族精神吗？从这个意义上说，忧患意识正是激励民族精神更新、进步的一种机制。

历史教育也是唤起爱国心的重要方式。梁启超将史学视为"爱国心之源泉"。近代思想观念的传播不断深入，也由于民族危机不断加重，史学和历史教育领域逐渐形成了一股爱国主义思潮。这股爱国主义史学思潮，在当时对帮助民众认清中国的形势与前途，唤起民众的爱国热情，激发民族意识，振奋民族精神，是起了很大作用的。而且，由于它所具有的时代内涵，使它得以与其他各种思潮一起，起到了思想启蒙的作用，促进了中华民族复兴的进程。

要复兴中华民族，就必须提高民族的自信力。那么，怎样才能提高民族的自信力呢？张君劢认为，要提高民族自信力，首先必须尊重本国的历史文化。如果一个国家的国民连自己民族的历史文化也不知道，那么这个国家不仅没有复兴的希望，相反还会进一步衰落下去。所以，我们需要有适当的历史教育，使国民对中华民族光荣的历史文化有一全面系统地了解，以恢复民族的自信力。历史教育就是告诫人们如何树立正确地对待历史的态度，从而增强对本民族历史文化的认同，提高民族自信力。

中华民族生生不息的生命力和创造力既是民族精神的一个重要表现，也展示了中华民族非凡的民族素质。历史教育的一个重要功能，就是通过向国人展示中华民族顽强不息的生命力和卓越非凡的创造力，振奋民族精神，提高民族素质，帮助国人克服严重的民族危机和各种困难，树立民族复兴的信心。

从历史教育在激发忧患意识、培养爱国主义、增强民族自信力、提高民族素质等方面所发挥的功能和作用来说，若要重振民族精神、追求民族复兴，则不能不重视历史教育。

三 历史教育在民族复兴进程中的任务

历史教育在民族复兴进程中主要承担三个方面的任务：一是促使一般民众对于民族复兴使命的觉醒；二是进行民族复兴的前途教育；三是改造自身以胜任民族复兴的使命。

民族复兴需要集全民族之力方可成功，但并非民族的每个成员对这一使命都有着清楚地认识，甚至相当一部分人对此漠然视之，置身事外。造成这种情况的原因很多，不了解本民族的历史和文化，不了解自身在民族复兴中所应承担的责任，无疑是其中的一个重要原因。这就需要认识历史教育的重要性，让一般民众通过历史教育实现对民族复兴使命的自觉。对此，史学家和政治家是有共识的。

白寿彝是一位对民族复兴使命保持高度自觉与热情的史学家，也是改革开放以来对历史教育倡导最有力的史学家。他认为，历史教育就是思想的根本教育。习近平也指出，中国人民正在为实现中华民族伟大复兴的中国梦而奋斗，需要从历史中汲取智慧，需要博采各国文明之长。这些认识与倡导，是对历史教育任务的明确宣示。

要追求民族复兴，就必须在民族复兴的前途问题上凝聚共识，这是历史教育的又一重要任务。20世纪的中国有三个面临重大转折的时期：20世纪初、20年代至40年代、70年代末80年代初。这三个时期，都是民族复兴的关键期，因此也是前途教育的关键期。在这三个时期中，历史教育发挥其巨大的舆论作用，为新中国的成立和意识形态建设创造重要的思想条件，给现代化道路的探索以借鉴。历史教育总能在历史转折关头帮助人们认清历史趋势，指导人们改变历史、创造历史的社会实践，这种重要作用有力地推动了20世纪中国历史的发展。进入21世纪，中华民族复兴面临着前所未有的机遇与挑战，历史教育理当继续发挥它在前途教育上的重要作用。

历史教育若要承担在民族复兴进程中的重要责任，就必须不断改造自身，以胜任使命。今天的历史教育也存在自身的问题，比如，中国学界对一些重大历史问题的话语权和影响力不足，中学历史课程被视为可有可无的"副科"。社会历史教育缺乏相应的政策指导与约束机制，一般公众历史知识贫乏，历史意识淡漠。从周边环境看，日本屡次修改历史教科书，台湾当局在历史教育上"去中国化"。这些问题都对当前的历史教育提出了严峻挑战，直接影响到了历史教育承担民族复兴使命的能力，必须加以正视和解决。

历史教育的改造将是一个与中华民族伟大复兴相始终的过程，我们应当把历史学作为国家战略性基础学科，把历史教育视为一项国家基本战略。只有这样，历史教育才能胜任民族复兴的神圣使命。

［摘自《廊坊师范学院学报》（社会科学版）2019年第3期；尤学工：华中师范大学历史文化学院教授］

论点摘编·先秦秦汉史

五帝时代的历史学、考古学及人类学解读

沈长云

五帝时代是夏代以前的一个时代，是中国历史进入文明以前的一个时期。当前，我国学界正在进行中国古代文明探源的工作，有必要对五帝时代有一个比较全面清晰的认识。首先要认清历史上是否确实有过一个五帝时代？五帝时代的基本状况和社会性质如何？它的时间范围如何？所谓"五帝"是哪五帝？他们的身份与来历又是如何？考古发掘能够找到五帝的线索吗？这些问题历来引起不少争议，在当今学者中也存在着不少分歧。鉴于这些问题的重要性，将个人的一些浅见和大家交流。请方家不吝批评指正。

一 五帝来历与五帝时代的确认

中国历史上有一个五帝时代，这是不容置疑的。《史记》第一篇《五帝本纪》，即是讲五帝时代的历史。司马迁在该篇后面的"太史公曰"下谈到此篇的史料来源，称《五帝本纪》不仅依据了孔子所传《五帝德》和《帝系姓》（载今《大戴礼记》），更直接依据了《春秋》（《春秋左传》）和《国语》，是司马迁所言五帝的史事皆出自先秦时期更早的文献记录。尤其《左传》与《国语》，据称出自与孔子同时代的左丘明之手，可以说是我国最早成书的两部历史著作，其史料价值绝非一般战国时期史著及诸子著作可比。今查《左传》《国语》两书，上面确实记有五帝及其他一些古帝的名称或名号，其时代在禹建立的夏王朝之前，是知太史公所述并非虚言。要之，五帝及五帝时代是一个客观的存在，不是人为编造的历史，这应当是讨论五帝时代的一个前提。

应当说，"五帝"的名号产生虽晚，却是其来有自的。它们并非出自后人的凭空想象，而应是出自后世一些著名氏族（或姓氏集团）对自己祖先的一种追忆。"五帝"之"帝"，按训诂说，实在是指自己祖先的牌位。《礼记·曲礼》说："措之庙，立之主曰帝。""帝"就是后人所立祖宗的牌位。对于自己祖先的牌位名号，想必人们（主要是主持祭祀的各姓氏集团的贵族）是不可以随便加以想象或随意杜撰出来的，那样的话，就是对祖先的不尊了。尽管祖先都生活在距离自己很久远的年代，但我们知道古人对于自己祖先的记忆同样也会保持得相当久远的。这在古代、近现代一些少数民族地区那里都可以找到佐证。例如彝族某些家支通过父子连名的方式，可以将自己的祖先上溯到五六十代甚至上百代以前。所以"五帝"的名号产生虽晚，但亦可以相信是出自古代真实的历史。

二 五帝时代的历史学解读

按照历史发展顺序，所谓五帝时代就是我国第一个早期国家——夏之前的一个历史时期。这对于每一位研究者来说，应当是很清楚的。而今要对五帝时代展开讨论，我以为主要是我们对五帝时代的内涵还有一些不同的认识。这些认识的差异主要体现在以下几个方面。

第一，是对五帝概念的不同认识。这里面包含有以下两个最基本的问题：一是"五帝"

到底是哪几位古帝？按照通常的说法，即上述《大戴礼记》和《五帝本纪》的记述，"五帝"指黄帝、帝颛顼、帝喾、帝尧和帝舜五位古帝。但是这里面却没有炎帝。其他一些文献对五帝有不同记载，如《礼记·月令》中的五帝便是指太昊、炎帝、黄帝、少昊、颛顼这五位，可是却不包括帝喾、帝尧和帝舜。也有说"五帝"是指少昊、颛顼、帝喾、尧、舜的。还有所谓"五方帝"的说法。这些"五帝"说，无非都是前人从不同角度对上古历史的一种总结，各有道理，无所谓对错，我们也不好去辨别它们的是非曲直。我们只需认识到这些古帝都是远古时期我们民族的一些著名祖先，是那个时代同样具有祖先性质的一些历史人物即可。

第二，这些古帝到底是一些什么性质的历史人物呢？此即是我们要给予回答的有关五帝概念的第二个问题。按照文献记载，那一时期人群主要聚居的地区尚处在一个"天下万邦"的状态，帝尧、帝舜之治理天下，称"协合万邦"；禹会诸侯于涂山，称"执玉帛者万国"，万国即万邦，邦方同谓，万非实指，极言邦国数量之多耳。这众多的邦国都互不统属，各个邦国实际都是一些各自独立的氏族部落团体，它们上面并没有一个凌驾在所有氏族部落之上的权力机构。所谓五帝（包括其他古帝）不过就是这样一些邦国亦即不同氏族部落的首领，或者是其中一些比较强大的氏族部落集团的首领而已。

第三，是包括五帝在内的各个古帝之间是否具有血缘亲属关系？在这个问题上，我相信过去顾颉刚先生的说法，他在所发出的推翻非信史工作的几项倡议中，一开始就提出，要"打破民族出于一元的观念"，就是针对这个以黄帝为首的"帝系"而言的。他认为这个所谓的"帝系"，实只是自春秋以来各民族融合而导致产生的一统观念的产物。实际上早期各族，"原是各有各的始祖，何尝要求统一？"这里提出中华民族非出于一元，各氏族部落皆有其各自奉祀的祖先，所谓"帝系"或者五帝的谱系乃后世民族融合的产物，是很有见地的。

第四，是"五帝"的排列顺序问题。这里要强调的一点是，"五帝"并不是一个纵向的排列，它们之间应主要是一种并列的关系。即这些古帝（不止是"五帝"）大致都生活在同一个时代，相差的时间不会太久。

第五，是各位古帝所在的地域问题。联系上面的内容，我们可推知各位古帝所在的地域实际也就是上古各姓氏集团分布的地域。那时人们在很大程度上还是按血缘亲属关系居住在一起的，不若以后各姓族之人已是插花般地错居杂处在一起。

关于五帝时代的年代，其下限应是没有争议的，关键是其起始的年代，也就是黄帝所在的年代。最近的一个说法是著名考古学家、北京大学的李伯谦老师提出来的，他说黄帝应当是在公元前2500年或公元前2300年。我比较赞同李先生这个说法。大家知道，我主张陕北神木石峁古城就是黄帝部族的居邑，石峁古城的年代在公元前2300年左右，这应当是五帝所在年代的一个标尺。

三 五帝时代的考古学与人类学解读

五帝时期当在公元前2500年至公元前2070年，或公元前2300年至公元前2070年左右。这个年代相当于考古学上的龙山文化时期，所以我判断五帝时代就相当于考古学上的龙山文化时期。

五帝时代所处的社会发展阶段，根据当代西方文化人类学四阶段进化的理论，结合我国具体实际，应当属于酋邦阶段。也就是说，上面我们说的当时社会上普遍存在的所谓邦、国，其实都应是酋邦组织，或复杂酋邦组织。

五帝时代作为中国夏代之前的一个历史时期，其存在是客观事实乃是讨论五帝时代相关问题的基本前提。"五帝"的名号产生虽晚但并非后人层累地添加进中国古史，其来源大致可信，多出自后世一些著名氏族对祖先的追忆。因此，五帝有不同说法和不同排列顺序也是与古代民族的多元性、非单一血统的性质正相吻合的。五帝时期尚处在一个"天下万邦"的状态，一统观念尚未出现，因此"五帝"

不可能是前后相继的五位大一统君主，只是不同氏族部落的首领。"五帝"为代表的古帝是大致处于同一时代的人物，后世所谓"五帝谱系"实乃后世民族融合的产物。"五千年"只是理解五帝时代的约数，五帝起始年代的上限应在公元前 2500 年或公元前 2300 年。考古学上的龙山文化时期应大致对应五帝时代，不仅出现了明显的农业定居特征，而且其社会发展也更接近于"文明前夜"的特点。根据当代西方文化人类学四阶段进化的理论和具体实际，五帝时代所处的社会发展阶段应属于酋邦阶段，也是国家社会形成之前的一个重要时期。

（摘自《中原文化研究》2020 年第 5 期；沈长云：河北师范大学历史文化学院教授）

试论考古发现所见的商王室宗庙制度

胡进驻

朱凤瀚先生曾对晚商殷墟卜辞所见的商王室宗庙制度进行过卓有成效的研究，取得不少关键性的学术结论。随着考古工作的不断进展，考古发现的商王室宗庙建筑遗存也非常丰富。在偃师商城、洹北商城及洹南殷墟都发现有比较明确的商王室宗庙建筑，在郑州商城及小双桥遗址也出现很重要的商王室宗庙建筑线索。依托这些考古发现，已有一些学者对商王室宗庙制度的有关问题进行过一定的研究。

一 商王室四亲庙制度孑遗

四亲庙制度在中国古代中晚期传世文献中有比较明确的记载，而且立四亲庙是中晚期开国君主必须的"规定动作"。后代王朝甫一建立，多立即祀奉四代神主。至于四亲庙制度的渊源，或邈远不可究。但考古发现的偃师商城及洹北商城等处的商王室宗庙建筑，均反映出商王室可能曾经奉行过四亲庙制度。

四亲庙即高祖、曾祖、祖及父考四代之庙室，是诸侯及天子并有之基本庙室部分。高、曾、祖、考四代是基本，天子诸侯共之；唯天子以普有天下之尊，四亲庙之外，复向上又多追尊两代，再合始祖得七庙，而诸侯则仅四亲与始封君五庙而已。但商汤大乙有天下以后、战国秦汉以前，历商、西周至春秋，有五庙制、七庙制，亦有五主之祀和七主之祀，但并不遵循建立在毁庙基础之上的天子七庙、诸侯五庙、大夫三庙之制。战国以降，诸侯仅以四亲庙合太祖之室，得五庙；天子以四亲庙合高祖之父与高祖之祖及太祖庙宇，得七庙之极制。四亲庙制与天子七庙制，在当代考古学材料中皆有所反映，而且在墓地布局中也有间接支撑之痕迹。二制并不冲突，而是互相印证。四亲庙乃中国古代中晚期庙制的根本和必须。而从殷墟卜辞上甲、报乙、报丙、报丁四位名号的紧密相接及偃师商城早期的四号宗庙建筑主殿分割为四室等情况来看，涵盖高祖、曾祖、祖及父考的四亲庙制度可能起源很早，"其来尚矣"。四亲庙是战国秦汉时期逐渐形成的"天子七庙制"及"诸侯五庙制"的基础，但在商汤有天下之后、战国秦汉时期以前，有四亲庙制度，却无"天子七庙"与"诸侯五庙"之制。

四亲庙是包括天子和诸侯在内的中国古代高级贵族宗庙建制的基础。只不过，在四亲庙的基础上，天子可能再有二代的累加，而诸侯只有四亲庙加始封君而已。这可能是传世文献"天子七庙"及"诸侯五庙"制度的基础。至于天子在四亲庙基础上累加哪些庙主，传世文献有不同的说法。按照一般礼制，应该是累加高祖之父和高祖之祖二代，一个始（太）祖庙＋四亲庙＋高祖之父＋高祖之祖＝七。但有时候可能累加的是王朝开国之初的二代功勋卓著的明君，而非高祖之父及高祖之祖。比如，周人宗庙可能在四亲庙基础上累加周文王及周武王之庙。从传世文献的记载来看，中国古代中晚期君主（尤其是开国者）对于四亲庙的建置非常重视，其渊源至少可以追溯至商王室的四亲庙制度。

二 偃师商城宗庙区揭示的宗庙制度及其布局形式

偃师商城宫城宗庙区大致经历仅有四号基址→四号基址（居中）＋"回"字形神厨（六号，居南）→四号北未编号基址（居北）＋四号基址（居中）＋五号基址（居南）等三个发展阶段，反映出宗庙建置的渐趋完善。至于此南、中、北三组宗庙建筑各自的供奉祭拜对象，可略作推测。四号基址北面的未编号宗庙建筑可能供奉晚商殷墟卜辞"河"六示之类的先公远祖。由晚商殷墟卜辞与相关考古发现观察，商王室除去将生父庙室单独建设及以四亲庙供奉上甲至示癸六代早期方伯先王而外，武丁以前一是将大乙至时王祖父的所有直系先王的庙室（每位神主一间庙室）联结在一起，形成一东西横长的宗庙建筑组合；武丁及其以后则分二至三个东西横长组合容奉大乙至时王祖父的所有直系先王神主，每个组合均由五位庙主的庙室联结而成。

三 洹北商城宗庙区揭示的宗庙制度及其布局形式

洹北商城一号宗庙基址主殿"正室"中南北通道以西的八间是关系紧密的一个整体，至于通道以东原本是有一间、二间还是三间庙室，则无碍大局。通道以东、以西庙室的礼仪地位和功能可能有较大的不同。

洹北商城宗庙区主体的一号宗庙建筑组合居南且靠前，其供奉的神主已如上述；洹北商城宗庙区的二号宗庙建筑组合居北且靠后，前已论述可能为中商王室的四亲庙，供奉的神主可能为大甲、报乙、报丙、报丁、示壬及示癸六代之牌位，分四室别藏之。洹北商城宗庙区是一个比较明显的前南、后北两部分上下纵列布局形式。

四 洹南殷墟宗庙区揭示的宗庙制度及其布局转变过程

晚商殷墟宫殿宗庙区的考古资料非常丰富，但其布局形式其实并不是特别清晰，可能大致也是东西对峙式，但或许不是特别精准的左右对称式建置。殷墟的宗庙建筑布局比较严整和集中，但殷墟的朝寝建筑则有可能相对较为分散，分布范围可能也比较大，但大致在宗庙区的西南及大黄土坑西面，与坑东面的宗庙区略呈东西对峙之势。

五庙一组制在稍后的殷墟宗庙区的乙十一组、乙二十组及西周王室主都宗周（沣镐）及东都成周城的京宫和康宫宗庙建筑组合中都有明显继承。后来的这些五庙一组制中，一般是按照昭穆（商王室自西向东、自早至晚直线顺排祖→昭→穆→昭→穆五庙室；周王室则以太祖庙室居南中，二昭庙室居西北左，二穆庙室居东北右）排布神主庙室，且五庙室紧密组合在一起。这样，有可能在武丁甫居洹南小屯之初即在宗庙区东南建同属一组的五庙室（丁组早期阶段），旋即建设九室的丁组晚期阶段宗庙建筑组合。同时也建设宗庙区最北部的乙五组庙室。稍晚则在宗庙区南部营建规模宏大的乙二十组与乙十一组宗庙建筑，自南而北排列自早至晚的祖先庙室。另在西南方向建坛墠类的丙组，始建或可早至殷墟一期晚段，亦即武丁早期。于此，则大部分时间内，乙五组、乙十一组、乙二十组及丙组是基本同时并存的。而丁组始建比较早，但使用时间则可能不太长。可能表明武丁迁居洹南之初，殷王室的宗庙建设是处在一个不断发展变化的进程之中。卜辞中的"新宗""旧宗"可能就是这个情况的反映。

殷人甫迁洹南殷墟之时，大致建设北面的

乙五组与南面的丁组两组宗庙建筑组合，乙五组可能分四室供奉和祭拜上甲至示癸六位方伯先王的神主，丁组则主要祭拜和供奉大乙至祖丁九位直系先王的神主，丁组早期之五室组合可能供奉五大示（大乙、大丁、大甲、大庚、大戊）；稍后建设乙二十组、乙十一组、乙七"右宗"等宗庙建筑组合，而丁组宗庙建筑组合的礼仪地位逐渐下降，其中乙二十组供奉和祭拜大乙、大丁、大甲、大庚及大戊等"五大示"，乙十一组供奉和祭拜中丁、祖乙、祖辛、祖丁及小乙等五示，乙七"右宗"祭拜和供奉"河六示"。乙七"右宗"和乙五组基本可视作同一个单元，即洹南殷墟宗庙区北部区域。洹南殷墟宗庙区布局大致经历一个由南（丁组）、北（乙五组）二元布局向南（乙二十组）、中（乙十一组）及北（乙五组＋乙七"右宗"）三元布局转变的过程。上述诸组宗庙建筑组合的建设时间，除去乙十一组可能是在殷王祖庚在位时期外，其余多在殷王武丁在位时期。

［摘自《北京师范大学学报》（社会科学版）2020年第1期；胡进驻：北京师范大学历史学院讲师］

商周东土夏遗与夏文化探索

陈 絜

夏代存在与否的争论，关键在于辨析《左传》《史记》等文献记载是否有更早的依据、史源自何而来。以商周时期夏遗地域分布为切入点，重构夏早期的政治地理框架，进而检讨《左》《史》夏史体系以及今人方法论等问题，或为可行方案。商周出土文字资料与先秦文献中，与夏早期历史相关的古族、古地与古国颇多，其中相对重要的当属商周诸姒及东土姻亲小族，其地理分布上的梳理，可作为夏文化起源与夏早期历史探索的重要参照。

一 甲骨、金文所见东土诸姒及其姻族

1. 两周金文里的东土诸姒

结合文献与周代金文资料可知，诸姒之族达16个，但族姓明确见载于两周金文的只有7个，即费、杞、辛、鲍、瘷、缯与虎。其中虎族似在晋南，其余6族则均在今山东境内。

费：卜辞作"裵"，金文作"弗"，结合弗奴父鼎出土地及相关卜辞资料如《合》4730、6943、7047等记载可知，商周时期在今山东费县一带已有姒姓费族存在。

杞：东土姒姓杞族在《春秋》经传和叔夅父簠等金文资料中有大量证据，而《屯》660、《合》36751等卜辞材料尤为重要，商周杞地大致在今新泰西境。

辛：卜辞作"先"，金文作"辛"或"新"。卜辞中辛与商（《合》6834）、擎（《合》10923）、子画（《合》5785）等武丁时期的东土人物相涉，其族居地大概在古济水下游地带。

鲍：春秋晚期鲍子鼎（《资料库》NB1646）铭文有"鲍子作媵仲匋姒"云云之辞，此鲍子或为齐桓公时代的鲍叔牙之后，"仲匋姒"则为鲍子之女，所以齐国鲍氏姒姓殆无可疑。

瘷：卜辞作"𦣞"，金文作"𦣞"。瘷族殆出自先族，别族后曾居东土封地。结合《合补》7257等卜辞判断，封地在鲁中一带，瘷族大体应在汶水流域。

缯：缯氏姒姓，《国语》《左传》等有明确记载。山东临朐所出上曾太子器应该就是诸

姒之一的缯国遗存。结合武丁时期的相关卜辞，商周缯地应在今山东临沂兰陵。

综上可知，目前所知的比较确定的姒姓诸族，主要在东土集中分布，此为探寻夏族起源及其族群早期活动区域提供了重要线索。

2. 商周时期的东土诸姒之姻族

目前所知东土诸姒的姻亲，大致有如下5族。

寒：据小子发鼎铭文（《集成》2598），寒与诸姒某族通婚。参照殷墟田猎卜辞《合集》28982，寒与丧、宫、殷等鲁北地名对贞，则寒地可能也在鲁北。

雍：由西周早期雍姒鼎铭文（《集成》3568）可知，雍与诸姒某族通婚。前掌大墓地M18所出棻盉铭文有"人方灉（雍）伯"之名，而卜辞中的雍地大致位于淄水上游地带。

举：据周初举族姒尊（《集成》6000）推测，举族曾与姒姓某族通婚。目前看来，晚商举族宗氏及其分支如亚稅、亚棘与敔，均盘踞于东土。

邾（或屮）：据卜辞《合》5622、《合》6571正等判断，邾（或屮）在东土无疑。而邾与诸姒通婚最为确凿的证据便是杞伯每亡组器。

卫：春秋早期卫姒鬲（《集成》594）铭文之"卫姒"乃女子自称，卫为夫氏，姒属父姓。春秋时期卫国政治中心在今河南濮阳，其东界抵达古济水流域，势力范围与东方鲁国交错。

东土诸姒之姻亲，具有从商至周长期盘踞东土的特征，这从一个侧面证明东土是商周诸姒的主要活动区域。

二 甲骨、金文所涉夏早期史传中的族与地

与有夏史传相关的族与地，包含的范围要相对宽泛些，其中涉及夏早期的主要有：

有扈氏：有扈氏见于《史记·夏本纪》《尚书·甘誓》序。依据《合》36487（黄）、《合》13925正（宾）、《合》24347（出）等晚商卜辞记载，今山东泗水、新泰间有一雇地，与《春秋》庄公二十三年扈地十分契合，似能与姒姓有扈氏相联系。

甘：宾组卜辞《合》5129、《合》10936正所记甘地，殆位于汶水以南、洙泗以北相对狭小的区域内，与泗水、新泰间的扈地密迩相接，则传世文献"启与有扈战于甘之野"之辞亦非虚妄。

斟灌氏：《左传》襄公四年杜注认为斟灌氏在今青州寿光，《夏本纪》斟戈氏殆斟灌氏之误。据卜辞《英》2563（黄）与西周史密簋铭（《数据库》NA0636）可知，商周时期的汶水下游沿岸肥城一带，有一支以蓳或谨为名的族群，与姒姓斟灌氏最为切近。

斟寻氏：据《左传》襄公四年杜注，斟寻在今山东潍坊市境。但鲁北鄩氏实为子姓，在族姓上与斟鄩不合。殷墟晚期卜辞中还有一𨖂（𨖂）地，据《屯》660与《补》11142等卜辞，𨖂地在泗水、曲阜、宁阳、新泰与平邑间的可能性较大。此𨖂族与斟寻氏的关系应予关注。

戈：《左传》襄公四年载有"处羿于戈"，说明春秋时期河济之间有一戈地存在。戈族明确见载于《合》5900、《合》6939等宾组卜辞，与圃在地理位置上比邻，与鲁北画族及活跃于东土的狗族有同版关系。

鬲：夏早期的史传中有夏遗臣靡避祸有鬲之记载。据《合》201正（宾）、《合》24280（出）等卜辞记载，鬲地距离莱芜境内鄩地不远，且是商王驻跸地，其地望似应在汶水流域。

遼（原）：《古本竹书纪年》有"帝宁（杼）居原"之说。河南商水县出土春秋早期遼仲为其女"仲妫家母"出嫁沦族所铸之媵器簋一组，可知当时遼氏为妫姓之族。晚商卜辞中的遼地推测在鲁西南甚至豫东。考虑到遼地与沦地的内在联系，推测此即"帝杼居原"之原。

沦（纶）：《左传》哀公元年记少康逃奔有虞，虞思"邑诸纶"。有虞氏的核心政治区域在今豫东与鲁西南交界地带，故纶应在东方。前述遼仲簋组器所媵对象就是嫁于沦氏的

仲妫。原氏族源恰好与有虞氏相关。所以，"沦中妫"之沦，可以与"虞邑"之纶相联系。

冥氏：据《夏本纪》，诸咎有冥氏之族。据《合》635 正、7890、3061 等卜辞可知，晚商时期汶水流域下游有冥族，《左传》文公十五年"句鼆"或即此冥地，则商周时期鲁中与鲁西南间有一冥地存在。

此外，"处浇于过"（《左传》襄公四年）之"过"以及"薛之皇祖奚仲，居薛以为夏车正"（《左传》定公元年）之"薛"，也应位于东土。

三 《左传》夏史体系与夏文化探寻方向

商周时期，东土不仅有数量众多的夏遗诸咎及其姻亲，也包括与夏早期史有关的地与族。这为我们进一步推进夏文化相关问题的探讨，提供了启示。而《左传》所记与夏早期"逸史"体系的价值问题，或可为考古工作提供线索。

最为今人所熟知的夏史体系，出自《史记·夏本纪》。但司马迁采用的史料基本属于今文系统，司马迁虽接触过"《春秋》古文"，也即《左传》，但重视不够。梳理相关材料可知，《左传》的夏史体系与《夏本纪》有很大出入，尤其是夏早期夷夏间的政权更替类"逸史"，颇值得讨论。从《左传》所记诸多事件看，这一时期王朝重要事件几乎均发生在东土，与之相关的族与地，亦多能得到甲骨与商周金文资料印证，显然比《史记》体系可信得多。《左传》所述，同时可以得到《书序》等材料的佐证。故说周人杜撰夏史，须谨慎对待。当然，这一夏史体系也不可能是商人编造。

就目前来看，对夏文化的探索以豫西晋南为主要方向，并取得了相当的成绩，但这并不妨碍我们对东部地区之于探索夏史重要意义的估计。夏代的政治地理版图可能经历了由东向西的变化，中期以后其势力大概深入豫西晋南，有夏一代从未断绝与东土诸族的联系。因此，对于探索夏文化源头及其早期政治核心区域而言，今山东及河南东部、北部一带，似应引起研究者的进一步关注。

（摘自《历史研究》2020 年第 1 期；陈絜，南开大学历史学院教授）

"秦桥"考议：再论秦交通优势

王子今

中国古代桥梁史记录了秦人的发明。秦长于桥梁建造工程的技术，是交通能力优越的表现。"秦桥"成为具有纪念意义的文化象征符号，不是偶然的。我们曾经讨论过秦国对于交通的重视，大有利于统一的实现。回顾秦桥梁史，可以深化相关认识。

将"秦桥"视为一种象征，看作秦文化的代表性遗存与秦政的时代性标志，是体现出真切历史观察的认识。

一 秦后子𫓧"造舟于河"与秦昭襄王"初作河桥"

秦人最早在黄河上建造浮桥的记载，显示出服务于交通的工程能力。

秦后子𫓧"造舟于河"，在中国古代桥梁史上留下了鲜明的记忆。《左传·昭公元年》记载："秦后子有宠于桓，如二君于景。其母曰：'弗去，惧选。'癸卯，鍼适晋，其车千乘。书曰：'秦伯之弟鍼出奔晋。'罪秦伯也。后子享晋侯，造舟于河，十里舍车，自雍及绛。归取酬币，终事八反。"杜预《集解》言"造舟为梁，通秦、晋之道"，指出这是实现"秦晋"交通条件改善的重要工程。

"河桥"，是征服黄河险阻的重要交通工程。《尔雅·释水》郭璞注解释"造舟"，谓"比舡为桥"。排列船舶，相互系连，上施木板，以形成便利的通行条件，是交通史上的重大发明。

据《元和郡县图志》保留的历史记忆，后子鍼"造舟于河"之处在汉西河郡辖地以外的河段，看来黄河南向切割的东西两岸，往来交通相当便利。春秋以来秦晋相互间文化联系之密切，有交通条件的因素。而克服河险的努力，显然秦人有较为积极的表现。

后子鍼"造舟于河"，营造了最早的黄河浮桥。并非国家行为的后子鍼"造舟于河"创制，其实可以明确地体现出秦人桥梁建造技术的水准。

黄河历史上第一座常设的浮桥，也是秦国修建的，即《史记》卷五《秦本纪》记载秦昭襄王五十年（公元前257）"初作河桥"事。"河桥"营造，是与对赵、魏、韩的猛烈的军事攻击大致同时的工程。

秦昭襄王五十年"初作河桥"与后子鍼"造舟于河"的关系也有必要讨论。所谓"初作河桥"是否可以动摇我们对于后子鍼"造舟于河"乃最早的黄河浮桥的认识呢？现在看来，后子鍼营造的，应当是第一座临时性的黄河浮桥。而秦昭襄王"初作河桥"，则是黄河上第一座常设的浮桥。

二 李冰造七桥与咸阳渭桥

《华阳国志》卷三《蜀志》记载，李冰治蜀，除兴修水利、开通水路以外，亦注重桥梁建设，所谓"李冰造七桥，上应七星"。"李冰造七桥，上应七星"，其实可以看作秦始皇时代渭桥设计"以象天极阁道绝汉抵营室"的历史先声。李冰建造的"七桥"或"七星桥"的推定位置，《桥梁史话》载四川省博物馆提供的示意图可以参考。

李冰在成都平原经营桥梁建设的积极性，或许也可以曲折反映秦人在关中地方对于桥梁建设史的贡献。

秦始皇时代在渭水上建造了高等级的桥梁。而早在此工程之前，秦行政重心地区咸阳附近的渭水桥梁已经长期发挥了交通效能。

被评为2013年十大考古新发现的"陕西西安西汉长安城渭桥遗址"，其文化内涵包括战国至秦代遗存。据发掘者判断，厨城门四号桥的修建年代可以确定为战国晚期。考察秦的桥梁建设成就，不能忽略西汉长安城厨城门渭水桥的前身。厨城门一号桥桥桩年代的上限在公元前370年。这座南北向木梁柱桥长达880米，其发现与考察对于桥梁史研究有重要学术意义。

黄河上最早的临时性浮桥与常设浮桥都为秦人修建。厨城门一号桥和四号桥的秦工程史的元素，特别值得学界重视。

三 《燕丹子》"秦王为机发之桥"的传说

《水经注》卷一九《渭水》引录《燕丹子》，说到秦王为谋害燕太子丹，特意"为机发之桥"事。这个故事曾经形成相当广泛的社会影响。

《燕丹子》成书年代未能确知。现在看来，"秦王为机发之桥"的传说，其实很可能是有秦人桥梁建造与机械发明相结合的历史实际以为真实背景的。如《墨子·备城门》所谓"为发梁而机巧之"的设计，很可能可以为《燕丹子》"机发之桥"故事提供助证。

《燕丹子》"秦王为机发之桥，欲以陷丹"故事，提供了秦人机械发明的重要信息。当然，作为交通史料的意义尤其重要。

四 秦简牍所见"为桥"与"道桥"维护要求

四川青川郝家坪出土战国秦牍关于农闲时

节基层行政任务中有关交通与水利建设工程的项目,说到"除道""利津沱(渡)",即道路养护及津渡维修,"为桥"被列为特别优先强调的工作。"为桥"即营建及养护维修桥梁,成为季节性基层行政管理的重要内容。

湖北云梦睡虎地秦墓出土竹简《为吏之道》宣布"吏"的行政任务中,是明确包括"桥"的营建和养护的。

在湖南龙山里耶秦代古城出土简牍资料中,也有关于秦利用交通条件进行地方行政管理的重要信息。《里耶秦简》(贰)第九层简牍可见与"桥"有关的简文,其中"道桥毋有绝不通者"无疑是有关保障"道桥"畅通的行政要求。

秦简牍所见"桥",均是规模等级比较低的桥梁。简文体现出当时民间桥梁建造与养护的技术普及。而行政力量对保障"道桥"通行能力的要求,也发挥了促进交通水准提升的作用。

五 直道九原渡河方式

在中国早期交通建设的历史记录中,秦直道是首屈一指的重要工程。其规划、选线、设计和施工,显示出空前的技术水准和组织效率。秦直道的开通和应用,在中国古代交通史上具有极其重要的地位。而直道于九原地方"渡河"的方式,尤其值得认真探讨。

《中国考古学·秦汉卷》"秦直道"一节关于"秦直道的修筑技术",涉及桥梁修造。陕西考古学者对于秦直道调查和发掘的收获,提供了直道通过洛河(陕西甘泉)和葫芦河(陕西富县)方式的信息,有益于研究直道通过黄河的方式时参考。

与赵武灵王"欲从云中、九原直南袭秦"的思路相同,秦人似乎也有"直北"利用九原战略地位的设想。而这样的军事行动,同样需要经历在九原"渡河"的行动。

秦九原郡是跨河而治的特殊的行政区域。这种行政区域划分形式,必然是以方便的"渡河"方式为重要条件的。九原作为直道的北端,是明确无疑的。而直道的畅通,必然有便捷且通行条件稳定可靠的"渡河"形式。

六 关于海上"秦桥"

我们可看到诸多言海上"秦桥"的文例,如李贺诗"海沙变成石,鱼沫吹秦桥";梅尧臣诗"朝日下天窗,东海无秦桥";杨慎诗"雌鼇架涛擎海巘,秦桥远见扶桑翠";王士禄诗"嬴皇鞭石渡海水,秦桥如指通瀛壶"。这些建筑形式,可能是深入海中用以船舶停靠,以便人员上下与货物装卸的桥式结构。

所谓"渡海水""通瀛壶",或据说"入海十里""入海三十里"的桥式建筑,虽然并不属于我们在这里讨论的主题,然而有可能服务于海港作业,也是交通史研究应当关注的对象。

回顾秦桥梁设计与建造的历史创造,可以进一步认识秦人在交通建设方面的努力对于秦国力迅速强盛,最终实现统一,并且成功推进大一统政权行政建设与经济运行的重要意义。中国古代桥梁史的考察,也会因此获得更好的条件。

(摘自《史学月刊》2020年第5期;王子今:重庆师范大学特聘教授)

秦"徙治栎阳"及年代新辨

史党社

一 缘起——栎阳考古新发现

秦汉栎阳城遗址，位于今西安市东北约50公里处，被很多学者认为是战国中期献公—孝公前期的秦都所在。秦亡后项羽三分关中，塞王司马欣以栎阳为都，汉初刘邦也曾把栎阳短暂作为政治中心。2013起，此处又有新的考古发现，现已确认有一、二、三号三座古城，其中以三号古城年代最早，上限可到战国中期，城内发现了多座大型建筑遗址。

20世纪60年代开始的栎阳考古，曾引出一个重要问题，那就是栎阳是否为秦都。在笔者看来，栎阳是否为秦都，以及作为政治中心的问题、对相关考古遗存属性的判断，仍然有可讨论的余地。

二 秦史中的栎阳

在《史记》等传世文献，以及简牍、封泥、陶文、兵器铭文中，可钩稽的栎阳历史，重要的有以下诸项。

1. 献公二年（前383）"城栎阳"

按此事在《史记》之《秦本纪》和《六国年表》都有记载，应为历史事实，不可颠覆。栎阳的城市历史，当自此年始。

《秦本纪》本条下《集解》引徐广曰："徙都之，今万年是也。"更早的皇甫谧也有"秦献公都栎阳"之说。皇甫谧是已知最早的认定栎阳为秦都者；第一个明确指出本年徙都栎阳的人即徐广。

2. 献公十一年（前374）"县栎阳"

此事载于《史记》之《六国年表》；《魏世家》记载为魏武侯十三年（前383），与"城栎阳"为一年。

3. 献公徙栎阳

《秦本纪》记载孝公元年求贤令："献公即位，镇抚边境，徙治栎阳，且欲东伐，复缪公之故地，脩缪公之政令。"《货殖列传》："献（孝）公徙栎邑。"按，此两条记载都未明确说为徙都，这是栎阳是否为秦都争论产生的原因之一。

鄙见以为，"徙治"至少指的是政治中心的转移，移徙后栎阳代替雍成为秦君处理政务的地方，即政治中心。

4. 孝公十二年（前350）徙都咸阳

此事见于《秦本纪》，其记载孝公十二年（前350）："作为咸阳，筑冀阙，秦徙都之。"《商君列传》《秦始皇本纪》附录记记载略似。

此年是栎阳作为政治中心或"秦都"的年代下限。其中《商君列传》"秦自雍徙都"至咸阳，与一般认为的自栎阳徙都相异，这是栎阳为秦都争论产生的另外一个原因。

5. 栎阳为塞王司马欣之都

《史记》之《项羽本纪》记载："立司马欣为塞王，王咸阳以东至河，都栎阳。"又见于《高祖本纪》《秦楚之际月表》《汉书·高帝纪》等文献。

6. 汉初高祖居栎阳为临时政治中心

《高祖本纪》："二年（前205），汉王东略地，塞王欣、翟王翳、河南王申阳皆降。"又见于《汉书·高帝纪》《汉兴以来将相年表》《史记·萧相国世家》《汉书·萧何曹参传》等文献。

按，大约从汉二年开始至于汉七年，栎阳为刘邦的临时政治中心。

除了上述传世文献，在秦简牍、封泥、陶文以及兵器铭文中，也有栎阳的记载。这些资料的年代应都在商鞅变法——秦代这个区间内，反映了战国中期至秦代栎阳在秦政治、经济、兵器制造中的重要地位。栎阳此时应是郡县之县，但由于曾为政治中心，所以比起一般的县，还是有很大的特殊性。

三 对栎阳三号古城属性与年代的判断

上述文献中，早期的文献例如《史记》中，并没有明确记载栎阳就是秦都，争议来源于对"县栎阳"的理解上，一些学者对于商鞅变法前的早期县制认识不清，导致对栎阳性质和其作为政治中心年代的争论。其实，"城栎阳"和"县栎阳"，是性质不同的两事，这是本文论证的基点。

栎阳在献公二年筑城，近年发现的栎阳三号古城，年代上限可到战国中期，应该就是献公二年（前383）开始营建的那座最早的栎阳城。《六国年表》又记载此九年后即献公十一年"县栎阳"，此"县"之后，才有孝公时大规模设立郡县之县的行为。"县栎阳"与孝公变法时"集小（都）乡邑聚为县，置令、丞，凡三十一县""初为县，有秩史"设立郡县之县都不等同，而应类似于春秋以来"初县"郱、冀等设县的行为。

"初"言其地首属于秦，"初县"即设县以管理之；所谓"县栎阳"，就是正式设县管理的意思，但属于早期的县制，与商鞅变法后典型的郡县之县不同。这种制度，大约是从西周内服的都鄙制度延续而来，如周内服有丰、郑等"县"，系属于国都镐，里面甚至有周室宗庙（如丰），周王可以在丰、郑处理政事、进行宗教活动。"县栎阳"时间处于商鞅变法之前，所设自是春秋之县，其向上所系属的，也一定是当时的秦都雍。至于商鞅变法以后，内地才大规模设县，与"初县"之县虽有同，但在作为国君直属地这个本质上，并无变化。

"县栎阳"的性质，与献公二年（前383）"城栎阳"是不同的两事："城栎阳"即在栎阳修筑军事据点，县虽然也有军事性质，但有管理民众的机构，与单纯的军事据点并不相同。承认二者之别，就不能把栎阳作为政治中心的时间起点算在献公二年（前383）"城栎阳"之时。从献公十一年（前374）"县栎阳"到孝公十二年（前350）秦从雍徙都咸阳，中间只有24年，这应是栎阳作为政治中心，甚或所谓"秦都"的时长。

三号古城的规模，所出的大瓦当、巨型筒瓦、高级别洗浴设等遗迹，包括工室、畤等等，可能会被一些学者当作栎阳曾为秦都的证据。问题是，这样的证据可以存在于咸阳那样明确的秦都之中，也可存在于别都或行宫，或者别的政治中心，例如秦都咸阳一号宫殿的所谓"沐浴排水"设施、辽宁绥中石碑地秦行宫Ⅰ区B组F1、F2的"沐浴间"等，此类因素并不能作为栎阳成为秦都的绝对证据，只能说明这些地方曾经拥有重要的政治地位。笔者推测，献公二年"城栎阳"，应只是把栎阳当作一个军事堡垒来打造的；九年后"县栎阳"，才能开始以政治中心的规制重新建设栎阳，三号建筑遗址所出高级建筑材料、洗浴设施，还有栎阳所设工室之类，年代只能在此年之后，不宜认为可以向上早到"城栎阳"之年，三号古城的建设，应至少分两个时期，具有历史阶段性。

从县的属性来说，商鞅变法前后的县制存在着明显的差异，但在派员管理、作为国君直属地这点上，并无本质的差别。修筑作为军事据点的栎阳（城栎阳）与设县以治（县栎阳），是栎阳历史的两个阶段，只有设县才可作为政治中心。现在已知的年代最早的栎阳三号古城，可能是秦之别都或行宫性质的政治中心，而非所谓的"秦都"，本质还是早期的秦县。与此相联系，也无法否定文献中十分明确的秦自雍而不是栎阳徙都咸阳的记载。

献公二年（前383）"城栎阳"，应与此事前后为了对付魏国所进行的其他筑城行为没有大的区别，不能作为栎阳开始建"都"的证据。作为献公、孝公时代的政治中心，年代应从献公十一年（前374）"县栎阳"算起，而非现在流行的献公二年（前383）年。这与以前学者的认识有9年的差距，栎阳作为秦之政治中心、甚或所谓"秦都",应是 24 年,而非 33 年。

(摘自《中国史研究》2020 年第 1 期;史党社:西北大学历史学院教授)

汉代九卿制度的形成

孙正军

九卿在两汉四百年间绝非恒定不变,从西汉到东汉,大致有一个九卿从泛指诸职到特指九职的演变过程。这个过程,我们称之为九卿制度的形成。

一 从九卿二千石到中二千石九卿

九卿制度形成的第一阶段是中二千石九卿的形成,亦即九卿专指中二千石诸职。中二千石,是在汉武帝前期的秩级整理运动中与比秩、真二千石一起成为正式秩级。那么在中二千石出现之前的西汉前期,哪些官职可称"九卿"?传世文献中,武帝之前确切可考被称作"九卿"的官职,仅郎中令一例。出土文献中,《二年律令·秩律》里御史大夫、廷尉、内史、典客、中尉、车骑尉、太仆、长信詹事、少府令、卫将军、卫尉、汉中大夫令、汉郎中令、奉常等,可称为"九卿",而备塞都尉、郡守、郡尉等非汉廷中央官以及卫将军不称"九卿"。所以,西汉前期九卿可能指涉的官职范围即二千石秩级中在丞相之下设置的分掌实际事务的中央机构长官。

中二千石秩级形成后,九卿所指涉官职发生什么变化呢?太常、光禄勋、卫尉(郎中令)、太仆、廷尉、大鸿胪(大行)、宗正、大司农(大农)、少府、执金吾(中尉)、主爵都尉、京兆尹(右内史)、左冯翊(左内史)、右扶风、长信少府、长乐少府、前辉光等 17 职,在武帝以降都曾被称为"九卿"。其中,三辅以上毋庸赘言。最后三职,需略作说明。结合《盖宽饶传》所见檀长卿以长信少府被称"列卿",则西汉后期九卿应包括长信少府。考虑到长乐少府与长信少府本为一职,则长乐少府同属九卿顺理成章。前辉光是自京师分出的二郡之一(另一为后丞烈),作为京师的三辅既可称"九卿",则析分自京师的前辉光被视为"九卿",也是自然的。所以,在中二千石秩级形成的武帝以后,包括太常、光禄勋在内的 10 多种官职皆可称"九卿"。在辨析主爵都尉、长信长乐少府、三辅、詹事之后,可以确认西汉后期作为概念使用的九卿主要是指中二千石诸职。

不过需要说明的是,也非所有定秩中二千石的职都可称九卿,譬如太子二傅。

整体上看,西汉后期九卿汇集于中二千石,这么判断应可成立。若上述不误,则九卿在西汉一朝大致经历了从二千石到中二千石的演变,而在这个变化中,秩级乃是衡量是否九卿的重要标准,此即学者所谓"以若干石为卿"。九卿既以秩级为标准,则西汉九卿与九卿特指九职的理想官制设计尚有距离,后者的现实化乃是随着两汉之交一系列波及政治、社会乃至思想文化的巨变才最终实现。

二 王莽九卿再认识

在西汉后期三公现实化运动的过程中,九卿是否也完成从理想官制到现实官制的转变?平帝年间,太常九职之外的左冯翊、长乐少府、前辉光等仍被视作九卿,故此大约很难认为在三公定制的西汉后期,九卿已完成从理想官制到现实官制的转变。九卿的制度化、并与三公搭配形成完整的三公九卿，则有赖对复古更为狂热的王莽才成为现实。

王莽改制中，最为醒目的就是设置三孤卿、六卿，以三孤卿+六卿的形式构成九卿。这是兼综《周礼》《礼记》，杂糅古文经六卿说、今文经九卿说而形成的一种另类九卿。其中，王莽设三孤卿，固然有儒家经说作为依据，但哀帝元寿二年所置作为三公副贰的"三司"应也为王莽"发明创造"提供了制度资源。王莽设六卿，除了"士"改"作士"，"虞"作"予虞"之外，完全来自虞舜诸职。

王莽为何汲汲于恢复虞舜官制？王莽"每有所兴造，必欲依古得经文"，固是原因之一。但是，《尚书》所记虞舜诸官本无"卿"名，而明确言及九卿或六卿者则为《礼记》或《周礼》，王莽舍《礼记》《周礼》而取《尚书》，单从"必欲依古得经文"无法解释。王莽借官制上恢复虞舜旧制，目的是以呈现和强化"新室舜后"的形象，由此向世人传达汉新禅代的正当性。

无论王莽九卿多么另类，有一点可以肯定，即王莽首次明确以九卿特指九职，由此将九卿从理想官制坐实为现实官制。值得注意的是，尽管现存文献中并无更多资料显示西汉后期太常九职在百官序列中的位次，但西汉后期太常九职已较为稳定地居于中二千石九卿的顶层。太常九职这一位置，透露以太常九职构成九卿在西汉后期或已"万事俱备、唯欠东风"。

明乎此，对于王莽九卿的意义，似乎就可有别的理解了。固然，王莽首次将九卿确定为九职，捅破那层窗户纸，推动了九卿制度的形成，不过若从九卿构成的角度看，王莽以三孤卿+六卿、并搬出《尚书·舜典》来命名九卿，却偏离了九卿演变的原有轨迹。在这个意义上，王莽九卿毋宁说是走了弯路，而东汉一反王莽旧制，确定以太常九职构成九卿，恰如一次"拨乱反正"，将九卿从王莽设计的歧途上拉了回来。

三 东汉九卿"拨乱反正"

王莽九卿显示了九卿构成的另一种可能，不过在志在复汉的光武君臣看来，却偏离了正道，于是东汉"拨乱反正"，正式确立以太常九职构成九卿。东汉九卿由太常九职构成乃是以官方颁布律令的方式确立的，而由此确立的九卿不再是一种理念或惯例，而是制度。

至迟在光武时期，东汉已建立以太常九职为九卿的制度。具体是在哪一年，可能的时间点有三个：其一，建武元年（公元25年）；其二，建武六年；其三，建武二十七年。建武二十七年王朝正三公之名，考虑到九卿与三公的关联以及建武八年之际东汉九卿尚未明确为太常九职，所以，建武二十七年也就成了唯一选项。需要说明的是，良贺以大长秋称"九卿"如何解释或可再议，但记载自身的不确定性至少表明其尚不足以推翻九卿在建武二十七年后仅限太常九职的结论。

所以，可以确认东汉自建武二十七年以后正式建立了以太常九职为九卿的九卿制度。而借由此一"拨乱反正"，东汉九卿实现了与西汉后期九卿新动向的"对接"。当然，介于其间的王莽九卿也非一无是处，九卿特指九职系由王莽首开其风，东汉九卿明确称"卿"以及九卿分属三公，也因袭自王莽九卿。不过，东汉九卿上述同于王莽九卿的表现只是形式上因袭，实际却有不同。

伴随九卿制度的建立，东汉王朝还对九卿进行了一系列整饬，其要者包括：第一，减损吏员，整顿机构；第二，设置文属官；第三，确立九卿排序；第四，九卿官署移至宫城外。

整体上看，两汉九卿大致经历了从辐辏某一秩级到特指九个官职的演变：西汉前期，九卿泛指秩级二千石中职掌实际事务的中央机构长官，武帝前期中二千石秩级形成后，转而泛指中二千石中的同类官职；迄至西汉灭亡，九卿仍未特指九职，不过西汉后期已出现太常九职稳定居于同为"九卿"的其他中二千石之上的新动向；王莽代汉，基于汉制传统及以舜裔自居、模仿尧舜禅让的政治意图，缘饰以经文学说，创造了以三孤卿+六卿的另类九卿形式——其首次以九卿特指九职固开风气之先，但不伦不类的九卿构造却使得其"发明创造"功过参半；及至光武复国，"拨乱反正"，一方面承袭王莽九卿中的诸多设计，另一方面又接续西汉传统，确立以太常九职为九卿，并通过整饬九卿机构，最终建立了相对成熟、完备的九卿制度。

九卿在汉代的演变与大的政治环境息息相关。九卿多为君主服务，辐辏于二千石、中二千石，系受法家思想影响，九卿在从理想走向现实过程中却披上儒家经典古制的外衣，九卿这一特质或许正是不同政治文化施于制度文明的投影。

以往多被视为复古改制一端的九卿制度，事实上乃是经典古制、传统故事、理性行政、政治意图等合力推动的结果，复古改制并非其中唯一动力。

（摘自《历史研究》2019 年第 5 期；孙正军：首都师范大学历史学院副教授）

从"司马主天"到"太尉掌兵事"

徐 冲

太尉在西汉前期是不常置的最高武官，武帝设置大司马后即不再置。到东汉建武年间，可以说已经在现实的官制体系里消失了百余年之久。那么，建武二十七年将其"复活"的原因何在呢？

一 《续汉书·百官志》"太尉"条的脱文问题

参照《续汉书·百官志》中"司徒"条与"司空"条的相关记载，推测"太尉"条在"掌"字与"四方兵事功课"一句之间存在脱文，字数约在 24 至 26 字之间。

《续汉书·百官志》"太尉"条的脱文究竟发生于何时呢？从唐宋类书所引用的《续汉书》文字来看，唐宋时期的《续汉书·百官志》"太尉"条的文本面貌已经基本同于今本了。可见这一脱文至迟在初唐以前即已发生。根据一些线索，可以进一步推测"太尉"条发生如是脱文的《续汉书·百官志》，更可能是保持了西晋司马彪《续汉书》原初面貌的文本，而非萧梁时期刘昭为《续汉书·百官志》作注之后形成的文本。

脱文的原因或缘于脱简一支，或为写手漏抄一列。若是后者，则发生于刘昭对《续汉书·百官志》文本的内容与形式进行全面更新时的概率是相当高的。

二 西汉后期的"三公分职"

通过《续汉书·百官志》"太尉"条的复原方案可知，东汉的"三公"呈现为太尉掌兵事、司徒掌人民事、司空掌水土事这样的三分结构。

东汉"三公制"的成立，可以追溯至西汉后期的"复古改制"运动。但关于东汉三公制的若干理解，若直接套用到对西汉后期"三公制"建设运动的认识上，却未必合适。

西汉后期成帝、哀帝时期的"三公制"建设运动，虽然实现了"三公"在现实官制层面的成立，不过并无迹象表明当时就已经存在三公分掌兵事、人民事和水土事的具体政务分工。

兵事、人民事和水土事，都是属于"外朝"具体政务。这些政务在东汉由三公分掌，其前提正是太尉、司徒、司空都已经是纯粹的外朝官。而在西汉后期的"三公制"建设运动中，大司马和丞相/大司徒分别为内朝、外朝领袖的基本格局并未改变。大司马仍然承担居中辅政之任，并无专门负责军政事务的迹象。外朝政务仍然多由丞相/大司徒和御史大夫/大司空来领导督责，二者之间并非"人民事"和"水土事"的分工关系，而更接近于改制之前的正副宰相关系。

两汉之际"三公制"的创制，始于成帝绥和元年廷尉何武的建言，"宜建三公官，定卿大夫之任，分职授政，以考功效"。哀帝元寿二年五月的复建三公制也被《汉书·哀帝纪》称之为"正三公官分职"。"职"字除了指较为具体的职事、职掌之外，也有笼统的主宰、掌管之义项。所谓"三公分职"，换言之即"三公分主"，应理解为指三公分别对应某一方面的宇宙秩序及其相关灾异，与"灾异咎责"传统关系密切。

在西汉后期今文家看来，"三公"为司马、司空、司徒，宇宙整体秩序可区分为天、地、人三大基本区块，司马、司空、司徒分别与之对应，发挥和合天下的功能。当天、地、人某一方面的秩序运行出现问题时，与之对应的三公需要为此负责。

在西汉后期的"三公制"建设运动中，"三公"最终固定为大司马、大司徒、大司空，说明上述今文家说在现实层面得到了一定程度的应用。前引"分职授政"也好，"正三公官分职"也好，也都应该理解为由三公分别对应某一方面的宇宙秩序及其相关灾异，而非现实中的外朝政务分工。

不过事实上，即使是灾异分担，在成哀时期的政治实践中也未必是严格按照天、地、人三分法来和大司马、大司徒、大司空严格对应的。

西汉后期的"三公制"建设运动，虽然在名目上采用了今文家说的主张为大司马、大司徒、大司空，但实际在"灾异咎责"时并未完全贯彻所谓"司马主天，司徒主人，司空主土"的三分法，而是更多强调了"三公"作为一个整体与宇宙秩序间的对应。这在某种程度上又显示出所谓"古文家说"的影响力。

三 "太尉掌兵事"的由来：从新莽制度到建武创业

西汉后期今文家说"司马主天"，《续汉书·百官志》"太尉条"注文部分记载"太尉掌兵事"。

从"司马主天"转变为"太尉掌兵事"，这一变化发生于何时？《白虎通义·封公侯》"三公九卿"条为我们提供了更早的线索。《白虎通义》成于东汉章帝朝。学者指出"章帝时亲自称制临决的《白虎通义》遂改曰'司马主兵'，正体现了王朝意志和制度实际对学术的影响"，是为的论。我们仍然需要对这种分工机制进行制度追溯方能明了上述问题。

东汉三公在现实政务中能够实现兵事、人民事和水土事的具体分工，其前提正是三公此时已经是纯粹的外朝官。"三公"的外朝化，实际上是在王莽时代方才完成的。

王莽辅政时期，设立"四辅三公制"，在这一新体制中，"三公"被推至外朝，内朝的辅佐之任则由新设的"四辅"之官共同承担。新莽王朝正式成立之后，发展为由四辅、三公、四将组成的"十一公制"。四辅仍在内朝皇帝侧近共同承担辅政之任，外朝的具体政务则由三公和四将分担。自武帝时代后一直居中辅政且与外戚关系密切的大司马一职，正是在王莽时代经历了从内朝官到外朝官的性质转变。

那么，光武帝建武二十七年定型的东汉"三公制"，与上述王莽时代的政治体制关系如何呢？

首先需要指出的是，贯穿王莽时代二十余年的"四辅"群体，也就是在皇帝侧近内朝设置复数辅政者的制度设计，在东汉体制中已经基本不见踪影。光武帝也没有回复到西汉后期由大司马在内朝主导辅政的旧制。东汉初年仍维持"内朝/外朝"的基本格局，但内朝之中只有侍中、中常侍等中低级别的侍从官员，作为内朝领袖的辅政者则一无所见。

不过，建武政权对于王莽时代亦有继承的

一面。如前所述，"三公"即大司马、大司徒、大司空的外朝化，实际上是在王莽时代方才完成的。东汉三公也是纯粹的外朝官，并没有回到西汉后期大司马、丞相/大司徒分掌内、外的旧制上去，从中可以看到王莽体制的深刻影响。

具体到太尉/大司马来说，其之所以在东汉时期被定位为"掌兵事"，历史脉络清晰可寻。新莽正式建立之后，大司马为"三公"之一，已经不在内朝承担辅政之任，而在外朝拥有具体的职任。除"典致武应"之外，还涉及时令农业等方面，这说明新莽前期的大司马似尚未固定于"典兵事"之专掌。

随着四方形势日益严峻，新莽的大司马职掌出现了变化的迹象。地皇元年（20）二月，"置前后左右中大司马之位"，这里所谓的"前后左右中大司马之位"应只是一种高级位号，并不同于"三公"中的大司马。地皇三年（22）四月，"大司马董忠养士习射中军北垒"，这应该不是大司马原本的正式职任，而是形势危急下的临时措置。地皇四年（23）六月，大司马董忠等政变未遂时，被称为"主中军精兵"。大司马对部分京城精锐武装的统领应该是持续到了新莽覆灭前夕的。

建武元年（25）刘秀称帝后，以邓禹为大司徒，王梁为大司空，吴汉为大司马，建立了初步的政权架构。直到建武二十年（44）吴汉病卒，大司马一职长期由他专任，且基本承担了刘秀政权对外征伐最高军事负责人的角色。建武政权的大司马，在一定程度上可以说与西汉后期担当内朝辅政领袖的大司马名同而实异，却与西汉前期具有最高武官性质的"太尉"名异而实同。其后伴随着全国形势的稳定，大司马在建武二十七年改称太尉，与司徒、司空组成三公共同承担了东汉一朝的外朝领袖之任。但大司马在刘秀集团创业时期的军事职任仍在太尉身上留下了清晰印记。《续汉书·百官志》所记的太尉"掌兵事"之任，本质上正是来源于此。

（摘自《中国史研究》2020年第2期；徐冲：复旦大学历史系副教授）

论点摘编·魏晋南北朝隋唐五代史

唐朝地缘政治中的河西走廊

李鸿宾

在中国历史上，河西走廊的重要性主要体现在王朝国家的结构性经营上面：当一统化王朝建构之时，它的作用就得以发挥和施展；反之，当政权范围限定在中原地区之后，它的作用就不再彰显，或者说一旦它的作用丧失，王朝的一统化结构也就不存在了。如此看，河西走廊的功能和作用，与王朝的建设乃至经营的整体性发生关联，我们称为"结构性关联"。在这个结构中，地域是王朝形成的空间基础，王朝须依赖特定地域施加治理，地域就被赋予了政治意涵。河西走廊就处在这种意涵的空间之内，其作用也彰显于这一框架之中，采用"地缘政治"做分析，应当是了解它的一个较佳方法。倘若进一步追问，国家的建构与经营除了特定地区之外，还有什么是更重要的因素呢？毫无疑问，人群才是决定性要素。国家、王朝的建构，归根结底要落实在对人群的治理之上。于是，"结构性关联""地缘政治"和"异质性人群组合"就成为解释"河西走廊"这一概念的三个维度，那么，它在唐朝建构中的位置是如何展现的呢？

唐朝的案例之所以典型，就在于河西走廊的地位在它前后三百年经营中发挥的作用迥然有别。前期唐朝表现的是兼跨农耕和草原多重地域组合的状态，尤其活跃其上的多样性人群的汇聚，是为"帝国"特征，表现为众多异质性人群、广阔领土、思想和社会多维度等层面。唐朝为什么要建设一个跨越性的复合型帝国呢？这首先与统治集团的起家直接关联。当初西魏宇文泰创建关陇集团，旨在消灭东魏，最终兼并北齐，走向了北方的一体化。历史表明，具备这种能力的是北方而不是长江以南的政治势力。其次，李渊集团在控制中原内地之后，旋即就向四方开拓，成为它走向强盛的必备之路。李唐秉承着春秋战国以来盛行的五服和"九州·四海"观念，在这种思想支配下，中原政权一旦具备能力，就会从中心向四方推进，将那些"蛮夷"纳入到王朝之内，达到"教化四方"的目标。

贞观四年（630），东突厥和随后西突厥的相继征服，宣告了唐朝复合型帝国的形成。唐朝将此前的羁縻手段制度化，设置了一批府州安置草原的游牧人，即采用"因地制宜"的措施妥善应对。然而贞观十四年（640）唐朝征服西域高昌国之后，便改其地为西州（治高昌，今新疆吐鲁番），由朝廷直接控制，随后设置安西和北庭都护府以监控天山南北。如此看，西州之设，目的就是通过它控制整个西域腹地，它是唐廷战略的制衡点，这种考虑显然是全局性的。在这一格局下，将西域与内地连接在一起的就是这条河西走廊，其地位因此而凸显。中原王朝只要开拓西域腹地，将它纳入自己的控制之下，河西走廊的联络和交通就不可或缺。它是中原内地与亚洲腹地这两大板块衔接的助推力量，没有它，板块的各自分落就不可避免。

从前期的布局看，唐朝的建构应当是以中原为重心，连接北部草原为代表的四维边地，构筑了主辅并置的主体框架。为稳定农耕与草原的南北对接，就要勾连东西两翼，打造控制北部的两个支架，这是唐朝的基本定位。西翼支架的设置就是通过走廊而发挥作用；唐廷用兵东北和朝鲜半岛北部,通过设置郡县和安东都护府等手段又搭建东部支架,是为辽西走廊。如此看,唐朝打造整体格局的战略,将东西两翼与中原核心连接的正是这两条通道。它们虽然狭窄,也甚少受到关注,但在一统化格局中地位的重要,不可忽视。

正因为如此,东西走廊也不断遭受其他势力的挑战和冲击。唐廷征服高句丽后,其战果旋即被新罗抢夺;吐蕃造成的压力,迫使唐廷从东翼回撤。吐蕃崛起后将其触角伸向东北和西北。向东北兼并吐谷浑后,与唐朝直接对垒,构成了严重威胁;向西北进入塔里木盆地南缘,与唐争夺安西四镇(龟兹、焉耆、于阗和疏勒,中间有变化)而染指天山南北。对唐朝而言,能够起到保护或行使管辖四镇的有效办法,就是调动四镇和安西都护府兵力予以抗衡;然而一旦效果不彰,就需要河西补给,或从内地征兵取道河西开往西域。如高宗仪凤四年(679)西突厥阿史那都支率众侵逼安西(治龟兹,今新疆库车),唐朝遣派裴行俭前往征讨;长寿元年(692),驻守武威的总管王孝杰受命攻击吐蕃收复四镇等等,莫不是借助河西走廊以发挥作用。可以说,走廊扮演了将内地与西域整合在一起的角色。

然而安史之乱对朝廷造成的震荡为吐蕃提供了机会。当西部驻军开赴内地平叛之时,吐蕃趁势占有走廊全部和西域纵深。这预示着唐廷整个结构的破坏,连接内地和西域腹地的河西走廊的作用也随之丧失。实际上,西部地区的隔断与北方草原的丧失,是一个内在牵动的连续事件。正如复合型帝国中原王朝挺进北方、统合长城南北为一体势必需要东西两翼的有力策应那样,东西两翼的功能一旦丧失,就会反过来削弱南北的统合。唐朝这一案例,首先表现为南北的分离,然后出现了西翼阻断。

东突厥被征服后,他们并没有顺从唐廷的安排,最终复辟建国;与此同时,吐蕃持续进攻、契丹人反复搅动,迫使唐廷转攻为守,设置节度使加强防御,这意味着羁縻的对象成为防范的敌人,中原核心与周边外围多层面的复合王朝局面就此告结。安禄山的叛乱从内部挑战朝廷的权威,西部从此丧失;没有叛乱,吐蕃就没有机会进占河西陇右。西部一旦丢失,河西走廊的地位也就不复存在了。它再次被纳入到一统格局的王朝之内,那要等到蒙元征服西夏之后,即在元、清两朝建构兼跨四方的复合型帝国需要东部和西域内陆沟通的急迫需求之时;而处在宋、明王朝之下,河西走廊的作用就不能充分地展现,由此可知,走廊的作用取决于王朝的一统化与否。

上文是对唐朝前后的变迁与河西走廊地位的变化,做了一个简要概括。我们采纳了"结构性关联""地缘政治"和"异质性人群的组合"三个词汇用以观察走廊的维度。这里将它们的关系做一归结以为收尾。

前期的唐朝,将它的统治权伸向草原而构建了长城南北汇聚的复合型帝国,它的组合凭靠的是统治集团的政治策略和王朝具备的实力。为联系中原与西域腹地,就必须有河西走廊的双向沟通。只要走廊有效地发挥它的功能和作用,整体的结构就能维系;然而它的功能一旦丧失,整体结构也就被破坏甚至瓦解。走廊、内地、西域这三者之关联,正是结构所给予,这就是本文所谓"结构性关联"的体现。它的本质是王朝帝国的建构与运作,属于政治性表现。由唐朝的案例可知,河西走廊的作用固然建基于它特定的地理条件,但只有在国家政权的建设中,它才能发挥出效益;它将中原和草原构成的亚洲东部与中亚内陆衔接在一起,只能在王朝帝国的框架内才可发生,这就是政治的决定作用使然。换言之,河西走廊的角色与其说是地理的,不如说是王朝帝国的,归根到底,它是地缘政治的产物。

无论是整体的结构性关联,还是地缘政治,最终都将落实在人群的具体组合之上。国家、王朝、帝国这些政治体的建构都是针对着特定的人群,没有了他们,一切都不会存在。唐朝的案例告诉我们,人群的多样或单一关系到王朝构成的性质之差异。复合型帝国的人群不但包含众多的汉人群体,更有非汉系人群的传入,他们一旦组合在一个王朝之内,就成为兼纳型的王朝;倘若非汉系族群被排斥,连同他们的游牧、半农半牧地区与中原脱轨,帝国的特性也就消散了。就此而言,河西走廊作用之彰显与否，根系于它沟通地缘之上人群的多样化构成抑或"简单式"的排斥。这就是本文讨论的三者之间关系及其特质所在。

[摘自《陕西师范大学学报》（社会科学版）2020年第2期；李鸿宾：中央民族大学历史文化学院教授]

南朝建康的都城空间与葬地

张学锋

就六朝建康都城而言，孙吴是草创期，西晋和东晋初年延续了孙吴建业都城的空间范围及宫都设施。晋成帝咸和二年至四年（327—329）苏峻之乱后，东晋政府在王导的主持下重新规划修建了建康宫城和都城。新建的建康都城，一改孙吴建业城的"多宫制"形态，采用了当时中原地区业已流行的"单一宫城制"的形式，其基本格局终东晋一代无所改动，并为南朝所继承。南朝刘宋时期，在这一基本格局之上对都城的多种设施及其空间布局进行了有意识的调整，建康的"都城"观念也发生了一些变化，而建康郊外大中型墓葬葬地的选择，也不难看出随着都城观念的变化而出现了新的动态。

第一，南朝建康都城的改制与天下中心的重建。进入南朝以后，尤其是在刘宋时期，建康都城的改制措施频繁出现，主要表现在以下几个方面。

（1）五十六篱门的设置与外郭城观念的形成。东晋时期的建康宫城，即使已经具备了完整的宫墙和宫门，但一开始似乎并没有建成完整的夯土包砖墙。宫城尚且如此，都城墙与都城门的设施就更加简易了，在东晋与南朝刘宋这长达150年的时间内，都城门及楼观可能都是用木桩、竹篱这类简单易得的建材构筑而成的，而城门之间的所谓都墙，亦全由竹篱围成，直至南朝齐建元二年（480），都城门及都城墙才由篱门、竹篱改为夯土包砖的形式。

东晋、刘宋时期的都城门虽然均是篱门，但与构成建康外郭空间的所谓"五十六篱门"又是完全不同的概念。建康篱门的性质相当于"郊门"，即区分城与郊的空间节点，亦即郭门，因此，篱门有时亦径称郭门。现有文献虽无法明确五十六篱门建置的具体时间，其在文献中的出现均在南朝。因此，五十六篱门的出现及完备有一个过程，本文将之视为南朝建康都城的重要空间概念。（参见图1）

（2）刘宋时期的礼制改革与天下中心的重建。刘宋孝武帝即位后，对包括都城制度在内的国家礼制进行了较大规模的改革，其中与建康都城空间密切相关的是明堂、南北郊坛、驰道等设施的建设。

关于孝武帝大明年间的礼制改革及其意义，户川贵行做出了一系列的研究，从中观察到了宋孝武帝为重造以建康为中心的天下观的努力。孝武帝面对现实，主张以建康为中心的天下观，改革建康都城的礼仪空间，克服因地理上的"边境性"而造成的王朝正统性上的弱点。江南—中国、中原—索虏这个南北政治、文化上的新对峙趋于定格。

（3）萧梁时期"都城"概念的拓展。萧齐立国时间短暂，对都城的改造主要表现在都城墙的改筑上。萧梁建国后，天监七年（508）在对都城中轴在线的国门进行改造的同时，又在宫城正门大司马门前造仁虎、神龙石阙，解决了孙吴立都以一直无阙的历史。梁代是南朝发展的鼎盛时期，在都城建设上，除新规石阙、国门外，都城的境域观念也发生了一些变化。尤其是在都城的东方，都城的境域观念延伸到了较远的倪塘一带。从图一中不难

图1 南朝建康城空间及墓葬分布示意图

发现，都城境域的"东至倪塘"，已远远超出了外郭篱门的范围，向东延伸了十余公里，而导致这一观念产生的重要原因就是人工运河破冈渎的开凿与利用价值的凸显。

南朝时期建康都城的空间变化，与南朝墓葬尤其是大中型墓葬的葬地选择，亦即空间分布之间有着比较密切的关联。

第二，都城境域的扩大与南朝墓葬的分布。政治与社会的不断土著化、人口的大规模增长、都城圈的扩大，影响到了建康都城周边葬地的选择与墓葬的分布。

与吴晋时期相比，南朝时期集中的葬地虽然依然分布在建康城的南部、北部与东北部，东部地区有零散分布，但仔细比较不同时期的墓葬分布图，依然可以看出一些六朝墓地的共性与南朝墓地的特性。

东晋新规建康宫都后，虽然都城门及都城墙都还是篱门篱墙，但其象征意义更大，以后在建康都城范围内就再也没有出现过墓葬。与南朝时期定型的外郭篱门相比，东晋建康都城的境域概念依然相对狭小，都城近侧还存在着零星墓葬，而作为最高等级的东晋帝陵，均距离都城墙都很近，说明都城墙之外的附近区域尚未进入郭域的范围，城与郊的界线停留在都城墙上的"六门"。

由五十六篱门划定的外郭观念的确定，是影响南朝建康都城周围葬地选择的重要因素。由于外郭篱门成为城与郊的分界线，因此，南朝时期篱门范围内就再也没有发现过墓葬。

第三，建康城郊南朝帝王陵区的形成。南京地区目前地面尚存神道柱、麒麟、辟邪、墓碑的南朝帝王陵墓有21处，这只是众多南朝帝王陵墓中的一小部分。在地面石刻不存的情况下，可判断帝王陵墓或相当于这个级别墓葬的标准设为以下几点：甬道内设有石门，墓室内往往设置石祭台、石质人物俑、石质动物俑、石墓志等，个别为陶俑。总之，石葬具的使用是陵墓或陵墓级别墓葬的共同特征，而其中又以石门为主要依据。

图2 南京地区甬道内设置石门的南朝墓葬分布图

由于南朝陵墓石葬具均为石灰岩,加之历代的盗掘,因此,石祭台、石墓志、石俑的保存情况并不好,与之相比,甬道中的石门因体量大难被盗掘,所以保存情况较好。石墓门由两侧门柱、双门扇和半圆形门楣构成,半圆形门楣上浮雕人字栱,石门上均刻有精美的线画。带有石门的南朝墓葬在南京地区发现较多,据公开发表的资料共计31座。南朝时期,除极个别的特殊赐葬外,帝后陵墓及故太子墓甬道内设置两道石门,王侯墓葬甬道内设置一道石门。石门的有无,可作为判断帝王陵墓的重要标准的同时,也可成为判断南朝帝王陵墓所在位置的重要线索。

图2是基于南朝墓葬统计资料绘制的甬道内设置石门的南朝墓葬分布图,与图一的南朝墓葬分布图相比,帝王陵墓的选址依然集中在建康城南与城北这两大区域,说明除就近埋葬的平民墓葬外,居住在建康城内的社会上层,上从帝王下至贵族、官员,在埋葬空间的选择上并没有什么本质上的差异。然而,无论是城南、城北、城东,与东晋陵区不同,南朝陵墓距离建康外郭的距离都很远,城东的几座陵墓也都在倪塘以东,这与建康都城境域观念不断更新有着较大的关系。总体上虽然如此,但具体陵区的形成,依然有其各自的缘由,与南朝各代皇统的屡变有极大的关系。

东晋政权脱胎于中朝西晋,带有浓厚的流寓色彩,因此,包括生死空间在内的礼仪制度的完善,都处在一种临时的感观上。东晋晚期刘裕彻底掌控东晋朝廷的实权以后,这一系列的问题都在朝着现实认可的方向发展。在这样的现实面前,孝武帝开始建立以建康为中心的天下观,改革建康都城的礼仪空间,江南——中国、中原——索虏这一南北政治、文化上的新对峙趋于定格。南朝政权的土著化,给建康的都城空间与郊域葬地带来的影响是重大的。

(摘自《中华文史论丛》2019年第3期;张学锋:南京大学历史学院教授)

编年史与晋宋官修史运作

聂溦萌

如杜希德所说,"正史只是一个漫长而复杂的编纂、再编纂以及编辑的全过程的终端产品",中央朝廷为了完成这一过程所设置的组织机构、运行规则等,在本文中称为"官修史体制"。对史书的编纂,中国古代史家提炼出资料收集与史书撰著两个关键点。官方日常积累的资料自然以编年系日的形式呈现,而汉代以来又有以纪传体撰写王朝史的传统,因此,官修史的运作过程也可以理解为体裁逐步转换的过程。在唐代,官修史修撰有起居注及时政记、日历、历朝实录、数朝国史等几个主要步骤,这样复杂的机制非可一夕而就,它如何在魏晋南北朝时期孕育萌生,值得进一步探究。

章学诚说后代正史效法《汉书》,却丧失了作为撰著的精神,"以纪表志传,同于科举之程式,官府之簿书"。从现存二十四史来看,这样的特点从南朝四史开始显著出现。这种变化显然是由于官修史运作体制发展,官方对史书的编纂有了更深入全面地掌控。雷家骥注意到梁代出现了几种《实录》,提出"起居注是国史前序工作",而《实录》的出现则在起居注与纪传体国史之间增加了一层"中介性工作",以便于时君掌握对历史的解释权。官修史运作环节的发展并不是到梁代修《实录》才开始。《实录》体裁编年附传,实与中古时期的编年史类似，钩稽史料，可以发现东晋官方的历次修史都能与某一编年体晋史相应，存在一个编年体官修史的序列。本文考察东晋时期编年体官修史的编纂以及晋宋官修史的衔接，在此基础上观察编年体在东晋南朝官修史运作中的角色。

干宝是东晋第一次修史活动的主事者，他提出了"宜准丘明"即采用编年体修史的主张，并完成了编年体西晋史《晋纪》。过去的学者虽然也提到过干宝《晋纪》与官修的联系，但主要还是从史学、史家、史作的角度讨论其书其人，较少挖掘背后的制度意义。建康政权的著作官及官修史事业从酝酿到实现，整个过程都与西晋朝廷无关。史书中有一些零散记载误导学者认为干宝在怀帝或愍帝时已担任著作官，实际上这些材料都可以有另外的解读。对当时的东南士人而言，出仕西晋是十分难得的资历，从干宝的父祖家世以及《晋书》本传所记履历来看，他不可能在西晋担任著作官。东晋初的整个著作机构都是以出身司马睿相府的旧部及东南士人为中心：干宝是实际修史工作的负责者，而秘书监华谭对著作机构的人员配置握有相当话语权。

东晋最初的官修史活动与西晋的修史活动没有直接联系，可能为东晋修史的改创带来了便利。《史通·载言》云："昔干宝议撰晋史，以为宜准丘明，其臣下委曲，仍为谱注。于时议者，莫不宗之。"在修史活动展开伊始，朝臣要对史书的体例、内容等重要原则进行讨论。《史通》的记载应是基于当时群臣会议的表奏，干宝的意见是"宜准丘明"，即采用编年体，而"于时议者，莫不宗之"，说明这一意见得到了认可。这次修史活动的成果应该就是由"领国史"的干宝署名的编年体《晋纪》。

与干宝同时担任史官的诸人中，至少虞预、王隐、朱凤也留下了纪传体晋史作品，如果上述国史体裁之议被一直贯彻，那么他们的史书应属私人之作。事实上干宝之史与同时期其他几种晋史地位的差别，也可以在史料中发现端倪。如《晋书·王隐传》明言虞预"私撰《晋书》"，又王隐之史是他受黜归家后在庾亮的资助下完成。另外，受诏修撰的国史完成后照例应奏上，史书对干宝《晋纪》的记载与此相符，但对王隐书成称"诣阙上之"，对虞预之书仅称"行于世"。

作为东晋初次修史成果的干宝《晋纪》在体裁上不同于汉魏西晋的官修史书。但编年、纪传二体可以相互转换，也共享一些发展趋势。沿着这一思路来看干宝《晋纪》，就会发现它与南朝以后的官修纪传史有相通之处。干宝对于史书的体例，曾提出"五书"，是五项史书内容的取舍标准。"五书"中，"忠臣烈士孝子贞妇""才力技艺殊异"属人物类型标准，与南朝以来纪传体史书以类传的形式兼及忠义、孝行、列女、艺术等特殊人物类型的情况相应。"体国经野之言""用兵征伐之权""文诰专对之辞"，是官员贵族列传中除人物基本履历外的主要填充内容，也可以对应南朝以来纪传史大量增加奏表、诏书等官方文件。

干宝以后，东晋又有数次修撰编年体国史之举。刘知幾颇讥东晋史之零散，姚振宗则注意到孙盛《晋阳秋》、徐广《晋纪》、王韶之《隆安纪》及檀道鸾《续晋阳秋》、郭季产《续晋纪》可以拼合为首尾完备的两晋编年史。姚振宗没有考虑这些史书是否官修。晋末义熙二年尚书奏请修史时称东晋废帝、简文、孝武三朝尚无国史，也就是在干宝《晋纪》修成后东晋朝廷又撰有迄于哀帝的国史，孙盛《晋阳秋》的断限正与此相符。孙盛是桓温拉拢依靠的荆州文士之一，而桓温恰好在哀帝前后有修史之请，推测孙盛《晋阳秋》正是由此而撰。

义熙二年尚书奏请续修废帝以来国史，徐广受命，其后任官数经迁转而"领著作郎皆如故"，至义熙十二年撰成《晋纪》。徐广之后又有王韶之"私撰《晋安帝阳秋》，既成，时人谓宜居史职，即除著作佐郎，使续后事"。虽然这里只说王韶之是由于撰史之才而被荐为史官，但还应该注意到的是，他私撰的晋史恰能与当时官方修撰的国史前后相接。任命为史官后，王韶之将其史续写至义熙九年。

这样，孙盛《晋阳秋》、徐广《晋纪》、王韶之《晋纪》形成了前后相接的国史修撰序列，再加上晋初干宝修西晋编年史，则东晋一朝基本连续地有修撰编年体国史之事。东晋的编年体国史看上去十分独特，其后的刘宋也恢复为修撰纪传体国史，但晋末宋初的官修史又是一脉相承。

晋末徐广、王韶之的修史是在刘裕兴起的背景下展开的，既是东晋官修史的尾声，也是刘宋官修史的源头。在宋文帝元嘉（424—453）年间修国史的何承天是徐广的外甥，且何承天五岁丧父，在母亲徐氏的教养下长大。从东晋义熙初年开始担任史官的徐广，到晋宋之际徐广所举荐的王韶之，再到宋元嘉时期的徐广之甥何承天，晋末宋初的史官都出于同一群体。晋末宋初的修史工作也是延续的。通过徐爰、沈约对《宋书》体例的讨论，可以知道刘宋旧国史中收入了一批活动于义熙至晋末的人物，这些人物传记主要应由何承天在元嘉时编定。而他们大多在刘宋禅代以前甚至义熙革命前后已被消灭，其传记的初步编纂当始于晋末史官。

国史采取编年体抑或纪传体不是二体相争谁输谁赢的问题，而是修史运作层次细密化的发展，东晋时的编年体国史与前后时代的纪传体国史，可以理解为是处于官修史运作的不同阶段。《史记》开创的纪传体体裁与官修史运作方式存在一定矛盾，东晋采取编年体修史，暂时避免了矛盾，使修史活动得以相对顺利地展开；干宝提出的"五书"标准又引导着官修史运作中的资料积累环节逐渐配合纪传体的要求，为以后纪传体史书进一步融入官修史运作体系做出了准备。刘宋以后官修史运作的稳定化、官修纪传体体裁的新特点，都有东晋一代官修史体制发展的基础。

（摘自《中国史研究》2020 年第 1 期；聂溦萌：首都师范大学历史学院讲师）

唐宋之际都城东移与北都转换

齐子通

唐宋之际发生了从洛阳到汴州（开封）的都城东移，中外学人多有研究，通过转换视角，仍有不少问题值得探讨。宋代开封较唐后期汴州，有了长足发展，城市扩大，人口增加，经济繁荣，成为全国性政治、军事中心。从理论上讲，宋人对开封的评价理应高于唐代，然事实并非如此。唐中后期士人对汴州的称赞具有高度一致性，而北宋士人对开封持更多负面议论。唐宋士人对汴州（开封）的评价形成鲜明对比，与城市发展程度形成悖论。透过这种差异，结合中国古代历史发展进程，与更广阔的历史空间联系起来，则可发现，开宝九年（976）宋太祖意欲迁都洛阳一事，正是认识这一问题的关键节点，其背后蕴含着隐性的抽象逻辑，借此分析则有助于跳出北宋定都问题的诸多争论。

五代统治者与唐后期士大夫，对开封（汴州）地理位置优越性评价趋同，实质反映了唐代汴州监控地方职能的延续，明显具有一脉相承的历史轨迹。考其时代背景，唐后期至五代，恰是东部地方势力膨胀，与中央博弈激烈的历史时期。于是，历史逻辑便清晰可见：汴州在这一时期扮演了应对地方分裂、离心倾向危机的角色。而这一特殊作用的长久持续发挥，又促使汴州地位不断凸显和强化。随着北宋中央集权加强与统一进程步入尾声，原有地方割据危机不复存在，历史背景发生重大变化。开宝九年宋太祖意欲迁都洛阳，恰为宋灭南唐的第二年，南方基本统一。太祖行幸洛阳的数日之前，群臣上"一统天下"尊号，在宋太祖看来，只剩下收复燕、晋的尾声，他所憧憬的大统一时代就要来临，从而开创周、汉之格局。是年他才49岁，正值壮年，当然自信能够实现。在新形势下，开封长期监控地方藩镇、应对地方分裂危机的特殊职能，理应淡化乃至消失。事实上，开封这一特殊职能确已悄然淡化，向统一王朝都城角色默默转变。但就支撑中央权威强势回归的天下职能而言，回顾宋代以前历史，洛阳是比开封更好的选择。宋太祖意欲迁都之举，恰是契合了汴州长期特殊角色的理论消解与定都洛阳的理论诉求，实质是对中国从分裂重新步入统一之际的内在历史响应。那么，以同样方式，又如何认识宋太祖迁都洛阳失败呢？宋太祖迁都洛阳失败，看似是各种现实因素牵掣造成的。但从汴州长期特殊职能强化与实力积累的潜层考量，又可以这样理解：在长达百年的地方分裂时期，汴州控扼地方藩镇的"现实职能"不断"积累"，最终改变历史走向。这种积累体现在汴州军事、政治与经济等不断发展、互相作用、互相促进，从而不断提升综合实力和城市地位。随着量变累积，太祖迁都失败，则意味着开封完成了最后"惊险"跳跃，冲破了中央权威强势回归对定都洛阳的理论诉求，从而实现其自身角色的最终转变。之所以强调历史长时段"线性"过程的重要性，是基于聚焦某事件"点视角"解释历史现象的缺陷。例如，宋代定都开封，中外学人多言开封经济、漕运优于洛阳。但在唐代，江南财赋运至汴州，也是路途近且便利，不需经历黄河。即从理论上讲，唐代汴州比洛阳理应更具漕运优势，但唐代漕运中心为洛阳，汴州的漕运地位受到洛阳的限制，这种限制根源于洛阳政治地位强大。按城市发展规律，开封在五代末期最终发展为国际大都市，是其军事、政治、经济因素不断积累的结果，继而形成难以动摇之势。李怀忠所谓"且府库重兵，皆在大梁，根本安固已久，不可动摇。若遽迁都，臣实未见其便"，恰含此义。

唐后期到五代，恰是东部地方势力膨胀、产生离心倾向的特殊时期。汴州承担着控扼东部藩镇的地方性职能（尽管五代时为都城），与此相应，对它的评价普遍称赞。而北宋时，开封作为中央集权统一王朝的都城，发挥着中央性职能，且面临北方契丹入侵压力，这种不同以往的时代背景与角色转换，将其自身弱点凸显释放出来，因而北宋士人持负面评议。因此，唐宋士人对汴州（开封）评价差异的根源，在于唐宋历史时空背景的差异与汴州所承担职能的差异。据此可知，中晚唐五代时期统治阶层对汴州（开封）的赞誉，并不是绝对的，它只是特殊时代背景下，汴州特殊职能及作用使然。因此，不少学者通过列举这段时期称赞汴州的史料，作为宋代最终定都开封合理性的论证也不无问题，因为任何史料都有其特定的时间和空间属性。

唐宋之际，陪都也发生了东移现象，如北都（北京）从太原府到大名府，南都（南京）从江陵府到应天府，西京从凤翔府到河南府。陪都东移又是怎样的一种历史演进轨迹？其与都城东移有何关系？学界目前对此尚缺乏关注。本文拟以北都为例，试说明之。

就五代王朝内部而言，存在一种开封监控邺都（魏州），邺都（魏州）控制河朔的地缘政治秩序。这种秩序实质上也体现着中央权力对地方的支配关系，其对王朝兴亡至为重要，也关乎最高权力的稳固与得失。正因如此，石敬瑭为了最高权力，宁可选择割让燕云十六州，却不愿放弃这种地缘政治秩序与权力支配关系。五代时期，邺都之所以成为河北重心，更主要基于五代王朝的内部因素，这主要体现在几个方面：其一，受唐后期以来的地缘观念影响；其二，政治制度设计，使其具备京、都名分；其三，五代王朝内部地缘政治秩序与中央权力支配关系，使其地位凸显。燕云十六州的割让对邺都大名府地位影响有一定历史滞后性，至宋代才愈发明显。对入主中原的五代王朝而言，太原和邺都是北方两个最重要的据点，皆有重臣出镇。在王朝或帝位的更替中，邺都发挥的作用大有超越太原之势。邺都因其权大，受到了郭威的压制。后周显德元年（954）正月，太祖郭威罢邺都，但仍为大名府和天雄军。纵观五代时期，太原和邺都并没有发生争夺"北都（京）"之号的正面冲突，两个城市更多是因河南地区中央权力中心而建立了间接联系。

大名府成为北京，最根源的因素来自中央区位的操作。尽管北汉因素有一定影响，但根本原因还在于都城从洛阳到开封的转移。假如没有北汉影响，北宋在定都开封的情况下，为了拱卫无险可守的开封，防御契丹，建立北京，地点肯定位于一马平川的河北而非河东太原。放眼唐宋，太原府与大名府的北都（北京）转换，正是其背后的另一只手——唐宋时期都城东移造成的。换言之，唐宋之际都城东移是"主"，太原府与大名府的北都（北京）转换是"从"，"从"随"主"变。如果概括这种关系，用"如影随形"一词来表述则最为恰当。观察北方游牧世界政治格局的转移历程，也可佐证此点。唐宋时期北方游牧世界的权力中心同样发生了东移，即由突厥转至契丹。游牧世界与农耕世界权力中心东移的节奏，虽没有同步，但方向一致。而处于二者之间的北都（北京）由太原府到大名府的转换，同样也是向东转移，并非偶然巧合。

较之唐代，宋代陪都也发生了东移，这也是唐宋权力中心——都城东移的结果，同样是"如影随形"关系之体现。唐代太原、洛阳、江陵三地大致处于同一经度，近似直线，南北两都对称于洛阳。而到宋代，北京大名府、南京应天府也分布在开封南北两侧，三者虽然不在同一经度，但南北两京相对于开封府而言，也是一种近似对称的分布。从陪都的分布来看，唐代陪都更具有分散性，而宋代陪都变得内敛和集中，且距离开封很近。与唐代相比，北宋都城分布的气象抑或可为宋代之"内向"作一注脚。

（摘自《中国史研究》2020年第2期；齐子通：中南民族大学民族学与社会学学院历史系讲师）

中古入华胡人墓志的书写

荣新江

既然是从"异域"入华的"胡人"，一般来说，他们刚刚入华的时候是不会讲"汉语"，也不会写"汉文"的。一般来说，胡人没有中古中原地区刻写墓志的习俗，在进入中原后，他们逐渐采用了汉地的葬俗，同时也逐渐使用汉式的墓志铭。

西安北郊发现的康业墓，墓主是"大天主"（大祆主），是负责胡人聚落祆教事务的宗教领袖。按道理讲，信奉祆教的人应当按照琐罗亚斯德教的天葬方式进行丧葬活动。但天和六年（571）埋葬的康业，却采用中国传统的斜坡土洞墓入地土葬，而且还有中国传统的汉文墓志。康业作为目前所知第一个采用中国式葬法的胡人领袖，其墓志起草和书写显然也是完全由北周的文人承担的。

到了九年之后去世的史君和安伽，我们看到情况有一些变化。北周长安城东郊发现的安伽墓主，是北周同州萨保，大象元年（579）五月去世，同年十月埋葬。在同一地域发现的史君墓，在石椁门楣上方镶嵌着一块长条石板，用粟特文和汉文刻写双语墓志铭。墓主是北周凉州萨保，大象元年五月去世，二年正月埋葬。安伽和史君几乎可以说是同时去世，又埋葬在同一地点，但两方墓志的书写却有很多不同。

安伽墓志志盖篆书，形制与汉地墓志的志盖一致。史君墓志悬在门楣，没有志盖，标题用篆书，相当于墓志的志盖。

安伽的墓志是用汉语书写的，与普通的汉文墓志没有什么不同。而史君墓志是粟特语和汉语双语写，表现其粟特本性。这一点是两者最明显的不同。

从墓志的文字就可以看出安伽比史君更"汉化"。其出身，安伽只说是"姑臧苍松人"，而且是"黄帝之苗裔"。但从他姓安，名伽，字大伽，又担任萨保之职来看，显然原是粟特安国人。墓志的书写者极力想抹去他的粟特出身，和大多数汉人墓志一样，称其为黄帝的子孙。史君墓志则完全看不出有故意"汉化"的意思，名讳后直接说自己"史国人也，本居西域"。

两者生平描述也有很大的不同。安伽墓志明显受汉文墓志书写的影响，比如描写其父"覆仁蹈义，忠君信友"的仁义、忠君、信友观念，显然都是中国传统儒家的伦理；描写其母"婉兹四德，弘此三从"的女性仪范，更是一个儒家伦理所塑造的母亲典型。至于称安伽"志效鸡鸣"，是《诗经·国风》一首诗的标题，赞美官员勤于政事；"身期马革"出自《后汉书·马援传》，指将士为国捐躯，马皮裹尸而还。可见安伽墓志的作者是深谙汉文古典，用中国传统的丧葬文学语言，赋予安伽种种美德。反观史君汉文墓志，就显得非常简单，虽然有个别语句，如"怀瑾握瑜"是典出《楚辞·九章》的词句，比喻人之美德。从总体上看，史君墓志的内容，基本上是纯生平事迹的描述。反倒是粟特文部分，有关史君妻子的叙述要多于汉文，而写去世后的祈愿之词，比汉文丰富多彩，表现出胡人不同的观念。

产生这样的不同，可能与两位萨保所处的地域不同有关。安伽是关内的同州萨保，这里是中原腹地，同州胡人聚落周边基本上都是汉文化区。因此，安伽的墓志最后应当是由北周文人所写。而史君所在的凉州，位于河西走廊东段，是丝绸之路的要冲，历来是胡人聚集之地，史君墓志虽然说他后来"迁居长安"，但他的最终结衔为"凉州萨保"，表明他去世前仍然是凉州胡人聚落首领，应当长期生活在凉州。在凉州胡人聚落的氛围中，史君没有受到多少中华文化的熏陶，其墓志基本上是胡人观念的反映。

宁夏固原发现的隋大业六年（610）史射勿墓。早年被盗，经正式考古发掘，出土墓志一合，汉文书写。康阿达墓志不是正规的考古发现，出土于武威，汉文书写，标题称"大唐"，估计写在唐朝初年。两方墓志年代相距不远，都属于粟特人早期使用汉式墓志的例子。

从标题来看，史射勿墓志题目是标准的写法；康阿达志标题虽然也是"大唐某官某人墓志铭"，但称呼志主"故康莫量息阿达"。这种用"某人之子某某"的称呼方式，不是汉语的语序，而是粟特语用来称呼某人的方式，如粟特语古信札等在说某人的名字时候，以其父的名字为定语。

不论是史射勿，还是康阿达，他们的名字应当都是胡语的音译。史射勿墓志称"公讳射勿，字槃陀"，实际上"射勿槃陀"粟特文意为"Dzimat 神之仆"，进入中国后，按照汉人名字的方式，前半为名，后半为字，就成了"讳射勿，字槃陀"了。康阿达好像没有这么彻底"汉化"，因此只称"讳阿达"。

再从两方墓志所记出身来看，史射勿墓志一方面说是"平凉平高县人也"，已经落籍在平凉平高县（今固原），同时也承认"其先出自西国"。康阿达墓志一方面明确说是"西域康国人也"，随后又说"公即皇（黄）帝之胄胤也"，与大多数汉文墓志一样，说自己是黄帝的子孙，结果还误写作"皇帝"，显然对汉文的习语还比较陌生。

两方墓志的主要内容是生平事迹的叙述，史射勿墓志详细述说了史射勿一生的战功，整篇墓志没有多少文学的修饰词句。康阿达墓志内容简略，主要内容不是写墓主本人，而是曾任"梁使持节骠骑大将军、开府仪同三司、凉甘瓜三州诸军事、凉州萨保"，最后"诏赠武威太守"的祖父拔达。因为其祖父的官职最高，因此特予表彰。

从以上诸方面来看，史射勿墓志的年代虽然早，但体制和内容和同时代的一般汉文墓志没有区别，文从字顺，应当出自平高当地汉人文士的手笔。而康阿达墓志显然要简略得多，而且从题名用粟特语的称名法，不像是出自一个具有中国文化知识的文人手笔，难道是远在凉州某安乐乡，找不到汉人代笔，铭文的部分，或许抄录自已有的某个墓志铭文。

进入唐朝，入华粟特人基本上都采用了中国传统的丧葬方式，也都配有汉文墓志。但一些胡人墓志出现了重复的现象。埋葬于龙朔三年（663）的安师和埋葬于总章二年（669）的康达，两人的墓志有惊人的相似之处。固原出土的麟德元年（664）埋葬的史索岩夫人安娘与咸亨元年（670）埋葬的史诃耽，两者墓志的开篇部分也很雷同。还有洛阳出土调露二年（680）的安神俨墓志和永隆二年（681）康枕墓志，也是同样情况。

这三组两两对应的墓志都书写于时间相距不长的时段内，相对应的墓志也都是在同一地点书写的，比如洛阳和洛阳的墓志雷同，固原和固原的墓志相似，没有看到跨地域的雷同。这似乎说明这些雷同的文本是产生在同一个地域，甚至同一个作坊，或同一个作者。

这些墓主人，几乎都是已经几代入华的粟特人。墓志雷同的主要部分，是关于胡人祖先来历的叙述。这些如果说是胡人要炫耀自己的先祖，把同样的程式化文字抄录过来，是可以理解的。从敦煌的情形看，石质的墓志虽然埋入地下，但纸本的墓志还是有人抄写流传，一个当地文人利用此前的一个文本，抄袭一份，替换人名、时间等，刻石入葬。如果不是一千多年后两方墓志全都出土，我们也难以知晓这位书手的巧妙造作。

北朝到唐初，粟特人主要是经商而来，入仕者大多数也是走行伍和侍卫的路径，作为文人的并不多，因此胡人墓志的书写，主要应当寄托于汉人作者。

但是，随着胡人中逐渐成长起属于他们自己的士人之后，就有胡人出身的"撰稿人"来给胡人撰写墓志的例证。西安发现的天宝十三载（754）哥逻禄人炽俟辿的墓志，题"京兆进士米士炎撰"。炽俟辿属于突厥系哥逻禄部，随父祖进入长安，特受游击将军、左威卫翊府右郎将。圣历年间（698—700），被安排在国子学读书，还特令博士就宅教示。天宝十一载卒于义宁里，十三载与夫人康氏合葬于长安高阳原。作者与炽俟辿为升堂之交，因此撰写墓志。

米士炎是出自粟特的米国人。我们不知道他是何时入唐，但他接受唐朝的正规教育，通过科举考试，成为进士。他撰写的炽俟辿墓志，特别强调其在"成均读书"，"游贵国庠"；还称他"效职而玄通周慎，出言而暗合诗书"等符合汉文化的方面。

同年，米士炎还撰写了何德墓志。何德是唐隆元年（710）帮助相王李旦（睿宗）灭掉韦后的唐元功臣之一，后成为效忠玄宗的龙武军将领，但从他的何姓以及"太夫人酒泉安氏"看，应当也是出自中亚何国的胡人后裔，因此他的儿子安乐府果毅何神想才请米士炎来撰写父亲的墓志。由此看来，当胡人拥有了能够熟练运用汉文、并且掌握运用中国传统典故等写作技巧后，长安的胡人还是希望由与其族属相同或相近的胡人文士来撰写自己家人的墓志，米士炎这样一位"京兆进士"，刚好填补了这个空白。

（摘自《文献》2020 年第 3 期；荣新江：北京大学历史系、中国古代史研究中心教授）

齐梁之际豫、梁降魏与南风北渐

王永平

齐、梁之际，由于南朝内部权力斗争的不断恶化，沿边的豫州、梁州相继投附北魏。其中所涉人员甚众，包括地方州镇文武官员、僚佐及其宗族成员，其中多具有一定的学术文化修养。在南北社会长期分裂的时代背景下，汉族士人皆以南朝为"正朔"所在，南北朝学术文化、社会风尚等多有差异。然自北魏立国以来，鲜卑上层逐渐汉化，特别是孝文帝迁都洛阳以来，民族融合进程加快，不断效法南朝。正值这一历史变革的关键时刻，南朝沿边重镇豫、梁二州相继降魏，大量人员入北，他们自觉不自觉地成为南学北输、南风北渐的中介与使者。

南朝齐、梁之际，内讧加剧，其沿边州镇将领屡遭嫌疑，北魏亦不断利诱。萧齐永元二年（500），即魏景明元年正月，裴叔业"遣子芬之及兄女夫韦伯昕奉表内附"，然"军未渡淮，叔业病卒，年六十三"，其僚属李元护、席法友等推裴叔业兄子裴植"监州事"，献地降魏。北魏控制寿阳局势后，将以裴氏为代表的豫州豪族人物及其僚属陆续征调入北。梁武帝天监四年、魏宣武帝正始元年闰十二月癸卯朔（505 年 1 月 21 日），萧梁汉中守将夏侯道迁举梁州献降，其子弟及其部属等皆随之归魏。

豫、梁二镇入魏，固然有其直接的具体原因，即齐、梁内部政局变化，边境州镇军政官员及地方豪族的地位甚至生存受到威胁。其次，就沿边地带豪族的地域社会风尚而言，在南北朝长期分裂状态下，他们有摇摆于南北之间，"屡多亡国"的投机传统。

特别需要强调指出，豫、梁降魏，与当时南北朝社会局势的演变存在深刻的关联。北魏孝文帝迁都洛阳之后，鲜卑上层与汉族士族的结合日益紧密，北魏汉化进程加快，对南朝的军事压力也不断加大并逐渐取得优势。这对南朝淮汉沿边地带豫、雍、梁诸州镇军政官员与地方势力的心理产生了潜移默化的深刻影响，从而决定着他们在关键时刻做出不同以往的依违去就的选择。何以如此？究其原委，大体有二：

一是豫、梁军政豪族的主体或核心成员多为晋宋之际南迁的"晚渡士族"，其家世遭遇与江左侨旧士族差异明显，这在南朝社会中是受到歧视的。他们自身对"南人"的身份确认也难免不时处于游离的状态，缺乏笃定的自我的"南人"意识。正是如此，他们一旦在南朝遭遇生存危机，便会很自然地出现"回面向北"的群体性选择。

二是南北朝中后期特别是北魏孝文帝迁都洛阳之后，厉行全面汉化，鲜汉上层日趋融合，从而不断消解以往紧张的民族对立情绪和夷夏观念，这对南朝边境州镇豪族群体具有一定的影响。边境州镇豪族群体作为晚渡北人，其家族原本多有与胡人合作的经历，南迁后又长期活动在沿边地带，民族文化意识与观念相对薄弱，他们一旦现实利益受损特别是遭遇家族危机，便会考虑降北避祸。北魏孝文帝以来深入汉化的氛围及其相关政策，又在一定程度上减少了他们的顾虑。在这一背景下，有的边境豪族代表利用他们所居地域的优势，反复于南北朝之间，或寻求自保，或追逐利禄。

边境豪族北附，对南朝而言，主要造成了丧失藩镇要戍等军事危害，而对北朝而言，大量南朝豪族人士的北迁，则主要在于激发了南朝社会文化风尚北传的新浪潮。特别是在北魏孝文帝迁都洛阳之后，北魏全面汉化日渐深入，而豫、梁入魏及其豪族北移正值其时，其传输南朝社会文化之作用尤为突出。

首先，经史学术风尚及其北传，表现在崇尚诸学兼综博通与"善谈义理"的经学风尚与南北杂糅的士族礼法。

（1）豫、梁二州入魏之代表人物，多出自汉魏以来的士族旧门，普遍具有一定的儒学经术方面的修养。然如所周知，在南北朝分立时代，南北学风明显不同。就南朝边境豪族学人而言，他们在学风上多受江左风气的熏染，表现出明显的南朝化的特征，即普遍崇尚通博，尤其是经史兼修、文史兼综等。在学术旨趣上，往往"遍受《五经》，略通大义"，"博涉群书，不治章句"，其主旨在于删繁就简，突出并领会精神，把握要义。与"南人约简，得其英华"之风尚颇为契合。

豫州豪族名士阐释佛学义理，其入魏后对北方佛学也有所影响。北魏孝文帝以后，北魏士大夫佛学渐成风尚，这与入北南士的影响不无关系。汤用彤先生将裴植、裴衍兄弟与崔光、王肃等作为北魏后期"以文学见知而奉信法者"之代表,可见其对北朝士大夫佛学之影响。

（2）众所周知,南北朝士族社会在生活方式、宗族观念上存在一定的差异。与北朝重宗族聚集不同,南朝则趋向小家庭化,相关的宗族观念也随之变化。豫、梁豪族群体尽管在南朝士族风气的影响下,其宗族观念与生活方式有所变化,但他们依然普遍重视孝友门风之承袭。

其次,文学艺术风尚及其北输。齐、梁之际入魏之豫、梁豪族群体代表普遍具有文学艺术才能,显然与东晋南朝以来士族社会的主流文化传统基本一致。豫、梁二州入北,正值北魏鲜、汉上层深入融合,并积极追求文雅化的高潮时段。当时北魏上层崇尚南朝的文学艺术,而豫、梁名士群体入北,则给他们提供直接取法南朝的媒介,由柳谐"善鼓琴,以新声手势,京师士子翕然从学",可见洛阳上层社会对江左才艺的喜好。

再次,名士风气及其北播。豫、梁豪族集团虽然长期生活、任职于南朝北部沿边州镇,并非江左高门士族集聚的社会文化中心区域,但毕竟与南朝政权的上层保持着密切的联系,从而在生活风尚与言谈举止等方面受到江左士风的熏染。关于入北豫、梁豪族代表人士名士化习气,主要有如下表现:

（1）崇尚隐逸的倾向。豫、梁入北人士之所以崇尚隐逸,与他们所受南朝隐逸士风的熏陶不无关系。东晋南朝高门士族社会在玄学风尚影响下,普遍崇尚隐逸,他们以为"夫隐之为道,朝亦可隐,市亦可隐。隐初在我,不在于物"。士族朝臣在日常生活、仕宦中希企隐逸,寄托山林,咏怀丘泉,体现出隐逸的雅趣与境界。因此,豫、梁豪族北徙名士化人物的隐逸情思显然是受南朝士风影响的表现。

（2）玄化名士的"风仪辞令"。豫、梁豪族人士之注重"风仪辞令",是南朝玄谈论难风尚的产物,其中一些人物入北后依然组织雅集与谈论。后来交游范围不断扩大,其中多有北人。此外,一些入北之士不断进入元魏上层王公、朝臣之府邸,或出任其僚属,相互间的交往日渐深入。这都在一定程度上推进着南风北传。

总之,北魏孝文帝迁都洛阳后,鲜、汉上层日趋融合,除社会政治、经济、制度等重大变革外,其学术文化、士人风貌与日常生活风尚等各领域也经历着深刻的变革。就鲜、汉上层文化风尚变革而言,其主流趋向是追求文雅化。在此过程中,入北之南朝人士便成为北人取法江左风尚的重要媒介。入北豫、梁豪族代表及其所裹挟的各类别之南朝人物,他们在学风、士风诸方面长期经受江左玄化风尚之熏习,其入北后在学术文化与日常生活等方面之诸多表现,自觉不自觉地扮演着转输南学的角色,而当时正值北魏迁都洛阳之后宣武、孝明帝鲜、汉上层深入融合时期。可以说,豫、梁附魏及其豪族代表人士入北,恰逢其时,在北魏社会变革的特定时段,在南学北传、南风北渐的历史进程中发挥了一定的历史作用。这不仅契合了宣武、孝明时期北魏鲜、汉融合过程中整体追求文雅化的时代主题,而且为此后北朝及隋唐之际社会文化风尚的不断南朝化奠定了基础。

（摘自《史学月刊》2019年第9期;王永平:扬州大学社会发展学院教授）

长沙吴简所见"科"与"辛丑科"考论

徐　畅

长沙吴简被认为主要是吴大帝孙权统辖下荆州长沙郡所属临湘侯国的档案文书，文书简中屡屡见到"依科""据科"对涉事人员处以刑罚的记载，甚至保留了孙吴制定法的名称"辛丑科"及其遗文，为我们近距离观察三国孙吴的立法活动与程序，孙吴"科"的命名、性质、形态等问题，提供了鲜活的样本。传世及出土文献揭示的三国时代孙吴政权"科"的创制活动，除黄武五年的"损益科条"外，均发生在孙权称帝（229年改元黄龙）之后，如果我们仍以曹魏"难以藩国改汉朝之制"的横向影响解释孙吴科的"演生"，恐有逻辑不周之虞。在新材料基础上，对科在孙吴的行用背景，科与律、令等其他法律形式的关系等相关问题，亦有再检讨的必要，以便揭示三国法制史中孙吴的法制面貌。

在对孙吴的"科"进行深度剖析基础上，回观传世文献对曹魏、刘蜀二政权推行"科"法的相关记载，将这些记载置于汉—魏—晋—隋唐法系流变的视野下加以考索，可就三国时代"科"的性质及其历史地位诸问题，得出更为全面而合理的评价；从而回应科是否独立法律形式，三国之科是否已具法典形态，帝国法典与今上制敕的关系等法史难题。

汉代法律意义上的"科"是以律令为基本精神，顺应变化而产生的细化的诠释性规定。由于汉代律以正罪名、令以存事制的分野尚未形成，律、令分别兼有刑罚性和非刑罚性，补充律令的"科"，自然也兼有规范事制与定罪正刑功能。与上述情况不同，目前所见长沙吴简中的"科"，大部分带有刑罚性质，在孙吴嘉禾年间的长沙，成为区域内发挥刑罚教化功能的法律形式，指通用于孙吴本地的专名法律。

吴简中"如科令"的表述更能证明此时基层的司法实践，似多以科为依据。由于律令是秦汉时代的主法，"如律令"明确反映出汉代官员行事一概以律令为依据。已刊长沙吴简行政文书中的训告之语，大多将"律令"替换为"科令"。由此一字之变，说明科在三国孙吴已成为替代汉律令的主流法律形式，并作为固定的公文书结束语，强调吏民应以"科"为行事准则；其训告申诫对象，很可能并不仅限于长沙地方，而及于整个江东之域。

长沙吴简中还可见到"如某书+科令"的叠加性公文结束语，与"科令"关联在一起的，是不同等级的行政文书。这类训告语中，"如诏书科令"最为多见。诏书，应为吴大帝孙权发布之制诏。"科令"与"诏书"并列，除在诏书下行过程中强调诏书与科令精神的一致性外，更为实质的问题是，"科令"的法律权威来自制诏/王言。

孙吴嘉禾年间发生的许迪割米案，结案定罪的法律依据是科，在许迪案结案环节的相关简文中，可以采撷到类似辛丑科的遗文，其中"科一条"或"一条"的表述提示，辛丑科应是分条书写的科条集；这个科条集应该体量不小，故有"辛丑科目"之说。所谓"辛丑科目"，应是将辛丑科所属各科条之大意摘编为目录，格式应类汉代的施行诏书目录。孙吴的辛丑科，应是将若干科条编录汇集，再经立法的科条集。

对科名"辛丑"，即所谓干支科的理解，直接联想物应为汉代干支令。汉令篇名仅有天干无地支，而汉代以天干+地支命名王言（诏书、制书、诫敕、赦令等）的做法，与干支科有直接联系。

统治者颁布的指令，除主体内容外，必有行下之辞，记录指令最初下达的年、月、日，这种传统在先秦时或已形成，于秦汉得以延续；时人在引用制诏时，亦有具体指明其下达时间的做法，以下达之日的干支省称制诏，渐成行政习惯。传世文献记载的干支诏书多见于汉魏时期，但汉帝诏书中以干支指称敕令的现象可上溯至西汉初年。在长沙地方，以下达之日干支代称诏书的做法推广至基层行政运转中的各级文书，产生了各种"干支书"。但这些干支书，传达的是上级行政指令，其性质、作用和地位无法与作为王言的干支诏书相提并论。

"辛丑科"作为孙吴时期的行用法律，其法源应是吴大帝孙权颁布的制诏。三国之科亦应是割据者王言的汇编。辛丑科最近于嘉禾三年春应孙登之请定立的止盗之科。此次立科完成于孙权出征新城时，"辛丑科"的颁行时间最有可能在嘉禾三年七月十八日辛丑。

以"辛丑科"为例，通过对三国孙吴政权统辖下"科"的性质进行解析，大致可得出如下认识：

第一，孙吴时代科的法源是王言，即吴大帝孙权因事颁布的制诏。

第二，并非所有吴帝制诏经汇编都为科，只有经过吴帝公开颁行的诏条集，才是科。

第三，孙吴的科，以承担刑罚、教化为主要功能，成为解决基层执法问题的主流法律形式。

辛丑科是有关止盗内容的科条汇编，并经过立法程序，成为独立法律形式。如果说曹魏甲子科是汉魏间敕例编纂立法化趋势的开篇之作（魏武帝时期），则辛丑科踵继其后，犹树一帜。

科从诞生之初即具有灵活多变的体式特征，常作为补充律令的副法；东汉中后期，一些地方长吏在帝国律令之外拟定一些地方性法规，称为"科""科条"。世入三国，汉律令仍在沿用，但多为古法，已不能解决乱时期的社会问题。魏、蜀、吴三国割据者初非帝王，不能进行汉制更改（律令增订工作），诉诸东汉地方造设科条之例，随时制定并颁布"新科"。这样的立法活动，具有频繁性、功利性和无计划性，其产物是若干篇军政活动急需的单行法。

目前所知曹魏的"科"，不仅包括罪罚性内容也包括事条性法规。孙吴的科，虽然吴简中"科"多与正刑定罪相关，但史书中还有"科"用于规范长吏遭丧是否应去职奔丧等情况。因此，三国时代的科，可能兼有刑罚、非刑罚性质。

至此，对于三国时代科的性质，可补充如下判断：

第四，孙吴及三国时代的科，并非囊括国家司法各个层面，体系周密，有篇章之义的大型法典；多数是因事而立，具有追加性质的单行法。

当然，以多种并立的单行法指导司法实践，只是一种过渡形态。对曹魏而言，过渡期始于曹操挟天子以令诸侯的建安初（196），终于魏明帝太和新律的颁布（229）；于孙吴，颇为巧合的是，孙权正式决定称帝，改元黄龙的这一年（229），正是魏明帝将新律颁行的太和三年。

吴帝既正位，难以藩国改制之禁就不复存在，孙权却只是沿用已为邻国弃置的临时法律形式，在外出征讨之隙，以止盗科、禁盗铸科等具有重刑主义特征的急就章，施诸江东六郡；似并未有将先后推出的科条汇合为一部全整吴国法典之举。从此可见孙吴在三国法治建设中滞后的一面，这也是我们讨论吴简中的"辛丑科"，所必须察知的背景。

（摘自《中国史研究》2020年第3期；徐畅：北京师范大学历史学院副教授）

论点摘编·宋元明清史

宇文部、北周与契丹先世史叙述的考察

温 拓

《北史》对十六国宇文政权的先世称为匈奴，《周书》在其基础上称宇文部为炎帝之后，契丹先世传说亦继承此说。三种文本的承递关系与不同，来自对真实事件的层累记述，其过程涵盖4世纪至元末。以往研究多对文本混同处理，产生了模糊与抵牾。本文拟通过对三种先世表述的文本形成过程的研究，揭示其各自目的，同时对历史上罕见的"炎帝之后"的书写含义进行解读。

一 《北史》所见宇文部正统性的建立

《北史·匈奴宇文莫槐传》中提到宇文部莫廆（当作莫㐷，避北魏道武帝讳）曾自称单于，而在逊昵延时代又获得玉玺三纽。此二事关乎北周正统之来源。

《北史》所言"称单于"仅为孤证，《魏书·序纪》称宇文莫槐为大人，《晋书》本纪有"鲜卑帅宇文归"，是东晋与北魏时宇文部不称单于。《资治通鉴》所谓"单于"之说当出于司马光改动，亦不为据。《北史》不全出于《魏书》，何德章认为南北史编撰存在"尊周抑齐"史观，故李延寿或掺入《周书》有关文字于《魏书》而改其原意。与北周无关的《魏书·宇文福传》与《北史·宇文忠之传》皆不言宇文部称单于。"称单于"一事或北周作伪而成。

《晋书》不同史源的两处记载皆言慕容皝击溃宇文归而得宇文部"玉玺三纽"并献于东晋之事。《北史》相关文字未提及"皇帝玺"，至《周书》已明言宇文先世曾获皇帝三玺。东晋宣称"皇帝三玺"，盖其时相较于对外的"天子三玺"，"皇帝三玺"更具政治效力。而从同时发生的前凉张寔献"皇帝行玺"一事来看，宇文部虽所获玉玺为"皇帝三玺"一事存疑。《周书》文字当出于史官将宇文部"获玉玺"与东晋得到"皇帝三玺"相拼接而来。

与"称单于"不同，"获玉玺"是由两件真实事件拼合而来。前者构建北周之于鲜卑继承的合法性，后者则构建对汉地的合法性，为其弥合胡汉的法统构建埋下伏笔。北族正统在于与草原共主的联系，拓跋部借娶匈奴正胤赫连氏女而取得，卒以"昌意少子，受封北土"重构合法性，这一混合胡汉的思路影响了宇文周。通过不同文献的拼合，为了结合文本形成过程重新认识宇文部，就需要排除层累的干扰而考量《周书》。

二 以炎代黄：北周代魏的先世改造

《周书·文帝纪》开篇所叙宇文氏姓氏来源，有三点值得重视，其一宇文氏为炎帝之后，其二宇文氏远祖为葛乌菟，其三"宇文"意为"天君"。宇文部本"南单于远属"，在《文帝纪》中变为"炎帝之后"，显是出于自我塑造。南单于或即呼韩邪单于，为刘渊所奉，刘渊亦自称其先祖为黄帝之后的夏桀之子。慕容氏自称出于有熊氏，将北族先世与中原等同并直接勾连，当时多有如此自称者，语虽不经，足见其政治诉求。北魏亦自称出于黄帝，《魏书·序纪》的叙述及结构与《文帝纪》同,姚大力称《序纪》是依托中原古史重构而成。宇文部的"先世改造",结合中原古史称黄帝代炎帝而立,对黄帝之后的西魏禅位于炎帝之后的宇文氏,赋予法统合理性。此伪冒当在宇文觉时而非其旧有传说。

陈寅恪认为周、齐立国根本不同,孝武帝出奔,北魏法统即在高齐,宇文周除自称炎帝之后外,尚须整合胡汉为一体。《周书》中塑造的葛乌菟,出现时间早于拓跋部先祖檀石槐,宇文部之先早于拓跋为鲜卑共主,其后人即为鲜卑正胤。此说影响了元人对于宇文部及鲜卑的认识,拼合痕迹见于《辽史·世表》。宇文部先世表达的双重意味亦可见于《文帝纪》,炎帝之后为中原而作,葛乌菟为草原法统而作。

而宇文氏"谓天曰宇,谓君曰文"一说必为杜撰而成。白鸟库吉及周一良皆曾论及,宇文氏即俟汾氏,本义为"草",从音韵学亦可证。此说与《魏书》中"谓土为拓,谓后为跋"相类,北人释北语颇为随意,拓跋与土、后发生关系,当在附会黄帝之后,以树立合法性。宇文氏之塑造亦本乎此,而炎帝对黄帝、天对土、君对后,体现了宇文对拓跋的超越。总之,《周书》的先世叙事本于《魏书》,于北周代魏后层累而成,隋唐出于维护法统之目的,亦因沿之。

三 契丹先世传说与拓跋部之关联

北周的先世传说,作为一种政治遗产,到元代修《辽史》时,《太祖纪》的赞曰仍以契丹为宇文部之后。冯家昇认为耶律俨所修《实录》中应存在类似《魏书·序纪》的内容,由是可知《太祖纪》的文字大体本于耶律俨,而"出自炎帝"的论断则仅为元人之判断。宋元间大致有三种契丹祖先传说,以见于《辽史·地理志》的"青牛白马"最具影响。刘浦江称此事不见于辽代石刻文献,但存于宋方材料。故事中的神人、天女皆不名,其叙事模式略同于《魏书·序纪》的圣武帝遇天女故事,二者区别在于相遇场面与生子人数不同,这种修改是化用而使其本土化的必要措施。来自于拓跋部口传之《代歌》《代记》,其在北方影响巨大,故可为辽人所化用。《序纪》中"子孙相承,当世为帝王"一句,也可见辽人化用此事之原因。

其次,是见于王易《燕北录》的"阴山七骑"传说。七骑与妇人的关系较为复杂,若妇人属于七骑之一,当为迭剌部始祖,但名为"赤娘子"的妇人在祭祀中顺序靠后,当不为该部始祖。以带有荒诞色彩的北族叙事来看,妇人应为七人共有,所生七人之子即为契丹诸部,如此"赤娘子"虽为契丹"共祖",但其并不作为迭剌部的祖先受祭,故其受祭顺序当晚于迭剌部先祖,耶律倍《吉首并驱骑图》亦可证,且表明奇首与其他七部的主从关系。我们姑将此二说看作契丹先世传说的两种形式,且阴山七骑当早于青牛白马故事,早期阴山七骑故事当与奇首可汗无涉,于太祖时做出改动。即白马青牛故事亦非定式,《耶律羽之墓志》可见当时将奇首与鲜卑联合的尝试,但固知此时奇首可汗传说与青牛白马无关。

诏修《始祖奇首可汗事迹》标志着"奇首可汗"与"白马青牛"传说的彻底结合。自辽太宗获后晋宝玺,辽人不断发挥此事,相对应的亦将自身与北魏相勾连,从而得以进入华夏正统序列。其后辽人及以北朝自居,至耶律俨《皇朝实录》的轩辕之后,皆属同一倾向。如上不误,白马青牛故事当在此后出现,并随着《始祖奇首可汗事迹》开始编纂而将两说成功融为一说。据陈勇对北魏拓跋部"匈奴说"在崔浩国史之狱被禁,却仍通过使节流传至南朝的研究,辽道宗时即被压制的"阴山七骑说"或亦以相同路径传至宋朝,作为南方系统贬低北方的记录而存在。陈勇指出"匈奴说"在北方的流传在于"匈奴系"人物在北魏早期发挥着重要作用,这也恰好同于辽初皇权传递混乱与述律诸后干政下契丹贵胄的地位,从维护政权的目的看,此类传说有继续流传的背景。故而此传说产生两种形态。

综上所述,拓跋魏最后形成定本的传说故事,不仅在中原之地广泛传播,而且在辽阔的北方草原亦影响深远。迭剌部成为契丹共主之后，将自己家族传说逐渐推广至整个契丹部族的同时，也使用类似拓跋部的先世传说故事使其"政治遗产"为己所用，从而获得南—北、胡—汉之间的法统。辽朝先世传说的改造，使得拓跋之"鲜卑—黄帝"说与契丹之"鲜卑—黄帝"说相勾连，从而建立起自身对于中国北方统治的合理根据。

通过对宇文部、北周、辽朝三个政权先世文本的观察，《魏书·序纪》在其中起到巨大影响，后两者皆以之为蓝本进行改造。这与其说是一种家族或是部落传说的再建构行为，倒不如说是一种重构北方政治结构的行为。宋辽之分野，虽在宋人看来已经是国与国的语境之下，但在被宋人以外国视之的辽人眼中，这不过是第二次的"南北并立"而已。在如此背景之下，其对先世传说的再建构，也就不难理解了。

（摘自《民族研究》2020年第2期，原题《多重层累历史与双重正统建构：宇文部、北周与契丹先世史叙述的考察》；温拓：云南大学历史与档案学院博士后）

宋路级地方行政区划名与实

龚延明

一 宋代路级行政区划由虚到实的演变

宋代实行路、州（府、军、监）、县地方三级行政区划建置。路级区划以转运司路为准，历朝数量有别。地方三级行政区划由虚到实，经历了一个漫长的历史演变过程，以汉武帝置十三州部刺史与唐初置贞观十道为其重要节点，中晚唐作为分离势力的藩镇，破坏了虚三级行政区划，五代因之。李昌宪认为五代以来，道州县三级地方行政建制实际上基本解体，作为中央派出机构的各地转运使填补了这个权力真空，但明确的路级规划尚未出现。

宋代地方行政管理体制，实际按路、州府军监、县，分为三级。学术界对宋代路一级是否能视为一级地方行政管理机构有争论，朱瑞熙把路视为中央派出机构，认为宋代是二级行政制度；罗幸超认为"路"与唐代"道"相似，由监察机构演化出行政身份，为准三级行政制度；聂崇岐认为宋太宗时已划分出路、府州军监、县三级，宋代为三级行政制度。二级制与准三级制，都以宋初路转运使职掌漕运着眼。

贾玉英认为宋代的路是地方行政制度与监察制度的双重组成部分，此观点亦见于司马光奏疏，在仁宗朝官员看来，转运使司是中央与州、县之间的最高传令机构。其后，路分为有长官为转运使、提点刑狱、提举常平的"监司"路与长官为安抚使或经略安抚使的"帅司"路，两者区域或有不同。路一级贯穿两宋，形成了以转运使司、提点刑狱司、提举常平公事司为核心的监司管理体制，其管理涵盖一路各类事务，但没有最高的行政长官与统一的路行政治所。可以说，宋代地方三级行政管理体制是在北宋中央集权政府实际运行过程中逐步建立的自具特色的建制。宋代是地方行政管理从二级开启了三级管理体制的时代。

二 路级行政区划沿革

路之前身为道。道之设源于唐。据《旧唐书》，贞观元年分天下为十道，其性质为监理区，带有某些行政治理的功能，对后世影响深远，其后道数虽有变化，但"道"作为一级区划沿用不变。

余蔚《完整制与分离制》一文称宋初承袭晚唐、五代"藩镇—支郡—县"的政区统辖模式，藩镇长官节度使是事实上的高层政区首脑，整个地方行政组织体制，是传统的"完整"的模式。此说待商榷。唐末、五代地方管理混乱，既有合法的道、州、县三级政区管理模式，又有不合法的藩镇、支郡、县的统理模式，二者并行之下，不能称之为"传统的完整"；作为分裂势力的藩镇亦对中央无向心力，不能目为地方行政组织。又据张国刚所言：唐中后期，藩镇凌驾于州县之上，在法制层面上的"道"制还存在，方镇与道两者并存，且道为正方。张所言亦不足资证余蔚所论，其所引白居易语亦不当，从白居易仕经历来看，州官除授之权仍总于朝廷而非藩镇。在藩镇割据下，显然不能用"传统""完整"而形容，藩镇是中央集权政治的离心力，是对道制的破坏。

宋初沿行贞观十道，乐史《太平寰宇记》即以之为纲。李昌宪认为此时路制未确定，在变动频繁之际，需要借助旧制来编次舆图。实际太祖乾德间已有"路"之称。太宗淳化四年（993）曾短暂置十道左、右计使，其为财赋机构而非行政区划。太祖乾德元年置转运使，专主一道之粮饷以供军需，开宝八年（975），始见"道"名改成"路"，路转运司权力进一步扩大，太平兴国二年（977），转运使职责扩展，"路"成了位列于州县之上的地方高层管理机构。太宗时完成了道制区划向路制区划的过渡，但宋代并非"废节镇而置路"。

至道三年（997）全国分为十五路，以转运司管理辖区的路级体制形成。其后经过咸平二年（999）、天禧四年（1020）、熙宁七年（1074）、崇宁四年（1105）、宣和四年（1122）历次增改，形成了二十六路，此为宋全盛的版图。南宋初仅存十五个监司路，之后合、分不常，理宗时祝穆《方舆胜览》列有南宋十七路。

三 路级管理机构——监司

监司原指汉部刺史，专职巡行监察郡守而不治民。其后，内涵由原来单纯监察地方郡守之官的刺史，演变为唐代转运使、观察使，至宋代转运使则进一步行政化，被清代视为布政使之所由始。马端临《文献通考》亦对监司演变有论述。

宋代转运使职能是逐步扩大的。宋初，转运使专掌漕运，太祖朝的转运使在掌管财赋外还督察州府官，显是汉刺史与唐转运使之复合，职权已渐扩大为一路监司之长官。太宗将地方行政管理权收归中央，委任诸路转运使管理诸州县，太平兴国二年，转运使得以"于一路之事，无所不总"。太祖又疑路转运使权过重，置走马承受公事监视之，真宗因其易致地方官与中央冲突而罢，于景德四年（1007）设路提刑使，以分转运使之刑事权。此时监司已变为路转运使、提刑司专称，路监司作为路一级管理层长官，已初步确立。至神宗熙宁三年（1030），诸路又置提举常平司，分管地方市场平价和推行熙宁新政。宋代监司的体制至此已经确立。路监司作为地方最高一级行政管理机构，延续至宋末。亦见载于《庆元条法事类》。

路一级管理区，虽然笼盖州、府、军、监的行政、经济、刑狱与监察管理，但监司三元领导并无统一的行政主管机构，仍是各自为政，不像州、府、军、监与县二级，各自均有长吏为中心的权力机构。这种以转运使司为主，提刑司、提举常平司等并列的多元领导构成的"监司"集团机构，是宋代君主刻意为之，源自宋王朝汲取前代藩镇擅权的教训，推行强干弱枝国策所致。

在行政区划的监司路之外，宋代因用兵之需，又旁生帅府路，南宋时曾普遍推行。建炎初，李纲为防御金军，沿江、淮、河先后置有十九帅府。其后因军事之需，南宋之沿河、沿江、沿淮紧要郡知州兼安抚使，总管一路防御兵政。孝宗乾道六年（1170），十六监司路皆置帅司，帅司路归入监司路，安抚使亦为监司。宁宗后，安抚司之兵政归都统制司。

路级监司外，尚有杂监司，为提举茶马司、提点坑冶司、提举市舶司、提举学事司等各式专门的经济、文化管理机构。源自熙丰以后，多设使者以行新法之故，此举亦招致一些批评。路监司作为宋代集体管理路一级的多元行政机构，是在宋代"强干弱枝"祖宗家法控制下、不让地方出现类似唐五代尾大不掉、藩镇割据局面的产物，是宋代有特色的路级行政管理机构。

四 监司路下之帅司路——安抚司

安抚司别称帅司，北宋已有，多因灾伤或边境用兵临时而置，事已即罢，不属于路官范畴。至南渡后，逐步形成与监司路重合之十六路首州知州兼安抚使体制，安抚使亦成为监司成员，与转运使、提点刑狱公事、提举常平茶盐公事分工合作，曾发挥过治理路级行政、财政、刑狱、军政的重要作用。

北宋时因出师防御部署之需旁生帅府路，这与以转运使为主的监司路有别。河北、河东、陕西各共计十帅府路，以都部署路为名，因后梁时一州军事主官称都部署。真宗时仿吴越国之制，有知州兼安抚使之任命，其后沿边多置安抚使，大多是一路首府知府或首州知州兼经略、安抚使，亦有因灾伤令守臣带安抚使。其时安抚使路辖区置于所属监司路，其所辖州军少于监司路。沿边帅司路特点是一种权宜的适应军事需要的统兵防御辖区，相当于协同作战的大战区。此外，经略、安抚使均由文臣担任，并创造了首州知州兼任安抚使，兼总一路兵民之权的模式。安抚使虽掌本路守战，但并无统兵征战之实，一有战事，即别置将官。文臣兼安抚使，只能起参与军事计议、监督武帅的职能，体现了宋朝防范武将擅权的基本决策。至于因灾伤而置，其目的更是维护社会安定而已。安抚使在光宗绍熙元年（1190），列名为路官。宁宗后，沿江、沿淮诸路设制置司，取代安抚司成为军事机构。帅司路在南宋前期，曾作为特殊的军事路分，丰富了宋代路级的管理机构组成，与监司路既有联系，又有区别。

（摘自《清华大学学报》2020 年第 4 期；龚延明：浙江大学古籍研究所、浙江大学宋学研究中心教授）

宋代的疆界形态与疆界意识

黄纯艳

当前学界对于两宋与辽、金和西夏通过盟约确立对等关系并划定疆界之事多有讨论，但现有研究既缺乏整体性，部分结论也值得进一步讨论，如目前研究未能充分反映宋人的疆域观念。所以，若想深入认识宋代疆域问题，辨析宋代疆界在中国古代王朝国家疆界演进中是否具有变革意义，核心是厘清宋代的疆界形态和疆界意识，并对其进行整体考察。

一 疆界形态的多样性

宋朝有着模糊疆界和清晰疆界两类完全不同的疆界形态，每一类疆界都是为了应对复杂多变的现实情况的产物。

1. 点状控制的模糊疆界

宋朝与境外政权之间存在着一种由非两个政权直辖诸族分布带构成的中间地带。与宋朝直接接壤的部分通常是羁縻州和熟户，而这些羁縻诸族大多居住在经由山谷、河流、隘口通向宋朝直辖地区的山川中。为防止蛮人进入省地。宋朝选择设立寨和巡检把守主要通道,形成诸多控扼的要点,这些要点也成为省地与蛮地双方分界的界至。在这些要地,宋朝与羁縻各族多立柱设石标界,或利用地形作为省地与熟户的天然界限,如在蜀地即设称为禁山的封堠作为天然屏障。不过,无论哪种标界形式,都未见举行全线议疆划界,这说明宋朝省地与熟户之间的疆界是模糊的。

2. 片状的模糊疆界

除点状外,宋朝与相邻政权间中间地带的另一类模糊疆界为片状疆界。片状疆界一是表现在宋朝与大理之间:大理与宋朝之间在北分布着被宋朝放弃直接统治的越嶲诸族,在东的中间地带分布着罗殿等诸多蛮族。虽然这些部族情况不同,越嶲诸族同时臣服于宋朝和大理,罗殿等则没有表现为两属关系,但都成为宋朝和大理实际上的隔离地带;二是表现在宋朝与交趾之间:交趾自建国起便一直与宋朝争夺双方互不统属的中间地带诸族的控制,此时双方缺少清晰疆界,直到宋越熙宁战争,宋朝占据溪洞,交趾凭借侵扰宋朝的溪洞诸蛮才不再具有中间地带的作用;三是表现在宋朝与西夏、吐蕃之间:庆历议和后宋朝与西夏第一次商议疆界,即所谓"庆历旧例",双方以蕃人和汉人居住区约指的中间地带为模糊疆界。至于宋朝与河湟吐蕃,未见双方议界,而以中间的生、熟户地带为模糊疆界。

3. 带状清晰疆界

在南方和平催生模糊疆界的同时,北方在军事对抗的需求下,北宋与辽朝澶渊之盟后在河北一带、元祐五年后与西夏之间都形成了带状清晰疆界,其中,中轴线是区分双方疆界最为关键的清晰界线。宋辽表现为"两属地+中轴线"。界河是两国间明确的疆界线,但宋辽两国的界河两岸存在着一条双方边境城寨至界河之间的两属地带。在双方关系正常时,两属地是双方共同管理、都不直接统辖的缓冲地带,但由于界河这一中轴线的存在,双方的疆界线是十分清晰的。而宋夏表现为"两不耕地+中轴线"。熙宁四年,宋朝和西夏"以二十里为界,十里之间量筑堡铺,十里之外并为荒闲",双方都在十里荒闲地的己方一侧掘壕立堠,形成宽十里的疆界地带。这一方案后被称为"绥州旧例"。元丰四年,宋朝因对夏战争失败而重开疆界谈判,并接受了西夏提出的"绥州旧例",将"绥州旧例"中十里荒闲地划出中轴线,各留五里两不耕地,形成了"两不耕地+中轴线"的清晰带状疆界。

4. 线状清晰疆界

带状疆界外,是宋与辽、越和金形成的线状疆界。

宋辽方面,雍熙北伐后,宋将大量河东边民内迁,形成禁止百姓进入的大片"禁地",辽国趁机蚕食,边境争议自此产生。熙宁七年,辽使萧禧与宋朝进行河东议界。在谈判中,宋朝让步,答应了辽国以分水岭为界的主张,双方在分水岭和平地"分画地界,开壕立堠",设立"缘边界壕",划分了线状清晰疆界。

宋越方面,熙宁战争结束后,交趾求和议。元丰七年,双方以一系列关隘作为疆界,划清界至,划界后宋朝省地与交趾直辖地直接接壤。

宋金方面,绍兴十一年,双方议和划界,宋朝在付出经济代价后,金朝放弃以江为界的主张,双方改为东以淮水中流、西以秦岭山脊为界,两边都是相对清晰的疆界。

二 疆界意识与关系形态

宋代不同区域和不同时期出现的不同疆界形态反映出宋朝的疆界形态和划界原则并不统一,而主要是为了应对现实。多样复杂的疆界形态背后是部落与政权以及各政权之间多样的关系形态。

如上所述,宋朝与部落间多为模糊疆界,模糊疆界地带可分为省界、熟界和生界三个层次。经济发展水平是区分省界和熟界的根本原因。对于宋朝而言,虽然熟户在宋政府配给土地、耕种省地和蛮地转省三种情况下也会承担部分赋役,但多数蛮区由于难以提供支撑建立直接统治所需的成本,所以宋朝对于熟地转为省地总体上十分审慎,往往只是通过政治上朝贡和册封、经济上回赐和互市、军事上设置镇砦等方式保持对羁縻之地的控制，以其作为省地与生蛮之间的安全屏障。由于宋对熟蛮建立了比较完备的控扼体系和熟蛮自身力量的弱小，所以没有必要进行双方议界。此外，生蛮与熟蛮是与一种与宋朝亲疏的关系型概念，并无绝对分隔，因此，如果宋朝间接统治了新的生蛮，则该生蛮就转化成了熟蛮。

对于宋朝而言，一方面为维护"天下"秩序结构而划分了模糊的省熟和生熟之界，另一方面为应对现实挑战，在强烈对抗后也与诸"国"设立了清晰的疆界，且疆界的清晰程度既与对抗程度成正比，也伴随着对"国"的地位的承认。

第一，对抗性促生清晰疆界。先起的宋辽对抗促使宋辽之间首先形成了清晰疆界。澶渊之盟后，双方的疆界从实际军事控制转向"界河+两属地"的清晰疆界。宋朝与西夏、交趾间的疆界也经历了从模糊向清晰的转变，这一转变过程是在激烈的战争冲突后出现的，同时伴随着宋朝对两政权从"藩镇"到"国"的政治身份认可的变化。对于宋金而言，疆界的划定更是生死作战的结果。

第二，形成了处理疆界问题的机制。除了划分清晰疆界，宋朝也形成了稳定处理疆界问题的机制，包括稳定的勘界和疆界纠纷处理机制以及疆界文案保存制度，疆界文案成为双方解决疆界问题的依据。

第三，形成了疆界即国界、守界即守国的意识。划疆的背后是守疆。宋辽定界后，河北段界河就成为国界，过此河即出国境，所以过界即为侵犯。需要指出的是，讨论宋代"国"界问题应遵循宋代的历史逻辑，用宋人的眼光看待其与周边政权的关系。

三　承继传统抑或新的变革？

中外学界对于自称中华正统的宋朝与"蛮夷之邦"签约划界一事的意见分为两类：一类是以近代民族国家理论为坐标。另一类是反对套用欧洲的"近代"标准。这两派观点都以"近代性"为标准看待宋朝疆界的形成。但宋代疆界形态和产生程序在中国历史上并非首次出现，如此相似的"近代性因素"也不必然意味着变革。关于前者，汉长城和唐建中会盟都是一个清晰的边界，可见清晰的边界非宋代首创。关于后者，区隔和防卫一直是边界的核心功能，当双方势均力敌时，和议勘界及明确边界就会自然出现，其本身并不都代表从传统到近代的变革。只是在宋代，均势或弱势的对抗成为宋朝周边关系的常态，与辽、夏、交趾和金的全面划界成为宋朝保障安全的被迫选择。且在话语上，宋人认为辽金等对立政权都不是中国，这是一种明显的华夷之辩，并不意味着内外观念的变革。对于宋朝而言，区隔周边政权的"国"界与区隔熟蛮（蕃）的省熟之界并无本质区别，不同形态疆界的功能是相同的。

宋代没有统一的疆界形态和划界原则，关系的变化催生了模糊疆界和清晰疆界。宋朝划分疆界的主要目的是现实的安全应对，其疆界的产生程序、形式及其体现的观念，总体上仍是对中国传统的继承，并没有实质意义上的变革，更不具有所谓西方历史路径意义上的"近代性"。

（摘自《历史研究》2019 年第 5 期；黄纯艳：华东师范大学历史系教授）

如何"进入"蒙古史

邱轶皓

"班朱泥河故事"作为成吉思汗早年经历中的一个重要转折点,自大蒙古国时期便已广为流传。而随着蒙古帝国的扩张,这个故事更是被带到了欧亚大陆东西两侧操各种语言的人群中,成为蒙古帝国开国叙事中固定的一个叙事主题。

新刊布的一些波斯文史料中,我们找到了迥异于上述"班朱泥河故事"的几个新版本。这些新版本提供了和传统叙事截然不同的情节,而其内部又显示出明显的关联性。新版本的出现使得班朱泥河故事的层次变得更为复杂,而我们将如何评估其价值——它们究竟是真实历史的记忆,还是基于史家所秉承的历史叙事传统而进行的再创作?有鉴于此,这篇文章将尝试梳理具体的历史事件和叙事主题之间的关系,以期展示出历史文本自身的层次性。而作者想更进一步讨论的是,我们能否能够从叙事主题和历史文本的"对位"关系中透视出历史观念变迁的痕迹?

作者分三节,先后考察了"共享食物"主题、"立雪张裘"主题,接着从泰赤兀与班朱泥河例子探讨蒙古历史"纪元"和主题的迁移。作者认为,之所以会发生这种重叠是因为在蒙古史构建过程中,"征服泰赤兀部"的重要性逐渐为"击败克烈部汪罕"所取代,同时与前一事件有关的故事也被移用来修饰后者。

最后作者重点阐释了"主题"与历史的问题:上述主题是怎样传播的?曾经对马穆鲁克史学传统做出过经典研究的哈尔曼认为,在14世纪阿拉伯语编年史中,来自钦察—突厥语口传文学的影响不容忽视。与之相平行,在蒙古帝国(尤其是西部各汗国)里蒙古—突厥语口传文学也扮演了同等重要的角色。

流行于马穆鲁克算端国的钦察—突厥语口传文学,许多来自通过各种渠道进入其统治阶层的钦察武士之口。而在蒙古帝国内部,口述史料的传播同样也依托固有的某种社会网络或传播渠道,同时传播路线和传播内容之间也有着密切关联。位于伊朗西北部的大不里士、篾剌合以及稍晚的孙丹尼牙是伊利汗及其宫廷四季驻跸的地方,因此流传于上述三地及其附近地区信息则较多保留了伊利汗国蒙古贵族的记忆。穆斯妥菲在提及其信息来源时,经常使用的是"讲述"一词,如《武功纪》中关于汪罕和成吉思汗的故事就听自"耆年尊者所述"。而大汗的宫廷或忽邻勒台大会则是主要的获取此类信息的场合。《蒙古纪事》的作者自称"我曾在他(指旭烈兀)的宫廷里经历过许多的岁月";《瓦萨甫史》的记录则来自察合台汗都哇使节在伊朗朝堂上的呈词。苫思丁·喀山尼和穆斯妥菲·可疾维尼均是在伊利汗宫廷中受命撰写其诗作的。和口传文学关系密切的史料也保留了其原始文本中所有的重复、模仿等特点。虽然在不同的文献中其详略、情节略有不同,但往往遵循固定的叙述模式。哈赞诺夫曾定义说"游牧社会的历史是循环而非线性的",而从某种角度来说这种"循环"也体现在其历史叙述中——大量口传文学及其叙述模式被当成素材吸收进历史著作,使得相同或相似的主题反复出现在不同的时代和历史场景中。

此外,《史集》还曾描述过蒙古具有这样一个习俗,"君主所说的每一句话都要逐日记载下来,凡他们所说的言词,大部分有条理且含义深奥,所以每个〔君主〕都指定一个近臣记录他的话"。这在蒙古帝国建立后,则演变为诸王、驸马、大臣们"年初和年终时前来聆听成吉思汗的必里克(圣训,bilig)"的传统。除了在年终岁末外,其他如丧礼、忽邻勒台等场合也会引述训言。如在海都葬礼上,"根据蒙古人的习俗,都哇和海都诸子站立在灵柩一端,并对他们说了如下一番蒙古箴言";而在大德八年合赞汗使节离开大都时,在朝堂上他们也"照着蒙古人礼节那样,用成吉思汗箴言的语句以真挚的言辞赠别"。而如马祖常所言,在聆听诸汗训言的场合不仅有"祖宗训实",还包括"制事御统之变"——也就是相应的故事、史事背景,以便于言说者向听众阐发其要义。《史集》中多次提到的,忽图剌汗时期,全体蒙古人、泰亦赤兀惕部人在豁儿豁纳黑草原一棵树下跳舞的故事,就具有类似特点。孛罗丞相向合赞汗讲述了这个故事,并引导其从故事中理解祖先的智慧。这个故事也提示我们,根据蒙古传统,虽然训言和它依存的故事背景有时可以分离,但更多时候是被当作一个完整的故事记忆的。

其次,为何蒙古历史的编纂中需要引入各种"主题"?诺斯认为,虽然历史主题也许真实有所本,但其重要的功能则在于主题提供了将故事、意图"安全地锚定"在真实的历史参照物上的可能。从上文的讨论可以看出,"共享食物"和"立雪张裘"和更为流行的"同饮浑水"一样先后成为蒙古历史中和"班朱泥河故事"相联系的历史主题。作为历史主题,也就意味着它具有相对固定的内容和程式化的叙述结构,更重要的是它已不单纯是对于往昔历史的客观描述,而是被赋予了一定文学品质,通过情节、形象以及隐喻来凸显作者意欲表达的政治或宗教性的观点。

此外,借助不同的主题,作者(或叙述者)为蒙古宫廷中效力的高官们提供了将自己家族历史连接到蒙古帝国历史中的渠道。在"立雪张裘"主题中,不同版本的故事将这个重要分别开放给成吉思汗"四杰"中的一人或数人。当然比较各种版本,博尔术和博尔忽是占据更为核心地位的人物。这点可以从

《史集·部族志》中所记述的,"成吉思汗很敬重他们〔两人〕,甚至说道:'但愿没有灾难,不要让孛斡儿赤死去!但愿没有灾难,不能让孛罗忽勒死去!'"一语中得到印证。而在两人中获得更多描写的博尔术地位又略高于博儿忽,成吉思汗曾亲口宣布:"他的地位在汗之下,但在众异密和庶民之上。"与之形成对比的是,波斯语各版本中均未提及者勒蔑,但《秘史》则以其为主角,这也符合者勒蔑的形象和地位在《秘史》中要高于《史集》这一事实。

而在"共享食物"和"同饮浑水"主题中,除陈桱仅称"太祖皇帝与木华黎、博儿术、博儿忽、赤老温饮水于班术河,誓必报其仇"外,其余各版本(包括散见于元代碑铭中的记载)均旨在强调成吉思汗与其怯薛班子的亲密关系。这反映了被纳入相关故事主题的"七十人"同样也进入成吉思汗的核心圈子,不过其地位还是要略低于"四杰"。考虑到蒙古帝国的历史编纂实践,大多通过"黄金家族—血缘/姻戚群体—重臣"为纲领描述国家的权力结构,因此编制、复述这些故事主题,也就为那些依然立足于宫廷的高官家族提供了在叙述帝国往昔传奇时,溯源和标识自身政治权力渊源的机会。

哈尔曼曾专门讨论过"非历史的因素"在马穆鲁克编年史中的作用。他所讨论的"非历史的因素"包括:文学作品、民间故事和逸闻——这些因素都被史书作者有意图地纳入历史写作中,以表达宗教、道德或是政治方面的教训。因而,在处理与马穆鲁克史相平行的多语种蒙古帝国史时,我们同样也不能仅仅将其看作对往昔历史的忠实描述,而是要在承认史书同时具有史料和文学二元性的前提下,尝试去剖析史料本身的多重层次;以及在把握作品整体的条件下,理解文本的内涵和作者的意图。

(摘自《文史》2019年第3辑;邱轶皓:复旦大学历史学系副教授)

《红史》至大二年圣旨所见元朝政治博弈

钟 焓

成书于 14 世纪中期的藏文古籍《红史》（Hu-lan Deb-ther）收录了一道元代圣旨，作者蔡巴·贡嘎多吉（Tsal-pa Kun-dga'rdo-rje）在圣旨前的引语中认为该圣旨颁布于"完泽笃皇帝时代"（Ol-jathu rgyal-po'i dus）。1981 年藏族学者东噶·洛桑赤列（Duŋ-dkar Blo-bzaŋ'phrin-las）在其整理的《红史》合校本中，按照古籍整理的体例，将该文献单列一节，拟题为"元成宗完泽笃赐给藏族僧侣的《优礼僧人诏书》"，并附有简要注释，以便读者理解。之后陈庆英、周润年又以此为底本，推出汉译本，更有利于学者充分利用《红史》这一珍贵史籍。此外，两位日本学者利用 1961 年刊布的《红史》甘托克本，出版了附有注释的日译本。通过以上文本，我们获悉这道圣旨的核心内容是元朝皇帝重申对寺院僧人所享经济特权的承认，并要对那些在言行上冒犯藏传佛教僧侣者处以断手或割舌的酷刑。它实际上是一道内容非同寻常的圣旨，对于研究元代政教关系、中央机构运行等问题，具有不可低估的史料价值。

文章第一部分，评析学界关于这道圣旨颁布时间的三种基本观点。第一种观点是元世祖时期说，支持者是最早对其进行研究的蒙古国学者比拉和随后参与讨论的法国藏学家麦克唐纳夫人。第二种观点是元成宗时期说，倡导者主要是率先译释全文的德国藏学家舒和意大利学者伯戴克。第三种观点是德国蒙元史学者傅海波专门考释此诏书时提出的元武宗至大二年说，从而排除了它和元世祖及元成宗的关系，作者赞同此论，并对其论证过程试加评介。

文章第二部分，对至大二年圣旨进行还原与考析。因《红史》所收圣旨为目前考察至大二年圣旨内容原貌的唯一依据，故须先据之还原圣旨原文。需要强调的是，《红史》的这道圣旨毕竟只是译本，因此我们在利用这一文本时，必须尽可能地在细节上还原其相应的八思巴字蒙古文与汉文原文形式。完成这项工作的基础在于参照现今刊布的蒙汉双语圣旨文告，从中寻找出规律性的对应关系。

首先是圣旨开头，《红史》圣旨起首句"tshe-riŋs gnam-gyi še moŋ las bsod nams chen-po'i dpal la bstan-nas rgyal-po ŋed-kyiluŋ"的原文是通行格式中的"长生天气力里，大福荫扶助里，皇帝圣旨"。圣旨随后罗列的是宣谕对象，其数量之多，在元代圣旨文告中十分罕见，计有：中书省官人、枢密院官人、御史台官人、行中书省（官人）、行御史台官人、廉访司官人、mkhar dpon、yul bsruŋs、军官、军人、tshan pa tshan pa'irgan pa rnams、mi sde mang po。分析其汉译，mkhar dpon 应为"城子里达鲁花赤"，yul bsruŋs 当系"官人每"，tshan pa tshan pa'irgan pa rnams 对应"各枝儿头目"，mi sde mang po 意为百姓们。

之后的正文部分，首先是叙述从成吉思汗（jiŋgis）和窝阔台（ogota）时期，遵从释迦牟尼教法之班第僧众（bande）即不纳三种差，只需告天祈祷，为君主求福，而忽必烈（sechen rgyal po）也延续之。此处针对僧众可以豁免的"三种差"中对应的藏语原文是 khral dmag las gsum，其中 khral 指赋税，dmag 是兵差，las 则指乌拉等徭役。上述藏文部分的表述出现一处破绽，即所谓的豁免三种差和元朝内地寺院享受的通常优待内容全不相干，而这道《红史》圣旨恰恰主要是颁发至广大内地的。作者结合内地寺院负担情况进行辨析。

通过上述复原，基本可以明确此道圣旨与元朝为保护宗教阶层权益而颁发的护持类圣旨的对应关系。不过需要特别提醒的是，它与这类司空见惯的执把诏书或碑文之间尚有显著区别。首先，后者护持的对象为某一特定的寺院或道观，故如果其他宗教机构也望获得同类优护待遇，还需分别向朝廷或其所在地的本管领主申求，这也是为何不少这类文告系由投下宗王颁发。专门保护藏区寺院的此类诏书的抬头，多为圣旨加法旨的双重冠名形式，以表明二者的主次先后，体现法旨是遵循皇帝圣旨而施行的。然而《红史》圣旨却有遍谕性质，其护持对象几乎涉及所有佛教徒及所在寺院，故仅仅将其拟题为皇帝发给藏地僧人的圣旨显然抹杀了它的重大历史价值。其次，虽然上文提到周至重阳万寿宫所立执把圣旨碑文的蒙文部分也列出了同样多的高级官署机构，但其镌刻时间已晚至元仁宗时期，因此，在目前尚无任何反证的前提下，再考虑到元朝皇帝此次又是以遍谕性圣旨的特殊形式强调对全国的特定宗教群体（佛教僧侣）权益进行重点庇护，那么，这通至大二年圣旨开列如此之多的中央官署的现象，很可能在之前元朝统治阶级公开发布的保障宗教人士的任何地方性圣旨文告中都未出现过，更不用说那些令旨和法旨了。最后，虽然《元典章》《通制条格》等也曾收录个别元朝皇帝就僧道免税问题而颁发的遍谕性诏令文告，但皆为圣旨的节该形式而非全文展现，在保留历史信息的完整性上无法与本文还原的《红史》圣旨相提并论。《红史》圣旨是目前仅存的一道元朝皇帝遍谕天下且首尾完整的护持类圣旨，其独特的史料价值值得重视。

文章第三部分，揭示至大二年圣旨出台的历史背景。通观全文，可知圣旨正文实际上由两大中心构成：一是它再次确认了僧侣阶层具有豁免差发、商税和地税的经济特权；二是对在言行上冒犯西僧的俗人处以酷刑。如果说前者的相关内容因曾屡屡出现在蒙汉双语圣旨碑中而显得相对寻常的话，那么后者的内容却极其特别，甚至可以说在中国历史上空前绝后，需要予以特别关注。

首先应正视的是，受到至大二年圣旨重点庇护的西僧群体应如何界定？对如上疑问，应当重视此前傅海波在另一篇论文中所下的论断：元代西僧概念实际上包括来自藏区、河西党项乃至印度与尼泊尔的职业佛教徒。通过考察推动这道圣旨出台者——脱虎脱等藏传佛教势力，可以解释为何该圣旨会把照顾汉地僧众的经济利益与提升西僧集团政治权势这两个看似不大相关的主题拼合到一起。《红史》圣旨，既然已有严酷法律保障西僧人身安全，那么对彼时已严重世俗化的汉地佛教界来说，在原有基础上大力加深同西僧的依附性政治关系，甚至不惜直接请求其保护寺院，无疑相当于在已获特权的基础上再竖起一把权力的保护伞，将已获得的经济豁免权彻底变为现实。要之，宣政院奏取的这道圣旨意在促成汉地寺院财富和西僧权势的结合，以巩固整个佛教集团的地位。

这道圣旨防范的对象并非《元史》所说的内地庶民，而是同为统治阶级的官吏及平时对投下封地具有实际管理权的"各枝儿头目"。宣政院奏请皇帝通过的这道圣旨实际上已极大触动了几乎整个元朝官僚体制的利益，而它之所以采取这种冒进做法，显然背后有更深刻的原因。至元二十五年，源于权臣桑哥的建议，总制院升格为宣政院，这一举措本来就带有元朝政府机构改革中的超常性。桑哥事败后，宣政院的职能仍没得到很好的规划和限制，导致它和其他三大中央机构在权力分配和职使分工上摩擦不断。藤岛建树较早指出，宣政院因不遗余力地推动对僧人等宗教徒减免赋税，并耗用国库大做佛事，导致它同向来主张开源节流的中书省关系紧张；又因为宣政院一直设法将僧人群体的司法审判权彻底收归己有，使之免受普通行政司法机关的纠治，导致与坚持否认僧人享有司法特权的御史台矛盾重重。同时，由于它有权插手甚至主导吐蕃地区军事事务，使得全国最高军事机关枢密院的权力无形中被削弱和分割。

通过上述分析，我们能看出，宣政院在至大二年颁发这样一道圣旨，最终目的还是彻底解决长期以来悬而未决的僧人免税问题，并通过推行优礼西僧集团的特别法规，赢得使其他中央行政机构忌惮不已的权力和地位。因此，圣旨下发后不足三月，就引发了爱育黎拔力八达请求皇帝废除诏书。

由宣政院挑起的这场纷争并没有因为圣旨的撤回而告一段落，中书省（含一度设立的尚书省）仍旧在和宣政院就僧人是否免税一事进行反复交涉，并一直延续到武宗与仁宗统治交替时期。耐人寻味的是，当初劝说其兄收回成命的爱育黎拔力八达在登基以后，虽然一方面继续保持对佛教的优容传统，另一方面却试图限制僧侣集团干扰政事——先是在武宗去世后随即宣布废除各类僧官，接着又一度出台法令短暂终止了对僧道犯罪的"约会"审理方式。而颇受武宗赏识的脱虎脱，最终被元仁宗定为罪不可赦的大奸遭到清洗，其经历及结局与此前活跃于世祖时期的桑哥颇为相似。那么，是否宣政院使就是一个容易累积官场矛盾而给当事者仕途投下阴影的职位呢？仁宗一朝政局的发展导致宣政院的势力与影响趋于下降，于是宣政院开始与权臣勾结，终于促成延祐二年七月权臣铁木迭儿以右丞相身份兼领总宣政院事，开启了元朝中后期权臣多兼宣政院使的全新格局。然而，这种结构性矛盾大概不会因权臣兼掌宣政院事即可得到根本消解。元朝统治者在建立包括宣政院在内的四大中央机构时，对由此产生的种种运转磨合上的难题，恐怕是这套制度设计者始料不及的。

（摘自《历史研究》2020年第3期；钟焓：中央民族大学历史文化学院教授）

《元史》列传史源新探

陈新元

明初纂修的《元史》是后人研究元代历史最重要的基本史料，关于《元史》列传部分的史料来源问题，学者们已作了广泛而深入的研究，发表了许多很有价值的看法。笔者想在此基础之上，对一些尚待解决的问题进行探讨。

第一部分。一般认为，《元史》列传部分有三个主要史料来源。其一是由元人苏天爵编纂的《国朝名臣事略》（简称《名臣事略》），钱大昕将此书称为明初史臣纂修《元史》列传的"护身符"，书中所收的四十七人，《元史》均为之立传。据萧启庆先生研究，两书所共有的传记"十之六七、均大体相同。余则字句稍异；材料取舍不同者仅偶一有之；至于完全不同者则另有特别原因在"。说明《名臣事略》中的许多内容后来被《元史》所蹈袭。其二是元朝官修的《后妃、功臣列传》，是书从仁宗朝开始纂修，历经多次延宕后终于在至正年间完工，今已全部亡佚。市村瓒次郎、邱树森、陈得芝等学者认为《元史》中许多传记取资于此。不过，主张此说者所不能忽视的是，明朝史臣在《元史·后妃表序》中明确提到说："（元）累朝尝诏有司修后妃传，而未见成书"，否认在纂修过程中曾利用过这部书，因而我们对此书是否为《元史》列传的史源也应当存疑。其三是元人撰写的各种墓志、神道碑、行状、家传等碑传文字，传世的元代文集、方志及石刻中保留了许多此类作品。与已成书的《名臣事略》和《后妃、功臣列传》相比，碑传文字散见于各处，但从本质上来说，三者并无太大区别，因为《名臣事略》和《后妃、功臣列传》中的传记也大多是由史家从各种碑传、行状中辑录而成的。故王慎荣、叶幼泉、王斌先生概括说："《列传》的主要资料来源，除后妃、睿宗等四人与外夷传别有所自，其余均主要取自元朝当时人所作碑铭、墓志、行状、家传等。这些文字多数收录在作者的文集中。编纂《元史》时这类文集大都经纂定或刊出。"他们在广泛搜集和比勘元人碑传之后认定，其中内容与《元史》列传基本相同者达百篇以上。

王慎荣等三位先生是系统考证《元史》列传史源的先驱，有钩沉发覆之功，但他们的观点也存在一些问题，尤其《元史》中有大批蒙古、色目人传记的史源无法落实。对此固然可解释说由于元人文集传世者数量无多，这些传记原本依据的碑传、行状都已随文集的散佚而消亡，使得追溯史源的工作无从措手。但仔细阅读这些蒙古、色目人的《元史》本传，便会发现若干疑点。

根据余元盦先生的看法，这些传记有抄撮自元十三朝《实录》之可能。但现在看来，这种推想实难成立。因为苏天爵紧接着又说道："然以进史日期太迫，诸臣事实不完，迁延至今，竟不果作。"否定了太祖至世祖五朝《实录》中附有诸臣传记的可能。不仅如此，据元末长期在大都活动，后成为《元史》总裁官的王祎称，不光是世祖以上的五朝《实录》，在其他八朝《实录》中原本应有的名臣附传也都付之阙如。王祎是史官黄溍的门人，其说法应当来自乃师的口耳相传，可信度很高。据此可以定地说，元十三朝《实录》并非《元史》列传的史料来源。

第二部分。陈高华先生对《元史》列传史源问题有一个颇具启发性的意见，他以"温岭"为笔名发表的论文指出元代政书《经世大典》的《治典·臣事》篇中收录了许多元代人物传记，明初史臣在编纂《元史》列传时利用了这部分传记，使得《元史》能够迅速竣工。《经世大典》中存在人物传记的看法，除了有从《永乐大典》中辑出的佚文作为文献依据外，还能从相关人士的传略中得到印证。那么《元史》中到底有哪些列传来自《经世大典·臣事》？由于《经世大典》全书已佚，意味着不太可能通过传统的文本比对方法来解决这一问题，只能另辟蹊径。在这种情况下，对现存的少量传记佚文进行文本分析是十分必要的。通过对《只儿哈郎传》等五传的对比和分析，可以归纳出此类天历功臣传的一些共同特征：篇幅不长、数代人同列一传、传末载有家族成员在天历之变中的功绩及叙事止于天历、至顺年间。从历史编纂的角度来说，《经世大典》中这种传记书写模式的出现是特殊历史背景的产物。

元文宗于天历二年八月匆匆复位，九月就急切地下令编纂一部卷帙浩繁的政书，背后的政治动机值得深究。众所皆知，文宗的皇位是通过政变和暗杀夺来的，他复位以后，在为自己多方辩解的同时，也对泰定帝和明宗余党摆出了安抚的姿态，但统治集团内部的倾轧并没有因此而停止，除云南的诸王秃坚、伯忽继续发动叛乱外，明宗旧臣也在朝廷内蠢蠢欲动、图谋不轨。对于弑兄篡位的文宗而言，复位后的当务之急是尽快构建一套合法性叙事来诠释其皇位的正当性，配合暴力镇压来稳固政权。按照蒙古的政治传统，汗位的合法性是在忽里台大会上经由臣服跪拜和交换盟誓等一系列仪式后所凝聚的统治集团共识所赋予的。文宗的两次仓促登基，从法理和程序上来说都与蒙古人对合法性的认知相距甚远，其在统治集团内部所造成的裂痕也不是仅凭草原政治的运作就能够弥合的。而作为一个具有显著二元构造特征的朝代，元朝政治史上有一个颇为耐人寻味的现象：当统治者的上位从蒙古人的角度看属于"得国不正"的时候，他便会热衷于从"汉法"中去汲取政治资源来巩固政权。《经世大典》是一部具有强烈的政治色彩和倾向性的官修政书，书中有相当分量之内容是为政治宣传目的所服务的。以此为思考出发点，才能够理解奎章阁臣缘何会打破唐、宋《会要》之惯例，在政书中增入大量的人物传记，以及《臣事》篇中何以会有天历功臣传的存在。

最后需要指出的是，由现实政治所决定的历史书写方式也必然会因政局反复而发生根本性的扭转。后至元六年（1340）正月，元顺帝联合脱脱等人发动政变，将权臣伯颜逐出朝廷，随后下诏"撤文宗庙主，徙太皇太后不答失里东安州安置，放太子燕帖古思于高丽"，实质上宣告了由文宗及其死党所主导的天历体制的终结。新的当权者出于巩固权力的需要，在清洗前朝人物的同时，也对旧体制的意识形态基础——权力合法性叙事进行了清算，文宗的篡弑之举被昭告天下，而在此之前，燕铁木儿和伯颜两人已被全盘否定。随着政局的变幻，歌颂文宗和天历一党也成为至正时期官方修史时理当回避的禁忌，因此，数量众多且书写模式固定化的天历功臣传只可能存在于文宗时期纂修的《经世大典·臣事》之中。

第三部分。前文归纳了《经世大典》中天历功臣传的特征，下面将依此按图索骥，来确定《元史》中哪些列传来源于《经世大典·臣事》。《召烈台抄兀儿传》《阿剌瓦而思传》《捏古刺传》《拔都儿传》《口儿吉传》《阿答赤传》《忽林失传》《彻里传》《和尚传》《明安传》《脱因纳传》，在上述十一篇传记之外再加上卷一六五《鲜卑仲吉传》和卷一六六《张均传》的话，现所知的被抄录进《元史》的《臣事》传记已达到了十三篇，而明朝史臣所取远不止于此。

在对《经世大典·臣事》的性质和规模有大致了解之后，有理由相信它是首次开局修《元史》时列传部分的主要史源之一。《元史》第一局从洪武二年（1369）二月开工到当年八月进史，前后只用 188 天就完成了"凡一百三十万六千余字"的"粗完之史"，列传六十三卷在其中占有很大分量。以常理来判断，在修史程限如此紧迫的情况下，对于负责编纂列传的史臣来说，最合理的办法是在已成书的功臣传记基础之上加以删改，而非临时从各处搜集碑传文字再捏合在一起。

第四部分。《经世大典》中的人物传记后来成为明初修《元史》列传时的取材对象，这一事实可以说已经非常清晰了。而此处须追问的是，这些传记的史源为何？关于《经世大典·臣事》的史源，由于此书未刊已佚，因而流传下来的说法并不多，其中最为可靠的来自纂修者的叙述。《臣事》篇的史料搜集过程相当匆忙，一方面仰赖阁臣"考其（名臣事迹）续余之所在，故从而求之"的辛勤搜罗，另一方面则依靠各类"以书来告者"的主动提供。前文已指出《臣事》中以天历功臣传为代表的诸多世袭军官家族传记的风格与传统碑传文字大相径庭，因此有必要对其史源加以讨论。笔者推测在此类传记中，不排除有些系自碑传删略而来，但大多数应无碑传可恃。在搜集材料时，传主后人限于文化素养和交游网络（有些蒙古、色目军官可能完全不解汉文），加之时间紧迫，提交而来的可能是由门客或本卫儒学教授撰写的仅载有先世名讳、战绩及仕宦履历，类似家状之类的文字，而阁臣只能在此基础上再从其他材料中发掘一些零散事迹拼凑成传。至于传尾所附的天历功臣事迹，应当抄撮自当时的战报或燕铁木儿等人所上之请功表，当然也不排除从当事人口述而来之可能。

（摘自《中国史研究》2020 年第 2 期；陈新元：中山大学历史学系博士后、助理研究员）

明代地方官府赋役核算体系的早期发展

申 斌

明洪武到弘治年间，州县官府的赋役管理从基本不依赖核算向需要且能够进行核算的状态转变。洪武、永乐时期，在官府体系内部，只有田赋被部分地纳入核算管理，其他赋役征发则完全或绝大部分无法计量，也没有计划性。宣德以降，地方官员吸收民间粮里阶层分担赋役负担的经验，在此基础上进行旨在"均平"的改革，以确保赋役的可持续征发。在探索均平之道的过程中，不同地方官员多采取量化赋役负担、预定征收计划、将派征对象标准化并进行摊派核算的方式。其中，田赋额等开始扮演摊派对象的角色。这开启了州县层面赋役征收核算体系的发展之路，也导致府、州、县与户、工等部及布政使司之间产生了赋役核算信息不对称，出现了二重会计结构。

在朱元璋创设的国家治理原则和架构中，明王朝资源征调体制的社会基础，是通过里甲制建立起来的以户为单位的人身控制关系。编户齐民对以皇帝为代表的王朝之人身依附关系，既是赋役征发的合法性来源，又是其运行的现实基础。与此同时，朱元璋秉持"以良民治良民"的治理理念，形成了在赋役征发上将主要管理责任委之于粮长、里长的"钦定承包体制"。在这样的代理体制下，州县官府的赋役征管只需抓住负有连带责任的粮长、里长即可，基本上不需要依靠核算体系进行。借由粮、里长役使里甲编户才是实现资源征调的根本之道。

进一步而言，州县赋役的三项主要内容——田赋、上供物料、徭役，在明初也都不同程度上具有不可计算性和非计划性。田赋和上供物料的征收、调拨虽然有实物数量的信息，但由于征收物种类繁多，彼此价值差异甚大，无法靠实物数量统一度量价值。在民运体制下，对百姓而言，又需要考虑运输劳役，由此更增强了实际负担的不可计量性。至于徭役，作为活劳动资源不可存储，其收支统一于劳动者的应役过程，无法事后稽核；而不同徭役项目或同一徭役项目在不同时间的实际负担存在很大差别，因此也就不存在核算的可能和必要。

在明初，州县官府是不能够根据掌握的土地额和科则用乘法来计算出应征田赋额的，而只能接受由里甲层层汇总上报的田赋额数据，用加法来得出全县田赋额。州县官府无法在税额（田赋额）和课税客体额（土地额）之间建立起计算关系。易言之，土地额对当时的官府而言，不是一个可以用于田赋额核算的课税客体数据，只是徒具象征意义而已。这也是为什么在早期赋役改革中，是田赋额而非土地额成为赋役摊派对象的原因。

在官府系统内部，田赋额存在两套数据系统。一套是依托黄册，自编户而甲、里、州县、府、司、户部，层层汇总下级夏税、秋粮额，继而上报的系统。这套系统的数字是均质的"税额"。另一套是户部根据国家需要，给各布政使司和直隶府州下达勘合文书（给布政使司的是照会、给直隶府州的是札付），让其调拨一定数额田赋到指定地点的衙门或粮仓的系统，这种税粮解纳责任的分派，称作"派拨""坐派"。这套系统的数字意味着与仓口和运输劳役绑定在一起的、不均质的负担。将自下而上的黄册田赋额汇总上报，和将自上而下的坐派田赋仓口粮额拆分后下达给下级衙门，就是布政使司和府两级官府田赋征管的主要核算工作。各省直黄册所载夏税、秋粮额，就是户部坐派起运仓口粮额、存留支用粮额的数量上限。随着时间推移，二者形成了相等关系。

在官僚系统的行政中，作为均质"税额"的田赋额具有两种职能。一方面，它是应征收的实物税额，不同地区间调拨的实物财富额；另一方面，它又常常被当作各级官府分派各种财政负担的基准，最后演变成摊派对象额。因为相较于土地额和人丁额，田赋额更能体现一户、一个里甲、一个州县、府、省的财赋状况，从而反映其承担各种形式财政负担的能力。更重要的是，田赋额还是官府掌握最具可核算性质的数据，土地额和户口人丁额都缺乏这种特性。

黄册田赋额所具有的这种一般性赋课基准作用，伴随正统到成弘间各类赋役征收内容的量化和可计算化，很快使田赋额扮演起摊派对象的角色。

田赋的变革趋势是从包含有徭役成分的户

役向纯粹的土地税转移。从核算角度看，是将田赋中不可核算的负担量化，使之可计算。从州县官府的立场看，变革有两种路径：一是从州县支出环节开始的改变，即对各仓口税粮征收实物附加税或者折银。这一变革路径最初是户部自上而下开启的，体现为官军征耗解运的"兑运法"改革，和将解支款项折银征收的金花银，后来地方官府也开始进行类似改革。二是从征收环节开始的改变，体现为官府亲自进行耗米征收和支放。这一变革路径是州县官府开启的。两条路径的变革交汇融合，共同推动田赋向着可计算化演进。

对于宣德至正德间在州县负责的物料、公费措办中发展起来的核算体系及其变化，可以有如下认识：第一，大概正统之后，二者普遍采取了向见年里甲派征的方式，成化、弘治时期已经较多采取按照丁、田征收银两的做法。物料、公费的征收，从见年里甲以连带责任方式承担向着以丁田为课征客体的征收转移。同一里甲负有连带责任的户役体制开始解体，丁和田从户中独立出来成为课税客体。第二，公费征收使用，存在从见年里长自行征收买办，向官府亲自征银贮库支放的转变趋势。第三，早期征派制度和款项数额是州县一级官府与民间里长在既往征收经验基础上协商试行的。到弘治、正德时期，普遍出现了巡按等官员建立省内统一制度、编制册籍的趋势。

均徭法改革的核心是编制《均徭文册》。首先，它开列了全县经常性徭役项目和所需人数，使得徭役征发具有了计划性，这是徭役可核算化的预备动作。其次，在形成计划性的前提下，它标明了每一个役夫由哪一户来承担，"预先定其徭役"，在十年内固定了人户与差役的对应关系。它兼具徭役征发计划和具体徭役应役人户名册的双重作用。正因如此，在有的地方，"差役编定之日，各写户役姓名，备榜张挂"，以公开的方式接受公众监督。均徭法和《均徭文册》极大降低了徭役负担的不确定性，减轻了对民众的扰动。

宣德以降，随着州县层面赋役变革的进行，地方官府陆续纂修了一些新的册籍。这些册籍或是为核算田赋附加税——耗米，或是为预估物料、公费价值，方便派征而编定，其数额是在民间惯习基础上，参考历年实际费用，由里长阶层和州县官府合作商定，带有地方性专项财政征收计划的性质。这些册籍及其中的计算，意味着田赋仓口背后的徭役成分、物料和地方公费等原来无法量化、缺乏计划的赋役征调内容，开始可以在一定程度上纳入州县核算管理。但是，由于既有的赋役管理分层授权格局，这些新产生的核算信息并不被布政使司、户部等更高层级的官府掌握。因此，与本不可核算赋役内容可核算化相伴的，是州县与司、部之间在核算信息、核算体系上产生了差异。笔者将这种不同层级官府间核算信息不对称的状态称为二重会计结构。

州县赋役核算体系的确立，只是以贯彻均平原则为宗旨的赋役制度改革带来的客观结果，并不是赋役改革设定的目标。但随着通过核算管理的财政体制萌芽，核算方式在赋役改革中扮演了越来越重要的角色，甚至成为改革重点。

从州县赋役核算体系形成过程中可以识别出三个演变趋势和脉络：一是征收内容定额化，原本不可计量、计算的赋役征收内容以各种方式趋向形成量化数额或计划，降低了征收的不确定性。二是派征对象标准化，赋役的派征对象逐渐向标准、可计量方向转移。里甲作为派征对象的作用减退，丁、田、户成为物料、公费、徭役的课税客体。三是派征规则采取摊派计算方式。正德以降，这三个趋势随着财政核算体系覆盖的赋役内容扩大和层级提高而更加明显。核算体系改革侧重点逐渐从调整官民之间征收关系向协调各地各级官府间财政关系转移。

（摘自《中国经济史研究》2020年第1期；申斌：广东省社会科学院历史与孙中山研究所助理研究员）

明代世袭武官人数增减与制度变迁

曹 循

明朝继承元代旧制，实行武官世袭制度，形成了一个庞大的世袭武官群体。学者对此的总体认识和评价主要沿袭《明史·选举志》：世袭武官人数不断膨胀、极其冗滥，是导致明中后期武力虚弱的主要因素，也造成了冗官、冗食问题。这种认识与史实不尽相符：世官人数于永乐年间急剧增长后，在明中后期是逐渐减少的。

《明太祖实录》载洪武六年武官12980员，到二十五年底，方增加到16489员。嘉靖时霍韬说的"洪武初年，天下武职二万八千七百五十四员"，是他依照洪武官制计算的官缺额数，并非官员人数。武官人数的增长主要在永乐年间，宣德初年达到9万多人。这是靖难之役和漠北、安南用兵及郑和下西洋，明廷大肆升赏的结果。明成祖造就了一个新的军功集团，规模远远超过开国功臣，为其篡夺而来的帝位巩固了军事基础。

明中后期，武官人数呈逐渐减少的趋势。其中，在京武官显著减少。在京武官从景泰五年的约31790员，减少到正德十三年的约21827员，减幅近1/3。万历六年应在14000人左右。万历四十七年应有约10000人。世官的管理制度使其人数存在两种数字。贴黄的数量就是世袭武官的理论人数，亲供反映实际的武官人数。武官致仕、亡故后，其子孙未必能立即就职，一旦应袭舍人不能及时袭替，亲供数量就会少于贴黄之数，即武官实际人数少于理论人数，且有可能持续减少。随着时间的推移，贴黄与亲供数字的差距越来越大。万历十一年，贴黄增加到约114100件，实际续黄袭替的武官只有5万多人。武官总人数从宣德时的9万余，到成化时的七八万，再到万历前期的5万余，减少的趋势十分明显。参照在京武官的情况，估计明末全国世袭武官实际人数较之万历十一年又有大幅减少。崇祯十年（1637），兵部尚书杨嗣昌请求大幅放宽武职袭替期限、资格等方面的限制，披露了当时武官袭职人数已减少到比较严重程度的真实情况。

宣德以后的军功升赏和传奉恩荫对武官人数的影响都不及永乐朝的泛滥升授。靖难军功与成祖及其子孙帝位合法性问题颇有关联，故历次裁减冗官都不曾触及成祖所授之官，这是世官冗积问题不能尽早解决的最主要原因。

景泰至嘉靖间，在京武官减少有明廷主动采取应对措施的缘故。明廷希望通过外调的办法缓解在京武官过多的问题，起到了一定的作用。到嘉靖时该政策才最终废止。

京官外调，并不会使全国武官总数减少。嘉靖以后外调政策废止，在京武官仍在减少。明中后期，世职得不到及时袭替首要原因是赴京道远费多，其次是兵部等官吏刁难索贿，再次是部分世官子孙弃武从文、放弃袭职，最后是世职继承资格逐步受到限制。明中后期世袭武官难于袭替、实际人数不断减少的根源，是蒙元旧制与中原传统的冲突。

迁都北京后，南粮北运十分不易，而在京文武官又多达数万人，迫使明廷规定京官本色俸米要在南京仓库关支。正统元年，明廷下令将在京武官俸禄折银，这就是后来的金花银。武官人数剧增是启动明代田赋白银化进程的直接因素。继武官之后，文官俸粮也要折银，但折率高于武官。明中后期，世袭武官的微薄薪俸随着白银的贬值而进一步缩水，以致子弟赴京袭替的费用都难于筹措，实际袭替人数逐渐减少。

元朝和明初的武官世袭制度，包括职权世袭与待遇世袭两个方面。永乐以后，不仅待遇减少，而且职权世袭也难以为继，一套甄别任用世袭武官的机制逐步建立起来。首先是实行军政考选，终结了卫所武官权力的世袭。然后是对卫所武官定期举劾，世袭武官受到多次举荐是被推选为京营与镇戍将领的主要指标。再次是设立两京武学，并实行会举，是专门针对两京世袭武官的一项选拔任用政策。最后是将袭替比试由过关考试改造为选拔考试。此外，参加武举，是世官脱离"带俸差操"，跻身京营与镇戍将领、卫所军政官的重要途径。经上述变动，身份待遇继续世袭，任职与否则须选拔甄别，武官世袭被改造为一种"世选"制度，与元代及明初制度有很大不同。这一方面为该制度注入了一些活力，一部分身怀韬略武艺的武官子孙因此脱颖而出，成为重要将领；另一方面，明廷也不再强迫无意从军的武官后代袭替，许多应袭舍人改习儒业或选择其他的社会身份，从而间接推动了世袭武官逐渐减少的进程。

明中后期在京卫所、营兵军职员缺应在1万左右。万历以后，京卫武官就很可能不够任使了。万历以后，南京及在外卫所、营兵对武官的需求也必定超过了卫所武官的实际人数。世官实际人数不足，具备一定军事素养者为数更少。全国世袭武官普遍不敷所用，卫所中的后备军事人才明显不足。明廷不得不另辟他途以补充武官队伍。其中，挑选募兵委以领兵之职，是明后期补充武官的主要办法。此外，明廷增加武举会试录取名额，更多的军民中举而为武官队伍注入新鲜血液。明后期，纳级（捐纳）人员也成为武官的重要补充。

武官世袭制度构建军士—武官—皇帝世代效忠隶属关系，是朱明王朝军事基础的重要支撑。晚明以降，一方面世官衰落，颇多弃武从文者；另一方面各色杂流充斥军营，谋求军职，军制在兵源结构和武官选拔等方面都呈现出多样化特征。明朝对军队的控驭因而渐被削弱，统治秩序走向瓦解。这些现象或可视作晚明社会变迁在军事领域的表现。

世袭武官人数的增减反映了一个特殊社会阶层跨越两个多世纪的兴衰历程。世官剧增盖因成祖滥授，官私文献颇有隐晦。世官减少客观上可以减轻财政负担；金花银发放武官折俸银之余，皆供御用。故皇帝、内廷、文官皆乐见其成，或有意掩饰真相。永乐年间世袭武官人数剧增造成了严重的负面影响，后世君臣难于废除武官世袭制度，只能加以调整，使蒙元旧制与中原王朝的传统制度整合发展。元、明军户制与晚唐、两宋募兵制相比，属于落后的世袭兵役制。嘉靖以后，世袭武官人数不足，迫使明廷不得不从行伍白身人中选拔武官，募兵得以脱离卫所而全面兴起，军民定籍定役之制几近名存实亡。晚明军制变革以及与之相关的社会变迁，不应忽视世袭武官人数变化这一潜移默运的因素。

（摘自《文史》2020年第1辑；曹循：西北大学历史学院副教授）

清代政区分等与官僚资源调配的量化分析

胡　恒

中国传统国家治理一个有趣之处是在持续经营一个拥有广袤疆土、庞大人口的王朝的同时，基于传统财政困境，保持了正式官僚队伍的有限规模，其间的紧张关系日益突出，到了清代达至顶峰。伴随着人口的高速增长，行政机构和官僚数量并未显著相应增长，正式文职官员未超过2万人。清朝通过怎样精巧的制度设计，来实现王朝的简约治理，成为理解清朝乃至传统中国的一个核心议题。和前代相比，清代一个显著的特征是人口膨胀，由此带来的种种生态的、管理的压力，学界将之称为"人口压力"。对于行政管理而言，人口膨胀意味着平均每县管理的人口成倍增加，但令人疑惑的是全国的府州县数量并没有比前代有明显增长，整个地方层面的官僚规模与明代相比甚至有所下降，可以称其为一个非常精简的政府架构。那么，清代面临着这样一个特殊的局面，它是如何应对并相对较为稳定地持续下去的呢？一个基于基层社会治理的解释可以是乡绅的调节作用。

清代政府主动的统治策略的调整，如推行差异式管理，其中包括区分治理难度而安排数量不等的官员，允许州县中的县丞、主簿、巡检等佐杂官分驻到县城以外，划分辖区以增加管理层级等政策举措。但更重要的制度安排是确立了一套完善有序的政区分等制度并将其与选官任官制度结合起来，从而依据不同的治理特点安排相应的官僚队伍，达到人地相宜，这便是"冲繁疲难"制度。

政区分等古已有之，从秦汉以降直到明清，或以人口、赋税，或以治安等因素为主。到了清代，政区分等制度达到顶峰。雍正年间，在广西布政使金𫓧建议下，雍正帝建立起"冲繁疲难"制度，"地当孔道曰冲，政务纷纭曰繁，赋多逋欠曰疲，民刁俗悍、命盗案多曰难"，即将交通、政务、赋税和治安四要素综合考虑，来确定州县等第。与这套政区分等制度相匹配，清朝另有一套最要、要、中、简缺等四缺分的选官任官制度，并将四等第与四缺分相联系，最终在乾隆年间形成了"冲繁疲难"四字与"最要、要、中、简缺"四缺分之间的对应关系，即兼四字者为最要缺、兼三字者为要缺、兼两字者为中缺，一字或无字者为简缺，其中最要缺和要缺由督抚来题调，往往又合称"繁缺"，而中缺、简缺则由吏部铨选，往往又合称"简缺"。雍正年间开始，各地督抚便确定了各州县的等第和缺分，后来又迭次奏请更改，尤其是以中缺、简缺改为要缺为主，这就迫使清廷不得不以定额的方式将各省缺分数量确定下来。乾隆四十三年（1778）吏部规定一省若将某府县由简缺改为繁缺，则须同时将另一府县由繁缺改为简缺，自此直至清末，除了新设州县单独奏请缺分和等第外，一省之内各州县的缺分比例保持了大体稳定，从而也使得督抚和吏部在选任官员方面达到了一种权力平衡。

本文以新修《清史·地理志》三审稿（尚未刊行）为基础进行了数据整理，共得到1570条县级政区（包括县、散州、散厅）等第、缺分信息，345条府级政区（包括府、直隶州、直隶厅）等第、缺分信息，共1915条数据，并在此基础上利用STATA与GIS软件，结合文本文献，进行量化与空间分析，也会利用《缙绅录》量化数据库不同年份的数据及学界已有的一些量化结果进行交叉验证和比较。

"冲繁疲难"四字的空间分布特点如下。

第一，"冲"字分布。等第中含有"冲"字的府厅州县共有806个，将其用GIS展示于地图之上，可以明显看出带有"冲"字的府州县分布与全国主要驿路分布完全一致。可见"冲"字的选择与是否位于全国交通线主干道有关，而不是地方官随意安排的结果。一旦驿站被撤，该字就可能从所在州县等第中被去掉。

第二，"繁"字分布。"繁"字则出现了984次，可见，相对于"冲"字而言，"繁"作为政务，是比较难以有具体标准的，故而地方官会用其来提高州县的等第。但它的应用，一定程度上也能反映清朝官方对政务繁剧程度的认识。由对"繁"字府州县的点密度分析可知，清朝朝廷眼中政务繁剧之地有几个重要区域：江南一带最为繁剧，其次为直隶顺天府及直隶、山东、河南交界附近、成都府附近。此外，自太原府而南经运城一带至西安，两湖及南昌府附近，广州府附近，昆明府及贵阳府附近也相对比较繁剧。

第三，"疲"字分布。"疲"字仅出现了

448次，在"冲繁疲难"四字中最少被用到。若依照"疲"字的分布与点密度分析来看，"疲"字州县集中于以下几个主要区域：1. 江南重赋区。包括江苏、安徽和浙北的府份，是"疲"字分布最为集中的地带。2. 直隶省向南，包括山东、直隶交界地带等。3. 甘肃、奉天等为钱粮不足，需协济省份。4. 福建沿海及广州府一带，属于宗族发达，钱粮征收困难之地。还有如陕西西南部、江西等地，地形条件复杂，征收不便。而像广西、贵州、山西、四川等省份则很少有含"疲"字的政区。

第四，"难"字分布。"难"字共出现了1030次，在"冲繁疲难"中应用最广，可见，和"繁"字一样，因其标准不固定而常被官员习用。从各省占有"难"字的府州县比例也可看出一些端倪：黑龙江、吉林、新疆、奉天4个清末新设省份，普遍被认为民风比较彪悍，治理比较艰难，带"难"字的比例均超过80%；边疆区域出现了明显的分野，广西、甘肃带"难"字的比例超过了50%，而同为边疆地区的贵州、云南、四川则排名全国之末，代表清朝朝廷对它们的定位是民风较为淳朴，治理较易；南方省份带"难"字的比例普遍高于北方省份，北方省份除直隶和山东比例较高外，陕西、山西、河南均排名全国后列，而江苏、湖南、安徽、江西、湖北、浙江、广东均超过了北方诸省份。

第五，"冲繁疲难"的组合方式。综合比较府级政区与县级政区的组合方式，除了一些共同特点外，还存在某些差异，府级政区在三字和四字的高等级组合上较县级政区有明显优势，这显示出府级单位因治理难度较大，更适合选任较有经验的官员，而县级政区中有更多适合初任人员的职位。

州县之间存在巨大的治理上的差异，早已为统治者熟知，"幅员之有广狭，刑名之有繁简，钱谷之有多寡"，因此，尽力追求官员素质与州县繁简之间的搭配，也就是清代奏折文献中常常提及的"人地相宜"，成为清朝进行政区分等的初衷。

理解清朝的制度设计，必须关注两个核心指标：国家规模和财政困境。中国这样一个疆域辽阔、人口众多的国家，其治理模式与小国寡民式的治理模式当然存在本质的差别，必须考虑到它可能的财政征收的能力与规模都是有限的。清代把财政以"定额"的方式加以固定，量入为出，并不试图强化财政征收，这当然受到了儒家薄赋思想的影响，但也受制于传统赋税征收技术手段的限制，将使得赋税增收的成本远大于收益并面临巨大的社会风险，最终使得政府选择了将赋税总额变为恒数。这意味着清朝政府无法自如地扩张官僚资源，而必须在人口增长和疆域扩大的背景下，考虑如何使得官僚资源的配置达到较好的平衡。定额观念并不仅仅体现在赋税上，同样体现在官员数量和政区设置上。追求政区稳定和官员定额成为清代政治的一种理念，非极其必要，清朝统治者并不鼓励增设政区和官员。然而，地方政治形势随时变化，理应因地制宜而不拘泥，在这种情况下，既要兼顾清代官员设置的"定额观念"，又要考虑各个区域之间巨大的治理差异，清朝发展出一套利用地理信息来调配官僚资源的模式，以"冲繁疲难"四字将千差万别的地理信息加以标准化、指标化，并根据标准化信息，将其划分为不同的选拔序列，实现了地方督抚、吏部之间合理的权力划分，也使得官员与地理之间达到统治者宣称的"人地相宜"，理论上经受历练、更高能力的官员可以被安排到最重要的岗位上，而初任或行政能力一般的官员被选派到较易治理的地区，通过制度上的安排使得担任高等级缺分州县的职位更易获得升迁的机会作为激励机制。

（摘自《近代史研究》2019年第3期；胡恒：中国人民大学清史研究所副教授）

清前期政教关系中的儒教及三教问题

曹新宇

明清以降，在"三教合一"风气的推动下，中下层士大夫或受到民间文化熏陶，形成"三合一"式的儒家思想学说，或者发展改造儒家学说，借宗教化的组织，为下层社会提供精神道德引导。研究者在推动"宗教化""民间性"乃至"三教合一"等概念，成为思想史研究关键词之时，如何从社会史，特别是民间宗教史领域，认识上述观点，具有重要的参照价值。清前期有一个与"三教合一"有关的案件，即禁毁三教堂案，便显得非常值得研究。

清廷查禁三教堂，始于河南学政林枝春的倡议。乾隆九年（1744）四月十二日，林枝春"为崇祀非经仰请敕禁以隆圣教事"，具折奏请乾隆帝下令查禁北方各省"三教堂"，摒异端以尊儒教。林枝春还在河南发现大量三教堂，"隆异端而侮至圣"，实为风俗人心大害。三教堂虽以三教归一为名，同堂供奉三圣，但在圣像安排上，一般以佛居中，老子居左侍、孔子居右侍。这让以"卫道"自居的林枝春，感到难以容忍。他认为，孔子享祀为国家大典，河南通省三教堂林立，五百九十多处，遍布各府州县。表面上，三教堂内亦祀孔圣，实际上，却使得典祀淆乱、礼法坏弛。更何况，上述三教堂的守庙主持，多为僧、道、女尼；并非学宫士子。儒家正统的"仪式正当性"受到了严重挑战，实有必要从上至下，有所规范。

从日后乾隆帝的有关指示来看，他对林枝春的查禁建议，不无保留之处。林枝春在解决儒家正统的"仪式正当性"问题上，建议采取政治强制手段，与清初的儒家正统观有关。不过，需要指出，清前期社会上至少有两种儒家正统观，其中的对立之处，特别值得注意。第一种，体现为清初儒家精英所倡导的"屏异端崇圣学"的保教卫道观念。在清初知识界，对明亡之痛的反省，是非常普遍的。有些学者将明朝灭亡的原因，归咎于社会上经义不讲，实学不兴；追根溯源，则是宋明理学以及晚明心学，都窜入释道二教思想，因而导致儒家政教，日近衰亡。颜李学派为代表的保教排外思想，在清前期儒家知识精英当中影响很大；而颜李实学之绪余，直到清末仍反响不绝。

第二类儒家正统观，则强调判别异端与否，不能以同异为据。持此观点者的主要代表，是清初最高统治者康雍乾三帝。在康熙朝后期的"礼仪之争"期间，教宗在中国反复交涉之后仍坚持裁定拜孔祭祖等礼仪为"异端"时，康熙帝盛怒之下决意禁教。康熙帝所谓西洋天主教实为"僧道之异端"，雍正帝曾发布上谕专门做过解释。这篇上谕，系统论述了雍正帝对中国政教原则的理解，影响很大，直到清末处理基督教案，仍旧有臣工提出予以参考。雍正帝反复申明：儒教不是排他性的宗教派别，儒教所谓异端，也不是宗教派别意义上的互指异端。教不分中外，用之不正，皆为异端。雍正帝对儒教性质的这一诠释，非常重要，不仅抓住了儒教认同的超越性特点，也显示出其作为少数族裔满洲君主，对认同政治的特有警惕。这一点上，雍正帝的儒教正统观，倒是与康熙帝"中国之大理"的观点是相通的。

乾隆帝在这一问题上，对康雍二帝的思想有所继承，但也体现出他求全责备的个性。他继位之初，便发起一场规模不小的"沙汰"

僧道的度牒改革。乾隆帝自诩深知佛道二教。他推行度牒制度改革，不忘多次表示，此举并非儒教正统之"屏异端"，相反，沙汰僧人，正是出于"护持正教"之意。改革目标是"渐次裁减"，并非消灭佛教。实际上，乾隆帝也并不认为官府有能力彻底清除僧、道。值得注意的是，乾隆帝此刻虽称"释道原为异端"，但随即强调儒生"罔顾行检者，其得罪圣贤，视异端尤甚"，这是严守祖宗之法，是雍正帝的异端论。

清初崇儒之风的复杂背景提醒我们，乾隆九年林枝春请禁三教堂成功，不应简单地视作儒家礼治的胜利。清初儒家知识精英义愤填膺地挞伐儒学受到异端的挑战，清初诸帝只是将其当作可以加以利用而控制思想舆论领域的手段之一；另外，他们还需要时刻提防"屏异端"出现"夷夏之防"的走向。只有当我们详细审视清廷这次查禁三教堂运动的长期影响，才容易看到这种"礼仪正当性"政治的更多面向与真实性质。

河南清查三教堂，直到新任学政梦麟任上，才被再度提上日程。乾隆十七年（1752），河南学政梦麟上奏，再议清理三教堂。林枝春当年查禁三教堂的建议，主要是禁止三教圣人同堂供奉。但在这场礼仪正当化运动中，梦麟很快发现，安置孔子圣像，成了一个累赘。实际上，以现在的文庙、义学、书院，接纳民间三教堂的孔子像，表面上尊孔，实则更不成体统。林枝春卫道保教的沉重包袱，梦麟一旦背上，似乎就难以放下。

乾隆十一年（1746），京南大兴县紫各庄规模庞大的三教堂，被查出是弘阳教庙宇。直隶总督那苏图迅速查禁通省三教堂，以杜绝影射。近年来的历史田野调查显示，那苏图当年的担忧，并非全是杞人忧天。笔者在河北省定州北齐村，发现了一座清初的三教堂。这座北齐村的村庙，规模宏大，新中国成立之初被改建为小学校。20世纪90年代中期，恢复为庙宇，对外称为"韩祖宫"或"韩祖庙"，但几乎没有人知道它曾经叫作三教堂。

乾隆十一年紫各庄三教堂案后，直隶通省清出91处三教堂。反观乾隆十一年直隶查禁三教堂运动，就会意识到，林枝春禁三教堂以崇圣学、摒异端的目标，并没有那么容易实现。林枝春大张旗鼓地倡议在民间查禁异端，但民间真正有实力的庙宇，似乎没费太大周折，就将来自于官方的压力，化解于无形之中。隆十一年直隶查禁三教堂，北齐村依靠更改堂名，躲过了进一步的清查。此后的乾隆三十四年（1769）和嘉庆二十年（1815），清廷相继多次在直隶对弘阳教展开查禁，包括定州在内的多处弘阳教寺庙被拆毁，庙产入官。此后，弘阳教被列入专门的律例而遭到更为严苛的查禁。但好像没有地方官愿意查禁这座红火的大庙，王朝佐撰碑碑记上弘阳教的来历，也没有给大庙惹来什么麻烦。

清中叶查禁"异端"的奏报，已经发展出一套标准化程式。这个模式的主要姿态是查办态度积极认真，但所查内容却属无关大局的琐事；虽则没查出来什么，但仍旧饬令下属严查。不论是三教话语，还是儒教话语，均已逐渐丧失了社会批评价值。儒家知识精英可能也不会意识到，随着新的民族危机和文化危机日益迫近，中国又一次保种保教的儒教话语，已经在地下酝酿、奔流，准备以新的形态，再度兴起。

（摘自《清史研究》2019年第3期；曹新宇：中国人民大学清史研究所教授）

论点摘编·中国近现代史

民初县官选任制度的重建

杜佩红

二次革命后，袁世凯当局进行一系列制度改革。推行县知事试验、改革县知事选任制度是其中比较重要的一项，其对当时地方秩序的恢复及之后地方官的人事构成都有重要影响。

一 县知事任用及试验条例的出台

辛亥革命爆发后，各地纷纷独立。中央政府丧失了对各省行政的控制，各省在官制设定、官员选任上自行其是，地方官制陷入混乱。

袁世凯接任临时大总统后迟迟没有改革地方官制，一是由于袁世凯对改革官制十分谨慎。二是地方军民分治问题尚未解决。三是当时对地方官制改革方向尚有争论。但二次革命后，袁世凯开始加强中央集权，措施之一即是重建地方官制，规复州县官由中央任命的制度，改变各省各自为政、任意选官的现状。

1913年12月2日，颁布了《知事任用暂行条例》及《知事试验暂行条例》。12月7日，内务部又颁布《知事试验暂行条例实施细则》（1914年4月修订后称《修正知事试验条例》），之后还颁布了县知事试署与甄别制度。自此之后，欲为官者如何获得县知事资格及主管部门如何选任县知事有了较为统一的程序标准。按照上述条例，如要获得担任县知事的资格，必须先通过"县知事试验"这一考核筛选机制。通过"县知事试验"、获得任官资格的人员需由内务部分发到各省候选。在分发各省前，"试验"合格人员需接受大总统引见，然后由内务部发给知事凭照，凭此照在规定时间内赴省报到。到省后，应先行候差、试署，一年后，由省行政长考核甄别，如甄别合格，此后遇有缺出，即可由该省民政长荐请中央任命委署。

从制度设计来看，县知事任用及试验条例在某种程度上实际是清末外官制改革的延续。清末新政开始后，清廷开始着手改革地方官选任体系，其改革主要集中于两点：一是废除部选，州县官选任全部交由各省进行。二是建立新的任官资格标准，希望逐步与西方文官考试接轨，以学历及考试来作为文官选任的基础。

辛亥革命发生后，地方选官制度变得杂乱无章。二次革命被镇压后，袁世凯开始改革地方官的选任制度，而其主要的制度模板正是他曾亲身参与的清末外官制度改革。故此民初设计的县知事选任制度与清末外官制度改革有很多相似之处：第一，二者均规定只有科举出身、获得学堂文凭或具备实际行政经验者才有入选资格。第二，考试形式均为面试与笔试相结合。第三，有任官资格者均分发到省，由省长官负责考核选用，一般到省后均需先应临时差委，积累一年行政经验。第四，县知事试验成绩不及格或者没有行政经验者，需先在地方行政讲习所接受一年的培训，经考试合格后，才准予分发或委署，这与清末外官考验办法中不合格者需入法政学堂学习如出一辙。不过，袁世凯统治时期的县知事试验仍保留了保举免试制度，制度设计更强调中央集权，实际延续了清末外官体制改革，只不过在制度设计上更为完善。

二 重建县知事选任制度的实行情况

《知事任用暂行条例》及《知事试验暂行条例》颁布后，各地有资格应试者纷纷来北京应试，大多数省份也开始选派现任知事到京接受考核。

应试者一般都要自行赴京，经内务部确认考试资格后，再参加三场考试：预试、第一次试验、第二次试验。各省选送的现任官员，他们主要参加的是第三、四届县知事试验。现任官员进京后，需到县知事试验处注册报到，由试验处进行初步审核，不符合免试条件者需参加考试。符合条件者要接受审查。审查以履历、成绩、考语等为准，内务部又增加了对保免人员的询问环节，称为考询。但各省长官经常以被保荐者"现任要差"为由，要求内务部直接批准其县知事资格，内务部亦大多照准。

那些来京参加县知事试验获得资格者，在接受大总统引见后，即由内务部分发到各省。在不违背回避制度的情况下，应优先分发该员到其本籍附近或曾有为官候补经历的省份。除由内务部"指分"各省外，也有一些通过县知事试验的人员是由地方长官向内务部呈请派往该省，即"请分"。

通过县知事试验赴各省候选者凭知事凭照在规定时间内赴省报到。这些人到各省后，"曾任地方官政绩素著者"可由省长官直接委署官职，报中央同意后即可实授。其他人员均需"先行试署一年"，一年后由省行政长甄别合格，遇有缺出，由该省民政长荐请内务部委署。由于试验合格者人数众多，这些人员在分发到省后，多需等待相当长的时间，才能得到任职机会。一些省份设立政治研究所来容纳既未任官又未得差的分发知事。

总体而言，袁世凯时期县知事试验的推行还是较为顺利的。当然，以保荐免试通过试验者仍占到县知事试验合格人员的很大比例，而未经过县知事试验以其他途径（如长官直接保举任官）得任县知事者亦不在少数。而在县知事试验合格人员分发到各省后，其任官之权最终还是掌握在省长官手中，各省滥用私人的情况依然较为严重。

三 县知事选任改革对地方官人事构成的影响

县知事选任改革带来的地方人事重组，导致了县官构成两个重要变化：一是回避制度恢复，本省为官现象趋于减少。辛亥革命后，由于中央政府无力干涉各省的县官任命以及地方自治思潮的兴盛，回避制度被无形打破，本省为官现象会加剧省自为政，对中央集权极为不利。经过四轮县知事试验及向各省大规模分发试验合格人员，各地本省为官的现象确实得到遏制。

另一个重要影响是：大批清代旧官僚成为民国县知事。根据县知事试验章程，参加县知事试验者至少需具备以下三种资格中的一种：有科举功名，在本国或外国学堂学习三年以上，有两年以上的行政经验。在实际操作中，对参加县知事试验者的考核往往以经验为优先考虑因素。造成通过县知事试验者多为旧官僚，各省民政长官在选任分发来的县知事时，亦倾向于优先任用有经验者。

袁世凯当局及各省军政长官重用旧官僚可能有如下原因：一是借此消除革命党的影响；二是认为任用旧官僚能更快恢复社会秩序；三是希望以此拉拢旧官僚、旧士人。总体来说整个选任体系明显偏向旧官僚。而进行县知事试验期间，正逢袁世凯当局推行一系列政治、文化方面的复旧措施之时，县知事试验也被视为其中的一项而受到许多批评。

辛亥革命爆发后，县官人事任用权下移，各省自行选官，中央政府无由置喙。二次革命后，袁世凯开始大力加强中央集权，县知事选拔任用制度的改革是其中重要一环。随后颁布了县知事选用与试验条例，希望能清理县知事队伍、重建县知事选任方面的规范，逐步做到只有通过中央统一考选者才能获得任官资格。由于这一时期中央对地方的控制力较强，上述制度的推行尚属顺利，改变了各地的县知事人事构成，由县知事试验选拔出的县知事群体逐渐成为北洋县知事的重要来源之一。

袁世凯当局推行的县知事选任改革带有相当程度的复旧色彩，因而受到了当时一些人士的批评。在实际执行过程中也确实存在不少问题。但客观而言，这些改革措施还是在一定程度上起到了规范任官秩序的作用。

县知事试验只是一个过渡办法，北洋政府的最终目标是建立一套更为系统化的文官考试制度。1915年9月，北洋当局颁布《文官普通考试令》《文官普通考试典试令》，之后又公布了《文官普通考试令施行细则》，相比于县知事试验制度，新的文官考试条例更系统化、更契合现代文官制度的要求。但在袁世凯死后，中央政府丧失权威，文官考试事实上难以推行。故袁世凯时期县知事试验选拔出的合格人员在此后相当一段时间里仍然是县知事选用的主要来源。直到直皖战争后，军阀割据加剧，各省大量委任私人部属，县官资格再度失去统一标准，本省为官现象又复趋于普遍。

（摘自《安徽史学》2020年第2期；杜佩红：北京师范大学历史学院博士后）

清末民初陆军军医学校考述

张建军

民国北京政府陆军部所办陆军军医学校是中央政府开设的一所重要的军事医学院校，是清末天津陆军军医学堂的续办。

1902年9月，袁世凯请准在天津设立行营军医学堂，于11月24日开办。北洋候补道徐华清为总办，唐文源为监督，聘日本二等军医正平贺精次郎为总教习，学制4年。首期学生中，天津籍尤多，考试科目为国文、日文、英文，招生年龄限定在18—25岁。1903年学堂出台《军医学堂章程》。1904年年底，学堂招新生，还从日本京师东文学社录取25名谙熟日文的学生。1904年秋，学堂增设解剖学。1905年3月，袁世凯奏请挑选满汉学生140名，分年授课，分班毕业，以储备正副军医官、军医长。学堂教员多为日人，平贺月薪350两银子，其他教习250两银子。学堂另附设防疫学堂。学堂曾设体操课一门，因无人授课而暂停。1907年夏，在银元局后添建新堂一所，扩大办学空间。

北洋军医学堂学生多来自各省保送的旧制中学学生。学生在学期间的生活待遇比较优厚。学生还须接受军事训练。1906年12月，首期学生毕业，平贺精次郎挑选王景元等6名学生，指导组织卫生队，派往河南彰德随营观操并实地练习。

1907年北洋军医学堂改归陆军部办理，同时改称陆军军医学堂，经费转由陆军部开支。陆军部公布的《军医学堂试行简章》对学堂招生等作了规定。另外，还新拟《军医学堂试办章程》。该校转归陆军部管辖后，又添备X光机等设备。军医学堂还聘请意大利人马鼎尼指导解剖实习。学堂教学和考试采取优胜劣汰机制。军医学堂除内科、外科、皮肤科、军阵外科、眼科、耳鼻喉科及附设之防疫传染病科外，还有妇科和产科。1908年，军医学堂拟继续招生40名。此次续招新生仍由顺直各中学堂考选20名，京师八旗各学堂考选20名。1910年，录取80名。1909年，伍连德暂行代理学堂总办职务。在毕业生方面，按科严密考试，核定分数，分发陆军各镇试充军职，见习期满后，由陆军部综合见习期与以前成绩的平均分，分定等第，按名发给文凭。采取抽签形式分配入伍候差。

1912年7月陆军军医学堂改称陆军军医

学校，仍直隶于陆军部。清末陆军军医学堂的各种规章制度，至民国初期已多不适用，需重新厘定。

1912年夏，陆军部军医司拟定《陆军军医学校条例》和《陆军军医学校教育纲领》，对该校办学宗旨及所设职员及其职掌作了详细规定。1913年夏，添委学生监一职，同时将全校学生分编为3个连，分设连长1员。1914年，开辟药科药用植物园，以增补学生普通医药学科知识。扩编学生为4个连，增设连长1员。一战爆发后，辞退全数日本教官，由本国人担任教官。学校为及时了解海外专业动态，派遣教职员到海外留学培训。1917年春，首次派出教务长东渡日本，进入日本军医学校学习。此后，陆军部规定，每年由本校教官中轮流酌派一人，资送日本考察医学，每届以一年为限。

1912年9月后，学校按照新定规章，新加医学普通教育。1916年，陆军部计划在陆军军医学校开办本科及研究、补习各科。开办后，遂将医、药两科学生各自定为普通科、本科、研究科3等，并分别规定了不同的招生对象、培养目标和课程。医、药两科学生的培养，初步形成递进式发展链条。

陆军军医学校在招生上暂时沿用前清做法。招生政策基本围绕体格、年龄、报考时限、考试科目、学制等各项。体格方面大体相同，即体质强健、无隐疾残废疾及精神疾等。年龄基本限定为18—25岁，或者20—25岁。报考时限最长为19天，最短为5天。1912年8月招取50名，学制5年，实行公费制。1913年6月7日，军医学校医、药两科，续招120名。1914年6月招考50名，医、药两科学习年限分别为4年和3年，且各加队附见习4个月，待遇如旧。但毕业后要服从军部分配，并增加担保人一项。也招少数自费生。1916年7月初，招考新生80名。医、药两科学习年限分别为5年和4年，包含见习期，须中学毕业生及与中学毕业相当程度。1917年8月减为50名。应试科目如旧，但外国文不再只限英文。1918年9月初增为70名，但最后录取80名。1919年7月，明确新生医科45名、药科15名。1924年7月底，续招60名。1925年，招新生50名，医科35名、药科15名，学制医科4年、药科3年。考试科目如旧，但体格不合者不得参考。学生待遇大不如前，保人保证书变为保证金制度。到1928年前后，明确提出各加队附见习三个月，学生录取入校时，须填入学试验书及保证书，并缴纳保证金百元，毕业时仍照数发还。每月津贴取消，学生尚须自备零用。1928年初已不招新生。

学生须遵守《陆军军医学校条例》规定的各项军律、校规；学校制定有比较严格的考试制度；该校的各种教育细则，由校长遵照《陆军军医学校条例》及《教育纲领》拟定，然后呈请陆军部核准施行。每届毕业典礼前夕，呈请陆军部派员莅校监临；对于违反校纪校规者亦有处罚规定，严重者予以退学处分，并对退学者酌情追缴学费；毕业考核不合格者强令降级留校。对于违反毕业分配纪律者，亦严肃处理。在学生毕业之际，举办或参与相关展览会，展示学生的学习成果。最后军医学校有时还组织学生参与实战医疗训练。

民初，陆军军医学校遵照《教育纲领》，于1915年初，学校旁边设立附属医院，用来疗治陆军伤病人员及学生实地练习。附属医院在方便学生进行专业实习的同时，积极服务社会。1916年2月始，因就诊者日渐增多，附属医院不断增加医务人员，同时学校规定：学生从第三年起，每天抽出两个小时到医院门诊看病。1920年后，因经费紧张，逐渐停诊。直至新任校长张用魁上任后，重新开诊。随着军阀混战的加剧，附属医院常常收容伤兵。

1920年年底，北京政府财政危机也反映到学校的办学经费上来。1920—1923年，因经费困难，使得学校不能按原定计划招生衔接；教职员因薪资拖欠，提出辞职；学生也无心上学。1923年6月中旬，校务完全停顿。同时还被驻京英国公使麻克类（MacLeay）催索欠款。再加上北京政府内部派系斗争，使得军医学校校长更迭频繁。1928年夏，国民革命军北伐进占北京，派员接收陆军军医学校。

民国陆军军医学校从1901年到1928年，

陆续培养一大批学生，在中国军事医药乃至近代医药教育史上具有重要作用。1907年陆军部对其接管与建设，是该校发展史上的里程碑，无论是制度建设、课程设置还是招生培养方面，都为日后奠定了良好的基础。入民国后，1912年的《教育纲领》成为此后该校人才培养的重要指针。在招生方面，虽然每年都有所变化，但基本做到有序进行。学校对学生的严格要求，保证了毕业学生的质量。1915年后，附属医院的设置，不仅极大地方便了学校师生的医学实践，而且为其扩展社会服务提供了可能，也为日后各种军事医学机构服务普通民众提供了一个较好的模板。

但是，20世纪20年代初北京政府的财政危机，虽使学校经费十分紧张，但并未因国家政权的更迭而倒闭，反而因应国家的需要而得以继续存在。缕清清末民初陆军军医学校的曲折发展历程，对近代中国军事教育史研究具有重要意义。

（摘自《军事历史研究》2020年第2期；张建军：内蒙古师范大学历史文化学院教授）

当代中国思想史研究的三重维度

左玉河

中华人民共和国思想史是中国思想史的重要组成部分。当代中国思想史研究必须坚持唯物史观的理论指导，用唯物史观的基本观点和方法来考察当代中国思想变化。从时代的维度、实践的维度和主流意识形态的维度审视当代中国思想史的演变，是推进和深化当代中国思想史研究的有效途径。

时代主题与思想主题、时代问题与思想问题、现实需求与思想回应构成了当代中国思想史发展的主要内容和逻辑链条。研究当代中国思想史，首先要考察当代中国的时代特征、时代需求以及围绕时代问题而进行的理论思考。

新中国成立初期，国家面临的主要问题是如何巩固新生的人民政权，如何恢复国民经济。这个时代提出的主要任务就是如何巩固和发展新民主主义，进而过渡到社会主义社会。所以，政治上，形成了新中国建国思想、社会主义改造思想和过渡时期总路线。经济上，形成了劳资两利的经济思想、计划经济思想和工业化思想。文化上，形成了文化批判思想和文化改造思想。因此，要把握新中国成立初期思想发展的主题，必须弄清这个时代面临的重大问题，考察中国共产党领导全国人民如何应对这些重大问题，才能准确把握这个时期思想发展的总体趋向。

社会主义制度确立之后，最核心的问题是如何借鉴苏联社会主义建设的经验教训从而走中国自己的社会主义建设道路。在政治上，形成了民主监督思想、执政党建设思想；在经济上，形成了优先发展重工业思想、"赶超"思想和"跃进"思想；在思想文化上，提出了"双百"方针，形成了社会主义教育思想和文化建设思想。

1956年以后，围绕社会主义文化建设的时代主题，中国共产党形成了比较丰富的文化建设思想。这显然是为了回应社会主义文化建设的时代主题和现实需求，是对社会主义文化建设主题的思想回应。

每一个历史时代都会有一些重大现实问题需要回答。思想史研究必须关注思想主题与社会发展的互动关系，即在梳理社会实践的基础上归纳出需要回答的重大问题，把握思想主题的产生及展开的历程。

20世纪80年代，中国进入新的历史时

期,改革开放和现代化建设成为主要任务,逐渐形成了中国特色社会主义理论。新时期形成的关于改革开放的许多新思想是对当时国家面临的重大时代问题的回应,是对社会主义现代化建设进行探索的初步理论结晶。与此同时,中国还面临着探索新的发展道路的重大时代问题,问题的本质是如何开创中国社会主义发展道路。因此,考察中国特色社会主义理论体系形成、发展及完善的过程,必须准确把握改革开放新时期面临的重大时代问题,进而考察中国共产党领导全国人民是如何从理论上回应并解决这些重大问题的。

既然当代中国的时代主题决定了当代中国的思想主题,对时代重大问题的回应构成了当代中国思想发展的主题,那么,研究当代中国思想史必然要关注时代主题与思想主题的联系,探究思想变迁与社会发展的关系,准确把握当代中国思想史的时代维度。时代维度决定着当代中国思想发展的主题,决定着当代中国思想发展的历史进程及方向。

人民群众的社会实践是思想产生和发展的源泉。特定的社会实践必然产生特定的社会思想,思想发展的逻辑与社会实践的逻辑大体上是一致的。在新中国成立初期巩固新生人民政权、恢复国民经济及社会主义改造的伟大实践中,中国共产党积累了关于新民主主义革命和建设的宝贵经验,实现了从新民主主义向社会主义的过渡,并在1956年中共八大前后形成了关于政治建设、经济建设、党的建设和社会主义改造的思想理论。

1956年召开的中共八大对社会主义改造基本完成后中国社会的主要矛盾做了深刻分析,实质是"先进的社会主义制度同落后的社会生产力之间的矛盾"。因此,党和国家的主要任务是尽快地从落后的农业国转变为先进的工业国。这些正确的思想论断是对新中国成立后革命和建设实践经验的理论总结。当然,中共八大所形成的正确思想后来有些未能坚持下来,同样是由于社会主义建设的实践经验不足所致。思想是随着社会实践的深化而发展的。社会实践的不断丰富必然会使思想理论逐渐发展和完善。新的社会实践必然会产生新的思想,新的思想是对新的社会实践的理论总结,并随着社会实践的丰富而发展。

当代中国社会主义建设思想在一段时间内之所以会出现一些偏颇和失误,归根到底是受社会主义建设的实践条件所限制,是缺乏丰富的社会主义建设实践经验。

社会实践不仅决定着思想发展的深度,而且决定着思想发展的高度和正确程度。在对社会主义建设曲折历程反思的基础上,中国共产党对社会主义建设的认识更加深化,并最终做出了改革开放的重大决策,逐渐探索形成了中国特色社会主义理论。

因此,研究当代中国思想史,必须探究社会实践与思想变动的互动关系,准确把握当代中国思想史的实践维度。实践维度决定着当代中国思想发展的高度,也决定着当代中国思想发展的理论深度。

主流意识形态是思想史的主要脉络,思想史研究要关注主流思想,重点研究在特定历史条件下对社会发展产生重要影响的主流意识形态或理论体系。

马克思主义作为国家的主流意识形态,自然也是当代中国的主流思想。因此,把握当代中国思想史的主流维度,就要重点考察马克思主义在中国确立指导地位后与中国社会主义革命、建设和改革实践相结合而形成中国特色社会主义理论体系的历程。新中国成立后,随着社会主义制度的建立和马克思主义成为国家主流意识形态,什么是社会主义和怎样建设社会主义成为摆在中国人民面前的重大理论问题。中国共产党领导全国人民以马克思主义为理论指导,对中国如何进行社会主义建设进行了艰辛探索,构建了马克思主义与中国社会主义实践相结合的飞跃性思想成果——中国特色社会主义理论体系。

中国特色社会主义理论体系是中国共产党在总结人民群众实践经验的基础上进行理论升华的伟大成果,是马克思主义指导下的当代中国的主流思想。因此,研究当代中国思想史,只要弄清中国共产党领导全国人民探索中国社会主义建设道路、创建中国特色社会主义理论的历程,只要弄清中国特色社会主义理论体系酝酿、形成、发展、日益成熟的历史进程，就抓住了当代中国思想史发展演变的主流和关键。

（摘自《当代中国史研究》2020年第1期，原题《时代、实践与主流意识形态：当代中国思想史研究的三重维度》；左玉河：中国社会科学院历史理论研究所研究员）

时势、史观与西人对早期中国近代史的论述

吴义雄

清朝从18世纪前期开始对中西贸易和文化交流进行限制。"广州体制"的成熟伴随着英国东印度公司的对华贸易的快速发展。与此相应，中英之间的贸易关系中也出现了诸多问题，对此，东印度公司董事部采取温和与忍耐的态度。英国对华关系转变的标志是1833年东印度公司对华贸易垄断权的终止。英国"自由商人"或称散商的群体从此走向舞台中央，成为影响鸦片战争前后乃至整个19世纪中西关系的重要因素。散商群体主张英国政府向清朝施加压力、武力胁迫。

英商群体在19世纪30年代还有一支不容忽视的盟军，即来华基督教传教士。他们希望早日迎来"中国开门"的日子，故将竭力营造"中国开放"的舆论氛围，发起了全面改变中西关系体制的声势浩大的宣传和论辩运动。

这一持续多年的论辩运动目标有二：其一，说服英国政府采纳他们的主张。其二，通过论辩驳倒反对意见。这种论辩运动形成了越来越清晰的对华政策设计。同样值得重视的是，这一论辩运动反映了资本主义扩张时代的文化逻辑，由此形成了西人关于中国近代早期历史的论述体系。以下讨论这一论述体系是如何具体地建构出来的。

在对华激进派撰写的一系列作品中，一个重要观点就是，以往的中英关系史，乃是英人在贸易中遭受清政府及其官员"压迫"与"侮辱"的历史。

1830年英国散商群体在第一次上英国议会的请愿书和1834年上英王的请愿书都将他们在对华贸易中所受的"侮辱"和"压迫"说成长久存在的史实，这种对整个中英贸易史采取负面描述的做法在随后很多作品当中一再出现。那么，这些言论是否符合中西关系史的实际？应该说，他们提到的史实都是存在的。

问题在于，这种现象是否为中西关系史的全部？对中西关系的实际影响及其程度如何？对华激进派以外的英美人士，对其在广州口岸的生活经历拥有另一种记忆。美国人亨特的《广州"番鬼"录》《旧中国杂记》和英国人唐宁写的《"番鬼"在中国》展现的是一幅温情脉脉、充满异国情调的画面。其实，如果再考察当时来华西人的日记、游记、书信等，会发现更多类似亨特和唐宁的叙述或回忆。

亨特和唐宁的叙述至少揭示了中西贸易史有别于马地臣、戈登等所描述状况的另一面。后者为了论述其政治主张，有意忽略中西交往的其他方面，忽略那些与其论述无关的日常贸易生活，而侧重控诉英人所受之"侮辱"与"弊害"。1834—1836年，有三部堪称史学作品、并具有较大影响的学术著作相继出版，分别是彼得·奥贝尔的《中国：政府、法律和政策与中西关系史纲》，郭士立的《中国简史》和德庇时的《中国人》。这里无法一一评介各书具体内容，只能概括其特点。其一，它们都对1833年前以中英贸易史为主的中西关系史，按照时间顺序进行了叙述。其二，它们

的内容明显是有选择的。其三，它们都对当时西人关切的内容予以重点叙述。重点叙述的内容有：司法冲突、清廷的"天朝"观念及其表现、英人反抗及武力展示的作用、突破清朝对外体制的尝试。

19世纪30年代特定背景下，为论证对华激进主张的"正义性"而被建构出来的中西关系史。在相当大的程度上成为早期中西关系史的标准叙述。

直到19世纪30年代中期，对华战争问题还没有正式进入英国国家政治议程。对华激进派则希望加快这一进程。两广总督卢坤等拒绝按英人的要求改变对外交往方式和"律劳卑之败"进入包括政府文件在内的各种文献，成为采取对华强硬政策之论据。

然而，一个国家如果采取"排外主义"或"孤立主义"，另一个国家是否有权强迫它改弦更张？这是对华激进派在逻辑上要解决的问题。

有的对华激进派认为可以诉诸国际法。但当时以滑达尔所著《国际法》为代表的国际法体系，在法理上显然是对华激进派主张的一大威胁。在此情况下，对华激进派的策略是将国际法论证为"文明世界"的规则，而中国却非"文明国家"，故不能享有国际法之保护。

19世纪30年代对华激进派还有一个论述重点，就是西方国家有权在中国寻求治外法权。在这个问题上他们以同样的说法来应对。

这种论述的一个重要后果，就是颠覆了清朝对于中西"文野"关系的话语权。在18世纪末19世纪初发生学界所说的"西方中国观"的根本变化后，西人越来越多地以中国为"野蛮"。而19世纪30年代对华激进派通过上述关于国际法问题的实用主义论辩，将西方——中国的文化关系清晰地表达为文明——野蛮的关系，从而形成了关于中西文化问题的正式论述。后来经过两次鸦片战争，西人终于在"天朝"的土地上，掌握了对于中西"文野"关系的话语权。经过上述过程，对华激进派完成了关于对华关系论述的逻辑论证，使其免受国际法原则的困扰。而他们由此对中西"文野"关系的颠覆，又为鸦片战争和战后不平等条约提供了"正当性"基础。

对华激进派主张将对华关系诉诸"自然法"或"上帝意志"。对华激进派的论述核心就是如何对待他们认为"野蛮"的、违背"自然法"或"上帝意志"的清政府的问题。美国前总统约翰·昆西·亚当斯认为英国发动鸦片战争的"正义性"来自于根据自然法对"平等关系"的寻求。

20年后，对华激进派的相关论述已经沉淀为"文明的欧洲"征战"排外的中国"这样一种历史叙事。

西人关于中西"文野"关系的论述是彻底改变中西关系走向的大问题。对此，西人提出一个重要观点：由于西方的"进步"和中国的"停滞"，中西文明已处于不同的历史阶段。

裨治文和郭士立都将当时的中国比拟于欧洲已经摆脱的"中世纪"，这就将中西历史置于"进步"阶梯的不同阶段，形成二者之间"进步"和"停滞"的对比关系，这在学术思想史上都有首开其端的意义。

这种历史分期和中西对比，反映了当时欧洲普遍的进步史观。这些论者提出，西方人有责任将中国纳入人类进步的轨道。在这种认识背景下，鸦片战争作为一个事件获得了划时代的意义。西方论者一般都将鸦片战争和战后条约的签订当作中国走向新历史时期之起点。

自19世纪30年代形成的"西方影响下的进步"这一核心观念，成为西人观察和评价中国问题之基本标准。可以说，鸦片战争前来华西人以进步史观为基础论述中国现状与未来的观念，奠定了此后大半个世纪西方学者论述晚清时期中国历史之基础。

（摘自《近代史研究》2019年第6期；吴义雄：中山大学历史系教授）

咸同之际清廷与湘淮集团的江浙控制力之争

邱 涛

明清以降，江浙地区久为财赋根本之地。太平天国战争时期，清廷与湘淮集团对清政府所控制的最大税源地江浙地区的争夺，是晚清政治格局演变的重要内容。

这一时期，太平军二次西征虽然失利，但太平军在东线作战却获得重大进展。清廷只能依靠湘淮集团做军事应对，不得不在江浙巡抚问题上做出妥协。

按照曾国藩的意图，他总领两江、节制浙江，安徽、江苏、江西、浙江均由湘淮将领带兵进剿，并由湘淮人员出任四省巡抚，这样兵饷合一，对于江浙战事就可统筹规划，与湖广地区也可协调如一。但是，曾国藩等湘淮将帅的筹划和力荐，与清廷的权力版图、人事行政和对外交涉安排在很大程度上是不相符的。

无论是从清朝中央的角度，还是从江苏巡抚薛焕、浙江巡抚王有龄力求巩固自身地位的角度，薛、王二人都是清廷在江浙制约曾国藩集团的力量。曾国藩担任两江总督后，湘淮集团对江浙两省巡抚等军政要职，有着自己的战略要求。因此，曾国藩等必欲去之而后快。

面对这种状况，湘军集团顺应战场形势变化及清流御史的频频奏劾，展开扳倒薛焕、王有龄的攻势。在咸丰十一年的战争进程中，湘军节节胜利和江浙清军连连败退形成了鲜明对比。九月，薛焕被奏劾。此后十月十六、十七两日连上的两折，"请饬密查江浙抚臣能否胜任"，以及再次奏参王有龄和薛焕，显与湘军集团加大的攻击力度相呼应。没有证据证明是湘淮将帅的怂恿，更显此为朝野之"共识"。这就更是迫使清廷两次发上谕给曾国藩，要求查明薛焕、王有龄是否胜任、有否情弊等问题，甚至要求曾国藩等推荐替代人选。十一月初五日前后，有人又上呈参劾金安清的奏折。目标直指薛焕，同时清除其身边势力。

当然，十月十六、十七日的参劾奏折能够产生显著效果，不能忽视清廷内部的变化。清廷中枢困难重重，对曾国藩展现信任和器重之姿态。这种"器重"的出发点，是需要他们的武力支撑，并不表明清廷绝对信任湘军集团。紧接着这一系列事件的是在十一月十五日，清廷下谕次明确曾国藩节制苏皖赣浙四省军务，饬即统筹兼顾，并命左宗棠赴浙督办军务。显然这是问题的另一面，清廷在湘淮集团夺取江浙巡抚之位的凌厉攻势面前，不为所动。但是，太平军发动的战局为曾国藩提供了有利条件，迫使清廷做出妥协。

咸丰十一年十一月，曾国藩前后奉旨确查薛焕、王有龄以及薛焕的部属金安清，相关上谕达四道之多，而曾国藩并不急于查清并回奏此事，迟迟不上奏了结此事，因为这些奏折都与他们谋求在战局中真正掌握江浙军政权力的战略部署有关，他想查看此前的参劾奏折上呈后各方面的反应，以决定自己的出手时机。

曾国藩在《查复江浙抚臣及金安清参款折》中则对参折中真正核心的部分皆予以坐实，查察结论也明显对被参者继续担任其职位不利。曾国藩认为王有龄、薛焕有一定苦衷，但毕竟不可用；对二人的处置建议是："苏、浙财赋之区，贼氛正炽，该二员似均不能胜此重任"。

对于江浙抚臣的人选，曾国藩为首的湘淮集团已有针对战局和江浙权力控制格局的较为系统的考虑。而清廷对此的反应则是，对于浙江，清廷对更换浙抚之议不予理睬。对于江苏，清廷根据自己的战略考虑，只是同意了曾国藩上奏中的部分内容，让李鸿章负责江苏援剿。而在江浙巡抚的配备上，暂不考虑二人的撤换问题。湘淮集团还未达到由湘淮人物出任江苏巡抚的目的。而作为江浙抚臣，薛焕和王有龄也没有坐以待毙。虽仍无证据显示与湘淮集团有直接关系，但在同治元年二月，又有御史再次奏参薛焕，三月十三日，清廷谕命曾国藩"秉公详查"。至此，湘淮集团方才在这次权力斗争中收获一定胜果。

咸丰十一年到同治元年发生的这一场争夺，最终还是太平军在东线作战的攻势推动湘淮集团一定程度上达到了目的。从面上来看，似乎曾国藩的筹划得以实现，但是，经过清廷长时间的阻挠，多方牵制，四大巡抚的气势已经被消磨很多，在江浙地区的控制力争夺上出现超乎曾国藩等人意料的复杂局面。而清廷为应对可能到来的湘淮将帅占据沿江督抚职位的局面，预先也有所筹划。在咸丰八九年之后，清廷在湖广、闽、浙等几个重点地区督抚人员中都做出安排，以牵制湘军集团。

清廷与湘淮集团围绕两江地区的权力之争，是双方在沿江省份控制力争夺的焦点之一。吴棠和马新贻则是薛焕、王有龄之后，清廷在两江和闽浙陆续布置牵制湘淮集团的力量。

对于吴棠作为清廷牵制湘淮集团的重要棋子，湘淮集团成员很明白。随着国内战争的结束，湘淮集团的作用和地位难免处于下降趋势，吴棠的举动就无疑是雪上加霜，尤其是他不仅实施牵制作用，还逐渐站到打击湘淮人员的前列。因此，湘淮集团就不能容忍，开始对其实施打击。吴棠调任四川总督后，同治八年五月湘系云贵总督刘岳昭疏劾吴棠"荒谬贪污"等状；御史张沄又劾吴棠任用"奉旨饬令回籍之员"。清廷谕令湖广总督李鸿章驰往确查。李鸿章先是迎合清廷打击湘军集团的策略，提升清廷对自己的信任度；后又查实张沄所劾。清廷不得不下谕将吴棠革职留任。李鸿章在这一事件中先打击了湘系，后又打击了吴棠，可谓一箭双雕。

马新贻长期在安徽战区任职，在战争中得到历练，又不依附于湘淮集团，显然是清廷在两江牵制、挤压湘淮势力的重要人选。但是，马新贻出任两江督臣仅两年，就在同治九年被刺。马新贻被刺杀后，曾国藩由直隶返任两江总督，李鸿章由湖广总督调任直隶总督，浙江巡抚李瀚章调任湖广总督，浙江巡抚调任杨昌濬署理。至少在客观上，马新贻之死为湘淮势力重新占据江浙，提供了机会。

清廷疑心这是曾国藩等为重回两江的举动，必然会对湘淮集团极力谋求长期占据两江地区产生极大的警惕，也采取了相应的牵制措施。在这系列以牵制为目的的调动中，乔松年在两江重地安徽和陕甘之陕西，既为清廷在战局中发挥作用，又为清廷钳制湘淮集团在安徽、陕西的控制力发挥重要作用。

自攻陷太平天国都城天京后，两江地区已是曾国藩湘系控制的腹地，也是清廷必须重新掌控的财赋之地，故清廷的部署往往有多重目的。同治四年五月初三日，清廷命两江总督曾国藩"赴山东一带督兵剿贼"。两江总督由江苏巡抚李鸿章暂行署理，此部署其实是符合此时清廷"以淮制湘"的思路。仅四个月之后，清廷又颁上谕，命李鸿章"亲自督带杨鼎勋等军驰赴河洛一带，扼要驻扎，将豫西股匪迅图扑灭"，而命清廷信任的漕运总督吴棠接替李鸿章的署理两江总督之职。吴棠署理两江总督一事，清廷并未谕命带兵在外的两江总督曾国藩议奏，而是清廷的独断。

同治五年、六年以后，清廷对包括湘淮督抚的封疆大吏的人事黜陟权力，逐步重新纳入权力规制中。在两江地区，清廷反复调任曾国藩，消减其威势；又通过马新贻负责强力弹压湘军在两江的势力。两年后的同治九年，曾国藩返任两江总督时，只是清廷稳定湘系留住人员甚众的两江局面的一枚棋子。自此，清廷在两江地区收复权力控制的部署，收到重大成效。

而清廷在闽浙地区通过所谓"扬左抑曾"，为其对地方势力采取重点抑制政策，实施在湘淮集团内部重点抑制，打击实力与影响力最大的曾国藩嫡系的策略，而扶植湘军集团内部左宗棠等其他派系，在湘军和淮军集团之间造成制衡均势，使他们各树一帜而不相统属，为确立"湘淮分立"以便于清廷操控格局，迈出了重要的一步。

（摘自《清史研究》2020年第4期；邱涛：北京师范大学历史学院教授）

民初"好人政府"的尝试

罗志田

1922年5月，蔡元培等人发表胡适起草的《我们的政治主张》，提出"好政府"的主张，想要实行过去的"贤能政治"，以实现一个"好人政府"。同年9月，以王宠惠为总理的新内阁组成，十位阁员中一人是前清举人，八人是留学生，学历最差的内务总长孙丹林也曾进过清末的山东大学，因此被誉为"好人政府"。但这个好人内阁不过昙花一现，仅维持了两个多月就被迫结束了。

近代中国一个根本的变化，就是"天下"的崩散及其多重演变——向外转化成了"世界"与"中国"，向内转化成了"国家"和"社会"。以科举考试选贤与能的方式，在近代受到富国强兵取向的强力冲击。从晚清开始，随着富国强兵取向的确立，出现一个日益显著的倾向，就是能重于贤。

五四后的北京政治，正处于一个转变的临界点。对"共和"寄予厚望的很多中国读书人，希望政府至少能做到严复提出的"对外能强"而"对内能治"。在大一统时代，由于较长时间里实现了广土众民的一统，需要外抗强敌的时候相对少，凝聚动员的内需也相应减弱。而身处列国竞争之中，就两皆成为必须了。

中国长期存在一种偏于无治的取向，在共和取代帝制的民初并无太大的改变。那些身居口岸城市的知识人和追随他们的边缘知识青年憧憬着积极有为的强治，但在内地，日出而作的普通人似乎习惯于无治的放任，且并无明显地不满。在各种偏向政府应有作为的思考中，贤能政治的思路其实不绝如缕，不仅有坐而言的探讨，也有起而行的尝试。一些责任心强的读书人出而提倡"好政府"和"好人政府"，主要是希望优秀的读书人参与实际政治，从而改变中国政治那疲软无序的状态。好政府主义强调政府应积极作为，是想要适应现代的国家时代；但其所依托的"贤人政治"，却大体因应着上下相安无事的统治理念，更适合传统的天下时代。

不过，在一个政治伦理转换的时代，新旧政治伦理的纠结既容易使人感觉无所适从，却也留下更宽广的尝试空间。在传统政治模式难以为继、代表西方现代政治理念的共和又明显受挫的背景下，这些知识精英提出"好人政府"这种部分回归传统的第三类政治方案，也是想要避免更具破坏性的革命路径，为中国政治开创一条和平过渡的新路。

民初政治伦理转换之时的问题在于，一个无须作为的小政府或许可以不必太"好"，一个被寄予很多重任的政府就不能不"好"。这是胡适提出"好政府主义"的另一重要时代背景，也是一年后他正式参与筹组"好人政府"的滥觞。

梁启超在1915年说，政治与社会的关系是"迭相助长，如环无端"，很难"强指其缓急先后之所存"。梁启超所说的"政治与社会"被张东荪置换为"社会与国家"，他也同意两者"若环无端，互相因果"，不能强折为两橛。他更明确指出,"以科学的研究观察之,社会与国家本系一物"之"二方面",他不过为了"从俗用"而分别言之。

如果依从新的"俗用"来讨论,则国家与社会的关系如环无端,是不少人的共识。《主张》发表后得到大量反馈文章,胡适看后"颇有感触",作《后努力歌》说:好社会与好政府、好教育与好政治,都是互为因果而解不开的"连环",唯一办法就是努力或干,而不必计较其孰先孰后。胡适的"干"却明确选择了往政治方向努力,既然选择了干,政治的确更有效率也更容易起作用。

由于好政府主义首先强调有政府主义,显然是重视并强调政府之"能",像张东荪这样倾向无治的人,很难表示赞成。张东荪强调政治并不超越,须靠社会为后盾而起作用,就是要否定政府的"枢纽"作用。问题在于,对应于积极能动政治的,是一个偏于无治的社会。而这样自我放任的社会,却肩负着改善政府及整体政治的重任,多少有点南辕北辙的味道。不过,国家(state)与社会的紧张和对立,本是源自西方的现象。而他心中潜存的天下思绪,又让他得以借助新名相来表述隐含传统的思路,提出一个社会重于政府且可以限定政府的政治模式,一种既非中国古代也非西方近代样式的"新政治"。

从马克思到罗素,都忧心于政府对社会的支配,而强调政府应当收敛,以服务于社会。民初的无治取向,大体也依循这样的思路。不过,因为政治与社会的关系"如环无端",且"统治权"的效率是人人心知的,所有这些人对政治引领社会的取向其实也暗怀希望。而好人政府的失败,进一步证明自上而下的改造并不成功,使张东荪对政治解决最终失望。张东荪因而正式提出,可以考虑中国不必成为一个西式的"近世国家",而是把目光转向社会,用可以影响政府的"好社会"来替代"好政府",在此基础上建立一个以社会为灵魂的新型政府。

从晚清的改革开始,中国一直想要成为一个西式的现代国家。干脆放弃这样的追求,是一个石破天惊的思考。搁置国家支配社会的西式现代政治,规复小政府大民间的模式,多少意味着向天下的回归。反过来,或即因有社会和政治这类新名相和新思路的启发,张东荪得以把中西皆存的贤人政治观转化为贤人社会主张。这种好人社会的思路,多半也受到不久前好人政府主张的影响。

对于中国的现状及其在世界中的地位,那时多数读书人是不满而亟思改变的。但要改善中国的现状,有自上而下和自下而上两种取向。好人政府的努力,是一种类似得君行道的自上而下取向,代表着政治引领社会的取向占了上风;而好人政府的失败,意味着反向的自下而上之路,显然强化了从社会改变政治的取向。主张贤人更多投入社会而不是政府,这种眼光向下仍是精英取向的。而所谓和平机会的丧失却可能是整体的,意味着精英取向的自下而上也失去基础,于是中国的政治解决逐步走向非和平的道路。

(摘自《近代史研究》2019年第5期,原题《把天下的取向嵌入国家:民初"好人政府"的尝试》;罗志田:四川大学历史文化学院教授)

科举存废与近代江南乡村社会流动

李发根

学界主流观点认为,科举制对于乡村社会流动具有重要意义,它的废除为20世纪前中期愈演愈烈的乡村危机埋下了种子。但这一叙事在近代江南还有进一步讨论的空间。

一 有名无实：科举制与清中期后江南乡村社会流动

在清代尤其是清中期以后，江南考中高级功名且能够基本确定居处的 2332 人中，有 1725 人来自城市，481 人来自市镇，共 2206 人，占总数 94.6%；仅有 126 人来自农村，占 5.4%。在所有中举者中，来自农村且直系三代未取得功名的只有 10 人，占总数 0.4%。而就在这 10 人中，有些我们无法考证其家庭的经济状况，有些虽然直系三代未出科名者，却来自地方望族。概言之，科举对于这一时期江南乡村的社会流动已有名无实。

从时人的叙事中，同样可以感知，在江南农村，科举对社会流动几近全无助益。科举之所以有利于社会稳定，只是因为长期形成的观念，即"每个人都有机会通过平等考试来做官"，这一观念起到了一定的激励作用。

一言以蔽之，入清以后，尤其是中期以降，江南普通农家子弟通过科举实现社会流动的概率已经非常之低，近乎停滞。考虑到农村人口占总人口的比重极大，可以说，依靠举业实现家庭地位实质性改变的可能性微乎其微。

二 资本、文化与生活：社会环境的空间差异与乡村社会流动停滞

自明代中期以降，江南出现了士绅地主的城镇化，到晚清已经基本成型。这一历史现象的背后也是资本、文化重心的城镇转移，致使城乡间整体差距不断扩大。缺乏经济基础、文化环境衰败以及生活环境鸿沟共同造成了近代江南乡村难以通过科举实现社会流动的历史现象。

在传统社会，政治权力与经济利益呈正相关，而经济基础又为通过科举获得政治权力提供必要支撑。因此，那些通过科举获取一定层次功名者往往与"地主"身份合二为一。士绅地主的居地空间与中举者的地理空间分布紧密相关。

可以认为，到了晚清，江南士绅地主的城镇化可能已经基本成型。将这一现象视为 20 世纪前中期产物的观点，其实看到的更多是明清时期社会实态的一种呈现。20 世纪前中期，对江南乡村调查所看到盛行的"地主城居化"，一方面是明清以来社会形态的延续，另一方面是城中富户对土地投资的一种产物。

士绅地主的城镇化，也是资本的城镇化，缺乏必要的经济基础，是这一时期江南乡村社会流动停滞的一个重要原因。因为，通过科举实现社会流动要求应试者长期脱离体力劳动，需要大量时间集中于科考准备。在竞争激烈的江南更是如此，需要相当的经济基础作为支撑。研究发现，清中期以降，处于一般经济生活水平的平民获得初级科名的几率已经大大降低，而对于那些出身贫苦又非书香之家的百姓而言，要想考取最低级别功名已近乎不可能。

士绅地主的城镇化推动了城镇整体文化环境的优化，反之也吸引了更多该阶层的成员，加剧了城乡人文环境的差距。清代以前，村居往往被视为一种美德，一些从乡村走出的官员致仕后多数会回归故里。但是，到了清代，特别是近代以来，随着城乡差距扩大，江南士人对待城居的态度有所改变。对于乡村子弟而言，要取得理想功名，仅入私塾还不够，往往要经历府县一级的书院教育或在城镇塾师处求学。故而，居住城镇也是实现举业的重要条件之一。

除了经济、文化环境的差距，城乡生活环境的鸿沟也体现得非常明显。江南城乡生活环境差距在太平天国战争时期反映得尤为突出。战乱年代，面对乡村鄙陋，避难者甚至不惜冒生命之危重返城市，这也反映了江南城乡差距之大。

三 制度束缚破除与区域优势彰显：乡村社会流动的推进

废科举后，在一些区域出现基层权力异化现象，其原因就是主要上升路径的突然断裂，导致基层社区封闭，加之国家权力渗透，致使

利益集团强化对社区内部掠夺。在江南，乡村社会通过科举实现社会流动已有名无实，废科举不会产生所谓的上升性流动断裂的困境；相反，废科举代以新式教育，举额限制破除，社会环境变迁，特别是独特的地缘优势，都为乡村社会流动提供了契机。

基于前述学者所提出的科举与乡村社会流动具有密切关系，因此通常认为，废科举致使依靠其作为主要上升阶梯的乡村士子产生极大恐慌。特别是华北士子刘大鹏日记中有关废科举前后个人心路历程的记述，几乎成为后来研究者的必引话语。字里行间流露的是恐惧、彷徨、无奈与绝望。同样，对生活在湖南乡村的蒋廷黻而言，也有类似的感知。

但在江南，农家子弟几乎无法通过科举实现社会流动，故而废科举对他们而言并无实质影响。所以，对待废科举，他们大多呈现与山西、湖南等内地乡村士子截然不同的态度。而随着权威的来源转向新式学堂，无论是对于少数有能力从事举业的乡村家庭还是一般农家子弟，都带来了新的社会流动机遇。

江南自南宋以降已成国家经济文化重心，但为了有效地制衡地缘集团力量，强化社会控制，明清两代政府对初级功名和乡试举额都有严格的限制，从而极大地制约了江南士子的社会流动。所以，这一制度变革对江南而言更有可能是一个重要契机，不仅使得家境较好的绅士阶层通过兴办、转入学堂，有效地转化废科举可能造成的制度困境；同样，对城镇发达的江南来说，能够遍设学校，推进社会流动；加之现代工业发轫等因素，都是推进乡村社会流动的重要原因。

江南的历史与地缘因素使得这里成为中国近代化的先行者与领先者，其整体水平大大超过其他地区，文教事业即是其一。实业家办学在当时的江南农村也较为普遍。江南新学的整体基础较好，对于有能力从事举业的家庭而言，他们可以将子弟就近送往教育环境更好的城镇甚至海外以获取新式权威。这种社会流动对于很多家庭而言，是科举时代难以想象的。科举制的废除对来自乡村底层士子的家庭整体来说，并非阻碍社会流动，反而可能是推进了流动。

此外，通常认为，废科举对乡村士子产生重大冲击的一个主要缘由是此举使得传统知识不再被重视，底层士绅（秀才）失去生计，导致他们开始劣变。但是，这一认识与江南的实际并不相符。废科举后，对这些来自乡村的底层士绅而言，他们的命运似乎都要远远好于科举时代。废科举对他们来说并非冲击，而是机遇。值得注意的是，作为一种普遍现象，科举时代，低级功名的生员难以获得正式官职；而废科举后，特别是进入民国，随着国家政权的扩张和机构改革，一部分生员进入了政府机关，并获得重要职位。

需要特别强调的是，这一时期江南工业化迅速发展，而工业文明对社会流动的大规模推进是其与传统农业社会最大的不同点之一。在江南，工业文明推动乡村社会流动的规模化发展主要体现在四个方面：农业人口的工人化、更多的职业种类与就业机会、工商资本家对农家子弟的培养以及农民进入新的权势阶层——资产阶级。

在一个几乎以科举作为唯一社会流动阶梯的传统社会，这一路径的突然中断，会切断以血缘、地缘为纽带的农村社区与外部世界联系，致使区域渐趋封闭。在这样的社会环境中，伴随着国家权力渗透，往往会给地方精英加强对区域内部的榨取披上"合法"外衣，进而引发一系列灾难。相关史实在华北、华中等地区已经得到大量验证。但这一灾难绝不仅仅是废科举在近代所造成的独特现象，就其本质而言，它是传统中国社会农业生产方式所造成的。

对江南的统计分析发现，有清一代，特别是中期以后，伴随城镇化发展，经济文化资源逐渐向城镇转移，科举对于江南乡村的社会流动，特别是对于普通农家子弟的社会流动已经没有实质性意义。相反，废科举后，随着传统时代举额限制的破除，凭借区域经济文化的独特优势，乡村社会的读书人不是减少而是增长了，并借此推动了社会流动。

江南作为中国现代化的桥头堡，在19世纪后期至1937年全面抗战前处于从传统农业社会向现代工业社会的转型期。这一转型对于乡村社会流动的推进绝非科举制所能比拟。因此，即便乡村社会权力异化的重灾区华北，也能看到受青岛工业化辐射的台头村向我们展现出另一番迥异风貌。废科举后，在工业化勃兴的江南，其乡村社会权力走向并不像一般认为的，成为土豪劣绅的世界，而是走向解除人身依附关系的现代社会。

（摘自《近代史研究》2020年第4期；李发根：安徽大学历史系讲师）

清末川滇边区的联防与联治

周智生

本文所论川滇边区，主要是指今天与西藏毗连的四川和云南交界地区，其中以川边的巴塘、里塘（今名理塘）、乡城、得荣、稻城等地与滇边的中甸（今云南香格里拉县）、维西、阿墩子（今云南德钦县）一带为论文涉及的重点区域。

一 因应西藏变局：清末川滇边区联防与联治议论之由来

同治十二年（1873）马嘉理事件之后，面向缅甸的滇边门户洞开，而且英国人获得了在川藏腹地游历行走的权力，川藏门户也被打开，由滇而及川藏的安防问题进一步凸显，引起了西藏地方政府的极大不安。

四川总督丁宝桢较早洞察到英国人觊觎西藏即将给滇、川两省带来的危机和影响，提出了川藏一体的安防观，将西藏边防与四川边防结合起来，奠定了清廷"固川保藏"的认识基础，开启了加强川藏经营，进而"筹边援藏"的先河。丁宝桢的"固川保藏"虽更多体现出加强川藏防务的构想，但其加强川西南巴塘、里塘一带防务以就近兼顾滇防的设想中，已暗含川滇边区联防的想法。

光绪十四年英国人第一次入侵西藏后，藏事陡然紧张。清廷不得不认真考虑川藏边区这个预防藏边危机扩散前沿地带及"固川图藏"前进基地的有效治理问题，而与川藏边区成片连线的川滇、滇藏边区联防问题，也因此逐渐成为清廷在治藏问题上重点考虑的议题。

光绪三十年，英军再次入侵西藏并占领拉萨，藏中局势更形混乱，给清廷造成极大震撼和不安。与此同时，英俄侵略势力的"关注眼光"也拓展到川滇藏边区，觊觎之心显露无遗。由此，除了推进藏中改革，清廷开始着眼于加强西藏与川、滇、青交界地区的治理经营，以尽快解决川滇青边区入藏不畅、支援不力的问题。

光绪三十一年"巴塘事件"在川滇边区不断蔓延，演化为大规模教案。先前为了安抚"番众"，以经济开发为先导的战略步骤被打乱，最终演化为川督锡良主导，赵尔丰、马维琪等全力推进落实的武力改流。

二 川滇边务大臣的设置及其边务经营策略

光绪三十一年九月，清廷要求川督锡良等考虑川边建制调整问题。光绪三十二年六月，锡良联合成都将军绰哈布奏请设置川滇边务大臣，推动川滇边区联治。七月三日，清廷采纳锡良建议，设置川滇边务大臣，以巴塘为驻地，边务经费主要由清廷划拨江汉等关税和四川省税收。川滇边务大臣的正式设置，标志着清廷对川滇边区的治理策略从"固川保藏"这一加强省域关系战略实际细化调整为"筹边援藏"战略，充分体现了清廷上下在应对西藏危机问题上冀望加强川滇协力，推进川滇藏边区统筹治理以支援西藏的意图。

赵尔丰任川滇边务大臣之初，就对川滇两省交界边区的治理进行了统筹考虑，"川边、滇边由两省督臣划定地界，应自某处起归边务大臣管辖，此后地方各事及差缺各官升迁更调，均归边务大臣主政。"关于川滇边区的设官问题，川边特别是川藏交界区是改流设官的重点区域，但滇边中甸、维西一带的改土归流并不彻底。赵尔丰的川滇边务改革，重点不在改良川滇边区已设流地区，而是在"筹边援藏"的核心前提下先行解决川边未改流地区，是"打补丁""填空白"式的改流，所以将重点放在巴塘、里塘一线。维西、中甸一带的滇边驻防问题，历来受清廷重视。1906年，于阿墩子专设弹压委员，并新派防军一营加强戍守。这与川边改流基本同步，是清廷力图实现川滇同举、互为犄角的举措。

无论是设官还是巡防，作为川滇边务大臣的赵尔丰，统筹兼顾了川边和滇边，也确实想要按清廷在川滇边务大臣设置上"广兴地利，选练新兵，足以固川、滇之门户，即足以保西藏之藩篱"的要求，对川滇边区"通盘筹画"。但无论是清廷还是赵尔丰，当时"筹边援藏"战略核心还是在于尽早完成川边作为援藏前进基地的建设，所以从一开始的筹谋到后来边务的具体推进，滇边显然都不是重点，只是作为川边的协防策应和拱卫之地加以关注和筹划。

三 川滇边务开展中的联防与联治

光绪三十三年，川边巡防军新军右营管带朱宪文会同滇军围剿在改流中举事反抗的巴塘巴拉、色葱两村，镇压后川滇合议将巴拉、色葱连带附近的依里划归云南丽江府中甸厅治理。这是清末川滇边务改革中，唯一一次就川滇边区的行政辖区进行改隶。

在川边改流过程中，与滇边维西、中甸两厅毗连的巴塘浪藏寺，逼迫百姓，拒不投诚，屡屡作乱，频频入滇边中甸等地滋事，危害川滇边区。宣统二年二月，赵尔丰派新军统领凤山由巴塘、定乡两路进攻，最终川滇合力，取得胜利。

赵尔丰川滇边务改革，由于川边条件艰苦、战事紧张、治军严苛、后勤管理不善，边军哗变逃亡事件多次发生。主要有三次：光绪三十三年巴塘兵变、宣统二年定乡兵变、宣统三年得荣兵变，三次兵变均在川滇联防互守中得到平息，但也成为影响边务治理的重大事件，凸显了清末川滇边区复杂的社会镜像。

1910年12月底，英军悍然入侵云南片马地区；1911年1月初占领片马。一时间，举国关注，舆论沸腾，纷纷要求清政府出兵收复失地。清廷电寄云贵总督李经羲，要求他"妥慎防维"，"以维边局"，滇省边防压力陡然倍增。李经羲自上任以来，一直强调联络西南诸省协助滇防的必要性。考虑到川滇边区紧邻滇缅边境北段，川滇边务在赵尔丰治理下已初见成效，边军军力雄厚，于是李经羲一边饬令李根源等人勘测山川地貌，侦察英军的驻防情况，一边求助于川滇边务大臣和川督。李经羲在专门给赵尔丰的电文中特别请求其派边军南下，进至高黎贡山一线，以阻止英军进一步行动，减轻云南边界的压力。片马事件后李经羲和赵尔丰在滇缅北段未定界地区勘界问题上的合作应对，起到了彼此提醒和相互支援的作用，一定程度上体现了川滇边区联防的作用和贡献。

四 川滇边务的地位和作用

清末川滇边区的联防和联治，不仅有其名也有其实，是川滇边务的有机组成部分。清末川滇边务大臣设置以"声气相通，联为一致"的联治与联防为指向，但实际运行的主要特征是联防。设置川滇边务大臣是清廷在治藏问题上统筹川滇"协力维持"联防战略的延续和继承。

在川滇边区联治联防问题及川滇边务大臣的设置上，基本都是川省官员主导议论和推动开展，滇省官员更多表现为被动参与。清末川滇边务开展中滇边参与有限，作用发挥不明显，究其缘由，并非滇省官员不愿关心藏务，主要还是晚清以来滇省作为边疆大省，同时面临着英、法等列强的侵略，省内又是变乱频发、灾害连连，内外交迫、困局横生，自身难保之际难以兼顾藏务。清末滇省的被动参与和反应，不仅制约了清末川边改革中滇省作用的发挥，对民国时期滇省在治藏问题上作用的发挥也不可避免地带来一定负面影响。

1912年9月26日，民国政府国务院撤销了川滇边务的名称，直接改称为川边，并以尹昌衡兼任镇守使。在治藏及川边问题上滇省力量被排挤和压制，川滇联防联动以稳藏治藏的历史传统被弱化和背离，影响了民国元年西征军乘胜前进，难以震慑西藏上层分裂势力，更为关键一点是，1917年以后的数次康藏冲突中，面对藏军来势汹汹的进攻，独力支撑的川边军队损失惨重，川藏一线一时陷于极大被动，这与缺乏来自滇省和滇军在侧翼的辅助和保护不无关系。

从清末川滇边区之间联防联治的议论到川滇边务大臣的设置，再到改流过程中川滇边事的应对，川滇边区边务一直作为川藏边务和川边改流中的有机组成部分而存在，由此深深烙上"川滇协力"和"以滇协川"的历史印记。

川滇藏三地的边务治理，不能囿于一省一地之利，想要一省独力维系更不可能。但对于川滇藏三地边务而言，其中尤以西藏危机影响最重、关系最大。同时，从清末川滇藏边区的治理情况看，无论是川边、藏边还是滇边，无论是"治藏"还是"安康"，都离不开川滇藏安防一体下的联动与协同，因此在边疆治理一盘棋的格局中，既需要整体统筹，也需要特别细致地把握不同省域在治边中的地位和作用。

（摘自《历史研究》2019年第6期；周智生：《云南师范大学学报》编辑部）

日本与护国战争期间的南北妥协

承红磊

1915—1916年随洪宪帝制运动而起的护国运动，维护了辛亥革命确立的共和制，同时也逆转了民国初年中国走向统一和集权的趋势，是民国初年历史的分水岭。护国战争期间的南北妥协，是决定护国战争走向的重要问题。对于南北妥协的走向，日本发挥了关键作用。

一 护国战争初期形势与日本决定干涉

事实上，在护国军起事初期，袁政府凭借远为强大的军事实力，并不愿放弃帝制。日本在"二十一条"交涉中受到袁政府的抵抗及列强（主要是英美）牵制，所得并不如意，对袁世凯尤其不悦。护国运动的爆发，使日本看到了倒袁的可能。日本对帝制运动态度的转变，即以此为背景。

护国军兴起后，日本各方面不断向参谋本部提出意见，大致可分两派。一派主张趁机分裂中国。另一派主张倒袁，进而在中国树立亲日政权，而未提及分裂中国。参谋本部最终选定了第二种方案。

1915年后协约国在战场上的态势，促成了日本在东亚的强势地位。此时，英国深陷欧战，不仅无力制约日本，且为防止日本倒向德国、寻求日本援助及维持在东亚的既得利益，有在不违反根本原则（所谓保持中国领土完整、门户开放和在华机会均等）的前提下纵容日本的倾向。日本在1915年下半年借中国参加一战案由英国手中夺取了东亚外交的主导地位。参谋本部在决意不承认帝制时，认为应该力争获得协约各国赞同，同时提出"帝国并不以协同列国之态度变更自身之主张"，可见贯彻自身主张的意志甚为坚定。

在陆军特别是参谋本部的推动下，日本内阁会议通过以实力干预帝制运动的方针，明确宣示袁氏"窃居"中国最高权位乃日本确立在华势力的一大障碍，决定采取倒袁政策，并以"诱导中国人自创反袁局面，日本因势利导"为原则。在日本确立倒袁并在中国扶植亲日势力的方针之后，避免护国军与袁政府妥协，遂成为首要任务。

二 日本巩固南北对抗之基础

护国运动的爆发，与日本并无直接关系。日本与云南的联系，是在护国战争期间逐渐加强的。护国战争初期，北京政府在军事上整体占优。随着日本对北京政府日趋强硬，帝制派报纸连篇累牍宣传日本对中国有重大野心，号召国人"一致对外"。减轻护国军对日本的顾虑，以阻止护国军在处于军事劣势和忧虑外患的情况下向北京政府妥协，是日本首先需解决的问题。

拒绝特使和同意云南政府支配当地盐余，一是对袁政府的打击，二是对云南政府的支持，日本通过行动逐渐争取到云南方面的好感。护国军对日本由怀疑、警戒转为期待。日本的表现，大大减轻了护国军对外患的顾虑，是护国军加强与日本联系的前提，当然也对南北妥协不利。

除减轻护国军领袖对日顾虑及强化其倒袁目标外，日本也为护国军提供实际援助，云贵军、岑春煊和孙中山为代表的中华革命党均得到了日本援助。同时，从日本得到援助的承诺与希望，以及日本对袁政府的压制，均能强化护国军对抗袁政府的信心。

这一阶段，袁政府整体上尚占优势，所谓南北妥协，实际上主要是护国军是否会在军事处于劣势及忧虑外患的情况下，与北京政府妥协。可以说，日本通过多种举措，巩固了南北对抗的基础。

三 日本冲消袁世凯留任条件下南北妥协之可能

在护国军坚决抵抗于内、日本强烈遏制于外的情况下，袁世凯最终取消帝制。这标志着袁认识到已无法在短期内以军事实力压倒护国军，因此借取消帝制，由黎元洪、徐世昌、段祺瑞出山，以免反对情绪扩散，并希望进而能与护国军取得妥协。

袁世凯取消帝制后，护国军各领袖对袁的态度并不完全相同。日本倒袁的坚定态度，使想要接受日本援助但惧怕日本强力干预的护国军难以在袁不退位的条件下妥协。日本通过与岑、梁、唐等人的接触，坚定了其反袁态度，又通过此三人，进一步影响到蔡、陆等其他护国军领袖。

除了影响护国军领袖的反袁态度外，日本还抑制了英国在维护袁政权的前提下调停南北的企图。护国战争期间，日本不断通过其驻外使节向列强政府及其驻中国使节传布袁政府困难、中国反袁态度强烈等信号。日本对列强尤其是协约国的劝说工作，限制了英、美尤其是英国在南北妥协中发挥更大作用的可能。

在日本影响下，此一阶段南北谈判仅以局部停战结束，而未实现进一步妥协。

四 日本阻碍冯国璋调停南北

进入1916年4月，特别是随着4月6日广东独立，反袁势力进一步壮大。袁政府凭借武力压倒护国军的企图已经无望，且自身亦陷入风雨飘摇之中，内部离心势力增强。段祺瑞势力在北方逐渐崛起；受冯国璋影响的四川、湖北、江西、山东等省将军，唯冯马首是瞻，他们居于护国军和袁控制力较强的北方各省之间，越来越具有左右全国政局的影响力。

针对北洋系内部段、冯崛起，日本敏锐地注意到这不仅体现出二人之野心，实代表北洋武人随政局变化，挺身而出，维持自己势力的趋向。对于段祺瑞，日本并无好感，且缺乏联系渠道。对于冯国璋，日本强化了联络。北洋系若仍主导中国政权，即使袁被迫退位，也比较容易保持影响力。日本对此保持高度警惕。

对南京会议，日本由两方面着手。对冯国璋，使其坚定倒袁，并尽可能促使其加入护国军阵营。不过冯与袁世凯及北洋系关系极深，对袁之态度较为反复，难以为日本所用。对护国军方面，日本则尽力阻止其在冯国璋之调停下妥协。

北京方面已意识到袁必须退位，由于冯国璋早先曾劝袁退位，军务院在袁立刻退位的前提下并不排斥与冯国璋联络。不得不说，以袁退位为前提，在冯国璋调停之下，南北双方存在妥协的可能。在日本压力下，军务院无法派代表参与南京会议协商，无疑延缓了这一进程。

就南京会议而言，与既往成说不同，梁、蔡、唐等自始即有依靠冯国璋等调停解决时局的打算，护国军各领袖实际上并不排斥与冯国璋接触，且十分重视。这一阶段南北妥协的核心是能否以袁暂时留任或立即退位为条件实现南北和解。若由冯国璋等调停，但不损及北洋系对中央政府的掌控而实现南北妥协，日本无法实现其树立"亲日政权"的目标，因此进行了强有力干涉。日本通过岑、梁，使军务院无法正式参与南京会议协商，致使南京会议失败。南京会议的失败，标志着北洋系内部与袁世凯离心的冯国璋势力也无法解决时局，事实上说明了在日本不改变对北京政府态度的情况下，南北妥协很难达成。

正当日本酝酿进一步对华干涉之时，1916年6月6日，袁世凯去世，中国国内政局发生重大变化。护国战争告一段落，南北妥协问题也进入另一阶段。

综合来看，护国战争期间南北妥协未能达成，除与护国军方面的讨袁决心及袁世凯较早去世有关外，日本的运筹与介入亦为重要因素。日本通过对南北妥协设置阻碍，实现其倒袁目标。袁死后，北洋系分裂，得到日本援助的桂系及滇系势力，也已可以对北洋系势力进行有效抵御，中国失去了统一有力的中央政府，陷入军阀混战局面。此后日本对段祺瑞主导下的北京政府影响力增强，与这一局面有直接关联。但是，陷入混战的各军阀，各显神通，利用强援，日本无法做到使各种政治势力均"亲日"，可以说为一战后列强更激烈的在华竞争埋下了伏笔。日本在护国战争期间的积极对华干涉政策，对中国及其自身，影响都极为深远。

（摘自《历史研究》2020年第3期；承红磊：华中师范大学历史文化学院副教授）

太平天国应对社会危机的政略实践及得失

刘　晨

太平天国战争时期，一场遍及江南、造成大量人口流失的社会危机迅猛蔓延，主要表现为民众迁徙避乱、自杀殉难，天灾瘟疫，以及民变、团练、匪盗、教门、会党等不安定因素愈演愈烈等。应对社会危机、进行基层社会治理的实践及成效，关系到太平天国社会战略评判，是理性审视太平天国历史地位，走出全面肯定或全盘否定的学术怪圈的一个重要视角。

一　"应变十策"

1. 安民造册

"讲道理"是太平天国对士卒民众宣传教育的重要途径。"讲道理"是口传形式，"布告安民"则是文字形式。"安民"的另一种形式是太平天国发给地方安民旗。编查户口，分发门牌，选任乡官则是正式设治建政的标志。"造册"就是根据门牌的登记和发放情况编造户籍册，一般来说，编户造册工程浩繁，太平天国战事频仍，原本无暇全面推行，而实际执行情况却相当普遍，展现了太平天国政府在应对社会危机、恢复和稳定地方社会秩序方面的努力。

2. 招辑流亡

太平天国各地方政府普遍重视招集流亡的工作。在太平天国占领区，像收尸局、抚恤局、施粥局之类的社会救济组织往往缺乏生命力。尽管救济组织的存在确有利于改善民生，缓和社会矛盾，个别地区也成效颇著，但大多难以长久维系。太平天国政府低效的政权建构和"积贫"的财政状况对救济事业的束缚也导致了太平天国社会治理方面的"困局"。

3. 管理诉讼

太平天国占领区的民间听讼断狱之权一般由乡官直接掌管。太平天国政府对地方司法的管理，特别是驻防佐将经理诉讼的案例，反映了太平天国政治权力向地方社会的扩张。

4. 治理土匪

除那些主动配合和参加太平军的"土匪"外，太平天国治下大都进行了"清匪"行动，不仅在必要时动用军队剿办，还在基层政府立局差、巡查，在民间设团练、乡勇，负责缉盗捕匪。太平军的治匪行动存在不足。一是在军事行动中有妄杀、枉杀百姓的现象。二是剿抚原则拿捏不准，未能区别对待参加者。三是缺少善后政策，未见有太平军剿灭土匪后安抚民众的记载。

5. 兴办团练

太平天国自办团练是其政治权力试图深入乡村社会的体现。但在时局动荡、政府行政能力不足的客观条件下，团练自身"抗官"和"害民"的特性凸显，而具有社会破坏性的团练组织镇压群情激愤的民变等群体事件，易致事态扩大。事实上，太平天国延续和自立的团练并没有在有效应对民变方面发挥显著作用，多数情况只得依靠太平军下乡镇压而使事件趋于终结。

6. 整饬军纪

太平军的军事纪律有明文规定，严明军纪的原则始终如一；太平军军纪实态则表现为两类截然不同的军事实践：一是军纪严明，深得民众拥戴，一是军纪败坏，引起民众敌视、反掳掠暴动乃至民团。造成军纪形态差异性的主要原因是后期太平天国立政无章、各自为政的涣散政局，而将领的主观能动性直接决定了太平军军纪实态的表现形式。

7. 保障农业

有些太平军将领难能可贵地认识到保障农业的重要性。还有太平军保护耕牛的记载。不少地区的太平军当局已经意识到保障农业生产的重要性，他们也在试图建构良性的物资获取渠道。但时局动荡，战局变幻莫测，良性经济秩序运转的外部环境没有被完全肃清，一旦政局稍有变动，有益的农业生产政策只得搁置。

8. 兴修水利

太平天国后期据守江南，修筑江浙海塘成为太平天国占领区规模最大、涉及范围最广的公共工程，却未能获得民间社会的良好反馈。一方面，海塘工程费用额外派加民间，民众负担增重。另一方面，公共工程的实际执行者是乡官，鉴于乡官素质，取得的成效也会因乡官主观能动性的不同发挥而有所不同。

9. 减赋限租

太平天国的减赋政策在苏南各县，特别是在苏州，有不同程度的执行。太平军当局还有意识地规范和限制地租，干预租佃事务。"减赋限租"体现了政府维护社会稳定，缓解社会各阶层矛盾的执政理念，但问题的关键在于太平天国将社会经济矛盾的焦点部分地从田赋转向了政府要求的地租。因此太平天国政府的初衷并没有获得农村社会各阶层的认可和理解，甚至引发诸多反对兼收租粮政策的民变。

10. 招贤之制

从曾国藩《讨粤匪檄》在士子文人中产生的巨大震撼和号召来看，文化反感是士子文人走向太平天国对立面的一方面因素。太平天国科举取士的制度化尝试虽有较大进展，仍未能获得知识分子的广泛响应，与湘军阵营人才济济相比，太平军中的知识分子鲜有声名著闻者。

二 太平天国的社会战略

学界普遍认为太平军在乡村社会控制薄弱，然而通过太平天国在占领区应对社会危机的政略实践，我们发现太平天国是以一种极为积极的姿态涉足地方事务。第一，通过普及乡官制度将乡村社会管理纳入政权系统运行轨道。第二，不遗余力地干预敏感的业佃关系和动用军队镇压因租佃事务而起的佃农暴动。第三，力图取代传统社会组织在社会救济和公共工程等领域的角色。第四，应对民变的实践存在理性成分。第五，地方行政工作细化。可见在太平天国治下的广大乡村地区，乡村政治实践的主角仍然是"天国"政府官员和太平军。虽然太平天国社会战略的推行最终流于失败，但应该正视太平天国政治权力突破城市，活跃于乡村社会的事实。太平天国的努力展现了太平天国时期国家与社会关系的特殊实态。

在太平天国战争时期，特别是在太平军主要活动和控制的江南地区，绅权却有异于帝国崩溃时期的总体态势，呈现被"压缩"的另面镜像。

绅权被压缩的原因首先是乡官制度的束缚。其次，太平军对地主富户进行经济打压，削弱了绅权控制地方的经济基础。第三，太平天国占领区士绅数量总体呈下降趋势，他们或死或逃，或消极避世，无暇关注地方社会事务。第四，战后清政府和地方社会对"伪官"的清算运动，也使士绅阶层遭到不同程度的削弱。

太平天国失败后，清政府在意识形态领域的一系列举动有意识地继承江南绅权被压制的趋势，意在约束并重新压缩已被释放的绅权，激发了国家权力与地方社会的新一轮角逐。

三 太平天国的评价问题

太平天国在江南局部取代清政府的统治，各地方政府采取了许多旨在应对社会危机和稳定社会秩序的举措。虽然这些政略没有形成系统的建设纲领，不具普遍意义，也因主客观条件的限制最终成效不佳或流于失败，但反映了太平天国由"打天下"向"坐天下"执政理念转型的迹象，这在战事频仍的非常时期对一个行政经验非常匮乏的稚嫩政权来说难能可贵。这打破了太平天国"完全破坏性"的谣言，有利于合理认定咸同兵燹的责任。

作为纲领性文件的《天朝田亩制度》，虽具有绝对平均主义的空想性，但除土地制度基本未施行外，乡官制度、乡兵制度、司法制度、宗教文化和社会生活领域的规定均经改良而变相实践，并以理想为模板构建了太平天国政权在基层社会维系的基础。

太平天国推行社会战略也有革除社会旧弊的尝试，尽管成效不著，但其改良和改善地方行政的作为值得肯定。太平天国较之历史上其他民众起事的高明之处还在于放弃流寇主义，经营后方基地，目的主要是解决军队的粮食问题，所以太平天国将地方行政的重点放在农村、农民问题上无疑是正确的。

总体来讲，太平天国的运动形式仍然局限在旧式民众运动的水平，14年战争实践的实质还是改朝换代式的王朝战争，这是太平天国不可能革新复兴中国并最终流于失败的根源。没有建立统一有力的政治权力机制，这是后期太平天国政权建设的一大缺陷，也是太平天国领导群体执政能力、执政素养不高和行政经验不足的表现。

综上所述，太平天国既有在处理社会问题、推进社会建设方面的可赞可取之处，也留给后世诸如自我孤立、政局紊乱的沉痛教训。这一视角展现了太平天国复杂多重的历史面相。在评价太平天国功过是非问题上，不应再像过去那样执着一端，问题的本真须客观理性地立足史料和史实，绝不能泛泛而谈。

（摘自《史学集刊》2020年第1期；刘晨：北京大学历史学系研究员）

篇目推荐·史学理论与中国史学史

卜风贤：《灾害史研究的自然回归及其科学转向》，《河北学刊》2019年第6期。

常征江：《中国古代褒贬史学论略》，《求是学刊》2020年第1期。

陈安民：《"实"与"信"：中国古代史学批评的"求真"指向》，《史学理论研究》2020年第2期。

陈其泰：《中华民族壮阔历史道路所凝成的杰出思想》，《史学月刊》2020年第7期。

高福顺：《形而下之器：古代中国疆域史研究的方法与取径》，《中国边疆史地研究》2020年第1期。

刘开军：《"考索之功"与史学批评》，《史学理论研究》2020年第2期。

刘开军：《中国古代史学理论话语体系的形成刍议》，《四川师范大学学报》（社会科学版）2019年第5期。

马新月：《中国古代史学会通思想探研》，《史学史研究》2020年第3期。

钱茂伟：《作为活人历史研究的口述史》，《浙江社会科学》2019年第10期。

乔治忠：《关于历史考据方法的几点辩正》，《廊坊师范学院学报》（社会科学版）2019年第4期。

宋馥香：《编年体史书发展历程：从记注到编年体的完美之境》，《淮阴师范学院学报》（社会科学版）2020年第1期。

汤勤福：《集权礼制的变迁阶段及其特点》，《华东师范大学学报》（社会科学版）2020年第1期。

王记录：《"通史家风"与"断代为史"：在古今之变与王朝正统之间》，《史学月刊》2020年第7期。

薛辉：《中国边疆环境史研究刍议——基于学术史梳理的思考》，《史学理论研究》2020年第4期。

余新忠：《中国历代疫病应对的特征与内在逻辑探略》，《华中师范大学学报》（社会科学版）2020年第3期。

篇目推荐·先秦秦汉史

白立超：《礼乐文明视野下的清华简〈保训〉"詷"字新释——以〈尚书·顾命〉与"内史亳同"为线索》，《西北大学学报》（社会科学版）2020年第5期。

晁福林：《从甲骨文"俎"说到"义"观念的起源》，《考古学报》2019年第4期。

陈松长：《岳麓秦简中的对、请、奏文书及相关问题探论》，《文物》2020年第3期。

李均明：《长沙五一广场东汉简牍所见职务犯罪探究》，《郑州大学学报》（哲学社会科学版）2019年第5期。

李锐：《〈赵正书〉研究》，《史学集刊》2020年第5期。

凌文超：《秦代傅籍标准新考——兼论自占年与年龄计算》，《文史》2019年第3辑。

刘宗迪：《执玉帛者万国：〈山海经〉民族志发凡》，《民族文学研究》2019年第6期。

骆扬：《试论春秋笔法及其历史书写中的客观性》，《北京师范大学学报》（社会科学版）2020年第2期。

阮明套：《清华简与班簋铭文新证》，《陕西历史博物馆论丛》第26辑，三秦出版社2019年版。

沈刚：《虚实相间：东汉碑刻中的祖先书写》，《中国史研究》2020年第2期。

宋杰：《汉代皇室"两宫"分居制度的演变》，《中国史研究》2019年第4期。

孙闻博：《商鞅"农战"政策推行与帝国兴衰——以"君—官—民"政治结构变动为中心》，《中国史研究》2020年第1期。

田天：《马王堆汉墓的遣策与丧葬礼》，《文史》2020年第1辑。

王晖：《从金文册命赐旂礼看西周爵位制》，《中国史研究》2019年第3期。

王进锋：《西周贵族家臣的晋升之途——兼说西周社会的活力源泉》，《人文杂志》2019年第12期。

王坤鹏：《社会政治变动与西周晚期的历史表述》，《史学月刊》2020年第4期。

熊永：《封建郡县之争与秦始皇嗣君选择》，《历史研究》2020年第1期。

徐义华：中国古史分期问题析论，《中国史研究》2020年第3期。

闫爱民、赵璐：《"踞厕"视卫青与汉代贵族的"登溷"习惯》，《南开大学学报》（哲学社会科学版）2019年第6期。

阎步克：《东周礼书所见玉爵辨》，《史学月刊》2020年第7期。

阎步克：《由〈三礼图〉中的雀杯爵推论"爵名三迁，爵有四形"》，《北京大学学报》（哲学社会科学版）2019年第6期。

杨勇：《"罢黜百家，独尊儒术"的历史考察——以"六艺之科"与"孔子之术"的分合为中心》，《文史哲》2019年第6期。

杨振红：《秦"从人"简与战国秦汉时期的"合从"》，《文史哲》2020年第3期。

于薇：《"义阳三关"两周时期的区位发展与东畿开发》，《中山大学学报》（社会科学版）2019年第6期。

臧知非：《汉代"户赋"性质、生成与演变——"户赋"源于田税说》，《人文杂志》2019年第9期。

张琦、侯旭东：《汉景帝不吃老鼠吗？——我们如何看待过去》，《史学月刊》2019年第10期。

张淑一：《"禹画九州"传说流变析论》，《西南大学学报》（社会科学版）2020年第1期。

篇目推荐·魏晋南北朝隋唐五代史

仇鹿鸣:《隐没与改篡:〈旧唐书〉唐开国纪事表微》,《唐研究》第 25 卷,北京大学出版社 2020 年版。

董文阳:《唐代岭南政区变动与岭南蛮族的关系》,《云南民族大学学报》(哲学社会科学版)2020 年第 1 期。

范兆飞:《文本与形制的共生:北魏司马金龙墓表释证》,《复旦学报》(社会科学版)2020 年第 4 期。

付婷:《朝贡·亲历·耳闻:唐代异域食物的历史记录模式探析》,《史志学刊》2019 年第 6 期。

耿元骊:《隋唐土地制度变迁与历史分期》,《中国社会科学》2020 年第 1 期。

焦杰、李欣宇:《唐代夫妻多人葬现象探析》,《河南师范大学学报》(哲学社会科学版)2020 年第 2 期。

李芳瑶:《晚唐长安的士人与寺院文化——以〈寺塔记〉为中心》,《中华文史论丛》2019 年第 3 期。

李锦绣:《从敦煌吐鲁番文书看唐代丝绸之路上的剑南丝绸》,《敦煌学辑刊》2019 年第 3 期。

李磊:《从地缘关系的重层构造看十六国后期统一趋势的形成——以五世纪初河陇雍朔的地缘政治为中心》,《社会科学》2020 年第 2 期。

李万生:《论所谓"人民不愿作战"——蜀汉亡国原因探讨之二》,《清华大学学报》(哲学社会科学版)2019 年第 6 期。

李永:《唐高宗、武则天政局与大明宫的重建与塑造》,《中华文史论丛》2019 年第 3 期。

林昌丈:《观念、制度与文本编纂——论魏晋南北朝的"州记"》,《唐研究》2020 年第 25 卷。

刘连香:《石刻中的乙弗昆裔踪迹与北朝社会格局》,《中央民族大学学报》(哲学社会科学版)2020 年第 1 期。

刘雅君:《从吴王到皇帝——孙吴立国江东与六朝政治统绪的形成》,《华东师范大学学报》(哲学社会科学版)2020 年第 1 期。

罗帅:《玄奘之纳缚波与马可波罗之罗卜再研究——兼论西晋十六国时期楼兰粟特人之动向》,《敦煌研究》2019 年第 6 期。

孟宪实:《从"诏书"到"制书"》,《文献》2019 年第 5 期。

裴成国:《高昌国末年以降砖志书写中的"高昌人"》,《中国边疆史地研究》2020 年第 1 期。

彭建英、王静宜:《唐、突互动视野下的突厥阿史德氏》,《敦煌学辑刊》2019 年第 6 期。

秦中亮:《河朔藩镇性格说再检讨——兼论魏博牙兵形象的文本建构》,《学术月刊》2019 年第 12 期。

王义康:《佛教汉文文献所见唐朝疆域变迁》,《中国边疆史地研究》2020 年第 1 期。

魏迎春、郑炳林:《唐河西节度使西迁和吐蕃对敦煌西域的占领》,《敦煌学辑刊》2020 年第 1 期。

温拓:《多重层累历史与双重正统建构:宇文部、北周与契丹先世史叙述的考察》,《民族研究》2020 年第 2 期。

杨长玉:《唐蕃接触中的河西九曲》,《中国史研究》2020 年第 3 期。

杨恩玉:《魏晋九品官人法之上品的演变与起家官制度》,《社会科学》2020 年第 2 期。

张鹤泉:《西魏北周封爵食邑问题的考察》,《社会科学战线》2020 年第 4 期。

张雨:《唐宋间"子司"词义转换与中古行政体制转型》,《中华文史论丛》2019年第3期。

张仲胤、胡阿祥:《萧梁江表诸郡等级考论》,《历史地理研究》2019年第2期。

赵永磊:《五德终始说下的祭祖神礼——道武帝所立祖神考》,《史林》2020年第2期。

朱旭亮、李军:《分位与分叙:文武分途与唐前期散官体系的演进》,《西北大学学报》(哲学社会科学版)2020年第2期。

篇目推荐·宋元明清史

卜凡：《"澶渊之盟"以前宋辽战争交通道路考》，《中国历史地理论丛》2020年第3期。

曹金成：《"大蒙古国"国号创建时间再检讨》，《文史》2020年第2期。

曹猛：《元代淮东南部税粮问题管窥》，《史学月刊》2020年第2期。

陈佳臻：《元朝统一前六部设置考》，《史学月刊》2020年第3期。

陈新元：《〈元史〉列传史源新探》，《中国史研究》2020年第2期。

陈跃：《清季东北肺鼠疫事件及其历史启示》，《山东社会科学》2020年第5期。

程郁：《何谓"靖康耻"——"靖康之难"性暴力对宋代社会性别观的影响》，《史林》2020年第1期。

崔明德、陈铭浩：《清前期民族关系思想刍议》，《西南民族大学学报》（社会科学版）2019年第10期。

董新林：《辽祖陵陵寝制度初步研究》，《考古学报》2020年第3期。

段伟：《清代政区名演化个案研究：从杂谷厅到理番厅》，《历史地理研究》2020年第3期。

范金民：《明代徽州木商经营活动述略》，《安徽大学学报》2020年第2期。

付马：《唐元之间丝绸之路上的景教网络及其政治功能——从丘处机与"迭屑头目"的相遇谈起》，《文史》2019年第3期。

谷更有：《唐宋时期村落家乡之构建》，《河北学刊》2020年第4期。

郭康松、陈莉：《清代考据学派的学术特色及学术贡献》，《史学史研究》2019年第2期。

何平：《清代不完全财政体制引发的危机》，《人民论坛》2020年第2期。

何一民：《清代前期城市文化的重建》，《社会科学》2019年第9期。

胡雁：《光绪中期清廷整顿钱法的努力与困境》，《中国经济史研究》2019年第3期。

黄阿明：《明初中书省四部考论》，《史林》2019年第5期。

黄纯艳：《宋元海洋知识中的"海"与"洋"》，《学术月刊》2020年第3期。

孔妮妮：《论晚宋理学家对君臣观的学术建构与价值诠释——以真德秀为中心的考察》，《史林》2020年第2期。

李春圆：《元代的量制政策和量制运用——兼考元省斛与南宋文思院斛之换算关系》，《史学月刊》2020年第5期。

李鸣飞：《钱大昕〈元史稿〉故实考辨》，《中国史研究》2020年第3期。

李治安：《元康里民铁著家族世袭怯薛及昔宝赤新考》，《史学月刊》2019年第10期。

刘明鑫：《明代的科举走报》，《史学月刊》2019年第7期。

刘谦、陈颖军：《清代科举制度与满族文化的互构》，《江汉论坛》2019年第8期。

刘仁：《〈文渊阁书目〉版本系统考论》，《文献》2019年第4期。

刘洋：《向西方遣使的首次尝试：晚清斌椿使团评析》，《历史档案》2019年第3期。

马晓林：《蒙汉文化交会之下的元朝郊祀》，《中国史研究》2019年第4期。

马振颖：《明万历十年舟曲〈丈地均粮碑〉考释》，《文献》2020年第1期。

孟晖：《宋人的沙糖》，《读书》2019年第9期。

苗润博：《被改写的政治时间：再论契丹开国年代问题》，《文史哲》2019年第6期。

牛淑贞：《制度的外延：清代"照以工代赈之例"政策的变化与得失》，《湖北社会科学》2019年第12期。

潘大龙：《明中后期"候气之争"本末考》，《自然科学史研究》2020年第1期。

彭丽华：《宋代的桥与场务》，《史学月

刊》2020年第4期。

齐伟：《金代梁鱼务考》，《中国边疆史地研究》2020年第2期。

乔新华、王骏光：《"康熙射虎"与盛世之音：清代五台山射虎川的历史与记忆》，《中国史研究》2019年第4期。

任石：《宋代文官的冠服等级——兼谈公服制度中侍从身份的凸显》，《文史》2019年第4期。

沈伏琼：《蒙元时代山西玄中寺史事考辨——兼论玄中寺与蒙元朝廷之关系》，《中国史研究》2020年第2期。

史金波：《西夏对中国印刷史的重要贡献》，《中国史研究》2020年第1期。

万明：《明代中国与爪哇的历史记忆——基于全球史的视野》，《中国史研究》2020年第2期。

王昊：《宋代的蚕桑纺织与农家生计》，《中国经济史研究》2020年第2期。

王赫：《伪书的诞生：明中叶文化学术氛围与丰坊的作伪》，《文献》2020年第4期。

王文成：《从铁钱到银两：两宋金元纸币的价值基准及其演变》，《清华大学学报》（社会科学版）2020年第3期。

王祥辰：《乾嘉汉学"吴派"观念建构历程及学派分野启示》，《江苏社会科学》2019年第6期。

谢琛：《制度之学的新开展——范仲淹思想重估》，《中国哲学史》2020年第3期。

杨军：《契丹社会组织与耶律阿保机建国》，《中国边疆史地研究》2020年第2期。

杨茜：《明代江南市镇中的"主姓"家族与地域认同——以常熟县为例》，《历史研究》2020年第2期。

姚大力：《〈大明混一图〉上的两个印度》，《复旦学报》2020年第1期。

叶锦花：《洪武至宣德年间福建盐政运作与食盐产销秩序》，《中国经济史研究》2019年第5期。

易锐：《清前期"版图"概念考析》，《中国历史地理论丛》2020年第1期。

尤李：《道教与辽朝政权合法性的构建》，《中国史研究》2020年第1期。

鱼宏亮：《发式的政治史——清代剃发易服政策新考》，《清华大学学报》（社会科学版）2020年第1期。

展龙：《明代水利奏报制度研究》，《安徽史学》2019年第4期。

张雨：《唐宋间"子司"词义转换与中古行政体制转型》，《中华文史论丛》2019年第3期。

赵九洲：《明代惜薪司的设置、运营与消亡》，《史林》2020年第1期。

赵令志：《明代"野人女真"称谓刍论》，《民族研究》2019年第4期。

赵轶峰：《明代皇权转移之际的合法性博弈》，《史学集刊》2020年第1期。

钟焓：《10—13世纪作为"秦—契丹"组成部分的天山北路与吐鲁番之地——以非汉文史料的记载为中心》，《西域研究》2020年第3期。

朱汉民：《师道复兴与宋学崛起》，《哲学动态》2020年第7期。

踪凡：《道光年间律赋总集之编纂》，《学术研究》2019年第12期。

篇目推荐·中国近现代史

陈宝良：《明清幕府人事制度新探：以幕宾、幕友、师爷为例》，《史学月刊》2020年第4期。

高寿仙：《官不下县还是权不下县——对基层治理中的"皇权不下县"的一点思考》，《史学理论研究》2020年第5期。

胡祥雨：《海外清史研究：历史、趋势与问题》，《清史研究》2020年第4期。

黄飞：《从清廷政争看光绪五、六年中日琉球交涉》，《学术月刊》2020年第8期。

李恭忠：《Society与"社会"的早期相遇：一项概念史的考察》，《近代史研究》2020年第3期。

林浩彬：《同光时期的期满甄别与铨选制度的重建》，《清史研究》2020年第4期。

潘崇：《宣统元年东三省总督人事变动与清末政局》，《史学月刊》2020年第10期。

彭贺超：《清末练兵处调入留日士官生原因考析——兼论士官生与北洋派的关系》，《近代史研究》2020年第4期。

苏泽龙：《新中国成立初期传统农业改造研究》，《当代中国史研究》2020年第4期。

孙明：《乡场与晚清四川团练运行机制》，《近代史研究》2020年第3期。

王磊：《枫林民教冲突：晚清基层政治中的"外部效应"》，《历史教学》2020年第2期。

王云红：《华北民间契约文书中的家庭养老民事习惯问题》，《中国农史》2020年第4期。

夏明方：《什么是江南——生态史视域下的江南空间与话语》，《历史研究》2020年第2期。

杨奎松：《共产国际与中共关系研究中的几个观念和方法问题——以福建事变的应对策略为中心》，《苏区研究》2020年第4期。

杨奎松：《问道于器：辛亥以来国人着装"西化"的成因与经过》，《近代史研究》2020年第5期。

易锐：《台湾番地危机与"版图"观念演变：以1874年日军侵台事件为中心》，《学术研究》2019年第10期。

于宁：《中英关于共同防卫缅甸问题的交涉（1940—1942）》，《抗日战争研究》2020年第3期。

张卫东：《扩权与限权：国民政府时期监察权配置之不同方案》，《江汉论坛》2020年第4期。